Ekkehard Meffert

NIKOLAUS VON KUES

. Niclas Cardinal und bÿschoff zu brix:

EKKEHARD MEFFERT

NIKOLAUS VON KUES

Sein Lebensgang
Seine Lehre vom Geist

vom Gesichtspunkt
der Geisteswissenschaft

VERLAG FREIES GEISTESLEBEN

Diese Schrift ist in dankbarer Erinnerung meiner Lehrerin in der Geisteswissenschaft Frau Ilse Schmäche († 31. 5. 1976 in Nürnberg) gewidmet.

Gefördert durch:
Herrn Herbert Jacobi, Düsseldorf
Stiftung Berneburg, Hannover
Damus-Stiftung, Karlsruhe
Gesellschaft zur Förderung Geisteswissenschaftlicher Literatur, Stuttgart
Rudolf-Steiner-Fonds für Wissenschaftliche Forschung, Nürnberg

ISBN 3-7725-1965-2

Frontispiz: Profilbild des Nikolaus von Kues von der Epitaph-Darstellung an seinem Körper-Grab in seiner Kardinal-Titular-Kirche «San Pietro in Vincoli» in Rom. Abguss im Cusanus-Museum, Kues
Darunter Faksimile seiner Unterschrift (siehe auch Abb. 35): «Nikolaus Kardinal und Bischof zu Brixen»

Umschlag: Walter Schneider, unter Verwendung eines Fotos von dem Epitaph in «San Pietro in Vincoli», Rom, Abguss im Cusanus-Museum, Kues

Zweite, aktualisierte und ergänzte Auflage 2001

Druck: Offizin Chr. Scheufele, Stuttgart

INHALT

Zweiter Teil: Die Lehre vom Geist

Dritter Teil: Die Cusanus-Rezeption und deren philosophische Weiterführung durch Rudolf Steiner

Vierter Teil: Nikolaus von Kues im Lichte der Geisteswissenschaft

Anhang

ZUM GELEIT

«Die ‹gelehrte Unwissenheit›, von der er [Nikolaus von Kues] spricht, ist ein über dem (…) Wahrnehmen gelegenes Begreifen, das das *Denken* über die Intellektualität – das gewöhnliche Wissen – hinaus in eine Region führt, wo – im ‹Unwissen› – , dafür aber im *erlebenden Schauen* das Geistige erfasst wird.»

Rudolf Steiner: Leitsatzbetrachtung (1924)[1]

«Ich habe den Ort gefunden, in dem man Dich [Herr], unverhüllt zu finden vermag. Er ist umgeben von dem *Zusammenfall der Gegensätze (coincidentia oppositorum).* Dies ist die Mauer des Paradieses, in dem Du wohnst. Sein Tor bewacht höchster *Verstandesgeist.* Überwindet man ihn nicht, so öffnet sich der Eingang nicht. Jenseits des Zusammenfalls der Gegensätze vermag man Dich zu schauen, diesseits aber nicht.»

«Die Mauer (limes), jenseits welcher ich Dich schaue, ist die Grenze für jede Art der Namensbezeichnung ... Jeder [*Verstandes-*] *Begriff* findet seine Grenze an der Mauer des Paradieses ... [Sie] trennt alles, was gesagt und gedacht werden kann, von Dir ... Das *Vernunft-Denken* muss unwissend und ins Dunkel gestellt werden, wenn es Dich sehen will. Indes – was anderes, mein Gott, ist diese Unwissenheit der Vernunft als die *Wissende Unwissenheit (docta ignorantia)?*»

Nikolaus von Kues: De visione Dei, Kap. IX und XIII, (1453)[2]

«Was erlöst werden muss innerhalb der Menschheit, das ist die *Erkenntnis* selber, das ist die Zurückführung der Erkenntnis zum *Übersinnlichen.*»

Rudolf Steiner: Das Geheimnis der Trinität (1922)[3]

VORWORT ZUR NEUAUFLAGE

in Erinnerung an den 600. Geburtstag des Nikolaus von Kues

Es ist nunmehr 19 Jahre her, dass die erste Auflage dieses Buches über Nikolaus von Kues erschienen ist (1982). Seither hat es viele Interessenten gefunden und viel Lob, aber auch manche Kritik erfahren. Bei letzterer ist oft übersehen worden, dass dieses Buch nicht für Fachgelehrte geschrieben worden ist, sich daher auch keiner ausgrenzenden Wissenschaftssprache mit nicht übersetzten lateinischen Zitaten bedient, sondern für geistig interessierte Laien. Es ist daher auch auf einen fortlaufenden wissenschaftlichen Fußnotenapparat verzichtet worden; ab und zu wird auf Fußnoten hingewiesen, und nur für den Interessierten stehen Anmerkungen am Ende zur Verfügung. Es ist keine Spezialabhandlung für die Regale philosophischer, theologischer oder historischer Seminare, sondern es ist der Versuch, die Geistgestalt des Nikolaus von Kues dem aufgeschlossenen Gegenwartsmenschen nahe zu bringen. Dies geschieht in doppelter Form: durch eine biographische Skizze und durch eine Einführung in ausgewählte Grundgedanken seiner Geistphilosophie.

Nicht mein primäres Anliegen sind die theologie- und philosophiegeschichtliche Einordnung des Cusaners, seine Gotteslehre und seine Christologie sowie sein caritatives, pastorales, ökumenisches und kirchenpolitisches Wirken im Rahmen der Kirche seiner Zeit. Darüber existieren gute Spezialdarstellungen. Ich beschränke mich in bewusster Konzentration auf den Aspekt des *zeitlosen, spirituellen Denkers Nikolaus von Kues* und dessen indirektes Weiterwirken bis ins 19./20. Jahrhundert. Dieser Zukunftsaspekt ist mir wichtiger als die Retrospektive, z.B. auf die albertistischen, thomistischen und franziskanischen Vorläufer des Nikolaus von Kues. Natürlich steht Cusanus in einem Traditionsstrom darinnen; es gibt für alles Vorläufer, nichts steht in der Weltgeschichte völlig isoliert da. Ein Analoges gilt für die naturwissenschaftlichen Impulse des Cusaners, denen man neuerdings die Modernität absprechen möchte. Dennoch: mein Blick ist nicht auf die Vergangenheit, sondern auf die Zukunftsimpulse des Cusaners gerichtet.

Daher ist dieses Buch der Versuch jenseits der ‹Mauer der Fachgelehrsamkeit›, den zeitlos gültigen spirituellen Denker in Nikolaus von Kues wieder zu entdecken. Dieser gehört nicht nur einer Konfession, denn schon zu seiner Zeit wurde das Christentum nicht durch nur eine Konfession vertreten, sondern war umfassender als jede real existierende Einzelkirche. Er gehört auch nicht nur den wenigen Cusanus-Spezialisten, die durch Publikationen über ihn ihre wissenschaftliche Reputation pflegen. Nein, er gehört allen Menschen, ja der ganzen Menschheit. Für Nikolaus von Kues war die Existenz einer geistigen Welt nicht nur eine philosophische Annahme oder glaubensmäßige Überzeugung, sondern eine selbst erlebte spirituelle Realität. Über Theologie und Philosophie hinaus weist er Wege zum Erfahren der geistigen Welt. In seinen Schriften sind Elemente eines eigenständigen geistigen Schulungsweges enthalten. Dadurch trifft Nikolaus von Kues auch den Nerv des Strebens vieler nicht philosophisch oder theologisch vorgebildeter Menschen der Gegenwart, die nach eigenen spirituellen Erfahrungen der geistigen Welt suchen.

Freilich ist der Erkenntnis- und Schulungsweg des Nikolaus von Kues stark gedankenbetont und in das Gewand der Tradition gekleidet. Das unterscheidet ihn z.B. von der heutigen New-Age-Bewegung oder manchen östlichen Meditationswegen. Dennoch ist Nikolaus von Kues ein eigenständiger mitteleuropäischer Denker und ein Meister der Meditation. In dieser Hinsicht gilt es ihn innerlich stets neu zu entdecken. Dies soll ohne jedweden Ausschliesslichkeitsanspruch in diesem Buch ansatzweise versucht werden und zwar vom Fundament der Geisteswissenschaft her.* Damit ist auch keinerlei Absicht einer Vereinnahmung verbunden. Cusanus soll nicht etwa als bloßer «Vorläufer» reklamiert werden, sondern die Geisteswissenschaft gibt vielmehr gerade die Mittel ab, die Größe des Cusaners – auch als spiritueller Denker – zu erfassen. Es geht also um ein geistiges Wechselgespräch über die Grenzen von Raum und Zeit hinweg. Andere geistige Gegenwartsströmungen mögen den Versuch eines Dialoges aus ihrer Sicht möglichst zahlreich ebenfalls tun. Dann wird gerade in der Vielheit der Aspekte die höhere Einheit sichtbar und damit ein Grundanliegen des Cusaners erfüllt.

Mit dieser Zielrichtung ist das Buch neu bearbeitet und ergänzt worden und soll im Jubiläumsjahr des 600. Geburtstages des Nikolaus von Kues (2001) wieder erscheinen.

Zugleich ist es eine Erinnerung an den Beginn der Cusanus-Rezeption durch Rudolf Steiner vor 100 Jahren mit dem Erscheinen des Buches «Die Mystik im Aufgang des neuzeitlichen Geisteslebens» (1901), worin das zentrale Kapitel dem Kardinal Nikolaus Cusanus gewidmet ist. Dieses

* Dabei soll unter dem heute eher ungewöhnlich gewordenen Begriff «Geisteswissenschaft» (meist wird er nur noch im Plural als Bezeichnung für die Disziplinen der Philosophischen Fakultät gebraucht) die Geisteswissenschaft (Wissenschaft vom Geist) Rudolf Steiners (1861 – 1925) verstanden werden.

Buch, das im Jahr des 500. Geburtstages die einzig bedeutende Neuerscheinung über Nikolaus von Kues in Deutschland war, ist in dieser Hinsicht bis heute nicht recht gewürdigt.

Dass eine aktualisierte und ergänzte Neuauflage möglich war, verdanke ich neben der Bereitschaft des Verlages Freies Geistesleben vor allem einer großzügigen privaten Spende von Herrn Herbert Jacobi/Düsseldorf, außerdem Sponsorengeldern der Stiftung Berneburg/Hannover, der Damus-Stiftung/Karlsruhe, der Gesellschaft zur Förderung Geisteswissenschaftlicher Literatur/Stuttgart und dem Rudolf-Steiner-Fonds für wissenschaftliche Forschung/Nürnberg. Allen sei an dieser Stelle herzlich gedankt.

Herrn RA Seidel vom Cusanus-Stift/Kues sei für die Erlaubnis, Fotos im St. Nikolaus-Hospital zu machen, und für die Überlassung des Veröffentlichungsrechts herzlich gedankt. Frau A. Reuter/Cusanus-Geburtshaus, danke ich für die vielfältige Hilfe.

Einen ganz persönlichen Dank für ihr inneres und äußeres Engagement im Hinblick auf das Wiedererscheinen des Cusanus-Buches möchte ich Herrn Arnold Langen/Bollheim und Herrn Johannes Kühl/Dornach aussprechen. Die Umarbeitung des Buches auf elektronische Datenträger wäre ohne die Hilfe von Herrn Berthold Büscher/Bonn auf dem Computer nicht möglich gewesen. Dafür und für seine Hinweise sage ich Dank. Schließlich danke ich meiner Frau für ihr Verständnis gegenüber meinem fortwährenden schriftstellerischen Interesse am Werk des Nikolaus von Kues und für das aufwendige Korrekturlesen von Scantext und Neusatz.

Bonn, Anfang des Jahres 2001 *Ekkehard Meffert*

Aus dem Vorwort zur 1. Auflage

Es gibt in unserem Leben Namen, die schon beim ersten Erklingen eine geheimnisvolle Anziehungskraft auf uns ausüben, der wir uns nicht entziehen können. Solche Namen können fast beiläufig fallen, und doch schlagen sie sofort ‹Wurzeln› in der Seele. Einen solchen Namen können wir unser ganzes Leben lang nicht mehr vergessen. Für mich hatte der Name des deutschen Kardinals, Humanisten, Naturwissenschaftlers, Philosophen, Theologen und Mystikers Nikolaus von Kues (1401 – 1464) von Anfang an diese Anziehungskraft.

Nikolaus von Kues steht an der Epochen-Schwelle vom Mittelalter zur Neuzeit. Er ist auf der einen Seite ein christlicher Mystiker, auf der anderen Seite ein Vorläufer des Kopernikus. Vor allem aber schafft er die Grundlagen zu einer spirituellen Geistlehre. Nikolaus von Kues hat das merkwürdige Schicksal gehabt, mehrere Jahrhunderte in Mitteleuropa nahezu vollständig vergessen gewesen zu sein. Erst seit der Mitte des vorigen Jahrhunderts wurde er allmählich wieder entdeckt, ohne dass sein Werk bis heute ausgeschöpft wäre.

Mir ist der Name des Nikolaus von Kues zum ersten Mal in der Schulzeit begegnet, wobei mir nur der gewichtige Klang in der Stimme des Lehrers haften geblieben ist. Das genügte, um später, beim Studium der Philosophie an der Universität Frankfurt, wieder ergriffen zu sein, als in einer Vorlesung über mittelalterliche Philosophie zum zweiten Mal der Name des Nikolaus von Kues fiel. So schrieb ich meine philosophische Examensarbeit im Wintersemester 1961/62 bei Johannes Hirschberger († 1992), dem Ordinarius für katholische Religionsphilosophie, über «Das Schöpferische in der Geistlehre des Nikolaus von Kues».[4]

Bei der Auseinandersetzung mit der Geistlehre des Nikolaus von Kues ging mir auf, dass diese eine der ersten Grundlegungen einer Erkenntnistheorie innerhalb der deutschen Philosophie darstellt, und zugleich in großer Klarheit das menschliche Erkenntnisvermögen in vier Erkenntnisstufen gliedert. Das Herauskristallisieren von vier Erkenntnisstufen ist in dieser spezifischen Art und Weise dann wieder im deutschen Idealismus geleistet worden. In dessen Fortführung werden die vier Erkenntnisstufen auch von Rudolf Steiner in seiner Freiheitsphilosophie herausgearbeitet. So fand ich bei der Beschäftigung mit der Geistlehre des Nikolaus von Kues Erkenntniselemente, die mir in aller Deutlichkeit auf die Erkenntnistheorie Steiners hinzudeuten scheinen.

Das Studium der Philosophie liegt nunmehr vier Jahrzehnte zurück, und ich habe als Universitätslehrer heute ein anderes Fachgebiet zu vertreten, Geographie und Historische Geographie. Aber immer noch hat der Name des Nikolaus von Kues für mich eine starke Anziehungskraft, und seine Gedanken haben mich stets begleitet. Die Frucht dieses inneren Begleitens ist das vorliegende Buch. Dieses hätte nicht entstehen können ohne die Begriffserweiterung durch die Geisteswissenschaft. Dabei ergeben sich aufschlußreiche Gesichtspunkte für die Biographie und ihre Rhythmen im Zusammenhang mit dem philosophischen Werk.

Im Zentrum der Untersuchung steht der Versuch, die Geistlehre des Nikolaus von Kues mit der Erkenntnistheorie Rudolf Steiners zu vergleichen. Dies gilt insbesondere für die vier Stufen der Denkerkenntnis: Sinneswahrnehmung – Vorstellung – Verstand – Vernunft. Dadurch offenbart sich, in welch bedeutsamem Maße Nikolaus von Kues nicht nur ein Wegbereiter des neuzeitlichen Bewusstseins ist, sondern zugleich die Wege zu einer Steigerung und Spiritualisierung des Denkens weisen kann.

Bonn, Ostern 1982 *Ekkehard Meffert*

ERSTER TEIL:

DER LEBENSGANG
UND DAS WERK

ZUR EINFÜHRUNG:
PERSON UND WERK DES NIKOLAUS VON KUES IM ZEITENLAUF

Nikolaus von Kues in der deutschen Geistesgeschichte

Man kann sich fragen, welches aktuelle Interesse heute im anbrechenden 21. Jahrhundert die Beschäftigung mit einem Denker der ersten Hälfte des 15. Jahrhunderts – wie mit Nikolaus von Kues – noch hat. Gewiss, es gibt eine rein philosophiegeschichtliche Rezeption; aber wo liegt darüber hinaus die allgemeinmenschliche Bedeutung dieser Gestalt? Zwei Antworten seien gegeben - Die großen Persönlichkeiten, die an der Ausprägung des abendländischen Denkens mitgewirkt haben – und eine solche ist Nikolaus von Kues in hervorragendem Maße –, sind für das Bewusstsein jedes einzelnen von Bedeutung. Selbst der geschichtlich ganz Uninteressierte bedient sich heute der von diesen Persönlichkeiten mitgeprägten Denkformen. Um so bedeutungsvoller ist das bewusste Erinnern der Quellen dieses Denkens selbst.

Das Identitätsgefühl jedes einzelnen Menschen hängt zu einem großen Teil von der Fähigkeit des Erinnerns ab, wie tragische Fälle von Gedächtnisverlust zeigen. Wir können uns nur deshalb als Ich, als Individualität, als Persönlichkeit erleben, weil wir jeden Morgen mit der Erinnerung an den Vortag, an unser zurückliegendes Leben, anknüpfen können. Auf der Kontinuität unserer Erinnerung gründet sich unsere Individualität, wie sie in der Biographie ihren Ausdruck findet. Ohne die Kraft der Erinnerung würden wir den ‹Ariadnefaden› unserer Biographie nicht halten können.[5]

Dieses Gesetz, das für den Einzelnen gilt, hat auch für eine Menschengruppe, für ein Volk, für einen Kulturkreis seine Gültigkeit: Sie bedürfen alle zur Findung und Wahrung ihrer Identität der Erinnerung an die eigene Geistesgeschichte, insbesondere, sofern diese Bewusstseinsgeschichte ist. Das ist vornehmlich bei den großen Denkern und Philosophen der Fall, den ‹Merksteinen im Strom der Bewusstseinsgeschichte›.[6]

Daher formuliert Carl Zuckmayer mit Blick auf Nikolaus von Kues: «So trägt uns der Strom der Geistesgeschichte, wenn wir ihn zu seinen Ursprüngen und in die Vergangenheit verfolgen, plötzlich mitten in den gegenwärtigen Tag, denn für das Wehen des Geistes bedeutet ein halbes Jahrtausend nur einen Atemhauch.»[7]

Nikolaus von Kues ist bereits von seinen Zeitgenossen – Freunden und Gegnern gleichermaßen – als eine solche ‹Schlüssel-Persönlichkeit› seiner Zeit erkannt worden. So heißt es in dem ältesten literarischen Urteil, dem seines Moselaner Landsmannes und späteren Benediktiner-Abtes Johannes Trithemius (1462 – 1556): «Nikolaus von Cues ... war ein Mann des Glaubens und der Liebe, ein Apostel der Frömmigkeit und der Wissenschaft. Sein Geist umfasste alle Gebiete des menschlichen Wissens, aber all sein Wissen ging von Gott aus und hatte kein anderes Ziel als die Verherrlichung Gottes und die Erbauung der Menschen. Man kann daher aus seiner Wissenschaft wahre Weisheit lernen.»[8]

Dennoch hat Nikolaus von Kues das merkwürdige Schicksal gehabt, dass er mehrere Jahrhunderte lang im deutschen Geistesleben nahezu vollständig vergessen worden ist. So wie er in seiner eigenen Zeitepoche, dem 15. Jahrhundert, der einzige deutsche Philosoph von wirklich geistigem Rang war und daher ganz auf sich allein gestellt war (er stand außerhalb jeder Philosophenschule und wurde auch nicht Gründer einer solchen), so versank sein Werk auch wieder in den Bereich des Vergessens. Einer der letzten, der ihn dezidiert erwähnte, war Giordano Bruno (1548 – 1600), der 1588 am Ende seiner Wittenberger Gastvorlesungen den Deutschen zurief: «Die Weisheit hat ihr Haus auf sieben Säulen erbaut; es sind die sieben Wissenschaften. Dies Haus stand zuerst in Ägypten, dann in Persien, dann in Indien, dann in Italien; jetzt steht es in Deutschland. Die Deutschen sollen nicht glauben, dass ich ihnen schmeicheln will. Aber seit das Reich zu ihnen gekommen ist, findet man hier mehr Genie und Kunst als bei den andern Völkern. Wer war in seinen Tagen Albert dem Großen [Albertus Magnus] vergleichbar, wer dem Cusanus, der, je größer er ist, um so weniger zugänglich ist? Hätte nicht das Priesterkleid sein Genie da und dort verhüllt, ich würde anerkennen, dass er dem Pythagoras nicht gleich sei, sondern ein Größerer ... Gebe Gott, dass die Deutschen ihre Kraft erkennen und den Sinn auf große Dinge richten ...»[9]

Neben Giordano Bruno hat auch noch der große Astronom Johannes Kepler (1571 – 1630) Nikolaus von Kues gekannt. Kepler ist insbesondere von der mathematisch-geometrischen Mystik des Cusaners (z.B. in dessen Werk «De docta ignorantia», 1440) gefesselt. In seinem Erstlingswerk «Mysterium cosmographicum» (Weltgeheimnis, Tübingen 1597) belegt

Kepler den Cusaner mit dem Prädikat divus (göttlich).[10] Man darf als sehr wahrscheinlich annehmen, dass Kepler auch noch andere Schriften des Nikolaus von Kues gekannt hat, ohne dass dies aber eine äußere literarische Nachwirkung gehabt hätte.

Im Prinzip aber hat es den Anschein, als hätte Giordano Bruno mit seiner Verurteilung durch die römische Inquisition und durch seine Hinrichtung auf dem Scheiterhaufen auf dem ‹Campo dei Fiori› am 17. Februar 1600 das Wissen um den großen Cusaner mit in den Flammentod genommen.

Dennoch sind durch die Schriften des Giordano Bruno manche Gedanken des Cusanus späteren Denkern bekannt geworden, ohne dass sie aber noch an den Namen des Cusanus geknüpft worden wären. Ja, viele cusanische Gedanken wurden vielmehr Giordano Bruno selbst zugeschrieben. Auf diese Weise besteht z.B. eine tiefe denkerische Verwandtschaft zwischen Cusanus und Gottfried Wilhelm Leibniz (1646 – 1716). Aber Leibniz, der immerhin noch den Namen des Cusanus und indirekt auch dessen mathematische Versuche zur Kreisquadratur kannte, ist sich nicht voll bewusst gewesen, wie stark er cusanische Gedanken erneuerte.

Eine Ausnahme vom allgemeinen Vergessen macht Gotthold Ephraim Lessing (1729 – 1781), der einige Schriften des Cusaners gekannt zu haben scheint, vor allem die Schrift «Vom Frieden im Glauben» (De pace fidei, 1453), die von dem Braunschweiger Gymnasialprofessor Konrad Arnold Schmid übersetzt worden war. Es ist denkbar, dass der großartige Toleranzgedanke in Lessings «Nathan der Weise» durch diese Cusanische Schrift mit impulsiert worden ist.[11] Lessings Wiederentdeckung hat aber keine Nachwirkung, da Lessing vor der Ausführung seines Planes eines Kommentares zu «De pace fidei» stirbt.

J.W. Goethe (1749 – 1832) kannte weder den Namen noch die Schriften von Cusanus, und doch steht er ganz auf der großen geistesgeschichtlichen Problemlinie, auf der nach der Antike und dem Mittelalter als erster wieder Cusanus gestanden hatte. Als Friedrich Wilhelm Joseph Schelling (1775 – 1854) 1802 seine Abhandlung «Bruno oder über das göttliche und natürliche Prinzip der Dinge» schrieb, meinte er, sich auf Giordano Bruno zu beziehen, ohne jedoch zu wissen, dass Giordano Bruno den Koinzidenz-Gedanken von Cusanus hatte. Johann Gottlieb Fichte (1762 – 1814) und Georg Wilhelm Friedrich Hegel (1770 – 1831) scheinen ebenfalls nicht einmal mehr den Namen des Nikolaus von Kues gekannt zu haben, so gründlich war sein philosophisches Werk vergessen worden. Welche Festesstimmung hätte Hegel ergriffen, wenn ihm z.B. die erst 1888 wiedergefundene Schrift «Vom Nichtanderen» (De non aliud, 1462) bekannt geworden wäre.

Nicht ganz so nachhaltig war das Vergessen der mathematischen Leistungen des Cusaners, zumal er mit seinen Ansätzen aus dem antik-mittelalterlichen Substanzdenken herausführt und hinführt zum funktionalen Denken der Neuzeit, wodurch er das naturwissenschaftliche Zeitalter mit vorbereitet. Fritz Nagel hat in Fortführung von Ernst Cassirer überzeugend den lange übersehenen Einfluss des Cusaners auf Johannes Regiomontanus (1436 – 1476), Leibniz (1646 – 1716), die niederländische Mathematikerschule im Umkreis von Willebrord Snell (1580 – 1626), René Descartes (1596 – 1650) und Christian Huygens (1629 – 1695) sowie auf die englische Mathematik und Naturwissenschaft wie z.B. Sir Walter Raleigh (1552 – 1618), John Dee (1527 – 1608) und John Wallis (1616 – 1703) aufgezeigt.[12] Und Moritz Cantor bezeichnet Cusanus als «den einzigen genialen Kopf» unter den deutschen und italienischen Mathematikern.

Aus dem nicht ganz so schnell verebbenden historischen Erinnerungsstrom im kirchlichen Bereich heraus schrieb im Jahre 1730 der Jesuit Caspar Hartzheim eine allererste, dürftige lateinische Biographie: «Vita Nicolai de Cusa» (Treveris, 1730). Diese Schrift enthält kaum ein getreues und zureichendes Gesamtlebensbild, sondern mehr eine einseitige Skizze des kirchlichen Wirkens und dessen kirchengeschichtlichen Hintergrundes. Die Schrift blieb auch ohne Einfluss auf die gebildete Welt und konnte Cusanus nicht dem allgemeinen Vergessen entreißen.

Einer der ersten der gebildeten Welt, der Cusanus wiederentdeckte, ohne dass es allerdings allgemein bemerkt wurde, scheint Friedrich Schlegel (1772 – 1829) gewesen zu sein. In einem Brief an seinen Bruder vom 27. Juli 1807 heißt es: «Auch las und blätterte ich in Nicolaus Cusanus (Philosoph und Mathematiker, † 1465, aus Trier gebürtig, ward Cardinal, lebte teils in Deutschland, teils in Italien). Ein Philosoph in dem Sinne, dass Leibniz und solche ganz flach und seicht dagegen scheinen.» Er ist «wie der Grundstein vom festesten, gründlichsten Tiefsinn».[13] Als Schlegel dies über Cusanus schrieb, lagen die kostbaren Handschriften des Cusaners recht unbeachtet im Hospital zu Kues, auch die vier Renaissance-Drucke der Werke des Cusaners (Straßburg 1488, Mailand 1502, Paris 1514, Basel 1565) waren bibliophile Seltenheiten geworden.

Langsam wiederentdeckt für das allgemeine Geistesleben wurde Cusanus erst in der Epoche der Romantik, gegen die Mitte des 19. Jahrhunderts.[14] Als einen ersten Vorboten kann man die ausführliche Erwähnung des Cusaners ansehen, die in dem 1832 publizierten Geschichtswerk des Johannes von Müller über die «Geschichten Schweizerischer Eidgenossenschaft» erscheint. Hier findet sich im 9. Teil des Werkes eine meisterhafte und einfühlsame Kurzbiographie des Nikolaus von Kues.[15]

Im Jahre 1831 stellte die katholisch-theologische Fakultät zu Tübingen die Preisaufgabe, das Leben des Kardinals Nikolaus von Kues zu beschreiben. Daraufhin verfasste Franz Anton Scharpff eine ausführliche und grundlegende Biographie: «Der Cardinal und Bischof Nicolaus von Cusa. Erster Teil: Das kirchliche Wirken. Ein Beitrag zur Geschichte der Reformation innerhalb der katholischen Kirche des fünfzehnten Jahrhunderts» (Mainz 1843).[16] Scharpff schreibt in der Vorrede: «Immer zog mich doch die Vielseitigkeit des so ganz eigenthümlichen Mannes, das Bedeutungsvolle seiner Zeit, vor allem aber die Neuheit des Gegenstandes und das unverdiente Dunkel, in welchem Cusa bisher verborgen lag, zu der einmal begonnenen Arbeit hin» (1843, S. IV).*

Ein anderer früher Pionier, der mit zur philosophischen Wiederentdeckung des Cusaners beigetragen hat, ist der in Bonn lehrende Dozent F. J. Clemens gewesen mit seiner 1847 veröffentlichten Schrift «Giordano Bruno und Nicolaus von Cusa».[17] Im Jahre 1852 bzw. 70 erscheint in Wien die philosophische Abhandlung von Robert Zimmermann «Der Cardinal Nicolaus Cusanus als Vorläufer Leibnitzens».[18] Von historisch-kirchenpolitischer Seite aus gibt im Jahr 1847 J. M. Düx in Regensburg das gründliche zweibändige Werk «Der deutsche Kardinal Nikolaus von Kues und die Kirche seiner Zeit. – Zugleich eine Würdigung der großen Concilien des 15. Jahrhunderts» heraus.[19] Vom Gesichtspunkt eines Gegners des Cusaners geschrieben, erscheint 1861 in Innsbruck die historische Untersuchung von Albert Jäger «Der Streit des Cardinals Nicolaus von Cusa mit dem Herzog Sigismund von Österreich als Grafen von Tirol».[20] Im Jahre 1862 schließlich veröffentlicht F. A. Scharpff die wichtigsten Schriften des Nikolaus von Kues in deutscher Übersetzung.[21] Er stützt sich dabei auf die maßgebliche erste lateinische Gesamtausgabe der Werke des Cusaners, die Pariser Ausgabe von 1514

* Die neben dem Preisträger F. A. Scharpff eingereichte Schrift des Pfarrers Johann Ludwig Schmitt († 1877), die als verloren galt, wurde 1990 in der Bibliothek des Kapuzinerklosters Bad Mergentheim entdeckt und 1999 durch Pater Jan Bernd Elpert ofm cap. herausgegeben: «Beschreibung des Lebens und kirchlichen und literärischen Wirkens des Cardinals und Bischofs von Brixen Nikolaus Cusanus» Mitt. und Forschungsbeitr. der Cusanus-Gesellschaft Band 25 Paulinus-Verlag Trier 1999.

(Herausgeber: Faber Stapulensis; gedruckt in der Druckerei des Humanisten Badius). Aber schon die Pariser Ausgabe von 1514 war unvollständig, und damit bleibt es auch die Übersetzung von Scharpff; denn z.B. ein so wichtiges Werk wie «Vom Nichtanderen» (De non aliud) wird überhaupt erst 1888 wiederentdeckt und veröffentlicht.[22] In der Kulturkampfzeit wird von F. A. Scharpff 1871 das Buch veröffentlicht: «Der Kardinal und Bischof Nikolaus von Kues als Reformator der Kirche, des Reiches und der Philosophie». Seit den verdienstvollen Arbeiten von Scharpff hat insbesondere nach dem Ersten Weltkrieg eine gründliche und mühsame Cusanus-Forschung eingesetzt. Als eine Frucht erscheint im Jahre 1920 das grundlegende Werk des französischen Theologen und späteren Bischofs von Straßburg Edmond Vansteenberghe: «Le Cardinal Nicolas de Cues. L'action – la pensée».[23] Für den Marburger Philosophen Herrmann Cohen († 1918) wird Cusanus «nicht nur zum ersten deutschen großen Philosophen, sondern zum Begründer der deutschen Philosophie» schlechthin. Wenige Jahre später (1927) macht in Deutschland der Neukantianer Ernst Cassirer († 1945) in seinem Werk «Individuum und Kosmos in der Philosophie der Renaissance» durch seine berühmt gewordene Lobrede auf Cusanus dessen Werk einem breiteren Publikum bekannt.[24] Die von da an einsetzende neuere Cusanus-Forschung ist unauflöslich mit den Namen W. Beierwaltes, K. Flasch, M. Gandillac, H. Gestrich, R. Haubst, E. Hoffmann, G. Kallen, R. Klibansky, J. Koch, E. Meuthen, H.G. Senger, E. Vansteenberghe, P. Wilpert u.a.m. verbunden (eine komplette Aufzählung ist unmöglich; siehe Literaturverzeichnis bei K. Jacobi 1979). Seit 1932 wird von der Heidelberger Akademie der Wissenschaften an einer maßgebenden kritischen Ausgabe der Werke des Cusanus gearbeitet, deren zeitlicher Abschluss aber noch nicht abzusehen ist.[25] «Mit dieser Ausgabe erfüllt die Heidelberger Akademie eine Ehrenschuld gegenüber dem großen deutschen Denker, der an einem der wichtigsten Knotenpunkte der geistesgeschichtlichen Entwicklungslinien im Schnittpunkt des Mittelalters, der Renaissance und der Neuzeit zugleich steht.»[26] Im Auftrag der Heidelberger Akademie erscheinen zugleich die Schriften in deutscher Übersetzung,[27] und zwar nach den Handschriften ohne Auslassungen, ohne die Interpolationen der Pariser Ausgabe (1514) und ohne die zahlreichen Fehler des Basler Druckes (1565). Auch diese deutsche Ausgabe ist noch nicht abgeschlossen.[28] Daher erschien aus Anlass des 500-jährigen Todestages des Cusaners (1964) eine dreibändige Studien- und Jubiläumsausgabe der «Philosophisch-theologischen Schriften des Nikolaus von Kues» (lateinisch-deutsch), herausgegeben von Leo

Gabriel (übersetzt von D. und W. Dupré).[29] * Seit 1976 erscheinen außerdem im Auftrag der Heidelberger Akademie der Wissenschaften die «Acta Cusana – Quellen zur Lebensgeschichte des Nikolaus von Kues».[30]

Die Werke des Cusanus sind also wieder allgemein zugänglich, sein Name ist wieder bekannt. Es existieren ein «Cusanus-Institut» zunächst an der Universität Mainz (dann ab 1981 an der Universität Trier) und eine «Cusanus-Gesellschaft», die eine Buchreihe und eine wissenschaftliche Reihe «Mitteilungen und Forschungsbeiträge» (MFCG) herausgibt sowie bedeutende wissenschaftliche Symposien veranstaltet. Auch führen heute nicht nur manche Bildungsinstitutionen den Namen des Cusanus, z.B. sieben Gymnasien in Deutschland und eine Akademie in Brixen/Südtirol, sondern auch die Studienstiftung der deutschen Bischöfe zur Begabten-Förderung des akademischen Nachwuchses trägt seinen Namen. Außerdem haben zwei große Seniorenheime in Deutschland ihn zum Namenspatron des Hauses gewählt: die Cusanus-[Alten-] Akademie in Kues (Caritas) und das Nikolaus-Cusanus-Haus in Stuttgart (Freie Trägerschaft; anthroposophische Initiative).

Schließlich stehen am Moselufer in Kues seit über 500 Jahren das Geburtshaus des Kardinals und seine bedeutende Stiftung, das St. Nikolaus-Hospital, als Heim für ursprünglich 33 arme alte Menschen zwischen 1451 und 1458 erbaut, kanonisch errichtet am 3. Dez. 1458. Beide Gebäude wurden durch die Initiative des rührigen Vorsitzenden der Cusanus-Gesellschaft, Landrat i.R. Dr. Helmut Gestrich, aufs beste renoviert und ziehen Jahr für Jahr Tausende von Besuchern an, die so den Namen des Nikolaus von Kues in alle Welt hinaustragen.

* Alle Schriften des Cusaners werden im Folgenden in erster Linie nach der deutschen Übersetzung (im Auftrag der Heidelberger Akademie der Wissenschaften) in der Philosophischen Bibliothek des Felix Meiner Verlages, Hamburg 1949 ff., zitiert. In diesem Falle erfolgt keine weitere Kennzeichnung der Ausgabe. Wegen der Unvollständigkeit dieser Ausgabe werden einzelne Schriften des Cusaners in zweiter Linie nach der dreibändigen Jubiläums- und Studienausgabe in der Übersetzung von Dietlind und Wilhelm Dupré, (hrsg. von Leo Gabriel), Herder-Verlag, Wien 1964 – 67, zitiert. In diesem Falle erfolgt hinter dem Zitat der Vermerk: «Dupré». In dritter Linie wird nach dem Auswahlband der übersetzten Schriften (hrsg. von Hans Blumenberg), Sammlung Dieterich, Carl Schünemann Verlag, Bremen 1957, zitiert. In diesem Falle erfolgt die Zusatzbezeichnung «Blumenberg». Die Benutzung unterschiedlicher Übersetzungen erfolgt nicht nur nach pragmatischen Gesichtspunkten, sondern auch nach qualitativen Gesichtspunkten, da die einzelnen Übersetzungen selbst schon eine Interpretation darstellen und unterschiedliche Qualitäten zum Ausdruck bringen. Für Kenner wird die Hinzuziehung des lateinischen Textes sinnvoll sein. Hervorhebungen innerhalb der Cusanus-Zitate erfolgen durch den Referenten.

Es scheint symptomatisch, dass Gestalt und Werk des Nikolaus von Kues nach einer Zeit des Vergessens heute wieder verstärkt in das öffentliche Bewusstsein eintreten. Stets deutlicher wird die Gestalt des Nikolaus von Kues als eine solche erkannt, die – nach Leopold von Ranke (1795 – 1886) – zu jenen «einzelnen hervorleuchtenden Geistern gehört, in denen die Ideen, welche die Welt in Bewegung setzen, immer zuerst sich ankündigen».[31] In diesem Sinne steht Nikolaus von Kues nicht nur an einer Epochenschwelle, sondern er ist selbst ein Wegbereiter des modernen Bewusstseins. Dennoch droht auch heute eine Gefahr, nämlich die, dass Nikolaus von Kues nur fachphilosophisch, philologisch und historisch-kritisch ausgedeutet wird. Dann aber würde er seines zeitlosen spirituellen Gehaltes verlustig gehen und zum geistesgeschichtlichen Steinbruch für relativ wenige Fachgelehrte werden. Auf diese Gefahr hat der bedeutende Gegenwartsphilosoph Karl Jaspers 1964 mit den Worten hingewiesen: «Würde es bei der historischen Auffassung des Cusanus bleiben, so würde er abermals – in den Archiven der Historie untergebracht – vergessen werden. Er würde der Wirkung dessen beraubt, was er selbst eigentlich war und dachte. Die Aufgabe ist, gegen die historische Verzettelung ihn selbst zum Sprechen zu bringen ... Cusanus ist weder alt noch neu, nicht mittelalterlich und nicht modern. Er gehört in der Zeit dem zeitlosen Geist der Menschen an, die sich durch die Jahrtausende im Gleichen begegnen, wenn sie, gekleidet in die Gewänder ihrer Zeitalter und Völker, sich zurufen aus der Erfahrung des Menschenschicksals.»[32] *

Zur inneren Signatur der Zeitenwende Mittelalter – Neuzeit

Die Lebensspanne des Nikolaus von Kues (1401 – 1464) fällt in das ausgehende Mittelalter und den sich ankündigenden Schattenwurf des Umbruches zur Neuzeit (Zeitalter der Buchdruckerkunst, der Entdeckungen, der beginnenden Naturwissenschaft). Diese Zeitenwende ist aber nicht nur ein Umbruch im äußerlich historischen Sinne, sondern vor allem ein tiefgreifender innerer Bewusstseinsumschwung. Rudolf

* Ganz ähnlich äußerte sich in jüngster Zeit auch Kurt Flasch (1998), der auf die Gefahr einer Interpretation des Cusanus durch eine «vorstellungsmäßig-fixierende Verstandesphilosophie» hinweist und von der Gefahr einer «buchstabenorientierten Theologisierung des Cusanischen Denkens» spricht.[33]

Steiner nennt das Jahr 1413 als Markierungsdatum für die Schwelle zwischen der griechisch-lateinischen Kulturepoche und dem Beginn des heutigen Kulturzeitraumes. Als umschreibende geschichtliche Parallel-Daten könnte man anführen: 1413 der Anschlag von 6 Thesen des böhmischen Reformators Jan Hus in der Bethlehem-Kapelle zu Prag, 1414 der Beginn des Konstanzer Konzils, 1415 die Verbrennung von Jan Hus als angeblicher Ketzer in Konstanz und als ganz verborgenes Ereignis 1413 die Begründung des Rosenkreuzer-Ordens. Immer ist damit auf den Keimpunkt eines neuen Bewusstseinszustandes im Abendland hingewiesen, der sich von da an entwickelt. Das Datum 1413 ist also nicht so sehr im äußerlich-historischen Sinne gemeint, denn es markiert nicht etwa das Ende des Mittelalters, sondern es ist mehr im symptomatologischen, d.h. vor allem im bewusstseinsgeschichtlichen Sinne gemeint. Es ist approximativer Markstein für den gewaltigen Paradigmenwechsel, d.h. den Bewusstseinsumschwung der abendländischen Menschheit. Während Steiner vom Bewusstseinszustand der Menschen her die antik-mittelalterliche Welt (griechisch-lateinisch-mittelalterliche Kulturepoche) als Zeitalter der ‹Verstandes- oder Gemütsseele› bezeichnet, charakterisiert er den Bewusstseinszustand der Menschen der Neuzeit als denjenigen der ‹Bewusstseinsseele›.

Das Begreifen dieses Bewusstseinsumschwunges im 15. Jahrhundert hielt R. Steiner für das vorrangige Erkenntnisziel des Geschichtsunterrichtes der Mittelstufe der Schule, denn «es ist dies der allerwichtigste Zeitraum, auf den man viel Sorgfalt verwenden muss; er ist wichtiger sogar als das Nächstfolgende.»[34]

In den Bewusstseinsumschwung von der Verstandesseele zur Bewusstseinsseele, d.h. von der griechisch-lateinischen zur neuzeitlichen Kulturepoche (siehe Exkurs zum Begriff der Bewusstseinsseele bei Rudolf Steiner unter Anm. 35) fällt die Lebensspanne des Nikolaus von Kues. Er hat selbst diese Zeitenwende bemerkt, wenn er in seiner Frühschrift «De concordantia catholica» (1433) schreibt, es sähe so aus, als ob sich der Kreis einer ganzen Umdrehung in Kürze schließen wolle. Selbst in seiner Sprache kommt dieser Umbruch zum Ausdruck: Als Priester der Römischen Kirche schreibt er seine Werke noch in Latein, seine Predigten aber hält er schon in der deutschen Volkssprache.

Kulturhistorisch kann man das 15. Jahrhundert noch zum ausklingenden Mittelalter rechnen, aber die Neuzeit kündigt sich bereits unüberhörbar an. Die italienische Renaissance mit ihrer überstarken Betonung der Individualitätskräfte gegenüber dem Gruppenbewusstsein des Mittelalters beginnt im Quattrocento. Nun bricht dieser Individualitätsim-

Tabelle 1: Aus dem Jahrhundert des Nikolaus von Kues (15. Jhd.)

1400	Johannes Gutenberg geboren
1401	Nikolaus von Kues geboren
1412	Jeanne d'Arc geboren
1413	Beginn des Bewusstseinsseelen-Zeitalters (nach R. Steiner)
1415	Eröffnung der Entdeckungsexpeditionen durch Prinz Heinrich den Seefahrer von Portugal
1414 – 18	Konzil zu Konstanz; Johann Hus als Ketzer verbrannt, Beilegung der großen Kirchenspaltung (Schisma)
1419 – 33	Hussitenkriege in Böhmen
1422	Erste Belagerung von Konstantinopel durch die Türken
1431	Jeanne d'Arc in Rouen verbrannt (Hundertjähriger Krieg England-Frankreich: 1339-1453)
1431 – 37	Reformkonzil zu Basel (Beilegung der Hussitenkriege)
ab 1440	Welle einer umfangreichen Papierherstellung in Deutschland
1450	Gutenberg druckt in Mainz
1452	Leonardo da Vinci geboren
1451/52	Große Legations- und Reformreise des Cusanus durch Deutschland
1453	Eroberung Konstantinopels durch die Türken (28. Mai)
1456	Die Türken dringen nach Griechenland vor
1459	Gründung der Academia Platonica in Florenz durch Cosimo de Medici
1460	Matthias Grünewald geboren (nach anderer Auffassung: ca. 1480)
1464	Nikolaus von Kues gestorben (11. August in Todi / Italien)

1469	Macchiavelli geboren
1471	Dürer geboren; Thomas a Kempis gestorben
1473	Kopernikus geboren
1475	Michelangelo geboren
1481	Inquisition beginnt in Spanien
1483	Martin Luther geboren; Raffael geboren
1484	Ulrich Zwingli geboren
1491	Ignatius von Loyola geboren
1492	Columbus entdeckt Amerika
1493	Paracelsus geboren
1498	Savonarola verbrannt

Amtszeiten

1411 – 37	Kaiser Sigismund, der starken Einfluss auf die Konzilien zu Konstanz und Basel nahm
1438 – 39	Kaiser Albrecht II.
1440 – 93	Kaiser Friedrich III. aus dem Hause Habsburg, eine bedächtige, zähe Herrschernatur

1417 – 31	Papst Martin V. (Odo de Colonna), Konstanzer Konzilspapst, wenig reformfreudig
1431 – 47	Papst Eugen IV. (Gabriele Condulmaro), Gegner des Konzils zu Basel
1447 – 55	Papst Nikolaus V. (Thomas Parentucelli), einstiger Sekretär von Kardinal Albergati und Mitstreiter des Cusanus, feinsinniger Gelehrter, Begründer der vatikanischen Bibliothek
1455 – 58	Papst Kalixtus III. (Alfonso Borgia), spanischer Abkunft, ohne literarische Neigung
1458 – 64	Papst Pius II. (Enea Silvio Piccolomini), humanistischer Freund des Cusanus, universal gebildeter Historiker und Humanist

puls vollends durch. Insbesondere der selbstbewusste Bürgerstand tritt in neue Machtpositionen ein. In Deutschland verfestigt sich politisch gesehen der Partikularismus der eigenständigen Territorialfürsten, während außerhalb des Reiches selbstbewusste Nationalstaaten entstehen (Frankreich als monarchistischer Einheitsstaat; England als parlamentarisch kontrollierte Monarchie), die das Ende der überstaatlichen Einheit des Mittelalters herbeiführen. Von außen wird das christliche Abendland durch den Einbruch der islamischen Türken bedroht (Eroberung von Konstantinopel 1453); im Innern bahnen sich große geistige Umbrüche an. Das zeigen bereits symptomatisch die Namen der in diesem Jahrhundert lebenden Persönlichkeiten, die einen Eindruck der gewaltigen Spannung dieser Zeit vermitteln (siehe Übersicht: Aus dem Jahrhundert des Nikolaus von Kues). So lebt z.B. in diesem Jahrhundert einerseits der Mystiker Thomas a Kempis, andererseits wird der Machttheoretiker Macchiavelli geboren; es werden Jeanne d'Arc, Jan Hus und später Savonarola verbrannt; es werden aber auch Nikolaus Kopernikus und Martin Luther geboren.

Aus den *inneren Entwicklungsimpulsen* des ausklingenden Mittelalters sollen drei Strömungen herausgegriffen werden, die symptomatisch für den Bewusstseinsumschwung sind und die in das Leben des Cusanus selbst hineinwirken. Da ist auf der einen Seite der Bereich des *Wissens* und der *Wissenschaft.* Hier beginnt sich das Verhältnis des Menschen zur Welt und zur Natur grundlegend zu verändern. Es bahnt sich ein totaler Umbruch in den erkenntnismäßig-wissenschaftlichen Vorstellungen an. Aber auch die Form der Wissensübermittlung erfährt einen tiefgreifenden Wandel. Charakteristisch dafür ist die Gestalt des Johannes Gutenberg, der im Jahre 1400 in Mainz geboren wird. Auf der Grundlage der seit 1440 einsetzenden Welle einer umfangreichen Papierherstellung in Deutschland verhilft er durch seine Erfindung der Schriftsetzerei mittels beweglicher Metallbuchstaben der ‹Schwarzen Kunst› des Buchdrucks ab 1450 zum Durchbruch. Nicht mehr die mündliche Überlieferung oder die auf Pergament gemalte lebendige Handschrift, sondern die starre, tote, von Metall-Lettern gedruckte Buchstabenkombination des Papierbuches wird Träger der Wissensübermittlung. Man kann in diesem Erstarren und Ersterben eine weitere Stufe im Todesprozess des Wortes erblicken. Nicht nur eine gewaltige quantitative Ausweitung, sondern vor allem auch eine qualitative Veränderung der Wissensübermittlung ist damit verbunden, ohne die freilich die moderne Zeit und Wissenschaft nicht denkbar wäre. Die Erfindung des vom lebenden Wort gelösten mechanischen Buchdruckes hängt aufs engste mit den heraufkommenden neuen Bewusstseinskräften zusammen, welche dem Menschen die Aufgabe stellen, aus dem Toten den Geist auferstehen zu lassen. Nikolaus von Kues als ein Exponent dieser neuen Bewusstseinsepoche hat die Bedeutung des Buchdrucks zweifellos klar erkannt und als notwendig gefördert. Offensichtlich war er es, der den Abt und späteren Bischof Johannes Andrea de Bussi, der von 1458 an sein ständiger Sekretär war, dazu anregte, die erste Buchdruckerei in Italien einzurichten, was dieser 1465 im Benediktinerkloster Subiaco bei Rom in die Tat umsetzte (siehe Exkurs: Nikolaus von Kues und Johannes Gutenberg als Zeitgenossen unter Anm. 36). Auch die Hospitalbibliothek im Cusanus-Stift in Kues spiegelt den Umbruch in der Wissensübermittlung wider, der mit der Buchdruckerei einsetzte, indem sie neben den alten Handschriften über 130 Wiegendrucke der ‹schwarzen Kunst› enthält. Persönlich erworben hat Nikolaus von Kues davon noch das 1460 in Mainz gedruckte «Catholicon» des Johannes Balbus, eine Art etymologisches Wörterbuch. Ganz offensichtlich hat Cusanus sogar geplant, seine eigenen Werke noch drucken zu lassen, als er sie gegen Ende seines Lebens neu bearbeitete (um 1462) und geschlossen abschreiben ließ. Erstmalig in schwarze Lettern gesetzt und gedruckt wurden sie allerdings erst 1488 von Martin Flach in Straßburg, dann 1502 in Mailand (Hrsg. R. Pallavicini), 1514 in Paris (Hrsg. Faber Stapulensis) und 1565 in Basel (Drucker Henricus Petri).

Zu den großen Wandlungen auf dem Gebiet des Wissens und der Wissenschaft im 15. Jahrhundert gehören vor allem die Anfänge der exakten Naturwissenschaften mit ihrer Vorherrschaft von Experiment, Beobachtung, Messung und Berechnung. Sie schaffen in der abendländischen Menschheit einen völlig neuen Bewusstseinszustand gegenüber der Welt des Offenbarungsglaubens im Mittelalter. Der Mensch beginnt in jeder Beziehung das endliche, festgefügte Weltbild des Mittelalters zu durchbrechen (siehe Abb. 2). Das ‹Buch der Offenbarung› schlägt zu, es beginnt das ‹Lesen im Buch der äußeren Natur›, das freilich zunächst noch ein Buchstabieren ist. Im 15. Jahrhundert, d.h. in der Spanne zwischen Nikolaus von Kues und Nikolaus Kopernikus, liegt der eigentliche bewusstseinsmäßige Entstehungszeitraum der abendländischen Naturwissenschaft.

Nikolaus von Kues ist als hervorragender Mathematiker und Astronom auf der einen Seite selbst schon ein Exponent dieses neuen Bewusstseinszustandes. So nimmt er durch rein philosophische Gedankengänge die Ansicht des Kopernikus voraus, dass die Erde nicht Mittelpunkt eines begrenzten festgefügten Kosmos sein könne, sondern sich auch bewege. Er schreibt im zweiten Buch der «Gelehrten Unwissenheit» (De docta ignorantia, 1440): *«Da die Erde also nicht Mittel-*

punkt sein kann, kann sie *auch nicht ohne jede Bewegung sein.* Denn sie muss sich so bewegen, dass sie sich auch unendlich weniger bewegen könnte. Wie die Erde nicht Mittelpunkt ist, so ist auch nicht die Fixsternsphäre ihr Umkreis» (Dupré, S. 391).

Damit ist für Cusanus die Erde nicht mehr der unbewegliche Mittelpunkt eines Systems umeinanderliegender Kugelschalen, der Himmelssphären, sondern ein Planet unter Planeten. Aber Cusanus geht schon über Kopernikus hinaus, indem für ihn auch die Sonne nicht das absolute Zentrum des Weltalls ist, weil in der Unendlichkeit des Kosmos jeder Punkt Mittelpunkt sein kann und deshalb kein einziger Punkt der ausschließliche Mittelpunkt ist. Er sagt: «Nachdem wir die verschiedenen Bewegungen des Weltkreises betrachtet haben, ist es unmöglich anzunehmen, dass der Weltbau diese sichtbare Erde, oder *irgend* etwas anderes als festes und unbewegliches Zentrum besitzt.» «Jeder Teil des Himmels muss sich bewegen ...» (Dupré, S. 393).

Dass sich Cusanus auch nach der Entstehung von «De docta ignorantia» (1440) intensiv weiter mit astronomischen Problemen beschäftigt und seine philosophische Auffassung durch astronomische Detailbeobachtungen zu untermauern versucht, zeigt der Kauf von astronomischen Geräten im Jahre 1444 in Nürnberg (diese ältesten astronomischen Geräte Deutschlands sind heute im Cusanus-Stift in Kues zu sehen). Aus dieser Zeit (frühestens Ende 1444) stammt auch eine aufgefundene astronomische Handschrift mit Anmerkungen des Cusaners (Cod. Cus. 211 fol. 55V), in welcher er seine revolutionäre Auffassung selbstbewusst noch einmal vertritt, wenn er schreibt: «Zweitens habe ich das Urteil gewonnen, dass diese unsere Erde *nicht feststehend sein kann, sondern bewegt wird* wie andere Sterne. Aus diesem Grunde wird sie über den Polen des Weltalls hin und her gerollt – wie sich Pythagoras ausdrückt – annähernd einmal an einem Tag und in einer Nacht ...». Das sind wahrlich revolutionäre Worte, wenn man bedenkt, dass für eine solche Auffassung später Galilei vor dem Inquisitionsgericht steht und Giordano Bruno auf dem Scheiterhaufen endet. Ob dieser revolutionäre Gehalt auch der Grund dafür ist, dass seine, in ihrer Existenz vermutete, eigenständige Schrift «Über die Gestalt der Welt» (De figura mundi, 1462. Hinweis darauf in der Schrift De venatione sapientiae, 1463), die Cusanus offensichtlich in Orvieto zwei Jahre vor seinem Tode vollendete, bis zum heutigen Tag verschollen ist? Waren die Auffassungen des deutschen Kardinals doch zu bahnbrechend?

In einer anderen Schrift ist Cusanus ebenfalls Exponent des neuen naturwissenschaftlichen Bewusstseins, nämlich in «Der Laie über die

Abb. 2: Der Mensch durchbricht den endlichen Kosmos des Mittelalters. Der Holzschnitt zeigt das nachempfundene mittelalterliche Weltbild: Sonne, Mond und Sterne umkreisen als Himmelsgewölbe die feststehende Erde; der Mensch aber steckt bereits den Kopf durch dieses endliche Firmament. Die Aussage des Holzschnittes ist symptomatisch für die geistige Situation des Jahrhunderts des Nikolaus von Kues. Nikolaus ist selbst als gedanklicher Vorläufer des Kopernikus ein Exponent dieses Umbruches, indem er das festgefügte, begrenzte ptolemäische Weltbild in Frage stellt und von der Unendlichkeit des Kosmos spricht. Außerdem erkennt er aufgrund seiner philosophischen Spekulation eindeutig, dass die Erde nicht feststehen kann, sondern sich auch bewegen muss. (Holzschnitt aus: Camille Flammarion, 1888) Zur Herkunft des Bildes, deren Aufklärung einer Detektivgeschichte ähnelt, vgl. den Exkurs zum Holzschnitt von C. Flammarion unter Anmerkung 37.

Versuche mit der Waage» (Idiota de staticis experimentis, 1450). In dieser Schrift begründet Cusanus aus philosophischen Erwägungen heraus den Gedanken der universellen Wägbarkeit und Messbarkeit der Materie, ohne damit aber den quantitativen Aspekt der Welt als den primären oder gar den einzig möglichen anzusehen.

Analog zu dem Gebiet des Wissens bahnt sich auf dem *Gebiet des Glaubens* ein großer Umschwung an. So machen sich z.B. durch den Engländer John Wiclif (1320 – 1384) und den Böhmen Johann Hus (1369 – 1415) starke vorreformatorische Impulse bemerkbar. Eine solche Zentrallehre wie das kultische Abendmahl gerät ins Wanken, indem z.B. Wiclif nicht nur das Papsttum, den Ablass, die Ohrenbeichte und den Reliquiendienst ablehnt, sondern vor allem auch die Transsubstantiationslehre verwirft. Er sagt, es sei ein Irrtum, dass der Priester in der Messe durch die Wandlung des Brotes den Leib Christi ‹erschaffe›; die Hostie sei und bleibe nur das symbolische Zeichen der ständigen Gegenwart des Herrn. An die Stelle der Sakramentskirche und des Kultus setzt er das von ihm in die englische Landessprache übersetzte Evangelium, das durch von ihm ausgebildete Wanderprediger verbreitet wird. Der von Wiclif beeinflusste wirkungsvolle böhmische Volksprediger Johann Hus lässt 1413 in der Bethlehem-Kapelle in Prag nachts die wichtigsten Sätze aus seinem Traktat «Von den sechs Irrlehren» an die Kirchenwand anmalen und facht damit die böhmische Volksreformation mächtig an. Andererseits aber hält er, wie nach ihm auch Luther, zunächst an dem Mysterium der Eucharistie fest, zumindest der äußeren Form nach. Erst später werden seine Anhänger den Laienkelch fordern und das Abendmahl als bloß symbolische Erinnerung an weißen Tischen feiern.[38]

Die römische Amtskirche selbst befindet sich durch die große Kirchenspaltung (1378 – 1415) mit zwei, ja zeitweise drei Päpsten, die sich gegenseitig als Antichrist bezeichnen, in einer tiefen äußeren und inneren Krise. Auch hier wirft die Zeitenwende ihre Schatten voraus. So wird das 15. Jahrhundert zum Jahrhundert der großen Reformkonzilien. Das Konzil zu Konstanz (1414 – 1418) kann zwar die große Kirchenspaltung (Schisma) überwinden, aber es löst durch die Verdammung von Wiclif und Hus als Ketzer, vor allem aber durch die Verbrennung von Hus auf dem Scheiterhaufen, gleichzeitig das Hussitische Schisma und die böhmischen Glaubenskriege aus. Das Reich wird durch die Hussitischen Heere, die bis Bamberg, Leipzig und Berlin vordringen, ernsthaft bedroht. Erst das in Konstanz beschlossene allgemeine Reformkonzil zu Basel (1431 – 1449) kommt zu einem Friedensschluss mit den Hussiten (Prager Kompaktanden 1433). Gleichzeitig aber bricht der Gegensatz zwischen dem alleinigen Machtanspruch des Papstes (Kuriale Theorie) und der reformgesinnten Konzilsmehrheit in Basel auf, die nach der Konziliaren Theorie feierlich postuliert, dass die Konzilsmehrheit über dem Papst stehe. Deutlich bahnen sich damit jene Dispute an, die später zur Reformation führen. Alle diese Aufbruchszeichen sind Symptome des beginnenden Bewusstseinsumschwunges der abendländischen Menschheit.

Nikolaus von Kues ist schicksalsmäßig in diese vorreformatorische Entwicklungsströmung durch seine Teilnahme am Basler Konzil mitten hineingestellt. Er zeigt durch sein dort verfasstes gesamtabendländisches Reformprogramm (De concordantia catholica, 1433), dass er die tieferen, zur Reform drängenden Zeitimpulse deutlich erkennt. Auch durch sein späteres Wirken auf den deutschen Reichs- und Fürstentagen, dann durch seine große Legations- und Reformreise durch Mitteleuropa und schließlich gegen Ende seines Lebens durch sein Bemühen um eine *reformatio generalis* der Kirche und der römischen Kurie ist er mit dieser äußeren Umbruchsströmung des Zeitenschicksals eng verknüpft. Dabei geht sein Bestreben dahin, durch Eintracht (*concordantia*) und durch Reform (statt Reformation) die Einheit des Abendlandes zu erhalten. Bereits in seinem Kompromissvorschlag in der Hussitenfrage, d.h. in seinem Traktat «De communione sub utraque specie» (Von der Kommunion in beiderlei Gestalt) in Basel 1433 sucht er den Konsens mit den Andersdenkenden. Innerlich ringt Cusanus als kniender und praktizierender Priester um ein Verständnis der zentralen Kultuswahrheiten, insbesondere der Abendmahlslehre, wobei aber der Kultus für ihn nicht nur einen Glaubens-, sondern auch einen Gedankenweg zum Göttlich-Geistigen darstellt.

Den äußeren Umbrüchen im Kirchen- und Kultusgebiet steht eine mehr verborgene *innere Erneuerungsströmung* gegenüber (siehe Abb. 3, S. 37). Es sind dies die *Mystik* und die *devotio moderna,* z.B. die Laienbewegungen der «Gottesfreunde» und der «Brüder vom Gemeinsamen Leben», hinter denen zwei historisch kaum fassbare okkulte Strömungen (Gottesfreundschaft und Rosenkreuzertum) stehen.

Die Mystik blüht in Deutschland auf, angeregt durch den im 12. und 13. Jahrhundert vom Abendland wieder entdeckten Neuplatonismus, und entbindet starke religiöse Gemütskräfte. Sie ist aber nicht nur ein Reflex auf die stark gedankenbetonte Scholastik und den heraufziehenden Nominalismus, sondern Ausdruck einer neuen Gottessuche im Innern des Menschen. Es wird deutlich erlebt, dass das Bild Gottes abgeblasst ist und Gott vom Verstandesdenken nicht mehr erreicht werden kann. Dass die Mystik dennoch nicht gedankenleer ist, zeigt deutlich die Gestalt des zuletzt in Köln wirkenden Dominikaner-Magisters Meister

Eckhart (ca. 1260 – 1327), von dem Cusanus sehr stark beeinflusst ist. Seine Mystik entstammt nicht einer ekstatischen Verzückung der Seele, sondern stellt einen fast nüchtern zu nennenden Weg dar, Gott in der eigenen Seele lebendig zu machen. Ein von tiefer christlich-mystischer Hingabe erfüllter Volksprediger ist der Eckhart-Schüler Johannes Tauler in Straßburg (1300 – 1360), der nach seiner Begegnung mit dem geheimnisvollen, ihn fernerhin inspirierenden «Gottesfreund vom Oberland» eine völlige Seelenumwandlung und dadurch eine gewaltige Steigerung seiner Predigerkraft erfährt. In der oberdeutschen Laienbewegung der «Gottesfreunde» entsteht eine von tiefster christlicher Hingabe erfüllte Devotionsbewegung. Als ein Beispiel dieser volkstümlichen, mystischen Laienströmung darf der Nationalheilige und Schutzpatron der Schweiz, Nikolaus von Flüe (1417 – 1487) genannt werden, der ein Zeitgenosse des Nikolaus von Kues ist. Er führt als Bauer, Analphabet und kirchlicher Laie zwanzig Jahre lang in einer abgelegenen Bergklause Obwaldens ein stilles Gebets- und Meditationsleben, dabei jahrelang nur die Hostie als Nahrung zu sich nehmend.

Das mehr lebenspraktische Pendant der oberdeutschen Bewegung der Gottesfreunde ist die von Holland ausgehende niederdeutsche Laienbewegung der «Brüder vom Gemeinsamen Leben», die in der Tradition der flämischen Mystik eines Johannes Ruysbroek (1293 – 1381) und des Holländers Geert Groote (1330 – 1384) steht. Aus ihr geht der Zeitgenosse des Cusaners, Thomas a Kempis (1380 – 1471) hervor. Er schreibt im Kloster Agnietenberg bei Zwolle Teile jener vier Bücher über die «Nachfolge Christi», die nächst der Bibel zu den meistgelesenen Schriften des Mittelalters werden.

Die mystisch-christlichen Erneuerungsströmungen werden inspiriert von einer geheimnisvollen (historisch nicht ganz fassbaren) Persönlichkeit, die die Überlieferung den «Gottesfreund vom Oberland» oder den «Alten vom Berge»[39] (ca. 1300 – 1382) nennt. Der Gottesfreund steht ganz darinnen in der esoterisch-christlichen Tradition des historisch ebenfalls nicht ganz fassbaren Paulus-Schülers Dionysius Areopagita (um 50 bzw. 500 nach Chr.), in dem das Mittelalter den Begründer der christlich-esoterischen Schulung überhaupt erblickt. Es ist charakteristisch für die mystisch-christlichen Erneuerungsströmungen der *devotio moderna,* dass die hinter ihr stehenden Initiationsprinzipien nur punktuell in das Licht der Geschichte treten, indem z.B. der verborgene Gottesfreund vom Oberland initiierend in die Biographie des Meisters Eckhart und besonders deutlich in das Leben des Johannes Tauler einwirkt.

Gänzlich im Verborgenen schließlich wirken im Sinne des großen Bewusstseinsumschwunges zur Bewusstseinsseele hin die *Rosenkreuzer.* Hinter ihnen steht inspirierend die Gestalt des Christian Rosenkreuz[40], der von ca. 1378 bis ca. 1484 lebte. Die Lebenszeit des Nikolaus von Kues fällt also zusammen mit der bedeutsamen Inkarnation von Christian Rosenkreuz im 15. Jahrhundert. Christian Rosenkreuz geht zunächst nach dem Orient, um die alte östliche Weisheit mit dem abendländischen Geistesleben später verbinden zu können. Dann begründet er nach seiner Rückkehr aus dem Orient 1413 die Rosenkreuzer-Bruderschaft *Fraternitas Rosae Crucis.* Das Jahr 1413 markiert zugleich den Beginn des Bewusstseinsseelen-Zeitalters (symptomatologisches Datum). Im Jahre 1459, also zu Lebzeiten des Zeitgenossen Nikolaus von Kues, erlebt Christian Rosenkreuz die «Chymische Hochzeit» (vgl. Johann Valentin Andreae: Die Chymische Hochzeit des Christian Rosenkreuz, 1604). Er wird innerhalb der streng abgeschlossenen Rosenkreuzer-Bruderschaft zum *eques lapidis aurei*, zum «Ritter des goldenen Steines» erhoben. Es handelt sich bei diesen Ausdrücken um Bildbezeichnungen, die das Erreichen einer sehr hohen Einweihungsstufe andeuten. Christian Rosenkreuz wirkt seit dieser Einweihung stark inspirierend auf die beginnende Kulturepoche des Bewusstseinsseelen-Zeitalters ein, so wie vordem der «Gottesfreund vom Oberland» die Strömung der Gottesfreundschaft und Mystik *(devotio moderna)* inspiriert hat.[41] Ein Motiv verbindet unausgesprochen das Wirken des Nikolaus von Kues mit dem des Christian Rosenkreuz: Es ist das Bemühen um Ausgleich zwischen dem alten Weisheitsweg des Ostens und dem Weg des Westens. Dem östlichen Weisheitsstrom begegnet Nikolaus von Kues nicht nur auf seiner Reise nach Konstantinopel, sondern dieser fließt über Platon, Plotin, Proklos und vor allem Dionysius Areopagita unaufhörlich in sein Werk ein. Aber dieses östliche Weisheitselement wird bei Cusanus zu einem Ausgleich gebracht mit dem Denkerkenntnis-Element des europäischen Westens und so zu einem Weg der Mitte umgeschmolzen.

Nikolaus von Kues ist den innerlichen mehr oder minder verborgenen christlichen Erneuerungsbewegungen der *devotio moderna* tief verbunden. Immer wieder führt ihn sein Schicksal zu Kontakten mit diesen Strömungen, die freilich charakteristischerweise nicht immer historisch-dokumentarisch belegbar sind, was schon für seine eventuelle Erziehung bei den Brüdern vom Gemeinsamen Leben in Deventer/Holland gilt. Aber sein ganzes philosophisches und theologisches Lebenswerk strömt doch jene meditative Versenkung und zugleich christliche Demut aus, die der echten Mystik und der *devotio moderna* eigen ist. Auch dies sind Seelenkräfte, die den Umschwung zum «Bewusstseinsseelen-Zeitalter» begleiten. So ist Cusanus zwischen die zum Umbruch drängenden Aufbruchs- und Erneuerungsbewegungen hineingestellt, sie gleichsam als Brücke miteinander verbindend.

Es ist Herbst des Mittelalters, ein apokalyptisches Zeitalter, und in dieser beginnenden Zeitenwende steht die Gestalt des Nikolaus von Kues, der wie in einem Brennspiegel die Strahlen der untergehenden Weisheitssonne des Mittelalters sammelt, um sie in die Zukunft zu projizieren. Selbst Exponent beider Zeitalter, schafft er mit der ganzen Kraft seines denkerischen Mutes einen kühnen Brückenschlag vom Mittelalter zur Neuzeit, von der «Verstandesseele» zur «Bewusstseinsseele». Nur aus dem Doppelantlitz dieser Zeitenwende und den in ihr lebenden polaren inneren Entwicklungsimpulsen heraus lassen sich auch die scheinbar so widersprüchlichen Züge im Lebensgang des Nikolaus von Kues verstehen. Es ist interessant, in der Biographie des Cusaners zu verfolgen, wie die polaren Geistesströmungen in sein Schicksal hineinwirken, ja, wie er selbst sich einmal mehr zu der verborgenen Erneuerungsströmung hinwendet (Mystik, Gottesfreundschaft, Brüder vom Gemeinsamen Leben), ein andermal sich mehr in das Getriebe der vorreformatorischen Umbruchströmung stürzt (Konzil zu Basel, große Legationsreise, Generalreform der Kurie). Man wird aber in den Rhythmen seiner Biographie nicht nur diesen großen polaren Pendelschlag bemerken, sondern auch das stete Bemühen, die Polaritäten zu verbinden und zu einem inneren Ausgleich zu führen. Bis in sein tagtägliches Leben hinein sind beide Strömungen stets vorhanden: meditative Einkehr (Andacht, Gebet, Versenkung, d.h. *vita contemplativa*) und rastloses soziales Wirken im äußeren Leben (*vita activa*).* Die graphische Darstellung der inneren Entwicklungsimpulse des 14. und 15. Jahrhunderts als einer Epochenschwelle innerhalb der Bewusstseinsentwicklung versucht aufzuzeigen, inwiefern Nikolaus von Kues in diesem doppelten Sinne eine ‹Mittler- und Brückengestalt› ist: zum einen zwischen zwei Bewusstseinsepochen, zum anderen zwischen den polaren Umbruchströmungen seiner Zeit.[42]

* Die graphische Darstellung ‹Innere Entwicklungsimpulse an der Epochenschwelle› ist bewusst polar aufgebaut, um den Spannungsbogen zwischen der lauten Außenseite und der verborgenen Innenseite der Zeit graphisch zum Ausdruck zu bringen. Es leben darin die alten Gegensätze: *vita contemplativa – vita activa; ora – labora;* Mönch – Handwerker. So wie in den Laienbruderschaften des 15. Jahrhunderts (z.B. der ‹Brüder vom gemeinsamen Leben›) der Impuls wirkt, diese beiden Bereiche zusammenzuführen, so auch in der Biographie des Cusanus.

Abb. 3: Innere Entwicklungsimpulse an der Epochenschwelle im 14./15. Jahrhundert

Innere Entwicklungsimpulse an der Epochenschwelle

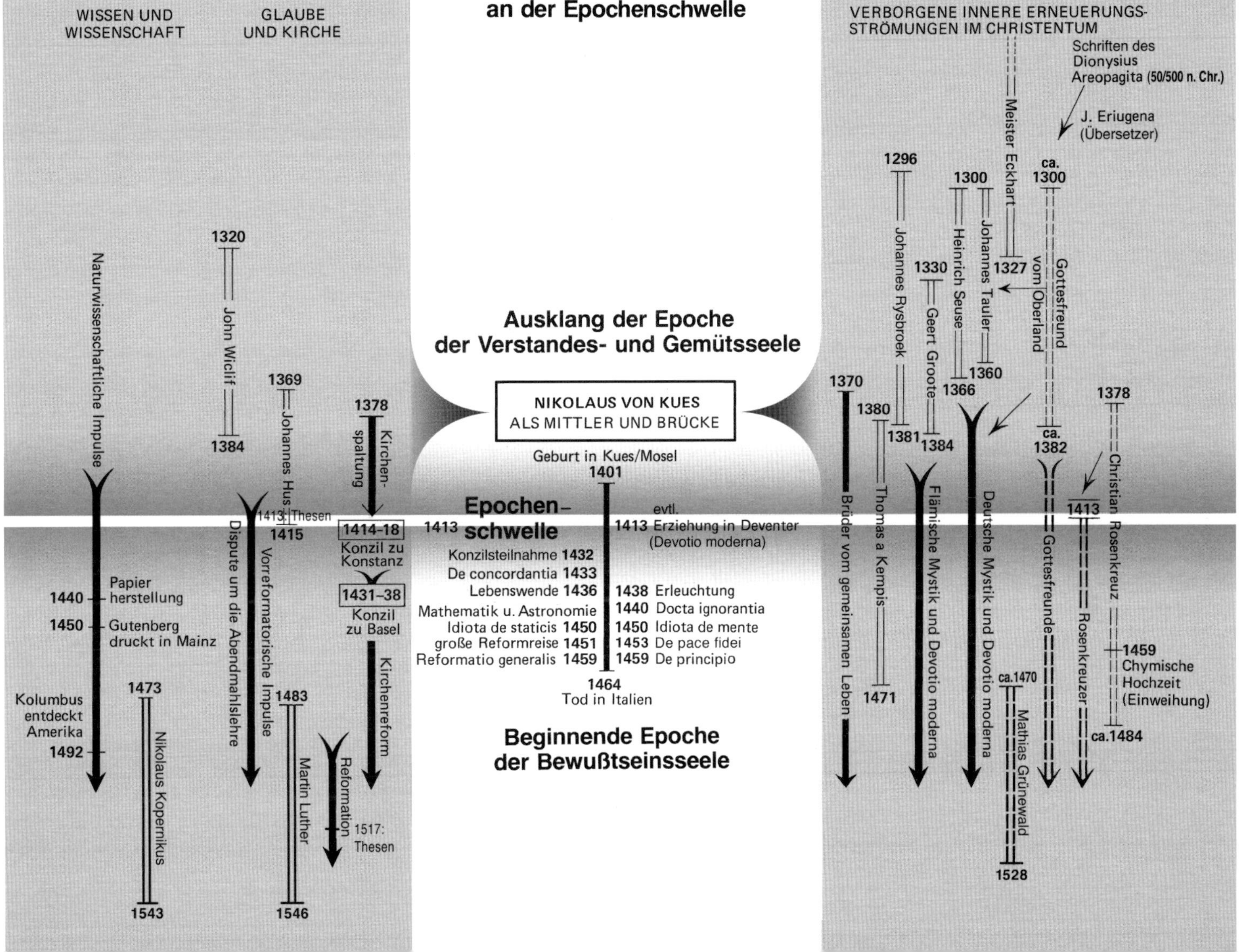

ZEITUMKREIS UND RHYTHMEN DES LEBENSGANGES DES NIKOLAUS VON KUES

Methodische Probleme einer Biographie

Bei der folgenden Lebensbeschreibung handelt es sich keineswegs um eine umfassende Biographie im Sinne der großen Biographien von F. A. Scharpff (1843) oder E. Vansteenberghe (1920). Es soll aber auch keine biographische Spezialuntersuchung gegeben werden wie z.B. von A. Jäger (1861), J. Koch (1948) oder E. Meuthen (1958). Am ehesten lässt sich dieser Versuch einer gerafften Lebensbeschreibung als «biographische Skizze» bezeichnen in dem Sinne, wie auch E. Hoffmann (1935), J. Koch (1956), E. Meuthen (1964) und K. Krämer (1999) sie zu schreiben unternommen haben. Auch die Zielsetzung ist eine durchaus analoge: «Die ‹Skizze› will in erster Linie den Menschen ergründen, sein Werk verstehen nur im Blick auf ihn selbst, es nicht in seiner Fülle entfalten»[43]. Was aber die vorliegende Skizze von den zuvor genannten anderen unterscheidet, ist der Versuch, das Leben des Cusanus unter dem Gesichtspunkt biographischer Rhythmen zu betrachten und diese Rhythmen in eine Beziehung zu seinem Werk zu setzen. Dabei ergeben sich ganz neue und überraschende Gesichtspunkte, denn der Lebensgang des Nikolaus von Kues lässt ganz unerwartet deutlich solche biographischen Rhythmen, d.h. also Jahrsiebte, Knotenpunkte, Lebensumschwünge, Abbrüche usw. erkennen.

Es kann sich aber nicht darum handeln, irgendwelche Rhythmen in das Leben des Nikolaus von Kues hineinzusehen oder sein Leben in solche Rhythmen wie in ein ‹Prokrustesbett› einzuzwängen. Biographische Rhythmen sind von einem Menschen nicht willkürlich erzeugbar; sie tauchen in vielen Biographien als historisches Faktum auf. Es sollen daher nur diese Phänomene betrachtet werden. Wenn in den Knotenpunkten biographischer Rhythmen allerdings Wesentliches geschieht, dann sind diese Ereignisse so etwas wie ein Hinweis darauf, dass in einer Biographie sich übergeordnete Gesetzmäßigkeiten aussprechen. Die biographischen Rhythmen sind diejenigen Momente im Leben eines Menschen, in denen etwas von dem «Gesetz, nach dem er angetreten» (Goethe) offenbar wird.[44]

Ein bedeutendes Problem für den Versuch einer biographischen Skizze des Nikolaus von Kues ist die Tatsache, dass bis zum 15. Lebensjahr keinerlei historische Quellen existieren. Damit liegt gerade die so entscheidende, prägende Jugendzeit des Cusaners im historischen Dunkel. Wer als Historiker der positivistisch-kritischen Provenienz der Auffassung ist, dass nur schriftliche Urkunden Geschichte und Biographie konstituieren, der muss konsequenterweise den Versuch einer Biographie der Jugendzeit aufgeben, ja ablehnen.

Auf der anderen Seite gibt es eine lange Tradition an Überlieferungen und Legenden über die Jugendzeit des Nikolaus von Kues. Legenden sind in der älteren Geschichtsschreibung die gängige Methode, innere seelische Vorgänge in äußere Bilder zu kleiden, ganz ähnlich, wie es in der mittelalterlichen religiösen Tafelmalerei geschieht. In den Legenden spricht sich der Versuch aus, die prägenden biographischen Gestaltungskräfte bildhaft zum Ausdruck zu bringen. Bedeutende Cusanus-Forscher sind diesen legendenhaften Zügen zum Entwerfen eines Gesamtbildes der Persönlichkeit durchaus gefolgt (z.B. E. Vansteenberghe, E. Hoffmann, H. Gestrich). Auch in der vorliegenden Skizze wird dieser Versuch unternommen, ohne damit einen historischen Tatsächlichkeitsanspruch zu reklamieren.

Eine Biographie als höheres Lebenskunstwerk ist weitaus mehr als die Beschreibung der äußeren, quellenmäßig belegbaren Lebenstatsachen auf der Ebene des Tagesbewusstseins. Sie besteht gleichermaßen auch aus der ‹Nachtseite der Biographie›. Je weiter wir aus unserer eigenen Zeit uns zurückwenden in frühere Epochen, umso stärker müssen wir die Nachtseite der Biographie mit berücksichtigen. Insbesondere bei Biographien aus dem Mittelalter spielt die ‹Nachtseite› in Form von Geistbegegnungen, Visionen, Träumen, Entrückungen und Intuitionen unmittelbar in das Tagesbewusstsein hinein. Das gilt z.B. für Benedikt von Nursia, den hl. Ansgar, Bernhard von Clairvaux, aber durchaus auch noch für Nikolaus von Kues.*

* Jean Leclercq, der bedeutende Mediävist und Biograph Bernhards von Clairvaux schreibt: «Manchmal ist man versucht zu fragen, ob es überhaupt eine objektive Geschichte gibt» und er lässt stellvertretend den französischen Mittelalterhistoriker George Duby antworten: «Die Geschichte ist immer subjektiv.» Das bedeutet: Geschichtsschreibung ist immer zugleich ein Spiegel der eigenen Zeit und ihrer Paradigmen sowie der Menschen, die sie schreiben (Leclercq, 1997).[45]

Der esoterisch-katholische Schriftsteller Valentin Tomberg hat auf die Notwendigkeit einer erweiterten Geschichtsbetrachtung und Biographik nachhaltig aufmerksam gemacht. Er schreibt: «Die Geschichte des Gewordenen verhält sich zur Geschichte des Werdens wie der Tag zur Nacht. So wie die volle Wirklichkeit des Menschenlebens aus Tagen und Nächten, aus dem hellen Tagesbewusstsein und aus dem dunklen Walten des Unbewussten ... besteht, so besteht auch die volle Wirklichkeit der Biographie der Menschheit ... aus einer Tagesseite und einer Nachtseite ... Die Bibel [z.B.] schildert die Geschichte in zwei Dimensionen: in der Dimension der flachen Tatsächlichkeit (Tagesseite der Wirklichkeit), und in der Dimension der Tiefe (Nachtseite der Wirklichkeit). Der Traum Josefs und der Traum des Pharao in der Deutung Josefs gehören ebenso bestimmend in die Kette der Kausalität, die zum Zuge Jakobs und seiner Söhne nach Ägypten führte, wie die Teuerung in Kanaan und Josefs Verkauf in die Sklaverei durch seine Brüder. Und dass Moses die Offenbarung im brennenden Dornbusch erlebte, war zum mindesten ebenso bestimmend für den späteren Auszug der Israeliten aus Ägypten, wie die Tatsache ihrer Unterdrückung und Ausbeutung in jenem Land.» [45a]

Die Nachtseite der Biographie wird nur zum Teil in historischen Quellen erfasst. Viel bedeutsamer sind z.T. Geisterlebnisse, die dann in das Gewand von Legenden gekleidet werden. Wer solche als unhistorisch und unwahr ablehnt, wird schwerlich die mystische und religiöse Seite einer Biographie erfassen können. Mystische Erfahrungen, geistige Schauungen, spirituelle Evidenzerlebnisse, Heilungsvollzüge oder Nahtodeserlebnisse lassen sich niemals mit dem bloßen Verstand und der historisch-kritischen Methode erfassen. Zu ihrem Verständnis bedarf es zumindest ansatzweise entsprechender eigener Erfahrungen.

Auf diesem Erkenntnisweg kann das Ernstnehmen von legendarischen Berichten zu wichtigen Einsichten führen, welche das rein durch Quellenstudien gewonnene Bild einer Persönlichkeit geistig wesentlich ergänzen. Daher werden die nur scheu zurückhaltenden literarischen Selbstberichte des Cusaners, z.B. über seine drei großen Geisterlebnisse mit 37, 49 und 52 Jahren, in dieser Schrift absolut ernst genommen. So wird auf diesem Weg in der vorgelegten biographischen Skizze versucht, trotz aller historischer Vorbehalte, ein seelisch-geistiges Gesamtbild des Cusaners zu entwerfen.

*Die legendarische Jugendzeit**

Nikolaus von Kues (latinisiert Nicolaus de Cusa oder Nicolaus Cusanus, verkürzt auch Cusanus)** hieß mit seinem eigentlichen Namen Nikolaus Cryfftz (lateinisch Cancer), was zu deutsch Krebs bedeutet. Der Krebs war auch das Wappentier der Familie Cryfftz, und Cusanus hat ihn stolz, trotz mancherlei Verspottung, in sein späteres Wappen übernommen: es zeigt einen roten Krebs auf goldenem Feld. Der Geburtsort ist das Dörfchen Kues an der Mosel (heute Stadt Bernkastel-Kues), nach dem Nikolaus sich späterhin – einer Sitte der Zeit folgend – genannt hat. Dort wurde er in der ersten Hälfte des Jahres 1401[46] als Sohn eines wohlhabenden Moselschiffers, Schiffseigners, Kaufmanns und Winzers, also durchaus in bürgerlichen Verhältnissen, geboren.[47] Noch heute kann man in Kues, am linken Moselufer gelegen, das Geburtshaus des Nikolaus besuchen, das der Vater 1401 durch Ankauf eines Nachbarhauses erweitert hatte. Es ist ein fast burgartiges, von Wohlstand zeugendes Steinhaus, mit einem mächtigen Walmdach und einem rückseitig gelegenen Treppenturm. An der Vorderfront des Hauses wurde später das Krebs-Wappenrelief des Kardinals Nikolaus von Kues eingelassen.[48]

Aus der Jugendzeit des Nikolaus von Kues bis zu seinem 15. Lebensjahr liegen keine äußeren Dokumente vor. Das Wissen über seine Ju-

* Wer sich mit der populären, zum Teil durchaus einfühlsamen, zum größten Teil aber überaus phantasievollen, ja historisch unwahrhaftigen Romanliteratur über den Lebensgang des Nikolaus von Kues (z.B. Künkel 1936, Kirschweng 1941 u.a.) kritisch auseinandersetzen möchte, sei auf die kleine Schrift verwiesen: Peter Kremer, «Nikolaus von Kues und seine Stiftung in der schöngeistigen Literatur», Trier 1971. Trotz aller Ablehnung durch die Fachgelehrten finden sich in dieser Literaturgattung wertvolle Annäherungen an den Menschen Nikolaus von Kues, wodurch manche Leser überhaupt erst zu einer tieferen Beschäftigung mit seinem Werk angeregt worden sind. Dankenswerterweise wird Stefan Kritten im Rahmen der Cusanus-Feiern im Jahre 2001 (600-jähriges Geburtstagsfest) in zwei Veranstaltungen daraus vorlesen.

** Die Benennung und die Schreibweise des Namens ist in der Literatur recht mannigfaltig. Sie reicht von der mittelalterlichen latinisierten Form Nicolaus de Cusa bis zu Cusanus. Alle Zwischenformen kommen vor. Hier wird für den vollen Namen die deutsche Form, mit K geschrieben, gewählt: Nikolaus von Kues. Als Verkürzungen werden im Text noch die gebräuchlichen Kurzformen der Cusaner oder Cusanus gewählt, das letztere als eine Benennung, die bereits auf den päpstlichen Freund des Cusaners, Enea Silvio Piccolomini (Papst Pius II.), zurückgeht, der ihn 1440 zum ersten Mal Nicolaus Cusanus nennt. Alle drei Namen werden gleichwertig nebeneinander verwendet.

Abb. 4: Der Geburtsort des Nikolaus: das Dorf Kues an der Mosel im Jahre 1838. Der Stahlstich zeigt das ‹Dreihäuser-Dorf› am flachen Gleithang der noch nicht kanalisierten Mosel unterhalb der Burg Landshut (rechtes Ufer = Hunsrück-Seite, linkes Ufer = Eifelseite; Stahlstich aus dem Jahre 1838).

gendzeit beruht auf der legendarischen Überlieferung. Es erscheint aber diese Überlieferung zur Charakterisierung der späteren Wesenseigentümlichkeiten von einer gewissen spirituellen Adäquatheit zu sein, so dass auch ich ihr folge.[49]

Es wird also legendarisch (nach einer im Volksmund lebendigen Tradition) berichtet, dass es ursprünglich der Wunsch des Vaters war, dass Nikolaus seinen Beruf und sein Vermögen übernehmen sollte. Doch der Junge entwickelt früh einen großen Hang zu den Büchern, was dem strengen und heftigen Vater nicht gefällt. So geschieht es, dass eines Tages der aufgebrachte Vater dem Jungen einen so derben Schlag mit dem Bootsruder versetzt, dass dieser aus dem Kahn fällt.* Dieses Ereignis ist es, das den etwa 12-jährigen Knaben veranlasst, dem Elternhaus zu entfliehen. Die Quellen freilich können dies Zerwürfnis nicht belegen, sie wissen nur von einem guten Einvernehmen von Vater und Sohn.

* Noch heute wird die Örtlichkeit dieses Geschehens in Kues vom Volksmund ‹Schmeißgraben› genannt.

Abb. 5: Die Geburtsheimat des Nikolaus von Kues um 1970. Der Blick geht von den Höhen des Hunsrück mit der Ruine der Burg Landshut im Vordergrund hinab auf das mit Weingärten gesäumte Moseltal. Auf dem flacheren Gleithang des linken Moselufers (Eifelseite) liegt der neuere Ausbau des stark gewachsenen Ortes Kues.

Und dennoch spricht sich im Bilde der Legende mehr aus als bloße Phantasie. Denn dieses erste mutige Sich-Loslösen von den elterlichen Blutsbindungen ist höchst charakteristisch für die Zeit um das zwölfte Lebensjahr, insbesondere bei bedeutenden Persönlichkeiten. Dieser Schritt in die Selbständigkeit, aber auch Einsamkeit, ist wohl die erste entscheidende Prägung für die Seele des Knaben. Was sich spirituell hinter dem Legendenbild verbirgt, wird deutlich durch Parallelbeispiele.

So wird von dem im Palast der Eltern behüteten Prinzen Siddharta (dem späteren Buddha) berichtet, dass er als zwölfjähriger Knabe verloren gegangen sei, und dass er wieder gefunden wurde unter einem Baume, umgeben von Sängern und Weisen, die er zu aller Erstaunen belehrte. Und von dem zwölfjährigen Jesus wird berichtet, dass er zur Zeit seines Bar-Mizwa-Festes (Übertritt des zwölfjährigen jüdischen Knaben aus der väterlichen Autorität in die jüdische Synagogengemeinde) in Jerusalem verloren gegangen sei. Er wurde erst nach drei Tagen von

Tabelle 2: Aus der Biographie des Nikolaus von Kues (symptomatologische Daten)

Jahr	Alter	Biographische Begebenheit
1401		zu Kues an der Mosel geboren
ca.1413	ca. 12	legendarische Flucht aus dem Elternhaus
ca. 1413-16	12-15	mögliche Erziehung bei den «Brüdern vom Gemeinsamen Leben»; evtl. in Deventer a.d. Ijssel
1416	16	Studienbeginn an der Universität Heidelberg Aufnahme des Studiums des Kanonischen Rechtes in Padua/Italien
1423	22	Promotion zum «Doctor decretorum»; Entschluss, Padua zu verlassen, um über Rom nach Deutschland zurückzukehren
1425	24	Beginn des Studiums der Theologie an der Universität zu Köln; daneben juristische Vorlesungen gehalten
1428	27	Ablehnung einer Professur für kanonisches Recht an der Universität Löwen/Brabant
1427-30	28	Übernahme von geistlichen Ämtern, z.B. Dekan in St. Florin/Koblenz
1432	31	Beginn der Teilnahme am Basler Reformkonzil
1436	35	Lebenswende: Wechsel von der konziliaren Mehrheitspartei zur päpstlichen Minderheitspartei
1437	36	Gesandtschaftsreise nach Konstantinopel; Begleitung des Patriarchen zum Wiedervereinigungskonzil nach Ferrara (später Florenz)

Jahr	Alter	Biographische Begebenheit
1438	37	2. Mondknoten; *visio intellectualis* (philosophisches *Erleuchtungserlebnis* bei der Rückreise von Konstantinopel auf dem Meer); Beginn der Geistphilosophie
1440	39	Vollendung der «Docta ignorantia» in Kues am 12. Februar
1440-48	39-47	Verfechter der päpstlichen Partei auf deutschen Reichs- und Fürstentagen
1448	47	Nikolaus erhält die Kardinalswürde zugesprochen
1450	49	Kardinalsernennung; in Rom *Begegnung mit einem eingeweihten Laien.* In Fabriano im Apennin entstehen die Dialoge vom Laien («Idiota»); erste Erkenntnistheorie («De mente»)
1451/52	50/51	Als Kardinallegat große Reformreise durch Mitteleuropa (Reform des Klerus und der Klöster)
1452-58	51-57	Aktives reformerisches Wirken als Bischof von Brixen
1453	52	*Geistentrückung (visio)* durch das Schmerzerlebnis über den Fall von Konstantinopel
1457	56	3. Mondknoten; Scheitern der Reformpolitik, Lebensbedrohung und Rückzug aus dem Bistum Brixen
1458-64	57-63	Wirken als Kurienkardinal und Papststellvertreter (Generalvikar in Temporalibus) in Rom; philosophische Lebensernte
1464	63	Tod in Todi bei Spoleto in Umbrien/Italien

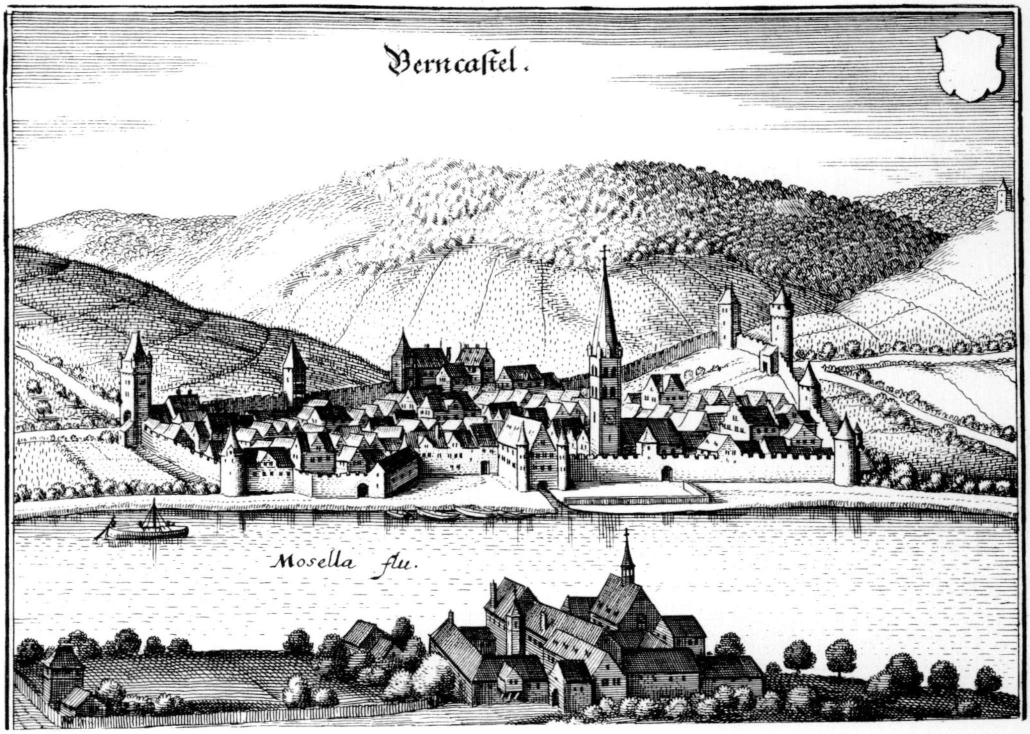

Abb. 6: Das St. Nikolaus-Hospital im Jahre 1646 mit Blick auf Bernkastel. Der Stich zeigt die ursprüngliche Ausdehnung des von Nikolaus von Kues gestifteten Hospitals. Es ist auf Kueser Seite am linken Moselufer an der Stelle der ehemaligen St. Nikolaus-Kapelle gelegen. Der Blick geht über das Hospital (im Vordergrund) und über die Mosel hinüber nach Bernkastel. Deutlich sichtbar als Wahrzeichen ist die mächtige, wehrhafte Michaelskirche am Moselufer. An ihr wirkte der jüngere Bruder des Nikolaus als Pfarrer. Der Erzengel Michael ist der Patron von Bernkastel. (Stich von Matthias Merian, 1646)

seinen sorgenvollen Eltern im Tempel wieder gefunden, wo er zu aller Erstaunen die Schriftgelehrten durch seine Weisheit belehrte. Auf die Vorwürfe der Eltern antwortet er: «Warum habt ihr mich gesucht? Wisst ihr denn nicht, dass ich in meines Vaters Hause sein muss?» (vgl. Lukas 2)

Es ist der Durchbruch eines überpersönlichen Schicksals, einer biographischen Mission, die sich in diesen Bildern ausspricht. Und darum handelt es sich wohl auch bei dem zwölfjährigen Nikolaus, und nicht um eine dauernde Entfremdung von den Eltern.

Zuflucht findet der junge zwölfjährige Nikolaus der Legende nach bei einem edlen Menschenfreund, dem befreundeten späteren Grafen von

Abb. 7: Das nahe der Moselbrücke gelegene St. Nikolaus-Hospital heute. Der Vergleich mit dem Merian-Stich von 1646 lässt erkennen, dass es im Wesentlichen noch so besteht, wie es Nikolaus von Kues vor über 500 Jahren 1458 stiftete.

Manderscheid in der Eifel. Ein Zweig des Geschlechts der Grafen von Manderscheid hatte seinen Sitz zu Oberkail zwischen Kyllburg und Eisenschmitt, wo noch heute Reste ihrer Burg zu sehen sind. Die Adelsfamilie Manderscheid wurde 1457 in den Reichsgrafenstand erhoben und errang für einige Zeit eine Vormachtstellung unter dem Eifeladel.[50]

Es gibt keinen urkundlichen Beleg für die frühe Beziehung des jungen Nikolaus zu dem Grafengeschlecht von Manderscheid, aber es ist ein Topos in vielen Biographien, dass die Begabung eines jungen Menschen oftmals von einem nicht blutsverwandten Freund entdeckt wird, der ihn dann fördert. Auffällig aber ist die unbestreitbare Tatsache, dass Nikolaus von Kues Zeit seines Lebens der Adelsfamilie Manderscheid sehr eng verbunden war.[51]

Entscheidend für das ganze Leben des Nikolaus wird es nun, dass der Manderscheider seine außerordentliche Begabung für die Wissenschaf-

Von der Eyfel. Cap. clxxxvi.

ten erkennt und ihn ca. 1413 auf eine der berühmten Schulen zu den «Brüdern vom Gemeinsamen Leben», evtl. nach Deventer an der Ijssel in Holland schickt. Über die Frage, ob Nikolaus von Kues wirklich bei den «Brüdern vom gemeinsamen Leben» in Deventer erzogen worden ist, hat sich eine lebhafte literarische Kontroverse entfaltet, die es darzustellen gilt. Zuerst aber soll das Wesen der «Brüder vom gemeinsamen Leben» charakterisiert werden.

Die Gemeinschaft der «Brüder vom Gemeinsamen Leben» wurde von dem in Deventer geborenen Bußprediger Geert Groote[52] (1330 – 1384) in Verbindung mit dem flämischen Mystiker Jan van Ruysbroek (1293 – 1381) in Zwolle/Holland gegründet. Von dem Kloster Agnietenberg bei Zwolle, in dem Thomas a Kempis (1380 – 1471) Teile seiner berühmten «Nachfolge Christi» schrieb*, breitete sich die Laienbewegung der *devotio moderna* in den Niederlanden und in Norddeutschland stark aus. Diese stellt etwas ganz Besonderes dar in einer Zeit der fortgeschrittenen Dekadenz des Klosterlebens. Es handelt sich sozusagen um eine esoterische Brüdergemeinde, die ganz im Geiste der flämischen Mystik eines Johannes Ruysbroek lebt.[53] Es ist also eine durchaus lebenspraktisch ausgerichtete Mystik. Die Versenkung in Gott dient nicht einer Absage an die Welt, sondern einer Stärkung der Seele für die Aufgaben in der Welt. Diese Laien-Bruderschaft unterscheidet sich von den Mönchsorden dadurch, dass ihre Mitglieder nicht wie die Mönche das Gelübde auf Lebenszeit ablegen, sondern sich täglich aufs neue und aus freiem Gehorsam zu einem christlichen Leben verpflichten, aber auch ebenso frei ausscheiden dürfen: also ein freiheitliches Element. Auch wird früh das Wort geprägt, dass die Brüder *mit dem Papst*, aber nicht *an den Papst* glauben wollten. Der häufige Gebrauch der Landessprache anstelle des Lateinischen ist ebenfalls ein reformerischer Impuls.

* Die volle Autorenschaft des Thomas a Kempis ist umstritten, aber auch im Geiste der ‹Brüder› nicht wichtig. Ihr Wahlspruch lautete: «Frag nicht, wer da sprach oder schrieb, sondern *was* er schrieb oder sprach, das lies.»

Abb. 8: Älteste Eifelkarte aus der «Cosmographica» des Sebastian Münster. Es handelt sich um einen Ausschnitt aus der um 1550 entstandenen, kolorierten Holzschnittkarte der Eifel (gedruckt 1588 in Basel). Der nicht genordete Kartenausschnitt (Norden ist unten, Süden oben) zeigt im oberen Drittel den mäandrierenden Mosellauf von Trier (rechts) bis zur Mündung bei Koblenz («Cofluetia») und die Lage des namentlich verzeichneten Flecken «Cusa». Es ist durch Signatur und Name bezeichnet. Schon daraus ist ersichtlich, dass die Karte des Sebastian Münster u.a. auf der Mitteleuropa-Karte des Nikolaus von Kues basiert.

Abb. 9: Blick auf den stark gewachsenen einstigen Winzerort Alt-Kues. Der alte Ortskern gruppiert sich um die am Hang erhöht gelegene Pfarrkirche St. Briktius. An der Einfahrt des neuen Hafenbeckens, d.h. am einstigen Ortsrand, liegt das Geburtshaus des Nikolaus von Kues.

Im Gegensatz zu den Bettelorden (wie z.B. den Dominikanern oder Franziskanern) sehen die Brüder das Ideal des Evangeliums nicht in der Armut erfüllt, sondern in der Arbeit (ganz im Sinne der auf das praktische Leben gerichteten flämischen Mystik). Ein jeder muss also durch seine praktische Arbeit zum Unterhalt des Bruderhauses beitragen, was z.B. durch Abschreiben von Handschriften, später durch Druck von Büchern geschieht. Nach 1450 wird das Wort gebräuchlich: *fratres non verbo, sed scripto praedicantes,* «Brüder, die nicht durch das Wort, sondern durch die Schrift predigen».* Auch nehmen sich die Brüder der Jugenderziehung an, indem sie Schulen religiös betreuen, später selbst einrichten. Ausbreitungszentrum wird Zwolle, wo Johannes Cele, der Freund und erste Biograph von Geert Groote, wirkt. Diese Schulen sind nicht abgeschiedene Klosterschulen auf dem Land zur Heranbildung von Klerikern, sondern Volksschulen für jedermann und liegen meist in den Städten. In ihnen wird Lesen, Schreiben und Rechnen gelehrt und die Bibel erklärt, und zwar in deutscher Sprache.

Abb. 10: Das Doppelstädtchen Bernkastel-Kues heute. Der Blick geht von der Ruine Landshut auf das am schmalen Prallhang-Ufer gelegene Städtchen Bernkastel, dicht gedrängt um die Michaelskirche. Die neue Moselbrücke verbindet Bernkastel mit Kues zu einem Doppelort. Die Mosel ist kanalisiert und aufgestaut. Der großflächige Weinbau an den sonnenexponierten Hängen der Hunsrückseite hat eine sehr alte Tradition. Neben der Moselbrücke das St. Nikolaus-Hospital.

Ein starker volkspädagogischer Impuls lebt also in dieser esoterischen Bruderschaft, der sie inmitten der Erstarrung und Dekadenz der Zeit eine Art ‹Pädagogischer Provinz› (Goethe) einrichten lässt. Es ist wohl mehr als eine bloß äußerliche Schicksalsähnlichkeit, dass auch der ältere Zeitgenosse von Cusanus, Thomas a Kempis (1380 – 1471) aus der Schule der «Brüder vom Gemeinsamen Leben» in Deventer hervorgeht (er besuchte sie sieben Jahre lang) und mit seinem berühmten Werk «Vier Bücher von der Nachfolge Christi» (ca. 1441) ein deutliches Zeugnis der sozialen Impulse dieser Bruderschaft ablegt. Diese suchte nach Sozialformen, die dem Urchristentum näherstehen.[54] In dem sozialen Frömmigkeits- und Tätigkeitsimpuls der «Brüder vom Gemeinsamen Leben» lässt sich auch die Fortführung der Impulse der oberdeutschen Laienbewegung der deutschen Mystik im 14. Jahrhundert, nämlich der von

Abb. 11: Das Geburtshaus des Nikolaus von Kues heute. Das unmittelbar am linken Moselufer gelegene steinerne Geburtshaus des Nikolaus von Kues (nunmehr über 600 Jahre alt), zeugt vom einstigen Wohlstand der Familie Krebs, denn ein Steinhaus in dörflicher Umgebung war höchst selten. Durch Restaurierung und Rekonstruierung hat das ehemals außerhalb des Ortstores gelegene Haus seinen alten wehrhaften Charakter zurückerhalten (Wehrgang nach oberitalienischen Vorbildern). Das Kardinalswappen (oben rechts) wurde bereits in früheren Zeiten zu Ehren des Cusaners angebracht. Die Aufschrift der Gedenktafel lautet: « Anno 1401 wurde in diesem Hause Nikolaus von Kues geboren. Theologe, Philosoph, Rechtsgelehrter, Kurienkardinal in Rom, Bischof von Brixen. 1464 gestorben. Sein Leib ruht in Rom, sein Herz im St.-Nikolaus-Hospital zu Kues.» Seit 1981 dient das Haus als würdevoller Ort für das Cusanus-Museum der Cusanus-Gesellschaft.

Straßburg und Basel ausgehenden Bewegung der «Gottesfreunde», deutlich erkennen.[55] In der Wertschätzung der lebenspraktischen Mystik und des innerlich gebildeten Laientums, die Cusanus später zum Ausdruck bringt, kommt diese zweifache Strömung der Mystik deutlich wieder zum Vorschein.

Rudolf Steiner charakterisiert den innersten Impuls dieser Bruderschaft wie folgt: «Die Brüder des Gemeinsamen Lebens waren eine Gemeinschaft … die aus dem Innersten ihres Gemütes heraus unzufrieden

Abb. 12: Das Krebswappen am Geburthaus des Nikolaus von Kues.

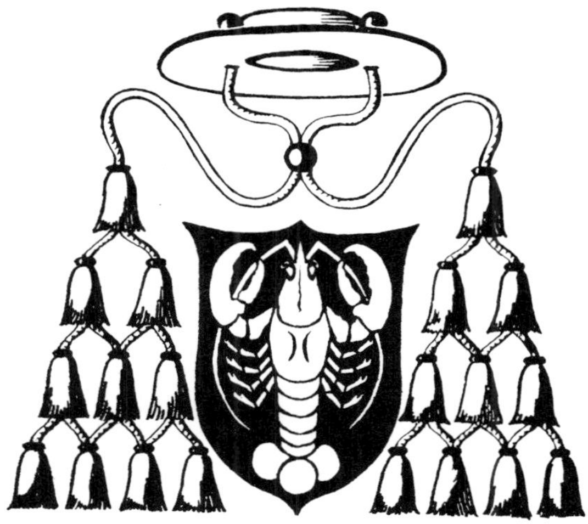

Abb. 13: Das Kardinalswappen des Nikolaus von Kues.

Zum Krebswappen des Nikolaus von Kues. Nikolaus von Kues hieß mit seinem eigentlichen Familiennamen Chrypffs (auch Cryfftz, Kryffts, Krieffts, Kreves oder ähnlich umschrieben), lateinisch Cancer, zu deutsch Krebs. Der Krebs war daher wahrscheinlich bereits das Wappentier der Familie. Nikolaus von Kues hat den Namen Krebs zumindest wahlweise bis 1430 in der latinisierten Form geführt, indem er sich Nikolaus Cancer nennt. Seine Gegner haben den Namen Krebs als Verspottung zeitlebens weiterbenutzt. Noch 1461 schreibt ein Gegner: «Cancer Cusa Nycolae»! Den Krebs als Wappentier hat Cusanus sinnfälligerweise nie aufgegeben. Seine zahlreichen Wappenbilder zeigen alle den roten Krebs auf goldenem Grunde. Das ist sicherlich nicht nur Tradition, sondern hat eine tiefere, symbolische Bedeutung. Cusanus muss in diesem Tierzeichen etwas erblickt haben, was einen Aspekt seines eigenen Wesens ausspricht. Der Krebs, der auch in den zwölf Tierkreisbildern als Symbol auftritt, ist jenes Tier, das stets vorwärts und rückwärts läuft, das also hinten und vorne, Vergangenheit und Zukunft miteinander verbindet. Das richtig dargestellte astronomische Tierkreiszeichen des Krebses stellt ein Beenden und ein Neubeginnen dar. Im Zeichen des Krebses liegt z.B. der Wendepunkt der Sonne im Sommer, die «Sommersonnenwende» (21./22. Juni). Daher ist der Krebs auch ein sprechendes Symbol für das geistige Anliegen des Nikolaus von Kues: An der Epochenschwelle stehend, wollte er Vergangenes und Zukünftiges miteinander verknüpfen.

waren sowohl mit den Kircheninstitutionen ... als auch unzufrieden waren mit Mönchtum und Ordenswesen. Die Brüder vom Gemeinsamen Leben waren in einer gewissen Weise mystische Revolutionäre. Sie wollten alles dasjenige, was sie als Ideal ansahen, eigentlich nur erreichen durch die Verinnerlichung eines friedvollen und in menschlicher Brüderlichkeit vollbrachten Lebens ... Sie wollten aber auch nicht weltfremd werden wie die Angehörigen des Mönchtums ... sie wollten sich nur in einem der wirklichen Arbeit gewidmeten Leben jeweilig zurückziehen in die Tiefen ihrer Seelen, um neben der äußeren Wirklichkeit, die sie als volle Lebenspraxis anerkannten, Tiefe und Innerlichkeit eines religiös-geistigen Empfindens finden zu können. Und so war diese Gemeinschaft eine solche, welche vor allen Dingen menschliche Eigenschaften als die Atmosphäre ausbildete, in welcher eine gewisse Gottinnigkeit und Geistinnigkeit leben sollte.»[56]

Neben der Laienbewegung der «Brüder vom gemeinsamen Leben» gab es auch noch ein klösterliches Pendent. Im Jahre 1387 wurde von sechs Schülern Geert Grootes unter Leitung des Fraterherren Florentius Radewijns das Augustiner-Chorherrenstift Windesheim bei Zwolle als streng klösterliche Einrichtung zur Reform der Chorherrenstifte gegründet. Dieses schloss sich dann mit drei anderen holländischen Klöstern zur «Windesheimer Kongregation» zusammen. Diese Klosterkongregation, die ein vorbildliches Klosterleben führte, wuchs durch den Anschluss weiterer Klöster sehr schnell und breitete sich insbesondere in Niederdeutschland (bis nach Pommern) und den Rhein aufwärts bis zur Schweiz hin aus. Im Bereich der Moselmündung gehörte das Augustiner-Chorherrenstift auf dem Niederwerth bei Koblenz dazu.

In den Klöstern der Windesheimer Kongregation wehte der Geist der «Brüder vom gemeinsamen Leben». Sie führten in der Zeit des Niederganges der Klöster ein verinnerlichtes Klosterleben, das vor allem durch Kontemplation, Mystik und Seelsorge bestimmt war. Nikolaus von Kues besuchte auf seiner Legationsreise 1451 Deventer an der Ijssel und von dort aus Diepenveen (4 km nördlich von Deventer), das Schwesternhaus der Windesheimer Kongregation sowie am 21.8. 1451 das Kloster Windesheim selbst, das 8 km südlich von Zwolle nahe der Ijssel gelegen ist. Cusanus war von der Lebensweise und Frömmigkeit der Chorherren außerordentlich angetan und gewährte ihnen mancherlei Vergünstigungen. Daher hat Cusanus auf seiner großen Reformreise die Klöster der Windesheimer Kongregation immer wieder als Vorbild für die Klosterreform hingestellt.

In diesem Zusammenhang ist es höchst aufschlussreich, dass Nikolaus von Kues bei der späteren Gründung seines Sankt Nikolaus-Hospitales in Kues (1458) bestimmte, dass die Pfründner des Hospitales sich in Kleidung, Lebensweise, Tagesrhythmus und Gebet soweit wie irgend möglich anschließen sollten an die Laienbrüder der regulierten Chorherren von Windesheim. Als Visitatoren seiner Stiftung bestimmte er den Kartäuser-Prior von Koblenz und den Prior des regulierten Augustiner-Chorherrenklosters von Niederwerth/Koblenz, das dem Windesheimer Generalkapitel unterstellt war. Ebenso auf den Einfluss des Cusanus geht es wohl zurück, dass die nicht weit von Kues gelegene Wallfahrtskirche Eberhardsklausen 1456 bzw. 1459 zum Kloster erhoben, mit Augustiner-Chorherren aus Koblenz und den Niederlanden besetzt wurde und sich der Windesheimer Kongregation unterstellte (1461).[57] Auch darin spricht sich die tiefe Wertschätzung des Cusaners der flämischen Mystik und der *devotio moderna*, sowohl in ihrer klösterlichen wie laienbrüderlichen Richtung, aus. Es ist daher nicht anzunehmen, dass die offenkundige innere Beziehung des Cusanus zur *devotio moderna* erst auf der Legationsreise selbst entstanden sein sollte.

Umgekehrt ist diese Beziehung sicherlich unter anderem mit ein Grund dafür gewesen, dass der gedankliche Rückschluss entstanden ist, Nikolaus von Kues wäre selbst bei den Brüdern vom gemeinsamen Leben in die Schule gegangen. So finden wir es in der frühen Biographie des Jesuiten Caspar Hartzheim (1730), allerdings noch ohne direkten Bezug zu Deventer, dann bei Johannes Wyttenbach (1829) in seinem biographischen Artikel[58] über Cusanus und schließlich in den bekannten Biographien von Franz Anton Scharpff (1843) und Edmond Vansteenberghe (1920). Von da an tradiert sich diese Auffassung fort in vielen Cusanus-Studien, welche die unzweifelhafte innere Beziehung des Cusanus zum Geist der *devotio moderna* im Schulbesuch in Deventer wurzeln lassen, z.B. bei Ernst Hoffmann (1943) bis hin zu Helmut Gestrich (1990).[59]

Es gibt ein weiteres Indiz, das immer wieder für die Erziehung des Cusaners bei den Brüdern vom gemeinsamen Leben ins Feld geführt worden ist, nämlich die Tatsache, dass Cusanus neben Kues eine zweite Stiftung gemacht hat, die «Bursa Cusana» in Deventer, eine Art Studienstiftung, um armen begabten Schülern das Studium zu ermöglichen. In seinem endgültigen Testament vom 6.8.1464 bestimmt er ein Legat von 4800 Goldgulden zu Schulstipendien für 20 Knaben aus dem Moselland. Vorher schon hatte Cusanus am 29. 11.1460 ein Statut für die Burse entworfen, ohne allerdings den Ort zu bestimmen. Nur in Niederdeutschland sollte er liegen, was aber bereits ein deutlicher Hinweis ist. Fünf Jahre nach dem Tod des Cusaners kauft der Rektor des Kueser

Hospitals Dietrich von Xanten für 200 Goldgulden in Deventer ein Haus als Burse und schreibt die Statuten für diese Stiftung, in denen er erklärt, dass er dazu von Cusanus beauftragt worden war.[60]

Gegen den Schulbesuch des Nikolaus von Kues in Deventer hat Erich Meuthen (1993) in Anknüpfung an J. Marx (1906) vehement Stellung bezogen.[61] Man kann sich der Stringenz und kritischen Quellenkenntnis seiner Darstellung nicht entziehen, welche den möglichen Schulbesuch des Cusaners in Deventer auf der Ebene der quellenmäßigen Belegbarkeit als historisch eher unwahrscheinlich kennzeichnet. Und doch beschleicht den Leser angesichts der Zerstörung einer Legende ob fehlender Quellen ein merkwürdiges Gefühl der Leere.* Dieses Vakuum spürt auch Meuthen selbst, wenn er zugeben muss: «Irgendwie faszinierend bleibt der Gedanke, dass er [Cusanus] in dem gleichen Geiste groß wurde, in dem er das Leben seiner Hospitalstiftung dann über alle Zeiten hinaus gesichert wissen wollte.»[62]

Wohin eine nur auf schriftlichen Urkunden beruhende Biographie als ‹fable convenue› im Extremfall führen kann, hat um die Wende vom 19. zum 20. Jahrhundert die sog. ‹historische Leben-Jesu-Forschung› der Karlsruher Schule um Arthur Drews (1865 – 1935) gezeigt. Diese hat nicht nur den Gottessohn Christus, sondern auch den Menschensohn Jesus Christus verloren, und übrig blieb, als historische Gestalt, nur der religiöse Aufrührer Jesus aus Nazareth. Dabei ließ sich das harte historische Faktenwissen von ihm (einmal abgesehen von den historisch anzweifelbaren ersten drei Evangelienberichten und einigen Nachrichten bei dem Apostel Paulus) «bequem auf eine Quartseite schreiben».[63] Die

* Es gibt auch in der Wissenschaftsgeschichte Beispiele dafür, was ein ‹naiver Legendenglaube› eines Laien gegenüber der Wissenschaftsgläubigkeit von Fachgelehrten vermag. Ein Festhalten an Überlieferungen, die von der kritischen Wissenschaft bereits als bloße Legenden abgestempelt worden waren, hat mehrfach zu überraschenden Erkenntnisfortschritten geführt. Ein Beispiel ist der Glaube des Laien Heinrich Schliemann an die ‹Legende des Homerischen Troja›, was zur Wiederentdeckung des Standortes dieser antiken Stadt geführt hat. Ein modernes Beispiel ist der Glaube des Nicht-Theologen Heinz Warnecke an die Wahrhaftigkeit des Apostelberichtes über die Romreise des Apostels Paulus (Apg. 27 – 28). Dies führte den Betriebswirtschaftler Warnecke in Verbindung mit seinen Interessen an den Problemen der Homerischen Geographie zur Entdeckung der tatsächlichen Route der Romreise des Apostels Paulus (Schiffsstrandung auf Kephallenia statt Malta) und lässt ihn eine der spannendsten theologischen Dissertationen der vergangenen Jahrzehnte formulieren (Stuttgarter Bibelstudien 127, 1987). Auch über den Ort des Schulbesuches des Nikolaus von Kues scheint in diesem Sinne noch nicht das letzte Wort gesprochen zu sein.

Zentralgestalt und zugleich der Inhalt des Christentums, ja selbst der historische Jesus von Nazareth, war somit durch kritische Quellenforschung ausgelöscht worden. Sicherlich ein extremes Beispiel, aber gerade deshalb ein sprechendes.

Auf Cusanus und seinen in Frage stehenden Schulbesuch in Deventer gewendet bedeutet dies, dass das eigentliche Kernproblem, welches sich im Bild der legendarischen Überlieferung ausspricht, nämlich die Frage, woher die so überaus deutliche Beziehung des Nikolaus von Kues zur *devotio moderna* und zur Mystik stammt, völlig ungeklärt bleibt. Die Abhandlung von Meuthen hinterlässt ein spirituelles Vakuum, weil sie demontiert, ohne zugleich die Kernfrage zu beantworten. Dafür aber war die Legende des Schulbesuches in Deventer bisher ein bildhafter, sprechender Erklärungsversuch, den man als Hilfsvorstellung nicht wegschieben sollte, solange nicht eine überzeugende Antwort auf die biographische Kernfrage der Jugendzeit gegeben ist. Ein altes Volkssprichwort bringt diesen Grundsatz plastisch zum Ausdruck: «Man wirft das alte Paar Schuhe nicht weg, bevor man nicht neue Schuhe hat.» Außerdem kann eine Erziehung bei den Brüdern vom gemeinsamen Leben ob in Deventer oder anderswo nicht mit letzter Sicherheit ausgeschlossen werden. Die tief innerliche Beziehung des späteren Kardinals und Legaten Cusanus zum Strom der Mystik und *devotio moderna* ist und bleibt ein Hauptsignum seiner Biographie, die es zu erhellen und nicht zu eliminieren gilt.

Die Studienzeit und die Suche nach der eigenen Lebensaufgabe

Durch die bisherige Erziehung wird die eine Wesensseite des Nikolaus, nämlich die der frommen mystischen Innerlichkeit, stark ausgebildet. Aber es tritt dann bald ein zweiter, genauso lebensbestimmender Wesensgrundzug hinzu. «Gewiss lebte wohl schon in dem Knaben Nikolaus etwas von einem menschlichen Ehrgeiz, der aber gemildert war durch eine außerordentlich geniale Begabung im Überschauen desjenigen, was in der Wirklichkeit des sozialen Lebens … notwendig war.» «Nikolaus war eine Natur, welche veranlagt war dazu, sich hinzustellen und Organisation unter den Menschen im sozialen Leben durch die Kraft seiner Erkenntnis … zu verwirklichen. Und so fügte bald der innere Drang, der in Nikolaus von Kues veranlagt war, zu der Innigkeit des Bruderlebens das Bestreben, in einem größeren Maße … in die Welt hinaustreten zu können.»[64] Nikolaus verlässt also mit 15 Jahren die Schule und beginnt das Universitätsstudium.

Im Jahre 1416 bezieht Nikolaus die damals sehr kleine Universität von Heidelberg (1386 gegründet), wo er als «clericus» in die Matrikel eingetragen ist (frühestes dokumentarisches Datum) und die sieben Freien Künste studiert.[65] Ein Jahr später (1417) verlässt er als «baccalaureus» der Philosophie Heidelberg, um in Padua das Studium des kanonischen Rechtes zu beginnen. Dort hatte seinerzeit auch Albertus Magnus sein Studium begonnen. In Padua, (seit 1228 Universität), deren juristische Fakultät damals neben Bologna die bedeutendste Rechtsschule Europas war, beginnt eine wichtige Zeit für Nikolaus. Hier wirkt das Erlebnis des Südens, die größere Weite des Bildungshorizonts und die Bekanntschaft mit Männern des italienischen Humanismus befreiend und anregend auf den Studenten ein. In Italien findet auch die Begegnung mit der Antike statt, namentlich durch die Lehrer, die aus Griechenland kamen und in Padua nun Philosophie, Astronomie und Mathematik lehren. Hier wird Cusanus zum Naturwissenschaftler und Humanisten, ohne das Studium seines Fachgebietes, des kanonischen Rechtes, zu vernachlässigen. In Padua schließt Nikolaus auch eine Reihe von lebenslangen, bedeutenden Freundschaften, so mit Toscanelli[66], dem Arzt, Mathematiker, Geographen und Astronomen, der auch am Sterbebett des Cusanus zugegen war, und mit dem Juristen Guiliano Cesarini (1398 – 1444), dem späteren Kardinal und Präsidenten des Basler Konzils, der ihn entscheidend fördert und dem er 1440 und 1441/42 zwei seiner grundlegenden philosophischen Schriften widmet (De docta ignorantia, De coniecturis) sowie schließlich mit dem nachmaligen Kardinal Capranica. Nach sechs Jahren ausgedehnter Studien wird Cusanus im Frühsommer des Jahres 1423 (um die Vollendung seines 22. Lebensjahres) in Padua zum «doctor decretorum» promoviert (Doktor des kanonischen Rechts).

Cusanus hat bei Abschluss seines Studiums das dritte Lebensjahrsiebt abgeschlossen und steht bereits am Beginne des vierten.[67] Die Wende vom dritten zum vierten Jahrsiebt ist insofern besonders bedeutsam, als nun der Mensch nach Abschluß seiner leiblichen Entwicklung und als zum Ichbewusstsein erwachte, mündig gewordene Persönlichkeit unbewusst beginnt, seine Seelenglieder zu entwickeln. Dabei ist das Jahrsiebt vom 21. bis 28. Lebensjahr der Ausprägung der Seele als Empfindungsseele gewidmet.[68]

Es ist, äußerlich gesehen, das Jahrsiebt, in dem der Mensch als mündig Gewordener in den sozialen Zusammenhang aktiv eintritt, um sich dort

WICHTIG

sein Wirkensfeld zu suchen. Aber dieses Suchen und Orientieren vollzieht sich oft vehement, da die leibgebundenen Empfindungs- und Begeisterungskräfte stark hineinwirken. Wie kein anderes Jahrsiebt hat es sich mit dem leibgebundenen Vergangenheits- und Begabungsstrom und dessen allmählichem Verlöschen auseinander zu setzen. Von daher sind hier oftmals vehemente Lebenskapriolen und Lebensumschwünge anzutreffen, als Zeichen des Suchens nach dem individuell, selbst gestalteten Lebensweg. Dabei spielt das Suchen nach dem individuellen, schicksalsmäßig passenden Beruf eine zentrale Rolle, denn von der Berufsentscheidung hängt das Wirken in der menschlichen Sozietät stark ab. Diese Motive sind bei Nikolaus deutlich anschaubar.

Nach der Beendigung des Studiums geht Nikolaus zunächst nach Rom (1424), wohl um sich um eine Sekretärstelle zu bemühen, die in Humanistenkreisen begehrt war. Dann jedoch kehrt er nach Kues zurück, wo er mit Sicherheit ab Ende Januar 1425 weilt. Die legendarische Tradition, der Johannes von Müller (1832) und nach ihm auch F. A. Scharpff (1843) folgen, berichtet, Nikolaus habe sich ursprünglich in Kues als Advokat niederlassen wollen. Dazu stimmt auch die Tatsache, dass der Erzbischof von Trier, Otto von Ziegenhain, im Januar 1425 dem jungen Rechtsgelehrten die Kirche des nahegelegenen Dorfes Altrich bei Wittlich als erste Pfründe zuwendet, wohl um Nikolaus als Jurist für seine Dienste zu gewinnen. Im Sommer 1427 schickt er ihn in der Tat als seinen Prokurator nach Rom an die Kurie. Dann aber, so berichtet Johannes von Müller, habe Nikolaus seinen allerersten Prozess in Mainz durch einen Formfehler verloren. Dies habe ihn so tief verdrossen, dass er auf die ausschließliche Ausübung seines Berufes als Jurist verzichtete und sich entschloss, Priester zu werden.* Man muss diesen Bericht nicht zu wörtlich nehmen, denn Nikolaus ist auch fernerhin noch juristisch tätig, wovon Rechtsgutachten aus den Jahren 1426 – 1432 zeugen; eines davon (1426) zeigt das Bildnis des Nikolaus. Und dennoch offenbart der Bericht etwas von den Seelenkrisen und Lebensumschwüngen, die sich auf der Suche nach dem individuell richtigen Beruf bei Nikolaus abgespielt haben. Dahinter steckt die Frage nach den Motiven dieses Umschwunges.

* Das geht auf seinen Erzgegner Gregor von Heimburg († 1472) zurück. Dieser verhöhnt in seiner «Invective» Nikolaus und behauptet, dieser habe sich nur deshalb der Theologie zugewendet, weil er (Heimburg) ihn in Mainz als Anwalt in einem Erbschaftsprozess geschlagen habe. Dieser Bericht ist aber Spott und kein objektives historisches Urteil.

Woher der Entschluss kommt, Theologe zu werden, wissen wir nicht. Ist es der Einfluss der Erziehung oder ist es die Einsicht, dass für ihn, der weder einem Mönchsorden angehört noch dem Adelsstand entstammt, seine spirituellen und sozialen Lebensziele nur als Geistlicher zu verwirklichen sind? Vielleicht dürfen wir in der Hinwendung zum Priesteramt auch den Ausdruck des inneren Dranges des Nikolaus erblicken, seine geniale Begabung für die Organisation des sozialen Lebens der Menschen zu verwirklichen. Dabei muss man ja bedenken, dass die Kirche damals die größte und geschlossenste soziale Organisation ihrer Zeit darstellt, in der auch Nichtadlige zu hohen Positionen aufsteigen konnten. Auf jeden Fall dürfen wir in dem Entschluss des begabten Juristen Nikolaus, nunmehr Priester zu werden, eine sein Leben mitbestimmende Wende erblicken.

Ab dem Frühjahr 1425 finden wir Nikolaus beim Studium der Theologie und Philosophie an der Universität Köln. In der Matrikel ist er als «Doctor in jure canonico» eingetragen und hat als solcher wohl auch selbst juristische Vorlesungen gehalten.[69] Selbst wenn Nikolaus noch primär als Lehrer des Kirchenrechts an die Kölner Universität gegangen sein sollte, so greift er nunmehr doch entschieden über die alten Grenzen seines ursprünglichen Faches hinaus.

An der Universität Köln lebt damals immer noch etwas vom Geist der berühmten Dominikaner-Gelehrten und Scholastiker Albertus Magnus (1193 – 1280), der von 1248 – 1280 im Dominikanerkloster wirkte, sowie seines Schülers Thomas von Aquin (1225 – 1274), der von 1248 bis 1252 bei Albertus studiert hatte. Aber auch das geistige Erbe der zeitweise im Dominikanerkloster lehrenden Dominikaner-Mystiker Meister Eckhart (1260 – 1327), Heinrich Seuse (1300 – 1366) und Johannes Tauler (1300 – 1360) ist noch lebendig, wobei Cusanus vor allem eine tiefe innere Beziehung zu Meister Eckhart empfindet, der einen bedeutenden Einfluss auf ihn ausüben wird.[70]

Derjenige, durch den Nikolaus diese philosophische Tradition vor allem vermittelt erhält und der sein Lehrer in der Philosophie wird, ist der flämische Professor Heimericus de Campo (sechs Jahre älter als Nikolaus). Heimericus war von Paris gekommen, wo er sich unter den herrschenden philosophischen Richtungen weder für die Thomisten noch für die *via moderna* der Anhänger Ockhams entschied, sondern für die Nachfolge des Albertus Magnus. So brachte er den Albertismus von Paris zurück nach Köln und machte ihn hier erneut heimisch. Seit 1422 lehrte Heimericus an der Kölner Artistenfakultät und wurde hier der Meister der Kölner Albertistenschule. Durch Heimericus wird Niko-

Abb. 14: Bildnis des jungen Nikolaus von Kues aus dem Rechtsgutachten von 1426. Das stilisierte, physiognomisch nicht getreue Bildnis zeigt den etwa 25-jährigen Nikolaus als schreibenden Juristen. Es stammt aus dem Gutachten zur Erlassung des Weinzolles für Wynandus de Stega, Pfarrer in Bacharach/Rhein, das Cusanus als Doktor decretorum (Kirchenjurist) geschrieben hat.

laus auch mit der christlich-neuplatonischen Tradition bekannt gemacht. Insbesondere lernt er durch ihn zum erstenmal die Schriften des Dionysius Areopagita kennen (geschrieben um 500 n. Chr.). Albertus Magnus hatte zu allen Schriften des Areopagiten einen Kommentar geschrieben und war der Meinung, der Heilige Geist selbst sei der wahre Autor oder Inspirator dieser Schriften. Das Gedankengut des Areopagiten wird von da an einen entscheidenden Einfluss auf Nikolaus ausüben.* Von Heimericus de Campo (und indirekt Albertus) erhält Nikolaus auch seine ersten Anregungen zur geometrischen Figuren-Symbolik. Schließlich lernt er in Köln die Werke des katalanischen Mystikers Raimundus Lullus (1235 – 1316) kennen, die er ab 1427 eigenhändig abschreibt und exzerpiert. Ja, er reitet sogar 1428 auf Vermittlung von Heimericus nach Paris, um weitere Werke des Raimundus Lullus im Pariser Lullistenkreis kennen zu lernen. So findet sich kein anderer Philosoph und Mystiker mit so vielen Werken in der Bibliothek des Cusanus vertreten, wie Raimundus Lullus. Vor allem erhält die spätere Neigung des Nikolaus zur philosophischen Zahlenspekulation und zur geometrisch-sinnbildlichen Veranschaulichung durch die «Ars generalis» des Raimundus Lullus stärkste Anregung.[71] Neben seinem Studium der Philosophie und der Theologie (die ja im Mittelalter eng miteinander verflochten sind) ist Nikolaus auch auf seinem Fachgebiet, dem kanoni-

* Es handelt sich um Texte aus dem 5. Jh. n.Chr., die deutlich den Einfluss des Neuplatonikers Proklos (412 – 485 n. Chr.) erkennen lassen, also auch nicht vorher aufgeschrieben sein können, wenngleich sie unter dem Pseudonym des Apostelschülers Dionysius Areopagita firmieren (um 50 n. Chr.). Ob dieses ‹Widerspruches› ist ein langer, heftiger wissenschaftlicher Streit über die Authentizität der Schriften entstanden, die in deutlichem Kontrast zu deren außerordentlichen Wertschätzung im Mittelalter, auch durch Cusanus, steht. (Vgl. den Exkurs zur Rätselgestalt des Dionysius Areopagita unter Anm. 161).

Abb. 15: Die Stadt Köln am Rhein um 1531 (Ausschnitt aus der Stadtansicht von Anton Woensam). Die Silhouette der Stadt wird geprägt durch den Dom, der seit fast 300 Jahren im Bau ist. Nur der 1322 geweihte Domchor ist vollendet, während das Mittelschiff zwischen Westwerk und Chor noch nicht begonnen ist. Rechts davon, über der Kirche «St. Maria ad Gradus», schaut der von Albertus Magnus gestiftete Chor des Predigerklosters hervor (ein Putto-Engel hält das Namensschild «Ad predicatores»). Die alte Handels- und Geistesmetropole am Rhein ist ab 1425 ein entscheidender Studienort für Nikolaus von Kues. Hier macht er seine bedeutsamen Schriftenfunde in der Dombibliothek, hier wird er durch Heimericus de Campo mit Dionysios Areopagita, Albertus Magnus, Raimundus Lullus und anderen Philosophen vertraut, hier wächst er schließlich in die Theologie hinein.

TEMPLV S. PETRI ET
S·TRIVM REGVM·
AD PREDKATORES
SENT LVPVS
AD MARIE GRADV
T.MAXIMIN

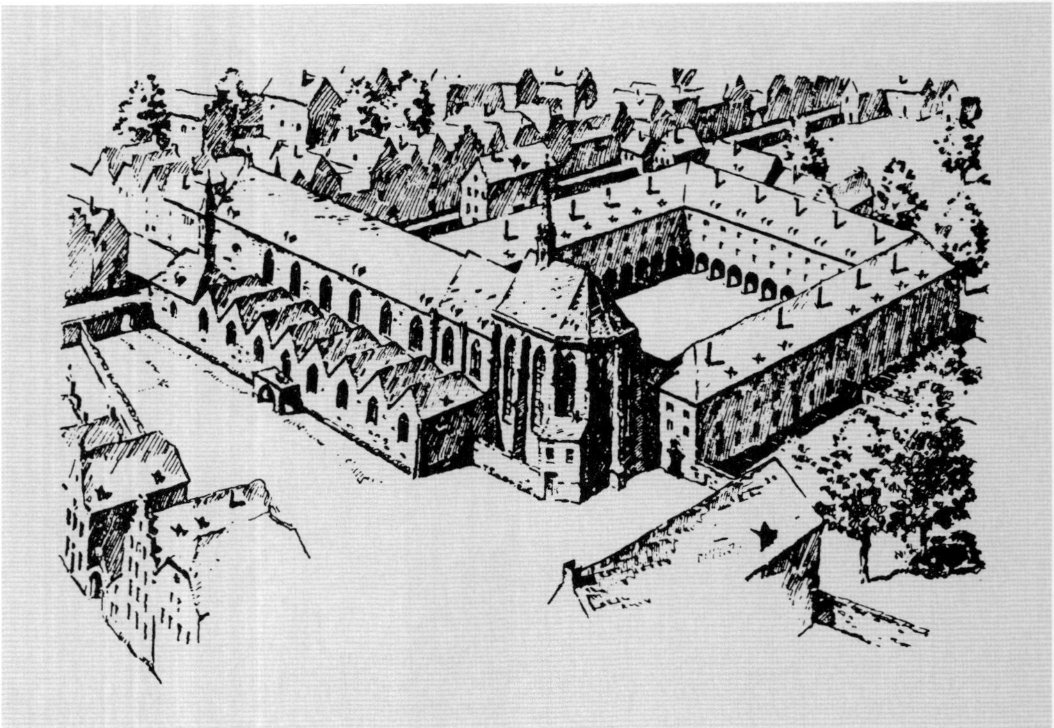

Abb. 16: Das untergegangene Dominikanerkloster (Ad predicatores) in Köln (Rekonstruktionszeichnung des mittelalterlichen Zustandes von Walter Wegener). Zentrum des spirituellen Köln im Mittelalter ist das 1804 untergegangene Dominikanerkloster; es liegt ganz in der Nähe des Domes (heute steht dort das Telegraphenamt). Hier lehrte als Gründungsrektor der Ordenshochschule (Generalstudium) der Dominikaner Albertus Magnus, saß Thomas von Aquin zu seinen Füßen; hier hielten sich zeitweise die Dominikaner-Mystiker Meister Eckhart, Heinrich Seuse und Johannes Tauler auf. Nikolaus von Kues taucht in Köln in diesen Geistesstrom tief ein. (Das Grab des Albertus Magnus – einstmals im von ihm gestifteten Chor der Dominikanerkirche – befindet sich heute in der Krypta der benachbarten St. Andreas-Kirche.)

schen Recht, erfolgreich tätig und verfasst verschiedene Rechtsgutachten. In Köln wird Nikolaus auch zum eigentlich ersten Rechtshistoriker im strengen Sinne. So gelingt ihm in den Archiven der Dombibliothek die Entdeckung zahlreicher alter germanischer Rechtsquellen. Eine Meisterleistung juristischer und vor allem historisch-quellenkritischer

Untersuchung ist sein Nachweis, dass die sogenannte «Konstantinische Schenkung», auf welche die Päpste ihren weltlichen Machtanspruch stützten, eine Fälschung des 8./9. Jahrhunderts darstellt. Noch in «De concordantia catholica» (1433) schreibt er: «Ich habe nichts gefunden, das bestätigen könnte, was über diese Schenkung zu lesen ist.» Diese Feststellung des Cusanus wird später durch Lorenzo Valla bestätigt.

Schließlich wird Nikolaus in Köln zum humanistisch gebildeten Büchersammler und Bücherfreund, dem bedeutende Bücherfunde gelingen. So stößt er bei seiner Suche in Archiven und Bibliotheken der Domstadt auf die «Naturalis Historia» des jüngeren Plinius, und er entdeckt eine karolingische Handschrift mit zwölf bis dahin unbekannten Komödien des Plautus – ein Fund, der ihm große Anerkennung in den humanistischen Kreisen Italiens einträgt. Mit einiger Wahrscheinlichkeit geht auch die Wiederentdeckung der ersten sechs Bücher des Tacitus indirekt auf Nikolaus von Kues zurück; ebenfalls ist er beteiligt an der Wiederentdeckung der sogenannten kleineren Tacitus-Schriften mit der berühmten und einzigartigen «Germania». Ob der Tacitus-Fund Nikolaus in Köln gelingt oder, wie L. Pralle[72] meint, in Fulda, ist nicht mit letzter Sicherheit zu klären. Als einziger Deutscher seiner Zeit erwirbt sich Nikolaus aber bei den italienischen Humanisten wie Poggius Florentinus, Niccolo Niccoli, Ambrogio Traversari, Kardinal Orsini, Erzbischof Piccolpasso, u.a.m., denen er 1427 die Bücherfunde nach Rom überbringt, ein hohes Ansehen als humanistischer Bücherfreund und Entdecker.

Überhaupt wäre Nikolaus von seiner außerordentlichen wissenschaftlichen Begabung und der Weite seines Bildungshorizontes her geradezu prädestiniert gewesen, ein bedeutender Repräsentant des Humanismus zu werden.

In diesen außergewöhnlichen Fähigkeiten drückt sich, biographisch gesehen, der aus der Vergangenheit kommende Vererbungs- und Begabungsstrom aus. Dieser Strom aber trägt den Menschen nur etwa bis zum 27. Lebensjahre.[73] Dann verebbt er, und neue, in die Zukunft reichende Impulse müssen aufgegriffen werden. Es ist biographisch höchst symptomatisch, dass Nikolaus genau in diesem Alter, nämlich im Jahre 1428, von der Stadt Löwen in Brabant einen Ruf auf eine Professur für kanonisches Recht an der neugegründeten Universität erhält. Hätte Nikolaus diesen Ruf angenommen, so hätte er den Vergangenheitsstrom zum Beruf gemacht und ihn schicksalsmäßig festgeschrieben. Nikolaus aber lehnt den ehrenvollen Ruf ab (ebenso 1435, als der Ruf noch einmal wiederholt wird). Dass Nikolaus diesen Ruf mit 27 Jahren ablehnt, zeigt, dass seine Gedanken über den Kreis der bloßen Fachgelehrsamkeit hinausstreben und dass er bereit ist, neue Schicksals- und Geistesimpulse aufzunehmen.

Um das 28. Lebensjahr wird es immer deutlicher, dass Nikolaus in das kirchliche Wirken hineinwächst, wenn auch zunächst noch als kanonischer Jurist und dann als Diakon. Schon 1425 hatte der Erzbischof von Trier ihm die Pfarrkirche zu Altrich als erste Pfründe übertragen; es folgt 1426 ein Kanonikat an St. Simeon in Trier, 1427 die Pfarrkirche St. Gangolf zu Trier, ebenfalls 1427 die Dekanei von Liebfrauen in Oberwesel und vor allem dann 1428 die Dekanei mit einem Kanonikat am Kollegiatsstift St. Florin in Koblenz. Als Dekan des St. Florin-Stiftes wohnt Cusanus dann in einem eigenen Haus in Koblenz nahe dem Moselufer. Er hat diesen Wohnstandort mit einer eigenen Hauskapelle, darin u.a. das Bild der hl. Veronika (erwähnt noch 1453 in «De visione Dei» – «Vom Sehen Gottes»), mindestens bis zum Jahre 1450 beibehalten, denn noch am 20. November 1449 schreibt er: Zu Koblenz «in der Kurie, unserer gewohnten Residenz».[74] In die Zeit nach dem 28. Lebensjahr fallen auch seine ersten überlieferten elf Predigten (Weihnachten 1430 bis Trinitatis 1431), die in Koblenz gehalten sind; wenngleich er, der Sitte seiner Zeit folgend, die Priesterweihe erst später (wahrscheinlich zwischen 1436 und 1440) erhält. Zwischen 1428 und 1430, also um das 28. Lebensjahr, wächst Cusanus aber de facto in das aktive kirchliche und seelsorgerliche Wirken hinein.[75]

Damit bringt das Ende des vierten Lebensjahrsiebts die Klärung der so brennenden Frage nach dem beruflichen und sozialen Wirkensfeld. Nikolaus von Kues wird nicht primär Advokat und nicht Professor für Kirchenrecht, nicht ausschließlich Humanist und Wissenschaftler, sondern er wird Priester (Weltgeistlicher).

Die Entscheidungszeit und Lebenswende um die Mitte des Lebens

Das fünfte Lebensjahrsiebt von 28 bis 35 führt den Menschen in der Regel zur Etablierung im gewählten Beruf und ermöglicht ihm die Ausbildung seiner dazu notwendigen Verstandeskräfte. Überhaupt steht diese Lebensperiode unter der Dominanz der Gedankenkräfte in ihrer Ausprägung als Klugheit und Verstand. Es ist die Zeit der «Verstandesseele». Diese kann sich in der großen Spannweite von der advokatischen Schlauheit bis hin zum sozialen Rechtsgefühl äußern. Der Mensch taucht gegen die Lebensmitte hin in die vom Verstand geordnete Rechtssphäre mit ihren sozialen Bezügen ein. Bei Nikolaus von Kues sind diese biographischen Leitmotive geradezu beispielhaft ablesbar.

Nikolaus von Kues führt die Lebensspanne dieses Jahrsiebts zu einer sehr schnellen Etablierung in der sozialen Rechtsinstitution der mittelalterlichen Kirche, die dazumal unauflösbar mit der Übernahme von Ämtern und Pfründen verbunden ist. Nach der Übernahme des Amtes als Dekan von St. Florin in Koblenz wird Cusanus 1435 Propst des sehr begüterten Augustiner-Chorherrenstiftes St. Martinus und Severus in Münstermaifeld in der Eifel. Dieser noch heute sehenswerte Ort mit seinem mächtigen Münster (der Kirche des ehemaligen Stiftes) liegt im fruchtbaren Maifeld unweit der Mosel etwa auf halbem Wege zwischen Koblenz und Kues.[76] Erst 1445 hat Nikolaus die Pfründe der Propstei Münstermaifeld gegen das Archidiakonat von Lüttich in Brabant eingetauscht. Manche Autoren haben Cusanus den Vorwurf der ehrgeizigen «Pfründenjägerei» gemacht. Aber man muss zu den Pfründen des Cusanus sagen, dass er sie außerordentlich gewissenhaft und kaufmännisch geschickt verwaltet hat. Seine absolute persönliche Bedürfnislosigkeit spricht ihn frei von jedwedem Verdacht der persönlichen Bereicherung. Vor allem aber kümmert er sich um das geistliche, rechtliche und wirtschaftliche Leben seiner Institutionen. Ein Beispiel dafür ist der Entwurf eines ersten Gesamtstatuts für das Stift St. Florin in Koblenz, der das geistliche und rechtlich-soziale Zusammenleben der Kanoniker regelt. Ein zweites beeindruckendes Beispiel ist das Propsteibuch von Münstermaifeld, das Cusanus Zeile für Zeile eigenhändig durchgearbeitet hat, um die wirtschaftliche und zugleich rechtliche Grundlage des Stiftes zu überschauen und zu klären.[77] Hier kommt insbesondere der wirtschaftlich denkende Advokat Cusanus zum Vorschein, der die Rechte seiner Institutionen gewissenhaft wahrt, ein Wesenszug, der später noch einmal in der Zeit als Bischof in Brixen deutlich in Erscheinung tritt. In seiner Eigenschaft als Jurist ist Cusanus aber auch oft Schlichter in Rechtsangelegenheiten bei Streitigkeiten um den Zehnten, um Zölle, Gefälle, Abgaben u.a.m. Die Rechtsverhältnisse zwischen den Menschen zu klären und zu ordnen, ist ihm ein zutiefst inneres Anliegen.

1430 wird Cusanus Sekretär des Trierer Domherren Ulrich von Manderscheid, der bei der Wahl zum neuen Erzbischof und Kurfürst von Trier im Domkapitel unterlegen war, aber seinen Anspruch auf den Bischofsstuhl nicht aufgab (hier taucht die Beziehung zur Familie der Grafen von Manderscheid wieder auf). Dieser sendet Cusanus 1432 als persönlichen Berater und als Advokat auf das *Konzil zu Basel*, damit er dort den Rechtsanspruch seines Gönners gegen einen vom Papst ernannten Gegen-Erzbischof (Raban von Helmstadt, Bischof von Speyer) vertrete, was jedoch erfolglos ist. Mit der Teilnahme am Basler Konzil beginnt das große kirchenpolitische Wirken des Cusanus. Das 1431 begonnene Reformkonzil war einberufen worden, um nach dem schändlichen Ausgang des Konstanzer Konzils (1414 – 18) die Gebrechen der Kirche zu heilen. Das Konzil lebt also in dem Bewusstsein, dass nur durch Reformen der Zerrüttung von Kirche und Reich Einhalt geboten werden könne. Zugleich postuliert die Konzilsmehrheit die ‹quasi demokratische› These, dass das Konzil höher stünde als der Papst, wodurch sie in einen scharfen Gegensatz zum Autoritätsanspruch von Papst Eugen IV. gerät. Geleitet wird das Konzil von Kardinal Cesarini, einem Freund und Förderer des Cusanus aus der Studienzeit in Padua. In der Begleitung von Cesarini befindet sich auch der junge, weltgewandte Humanist und Schriftsteller Enea Silvio Piccolomini (der spätere Papst Pius II.), mit dem Nikolaus von Kues sich befreundet. Nikolaus schließt sich zunächst, ähnlich wie Piccolomini, der Mehrheitspartei des Konzils an und wird durch seine 1433 erscheinende Schrift «De concordantia catholica» («Von der umfassenden Eintracht») zum geistigen Führer dieser Konzilspartei. Diese Schrift des Cusanus ist das weitaus bedeutendste Ergebnis des ansonsten nach siebenjähriger Dauer nahezu ergebnislos verlaufenden Reform-Konzils. Es ist ein von großem Fleiß, Wissen und Klugheit zeugendes, gesamtabendländisches Reformprogramm (die ersten beiden Teile gelten der Reform der Kirche, der dritte Teil der Reform des Reiches), in dem bereits ein großer Gedanke des Cusaners aufleuchtet: der Gedanke der Eintracht über aller Verschiedenheit, d.h. der Gedanke des im Herzen begründeten Zusammenklanges *(con-cordantia)* des Verschiedenartigen. Ebenso klingen die Grundzüge seiner Konsenslehre an, indem er den Rechtssatz «Was alle angeht, muss von allen gebilligt werden» (*Quod omnes tangit ab omnibus approbari debet*) zum Kern- oder Schlüsselsatz seiner Staatslehre macht. In diesem Werk wird die geniale Begabung des Cusanus zur Begründung von Organisation unter den Menschen im sozialen Leben sichtbar. «De concordantia catholica» hat Cusanus – obzwar Geistlicher – doch eigentlich noch als kanonischer Jurist geschrieben, d.h. aus einer christlich-staatsrechtlichen Denkgesinnung heraus;[78] es ist der Gipfelpunkt seines Scharfsinnes. Cusanus schreibt es charakteristischerweise mit 32 Jahren im Jahrsiebt der Verstandesseele.

Als Mitglied im Ausschuss für Glaubensfragen ist Cusanus am Gespräch mit den böhmischen Konzilsgesandten beteiligt. Er legt in der

Abb. 17: Die Stiftskirche St. Florin in Koblenz; Westfront, von der Mosel aus gesehen (nach einem Stich von 1845). Die noch heute bestehende St. Florin-Kirche war bis 1802 das Zentrum des 940 gegründeten Kanonikerstiftes, an dem Nikolaus von Kues von 1428 – 1439 Dekan (Dechant) war. Im Kanonikerstift St. Florin lebten um 1430 etwa 60 Weltgeistliche (20 Priester und 40 Vikare) zusammen, die sich ohne Ordensgelübde und unter Beibehaltung ihres Privatvermögens zu einem gemeinsamen christlichen Leben verpflichtet hatten. Der Dekan war nach dem Stiftspropst die ranghöchste Persönlichkeit, dem die geistliche Führung dieser Lebensgemeinschaft oblag. Als Dekan von St. Florin wohnte Nikolaus von Kues in einem eigenen Stiftshaus (Stiftskurie) mit Hauskapelle. Es ist das helle Haus im Vordergrund am Moselufer. Es wurde im 2. Weltkrieg zerstört.

Abb. 18: Älteste Stadtansicht von Basel um 1450. Auf der linken Bildseite (nördlich des Rheins) ist der Brückenkopf der Vorstadt «Klein-Basel» zu erkennen, rechts (südlich des Rheins) «Groß-Basel», das sich um Münster und Pfalz am Hochrheinufer gruppiert (typische Schutz-, Fluss-, Brücken- und Handelslage). Basel ist von 1431 – 1438 Schauplatz des großen abendländischen Reformkonzils (dann als Unionskonzil nach Ferrara/Florenz verlegt). Hier wächst der begabte Kirchenjurist Nikolaus von Kues zunächst als geistiger Führer der konziliaren Mehrheitspartei in das kirchenpolitische Wirken seiner Zeit hinein; hier vollzieht er aber auch in der Lebensmitte (1436) seine entscheidende, äußere Lebenswende.

Hussitenfrage einen vermittelnden Traktat «De communione sub utraque specie» (1433) vor, nach dem es den Böhmen auch weiterhin erlaubt sein soll, die Kommunion in beiderlei Gestalt (Brot und Wein, Hostie und Kelch) zu empfangen. 1436 wird sein Kompromissvorschlag Grundlage des abgeschlossenen Vergleichs mit den Hussiten.

Zu den vorphilosophischen Schriften der Konzilszeit gehört auch noch die gegen Ende derselben in Basel entstandene Schrift «Von der Kalenderreform» (De correctio kalendarii, 1436). Cusanus hat sie als

Mitglied der Konzilskommission für die Reform des julianischen Kalenders geschrieben. Sie offenbart sowohl die praktische als auch die mathematische Begabung des Nikolaus von Kues. Ihre Grundgedanken werden dann über hundert Jahre später in der Reform von Papst Gregor XIII. (1582) zu einem Abschluss gebracht, weshalb wir vom «gregorianischen Kalender» sprechen und nicht vom «cusanischen Kalender», wie es wohl eigentlich angemessener wäre. (Siehe dazu den Exkurs zur Kalenderreform des Nikolaus von Kues unter Anm. 79.)

Das Basler Konzil tendiert in der Folge statt zur Eintracht immer mehr zu einer allgemeinen Zwietracht hin, und die Gefahr eines erneuten Schismas (Kirchenspaltung) wird sichtbar (tatsächlich wählt das Konzil zum Schluss mit Amadeus von Savoyen einen Gegenpapst). So vollzieht Cusanus in der Konzilsabstimmung vom 5. Dezember 1436 eine lebensentscheidende Schicksalswende: Er geht von der Konzilsmehrheit zur Konzilsminderheit über und verlässt mit dieser schließlich am 17. Mai 1437 das Konzil, um sich Papst Eugen IV. anzuschließen.

Bereits den Zeitgenossen, so auch Piccolomini, ist das Außergewöhnliche dieser Lebenswende aufgefallen, und man hat Nikolaus von Kues diese Umkehr sehr verübelt und als reinen Eigennutz (Pfründenjägerei) dargestellt. Im Oktober 1436 hat sich Nikolaus in der Tat mit seinem ganzen Pfründenbesitz von Papst Eugen IV. neu providieren lassen.

Auch in der Cusanus-Literatur ist der Stellungswechsel des Cusanus heftig diskutiert und oft in die Nähe eines bloßen Opportunismus gerückt worden. Sicherlich gehört der markante Lebensumschwung in der Lebensmitte zu den scheinbaren Widersprüchlichkeiten in der Biographie des Nikolaus von Kues; aber er ist dennoch weit von jedem Opportunismus entfernt. Rudolf Steiner charakterisiert die Empfindungen, die Nikolaus von Kues bei seinem Wechsel von der Konzilsmehrheit zur Konzilsminderheit bewegt haben mögen, folgendermaßen: «Man kann sich, wenn man genügend Einsicht hat, wohl vorstellen, welche Empfindungen Nikolaus Cusanus dazu drängten; man kann sich vorstellen, wie er sich sagte: Dasjenige, was heute aus einer Mehrheit herauskommen kann, das kann doch nur gewissermaßen eine etwas sublimierte Art des allgemeinen Chaos werden, das wir schon haben. Dasjenige, was er wollte, war eine feste Hand, um Organisation und Ordnung herbeizuführen. Er wollte allerdings die Taten dieser festen Hand durchdrungen haben von Einsicht – aber er wollte doch diese feste Hand.»[80]

Es lebt in der Seele des Cusanus die Idee der Konkordanz, des Zusammenklingens des Verschiedenartigen in einem höheren Ganzen; aber er muss in Basel erkennen, dass die Voraussetzungen dazu unter den Konzilsteilnehmern nicht gegeben sind (als einen zankenden Haufen von Spreu bezeichnet er sie später). So kann er sich der Einsicht nicht verschließen, dass der Konziliarismus als einseitig antipäpstlicher Radikalismus der Basler Konzilsmehrheit nicht zum heilsamen Zusammenklang, sondern zur chaotischen Zersplitterung und zum erneuten Schisma führt. Dies aber ist das Gegenteil von allgemeiner Eintracht und Einheit durch Übereinstimmung aller. Dann also kann es nur eine Einheit durch den Einsatz von Autorität geben. Solche Einsichten, die seiner sozialen und ideellen Grundüberzeugung entspringen und nicht einem vordergründigen Opportunismus, bewegen Cusanus zu seiner äußeren Lebenswende.[81]

Von den biographischen Rhythmen her gesehen, kommt in der entscheidenden Lebenswende auf dem Konzil von Basel noch mehr zum Ausdruck. Nikolaus von Kues ist in diesen Monaten 35 Jahre alt, d.h. er steht am Ende des fünften und am Beginn des sechsten Lebensjahrsiebts. Dieser Zeitpunkt ist ein besonderer: Es ist der Mittelpunkt des menschlichen Lebenslaufes überhaupt; es ist ein Umschwungs- und Umstülpungspunkt, der als biographischer Knotenpunkt in vielen Biographien zu beobachten ist. Hier vollziehen sich häufig tiefgreifende Lebenswenden, oftmals verbunden mit seelischen Umschmelzungs- und Umstülpungsprozessen, die das Hindurchgehen durch einen totalen Nullpunkt anzeigen. Es ist eine Art Todesprozess, der sich abspielt (in manchen Biographien wie z.B. bei Lessing[82] sogar äußerlich als lebensbedrohende Krankheitskrise bemerkbar). In diesem Nullpunkt des Lebenspendels aber wird die *Bewusstseinsseele* als höchste menschliche Seelenfähigkeit geboren. Sie entfaltet sich dann im kommenden Lebensjahrsiebt (35 – 42). Damit werden entscheidende Bewusstseinskräfte für die spirituelle Entwicklung frei, wenn sie vom verwandelten Denken ergriffen und in das Licht der bewussten Erkenntnis gehoben werden. Gerade das wird bei Cusanus anschaubar.

In der Folge seiner Lebenswende wird Cusanus im August des Jahres 1437 von Papst Eugen IV. als Legat und Mitglied einer Gesandtschaft nach Konstantinopel gesandt, um den griechischen Kaiser, Johannes VIII. Palaeologos, den Patriarchen von Konstantinopel und 28 Erzbischöfe nach Italien zu holen. Papst Eugen verlegt dazu Anfang 1438 das große Reformkonzil von Basel nach Ferrara (in Basel tagt bis 1449 nur noch ein sogenanntes ‹Rumpfkonzil› weiter), wo es in der Form eines Unions-Konzils weitergeführt wird (1439 wird dieses Konzil nach Florenz verlegt). Zweck dieses Konzils soll die Wiedervereinigung der byzantinischen Ostkirche mit der römischen Papstkirche sein, gerade auch im

Abb. 19: Stadtansicht von Konstantinopel/Byzanz. Der Holzschnitt zeigt das tausendjährige Zentrum des oströmischen Reiches mit der Hagia Sophia (Mitte oben). Konstantinopel/Byzanz ist aber nicht nur die geistige Metropole der Ostkirche, sondern seit jeher der Begegnungsort der Kultur des Ostens und des Westens. Nikolaus von Kues reist 1437/38 als päpstlicher Gesandter nach Konstantinopel, um die Ostkirche mit der des Westens neu zu verbinden. Konstantinopel wird für ihn aber auch zum Ort der Begegnung mit dem Kulturstrom des ‹geistigen Ostens›. Auf der Rückreise per Schiff von Konstantinopel nach Venedig hat Cusanus auf dem Meer mit 37 Jahren ein ‹Erleuchtungserlebnis›, das zur Grundlage seines Philosophierens wird. Die Eroberung und Vernichtung von Konstantinopel als christlicher Metropole durch die islamischen Türken unter Mohammed II. im Jahre 1453 erfüllt Nikolaus von Kues mit grenzenlosem Schmerz. (Der Holzschnitt stammt aus Hartmann Schedels Weltchronik 1493, dem größten Buchunternehmen seiner Zeit, und ist nach der Eroberung Konstantinopels entstanden.)

Zeichen der von Osten andrängenden Gefahr der islamischen Türken. Die offizielle Wiedervereinigung beider Kirchen kommt dann auch 1439 in Florenz zustande, ist aber de facto nicht von langer Dauer, zumal 14 Jahre später (1453) Konstantinopel als Sitz des Oberhauptes der griechisch-orthodoxen Kirche von den Türken erobert wird.*

Die *Schiffsreise 1437 nach Konstantinopel* (vgl. die Karte Abb. 20, S. 75) bedeutet für Nikolaus von Kues etwas Zeichenhaftes, und er empfindet es auch so. Sie stellt nicht nur geographisch, sondern auch seelisch-geistig die unmittelbare Berührung mit dem *geistigen Osten*, dar. Konstantinopel ist nicht nur das Zentrum der Ostkirche, sondern auch immer noch die hellenistische Heimat der Wissenschaften. Hier, im einstigen Byzanz, lebt noch die griechische Sprache und Philosophie sowie die in das Christentum ostkirchlicher Prägung umgeschmolzene antike Tradition (z.B. der Platonismus in Form des christlichen Neuplatonismus). Nikolaus von Kues durchstöbert während seines Aufenthaltes im Orient alte griechische Klöster nach antiken Schriften, nach Schriften über das östliche Christentum und nach naturwissenschaftlichen Schriften der Araber (Himmelskunde). Unter den vielen Schriften, die er mitbringt, befindet sich u.a. eine griechische Handschrift, die das sechste bis achte Konzil enthält, außerdem das entscheidende vierte Constantinopolitanum von 869/70 («Ringen um

* Durch das Unions-Konzil in Ferrara/Florenz 1438/39 strömt eine Welle östlichen Geistesgutes nach Mitteleuropa. Nicht nur dadurch, dass die großen Vertreter der Ostkirche selbst kommen, so z.B. der Patriarch Josef von Konstantinopel, der Erzbischof Isidor von Kiew, der Erzbischof Bessarion von Nicäa (der später Kardinal der römischen Kirche wird und mit dem Cusanus eine lebenslange Freundschaft verbindet), sondern vor allem auch durch den großen Stab griechischer Gelehrter, den der Kaiser, Johannes VIII. Palaeologos, mitbringt. Unter diesen befindet sich auch der Platoniker Plethon (1355 – 1450), der durch seine Vorträge die Florentiner Humanisten für Platon begeistert. Durch die griechischen Gelehrten Aurispa und Traversari werden überhaupt erst die vollständigen Schriften des Platon 1438 nach Florenz gebracht. Florenz wird zu einer Hochburg des Platonismus. Cosimo de Medici gründet hier 1459 eine platonische Akademie, an der u.a. auch der Humanist und christliche Denker Marsilius Ficino († 1499) wirkt. In Auftrage von Cosimo de Medici übersetzt Marsilius Flanus (1433 – 1499) Platons Schriften ins Lateinische.
Mit dem Beginn dieser Wiederentdeckung Platons ist Cusanus mittelbar verknüpft und hat sie mitverfolgt. Manche seiner Schriften weisen selbst platonische Stilelemente auf, so z.B. die Dialogform. Sie sind zudem bis in die Wortwendungen hinein über Proklos von der neuplatonisch tingierten Mystik des Dionysius Areopagita beeinflusst.

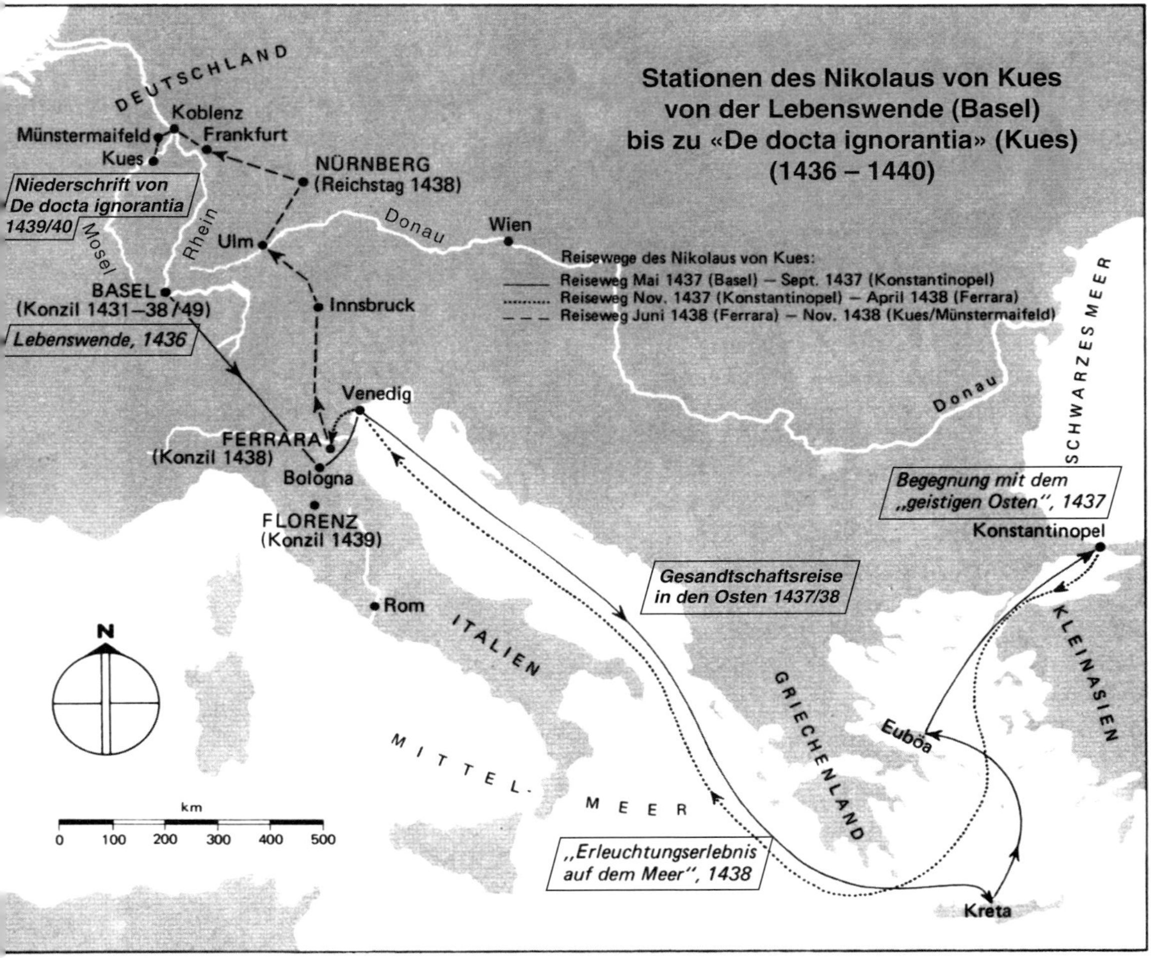

Abb. 20: Äußere und innere Lebensstationen des Nikolaus von Kues um die Lebensmitte; von der Lebenswende in Basel (1436) über die große Gesandtschaftsreise in den Osten (1437/38) mit dem einschneidenden Erleuchtungserlebnis auf dem Meer (1438) bis zur Niederschrift von «De docta ignorantia» (1439/40).

das Menschenbild»). Es muss diese Begegnung mit Konstantinopel und dem Orient für Nikolaus von Kues wie das schicksalsmäßige Eintauchen in einen uralten östlichen Weisheitsstrom gewesen sein, der ihn in seiner Seele tief angerührt hat. Diese Reise nach Konstantinopel ist ein symbolischer Ausdruck für ein großes *Lebensmotiv des Cusaners*, nämlich die *Verbindung von östlicher und westlicher Geistigkeit auf dem Boden des Christentums.* Und als Cusanus im Frühjahr 1438 von

Konstantinopel nach Venedig heimsegelt (am 8. Februar 1438 landet die Flotte in Venedig), auf dem Wege vom Osten in den Westen, da ist die Seele des Cusanus reif geworden zum Empfangen eines großen Gedankens. Seine *Offenbarung auf dem Meer* (vielleicht beim Anblick des nächtlichen Sternenhimmels) erscheint Cusanus selbst wie ein Erleuchtungserlebnis – ein *philosophisches ‹Damaskus-Erlebnis›*. Cusanus schreibt darüber im Nachwort zu «De docta ignorantia» in Form eines Widmungsbriefes an den Kardinal Juliano Cesarini, seinen Freund und Förderer: «Empfange nun, Ehrwürdiger Vater, was ich schon vor langer Zeit auf mannigfachen Wegen der Wissenschaft zu erreichen strebte, aber nicht konnte, bis ich, heimkehrend von Griechenland, auf dem Meere, wohl durch ein Geschenk von oben, vom Vater des Lichtes, von dem alles Beste kommt, darauf geführt wurde, in gelehrter Unwissenheit Unbegreifliches in unbegreiflicher Weise zu umfassen (oder zu umarmen; *amplector*) und zwar durch Übersteigen (*per transcensum*) der unauflöslichen Wahrheiten menschlichen Wissens ... Es muss das dringlichste Anliegen unseres menschlichen Geistes sein, sich zu jener Einfachheit zu erheben, wo das Widersprüchliche in eins zusammenfällt (coincidere)» (De docta ignorantia, Dupré, S. 515/17).*

Das Erleuchtungserlebnis des Nikolaus von Kues vollzieht sich fast buchstäblich so, wie R. Steiner es in seinem Buch «Wie erlangt man Erkenntnisse der höheren Welten?» beschreibt: «Es kann zum Beispiel jemand sehr weit auf dem Geheimpfade sein. Er kann sozusagen unmittelbar vor dem Öffnen der seelischen Augen und geistigen Ohren ste-

* Das innere Erleuchtungserlebnis des Cusanus als Geschenk von oben, vom Vater des Lichtes, steht durchaus in der Tradition der großen Mystikererlebnisse und erinnert (unter Beachtung der Zeitdifferenz) auch an das mystische Lichterlebnis des hl. Benedikt von Nursia (480 – 550), das dessen Biograph Gregor der Große berichtet: Einmal, als die Brüder noch schliefen, erhob sich Benedikt vom nächtlichen Lager und begab sich zum Fenster. «Während er so in frühester Stunde hinausblickte, sah er plötzlich, wie sich ein Licht von oben her ergoss, die ganze Finsternis der Nacht verscheuchte und so hell aufleuchtete, dass dies in der Finsternis strahlende Licht den Tag übertraf. Etwas sehr Wunderbares war mit dieser Erscheinung verbunden; es wurde ihm nämlich, wie er später selbst erzählte, auch die ganze Welt wie in einem einzigen Sonnenstrahl vereinigt vor Augen geführt.» (Gregor: Dialoge II, 35)[83] Die strahlende Lichtvision Benedikts als mystisches Erlebnis entzieht sich allen rationalen Erklärungen und ist nach dem besonnenen Urteil des Thomas von Aquin eine Schau des göttlich-geistigen Urgrundes der Welt, gleichsam von Angesicht zu Angesicht. Eine analoge, graduelle Annäherung, nun aber mehr im denkerischen Gewand, dürfte die *visio intellectualis* des Cusaners in dem Erleuchtungserlebnis auf dem Meer darstellen.

hen; und dann hat er das Glück, eine Fahrt über das ruhige oder vielleicht auch das wildbewegte Meer zu machen, und eine Binde löst sich von seinen Seelenaugen: plötzlich wird er sehend.»[84]

Kaum ein Cusanus-Forscher hat das von Cusanus beschriebene philosophische Erleuchtungserlebnis› in seiner tiefen Bedeutung wirklich ernst genommen.[85] Hierin offenbart sich die Tragik einer nur auf Dokumente fixierten Historiographie, denn innere geistige Erlebnisse und spirituelle Evidenzerfahrungen werden sich in den allerseltensten Fällen dadurch erfassen lassen. Die zart andeutenden literarischen Selbstberichte einiger Philosophen, wie auch des Nikolaus von Kues, verdienen daher in aller Behutsamkeit äußerst ernst genommen zu werden und nicht von vorneherein als rein literarische Wendung oder als bloße Metapher abgetan zu werden.*

Neben Rudolf Steiner ist Karl Jaspers einer der wenigen, der den Bericht des Cusaners in diesem Sinne würdigt. Er schreibt dazu: «Ist das eine bloße literarische Wendung oder ist von einer Wirklichkeit die Rede, die wir auch im Selbstbericht anderer großer Philosophen (Anselm, Descartes, Kant, Nietzsche) kennen? Ich bin überzeugt, dass das letztere der Fall ist. Ihm blieb die Leuchtkraft des neuen Gedankens, dessen Entfaltung der Inhalt seines weiteren Denklebens war, unvergesslich. Der Einfall war nicht ein Einfall wie andere, sondern eine neue Denkungsart. Cusanus ist philosophisch ‹eingeweiht›.»[87]

Von der neueren philosophisch-theologischen Fachliteratur wäre noch die Arbeit von Birgit Helander / Uppsala «Die visio intellectualis als Erkenntnisweg und -ziel des Nicolaus Cusanus» (1988) zu nennen. Trotz der vorsichtigen philosophischen Formulierungen wird deutlich, dass sie in dem zentralen Erleuchtungserlebnis des Cusaners eine Realität sieht. Sie schreibt: «Eine *visio Dei* in Form einer Entrückung hat Cusanus offensichtlich einige Male erlebt. Zumindest ist dieses seiner Beschreibung über die Offenbarung seiner beiden Hauptbegriffe, der der *docta ignorantia* und der der *coincidentia oppositorum* zu entnehmen.» (Das bezieht sich

* Die jüngste philosophisch-theologische Literatur anerkennt zwar mittlerweile die einschneidende Zäsur des Erlebnisses auf dem Meer, schwingt sich aber nur zu vorsichtig andeutenden Formulierungen auf, wie z.B. H. Schwaetzer (2000), wenn er sagt: «Dass es zumindest *ein* alles Denken veränderndes Datum im Leben des Nikolaus von Kues gibt, ist unbestritten. Er selbst berichtet darüber in der *epistula auctoris* am Schluss des dritten Buches von *De docta ignorantia* … Wofür auch immer man dieses Erlebnis hält, eines steht fest: Die Idee der *docta ignorantia* mit der *coincidentia oppositorum* beherrscht von da an das Denken des Nikolaus von Kues.»[86]

auf das Erleuchtungserlebnis auf dem Meer.) Cusanus erklärt, «dass ihm … die Einsicht in einer plötzlichen Entrückung als eine Gabe Gottes zuteil wurde. Diese Einsicht ist somit als eine Schau zu bewerten. Es trägt diese *visio* dazu die typischen Kennzeichen einer Mystikerschau: Als Teilhabe an der göttlichen Kraft, ist die Kraft der Mystik so stark, dass sie sich selbst bei einer nur kurze Augenblicke währenden mystischen *visio* dem Betreffenden derartig einprägt, dass von da an bis zu seinem Lebensende sein gesamtes Denken auf diese *visio* ausgerichtet bleibt.»[88] Er ist zugleich in seinem Gottesdenken für alle Zukunft gestärkt.

Bei dem *Schauungs-* oder *Erleuchtungserlebnis,* von dem Cusanus berichtet, handelt es sich aber, wie er selbst betont, um ein denkerisches Erlebnis, um eine *visio intellectualis,* nicht um eine bildhafte Schau. Dieses Erlebnis, das ihn zu dem Gedanken des Hineinsterbens der gegensätzlichen Begriffe in Gott, den Zusammenfall der Gegensätze im Unendlichen, der *coincidentia oppositorum* führt, ist noch etwas anderes als die «Unio mystica» der Mystiker. Dort handelt es sich vorwiegend um die Gefühlsebene, bei Cusanus aber zugleich auch um eine Steigerung des Denkens, die ihn bis an die Schwelle führt, wo es ihm gelingt, sich beim Denken wie von außen zuzuschauen. Die Doppelsignatur des Erleuchtungserlebnisses als «visio intellectualis», d.h. als Schau (*visio*) und zugleich als denkerisch-philosophischer (*intellectualer*) Vollzug ist außerordentlich bedeutsam und zukunftsweisend. Nur auf einem kontemplativen Denkweg als Vorbereitung der Schau war es zu erreichen. Dadurch aber ist es nicht nur menschliches Denken auf hoher Stufe, sondern zugleich ein mystisches Gotteserlebnis. Mystik und gedankenbetonte Erkenntnis verschmelzen hier zu einer höheren Einheit.

Biographisch gesehen vollzieht sich das *philosophische Erleuchtungserlebnis* des Cusanus, das Grundlage seines ganzen späteren Philosophierens wird, in einem außerordentlich bedeutsamen Lebensabschnitt, nämlich im 38. Lebensjahr. Mit diesem Hinweis ist keine kausale Abhängigkeit gemeint, d.h. die Erleuchtung ist nicht von den biographischen Rhythmen veranlasst. Aber wenn die spirituellen Voraussetzungen bei einem Menschen dafür vorliegen, dann vollzieht sie sich nicht zeitlich beliebig irgendwann, sondern in einem dafür prädestinierten Augenblick. Cusanus steht im Jahrsiebt der «Bewusstseinsseele», deren spirituelle Kräfte den Umschwung zur Geistphilosophie mit ermöglichen.* Aber innerhalb des Bewusstseinsseelen-Jahrsiebts ist es noch ein besonderes Datum.

* Vgl. zum Grundsätzlichen der biographischen Rhythmen den Exkurs unter Anm. 35 sowie die Anm. 44, 67 und 68.

Cusanus ist im Frühjahr 1438 um die 37 Jahre alt (je nach dem genauen Monat seiner Geburt). Damit liegt dieser Umschwungspunkt zeitlich in der Gegend des *zweiten Mondknotens* (37 Jahre und 7 Monate).* Zu dem bedeutsamen biographischen Datum des Mondknotens führt Lauenstein aus: «Genau mit achtzehn Jahren, sieben Monaten und neun Tagen erfüllt oder löst sich der erste Mondknoten des Lebens. Der Mond kehrt dann in die Stellung zu Erde und Sonne zurück, die er bei der Geburt des Menschen hatte. Wer die Vorgänge seines eigenen Leibes genau beobachtet, weiß, dass Lebenskräfte vielfach in den Rhythmen des Mondes oder in Rhythmen gleicher Länge schwingen. Mondenkräfte verbinden Leib und Seele. Bei Mondknoten löst sich nun ein Teil der Seelenkräfte vom Leibe und kann sich dem objektiven Geiste in der Welt öffnen und zur Verfügung stellen. Bei diesem und jenem Menschen tritt dann in der Nacht eine Art von Erleuchtung ein, eine kleine, natürlich auftretende Einweihung».[90] An diesem biographischen Knotenpunkt steht das philosophische Erleuchtungserlebnis des Cusaners.

So arbeitet Nikolaus von Kues, im 38./39. Lebensjahr stehend, nach der Rückkehr von der Reise nach Konstantinopel und seiner Teilnahme am Unions-Konzil (Ferrara) in seiner Heimat, d.h. in Koblenz (dort hatte er ein Wohnhaus, die Stiftskurie), in Münstermaifeld (dort war er Propst des Stiftes) und zeitweise in der Stille seines elterlichen Hauses in Kues diejenige Schrift aus, die nach Ernst Hoffmann «das erste klassische philosophische Werk der Deutschen ist … welches tatsächlich die ganze neuere Philosophie begründet hat»[91]: die drei Bücher von der «Gelehrten Unwissenheit» (De docta ignorantia). Wann und an welchem der drei Aufenthaltsorte er überwiegend dieses Grundwerk in relativ kurzer Zeit mit höchster Konzentration niedergeschrieben hat, wissen wir nicht. Wahrscheinlich ist es die Frucht seiner unvergleichlichen Fähigkeit, *vita activa* und *vita contemplativa* inmitten des tägli-

* Zum astronomischen Begriff des Mondknotens führt Joachim Schultz aus: «Wie genauere Beobachtung zeigt, befindet sich der Mond bei seinem Umlauf teils nördlich, teils südlich der Ekliptik. Die Mondbahn hat eine Neigung von 5 Grad gegenüber der Sonnenbahn … In der Projektion auf den Fixsternhimmel überschneiden sich daher die Bahnen von Sonne und Mond an zwei im Tierkreis gegenüberliegenden Stellen, den *Mondknoten* … Die Mondknoten behalten jedoch ihre Lage nicht bei, sondern verschieben sich kontinuierlich in ost-westlicher Richtung, d.h. entgegen den Tierkreisbildern und zwar in einem Monat um anderthalb Grad … In einem Jahre rücken die Mondknoten um rund 19 Grad, das ist etwa um 2/3 eines Sternbildes weiter. Ein ganzer Umlauf durch den Tierkreis wird in 18 Jahren, 7 Monaten, 9 Tagen vollendet.»[89]

chen Lebens miteinander zu verbinden. Auf alle Fälle hat er dieses Werk am 12. Februar 1440 in seinem Elternhaus in Kues vollendet, wie es der eigenhändige Vermerk auf der letzten Seite des dritten Buches belegt: «Complevi in Cusa, 1440, XIIA Februarii». In den darauf folgenden Jahren schreibt er gleichsam als Fortsetzung, jedoch auf methodisch anderer Stufe das bereits in «De docta ignorantia» angekündigte Werk «Von den Mutmaßungen» (De coniecturis, 1441/42). Beide Werke zusammen bilden einen ersten Gesamtentwurf seiner Philosophie.

Es ist im symptomatologischen Sinne höchst bedeutsam, dass Nikolaus von Kues beide Werke nach der Begegnung mit dem ‹Geist des Ostens› (und der entbindenden Erleuchtung) konzipiert, sie aber in Mitteleuropa formuliert. Das Werk «De docta ignorantia» ist stark vom östlichen Geistesstrom tingiert (Dionysius Areopagita), stellt aber zugleich den eigentlichen Beginn der neueren deutschen Philosophie dar. Konstantinopel und Kues, die Verbindung von östlicher und westlicher Weltengegensätzlichkeit, – diese Synthese ist für Cusanus zeichenhaft. Die Karte seiner äußeren und inneren Stationen um die Lebensmitte (1436-40) offenbart dieses geographisch-spirituelle Motiv deutlich (vgl. Abb. 20, S. 75).[92]

Im Dienste der Kirche und des Geistes: Äußerer und innerer Lebenshöhepunkt

Der äußere Lebensweg des Cusaners im Dienste der Kirche verläuft in den vierziger Jahren steil aufwärts und ist durch harte Kämpfe gekennzeichnet. Wir sehen Cusanus als einzigen Deutschen, neben Kardinal Albergati, Kardinal Torquemada, Kardinal Carvajal und Thomas Parentucelli über sieben Jahre lang (von 1440 – 1447) auf deutschen Reichs- und Fürstentagen mit einer gewaltigen Redekraft darum kämpfen, die aufgrund des Basler Konzils wankelmütigen Fürsten auf die Seite des römischen Papstes (Eugen IV.) zu ziehen. Denn mit der Wahl Kaiser Albrechts (1438) hatten sich die deutschen Fürsten für neutral erklärt in dem Ringen zwischen Papst Eugen IV. und dem Basler Konzil. So kämpft Cusanus als Abgesandter des Papstes auf den folgenden Reichsversammlungen: 1440 Frankfurter Reichstag, 1441 Reichsversammlung in Mainz, 1441 und 1442 Frankfurter Reichstage, 1443, 1444 Reichstage in Nürnberg, 1445, 1446 Reichstage in Frankfurt, 1447 Fürstentag von Aschaffenburg.

Abb. 21: Das Stift «St. Martinus und Severus» in Münstermaifeld/Eifel. Nikolaus von Kues war von 1435 bis 1445 Propst dieses Stiftes, das zwischen Koblenz und Kues auf den Eifelhöhen oberhalb der Mosel im «Maifeld» liegt. Nach dem Dekanat von St. Florin/Koblenz war die Propstei lange Zeit das ranghöchste kirchliche Amt und die einträglichste Pfründe des Cusaners. Er hat sie wirtschaftlich sorgfältig verwaltet. Nach der Rückkehr von Konstantinopel und nach dem ‹Erleuchtungserlebnis› hat Cusanus sein philosophisches Grundwerk «De docta ignorantia» (1438 – 12.2.1440) wohl u.a. auch in Münstermaifeld (neben Koblenz und Kues) ausgearbeitet. – Der Ausschnitt aus dem mittelalterlichen Stadtplan (Kupferstich von Matthias Merian 1646), der das bis in die Gegenwart nahezu unveränderte Stadtzentrum darstellt, zeigt in der Mitte das mächtige Stiftsmünster mit dem wehrhaften romanischen Westwerk. Im Süden gegenüber (rechter oberer Bildrand) steht das Propsteigebäude, in dem Nikolaus von Kues als Propst wohnte.

Die Reden des Cusanus auf diesen großen Reichsversammlungen sind wegen ihrer Gelehrsamkeit und durchschlagenden Kraft bald berühmt. Das ständig wiederkehrende Argument seiner Reden ist die Einheit als Erweis der Wahrheit. Analog dazu hatte er bereits auf dem Konzil zu Basel stets mit dem Gedanken der Eintracht über aller Verschiedenheit, d.h. mit dem im Herzen begründeten Zusammenklang des Verschiedenartigen (*con-cor-datio*) argumentiert. Während dieser Kampfesjahre erweist sich Cusanus wahrlich als der «Hercules der Eugenianer», wie der Mitstreiter Thomas Parentucelli, der spätere Papst Nikolaus V., ihn nennt, oder als «Des Babsts Hercules wider die Deudschen», wie der reformatorische Theologe Johannes Kymeus in einer Streitschrift ihn 1538 bezeichnet (siehe Abb. 22).

So steht das ganze siebte Lebensjahrsiebt des Cusanus (41-49) unter dem Signum des Kampfes mit den Waffen des Wortes und des Geistes. Dies ist biographisch symptomatisch, regiert doch der Planet Mars dieses Lebensalter.[93]

Der Kampf des Cusanus ist schließlich von Erfolg gekrönt. Auf dem Fürstentag zu Aschaffenburg 1447 schließen sich die deutschen Fürsten dem Papst an. Das Konkordat des Jahres 1447/48, in Wien am 17.2.1448 abgeschlossen, in dem die Deutschen dem Papst ihre Gefolgschaftstreue erklären, ist im Wesentlichen das Verdienst des Cusanus. Wegen seiner außerordentlichen Verdienste um die Einheit der Kirche erwählt Papst Eugen IV. kurz vor seinem Tode (1447) Nikolaus von Kues zum Kardinal. Im gleichen Jahr wird der ehemalige Mitstreiter des Cusanus, der Legat Thomas Parentucelli zum Papst gewählt (Nikolaus V., ein feinsin-

Abb. 22: Titelholzschnitt der reformatorischen Streitschrift «Des Babsts Hercules wider die Deutschen» von Johannes Kymeus, Wittenberg 1535. Der Holzschnitt zeigt Cusanus mit Kardinalshut, dessen Schnüre vom Papst in den Händen gehalten werden («am Bändel des römischen Klerus»), wie er die deutschen Fürsten in die Knie zwingt. Die Darstellung spielt damit auf das langjährige erfolgreiche Wirken des Cusaners als ‹Hercules der Eugenianer› auf deutschen Reichs- und Fürstentagen an (ca. 1440 – 1448). Die Abbildung ist nicht zeitgenössisch (sie entstand rund 100 Jahre später) und nicht historisch, denn Cusanus war während der Jahre 1440 – 47 Legat und noch nicht Kardinal. Trotz des polemischen Charakters der Streitschrift des reformatorischen Theologen Johannes Kymeus aus Hessen (1498 – 1552) wird in ihr doch offenbar, dass die herausragende kirchenpolitische Bedeutung des Cusaners hundert Jahre später noch nicht ganz vergessen ist (im Gegensatz zu dem philosophischen Werk des Cusaners). Ja, Kymeus nimmt sogar mit einem gewissen Recht Cusanus für das Anliegen der Reformation in Anspruch, wobei er sich vor allem auf «De concordantia catholica» (1433) beruft. In der Tat war Cusanus ein Reformer vor der Reformation.

Des Babsts Hercules / wider die Deudschen.

Die auch vor dieser zeit / nicht haben wollen dem Babst / beide die Christlichen / vnd des heiligen Römischen Reichs freiheit vnd dignitet / vbergeben.

Durch

Johannem Rymeum.

niger Gelehrter und Begründer der Vatikanischen Bibliothek). Zeitweilig hatten sich in dem Konklave sogar Stimmen auf Nikolaus von Kues kumuliert, ein Zeichen für das hohe Ansehen, das er innerhalb der Kirche gewonnen hatte. Nikolaus V. bestätigt 1448 die Kardinals-Ernennung (20. Dezember 1448). Diese Wahl ist eine ganz außergewöhnliche Auszeichnung für den Weltgeistlichen aus Kues, für den Nicht-Ordensmann, den Nicht-Adligen, den Nicht-Italiener. Die Umwelt erkennt das Außergewöhnliche dieser Kardinalsernennung, und eine Redewendung der Zeit bezeichnet diese für einen Deutschen so seltene Würde scherzhaft als *monstrum corvo rarius albo*, ein «Wunderding, seltener als ein weißer Rabe».

In einer aus Anlass der Kardinalsernennung verfassten ganz knappen Vita (der einzigen zu Lebzeiten des Cusaners) heißt es: «Dieser Herr Nikolaus wurde von Papst Eugen im geheimen zum Kardinal erwählt und – da Eugen alsbald vor der Veröffentlichung der Ernennung starb – erneut durch Papst Nikolaus V. zum Kardinalpresbyter mit dem Titel ‹St. Petri ad vincula› erhoben. Die Verkündigung erfolgte im Jahre des Herrn 1449 am 5. März, in dem gleichen Jahr, in dem der Gegenpapst Amadeus den Titel Papst aufgab. Und damit alle erkennen, dass die heilige römische Kirche nicht auf den Geburtsort noch die Abkunft eines Mannes sieht, sondern Verdienste auf das großzügigste vergilt, veranlasste der Kardinal selbst, dass dieser Bericht zum Lobe Gottes niedergeschrieben wurde, als er sich am 21. Oktober 1449 in Kues aufhielt, um von seinem altersschwachen Vater, von seinem Bruder Johann, dem Priester, und von Klara, seiner Schwester, der Ehefrau des Trierer Gerichtsschöffen und Schultheißen Paul von Bristge, Abschied zu nehmen, um dann binnen kurzem zum Apostolischen Stuhl aufzubrechen, bei welchem er seine Einsetzung für den Anfang des folgenden Jahres, das heißt des Jubiläumsjahres, vorschlug; und hierzu wurde er durch apostolische Anweisung genötigt, wenngleich er sich lange gesträubt hatte, die Kardinalswürde anzunehmen.»[94]

Im Jubiläumsjahr 1450, am 11. Januar, wird Cusanus in Rom als Kardinal eingesetzt. Im gleichen Jahr wird er am 23. März vom Papst Nikolaus V. auch zum Bischof geweiht und zum Bischof von Brixen ernannt. Das Jahr 1450 ist in jeder Beziehung der Höhepunkt des Lebens des Cusanus, der im 49. Lebensjahr, d.h. am Ende des siebten Lebensjahrsiebts steht. Dieses Lebensjahr ist vor allem aber der innerliche Höhepunkt seines Lebens, ein Jahr der äußersten Zusammenballung.

Das 49. Lebensjahr taucht in vielen Biographien als das Jahr eines entscheidenden geistigen Umschwunges auf, sei es als Abbruch oder als

Durchbruch.[95] Thomas von Aquin bricht in diesem Lebensjahr nach einem geistigen Schauungserlebnis seine Lebensarbeit an der «Summa theologica» ab; die berühmten Worte des Thomas von Aquin zu Reginald von Piperno lauten: «Alles, was ich geschrieben habe, kommt mir vor wie Stroh – verglichen mit dem, was ich geschaut habe.»

Cusanus wird in diesem Lebensjahr im Sommer des Jahres 1450 in Rom eine geistig *einschneidende Begegnung* zuteil, die ihn zu einer weiteren Stufe philosophisch-geistigen Erkennens führt. Es ist die Begegnung mit einer geistig «eingeweihten» Persönlichkeit, die sich hinter dem Gewand eines einfachen *Laien* verbirgt. Nur ganz zart andeutend wird diese Begegnung im literarischen Bericht des Cusanus greifbar, so dass die Cusanus-Forschung in ihr keine Realität gesehen hat.[96] Für denjenigen aber, der zu lesen versteht, ist der Laie nicht nur eine fiktive literarische Figur aus der Phantasie des Cusanus, sondern es ist deutlich, dass von einer geistigen Realität die Rede ist. Auf jeden Fall kommt dieser geistig erweckenden Begegnung eine ähnliche biographische Schwellenfunktion zu wie dem seinerzeitigen Erleuchtungserlebnis auf dem Meer. Die Parallele zwischen dem Erleuchtungserlebnis auf dem Meer (1438) und dem geistigen Erweckungserlebnis durch die Begegnung mit dem Laien (1450) zeigt sich vor allem daran, dass nach diesen beiden Erlebnissen jeweils entscheidende Grundschriften im philosophischen Lebenswerk entstehen (De docta ignorantia 1438-40; Idiota-Dialoge, 1450).[97]

Was ereignet sich? Der zum Kardinal und Bischof erhobene Kirchenjurist, Redner und Philosoph Cusanus wird in Rom auf offenem Markt von einem einfachen Manne angesprochen, der den unscheinbaren Beruf des Löffelschnitzers in einer kleinen Kellerwohnung der großen Stadt ausübt. Dieser einfache Mann ist des Lesens und Schreibens unkundig und verfügt über keinerlei Kenntnisse in der großen philosophischen Tradition des Abendlandes. Insofern ist dieser Mann gegenüber dem Priester, Gelehrten und Philosophen Cusanus nur ein ‹ungebildeter Laie›. Und doch muss Cusanus schon nach wenigen Sätzen erkennen, dass dieser Laie über eine sehr viel intimere Kenntnis der geistigen Welt verfügt als er selbst. Nur entstammt dieses Wissen über den Geist und die geistige Welt keinerlei äußerer Bildung. Gerade dadurch aber kann der in die geistige Welt ‹eingeweihte Laie› unmittelbar inspirierend in das Seelenleben des Cusaners eingreifen. So belehrt der namenlose Laie in langen Gesprächen den hochgelehrten Kardinal Cusanus über die Weisheit und über die Wahrheit des menschlichen und des göttlichen Geistes. Ein Abglanz dieser Gespräche findet sich im literarischen Bericht des Cusanus, in welchem diese Begegnung mit dem Laien folgendermaßen zart angedeutet wird: «Ein einfacher, ungebildeter Mann traf auf dem römischen Marktplatze mit einem sehr reichen Redner zusammen; den redete er mit Anstand, ein wenig lächelnd, also an: ‹Ich wundere mich über deinen Stolz, wie du dich in ständig fortgesetztem Lesen abplagst, unzählige Bücher zu verschlingen und doch nicht zur Demut geführt bist› (De sapientia I, S. 41). Es folgt ein langes erstes Gespräch, in welchem der Laie den gelehrten Redner über die Weisheit belehrt und in dessen Verlauf er ausruft: «Ich aber sage dir, dass die Weisheit auf den Plätzen und in den Gassen ruft; und es ergeht der Ruf von ihr, dass sie selbst in den höchsten Höhen wohnt» (De sapientia I, S. 43). Der gelehrte Redner fragt ihn verwundert: «Wie bist du zum Wissen um dein Nichtwissen gelangt, da du ja unwissend bist?», und der Laie entgegnet: «Nicht durch deine Bücher, sondern durch Gottes Bücher, die er mit seinem Finger geschrieben hat» (De sapientia I, S. 43). –

Es schließt sich ein zweites Gespräch an, das so beginnt: «Auf die Worte hin, die er vom Laien über die Weisheit vernommen hatte, begab sich der römische Redner in höchster Bewunderung und gespannt wieder auf die Suche nach jenem. Er fand ihn in der Nähe des Tempels der Ewigkeit» (De sapientia II, S. 65). Mit letzterem ist wohl nicht nur ein äußerer Ort bezeichnet, sondern die geistige Sphäre, in der sich diese Gespräche abspielen. Die beiden Gespräche klingen aus mit den Worten des Laien, in denen dieser seine Mission andeutet: «Der Laie: Gepriesen sei Gott, der mich so gänzlich ungebildeten Menschen als was für ein Werkzeug auch immer benutzt hat, dass er dir die Augen des Geistes öffne, in wunderbarer Leichtigkeit ihn zu schauen in der Weise, in der er selbst sich dir sichtbar machte!» (De sapientia II, S. 82). Hier wird deutlich, dass der eingeweihte Laie sich als Bote und Werkzeug der geistigen Welt betrachtet. – In einem dritten Gespräch mit dem Laien tritt als Gesprächspartner neben dem Redner ein Philosoph auf, der stellenweise deutlich die Züge des Nikolaus von Kues trägt, ein zarter Hinweis, dass es sich um eine persönliche Begegnung zwischen Nikolaus von Kues und dem Laien gehandelt hat. Der Philosoph ist nach Rom gekommen, um alte Weisheitsbücher im Tempel des Geistes zu suchen. Der Redner muss ihn darüber aufklären, dass diese längst verschollen sind. Statt dessen führt er ihn in die Kellerwohnung des eingeweihten löffelschnitzenden Laien, der nun den Philosophen weit tiefer über den Geist belehrt, als geschriebene Bücher es gekonnt hätten.

Immer wieder klingt in den Worten des Laien auch das Motiv aus «De docta ignorantia» (1440) auf, nämlich die Absage an die bloße Verstandesgelehrsamkeit in den Schulwissenschaften. So z.B. wenn der Laie sagt: «Ihr seid wie ein Pferd, das von Natur aus frei ist, das sich jedoch durch den Dompteur an die Krippe ziehen lässt, wo es nichts frisst, als was ihm vorgesetzt wird. Euer Intellekt ... nährt sich von fremder und nicht von natürlicher Nahrung.» (Idiota de sapientia, I, S. 42f.) oder: «Ihr umarmt das Holz der Wissenschaft, nicht das des lebendigen Kreuzes.» (ebd.)

Die wahre Realität der geistigen Welt kann der Mensch nicht lesend, sondern nur selbst erfahrend aufnehmen. Das Gespräch über den Geist klingt aus mit den Worten des Philosophen (Cusanus): «Ich glaube, ich habe bisher noch keinen glücklicheren Tag erlebt als den heutigen. Was noch daraus werden wird, weiß ich nicht. Dir, Laie, der du ein Mann von solch tiefer Einsicht bist, sage ich unvergänglichen Dank, und ich bete darum, dass unsere Geister durch dieses lange Gespräch in wundersamer Sehnsucht angeregt, glücklich zum Genuss des ewigen Geistes geführt werden. Amen.» (De mente, Kap. XV, S. 89). In diesem gebetsartigen Abschluss und Dank wird erkennbar, von welch einer geistig tief erweckenden Kraft diese Gespräche mit dem ‹eingeweihten Laien› für Nikolaus von Kues gewesen sein müssen.

Wir kennen eine solche erweckende Begegnung auch aus dem Leben des Mystikers Johannes Tauler, dem ein Laie als Geistlehrer begegnet, hinter dem sich die eingeweihte Persönlichkeit des sogenannten «Gottesfreundes vom Oberland» verbirgt. Auch aus dem Leben des jungen Jakob Böhme ist eine solche erweckende, aufrufende Begegnung mit einem namenlosen Laien bekannt. Auf dem Hintergrund dieser und anderer Biographien wird transparent, dass Cusanus selbst eine solche Begegnung mit einer eingeweihten Persönlichkeit gehabt hat.

Unmittelbar nach dieser Begegnung verlässt Cusanus Rom und zieht sich in die ländliche Abgeschiedenheit der Marken (in die Stadt Rieti) und in die Stille des Kamaldulenser-Klosters «Val de Castro» bei der Bischofsstadt Fabriano (zwischen Ancona und Assisi im Apennin gelegen) zurück. So sehr ist sein Seelenleben von der Begegnung mit dem Laien inspiriert und so sehr sind dadurch seine eigenen philosophischen Gedanken ausgereift, dass er sie innerhalb der wenigen Wochen vom 15. Juli bis zum 13. September 1450 niederschreiben kann. So entstehen in Rieti und vor allem in der meditativ-klösterlichen Stille von Fabriano die vier Gespräche, die Cusanus unter dem bezeichnenden Titel «Idiota» (Der Laie) herausgibt. In diesen Schriften, die in der Form der platonischen Dialoge als Gespräche gestaltet sind, spricht die wesentlichsten Erkenntnisse nicht der Redner und nicht der Philosoph (Cusanus) aus, sondern eben der namenlose Laie. Auch in der äußeren Gestaltung tritt damit Cusanus hinter den ihn inspirierenden Laien zurück. Es handelt sich um die folgenden Schriften: «Der Laie über die Weisheit» (Idiota de sapientia); «Der Laie über den Geist» (Idiota de mente) und «Der Laie über die Versuche mit der Waage» (Idiota de staticis experimentis).*

Wer hinter der Gestalt des namenlosen Laien verborgen ist, darüber ist immer wieder gerätselt worden. Sicherlich ist es keine historisch fassbare Gestalt, noch weniger als die des ‹Gottesfreundes vom Oberland›. Aber die geistigen Früchte dieser Begegnung, nämlich die drei genannten dialogischen Werke, lassen im Sinne einer Mutmaßung, oder Annäherung (*coniectura*) eine Spur erkennen.

Das Werk «Der Laie über die Weisheit» (Idiota de sapientia) stellt so etwas wie eine Zusammenfassung des abendländischen Weisheitsstromes in philosophischer Form dar. Darin leuchtet das unabdingbare okkulte Gesetz des Anknüpfens an die Leistungen und Gedanken der Vergangenheit auf.

Das mittlere der Werke «Der Laie über den Geist» (Idiota de mente) kann als eine der ersten grundlegenden Erkenntnistheorien der deutschen Philosophie betrachtet werden; zumindest als bedeutsamer Baustein dazu. Es ist gerade dieses Werk, welches einen Meilenstein auf dem Weg zu einer mitteleuropäischen «Ich-Philosophie» (im Sinne Fichtes) darstellt und auf den deutschen Idealismus und die «Philosophie der Freiheit» hinführt. Damit wird das Motiv des Ringens um eine Spiritualisierung des Denkens als Aufgabe der neueren Zeit (ab 1413) aufgegriffen.

Und schließlich wird in dem Werk «Der Laie über die Versuche mit der Waage» (Idiota de staticis experimentis) die heraufkommende moderne Naturwissenschaft in ihren methodischen Grundelementen (wägen, messen, zählen) gedanklich antizipiert. So regt Cusanus z.B. an, in der Medizin Herz- und Pulsschlag durch Wasseruhren zu messen oder das spezifische Gewicht von Blut und Harn zu bestimmen.

Alle drei Erkenntniswege sind typische Strebensrichtungen der im

* Auch wenn man mit Recht darauf hinweisen kann, dass der Laie in Wirklichkeit nicht philosophisch ungebildet ist, sondern dass hinter ihm die philosophische Tradition von Proklos, Eriugena, Thierry von Chartres und Meister Eckhart steht, so stellt das kein Gegenargument dar. Alle Gedanken müssen im Gewand einer philosophischen Tradition ausgesprochen werden. Aber die Gestalt des Laien ist selbst Programm und Neuanfang. Er ist nicht nur Ausdruck der Ablehnung der spätmittelalterlichen Schulphilosophie, sondern ihm ist das philosophische Wissen selbst zum höheren geistigen Erlebnis geworden. Aus dieser spirituellen Eigenerfahrung heraus spricht und inspiriert er Cusanus.

Verborgenen wirkenden Rosenkreuzerschulen, die sich im 15. Jahrhundert in Europa ausbreiten. Der namenlose Laie (*idiota*), der Cusanus inspiriert, trägt die Charakterzüge eines Rosenkreuzers, ohne dass Cusanus selbst diese Tatsache oder auch nur der Name bewusst gewesen sein muss. Es sei aber darauf hingewiesen, dass die Lebenszeit des Cusaners zugleich die Lebenszeit von Christian Rosenkreuz ist (vgl. das Schaubild: «Innere Entwicklungsimpulse an der Epochenschwelle», S. 37). Die aus der Begegnung mit dem Laien hervorgehenden Werke tragen das Signum einer Rosenkreuzer-Inspiration.

Wie stark das Jahr 1450 als äußerer und innerer Lebenshöhepunkt anzusehen ist, zeigt die Tatsache, dass Nikolaus von Kues im Herbst diesen Jahres nach der Rückkehr aus dem Appenin in Rom auch noch wesentliche mathematisch-geometrische Schriften niederschreibt: «De arithmiticis complementis» (1450) und «De circuli quadratura» (1450). Dabei weist das mathematisch damals unlösbare Problem der Kreis-Quadratur als typisches Grenzproblem in die Richtung der späteren Infinitesimalrechnung, und es hat Cusanus bis an das Lebensende beschäftigt. Auch hierin hat er bereits innerlich die Grenzen seiner Zeit in Richtung auf die Neuzeit überschritten.

Dass ein solcher ‹geistiger Durchbruch› sich am Ende des siebenten Jahrsiebts vollzieht und durch eine geistig erweckende Begegnung angeregt wird, ist von den biographischen Rhythmen her äußerst sprechend.

Die große Legationsreise 1451/52 und die erste moderne Landkarte Mitteleuropas

Zur Legationsreise in Mitteleuropa

Ende des Jahres 1450, am 24. Dezember, erhält Cusanus vom Papst den Auftrag, als Kardinal-Legat nach Deutschland zu gehen. Hier soll er nicht nur den Jubiläumsablass verkündigen, sondern, ausgestattet mit den größten Vollmachten seit Bonifatius, das Kirchen- und Klosterleben reformieren. Er erhält im Namen des Papstes die Handlungsvollmacht, gegenüber allen kirchlichen Amtsträgern – mit Ausnahme der Bischöfe und Erzbischöfe – weisend vorzugehen. Er kann sämtliche kirchliche Versammlungen einberufen (z.B. Provinzialkonzile und Synoden), er kann absetzen und einsetzen, Strafen und Bußen verhängen sowie exkommunizieren.

Am letzten Tag des Jubiläumsjahres 1450 bricht Cusanus von Rom aus zu seiner *großen Legationsreise auf.* (Siehe dazu den Exkurs zur Karte der Legationsreise 1451/52 unter Anm. 98.) Am 25. Januar 1451 beginnt er in Spittal a. d. Drau seine Tätigkeit[99] mit der Einberufung der Zisterzienseräbte der Salzburger Provinz zu einem Provinzialkapitel nach Wiener Neustadt. Von Spittal geht er über Salzburg (Eröffnung der Provinzialsynode, Erlass von Reformdekreten) und Passau nach Wiener Neustadt (24. Febr.–1. März). Dort ernennt Cusanus drei Visitatoren für die Zisterzienserklöster der Salzburger Kirchenprovinz. Er wird seinerseits von Kaiser Friedrich III. als Bischof von Brixen anerkannt und erhält die Regalien des Hochstiftes Brixen. Von Wiener Neustadt führt die Legationsreise über Wien (Ernennung von drei Visitatoren für die Benediktinerklöster), Stift Melk (Ernennung von drei Visitatoren für die Augustiner-Chorherren), Lambach, Laufen a. d. Salzach nach Salzburg. Von dort reist Cusanus nach München. Ob er bereits auf diesem Wege das ihm später so verbundene Benediktinerkloster St. Quirin am Tegernsee* aufsucht, was geographisch sehr nahe läge, ist dokumentarisch nicht feststellbar. Dagegen ist es möglich, dass er von München aus mit dem Bayern-Herzog Albrecht III. das neu gegründete Kloster Andechs am Ammersee besucht (in der späteren barocken Ausmalung des Klosters ist diese Episode dargestellt).

Von München reist Cusanus über Freising, Landshut, Regensburg und Eichstätt nach Nürnberg. Hier hält er sich knapp zwei Wochen auf (10.-20.4.), dann 17 Tage in Bamberg und wiederum knapp zwei Wochen in Würzburg (13.-25.5.). Über Erfurt (10 Tage) und Halle reist er dann nach dem Erzbistumssitz Magdeburg (13.-28.6.), wo er die Provinzialsynode eröffnet, Reformdekrete erlässt, den Jubiläumsablass verkündet und mehrfach predigt. Über Halberstadt, Wolfenbüttel, Riddagshausen (Zisterzienserkloster) und Braunschweig führt ihn die Visitationsreise weiter zum nächstlängeren Aufenthalt in Hildesheim (8.-21.7.). Über Hannover (4 Tage), Minden (10 Tage) und Nordhorn reist er nach Deventer (13.-20.8.), der Stadt seiner möglichen Schulzeit bei den «Brüdern vom

* Dokumentarisch belegt ist, dass Cusanus das Benediktinerkloster am Tegernsee auf seiner Reise von Brixen zum Regensburger Reichstag im Sommer 1452 (vom 31. Mai bis 2. Juni) besucht hat (vgl. J. Koch, 1948, S. 102). Spätestens seit dieser Zeit verbindet ihn eine lebenslange, enge *Geistesfreundschaft* mit den dortigen Mönchen, insbesondere mit dem Abt Caspar Ayndorfer und dem Prior Bernhard von Waging. Sie findet ihren Ausdruck in einem Briefwechsel, in der Überlassung von eigenen Schriften zum Abschreiben und in der Zueignung einiger der schönsten seiner Schriften (De visione Dei, 1453; De beryllo, 1458).

Gemeinsamen Leben». Von hier aus besucht er auch am 21.8. das Schwesternhaus Diepenveen (nahe Deventer) und am 21./22.8. das Chorherrenstift Windesheim (bei Zwolle), dem Ausgangspunkt der Windesheimer Kongregation, in welcher der Geist der «Brüder vom Gemeinsamen Leben» weht. Über Zwolle (4 Tage), Kampen und Utrecht (11 Tage) begibt er sich nach Amsterdam. Überall wird er feierlich empfangen, visitiert die Klöster und predigt.

Weiter geht seine Reise über Egmond, Haarlem, Leiden, wieder Utrecht, nach Arnheim (19.-22.9.), von dort über Nijmegen, Roermond, Heinsberg nach Maastricht. Unterbrochen durch einen Abstecher nach Aachen (2 Tage) geht es weiter über St. Trond und Hasselt nach Lüttich (13. – 19.10.) und zur dortigen Karthause. In Lüttich erlebt er außerordentliche Schwierigkeiten bei der Durchführung der Reform, obwohl er selbst lange Zeit Archidiakon in Brabant war.

Über Malmedy zieht er nach Trier (23.10.), wo er in St. Matthias wohnt und 16 Tage verweilt. Er ist mit Sicherheit am 9.11.1451 in seinem Geburtsort Kues. In Trier hat Nikolaus von Kues seine Schwester Clara, die Frau des Trierer Bürgermeisters, begrüßt, in Kues seinen Bruder Johann, Pfarrer in Bernkastel. Es ist wahrscheinlich, dass Nikolaus auch zum letzten Mal seinen altersschwachen Vater hat sehen können. Bei diesem Aufenthalt scheint in einem Familienrat auf Drängen des Nikolaus der Entschluss gefasst worden zu sein, mit Hilfe des Familienvermögens, namentlich des Grundbesitzes, in Kues ein Hospital zu stiften.

Schon am 13.11. ist Nikolaus von Kues in Mainz zum Provinzialkonzil und bleibt 25 Tage in diesem Zentrum des Erzbistums. Anfang Dezember reist er rheinabwärts, macht 4 Tage Station in der Karthause bei Koblenz und verbringt Weihnachten 1451 in seiner einstigen Studienstadt Köln (20 Tage). Anfang 1452 geht es in schnellem Ritt über Aachen und Maastricht nach Löwen (13.1.) (von der dortigen Universität hatte er 1428 und 1435 jeweils einen ehrenvollen Ruf auf eine juristische Professur erhalten) und nach einer Pause nach Brüssel, wo er am 29.1. auf dem großen Markt predigt. Insgesamt verbringt er 33 Tage im Raum Löwen/Brüssel. Am 18.2. kommt Cusanus erneut nach Köln, um das Provinzialkonzil zu eröffnen, und verweilt hier über 20 Tage. Er ist vom 12. – 15.3. in Koblenz (wo er einst als Dechant am Stift St. Florin gewirkt hatte) und reist dann über Frankfurt (18.-20.3.), Aschaffenburg (21.-23.3.) und das Zisterzienserkloster Heilsbronn (25.3.) nach Süden. Anfang April 1452 (7.4.) ist er in seiner Brixener Diözese angelangt. Die genaue Route der Reise von Heilsbronn nach Brixen ist nicht belegt.

Die knappen Ortsangaben (vgl. Karte Abb. 25, S. 100) sagen kaum

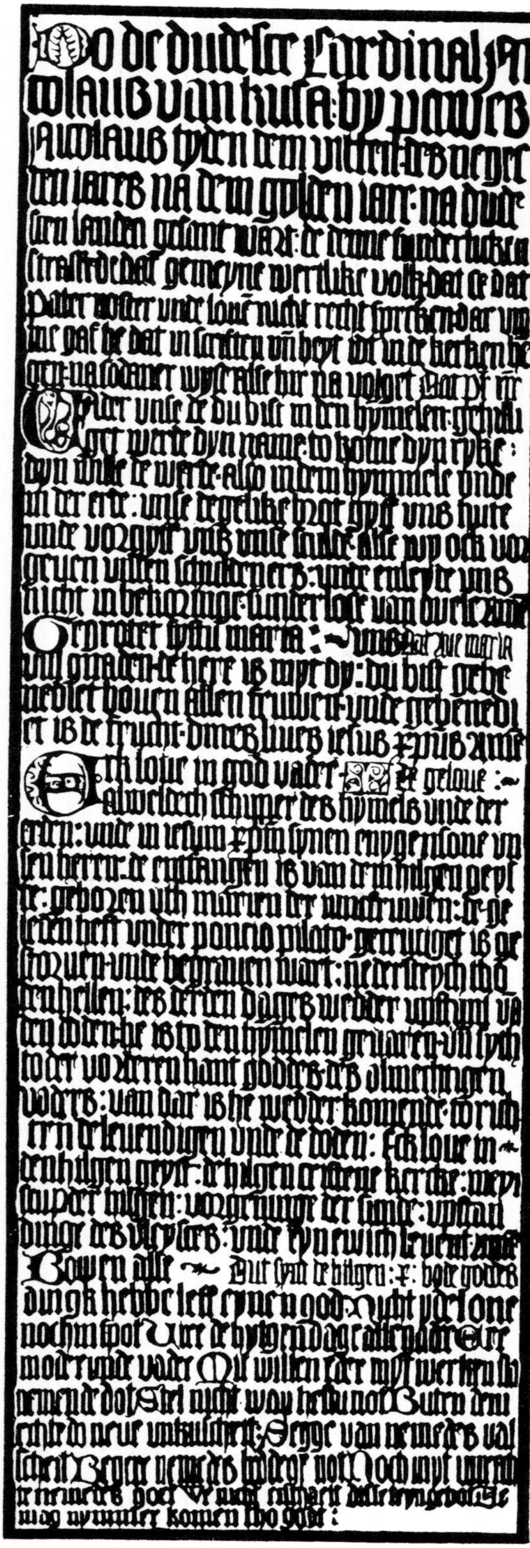

Abb. 23 und 24: Die Vaterunser-Tafel des Kardinallegaten Nikolaus von Kues aus der St. Lamberti-Kirche in Hildesheim (heute im Roemer-Pelizaeus-Museum, Hildesheim).

Während seiner großen Legationsreise durch Mitteleuropa (1451/52) war Nikolaus von Kues die Volksseelsorge ein vorrangiges Anliegen. Das drückt sich zum einen aus in der Verkündigung des Wortes Gottes in seinen zahlreichen Predigten an den Orten der Visitation. Gehalten hat er diese Predigten in der deutschen Volkssprache seiner Zeit und nicht in Latein. Zum anderen war Nikolaus von Kues derjenige im deutschen Sprachgebiet, der die Idee der religiösen Volksbelehrung durch das Aufhängen von Wandtafeln in den Kirchen aufgriff. Es handelt sich um Schrifttafeln, auf denen die wichtigsten Gebete für das Volk in deutscher Sprache aufgeschrieben waren. Also ein ‹reformatorischer Impuls› vor der Reformation!

Ein Beispiel dieses reformerischen Wirkens ist die abgebildete Vaterunser-Tafel aus Hildesheim aus der Zeit der Visitation dieses Bistums (die einzige erhaltene Tafel dieser Art). Cusanus weilte auf der großen Legationsreise vom 8. bis 21. Juli 1451 in Hildesheim. Die neuhochdeutsche Übersetzung des Anfanges der Vaterunser-Tafel lautet: «Als der deutsche Kardinal Nikolaus von Kues zu Zeiten Papst Nikolaus V. in dem Jahr, das dem Goldenen Jahr (1450) folgte, nach Deutschland gesandt wurde, da tadelte er vor allem das gemeine, weltliche Volk deswegen, weil es das Vaterunser und das Glaubensbekenntnis nicht recht sprechen konnte. Darum ordnete er an, dass es geschrieben und öffentlich in den Kirchen aufgehängt sein solle. So getan, folgt also hier das Vaterunser.»

Neben dem Vaterunser stehen auf der Tafel noch das Ave Maria, das Glaubensbekenntnis und die Zehn Gebote.

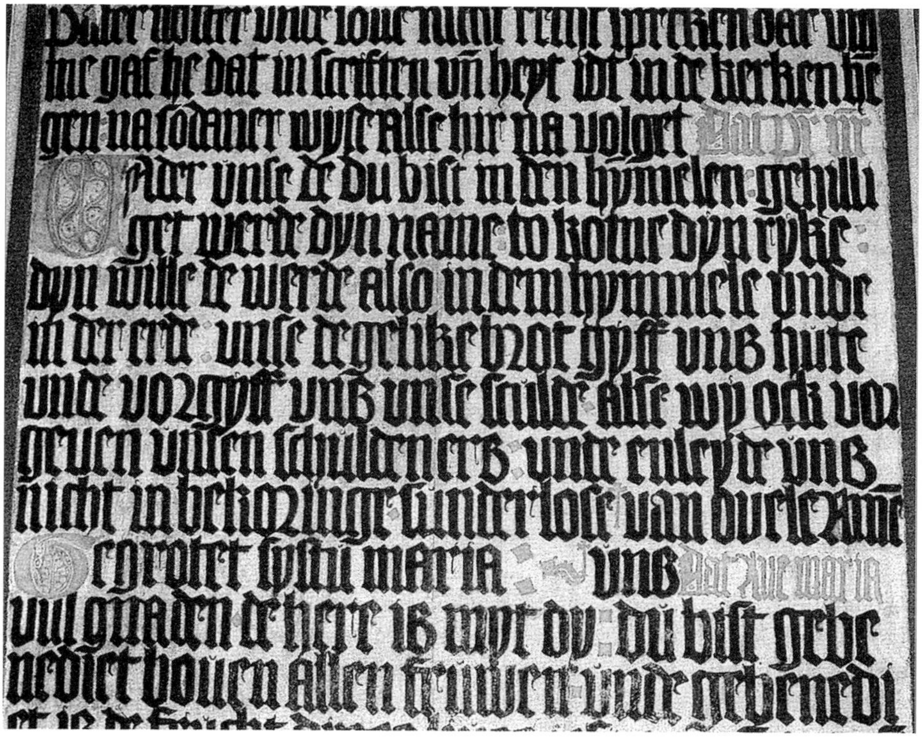

Der Text des Vaterunser in der deutschen Volkssprache lautet:

Dat p[ate]r n[oste]r

Vader unse de du bist in den hymelen: gehilli
get werde dyn name: to kome dyn ryke:
dyn wille de werde · also in dem hymmele unde
in der erde: unse degelike brot gyff uns hŭte
unde vorgyff uns unse sculde · alse wy ock vor
geven unsen schuldeners: unde enleyde uns
nicht in bekoringr · sunder lose van dvele Amen.

Die sieben Bitten des Vaterunsers als dem christlichen Urgebet der Menschheit waren Nikolaus von Kues ein besonderes religiöses Anliegen. Das zeigt neben der Hildesheimer Vaterunser-Tafel auch z.B. die tiefgründige Auslegung der sieben Bitten des Vaterunser in der Augsburger Vaterunser-Predigt (Januar 1441). Nikolaus von Kues hat diese Predigt nicht nur in Deutsch gehalten, sondern auf Bitten hin auch in der deutschen Volkssprache niedergeschrieben (vgl. Die Vaterunser-Erklärung in der Volkssprache: Textauswahl in deutscher Übersetzung, Trier 1982; Die Auslegung des Vaterunsers in vier Predigten, hrsg. von J. Koch und H. Teske, Heidelberg 1938/39; Hans-Jürgen Rieckenberg: Die Katechismus-Tafel des Nikolaus von Kues in der Lamberti-Kirche zu Hildesheim, im Dt. Archiv f. Erforsch. d. MA., 1983, S. 555-581).

etwas über die ungeheure körperliche und geistige Leistung dieser Legationsreise aus; man bedenke nur die Anstrengung, diese Tausende von Kilometern im Pferdesattel zurückzulegen. Allein schon von daher ist diese Reise eine bedeutende Anforderung, der sich nicht viele Kirchenfürsten ihrer Zeit unterzogen haben.

Bei seiner großen Legation durch Deutschland reist der mächtige Kardinal Nikolaus von Kues zur Verwunderung des Volkes in größter Bescheidenheit. Es vergeht kaum ein Tag auf dieser Reise, der nicht durch Urkunden, Verordnungen, Rechtsakte, Ablässe und Briefe belegt ist (sie sind weitgehend alle in den Bänden «Acta Cusana», Bd. I,3a/3b dokumentiert; dort befindet sich auch ein Itinerar-Kalender). Auch existiert kaum ein Ort, an dem Cusanus nicht die Kanzel besteigt und predigt. Die Legationsreise ist Cusanus in erster Linie ein seelsorgerisches Anliegen. Aber dort, wo er Widerstand gegen die Reform spürt, greift er unnachsichtig durch, denn er hat die absolute Vollmacht, ein- und abzusetzen, zu bestrafen und zu exkommunizieren.

Kirchenpolitisch ist die Legationsreise des Cusaners auf umfassende und nachhaltige Reform angelegt. Ihre Instrumente sind einerseits die Provinzial- oder Diözesansynoden, die auf seinem Wege zusammentreten (so z.B. in Salzburg, Bamberg, Magdeburg, Mainz und Köln), andererseits die Provinzial- oder Generalkapitel der Orden (z.B. in Wiener Neustadt die Zisterzienser, in Würzburg die Benediktiner). Die Reform der großen Orden, z.B. der Augustiner, Benediktiner, Dominikaner, Zisterzienser und der Gruppe der Bettelorden, ist Cusanus ein vordringliches Anliegen. Hier reformiert er nachhaltig durch die Ernennung von Visitatoren. So setzt er z.B. den berühmten Ordenshistoriker Johann Busch (ca. 1400 – 1480), Chronist der Windesheimer Kongregation und Probst des Stiftes Neuwerk bei Halle, als Visitator der Augustiner-Konvente ein. Immer wieder weist Cusanus bei der Klosterreform auf das Vorbild der Windesheimer Klosterkongregation hin. Ein besonderes Problem stellen die teilweise arg verwahrlosten Bettelorden dar, da sie zu einem großen Teil die Volksseelsorge tragen, andererseits aber direkt dem Papst unterstellt sind. Gegen sie geht der Legat Cusanus, offensichtlich auf Bitten der Bevölkerung, erst ab Herbst 1451 direkt vor. Ein Beispiel sind die Franziskaner (Minoriten) in St. Trond bei Lüttich, über deren verlottertes Leben die Bürger Klage führen. Zur Beobachtung der verordneten Reform zieht der Legat und Weltgeistliche aus Kues die städtischen Behörden und die Bürger der Stadt mit heran und setzt zur Überwachung schließlich sogar *Laienaufseher* ein. Ganz ähnliche Überwachungsaufgaben erhalten die Laien in Hildesheim und Köln. Hierin spricht sich ein ganz charakteristisches Element im Reformwirken des Cusaners aus: Es ist seine außerordentliche Wertschätzung des *Laien.* Cusanus hat durch seine mögliche Erziehung bei den «Brüdern vom Gemeinsamen Leben» den Laien als Träger eines erneuerten Geisteslebens (Erziehung) und eines erneuerten christlichen Gemeinschaftslebens (freie Bruderschaften) kennen gelernt. Durch die *devotio moderna* hat er erfahren, wie auf dem Boden von Laientum und individueller Freiheit sich Innerlichkeit (Mystik), Demut (*devotio moderna*) und Erdentüchtigkeit miteinander verbinden lassen. Durch die gnadenvolle Begegnung mit dem eingeweihten Laien in Rom hat Cusanus erlebt, wie durch einen äußerlich ungebildeten Laien (und nicht etwa durch einen hochgestellten Angehörigen einer geistlichen Hierarchie) die geistige Welt sich dem Menschen offenbaren kann. In seinen Dialogen vom Laien (*idiota*) hat er ein Zeugnis dieser Begegnung abgelegt. Und nun zieht er auf seiner Reformreise den Laien auch äußerlich zur Reform der Kirche mit heran. Ebenfalls auf dieser Reise entsteht auch der Plan, in Kues eine geistig-soziale Stiftung für Menschen des Volkes nach dem Vorbild der «Laienbrüder der Windesheimer Kongregation» zu gründen und diesen Impuls in einem eigenen Bauwerk zu manifestieren. Das Erkennen der Bedeutung des Laientums ist ein Impuls, der weit in die Zukunft des Bewusstseinsseelen-Zeitalters reicht. Aus einer dunklen Vor-Ahnung dieser Tatsache (wenn auch in verleumderischer Absicht) werfen daher die Bettelorden, in einer Appellation an den Papst, Cusanus vor, er erneuere mit der Heranziehung des Laienelementes die häretischen Bestrebungen eines John Wiclif.

Wie ein gewaltiges moralisches Aufbäumen vor dem herannahenden Schattenwurf der Reformation, so will die Legationsreise des Cusanus erscheinen; ein letzter Versuch, die christliche Welt des Abendlandes durch Reform (statt durch Reformation) zu retten.

Der Moselaner Landsmann und hochgelehrte Benediktiner-Abt Trithemius von Sponheim (1462–1516) schreibt später über die Reformreise des Cusanus: «Nikolaus von Kues erschien in Deutschland wie ein Engel des Lichtes und des Friedens; inmitten der Dunkelheit und Verwirrung stellte er die Einheit der Kirche wieder her, befestigte das Ansehen ihres Oberhauptes und streute reichen Samen neuen Lebens aus. Ein Teil desselben ist durch die Herzenshärte der Menschen gar nicht aufgegangen, ein anderer Teil trieb Blüten, die aber infolge von Trägheit und Lässigkeit rasch wieder verschwanden; aber ein guter Teil hat Früchte getragen, deren wir uns noch heute erfreuen.»[100] In der Tat geht in vielen Klöstern der geistig-sittlich hohe Stand des Ordenslebens bis zur Säkularisation auf die Reformstatuten des Nikolaus von Kues zurück.

Ein kartographisches Ergebnis der Reformreise sei im Folgenden herausgehoben und einer Betrachtung unterzogen. Cusanus hat – Albertus Magnus vergleichbar – Mitteleuropa wirklich erreist, und so ist es auch mehr als wahrscheinlich, dass die Vorlage der *ersten modernen Landkarte Mitteleuropas* von Nikolaus von Kues stammt, wie die am Kopf der Karte angebrachten Verse in lateinischen Hexametern es behaupten: «Gracia sit Cusae Nicolao, Murice quondam qui Tyrio contectus erat.» (Deshalb sei Dank dem Nikolaus von Kues, der bekleidet war mit dem [Kardinals-] Purpur). Es handelt sich um eine außergewöhnlich klare und schöne Einblatt-Kupferstichkarte mit dem später eingravierten Druckvermerk von Eichstätt aus dem Jahre 1491. (Die Karte befindet sich heute im Besitz des Germanischen Nationalmuseums in Nürnberg.) Die von Cusanus handgezeichnete Originalvorlage zu dieser Kupferstichkarte ist leider verschollen.

Unter sämtlichen modernen Landkarten, welche die Renaissance der Ptolemäus-Kartographie im 15. Jahrhundert hervorbrachte, gebührt der auf Nikolaus von Kues zurückgehenden Mitteleuropa-Karte die größte Bewunderung.[101] Wie kein anderer Kartograph seiner Zeit hat Nikolaus von Kues auf dem Feld der Kartographie Mitteleuropas weitgehende Reformen durchgeführt. Natürlich zeigt seine Karte auch noch mancherlei Kennzeichen der älteren ptolemäischen Kartentradition.* Dazu

* Claudius Ptolemäus (ca. 90 – ca. 160 n. Chr.), in Alexandrien lebender hellenistischer Universalgelehrter, war grundlegend für die Entwicklung der abendländischen Wissenschaft. In seiner von den Arabern «Almagest» genannten Sternkunde begründete er das geozentrische Weltbild des Universums (die Erde als fest stehendes Zentrum), das gedanklich erst durch Nikolaus von Kues aus den Angeln gehoben wird (auch die Erde bewegt sich!) und durch Nikolaus Kopernikus (1473 – 1543) in das heliozentrische Weltbild umgebrochen wird. Ptolemäus war bereits von der Kugelgestalt der Erde überzeugt. Die nach seinen Schriften zusammengestellte «Geographia» wurde schon früh nach einer von ihm verfassten Anleitung zur Anfertigung von Landkarten mit handgezeichneten Karten ausgestattet. Dieses Lehrbuch, die «Geographia des Ptolemäus» wurde immer wieder neu herausgebracht, später auch gedruckt, wobei die Kartenausstattung sich z.T. änderte. Die erste gedruckte Ausgabe, die mit Kupferstichkarten versehen war, erschien 1477 in Bologna. Die «Geographia» des Ptolemäus blieb bis ins 16. Jahrhundert das wichtigste Lehrbuch der geographischen Forschung. Die Landkarten der älteren ptolemäischen Kartentradition weisen alle gemeinsame Merkmale auf, wie z.B. das rechtwinklig entworfene Gradnetz mit Breiten- und Längenkreisen. (Im Gegensatz etwa zu den Seefahrerkarten, den sog. ‹Portolan-Karten› mit ihren Windstrichlinien.)

gehören die Randanmerkungen über die Abstände der Längengrade, über die klimatischen Verhältnisse, über die jeweilige Dauer der Tageslänge bei den einzelnen Breitenkreisen sowie der Plan des Gradnetzes. Aber die Eichstätter Kupferstich-Karte ist bereits in das neue, trapezförmige Gradnetz gesetzt, das der in Florenz lebende Kosmograph Donnus Nicolaus Germanus (ca. 1420 – 1489) entwickelt hat. In das bis dahin unbekannte Trapeznetz sind auch die 26 Karten der ersten, 1477 in Bologna gedruckten Ptolemäus-Ausgabe gesetzt sowie die Karten der römischen Ptolemäus-Ausgabe von 1478.

Cusanus korrigiert jedoch inhaltlich das ältere, konfuse ptolemäische Kartenbild Mitteleuropas ganz entscheidend. Durch seine eigene Reisetätigkeit und seine vielfältige Ortskenntnis hervorragend informiert, ersetzt er in seiner Karte veraltete Ortsnamen durch zeitgemäße Benennungen, verbessert den Verlauf zahlreicher Flüsse und korrigiert die Einzeichnung der Lage der Gebirge. Die topographische Lagesituation entlang der Breitenkreise stimmt teilweise sehr gut, so z.B. beim 46. Breitengrad durch die Alpen (entlang der Save und durch die Transsilvanischen Alpen) und beim 50. Breitenkreis durch Worms (genauer eigentlich: Mainz) bis nach Schlesien. Erstaunlich ist auch die klare Gliederung der Gebirge wie Vogesen, Schwarzwald, Alpen und Böhmische Gebirge. Hervorragend ist schließlich die Klarheit der Karte. Damit hat Cusanus ein überaus inhaltsreiches und ausdrucksstarkes Kartenbild geschaffen. Es kann als die erste moderne Karte Mitteleuropas («Tabula moderna Germaniae») bezeichnet werden. Sie ist ein Zeugnis für die geographische Beobachtungsgabe, naturwissenschaftliche Präzision und Erdentüchtigkeit dieses Mannes. Vor allem aber sprengt Cusanus die räumlichen Grenzen der älteren Ptolemäischen Kartentradition, die in Bezug auf Mitteleuropa stets an Rhein und Donau ihre Begrenzung fand. Er schafft ein einheitliches Kartenbild von Mitteleuropa, das sich weit in das östliche Europa hinein öffnet (z.B. heutiges Polen, Böhmen und Ungarn), eine kulturhistorische und geistesgeschichtliche Tat, die gar nicht hoch genug eingeschätzt werden kann.

Der handgezeichnete Kartenentwurf des Nikolaus von Kues ist leider verloren gegangen, so dass Unsicherheit über die Entstehungszeit der Mitteleuropa-Karte und für manche Cusanusforscher sogar über die Urheberschaft des Cusanus besteht. Dazu kann man folgendes anmerken:

Zur Autorenschaft: Natürlich lässt sich in der Geschichte alles bezweifeln, was nicht dokumentarisch belegt ist. Diese Haltung des «ungläubigen Thomas», die sich oftmals nur in ein wissenschaftliches Gewand kleidet, ist weit verbreitet; sie raubt aber gerade der Geschichte

Entscheidendes an Geistigkeit, Lebendigkeit und Gesamtschau. Es gibt durchaus indirekte ‹Beweise› und Indizien für die Urheberschaft des Cusanus. Zu nennen wären:

- sein großes naturwissenschaftliches Interesse an Astronomie und Kosmographie seit seinem Studium in Padua;
- der persönliche Erwerb von Büchern über Geographie, Kartographie und Astronomie, z.B. den Almagest 1444;
- seine Freundschaft mit führenden Vorbereitern der naturwissenschaftlichen Entdeckungen der Erde, z.B. mit Paolo Toscanelli (1397–1482), der den West-Seeweg nach Indien gedanklich konzipiert;
- seine humanistische Geisteshaltung und sein Interesse an der aufbrechenden Hinterfragung und Erweiterung des Weltbildes seiner Zeit (siehe De docta ignorantia, 1440);
- seine Anerkenntnis von Beobachtung und Empirie für Philosophie und Naturwissenschaft (siehe De staticis experimentis, 1450);
- seine ausgedehnte Reisetätigkeit in Mitteleuropa;
- seine dadurch bedingte genaue Lage-, Verlaufs-, Entfernungs- und Ortskenntnis von Städten, Gebirgen, Tälern und Flüssen;
- seine literarische Verwendung des Bildes des Kosmographen in seinem Alterswerk «Compendium» (1464).

Im «Compendium» benutzt er zur Unterstreichung der Notwendigkeit der Sinneswahrnehmung das eindrückliche Beispiel des Geistes als eines Kosmographen, der seine Boten durch fünf Stadttore (Sinnestore) ausschickt und empfängt, um Nachricht von der Welt zu erlangen, die er in einer Landkarte der Welt niederlegt. Je mehr Botennachrichten (=Sinnesbeobachtungen) er erhält, desto genauer kann seine Karte als Gesamtschau werden. In diesem Bild des Kosmographen – obgleich vielmehr philosophisch gemeint und bereits von Augustinus und Eriugena benutzt – dürfen wir dennoch Cusanus selbst wiedergespiegelt sehen. Sein wacher Geist und seine klare Beobachtung prädestinieren ihn geradezu zum Kosmographen und Kartographen (vgl. die erkenntnistheoretische Interpretation dieses Bildes im Kapitel: Die Sinneswahrnehmung/*sensus*).

Zur zeitlichen Entstehung der Mitteleuropakarte: Es scheint aus dem Lebensgang des Cusaners alles dafür zu sprechen, dass die Germania-Karte keinesfalls vor der Zeit seiner ausgedehnten Reisen in Mitteleuropa als päpstlicher Gesandter (1440 – 48) und Legat (1451 – 52) entstanden ist. Erst während dieser Reisen in den mitteleuropäischen Ländern und Landschaften des deutschen Reiches konnte er jene Fülle von kartographischen Daten sammeln, die er in seiner Karte verarbeitet hat.

Abbildungen 26 bis 29: Zu den Mitteleuropa-Karten vom Cusanus-Typ. Es handelt sich um vier Karten (davon zwei Kartenausschnitte), die zum sogenannten Cusanus-Kartentyp gehören. Sie stellen den Beginn der neuzeitlichen Kartographie von Mitteleuropa dar und gehen auf die verschollene, wahrscheinlich zwischen 1440 und 1451/54 entstandene, handgezeichnete Originalvorlage des Nikolaus von Kues zurück.

Abb. 26, Seite 101: Ausschnitt aus der römischen Ausgabe der «Geographia» des Claudius Ptolemäus, 1507, in der räumlichen Gegenüberstellung mit der Route der großen Legationsreise 1451/52. Es handelt sich um einen kolorierten Kupferstich, der manche Ähnlichkeit mit der Mitteleuropa-Karte des Henricus Martellus Germanus hat. Durch die Einzeichnung des ‹Drei-Häuser-Dorfes› Cusa offenbart diese Karte, dass sie auf den ursprünglichen Kartenentwurf des Cusanus zurückgeht. Mit den adernartigen Flussläufen, den maulwurfshügelartigen Bergen und den kleinen Bäumchenwäldern atmet die Karte den ganzen Reiz der frühen Landkartenkunst.

Abb. 27, Seite 102 und 103: Die «Eichstätter Kupferstichkarte» von 1491. Diese außergewöhnlich klare, detaillierte und exakte Einblatt-Kupferstichkarte verdankt laut der am Kopf angebrachten Verse in lateinischen Hexametern ihre Entstehung dem Nikolaus von Kues. Bemerkenswert ist das neue, trapezförmige Gradnetz, in das die Karte gesetzt ist, sowie die Feinheit der Darstellung. Überragend für die damalige Zeit ist die Fülle und die Exaktheit der topographisch-geographischen Angaben. Meisterhaft in wissenschaftlicher und künstlerischer Hinsicht ist die klare Gliederung und Ausdrucksstärke des Kartenbildes. Technisch ermöglicht wurden diese Qualitäten durch das damals neue Verfahren des Kupferdrucks.

Abb. 28, Seite 104: Ausschnitt aus der Mitteleuropa-Karte des Henricus Martellus Germanus vor 1490. Dieser Ausschnitt zeigt mit großer Deutlichkeit an, dass die Karte auf eine Vorlage des Nikolaus von Kues zurückgeht. Mit kaum glaublicher Selbstverständlichkeit ist als einziger Ort zwischen Trier und Koblenz (den beiden Metropolen des Erzbistums Trier) der winzige, völlig unbedeutende Flecken Kues (Cusa) eingezeichnet. Einzige Rechtfertigung: Er ist der Geburtsort des Schöpfers dieser Kartenvorlage; damit ist Kues ein Orientierungspunkt im Raum. (Vgl. auch Abb. 8, S. 48, die älteste Karte der Eifel mit der Einzeichnung des Fleckens «Cusa».)

Abb. 29, Seite 105: Mitteleuropa-Karte von Hieronymus Münzer aus der Weltchronik von Hartmann Schedel 1493. Diese zum ‹Cusanus-Kartentyp› gehörende Holzschnittkarte ist ein Beispiel für den Einfluss, den die Mitteleuropakarte des Nikolaus von Kues in der Kartographie ausgeübt hat. Sie stammt von dem Nürnberger Arzt und Kosmographen Hieronymus Münzer (1437 – 1508) und weist durch Kartenausschnitt, Umrissgestaltung, Gebirgsdarstellung, latinisierte Ortsnamen etc. deutlich auf die Cusanus-Karte als Vorlage hin. Allerdings ist die Vereinfachung der Karte und die gröbere Holzschnitt-Technik auffällig. Dennoch ist es eine kartographisch und künstlerisch ansprechende Karte.

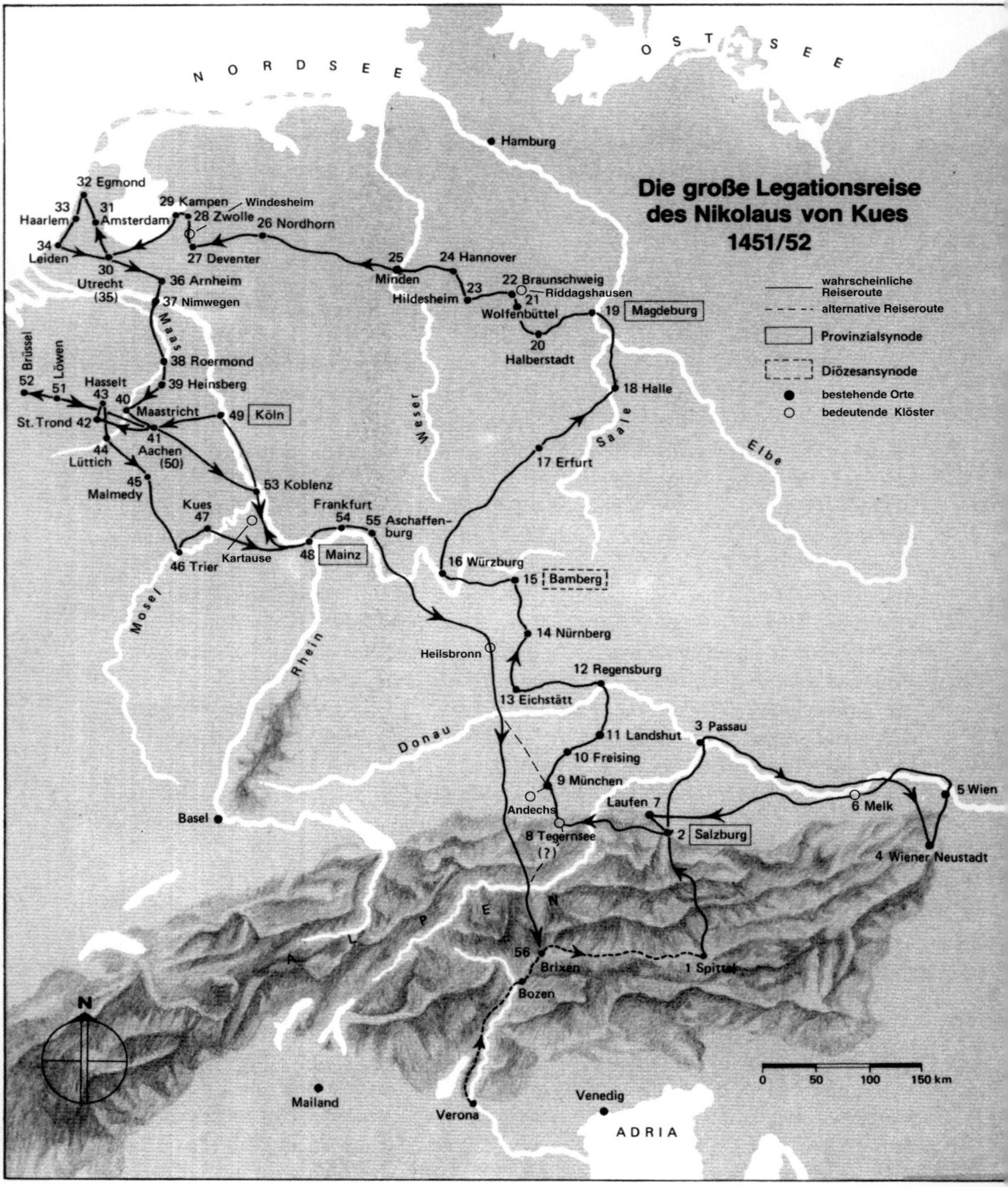
Die große Legationsreise
des Nikolaus von Kues
1451/52
wahrscheinliche Reiseroute
alternative Reiseroute
Provinzialsynode
Diözesansynode
bestehende Orte
bedeutende Klöster
NORDSEE
OSTSEE
ADRIA
ALPEN
Hamburg
32 Egmond
33 Haarlem
31 Amsterdam
29 Kampen
Windesheim
28 Zwolle
26 Nordhorn
27 Deventer
34 Leiden
30 Utrecht (35)
36 Arnheim
37 Nimwegen
25 Minden
24 Hannover
23 Hildesheim
22 Braunschweig
Riddagshausen
21 Wolfenbüttel
19 Magdeburg
20 Halberstadt
18 Halle
Maas
38 Roermond
39 Heinsberg
52 Brüssel
51 Löwen
43 Hasselt
40 Maastricht
42 St. Trond
41 Aachen (50)
44 Lüttich
45 Malmedy
49 Köln
53 Koblenz
Weser
Saale
Elbe
17 Erfurt
Kues 47
46 Trier
Kartause
48 Mainz
54 Frankfurt
55 Aschaffenburg
16 Würzburg
15 Bamberg
14 Nürnberg
Heilsbronn
12 Regensburg
13 Eichstätt
Mosel
Rhein
Donau
11 Landshut
10 Freising
9 München
Andechs
8 Tegernsee (?)
3 Passau
5 Wien
6 Melk
Laufen 7
2 Salzburg
4 Wiener Neustadt
Basel
56 Brixen
Bozen
1 Spittal
Mailand
Verona
Venedig
N
0 50 100 150 km

Abb. 25, links: Karte der großen Legationsreise durch Mitteleuropa 1451/52. Visualisierung der Wegspur des Cusanus im mitteleuropäischen Kulturraum.
Abb. 26, oben: Ausschnitt aus der römischen Ausgabe der «Geographia» des Claudius Ptolemäus, 1507
Abb. 27, nächste Doppelseite: Die «Eichstätter Kupferstichkarte» von 1491. Diese außergewöhnlich klare, detaillierte und exakte Einblatt-Kupferstichkarte verdankt laut der am Kopf angebrachten Verse in lateinischen Hexametern ihre Entstehung dem Nikolaus von Kues.

QVOD PICTA EST PARVA GERMANIA TOTA TABELLA: ET LATVS ITALIĘ GELIDAS QVOD PROSPICIT ALPES: SAVROMA
PANNONIOS ET FINDIT AGROS QVA FRIGIDVS HISTER: ATQVE LICAONIOS TERRARVM QVICQVID IN AXES VERGIT: ET EQVOREA
GRACIA SIT CVSE NICOLAO: MVRICE QVONDAM QVI TYRIO CONTECTVS ERAT: SPLENDOR QVE SENATVS INGENS ROMANI: N

CES POPVLI: GENTES QVE PROFVNDO VICNE ADRIACO: PELOPIS REGNVM QVE VETVSTI:
VA VERBERAT VNDAS: ET MVLTE PVNCTIS VRBES VILLE QVE NOTATE:
A PRIORVM: ET LOCA QVI MODICO CELARI IVSSIT IN ERE.

VSTI PERFECTVM.

HOLANDIA
FRISIA
MARCHA BESTFALIA
HASSIA
Geldria
cleuania
Arduēna silua
franconia
mittelburg
hamberg
stadis
catroiach
hagis
alkmaria
herlen
cedam
roterdam
gorda
amsterdam
amesforon
grünige
emedein
uerda
traiectum
Inferior
Suollis
Danantria
myndia
Sguaburg
trecht
oenlo
ruermūd
barge
emerich
monasterium
nois
besolia
luppia
Iuliacū
colonia
aquisgrana
trimonia
sburg
Limpurg
Susatum
paderborna
borna
Indenach
Gemūnd
cusa
larnstein
segen
coblenc
treueris
marpurg
kirchon
hunburg
mosella
Magonza
höst
frāckfort
oppenheim
hagen
aschenborg
coburg
heidelberg
metis
wormatia
spira
heilprun
erbipolis
hasfort
plauen

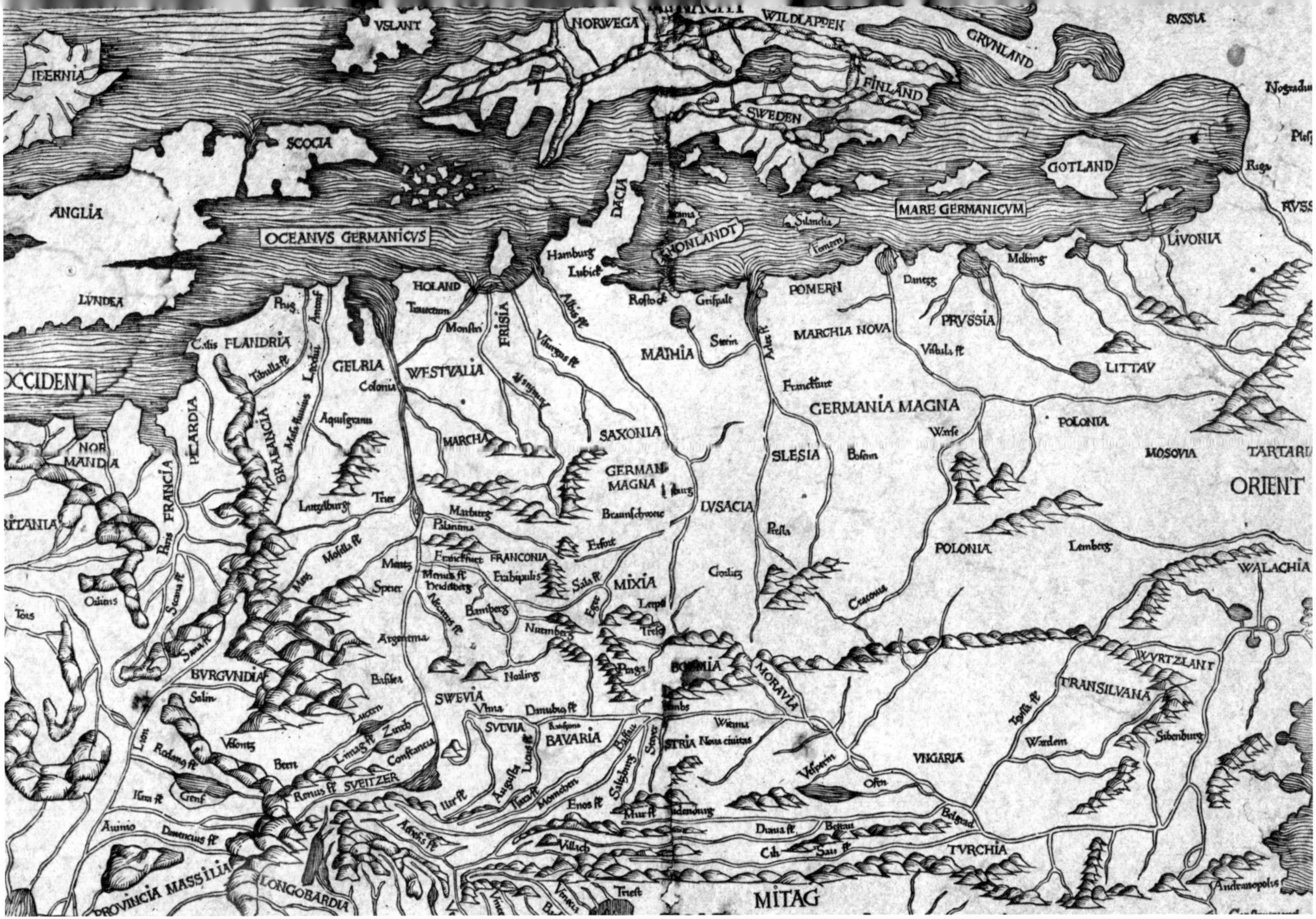

VSLANT
NORWEGA
WILDLAPEN
RVSSIA
GRVNLAND
FINLAND
SWEDEN
IBERNIA
SCOCIA
ANGLIA
OCEANVS GERMANICVS
DACIA
GOTLAND
MARE GERMANICVM
LIVONIA
LVNDEA
HOLAND
FRISIA
POMERN
PRVSSIA
MARCHIA NOVA
FLANDRIA
GELRIA
WESTVALIA
MATHIA
LITTAV
OCCIDENT
GERMANIA MAGNA
PICARDIA
BRABANCIA
SAXONIA
SLESIA
POLONIA
NORMANDIA
MARCHA
GERMANIA MAGNA
MOSOVIA
TARTARIA
ORIENT
FRANCIA
LVSACIA
POLONIA
FRANCONIA
MIXIA
WALACHIA
BVRGVNDIA
BOEMIA
MORAVIA
WVRTZLANT
TRANSILVANA
SWEVIA
SVEVIA
BAVARIA
VNGARIA
SVEITZER
TVRCHIA
PROVINCIA MASSILIA
LONGOBARDIA
MITAG

Bei seinen Besuchen von Reichstagen, Fürstentagen, Provinzialsynoden etc. hat Cusanus stets weitgereiste, aufgeschlossene Persönlichkeiten getroffen, die ihm auch Kenntnisse über jene Gebiete vermittelt haben dürften, die er nicht selbst bereist hat. Hinzu kommen seine Freundschaft mit den Kosmographen der Klosterneuburger Schule und seine zahlreichen Kontakte zu humanistisch und naturwissenschaftlich interessierten Zeitgenossen. Außerdem korrespondierte Nikolaus von Kues in kirchlichen und diplomatischen Angelegenheiten mit Persönlichkeiten über größere Entfernungen, z.B. in Bezug auf den Deutschen Orden mit den Hochmeistern des Ordens (Marienburg/Ostpreussen). Schließlich ist bekannt, dass Cusanus bei seinen Besuchen in Städten und Klöstern alte Handschriften, Bücher und Instrumente erworben hat (z.B. 1444 die astronomischen Geräte und den Almagest in Nürnberg). Unter diesen Handschriften dürfte sich auch jene ptolemäische Karte befunden haben, die ihm als Vorlage für seine eigene Karte gedient hat. Über diese ältere Vorlage ist er dann freilich weit hinausgegangen! Den verschollenen handgezeichneten Originalentwurf seiner Karte hat Cusanus wahrscheinlich bald nach seiner Legationsreise (1451/52) vollendet; vielleicht in seiner Bischofsstadt Brixen, die auf der Karte so deutlich eingezeichnet ist.

Rätselhaft ist und bleibt der eingravierte Vermerk auf der Kupferstichkarte «Vollendet zu Eichstätt, dem 12. Tag vor den Kalenden des August 1491» (=21. Juli 1491), weshalb die abgedruckte Karte auch «Eichstätter Kupferstichkarte» genannt wird. Worauf bezieht sich dieser Zeit- und Ortsvermerk? Wohl kaum auf Cusanus, denn dieser weilte 40 Jahre vorher im Jahre 1451 in Eichstätt. Wohl eher auf die Vollendung des Kupferstiches oder die nachträgliche Eingravierung, die Cusanus als Kartenschöpfer preist. Ganz ähnlich wird in der Interpretation dieser Karte durch Sebastian Münster 1530 Cusanus mit folgenden Worten als Urheber genannt: «Als jüngst Andreas Cratander sich entschlossen hatte … die Karte Deutschlands zu veröffentlichen, die von jenem berühmten Mathematiker Nikolaus von Kues entworfen [worden ist] … » Vielleicht ist auch in Eichstätt die erste Kopie der Cusanus-Karte angefertigt worden, obgleich von einer Kupferstecherwerkstatt und Druckerei in Eichstätt nichts weiter bekannt ist.

Abb. 28, Seite 104: Mitteleuropa-Karte von Hieronymus Münzer aus der Weltchronik von Hartmann Schedel 1493.
Abb. 29, Seite 105: Ausschnitt aus der Mitteleuropa-Karte des Henricus Martellus Germanus vor 1490.

Betrachtet man die Signaturen und Namen der Rhein- und Moselländischen Heimat des Kardinal Nikolaus Cusanus genau, so fällt auf, dass nicht Kues, sondern das bekanntere Bernkastel (als Signatur) eingezeichnet ist. Außerdem ist sehr deutlich das relativ unbedeutende Städtchen «Hercelenz» vermerkt (heute Erkelenz zwischen Aachen und Mönchen-Gladbach), der Herkunftsort des Sekretärs des Cusaners, Peter Wymar von Erkelenz, der ihn auch auf der großen Legationsreise begleitete. Sollte der Druck der Eichstätter Kupferstichkarte von 1491 etwas mit Peter von Erkelenz zu tun haben, der 1488 zweiter Rektor des Kueser St. Nikolaus-Hospitales geworden ist? Hat er neben der Bibliothek des Cusanus evtl. auch den handgezeichneten Kartenentwurf mit nach Deutschland gebracht und/oder seinen eigenen Herkunftsort in den Entwurf eingetragen? Diese und andere Rätsel haben dazu geführt, dass seit 1876 über hundert Publikationen der Cusanus-Karte gewidmet wurden.

Auch seit dem Erscheinen der ersten Auflage dieses Cusanus-Buches (1982) sind eine Reihe interessanter Publikationen zur Eichstätter Mitteleuropa-Karte des Nikolaus von Kues erschienen, darunter die Arbeiten von T. Campbell (1987) und Werner Kreuer (1996 und 1999). Campbell hat eine recht überzeugende Erklärung dieser Rätsel vorgelegt. Er legt dar, dass die in Kupfer gestochene und mit punzierter Schrift versehene Kupferplatte in zwei verschiedenen Zeitphasen hergestellt wurde und dass die Herstellung unbedingt in Italien erfolgt sein muss. Er weist nach, dass die Eichstätter Cusanus-Karte von Mitteleuropa eine außerordentliche Verwandtschaft mit der Ptolemäus-Ausgabe von 1478 in Rom hat; ja, dass die Eichstätter Kupferstichplatte von demselben Kupferstecher und Schriftpunzierer stammen muss wie die Kupferstichplatten der römischen Ptolemäus-Ausgabe. Campbell äußert die Vermutung, dass der handgezeichnete Kartenentwurf des Nikolaus von Kues direkt von ihm an den im Benediktinerkloster Subiaco bei Rom lebenden deutschen Drucker Conrad Sweynheym gegeben worden ist, der das für die römische Ptolemäus-Ausgabe bestimmte Blatt professionell vorbereitete. Ob er auch der Kupferstecher und Schriftpunzierer der Cusanus-Karte war, bleibt offen. Aus irgend einem unbekannten Grunde ist dann aber die Kupferplatte mit der Cusanus-Karte doch nicht in die römische Ausgabe von 1478 aufgenommen worden und blieb unvollendet.

Diese These Campbells erscheint plausibel, vor allem wenn man auf die Beziehung des Cusanus zum Kloster Subiaco hinblickt. Es war Cusanus, der den Abt Andrea Bussi, der von 1458 an sein ständiger Sekretär war, dazu angeregt hat, in Subiaco die erste Buchdruckerei Italiens einzurichten, was dieser ein Jahr nach dem Tode des Cusaners 1465 dort veranlasste.

Den unvollendeten Kupferstich der Cusanus-Karte erwarb der deutsche Humanist Konrad Peutinger/Augsburg (1465 – 1547) auf einer Italienreise und ließ ihn vollenden. Der Augsburger Kupferstecher Hans Burgkmair (1473 – 1531) zog dann im Jahre 1491 etliche Karten von dieser Kupferplatte ab. Vielleicht hängt damit der Vermerk «Eichstätt 1491» zusammen. Dieser Kupferdruck wird heute als der älteste Typ der Cusanus-Karte angesehen (Cusanus-Karte Typ B).

Werner Kreuer, der die Eichstätter Kupferstichkarte in einem Faksimile-Druck in Originalgröße neu herausgegeben hat (1996), äußerte in einem persönlichen Gespräch Anfang des Jahres 2001 die Auffassung, dass auch ein polnischer Kupferstecher für die Anfertigung der Cusanus-Karte in Frage käme. Er weist dabei auf den merkwürdigen Umstand hin, dass auf der Karte siebenmal der Name «Polonia» in verschiedener Zusammensetzung vorkommt, dagegen kein einziges Mal der Name «Germania». Im Hinblick auf den indirekten Zusammenhang von Nikolaus von Kues und Nikolaus Kopernikus wäre auch das eine interessante Hypothese.*

1530 schreibt der Basler Kosmograph Sebastian Münster eine Interpretation zur Cusanus-Karte und lässt sie durch den Basler Drucker Andreas Cratander drucken; dies ist die Cusanus-Karte, wie sie uns heute als sog. Eichstätter Kupferstichkarte vorliegt. Sie hebt die Autorenschaft des Cusanus durch lateinische Hexameter über dem oberen Rand der Karte hervor. Von der technischen Qualität her gesehen ist die Eichstätter Cusanus-Karte Mitteleuropas von außergewöhnlicher Klarheit und Feinheit, wodurch sie sich von den dominierenden Holzschnitt-Karten im damaligen Deutschland deutlich abhebt. Die Bedeutung der Eichstätter Kupferstichkarte liegt zweifellos u.a. auch darin, dass sie überhaupt den Blick auf Cusanus als Kartograph und Kosmograph gelenkt hat.

Bedeutsam für die Frage nach der Urheberschaft des Cusanus ist noch das Problem der Vorlage für seinen handgezeichneten Entwurf der Ger-

* Erst nach der Fertigstellung dieses aktualisierten Textes der Neuauflage ist es zu einem persönlichen Treffen mit dem Kollegen Werner Kreuer/Essen gekommen, der sich durch den Reprint der Eichstätter Germania-Karte des Cusanus (1996) mit dieser zu beschäftigen begonnen hatte. Auch W. Kreuer ist wie ich Geograph, so dass sich ein fruchtbarer kartographischer Gedankenaustausch anbahnte, der viele Auffassungsparallelen ergab, obgleich wir völlig unabhängig voneinander gearbeitet hatten. Für den Ideenaustausch und Hinweise, die ich noch nachträglich einarbeiten konnte, sei hiermit gedankt.

mania-Karte. Deutlich ist, dass er eine ältere ptolemäische Karte als Vorlage benutzt hat. Bruchstücke einer solchen möglichen Vorlage sind erhalten und uns als Koblenz-Trierer Fragmente bekannt. Ein wichtiger Teil (Fragment Y3 Bestand 117, Nr. 621) befindet sich im Staatsarchiv Koblenz und zeigt einen Ausschnitt von West-/Mitteleuropa. Nach D. B. Durant (1952 S. 146 ff.) stammt diese ursprüngliche *tabula moderna* aus dem Anfang des 15. Jahrhunderts (1427 – 1437) und wurde im Wien–Klosterneuburg–Scriptorium hergestellt. (Nach einer anderen Version ist die Vorprovenienz sogar das Kloster Niederwerth bei Koblenz, was noch sehr viel erhellender ist, da Cusanus als Dechant von St. Florin in unmittelbarem Kontakt zu Niederwerth stand.) D. B. Durant (1952, S. 149) nimmt an, dass Nikolaus von Kues diese ptolemäische Karte 1444 auf dem Reichstag in Nürnberg zusammen mit dem Almagest und anderen Büchern gekauft und seiner Bibliothek hinzugefügt hat. Da die Bedeutung der Karte nicht erkannt worden ist, wurde sie später zerschnitten und als Bucheinbandmaterial verwendet.

Vergleicht man das Koblenzer Fragment Y3 mit der Eichstätter Germania-Karte, so fallen in Bezug auf den Kartenausschnitt (West-/Mitteleuropa), die Lageverhältnisse, die Ortsnamen und die Flächenproportionen mancherlei Parallelen auf. Dies vor allem dann, wenn man bedenkt, dass Cusanus in seinem eigenen Kartenentwurf die Vorlage mit Sicherheit wesentlich verbessert und ergänzt hat. Es kann eigentlich kein Zweifel daran bestehen, dass dieses ältere ptolemäische Kartenfragment ihm zumindest die Idee für seine eigene, neue Mitteleuropakarte gegeben hat. Sie ist das Fundament, auf dem er als genialer Beobachter des Raumes weiter gebaut hat. Praktisch gereist von Ort zu Ort ist Cusanus natürlich nicht nach einer kleinmaßstäblichen Europakarte, sondern weiterhin nach den alten Itinerarkarten, wie sie seit dem römischen Weltreich üblich waren und wie sie die sog. ‹Peutingersche Tafel› als römische Straßenkarte annäherungsweise zeigt.

Von der verschollenen Originalvorlage der Cusanus-Karte wurde vor 1490 eine andere Kopie abgenommen (Cusanus-Karte Typ A). Es ist die Bearbeitung des Florentiners Henricus Martellus Germanus im Ptolemäus-Kodex «Magliab». Das Original des großformatigen, doppelseitigen Pergamentbogens befindet sich in der Ptolemäus-Pergamenthandschrift des Codex «Magliab» in der Nationalbibliothek in Florenz und wurde erst um 1900 entdeckt. (Vgl. Abb. 28, S. 104)

Martellus vereinfachte die Cusanus-Karte und setzte sie auch wieder in das ältere rechteckige ptolemäische Gradnetz. Vielleicht war aber auch der handgezeichnete Kartenentwurf des Cusaners selbst noch eine einfache Planokarte mit rechtwinkligem Gradnetz. Dennoch offenbart die Martellus-Karte ebenso deutlich – bei Hinzuziehung des Koblenzer Fragmentes sogar noch wesentlich prägnanter – die geistige Urheberschaft des Nikolaus von Kues. Indizien dafür sind z.B. das winzige Dörfchen Kues als Geburtsort des Kardinals, das er wie selbstverständlich als einzigen Ort zwischen Trier und Koblenz einzeichnet (wenn auch ungenau abseits des Flusses zur Eifel hin gelegen) sowie die Pfalzinsel bei Kaub im Rhein (südlich von Koblenz), die er ebenso wie in der Eichstätter Karte vermerkt und als «Palatina» bezeichnet.

Ein anderes Indiz für die Urheberschaft des Cusaners ist die Einzeichnung von Brixen als späterem Wirkensort des deutschen Kardinals und die sich von den übrigen Gebieten deutlich abhebende topographisch-geographische Genauigkeit, mit der die Gebiete von Tirol (Bistum Brixen) dargestellt sind. Hans Kinzl und Franz Mayr haben mit Hilfe der Methode des Verzerrungsgitters und der Umzeichnung der Karteninhalte in eine moderne topographische Karte nachgewiesen, wie außergewöhnlich getreu insbesondere die Flüsse und Gebirgszüge von Tirol eingezeichnet sind. Keine andere Karte weist eine so detaillierte und getreue Gliederung der Alpen durch Längs- und Quertäler auf wie diese. Nur jemand, der durch eigene Anschauung mit dem Land intensiv vertraut war wie Nikolaus von Kues, konnte den Raum kartographisch so zutreffend darstellen. Wenn man noch bedenkt, dass die Martellus-Karte offensichtlich nur eine unvollständige Kopie der originalen handgezeichneten Cusanus-Karte darstellt, dann muss man die kartographische Leistung des Nikolaus von Kues ungemein bewundern.

Die Zusammenschau aller bisherigen Kriterien veranlassen mich zu der Auffassung, dass die Martellus-Karte von vor 1490, d.h. die Cusanus-Karte Typ A, entgegen der üblichen Auffassung, die älteste kartographische Ausführung der Mitteleuropa-Karte nach dem handgezeichneten Originalentwurf des Cusaners darstellt. Der Vergleich des Koblenzer Fragmentes mit der Martellus-Karte verstärkt diesen Eindruck noch. Diese Auffassung vertritt auch W. Kreuer mit seiner Aussage: «Die von Henricus Martellus Germanus gezeichnete moderne Germania-Karte [steht] dem Vorbild [der handgezeichneten Kartenvorlage des Cusanus] zeitlich und inhaltlich am nächsten» (Kreuer, 1996, S. 15 siehe Anm. 101).

Die Cusanus-Karte in ihrer Ausprägung als Typ A wirkt insbesondere in Italien nach. So erscheint 1507 in einer *römischen Ausgabe der «Geographia»* des Claudius Ptolemäus eine Mitteleuropa-Karte (39x52 cm Kartengröße) als kolorierter Kupferstich, die B. Wapowski zugeschrieben wird, inhaltlich aber eindeutig auf die Martellus-Karte zurückgeht.

Auch diese Karte (vgl. Ausschnitt Abb. 26, S. 101) gibt sich schon dadurch als Cusanus-Karte Typ A zu erkennen, dass als einziger Ort zwischen Trier und Koblenz das ‹Drei-Häuser-Dorf› Cusa eingetragen ist, während z.B. die weit bedeutendere Stadt Bonn fehlt. Ebenso ist die Pfalzinsel ‹Palatina› eingezeichnet. Vergleicht man diese Karte einmal mit der Route der Legationsreise des Nikolaus von Kues (vgl. Abb. 25 und 26), so wird deutlich, dass die erreisten Gebiete durch eine Häufung von Ortsnamen hervorstechen. Das gilt für die Brennerroute, Bayern, Franken, den Raum um den Harz, die Niederlande und den Verkehrsraum des Oberrheingrabens (von Cusanus auch schon vor der Legationsreise oft benutzt). Das deutet darauf hin, dass die Darstellung der großen Linien des Durchgangsverkehrs mit den Raststationen des Reiseverkehrs eine tragende Grundidee der Cusanus-Karte ist. So lässt diese Karte, trotz ihres Charakters als einer verschlechternden Kopie, manches vom Entstehungsmoment der Cusanus-Karte erkennen. Gegenüber der Eichstätter Kupferstichkarte ist sie aber nicht nur wieder in das ältere ptolemäische Gradnetz gesetzt, sondern sie vereinfacht auch wieder viele Proportionen.

Eine Reduzierung vieler kartographischer Elemente und eine Vergröberung durch die Holzschnitt-Technik zeigt auch die Mitteleuropakarte des Kosmographen Hieronymus Münzer aus der Weltchronik von Hartmann Schedel von 1493. Sie ist ein Beispiel dafür, dass in der Kartographie auch die fortschrittlichsten Karten durch Kopien einen Teil ihrer Errungenschaften wieder einbüßen können. Dennoch offenbart diese Karte durch Ausschnitt, Umrissgestaltung, Gebirgsdarstellung, topographische Lagebeziehungen, latinisierte Landschaftsnamen etc., dass sie zum Typ der Cusanus-Karten B gehört, also von der Vorlage der Eichstätter Kupferstichkarte beeinflusst wurde. Als Beispiel ist die Übernahme der Einzeichnung der Pfalzinsel bei Kaub und ihre Bezeichnung als «Palantina» sowie die Gliederung der Alpen in Längs- und Quertäler zu nennen. Darüber hinaus ist es eine kartographisch und ästhetisch sehr ansprechende Karte.

In Deutschland wirkt die Cusanus-Karte auch in den regionalen Landkarten weiter, z.B. in der ältesten Karte der Eifel um 1550 aus der «Cosmographica» des Sebastian Münster, die 1588 in Basel im Druck erscheint (vgl. Abb. 8, S. 48). Typisch für die deutsche Kartographie ist dabei die gröbere Holzschnitt-Technik. Trotz des Verlustes mancher kartographischer Errungenschaften (z.B. fehlende Nordung) hat diese Karte durch die Darstellung der Flüsse als Adern, der Berge als Maulwurfshügel, der Wälder als Bäumchen, der Städte als Häuser etc. einen besonderen Reiz. Sehr deutlich zeigt sie den Verlauf der Mosel, und sie verzeichnet in Beschriftung und Ortssignatur den unbedeutenden Flecken ‹Cusa› als Geburtsort des deutschen Kardinals und Kartographen.

So interessant die weitere Verfolgung der kartographischen Einzelheiten auch wäre, so steht hier dennoch nicht primär die kartographische Genese im Mittelpunkt, sondern die kulturhistorische und bewusstseinsgeschichtliche Bedeutung der Cusanus-Karte Mitteleuropas. Welch einen Bewusstseinseinschlag die Cusanus-Karte Mitteleuropas bedeutet, wird einem erst bewusst, wenn man selbst diese bereits reduzierte Kopie des Hieronymus Münzer mit den mittelalterlichen Mönchskarten vergleicht, z.B. mit den kreisförmigen Radkarten, wie die Ebstorfer Weltkarte. Diese geben noch kein an der Realität orientiertes Raumbild wieder, sondern beinhalten meist nur Wegespuren und Merkdinge im Raum innerhalb eines mythologisch überformten Weltbildes. Dagegen sind die auf den Entwurf des Cusaners zurückgehenden Karten weit mehr als Wegespur von Ort zu Ort. Sie interessieren sich sowohl für die exakte, vielfältige, dingliche Erfüllung des Raumes, als auch für das Flächenelement des Raumes selbst. Die Cusanus-Karten sind bereits im modernen Sinne relativ flächentreue, winkeltreue, eingenordete Landkarten von guter Treue in der Umrissgestaltung sowie mit einer außerordentlichen topographischen Informationsfülle. Sie sind das Ergebnis einer naturwissenschaftlich distanzierten Raumbeobachtung und einer genauen gedanklichen Raumkonstruktion. Von daher sind die Cusanus-Karten Mitteleuropas unbedingt zu verstehen als Symptom einer neuen Bewusstseinsstufe der mitteleuropäischen Menschheit selbst. Cusanus ist deren Wegbereiter.

Zur symptomatologischen Interpretation der Mitteleuropa-Karten und Mitteleuropa-Reisen des Nikolaus von Kues

Eines der herausragendsten bewusstseinsgeschichtlichen Ergebnisse, die Cusanus in seiner Karte visualisiert, ist die Tatsache, dass er – an der Grenze zur Neuzeit stehend – den geistigen Blick auf Mitteleuropa weitet. Er schafft als «tabula moderna Germaniae» (ob als Typ A oder als Typ B) die erste moderne Landkarte Mitteleuropas. Damit überschreitet er die von Ptolemäus festgelegten klassischen Abgrenzungen der europäischen Teilräume (z.B. die Rheingrenze und Donaugrenze) und konstituiert Mitteleuropa als eigenständigen, einheitlichen kartographischen und geographischen Gesamtraum. Zugleich stellt er Mitteleuropa in die Polaritäten von Norden (Skandinavien) und Süden (Italien), von Westen (Ostfrankreich) und Osten (Polen), indem er diese Teilräume mit einzeichnet. Dieser bewusstseinsmäßig so umschriebene Raum Mitteleuropa ist der Schauplatz der Reisetätigkeit des Cusanus, die nunmehr in ihren Ergebnissen betrachtet werden soll.

Wenn man einmal versucht, die Legationsreise des Cusanus (auch unter Einbeziehung seiner vorherigen Reisetätigkeit) geographisch-phänomenologisch zu betrachten, so ergeben sich zwei Motive, die durchaus symptomatologischen Charakter haben. Dabei kann eine solche Betrachtung methodisch anknüpfen an den Hinweis Rudolf Steiners, dass die Reisen des Apostels Paulus insofern ein geographisches Phänomen darstellen, als sie sich sehr genau mit dem Verbreitungs- und Wachstumsgebiet des Ölbaumes decken.[102] Bei den Reisen des Cusanus sind nun ebenfalls sehr deutlich geographisch-historische Motive zu erkennen.

Als erstes ist auffällig, dass die Legationsreise des Cusanus (aber auch die übrigen Reisen) das *Motiv der Süd-Nord-Polarität* aufweist. Cusanus verbindet in seinen Reisen geographisch immer wieder ganz deutlich den Vergangenheits-Kulturraum der griechisch-lateinischen Kulturepoche (Schwerpunkt: der Raum um das Mittelmeer, insbesondere Italien/Griechenland; siehe seine Reise nach Byzanz/Kleinasien und seine Reisen in Italien) mit dem Zukunfts-Kulturraum der neuzeitlichen Kulturepoche (Schwerpunkt: der Raum um den Nordatlantik/Nordsee, d.h. den «Oceanus Germanicus», insbesondere Mitteleuropa).

Wenn hier von «Kulturräumen» gesprochen wird, dann ist dies in dem Sinne einer geographischen Schwerpunktbestimmung der jeweiligen kulturtragenden Völker (oder Bevölkerungsteile) gemeint. In der «griechisch-lateinischen Kulturepoche» waren zwei «Völker» die Hauptträger der Kulturströmung: die Griechen mit ihrem geographischen Schwerpunkt in Griechenland/Kleinasien und die Römer mit ihrem Zentrum in Italien. Der räumliche Schwerpunkt liegt also eindeutig im Süden, d.h. im mediterranen Raum, wenngleich diese Kulturepoche später räumlich auch nach Norden, u.a. bis nach Germanien und Britannien ausstrahlt. Ganz analog dazu ist es zu verstehen, wenn von Mitteleuropa als dem Zentrum der neuzeitlichen Kulturepoche (ab 1413 n. Chr.) gesprochen wird.

Cusanus ist nicht nur im zeitlichen Sinne eine Übergangsgestalt zwischen beiden Zeitaltern, sondern er ist es auch im geographisch-räumlichen Sinne. Die Hieroglyphe seiner Reisen offenbart die Verbindung zweier Kulturräume ganz deutlich.[103] Dass das Schicksal ihn dann mit dem Bistum Brixen betraut, gerade an der geographischen Grenze beider Kulturräume gelegen, ist ebenso charakteristisch. Höchst aufschlussreich ist auch der eigene Wunsch des Cusaners: Stürbe er südlich von Florenz, so wolle er in Rom begraben sein, stürbe er nördlich von Florenz, dann in Kues! Das Schicksal fügt es so, dass Cusanus 1464 südlich von Florenz stirbt. So wird sein Leib im Süden, in Rom begraben, sein Herz aber – wohl einem Zusatzwunsch auf dem Sterbebett entsprechend – im Norden, in Kues. Es ist dies ein wunderbares Symbol für sein ganzes Wollen. Cusanus verbindet in seiner Biographie historisch und geographisch den Süden (Vergangenheit) mit dem Norden (Zukunft).

Als zweites Motiv der großen Legationsreise kann die geographische *Umschreibung des inneren Kernraumes von Mitteleuropa* angesehen werden. Cusanus tastet in seiner Legationsreise Mitteleuropa als Schauplatz der beginnenden neuzeitlichen Kulturepoche geradezu geographisch exakt ab. Dieses so umschriebene Mitteleuropa umfasst nicht nur Deutschland, sondern selbstverständlich auch den deutschsprachigen Alpenraum. Es umfasst – und das ist sehr auffällig – schwerpunktmäßig als bedeutenden Teil auch den niederdeutschen Raum an Maas, Schelde und Niederrhein, also den Raum der späteren Niederlande. Außerordentlich interessant ist es zu beobachten, wie zumindest ansatzweise Cusanus in seiner Legationsreise den mitteleuropäischen Kernraum nach Osten zum östlichen Mitteleuropa hin öffnet. So führt ihn diese Reise im Südosten bis nach Wien und Wiener Neustadt, bzw. im Osten bis nach Halle und Erfurt. Dass sich Mitteleuropa als neuer Kulturraum für Cusanus aber noch weiter nach Osten weitet, lässt die ihm zugeschriebene erste Karte Mitteleuropas erkennen, die die randslawischen Gebiete (Polen, Böhmen, Mähren, Ungarn) als östliches Mitteleuropa mit umfasst. Aber auch das starke Interesse des Cusaners für die Belange des deutschen Ordens – er setzte sich mehrfach aktiv vermittelnd für ihn ein – zeigt, dass sein geistiger Bezug bis in das östliche Mitteleuropa reicht. Für den böhmischen Raum hatte sich Cusanus bereits 1432 bis 1437 als Mitglied des Basler Konzils interessiert, und zwar durch seine Mitarbeit im Ausschuss für Glaubensfragen, der sich um einen Ausgleich mit den böhmischen Hussiten bemühte. Der ungarische Raum und seine Bedrohung durch die Türken war ihm durch seinen Freund Kardinal Giuliano Cesarini vertraut, der 1444 in Ungarn beim Türkenfeldzug starb.

So kann man als Fazit formulieren: *Die Reisetätigkeit des Cusanus und sein geistiger Aktionsradius umschreiben geographisch exakt den mitteleuropäischen Kulturraum als Schauplatz der beginnenden neuen Kul-*

turepoche, die Cusanus geistig mit vorbereitet. Dieser Bezug zur Mitte ist für Cusanus tief symptomatisch. Sein mitteleuropäisches Maß ist ein solches des Ausgleichs zwischen den Extremen und Polaritäten. Cusanus ist dem mitteleuropäischen Raum als einem Kulturbecken, in dem die ausgleichenden Qualitäten der erwachenden menschlichen Ich-Kräfte zu einer besonderen kulturellen Entfaltung kommen sollen, seinem Wesen nach tief verbunden.

Das gilt nicht nur für seine Reisetätigkeit und sein kirchenpolitisches Wirken, sondern auch für seine Philosophie. Als mitteleuropäischer Denker ist Cusanus weltoffen; vor allem aber wird seine Philosophie durch sein Gleichgewichthalten zwischen den Extremen gekennzeichnet. Hierin spricht sich zutiefst das Wesen der Mitte aus.

Die Zeit als Bischof in Brixen: ein Kreuzweg des Lebens

Es ist eine besondere Hieroglyphe in der Biographie des Cusaners, dass das Schicksal ihn mit der Führung des Bistums Brixen betraut, das, an der Grenze von Nord und Süd gelegen, Übergangsland zwischen zwei Sprachen und Kulturen ist.[104] Und diese Aufgabe übernimmt er während einer Zeitenwende, da, historisch gesehen, sich mit dem ausgehenden Mittelalter das Verhältnis von Kirche und Weltlichkeit durch das Erstarken der Territorialfürstentümer entscheidend zu verändern beginnt. So wird das Tiroler Bistum Brixen, das äußerlich wie geschaffen erscheint für das Wirken des Cusaners, der den Geist des Nordens und des Südens in sich vereint, zur persönlichen Lebenskatastrophe. Aber das Schicksal hat Nikolaus von Kues diesen Kreuzweg nicht erspart; er währt sprechenderweise von der Karwoche des Jahres 1452, als Cusanus in Brixen erscheint, bis zur Karwoche des Jahres 1460, dem Zeitpunkt seiner Gefangensetzung in Bruneck (Karsamstag). Hier sollen aber nicht die kaum überschaubaren und verwirrenden historischen Einzelheiten dargestellt werden, sondern nur die großen Zusammenhänge. Das Scheitern des Cusanus hat im Wesentlichen zwei Ursachen. Sicherlich wollte Cusanus in seinem Brixener Bistum die Kirchenreform mit besonderer Strenge durchführen. Damit gerät er als Landesfremder und Nichtadliger sehr bald in eine Konfrontation mit dem stolzen, meist adligen Landesklerus, der nicht daran denkt, auf seine Freiheiten und Privilegien zu verzichten.

Auch bei der Reform des Tiroler Bistums zieht Cusanus immer

wieder die Laien mit heran, indem er sie an den Visitationen beteiligt und sie sogar wie Geistliche vereidigen lässt, was ebenfalls einen Anfeindungspunkt darstellt. Zum anderen strebt Cusanus als gewissenhafter Verwaltungsmann und Kirchenfürst danach, das wirtschaftlich heruntergekommene Bistum zu sanieren und vor allem die verlorengegangenen Rechte der Kirche (Lehnsrechte, Vogteirechte, Gerichtsbarkeiten) wieder herzustellen. Damit aber begibt er sich in die tragische Verquickung von geistlicher und weltlicher Macht, welche die mittelalterliche Kirchengeschichte charakterisiert. Diese Verquickung wird ihm als dem Mann des Geistes zum Fallstrick. Bei diesem Versuch der wirtschaftlichen Sanierung und der Rückgewinnung der Lehensrechte des Bistums gerät Cusanus in harten Gegensatz zum Landesherzog Sigismund von Tirol (1427 – 1496), gegen dessen ausdrücklichen Willen Cusanus 1450 zum Bischof ernannt worden war. Sigismund, mit dem Beinamen «der Münzreiche», einer gewalttätigen, sinnesfrohen, renaissancehaften Herrscherpersönlichkeit (der Tiroler Landtag musste immerhin bei seiner späteren Abdankung die Ansprüche von 40 unehelichen Kindern regulieren), geht es als Territorialfürst um die Stärkung seiner Hausmacht gegenüber der Kirche. Dahinter steht sein weiterreichendes Bestreben, die weltlichen Rechte und Territorien des Bistums Brixen allmählich ganz in seinem Territorium aufgehen zu lassen – ein Ziel, das ihm beim benachbarten Bistum Trient schon weitgehend gelungen ist und 1457 vollständig gelingt. Daher muss ihm der zielstrebige, tatkräftige und sittenstrenge Bischof Nikolaus von Kues als Eindringling erscheinen. Beide Männer sind außerdem in charakterlicher und moralischer Hinsicht absolut gegensätzlich. Der beste Kenner der Südtiroler Zeit des Cusanus, Herrmann Hallauer, kennzeichnet diese Gegensätzlichkeit mit den folgenden Worten: «Zwei grundverschiedene Charaktere trafen zusammen: hier der fromme Priester und Gelehrte, durchdrungen von Reformeifer, asketisch, pflichtbewusst und sparsam; dort ein leichtsinniger Lebemann … oberflächlich, jähzornig und verschlagen, immer in Affären verstrickt, von Geldnöten geplagt und dubiosen Freunden umgeben.»[105] Damit entbrennt eine jahrelange zermürbende Auseinandersetzung, bei der Sigismund auch die wiederholte Androhung und schließlich den Einsatz von Waffengewalt nicht scheut.

Inwiefern bei dieser zerstörenden Tragödie auch persönliche charakterliche Schwächen des Cusanus, z.B. cholerisches Aufbrausen, Ehrgeiz, Hartnäckigkeit, Pochen auf Rechtspositionen etc., eine Rolle gespielt haben, ist schwer zu entscheiden. Es spricht sehr vieles dafür, dass diese mit Anlass gewesen sein mögen, dass die Ursache aber letztlich in der

Abb. 30: Herzog Sigismund von Tirol (1427 – 1496) in Frömmigkeitspose. Sie entspricht kaum seinem Charakter. Er verkörperte eher den Typus eines dem Lebensgenuss zugewandten rennaissancehaften Territorialfürsten, dem es um die Stärkung seiner weltlichen Hausmacht ging. So wurde er zum gefährlichen Gegner des sittenstrengen Brixener Bischofs Nikolaus von Kues, den er durch Gewaltandrohung und -einsatz schließlich vertrieb.
Abb. 31: Verena von Stuben, Äbtissin des adeligen Benediktinerinnenklosters «Sonnenburg» im Pustertal. Sie wurde als ebenso kluge wie listenreiche Adelige zur gefährlichsten Gegnerin des Bischofs Nikolaus. Als leidenschaftliche Kontrahentin jedweder kirchlicher Reformbemühungen verstand sie es geschickt, den jungen Landesherzog Sigismund in den Konflikt mit hineinzuziehen und gegen Nikolaus auszuspielen.

janushaften Verquickung von weltlicher und geistlicher Macht am Ausgang des Mittelalters liegt.

Mitten in dieser Zeit der äußeren Auseinandersetzung wird Cusanus ein drittes Geisterlebnis zuteil. Wenn man dies wahrnimmt, erscheint auch das scheinbare äußere Versagen des Cusanus in Brixen in einem anderen Licht. Diese dritte Geisterfahrung wird bei Cusanus hervorgerufen durch ein großes *Schmerzerlebnis,* wodurch für Augenblicke die Seele des Cusanus vom Leibe gelöst wird und erlebend in die geistige Welt eintauchen kann.* – Der äußere Anlass dazu ist die Nachricht von der Eroberung Konstantinopels am 29. Mai 1453 durch den türkischen Sultan Mohammed II. Die Nachricht darüber trifft einen Monat später am 29. Juni 1453 in Venedig ein. Weitere drei Wochen später, am 21. Juli 1453, gibt der kaiserliche Rat Enea Silvio Piccolomini (der spätere Papst Pius II) diese Nachricht vom Kaiserhof in Graz aus an seinen Freund Nikolaus von Kues nach Brixen weiter.[108] Cusanus ist vor Schmerz über den Fall dieser Stadt, die er auf seiner Gesandtschaftsreise 1437/38 schätzen und lieben gelernt hatte, völlig überwältigt. Durch diesen Schmerz wird seine Seele aus dem Leib herausgelockert. So kommt es zu einem Geisterlebnis, über das er in der Einleitung von «De pace fidei» (1453) selbst berichtet. Dieses Werk hat er in dem überraschend kurzen Zeitraum bis zum 21. September 1453 vollendet. Der Beginn des Werkes, in dem er sein Geisterlebnis schildert, lautet:

* Immer wieder erweist sich der Schmerz im menschlichen Leben als ein geistiger Erwecker. Der körperliche wie auch der seelische Schmerz reinigt den Menschen und macht ihn geistig wacher, ja, er kann sogar geistige Ausnahmezustände herbeiführen. Durch ein großes Schmerzerlebnis kann die Seele aus dem Leibe sozusagen herausgepresst werden und sich als leibbefreit erleben. Je nach dem Reifegrad des Menschen können ihm dann Geisterlebnisse bis hin zu einer ‹Einweihung› zuteil werden. Letzteres hat sich z.B. in der Biographie von Brunetto Latini (1220 – 1294), dem Lehrer von *Dante* (1265 – 1321), vollzogen, als er die für ihn äußerst schmerzvolle Nachricht über seine Verbannung aus seiner Vaterstadt Florenz erhielt. In seinem Werk «Il tesoretto» legt er davon ein literarisches Zeugnis ab.[106] Eine gewisse Tragik liegt darin, dass die Mehrzahl der Cusanus-Forscher die Rede des Cusaners von seinem übersinnlichen Geisterlebnis immer wieder mit Stillschweigen übergangen oder als bloß literarisch-allegorischen Bericht abgetan haben. Eine der wenigen Ausnahmen ist Birgit Helander. In ihrer Dissertation hat sie darauf hingewiesen, dass Cusanus selbst betont, er habe sich zwar schon längere Zeit mit der Fragestellung des Glaubensfriedens beschäftigt, «dass ihm jedoch die Einsicht in einer plötzlichen Entrückung als Gabe Gottes zuteil wurde.»[107] Zumindest seit der verdienstvollen Nahtodesforschung von Elisabeth Kübler-Ross, Raymond Moody u.a. sollte man geistigen Grenzerlebnissen eine reale Bedeutung beimessen, auf alle Fälle für den Betroffenen selbst. Solche Erlebnisse können lebensumgestaltend werden. Wer allerdings nie eine entsprechende Eigenerfahrung gemacht hat, wird mit Verstandesgründen nicht zu bewegen sein, die geistige Substanz solcher Erlebnisse anzuerkennen. Ich persönlich halte den Bericht des Cusaners für die Widerspiegelung einer absoluten geistigen Realität. (Vgl. dazu auch Gerda von Bredow, Aufsatzsammelband 1995, S. 173 ff.)

«Die Nachrichten von den Grausamkeiten, die der türkische Sultan in letzter Zeit in Konstantinopel verübt hat, haben einen Mann, der jene Stätten aus eigenem Augenschein kennen gelernt hat, mit solchem Gotteseifer erfüllt, dass er unter vielen Seufzern den Schöpfer des Weltalls anflehte, er möchte doch der Verfolgung, die wegen der unterschiedlichen Pflege der Religionen über alle Maßen wüte, in seiner Güte Einhalt gebieten. Da geschah es, dass nach einigen Tagen diesem geisterfüllten *(zelosus)* Menschen während seiner anhaltenden *Meditationen* von ungefähr eine *Geistesschau (visio)* zuteil wurde, die ihn zur Erkenntnis brachte, es könnte durch die Übereinkunft einiger einsichtiger Leute, die mit allen Verschiedenheiten der Religionen auf der ganzen Erde vertraut wären, eine leicht zu schaffende Übereinstimmung gefunden und auf diesem Wege durch ein geeignetes, auf Wahrheit gegründetes Mittel ein dauernder Religionsfriede geschaffen werden. Damit nun diese Geistesschau (*visio*) zur Kenntnis derer gelange, die bei solchen wichtigen Angelegenheiten das entscheidende Wort zu führen haben, hat er sein Erlebnis, so gut es seine Erinnerung ihm wiedergab, in Nachstehendem niedergeschrieben.

Er war entrückt nach einem Ort überirdischer Geistigkeit (raptus ad quandam intellectualem altitudinem), wo zwischen den aus dem Leben Geschiedenen im Konzil der Himmlischen (*in concilio excelsorum*) vor dem Throne des Allmächtigen über diese Frage folgende Beratung gepflogen wurde.» (De pace fidei, Kap. I, Dupré, S. 706/707, mit Übersetzungsveränderungen und Hervorhebungen durch den Referenten.)

Was Cusanus als Geisterfahrung (*visio*) im Himmel der Vernunft (*in coelo rationis*) erlebt, ist die Teilnahme an einem himmlischen Konzil des Friedens, an dem auch die lenkenden kosmischen Geister aus den Hierarchien der Engel teilnehmen, denn die Wesen, die er schaut, «waren nicht Menschen, sondern geistige Kräfte» (*intellectuales virtutes*) (De pace fidei, Kap. I, Dupré, S. 707). Es treten dann in diesem Konzil diejenigen lenkenden Engelwesen auf (z.B. die Erzengel), «welche allen Völkerschaften und Sprachen vorstehen» (*angelis qui omnibus nationibus et linguis praesunt*, De pace fidei, Kap. III, S. 717). Und er erlebt das «Divinum verbum», das Göttliche Wort, den Logos. Während auf Erden Krieg und religiöse Intoleranz herrschen, erlebt Cusanus in der geistigen Welt, in die er entrückt ist, für Augenblicke das kosmische Gegenbild dazu. Nur in andeutenden Wortwendungen kann er darüber berichten.[109]

Im Sinne seines früheren Nachdenkens über die fruchtbare Antinomie von Einheit und Vielfalt (etwa in De quaerendo Deum; Gespräch eines

Heiden mit einem Christen, 1445) findet er in dem Religionsgespräch «De pace fidei» die großartige Formel der «Einen Religion in der Mannigfaltigkeit der Riten» (*una religio in rituum varietate*) – eine Friedensformel für diese Welt. Trost und Hoffnung für die eigenen schwierigen kirchlichen Erdenaufgaben mögen immer wieder daraus entsprungen sein.

Nur zwei Monate nach «De pace fidei», wohl auch noch unter dem Einfluss des geistigen Entrückungserlebnisses, vollendet Cusanus am 8. November 1453 seine – den Mönchen am Tegernsee zugedachte – Schrift «De visione Dei» (Von Gottes Sehen). Es ist eine seiner kontemplativsten Schriften, in der er das Mensch-Gott-Verhältnis am Beispiel des Bildes des «Allsehenden» (einer Christus-Ikone) symbolisch zusammenfasst. Die ganze Schrift ist eine einzige Gottesmeditation. In dieser Abhandlung offenbart er in einer Deutlichkeit wie kaum sonst – außer in den drei andeutenden Berichten in «De docta ignorantia» (Nachwort 1440), den drei «Idiota-Dialogen» (1450) und «De pace fidei» (1443) –, dass er selbst *eigene mystische Erfahrungen* gehabt hat. Sein Bekenntnis folgt charakteristischerweise unmittelbar auf die Erwähnung des Entrückungserlebnisses des Paulus vor Damaskus, der dort den Auferstandenen im überirdischen Licht geschaut hatte. So sagt Cusanus:

«Die Offenbarung aber reicht nicht an den Geschmack heran. Das Ohr des Glaubens rührt nicht die Süßigkeit an, die es zu verkosten gilt .... Dies hat uns Paulus, Dein großer Apostel, geoffenbart, der über die Mauer des Zusammenfalls ins Paradies entrückt worden ist, wo allein Du unverhüllt geschaut werden kannst .... Im Vertrauen auf Deine unendliche Güte *habe ich mich dieser Entrückung hinzugeben versucht* (*conatus sum*), um Dich, den Unsichtbaren, und die unenthüllbare Schau enthüllt zu sehen. Wohin ich gekommen bin – Du weißt es.» (De visione Dei, Kap. 17, Abschn. 79, Übersetzung von Helmut Pfeiffer, Trier 1985.) Diese Stelle ist deshalb so außerordentlich sprechend, weil Cusanus in

Abb. 32: Karte des Bistums und Hochstiftes (Fürstbistum) Brixen im 15. Jh. Die Karte zeigt zum einen die kulturelle Grenzlage des Bistums Brixen zwischen Nord und Süd. Im Norden grenzt es an die deutschsprachigen Diözesen Chur (Schweizer Eidgenossenschaft), Augsburg, Freising und Salzburg, im Süden an die italienischsprachigen Diözesen Trient und Belluno. Im Osten grenzt das Bistum an das Patriarchat Aquileia (einstmals unter byzantischer Oberhoheit) und damit bereits an den ehemaligen Einflussbereich der Ostkirche, um deren Unierung mit Rom sich Cusanus bemüht hatte. Zum anderen zeigt die Karte die verwickelten Besitz- und Rechtsverhältnisse des Hochstiftes Brixen, die in der Auseinandersetzung mit der weltlichen Gewalt Cusanus zum Fallstrick werden.

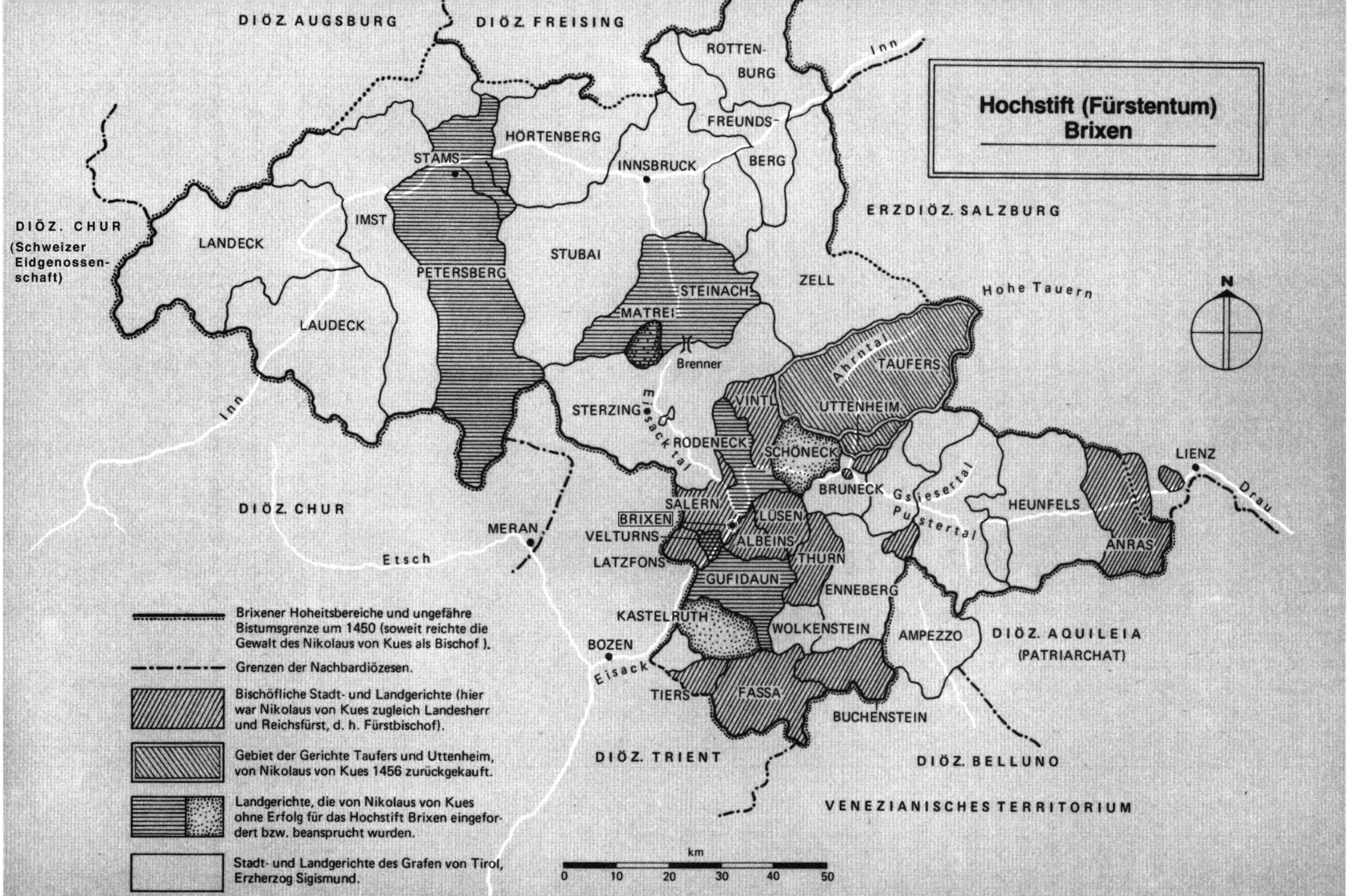
Hochstift (Fürstentum)
Brixen
DIÖZ. AUGSBURG
DIÖZ. FREISING
ERZDIÖZ. SALZBURG
DIÖZ. CHUR
(Schweizer Eidgenossenschaft)
DIÖZ. CHUR
DIÖZ. TRIENT
DIÖZ. BELLUNO
DIÖZ. AQUILEIA
(PATRIARCHAT)
VENEZIANISCHES TERRITORIUM
ROTTENBURG
FREUNDSBERG
HÖRTENBERG
STAMS
INNSBRUCK
IMST
LANDECK
LAUDECK
PETERSBERG
STUBAI
STEINACH
MATREI
Brenner
ZELL
Hohe Tauern
N
Inn
Inn
STERZING
Eisacktal
RODENECK
VINTL
TAUFERS
Ahrntal
UTTENHEIM
SCHÖNECK
BRUNECK
Gsiesertal
Pustertal
HEUNFELS
ANRAS
LIENZ
Drau
SALERN
BRIXEN
LÜSEN
VELTURNS
ALBEINS
LATZFONS
THURN
GUFIDAUN
ENNEBERG
KASTELRUTH
WOLKENSTEIN
AMPEZZO
BOZEN
Eisack
TIERS
FASSA
BUCHENSTEIN
MERAN
Etsch
Brixener Hoheitsbereiche und ungefähre Bistumsgrenze um 1450 (soweit reichte die Gewalt des Nikolaus von Kues als Bischof).
Grenzen der Nachbardiözesen.
Bischöfliche Stadt- und Landgerichte (hier war Nikolaus von Kues zugleich Landesherr und Reichsfürst, d. h. Fürstbischof).
Gebiet der Gerichte Taufers und Uttenheim, von Nikolaus von Kues 1456 zurückgekauft.
Landgerichte, die von Nikolaus von Kues ohne Erfolg für das Hochstift Brixen eingefordert bzw. beansprucht wurden.
Stadt- und Landgerichte des Grafen von Tirol, Erzherzog Sigismund.
km
0
10
20
30
40
50

Bezug auf eigene Geisterlebnisse ein großer ‹Schweiger› gewesen ist, wie auch Bernhard von Clairvaux, Thomas von Aquin, Meister Eckhart u.a.m.

Aber das achte Lebensjahrsiebt bleibt für Cusanus extrem schwierig. Bei der Klosterreform gelingt es Cusanus zwar mit der Zeit, die auf der Salzburger Provinzialsynode verkündeten Dekrete über die Ordensreform bei vielen Klöstern und Stiften durchzusetzen, so z.B. beim Chorherrenstift Gries, beim Augustiner-Chorherrenkonvent Neustift nahe Brixen, bei der Benediktiner-Abtei St. Georgenberg, beim Prämonstratenser-Kloster Wilten und anderen Orten mehr. Oft kann er den Widerstand aber nur durch die Neueinsetzung von Äbten und die Neubesiedlung mit Mönchen aus reformierten Klöstern brechen, wie z.B. bei den Klarissen in Brixen. Auf erbitterten Widerstand bei der Klosterreform stößt Cusanus aber im Kloster der adligen Benediktinerinnen in Sonnenburg bei St. Lorenzen im Pustertal, das von der Äbtissin Verena von Stuben regiert wird.[110] Diese stolze und listenreiche Adlige, die sich der Reform hartnäckig widersetzt, wird zur äußerst gefährlichen Feindin des Cusanus. Insbesondere gelingt es ihr durch die verwandtschaftlichen Beziehungen des Klosters zum Tiroler Landesadel immer wieder, den Landesherzog Sigismund als Vogt des Klosters um Beistand in der Auseinandersetzung anzurufen. Als Vorwand dienen ihr dabei die zwischen Sonnenburg und Brixen umstrittenen Vogteirechte über die Bauernschaften Enneberg und Wengen im Gadertal. Als geistliche Maßnahmen verhängt Cusanus gegen Verena von Stuben und das Kloster Sonnenburg das Interdikt und den Bann. Herzog Sigismund seinerseits benutzt den Streit als Anlass, um den unliebsamen Bischof einzuschüchtern. Nach einem Überfall mit wahrscheinlich nicht nur vorgetäuschter Mordabsicht auf Cusanus fühlt dieser sich nach dem Besuch der Hofburg Herzog Sigismunds in Wilten bei Innsbruck (Juni 1457) tatsächlich nicht mehr sicher und zieht sich im Juli 1457 an den Rand seiner Diözese, auf die Burg Buchenstein bei Andraz zurück.[111]

Mit dieser «sozialen Austreibung», mit dieser «Todesdrohung» ist die Politik des Cusanus als Bischof im Grunde genommen gescheitert; seine Bischofsstadt Brixen hat er ab Juli 1457 nie mehr wiedergesehen. Cusanus steht bei diesem Ereignis im 56. Lebensjahr. Es ist die Zeit des 3. *Mondknotens* (55 Jahre und 9 Monate), wiederum ein außerordentlich sprechendes biographisches Datum. Hier kommt das Leben in die Todesnähe, neigt zum Abbruch, zur sozialen Austreibung, d.h. zum Abbruch sozialer Bindungen.[112] Bei Cusanus ist das unmittelbar anschaulich.

Von Juli 1457 bis zum Herbst 1458 lebt Cusanus quasi in freiwillig-unfreiwilliger Gefangenschaft in der eigenen Diözese auf Burg Buchenstein. Aber er ist innerlich nicht gebrochen. Gerade in der wildromantisch gelegenen Burg Buchenstein (er nennt sie seine «Raphaelsburg») schwingt sich sein Geist – gleich einem Adler an den umgebenden Bergspitzen des Col di Lana – in geistige Höhen hinauf. So formuliert er in der Einsamkeit von Buchenstein eine seiner schönsten Schriften der meditativen Geistphilosophie: «De beryllo» (Über den Beryll). Er hat sie dort am 18. August 1458 vollendet. Darin heißt es u.a.: «Der Mensch ist ein zweiter Gott. Denn so, wie die ganze Schöpfung Abbild der Vernunft Gottes ist, so besitzt der Mensch eine Vernunft, die in ihrem schöpferischen Handeln Abbild ist der göttlichen Vernunft.» (De beryllo, Kap. VI.) Das sind wahrlich nicht die Worte eines innerlich gebrochenen Denkers, sondern sie erinnern eher an die tiefsinnigen «Tröstungen der Philosophie» des Boethius (480-524), geschrieben in der Kerkerhaft.

Cusanus schließt im Herbst 1458 die Schrift «De mathematica perfectione» (Vorform) an. Im Zusammenhang damit stehen auch die kleineren Abhandlungen «Dialogus de circuli quadratura» und «De caesarea circuli quadratura» (Buchenstein 6.8.1457). Letztere ist dem deutschen Kaiser gewidmet. In der größten äußeren Bedrängnis hat Cusanus also 1457/58 nichts besseres zu tun, als in innerer Gelassenheit erneut über die Quadratur des Kreises nachzudenken. Dieses Problem hat ihn sein Leben lang in allen seinen zwölf mathematischen Schriften beschäftigt. Er sieht in der Kreisquadratur ein Symbol für die Annäherung des menschlichen Geistes an die göttliche Wirklichkeit. Ebenso wie eine wachsende Zahl von Vielecken innerhalb eines Kreises möglich ist, aber selbst eine unbegrenzte Zahl von Vielecken die Differenz zwischen Vieleck und Kreis niemals voll ausschöpfen kann, so kann das Vieleck das Wesen des Kreises nie ganz erreichen. Daher sieht Cusanus in der Kreisquadratur ein Symbol für den Versuch des menschlichen Geistes, sich der Unendlichkeit des göttlichen Urgrundes anzunähern, ohne diesen selbst je ausschöpfen zu können. Mit solchen Gedanken erweist sich der mystisch-mathematisierende Philosoph Cusanus im kreisenden Adlerflug seines Geistes weit erhaben über die Sorgen der irdischen Welt.

Anfang November 1457 verhängt Papst Kalixtus auf Betreiben des Cusanus in einer Bulle das Interdikt über das von Sigismund beherrschte Gebiet des Bistums Brixen. Mit diesem Verbot aller kirchlichen Amtshandlungen dürfen z.B. keine Taufen, keine Eheschließungen und keine kirchlichen Bestattungen mehr vorgenommen werden. Unter solchen

Abb. 33 und 34: Abbildungen des Schlosses Andraz (Castello Andraz), auch Burg Buchenstein genannt. Die Burg liegt in der Talschaft Buchenstein in 1740 m Höhe unterhalb des Falzarego-Passes, unweit der heutigen Dolomitenstraße. Die als uneinnehmbar geltende Felsenburg grenzt an venezianisches Gebiet. Sie hätte daher Cusanus die rechtzeitige Flucht in fremdes Land ermöglicht. In den Jahren 1454–1460 weilte Nikolaus von Kues nachweislich rund 400 Tage auf Andraz. Während des Höhepunktes der Auseinandersetzung mit Erzherzog Sigismund von Tirol verbrachte Cusanus die Zeit von Juli 1457 bis Ende April 1458 (also den ganzen Winter) ununterbrochen in der vom Verkehr abgeschnittenen Burg (‹soziale Austreibung›). In Briefen aus dieser Zeit sowie in «De beryllo» (1458) bezeichnet Cusanus Andraz als ‹Castrum S. Raphaelis›. Die Zeichnung zeigt den Zustand der Burg Ende des 16. Jh.
Das Foto rechts zeigt die heutige Burgruine in ihrer landschaftlichen Lage innerhalb der Bergwelt Südtirols.

düsteren Vorzeichen geht die Auseinandersetzung im Frühjahr 1458 schließlich in einen bewaffneten Konflikt mit Blutvergießen über. Er wird ausgetragen zwischen einer von der Äbtissin Verena angeworbenen Söldnertruppe einerseits und den Enneberger Bauern und den Truppen des Bischofs Cusanus unter Hauptmann Brack andererseits (sogenannter «Enneberger Krieg»), wobei das Kloster Sonnenberg von Brack besetzt wird. Die bischofstreuen Enneberger Bauern vernichten außerdem durch eine vorbereitete Steinlawine bei Maria-Salen fast den gesamten Söldnerhaufen der Verena von Stuben. Diesen Vorgang haben die Gegner des Cusaners, u.a. Gregor von Heimburg, diesem geschickt in die Schuhe geschoben; eine Lüge, die sich aber jahrhundertelang gehalten hat. Wenn auch Cusanus das Blutvergießen persönlich sehr bedauert, so ist doch damit das rein geistige Anliegen der Reform gescheitert und mit ihm ein Stück seines Lebenswerkes selbst. So verlässt Cusanus im Herbst 1458 sein Bistum.

Als er eineinhalb Jahre später das Schicksalszeichen seines äußeren Scheiterns wie in einem Nachspiel beiseiteschieben will und noch einmal zurückkehrt, wird er zu Ostern 1460 von Sigismund im Schloss der Stadt Bruneck belagert und gerät nach der Eroberung der Stadt am Karsamstag wirklich in Lebensgefahr. In dieser äußeren Zwangssituation, aber jetzt durch Schmerz und Einsicht innerlich frei geworden, verzichtet er in einem Vertrag mit dem Herzog praktisch auf fast alle seine weltlichen Forderungen als Bischof und verlässt das Bistum endgültig. Ob dieser dramatische Lebensumschwung wiederum durch ein inneres Geisterlebnis während der Gefangensetzung auf Burg Bruneck am Karsamstag 1460 ausgelöst worden ist, wie Wilhelm Schneider in dichterischer Freiheit im ersten Bild seines Dramas «Der Kardinal» meint, muss völlig offen bleiben (siehe dazu den Exkurs zur sog. ‹Kapitulation› des Nikolaus von Kues in Bruneck, Ostern 1460 unter Anm. 113).

Die Gefangennahme und Erpressung in Bruneck ist sicherlich der Tiefpunkt der äußeren Niederlage und sozialen Austreibung des Cusanus, aber sie ist keine innere Niederlage, kein Zusammenbruch seiner Geistesstärke und seines Glaubensmutes, wie Karl Jaspers in seinem Buch meint.[114] Im Gegenteil – welche menschliche Größe und christliche Demut als Frucht dieser Passionszeit, welche Einsicht in das Stückwerkhafte alles menschlichen Tuns und in die Gefahren der Verquickung von geistlichen und weltlichen Anliegen spricht aus dem Brief des Cusanus vom Juni 1460 an den befreundeten Bischof Johann von Eichstätt: «Ich wünsche nicht, dass mir das, was ich gelitten, nicht hätte widerfahren sollen; ich freute mich der Leiden und hoffte, meine Tage mit einem ruhmvollen Tode für die Gerechtigkeit zu beschließen, aber ich war dieser Ehre nicht würdig … Das Almosen für die Armen, nicht der Reichtum der Bischöfe, muss durch die Temporalien [Einnahmen] der Kirche vermehrt werden. Darum freue ich mich über mein Unglück, weil es mich an Belehrung reicher macht. Ich wollte die Kirche bereichern …, diesen Irrtum sah ich nicht damals, sehe ihn erst jetzt ein, denn um seinetwegen bin ich bestraft worden.»[115]

Was äußerlich wie eine Kapitulation aussehen mag, erweist sich als innere Wandlung und als innerer Schritt des durch Leiden gereiften Cusanus von 1460.

Der Umschwung zum letzten Lebensjahrsiebt, das unter dem Zeichen des Planeten Saturn steht und zur Altersweisheit führt, deutet sich für Cusanus bereits 1457 an. Er erhält einen Brief seines alten humanistischen Freundes Enea Silvio Piccolomini, der nun zum Kardinal erhoben ist, in dem dieser schreibt: «So bitte ich dich, wenn des Dieners Bitten zu erhören sind, dass du möglichst bald in die Vaterstadt zurückkehrest, denn eines Kardinals Vaterstadt ist Rom allein … Komm also, ich beschwöre dich, komm! Denn nicht gerade deine Kraft darf eingeschlossen in Schnee und dunklen Wäldern dahinsiechen.»[116]

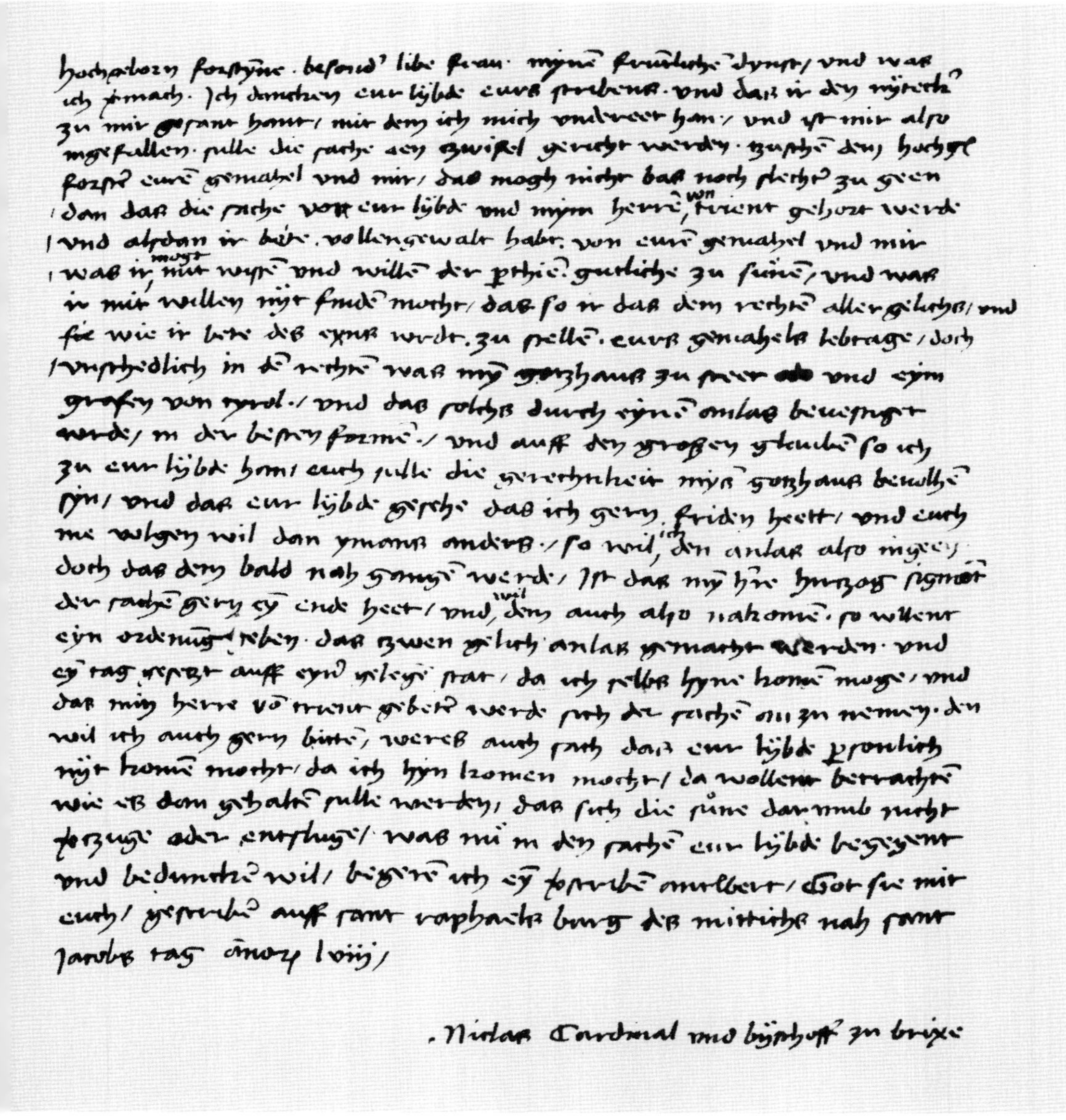

hochgeborn forstynne. besonder libe frau. mynen fruntlichen dinst, und was
ich vermach. Ich dancken eur lybd eurs schribens. und das ir den [illegible]
zu mir gesant hant, mit dem ich mich underrett han, und ist mir also
ingefallen. solle die sache ane zwifel gericht werden. zuschen dem hochge
borne eurem gemahel und mir, das mag nicht bas noch slechter zu geen
dan das die sache von eur lybd und mynem herren von trient gehort werd
und alsdan ir beider vollengewalt haben von eurem gemahel und mir
was ir mogt mit wyssen und willen der partyen gutlichen zu sunen, und was
ir mit wellen nyt funden mochtent, das so ir das dem rechten allergelichest und
fur wie ir beide des eyns werdt. zu stellen. eurs gemahels lebtage, doch
unschedlich in den rechten was myn gotzhaus zu trient und eym
grafen von tyrol. und das solchs durch eynen anlas bevestiget
werde, in der besten formen. und auff den grossen glauben so ich
zu eur lybd han, euch solle die gerechtikeit myns gotzhaus bevolhen
syn, und das eur lybd gesehen das ich gern friden hett, und euch
nit volgen wil dan ymants anders. so wil ich den anlas also ingeen
doch das der bald nah gangen werd. Ist das myn her herzog sigmund
der sachen gern eyn ende hett, und wil dem auch also nakomen. so wellent
eyn ordenung geben. das zwen gelich anlas gemacht werden. und
eyn tag gesetzt auff eyn gelegen stat. da ich selbs hyn komen moge, und
das myn herre von trier gebeten werd sich der sachen an zu nemen. den
wil ich auch gern bitten, weres auch sach das eur lybd personlich
nyt komen mocht, da ich hyn komen mocht, da wellent betrachten
wie es dan gehalten solle werden, das sich die sune darumb nicht
verzuge oder entslage. was nu in den sachen eur lybd begegent
und bedunken wil, begeren ich eu verschriben antwort. Got sie mit
euch. geschriben auff sant raphaelsburg des mittichs nah sant
Jacobs tag anno lviij.

Niclas Cardinal und bischoff zu brixen

Abb. 35: Die Handschrift des Nikolaus von Kues. Eigenhändiger Brief an Herzogin Eleonore (Gemahlin von Herzog Sigismund), in deutscher Sprache, geschrieben aus Buchenstein («auf St. Raphaelsburg») am 26. Juli 1458. Als Theologe und Philosoph schrieb Cusanus in Latein, als der Gelehrtensprache. Als Prediger und Politiker sprach und schrieb er in der deutschen Volkssprache.

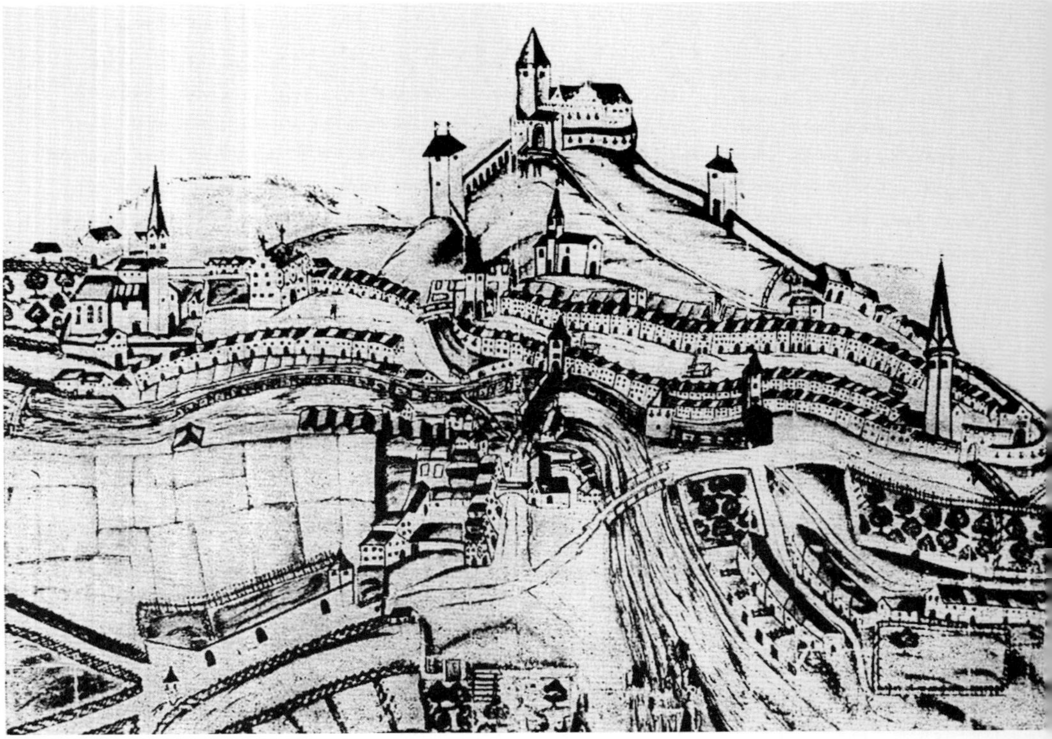

Abb. 36: Stich der Stadt und Festung Bruneck im Pustertal im 17. Jahrhundert. Der Stich zeigt sehr detailliert und historisch getreu die Situation der damaligen Stadt. Bruneck ist mit der Gefangensetzung des Nikolaus von Kues Ostern 1460 auf der Burg oberhalb der Stadt das Symbol für dessen endgültige Lösung von allen weltlichen Besitzansprüchen der Kirche und für seine ‹innere Umkehr›.

Der weisheitsvolle Lebensausklang in Rom

Am 19. August 1458 besteigt Enea Silvio Piccolomini als Pius II. den Papstthron in Rom. Im September 1458 verlässt Cusanus seine Zufluchtsburg Buchenstein bei Andraz in Tirol und begibt sich nach Rom, der Stadt seiner Kardinalstitularkirche «San Pietro in Vincoli». Dass seine geistig-meditative Kraft ungebrochen ist, zeigt jene während der Brixener Wirren entstandene Schrift, die den Beginn des letzten, weisheitsvollen Lebensjahrsiebts markiert, nämlich die den Tegernseer Mönchen gewidmete, einzigartig schöne Schrift «De beryllo» (1458). Ich kann daher nicht den absoluten Bruch zwischen der Philosophie des Cusaners und seiner Lebenspraxis erkennen, die Karl Jaspers sieht, wenn er schreibt: «In der Welt ist die Unordnung, die Enttäuschung, das Mitmachen, das Versagen, der Daseinswille. In der Zuflucht der Philosophie aber ist das Leben der Harmonie. Cusanus, in der Welt verloren, ist hier geborgen.»[117]

Das letzte Lebensjahrsiebt, überwiegend in Rom verlebt, bringt Cusanus neben der Fertigstellung zahlreicher philosophischer Schriften noch eine Vielzahl kurialer Aufgaben. Als relativ armer Kurienkardinal ohne eine besitzende Adelsfamilie im Hintergrund und ohne seine Brixener Stiftseinkünfte wohnt er im Palast des Papstes und nimmt an dessen Haushalt teil. Und so hat Pius II. fraglos viele Kirchenprobleme mit ihm im vertraulichen Gespräch erörtert. Schon als Pius II. Ende 1458 zum Fürstenkongress nach Mantua reist, bittet er Cusanus um seine Stellvertretung und ernennt ihn am 11. Januar 1459 zum Legaten und Generalvikar *in temporalibus,* d.h. zum Papststellvertreter für Rom und die westlich des Apennin gelegenen Provinzen. Es ist dies eine ungeheuer ehrenvolle, aber auch dornenvolle Aufgabe, die Cusanus tief in das komplizierte Geflecht der inneritalienischen Politik hineinzieht.[118] Sein Hauptanliegen als Kurienkardinal bleibt auch in Rom die Reform, und es ist nicht unwahrscheinlich, dass die in seine Ernennungsbulle aufgenommene Aufgabe einer ‹Reformatio generalis›, einer Generalreform des Klerus, auf ihn selbst zurückgeht. Er trägt die Grundgedanken dazu bereits auf der Reformsynode des römischen Klerus am 10. Februar 1459 vor und beginnt seine Vorschläge sogar mit der Reform der römischen Kurie selbst. Dafür setzt er eine gesonderte Reformkommission unter seiner eigenen Leitung ein. Selbst das Amt des Papstes bezieht er in seine Reformvorschläge ein, indem er anregt, der Papst solle sich der Prüfung durch drei selbstgewählte Visitatoren unterwerfen.* So stellt er sehr hohe Anforderungen an die Ämter der kirchlichen Hierarchie. Die Kardinäle z.B. sieht er als «Cardines», als Türangeln, d.h. als Gelenke und Verbindung zwischen Papst und Kirchenvolk. Mit dem Papst zusammen sollten die Kardinäle in Rom so etwas wie ein permanent tagendes Konzil im Kleinen bilden. Hierin tauchen indirekt manche Gedanken aus der Zeit des Basler

* Wie weit ist die real existierende päpstlich-kuriale Praxis in Rom im Jahre 2001 immer noch von solchen Reformideen des Nikolaus von Kues entfernt!

Reformkonzils und der Schrift «De concordantia catholica» (Basel 1433) in verwandelter Form wieder auf.

Freilich erlebt Cusanus auch in Rom den gleichen inneren Widerstand wie in Brixen. Besser als jedwede Beschreibung charakterisiert diese Widerstände ein Gespräch, über das Papst Pius II. in seinen Erinnerungen berichtet:

«*Papst Pius II.*: Zu Siena wurden ausschließlich italienische Kardinäle ernannt. Jetzt sind die auswärtigen Nationen zu ehren. ... Du, der du uns liebst, hilf uns! *Kardinal Cusanus*: ... Du schickst dich an, ohne schwerwiegenden Grund neue Kardinäle nach deinem Belieben zu ernennen. Du bedenkst nicht den Eid, den du abgelegt hast, dass du nämlich keineswegs neue Kardinäle kreieren werdest, wenn nicht der größte Teil des Kardinal-Kollegiums zustimmt. Mich willst du zum Befürworter deines Begehrens machen. Das kann ich nicht. – Und ich weiß nicht zu schmeicheln. Ich hasse die Kriechereien. Wenn du in der Lage bist, die Wahrheit zu hören: Mir gefällt nichts, was man an dieser Kurie betreibt. Alles ist korrupt, niemand genügt seiner Amtspflicht. Weder du noch die Kardinäle tragen Sorge um die Kirche. Welche Sorgfalt hat man vor den Gesetzen? Welche Sorgfalt vor dem Gottesdienst? Eifersucht und Habgier treibt alle. Wenn ich einmal im Konsistorium auf die Kurienreform zu sprechen komme, werde ich verlacht. Umsonst bin ich hier. Gestatte, dass ich fortgehe. Ich kann dieses Gehabe nicht ertragen. Da ich schon alt bin, bedarf ich der Ruhe. Ich gehe in die Einsamkeit. Wenn ich nicht für die Allgemeinheit leben kann, will ich für mich selbst leben.

Papst Pius II.: Du sagst, ich werde Einsamkeit und Ruhe außerhalb der Kurie suchen. Wo wird für dich der Ort des Friedens sein? Suchst du Frieden, so lass ab von der Unersättlichkeit deines Geistes, aus der Kurie brauchst du nicht zu fliehen. All deine Unruhe entstammt deinem Geist. Geh in dein Haus und, wenn du magst, erinnere mich später an das Entlassungsgesuch.»[119]

Hier blitzt etwas von dem Reformer Cusanus auf, der der Kirche seiner Zeit gedanklich weit voraus ist und der das Herannahen des Weltengewitters der Reformation innerlich bereits vernimmt. Nikolaus von Kues vertritt Positionen, deren Probleme die Kirche z.T. bis zum heutigen Tage nicht gelöst hat. Hier wird der innerkirchliche Reformer, der Schätzer des Laienelementes in der Kirche sowie der Denker des Unendlichen spürbar, von dem Giordano Bruno sagt, dass das Priesterkleid sein Genie verhüllt habe. Mit seinen Reformideen steht Cusanus bereits an der Grenze seines Zeitalters; jeder weitere Schritt hätte ihn unweigerlich aus der damaligen Kirche herausführen müssen. Doch davor hat ihn seine christliche Demut und seine innere Bindung an die Institution Kirche bewahrt. So war er zwar immer ein Kämpfer für eine neue Ordnung, hatte jedoch stets eine alte Ordnung zu vertreten und ihr zu dienen.

Überzeugend aber ist seine persönliche moralische Haltung als Kurienkardinal. So berichtet die Klosterchronik von Montoliveto zum Besuche des Kurienkardinals 1463, dass der greise, berühmte Kardinal täglich die heilige Messe feiere, ein ganz unerhörtes Beispiel in jener Zeit des religiösen Verfalls. Daher geht auch immer wieder sein Philosophieren nahtlos ins Gebet über, so z.B. in dem tiefsinnigen Dialog «De visione Dei» (Von Gottes Sehen, 1453): «Herr, Dein Sehen ist Lieben; und wie Dein Blick so aufmerksam zu mir hinsieht, dass er sich niemals von mir wendet, so auch Deine Liebe ... Dein Sein, Herr, verlässt das meine nicht. Ich bin nämlich nur, insoweit Du bei mir bist. Und weil Dein Sehen ein Sein ist, bin ich also, weil Du mich ansiehst; wendest Du Dein Antlitz von mir ab, so könnte ich in keiner Weise weiter bestehen ... ».[120]

Der Historiker Vespasiano da Bisticci, der in seinem Werk «Uomini illustri» das Leben der bedeutenden Italiener des Spätmittelalters beschreibt, nahm Nikolaus von Kues als einzigen Nichtitaliener und als einzigen Kardinal dieser Epoche in sein Werk auf und schreibt über ihn: «Prunk und Tand verschmähte er ganz und gar. Er war der ärmste Kardinal und bemühte sich dennoch um nichts. Er führte ein Leben der Heiligkeit und gab in seinen Werken das beste Beispiel.»[121] Und der Gesandte Mailands sagt über ihn: «Ich sah noch nie einen besseren und würdigeren Menschen.»[122]

Das große Lebensziel des Papstes Pius II., dessen persönlicher Ratgeber Cusanus wird, ist die Zurückeroberung des von den Türken 1453 eingenommenen Konstantinopel. Deshalb erstrebt Pius II. mit aller Macht einen Kreuzzug gegen die Türken. Cusanus erkennt die Irrealität dieses Planes, der eine durch Reform gestärkte Kirche und eine Einigkeit zwischen Kirche und Kaiser voraussetzt. Beides aber fehlt. Trotzdem dient Cusanus seinem päpstlichen Freund in Treue beim Betreiben dieser Angelegenheit. 1464 ist es soweit: Auf einen Aufruf des Papstes hin strömen aus ganz Europa Kreuzzugsritter (besser: Landsknechtsgesindel) nach Italien. Venedig soll die Flotte stellen. Ende Juni 1464 verlässt Cusanus die Stadt Rom, um die verstreuten Kreuzzugsritter zu sammeln. Aber Cusanus ist bei dieser seiner letzten irdischen Aufgabe ebenso wie der Papst schon vom Tode gezeichnet. Am 16. Juli 1464 erkrankt er in der kleinen umbrischen Bergstadt Todi in der Nähe von Spoleto (nördlich von Rom, aber südlich von Florenz). Am 6. August

1464 macht Cusanus sein endgültiges Testament. Er ist umgeben von seinem Freund Toscanelli (Arzt und Mathematiker), Andrea Bussi (Sekretär, Humanist und Buchdrucker), Fernao Martini de Roritz (Domherr und Arzt), Johannes Römer (Neffe und späterer Rektor des Hospitales in Kues) und seinem Sekretär Peter von Erkelenz, der auch das Testament schreibt und als Notar fungiert. Am 11. August 1464 stirbt Cusanus, 63-jährig, in Todi. Er steht am Ende des neunten Lebensjahrsiebtes. Drei Tage später stirbt sein Freund Enea Silvio Piccolomini, Papst Pius II., in Ancona im Angesicht der heransegelnden venezianischen Kreuzzugsflotte.

Seiner testamentarischen Verfügung entsprechend wird der Leib des Cusanus nach Rom überführt und in seiner Titularkirche S. Pietro in Vincoli beigesetzt[123] (schräg gegenüber dem machtvollen Moses des Michelangelo). Sein Herz aber bringt Peter von Erkelenz, wahrscheinlich einem mündlichen Wunsche des Cusanus auf dem Sterbebett entsprechend, nach Kues und setzt es vor dem Hochaltar der Hospitalkapelle bei (heute von einer Messingplatte bedeckt). So ruht der Leib dieses Denkers der Zeitenwende in Italien, sein Herz aber in Deutschland. Ein Symbol für das Lebensziel des Nikolaus von Kues – nämlich die Verbindung zweier Welten: Süden und Norden; Antike/Mittelalter und Neuzeit; Irdisches und Geistiges.

Die Grabstätte des Nikolaus von Kues in seiner Titularkirche San Pietro in Vincoli in Rom erhält bereits ein Jahr nach dem Tode des Kardinals ein Epitaph, das wahrscheinlich von Andrea Bregna angefertigt wurde. Es zeigt in einer wohl sehr lebensnahen Darstellung den knienden und betenden Nikolaus von Kues (s. S. 137). Es ist dies eine der beiden physiognomisch getreuen Darstellungen, die wir von ihm besitzen. Die zweite Darstellung ist diejenige auf dem Altarbild in der Hospitalkapelle zu Kues, die Nikolaus kniend vor dem Kreuz auf Golgatha zeigt (s. S. 135). Beide Darstellungen, die im Süden (Rom) und die im Norden (Kues), offenbaren unterschiedliche, aber entscheidende Wesenszüge im Wirken dieses willenskräftigen Kirchenfürsten und kühnen Denkers an der Epochenschwelle.

Zu den Bildnissen des Nikolaus von Kues

Als Abrundung der biographischen Skizze sollen die beiden physiognomisch getreuen, weil quasi zeitgenössischen Bildnisse des Cusanus einer Betrachtung unterzogen werden, da sie viel über das Wesen dieses christlichen Denkers am Beginn des Bewusstseinsseelen-Zeitalters auszusagen vermögen.[124] Auf dem lange verschollenen *Bildaltar in der Hospitalkapelle zu Kues* (er wurde erst 1816 von Josef Görres auf einem Salzspeicher gefunden und 1839 dem Hospital zurückgegeben) erscheint auf dem Mittelbild der Stifter Nikolaus von Kues kniend vor dem Kreuz auf Golgatha. Wir erkennen ihn deutlich an dem kleinen roten Krebswappen und dem Kardinalshut. Daher ist das Bild sicher nicht vor 1450 gemalt, da Cusanus erst in diesem Jahr Kardinal wurde. Der dreiteilige Flügelaltar stammt nach Untersuchungen von Hans Martin Schmidt (1978) vom sogenannten Kölner Meister des Marienlebens (vor 1460 im Niederrhein-Gebiet wirkend und von ca. 1460 – 1490 in Köln tätig). Kein anderer Maler der damaligen Zeit entspricht in seiner Malweise dem Geist der Devotionsströmung der «Brüder vom Gemeinsamen Leben» mehr als der Kölner Meister des Marienlebens. Das Altarbildnis dürfte von Cusanus selbst in Auftrag gegeben worden sein, zumal er Niederdeutschland und die Niederlande gut kannte sowie in Köln studiert hat. Darüber hinaus kannte er Köln von zahlreichen späteren Besuchen her. Köln und die Niederlande waren auch ein Schwerpunkt auf seiner großen Reformreise (1451/52) gewesen. Von daher ist wahrscheinlich das Bildnis noch zu Lebzeiten des Cusanus entstanden, schätzungsweise um 1460 (Datierung nach H. M. Schmidt), da das Hospital in Kues damals bereits seinem Zwecke diente.[125] Auf jeden Fall kann die Darstellung relativ große physiognomische Treue beanspruchen.

Cusanus ist kniend in Anbetungshaltung dargestellt. Er erscheint als ein Mann in den fünfziger Jahren mit weißlichem Haarkranz. Sehr markant erscheinen auf dieser farbigen Darstellung die dunklen, ernsten Augen. Die Augen und das Haupt sind leicht nach oben erhoben, als schauten sie geistig das Geschehen auf Golgatha, ähnlich dem Söldner Longinus, der mit seiner Lanze die Seite des Gekreuzigten aufsticht und im Anblick des fließenden Blutes eine Schauung der wahren Wesenheit des Gekreuzigten hat. Das Antlitz des Cusanus ist, dem hohen Gegenstand der Anbetung entsprechend (Christi Kreuzestod auf Golgatha), überaus ernst. Es ist ein durch und durch spiritualisiertes, ja fast asketisches Antlitz, das mehr einem Mönch als einem Kirchenfürsten gehören könnte. Es spiegelt vollkommen die Haltung der Hingabe (Ergebenheit), der Demut und der Andacht wider. Auf der Kueser Altarbild-Darstellung kommt diese Seite des Seelenlebens des Cusanus sehr deutlich zum Ausdruck. Ja, man könnte sagen, dass dieses Altarbild in dem deutschen Ort seiner Geburt und seines Herzgrabes mehr den frommen Mystiker und Gottessucher in der Seelenstimmung der *devotio moderna* darstellt als den römischen Kirchenfürsten. Nur Mund und Kinn verraten doch etwas von dem Vorhandensein einer erdenwirksamen Willensenergie.

Eine andere Stimmung strömt die römische Darstellung aus, die sich charakteristischerweise an dem Ort findet, wo sein physischer Erdenleib ruht: in der dem Apostel Petrus geweihten Kirche «San Pietro in Vincoli». Die vielleicht nach einer Totenmaske gefertigte halbplastische Darstellung auf dem wahrscheinlich von Andrea Bregna geschaffenen Epitaph in Rom lässt gegenüber dem Altarbild in Kues mehr von dem Charakter und Temperament des Kirchenfürsten und Denkers Cusanus erkennen. Auch hier ist Cusanus in einer Ehrfurchts- und Devotionshaltung dargestellt, und zwar in dreifacher Form: Er kniet in Andacht nieder, er hat die Hände demutsvoll zum Gebet gefaltet, und er hat das Haupt in Hingabe leicht nach vorn geneigt. Unwillkürlich wird man an die dreifache Ehrfurcht erinnert, wie sie Goethe (in seiner ‹Pädagogischen Provinz› in «Wilhelm Meisters Wanderjahre», 2. Buch, 1.-2. Kapitel) darstellt: Ehrfurcht vor dem, was über uns ist; vor dem, was um uns ist, und vor dem, was unter uns ist. Diese dreifache Ehrfurcht spricht das Bildnis des Cusanus aus.[126]

Wenn wir die Physiognomie eingehender betrachten, so blicken wir in ein von tiefem Ernst geprägtes Antlitz, das ein außerordentliches Maß an Energie und Willensstärke verrät. Das Antlitz offenbart in manchen Zügen das Temperament eines typischen Cholerikers. Nach dem Knochenbau des Schädels und des Oberkörpers (wie sie auf dem Halbrelief dargestellt sind) will es scheinen, als habe Cusanus insgesamt die untersetzte, gestaute Statur des willenskräftigen Cholerikers gehabt. Die römische Epitaphdarstellung zeigt uns wesentlich deutlicher die willensstarke Tatkraft des rastlos im Sozialen tätigen Kirchenfürsten. In zweiter Linie offenbart das Antlitz eine stark ins Geistige heraufgehobene Willenskraft, eine außerordentliche Betonung des Denkelements in der Stirn und die Durchprägung des Antlitzes durch unermüdliche geistige Arbeit und Meditation. Hier kommt der große Denker, «einer der größten Denker aller Zeiten» (R. Steiner), der Philosoph und Naturwissen-

Abb. 37: Nikolaus von Kues in Andachtsgebärde vor dem Kreuz auf Golgatha kniend. Der Ausschnitt aus dem Mittelbild des Bildaltares der Kueser Hospitalkapelle zeigt den Stifter Nikolaus von Kues – deutlich erkennbar durch das Krebswappen und den Kardinalshut – in der charakteristischen Haltung der anbetenden Andacht. Der tieffromme Mystiker kommt auf diesem Bild besonders deutlich zur Erscheinung. Die Gestalt hinter ihm wird als sein Bruder Johann (Pfarrer von Bernkastel) gedeutet. Beide Brüder haben nach Abfindung der Schwestern den väterlichen Besitz zu gleichen Teilen in die Stiftung des Kueser Hospitales eingebracht.

schaftler sehr deutlich zum Ausdruck. Und dennoch strömt diese Darstellung eine tiefe christliche Demut und Andacht aus. Diese christlichen Seelenkräfte der Devotion waren bei aller Willenskraft und Tatkraft dennoch stets Lehrmeister im Seelenleben des Cusaners. Er war eben bis zum Lebensende – das wird oft vergessen – nicht nur Kirchenfürst und Philosoph, sondern auch praktizierender Priester, der fast täglich die Messe las. So scheinen Andacht und Denkwillen die beiden hervorstechenden Charakterzüge dieses Mannes zu sein; das bringen die beiden Bildnisse des Cusanus deutlich zum Ausdruck.

Wie aber vertragen sich Andacht, Demut und Hingabe, kurz die Devotion (Ehrfurcht) auf der einen Seite mit Denkwillen und Denkkraft auf der anderen Seite? Ist die Devotion bei Cusanus – so ist von manchen Interpreten gefragt worden – nur ein Relikt seiner möglichen Erziehung bei den «Brüdern vom Gemeinsamen Leben» (*devotio moderna*) oder gar nur die bloß äußerliche Erscheinungsform seiner Stellung als Kardinal und Kirchenfürst? Oder ist die Devotion sogar bloß der religiös-mittelalterliche Deckmantel für einen in Wahrheit revolutionären Naturwissenschaftler und tiefgründigen philosophischen Denker am Beginn einer neuen Zeitepoche, – eine Auffassung, die schon von Giordano Bruno herzurühren scheint? Man kann aber auch umgekehrt fragen, ob die tiefe Andacht, die die Bildnisse des Cusanus ausstrahlen, innerlich gerade etwas mit seiner Qualität als Denker und Wegbereiter der Bewusstseinsseele zu tun haben. *Denn Andacht und die neue Stufe der Bewusstseinsentwicklung gehören unabdingbar zusammen.* Rudolf Steiner beschreibt – als hätte er das römische Epitaphbildnis des Cusaners vor Augen gehabt – die Mission der Andacht mit folgenden Worten:[127] «Versuche man einmal, sich aus dem äußeren Ausdruck der Andacht klarzumachen, wie gerade in der äußeren Geste des Menschen die Andacht wirkt. Sie wirkt gerade da, wo die bedeutendste Fähigkeit des Menschen sich entwickelt, als äußerer Ausdruck. Was tut der andächtige Mensch im äußeren Ausdruck? Er beugt das Knie, faltet die Hände und bewegt das Haupt zu dem in Andacht verehrten Wesen oder Gegen-

Abb. 38: Nikolaus von Kues in der Haltung der dreifachen Ehrfurcht (Andacht). Die halbplastische Darstellung stammt von seinem Grabmonument in seiner Kardinal-Titularkirche «San Pietro in Vincoli» in Rom. Nikolaus von Kues kniet, hat die Hände zum Gebet gefaltet und den Kopf leicht nach vorn geneigt (dreifacher Ausdruck der Andacht). Die triptychonartige Epitaphdarstellung zeigt als Pendant zu Cusanus rechts eine Engelsgestalt und in der Mitte den thronenden Kirchenpatron Petrus mit Ketten, Buch und Schlüssel.

stand. Das sind diejenigen Organe des Menschen, durch die sich das Ich, und vor allen Dingen dasjenige, was wir die höheren Seelenglieder des Menschen nennen, am intensivsten ausleben kann... Diejenigen Knie, die sich strecken, ohne jemals gelernt zu haben, sich in Andacht in die Kniebeuge zu begeben, die spreizen nur ... die eigene Nichtigkeit ... Die Beine aber, die sich bequemt haben zum Kniebeugen, nehmen mit dem Strecken der Knie eine neue Kraft auf ... Diejenigen Hände, die segnen wollen, die trösten wollen, ohne dass sie vorher in Ehrfurcht und Andacht sich gefaltet haben, die können nicht viel hingeben von Liebe und Segen als ihre eigene Nichtigkeit. Die Hand aber, welche gelernt hat, sich zu falten, die hat mit dem Falten zur Andacht eine Kraft aufgenommen, die jetzt die Hand durchströmen kann ... Und die Andacht der gefalteten Hände wird, indem sie durch das Herz geht und in die Hände fließt, zum Segen ... Der Kopf, der die ganze Welt beschaut, der überall seine Augen hinrichtet und seine Ohren hinspreizt, ... er kann den Dingen nur seine eigene Leerheit gegenüberstellen. Jener Kopf aber, der sich in Andacht zu den Dingen hingeneigt hat, der wird wiederum aus der Andacht eine Kraft schöpfen, die ihn durchströmt ... So sehen wir, dass das Ich nicht schwächer wird durch die Andacht, sondern dass es stärker und kräftiger wird» (S. 72/73). «Die richtige Andacht, in welcher Form sie auch immer die Seele durchsetzt und durchglüht – sei es in der Gebets- oder in anderer Form – kann nie in die Irre gehen; dasjenige lernt man am besten kennen, zu dem man zuerst in Andacht, d.h. in Liebe und Hingebung erglüht war» (S. 71).

Hier ist mit wunderbaren Worten geradezu eine Interpretation der beiden Bildnisse des Cusanus gegeben, die eine so tiefe Andacht ausströmen. Weil Nikolaus von Kues die gänzlich neue Denkqualität der Bewusstseinsseele so stark durch die Wärme seiner tief christlich empfundenen Andacht begleitet und leitet, verliert er nie den Zusammenhang zwischen dem kultischen Element und der Erkenntnis. Beide bedingen bei Cusanus einander. In seine Geistphilosophie ist stetig hineinverwoben das Element der Andacht, ja, die philosophischen Inhalte münden bei Cusanus letztlich ein in ein Andachtselement. Sie werden dadurch aber zu Meditationsinhalten, denn meditieren heißt unter anderem das, was man weiß, in Andacht verwandeln. Dadurch vermag in der Geistphilosophie des Cusanus immer wieder der sakramentale Charakter der Erkenntnis als einer Zukunftsaufgabe der Bewusstseinsseele aufzuleuchten.

DAS ST. NIKOLAUS-HOSPITAL ZU KUES

Die Stiftung und das Bauwerk

Sein endgültiges Testament hat Cusanus am 6. August 1464 in Todi/Umbrien auf dem Sterbebett seinem Sekretär Peter von Erkelenz diktiert. Darin setzt er sein Hospital zu Kues zum Universalerben ein. So bringt denn Peter von Erkelenz das Herz des Nikolaus von Kues und dessen Bücherschätze nach Kues. Dort war bereits im Jahre 1458, d.h. noch zu Lebzeiten des Kardinals, das von ihm gestiftete St. Nikolaus-Hospital einschließlich der Kapelle im Wesentlichen fertiggestellt worden. Es trägt den Namen des heiligen St. Nikolaus, Bischof von Myra[128], als dem Schutzpatron der Schiffer und damit auch der Familie Krebs in Kues. Die eigentliche Stiftungsurkunde für diese einzigartige Institution hat der Kardinal am 3. Dezember 1458 ausgestellt. Darin begründet er selbst sein Vermächtnis und schreibt:

«Da nach den Worten des Apostels wir alle vor dem Richterstuhl Christi stehen werden, um zu empfangen (Lohn oder Strafe), je nachdem wir im leiblichen Leben Gutes und Böses getan haben, so müssen wir dem Tag der letzten Ernte zuvorkommen durch Werke der Barmherzigkeit ..., denn wer spärlich sät, wird auch spärlich ernten; wer aber Gutes sät, wird auch Gutes ernten (2. Kor. 9,6), das ewige Leben. – Deswegen haben wir an der Stelle, wo die St. Nikolaus-Kapelle innerhalb des Gebietes der Pfarrkirche des Dorfes Cues ... gestanden hatte, die alte Kapelle niederlegen und mit dem Vermögen, das uns Gott verliehen, in kostspieligem Bau, auf den wir mehr als 10 000 rheinische Goldgulden verwendeten, eine neue Kapelle errichten lassen mit Kreuzgang, Speisesaal, Häusern und Zellen und den anderen Gelassen, welche erforderlich sind für die Aufnahme und Beherbergung von armen und notleidenden abgearbeiteten Personen nach der Zahl der Jahre, die Christus, unser Erlöser, auf Erden zubrachte ... Unserem Herzenswunsch folgend, errichten und bestimmen wir nun kraft dieser Urkunde dieses Gebäude zu einem Armen-Hospital, ihm den Namen des heiligen Bischofs Nikolaus beilegend.»[129]

In 15 Paragraphen trifft dann Cusanus genaue Einzelbestimmungen für die Verfassung und das Leben des Hospitales. Darin heißt es u.a.:

§ 1 Es werden sich im Hospitale finden … sechs Priester, sechs Adlige und einundzwanzig gemeine Leute. Es ist unser Wille, dass ihre Zahl niemals vermehret werde …

§ 7 Wir bestimmen und verordnen, dass alle Armen, ohne Unterschied des Standes, die gleiche graue Kleidung tragen sollen, wie sie in jener Gegend üblich ist, oder auch wie sie die Laienbrüder in den Stiften der regulierten Chorherren tragen …

§ 8 Soviel als möglich wird man sich anschließen an die Laienbrüder der regulierten Chorherren von Windesheim, sowohl in der Lebensweise, als in der Stunde des Essens, des Aufstehens, des Schlafengehens und des Gebetes …[130]

Es ist deutlich, dass ein ganz einzigartiger sozialer Geist aus dieser Stiftung spricht. Zum anderen ist erkennbar, dass es sich um eine halb klosterartige Einrichtung handelt nach dem Vorbild der Laien-Brüder der regulierten Augustiner-Chorherren von Windesheim, bzw. der Brüder vom Gemeinsamen Leben. Ihnen verdankt Cusanus möglicherweise seine eigene Erziehung, und so verwirklicht er ihre zukunftsweisenden Sozialimpulse in seiner Hospitalstiftung.

Das von Cusanus gestiftete St. Nikolaus-Hospital besteht heute im Wesentlichen noch unverändert so, wie es vor nahezu 550 Jahren gegründet worden ist. Es hat alle Wirren der Reformation, des Dreißigjährigen Krieges, der Französischen Revolution und der Säkularisation unbeschadet überstanden, ein ziemlich einzigartiger Fall in Deutschland. Zwar hob die Säkularisation die Klöster auf, ließ aber das Hospital als private, bürgerliche Stiftung bestehen, denn Cusanus hatte vorausschauenderweise die Aufsicht über seine Stiftung nicht nur geistlichen Institutionen übertragen, sondern auch den «gegenwärtigen und zukünftigen Schöffen von Bernkastel und Kues». So wohnen noch heute 33 alte Menschen (nach der Zahl der Erdenjahre von Jesus Christus) im St. Nikolaus-Hospital. Auch die Ländereien in den Mosel-Orten, wie z.B. die von der Familie Krebs gestifteten Weinberge, sind dem Hospital als wirtschaftliche Grundlage bis heute erhalten geblieben. Letztlich aber dürfte es der unmittelbar empfundene soziale Geist der Stiftung sein, der durch fünf Jahrhunderte immer wieder Menschen veranlasst hat, sich schützend vor diese Institution zu stellen und sie als ein einzigartiges historisches Kleinod bis auf den heutigen Tag zu erhalten.

Diese wunderbare Schicksalsfügung (denn nur als solche kann man sie bezeichnen) beweist sich noch einmal im Zweiten Weltkrieg. 1943 wird

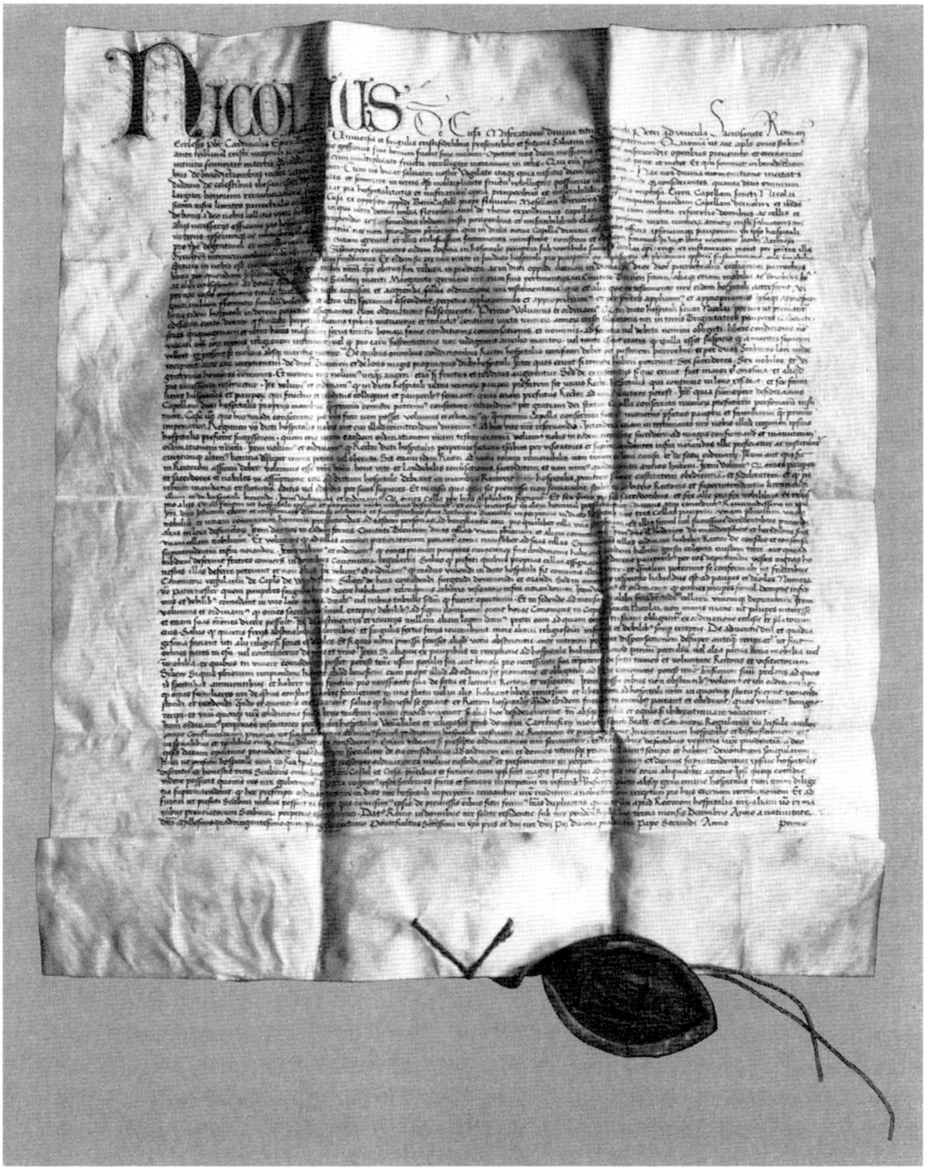

Abb. 39: Die Stiftungsurkunde des St. Nikolaus-Hospitals in Kues mit dem Siegel des Kardinals. Die eigentliche Stiftungsurkunde für das seit 1453 im Bau befindliche Hospital stellte Nikolaus von Kues am 3. Dezember 1458 in Rom aus. Kanonisch errichtet wurde das Hospital durch die Bulle des Papstes Pius II. vom 2. Januar 1459, worin das Hospital dem Hl. Stuhl direkt unterstellt wurde. Das spitzovale Kardinalssiegel zeigt oben die Befreiung des Hl. Petrus aus dem Gefängnis, unten kniet anbetend Cusanus.

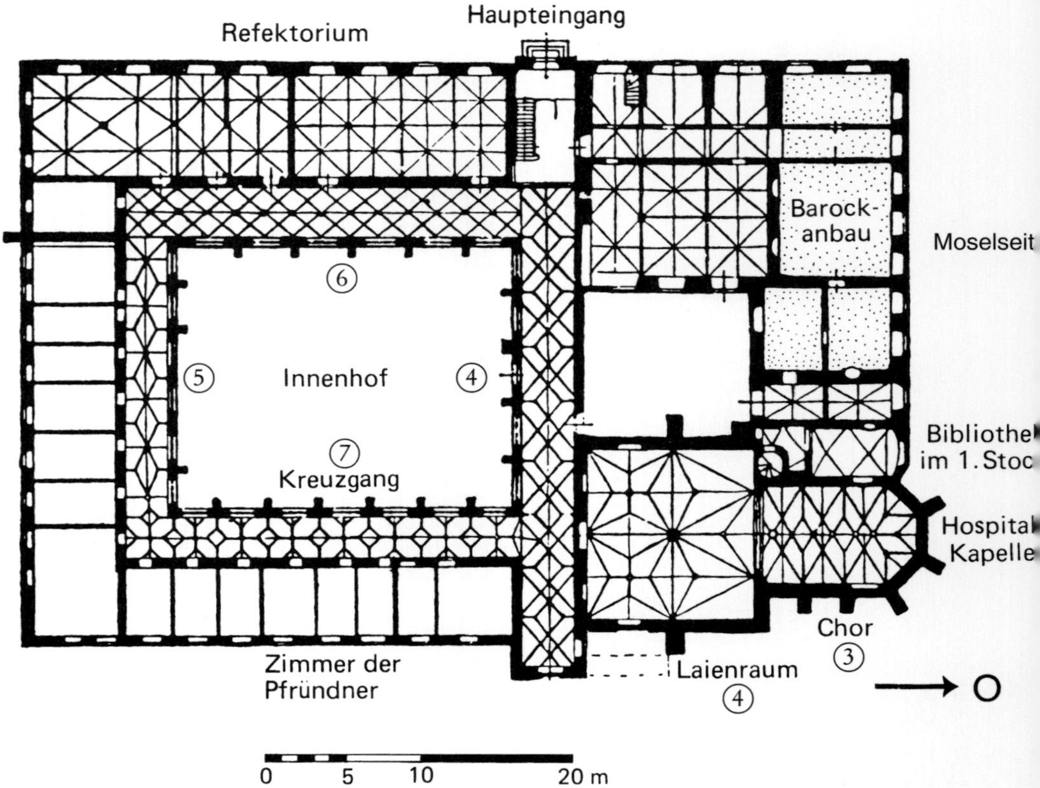

der nach Oxford emigrierte Heidelberger Philosophie-Dozent und Cusanus-Forscher Raymond Klibansky (später Oxford/England und Montreal/Kanada) als Dechiffrier-Offizier beim Oberkommando der Royal Air Force vorstellig und beschwört die Offiziere des Stabes, das unmittelbar neben der strategisch wichtigen Moselbrücke gelegene Cusanus-Stift zu schonen. Es sei ein Kulturschrein, der der ganzen Menschheit gehöre. Der Oberkommandierende lehnt ab, aber einige Stabsmitglieder streichen heimlich die Brücke aus den englischen Bombardierungsplänen, wodurch das Hospital unversehrt den Krieg übersteht.[131]

Betrachtet man das St. Nikolaus-Hospital als heutiger Besucher zunächst von den Berghochflächen des gegenüberliegenden Moselufers her, dann von der neuen Moselbrücke oder schließlich direkt vom Flussufer der Mosel aus, immer macht das Hospital den in sich ruhenden friedvollen Eindruck einer völlig intakten mittelalterlichen Klosteranla-

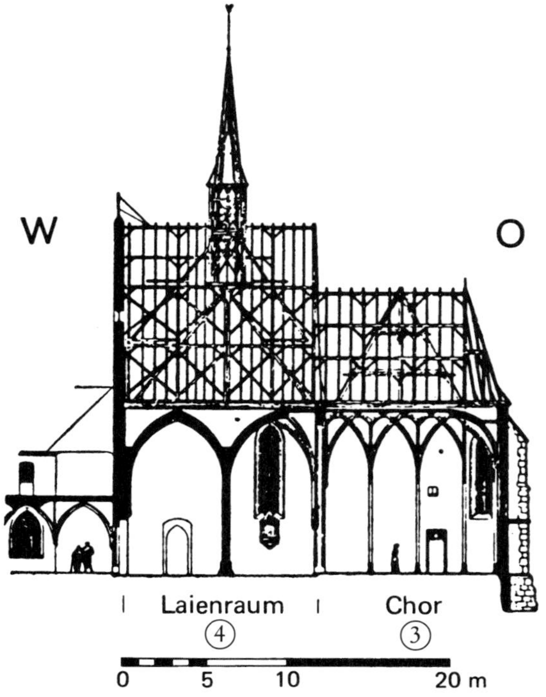

Abb. 40 und 41: Grundriss des St. Nikolaus-Hospitals und Aufriss der Hospitalkapelle (Längsschnitt). Deutlich ist das Hospital – obgleich eine weltliche Institution – nach dem Typus einer Klosteranlage gebaut mit Kreuzgang und Innenhof im Mittelpunkt. Im Kernstück der Anlage – der zweischiffigen Hospitalkapelle – spiegeln sich die Kirchenbauten der «Windesheimer Kongregation» wider. Insgesamt ist die Anlage von geometrischer Klarheit und mathematischer Harmonie durchzogen.

ge. Unzweifelhaft, das Hospital ist seiner ganzen Bauweise nach ein klosterartiges Gebäude und unterscheidet sich damit sowohl von den mittelalterlichen Hospitalbauten nördlich der Alpen, die alle als Saalbauten konzipiert waren (z.B. Gent, Brügge, Lübeck, Mainz, Nürnberg), als auch von den Kleinwohnungen der Beginenhöfe in den Niederlanden (z.B. Brügge, Gent, Antwerpen, Amsterdam).

Das Hospital des Nikolaus von Kues ist seiner Bauweise nach eine Verbindung von Kloster und Hospiz. Es knüpft einerseits an die Tradition der Hospitäler der Mönchsorden an (Hospitale pauperum), andererseits überträgt es den Klosterbaugedanken auf das Hospital insgesamt. Dies ist eine ganz ungewöhnliche Tat, denn in den Klöstern lagen Hospital, Hospitium und Infirmarium stets abseits der mönchischen Regulargebäude, d.h. außerhalb des Kreuzganggevierts. In Kues aber ist das Armenhospital unmittelbar um den Kreuzgang gebaut und bezieht diesen mit ein. Somit wird ein mönchisches Architekturelement (Kreuzgang) Laien zur Verfügung gestellt, denn das Kueser Hospital ist eine überwiegend weltliche Institution, die für Laien gebaut ist. Sie entspringt dem christlichen Gedanken der Barmherzigkeit, auf dem auch die weltlichen Hospitäler bis zum 18. Jahrhundert basierten. Cusanus formuliert: «... So müssen wir dem Tag der letzten Ernte zuvor kommen durch Werke der *Barmherzigkeit*.»*

* *Wesen und Aufgabe des Hospitales im Mittelalter*
Die Armen-, Alten- und Invalidenpflege sowie das Spital- und Altersheimwesen wurde im Mittelalter von religiösen Orden oder Brüderschaften getragen. Beispiele sind die Ritterorden, wie z.B. Templer, Johanniter und Deutschritter, die Pflegeorden, wie z.B. Antoniter und Ursulinen (später auch die Malteser) oder die Laienkooperationen, wie die Beginen in Flandern oder die «Brüder vom gemeinsamen Leben» in den Niederlanden. Die Investitionen zur Errichtung der Gebäude wurden meist von privaten Stiftern getragen (Stiftungswesen). Noch heute bewundern wir die Einrichtungen wie das St. Jans-Hospital in Brügge, das Hôtel-Dieu in Beaune, die Heilig-Geist-Spitäler in Lübeck und Nürnberg oder das St. Nikolaus-Hospital in Kues.
Der religiöse Ursprung des Pflegegedankens war das Christuswort: «Was ihr einem der geringsten meiner Brüder tut, das habt ihr mir getan.» Die Armen-, Kranken- und Invalidenpflege gehörte also zu den Werken der irdischen Barmherzigkeit um «Gotteslohn» willen, also unentgeltlich (ganz im Gegensatz zur Kommerzialisierung dieser Bereiche heute).
Die Empfänger der Barmherzigkeitstaten, insbesondere die Alten, waren aber keine bloßen Almosenempfänger oder Bittsteller, sondern vollgültige Mitglieder der Gesellschaft, die gebraucht wurden. Sie wurden in ihrer Würde als Menschen ernst genommen. Ihre gesellschaftliche Aufgabe war die Führung eines gemeinsamen christlichen Lebens, der Gottesdienst und das Gebet. Insbesondere oblag ihnen die gebetshafte Fürbitte für den Stifter einer sozialen Institution (Hospital, Siechenhaus, Altenstift). Während die Menschen der Außenwelt sich der *vita activa* widmeten, war ihre Aufgabe die *vita contemplativa*. Diese wurde aber als gesellschaftlich absolut notwendig erachtet. Daher flossen den Hospitälern und Stiftungen immer wieder reiche Donationen zu, die wir heute noch in Form von künstlerischer Gestaltung und Ausstattung bewundern. Meisterwerke der Kunst wurden nur für diese Institutionen geschaffen, wie z.B. die Werke von Hans Memling im St. Jans-Hospital in Brügge, der Altar von Rogier van der Weyden für das Hôtel-Dieu in Beaune, der Antonius-Altar von Matthias Grünewald für das Antoniter-Spital in Isenheim (sog. Isenheimer Altar, heute in Colmar), oder das Passionstryptichon des Meisters des Marienlebens für das St. Nikolaus-Hospital in Kues. – Es versteht sich von selbst, dass in dieser religiösen Welt des Mittelalters, solange die sozialen Strukturen intakt waren, eine staatliche Rentenversicherung nicht existieren konnte und auch nicht brauchte. [132]

Der Eindruck einer klosterartigen Anlage wird verstärkt, wenn man das Hospital von der Hofseite her durch das im barocken Stil erneuerte und mit der Statue des heiligen Nikolaus geschmückte Portal des Nordflügels betritt. Man gelangt dann unmittelbar in den stimmungsvollen, mittelalterlich-gotischen Kreuzgang, der einen rasengrünen Innenhof umschließt. Der Kreuzgang selbst ist zur Hofseite mit verglasten Spitzbogenfenstern geschlossen, wohl mit Rücksicht auf das raue Klima und auf das Alter der Hausbewohner. Die Konstruktion des spätgotischen Kreuzganges ist in allen vier Flügeln verschieden und zwar im Maßwerk des Netzgewölbes, der Fenster, der Konsolen, der Rippenprofile und der Schlusssteine. Dennoch entsteht eine außerordentliche Harmonie des Gesamteindruckes. Die Schlusssteine sind in drei Flügeln des Kreuzganges figürlich gestaltet. Sie zeigen im Südflügel die Schöpferhand Gottes, ein von einem Pfeil durchbohrtes Herz (Planetenzeichen?) sowie Mond und Sonne (Mysterium von Geburt und Tod = Tor des Mondes und Tor der Sonne; hier scheint das Geheimnis des menschlichen Inkarnationsweges dargestellt zu sein). Im Westflügel zeigen die Schlusssteine ein Tierkreiszeichen (Astronomie?), einen Schild mit einem Turm (Baukunst?) und einen mit drei Geigen (Musik?) sowie das Trierer Kreuz. Im Nordflügel zeigen die Schlusssteine einen viergeteilten Schild, das Lamm Gottes (Zeichen des Bistums Brixen), das Krebswappen des Cusanus, das Papstwappen, das Reichswappen (Doppeladler), das Schweißtuch der Veronika (das einst die Koblenzer Hauskapelle der Stiftskurie von St. Florin zierte) und den auferstandenen Christus. Alle Einzelheiten sind sorgfältig gestaltet und warten z. T. noch auf ihre Interpretation. Dass in dem zweifellos auf Ideen von Cusanus zurückgehenden Bauentwurf des Kreuzganges noch manche Geheimnisse verborgen sind, zeigen nicht nur die Symbole, sondern auch die auffälligen Zahlenverhältnisse. So weisen z.B. die vier Kreuzgangflügel auch unterschiedliche Fensterzahlen auf: 4 im Osten, 5 im Westen, 6 im Norden und 7 im Süden.

Um den Kreuzgang gruppieren sich die Zimmer der Bewohner, kleine, meist mit ein bis zwei Betten ausgestattete Räume, die sich wohltuend von den Bettensälen der mittelalterlichen Hospitäler abheben. Am Nordflügel des Kreuzganges liegt das schöne Refektorium, der Speisesaal der Pfründner. Der Raum mit seinem spitzbogigen Kreuzgewölbe, in doppelter Jochbreite des Kreuzganges, wird von drei achteckigen Mittelpfeilern getragen. In den spitzbogigen Innenfeldern wurden wieder die alten Fresken freigelegt.

Vom Ostflügel des Kreuzganges aus betritt man die spätgotische Hos-

Abb. 42: Das St. Nikolaus-Hospital: Gesamtanlage von der Mosel aus gesehen. Das Bild zeigt im Vordergrund links die Hospitalkapelle mit dem Dachreiter über dem Laienraum und dem hochgotischen Chor. Rechts vom Chor, über der Sakristei, befindet sich hinter den beiden hohen gotischen Spitzbogenfenstern der Bibliotheksraum. Der nach rechts durchaus harmonisch anschließende Moselflügel wurde erst im Barock von Rektor Stephan Schoenes angefügt (Bau des 18. Jh.).

Abb. 43: Eingangsportal im Nordflügel mit der Statue des Hl. Nikolaus und dem Krebswappen. Das Eingangsportal wurde ebenfalls im Barock (anstelle des alten Treppenturms) errichtet. Es zeigt den Namenspatron, den Heiligen Bischof Nikolaus von Myra, wie er drei Kinder (im Bottich neben ihm) aus Seenot rettet. Im kunstvoll geschweiften Glockengiebel ein Engel mit dem Krebswappen des Kardinals. Hinter dem Ziffernblatt der Uhr stellt im Innern am alten Uhrwerk der Tod symbolisch die Stunden.

Abb. 44: Im Kreuzgang (Nordflügel). Dieser Flügel gehört zu den ältesten Bauteilen. Er ist ganz auf die Zahl sechs gebaut: sechs verglaste gotische Fenster zum Kreuzgarten, sechs figürliche Schlusssteine im gotischen Maßwerk des Netzgewölbes. Die Kreuzgangbreite ist die Maßeinheit des ganzen Hospitalbaues, der immer wieder von der Figur des gleichseitigen Dreiecks ausgeht (Refektorium = doppelte Jochbreite des Kreuzganges).

Abb. 45: Im Kreuzgang (Südflügel): Dieser ist ganz auf die Zahl Sieben gebaut: sieben verglaste Fenster, sieben figürliche Schlusssteine etc. Jeder Kreuzgangflügel weist ein unterschiedliches gotisches Kreuzrippengewölbe auf. Der Blick geht durch die geöffnete Kirchentür in das Innere der Hospitalkapelle mit ihrer einen tragenden Zentralsäule.

Abb. 46: Das Refektorium der Pfründner im Nordflügel. Das gotische Spitzbogengewölbe des mit doppelter Kreuzgangbreite wohlproportionierten Raumes wird von drei achteckigen Säulen getragen. Das Refektorium spiegelt den halbklösterlichen Charakter der Anlage und erinnert an die Laienrefektorien der Zisterzienser und an diejenigen der Laienbrüder der Windesheimer Kongregation. Hier speisen bis zum heutigen Tag die «Pfründner» (ursprünglich die 21 «armen und gemeinen Leute» des Armenhospitals).

Abb. 47: Innenhof des Kreuzganges (um 1970). Der Kreuzgarten mit der Marienstatue war früher auch Begräbnisstätte. Hier befindet sich auch das Grab des langjährigen Sekretärs und engen Vertrauten des Cusaners, Peter Wymar von Erkelenz, der 1488 der zweite Rektor des Hospitals wurde.

pitalkapelle, einen der schönsten und eigenartigsten Sakralbauten des Trierer Landes. Sie untergliedert sich in einen länglichen, dreiseitig geschlossenen Chor und in einen vierseitigen (quadratischen) Laienraum. Der Chor als Standort des Altares, auf dem sich die Transsubstantiation vollzieht, ist in seiner Architektur deutlich auf die kosmische Zahl *Drei* gebaut. So werden die drei abschließenden Wandseiten durch Dienste in jeweils drei Wandfelder aufgegliedert, und der Raum wird von drei Netzgewölben nach der Art des fortlaufenden Netzgewölbes überspannt.

Dagegen ist der Laienraum schon durch seinen quadratischen Grundriss deutlich auf die irdische Zahl *Vier* gebaut, was insbesondere dann bewusst wird, wenn man bedenkt, dass ein quadratischer Raumgrundriss in der gotischen Baukunst höchst selten ist. (Das nächstliegende Pendant ist der Bibliotheksraum in Eberhardsklausen – moselaufwärts Richtung Trier gelegen –, der aber ein Profanbau ist.) In eindrucksvoller Weise werden somit in der Hospitalkapelle die Dreiheit als kosmische

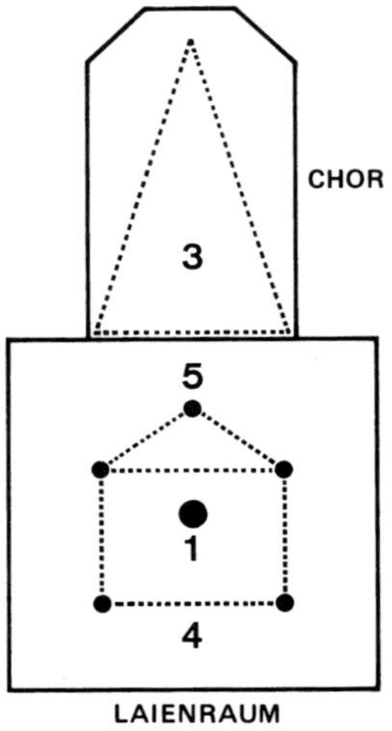

Abb. 48: Schemaskizze der Hospitalkapelle nach Zahlenzusammenhängen. Die Skizze deutet an, in welcher Weise nicht nur geometrische Proportionen, sondern auch mystisch-mathematische Zahlenzusammenhänge des Makrokosmos und Mikrokosmos in der zweifellos auf Entwürfe des Cusaners zurückgehenden Hospitalkapelle Stein geworden sind. Sie ist gebaute Philosophie!

oder göttliche Zahl (z.B. Trinität) im Chor, andererseits die Vierheit als irdisch-menschliche Zahl im Laienraum miteinander in einem Raumgebilde vereint. Man könnte auch sagen, dass im Sinne der pythagoräischen Schule, welche die Drei (Dreieck) als Symbol für den oberen Menschen und die Vier (Viereck) als Symbol für den unteren Menschen gebrauchte, die Hospitalkapelle insgesamt ein Abbild der menschlichen Wesenheit darstellt.

Mehr von der Erkenntnisseite her gesehen kann auch formuliert werden, dass in der Hospitalkapelle die beiden Erkenntniswege des Cusaners architektonisch anschaubar werden: Der Erkenntnisweg der *Drei* als eines kosmisch-geistigen Erkenntnisprinzips, welches, aus der geistigen Welt kommend, auf das Geheimnis der göttlichen Trinität zielt[133], und der Erkenntnisweg der *Vier*, der, vom Menschen ausgehend, durch die Welt der irdischen Elemente zum Geistigen aufsteigt. Der Letztere ist der Erkenntnisweg der Neuzeit und des Bewusstseinsseelen-Zeitalters. Doch war Cusanus stets bestrebt, beide Wege miteinander zu verbinden, so wie er in der Hospitalkapelle beide Zahlenprinzipien harmonisch in einem Raumgebilde miteinander vereint hat.

Abb. 49: Der Doppelraum der Hospitalkapelle. Dieser besteht aus dem Chor, der ganz auf die trinitarische Zahl Drei gebaut ist, und dem Laienraum, der auf die Vier, als Zahl der Erde gebaut ist (z.B. vier Elemente, vier Himmelsrichtungen, etc.). Himmlische Welt und irdische Welt werden symbolisch in einem Raum vereint.

Die Vereinigung kosmischer und irdischer Zahlengesetzmäßigkeiten spiegelt sich nochmals im Kleinen in den fünf Gewölben und den fünf Schlusssteinen des Laienraumes wider. Die, vom Eingang her gesehen, beiden ersten Gewölbe fassen mit ihren beiden Schlusssteinen jeweils vier Rippen kreuzförmig zusammen, die drei vorderen zum Chor hin gelegenen Gewölbe fassen in ihren drei Schlusssteinen jeweils drei Rippen sternförmig zusammen. So vereinigen sich auch in den Gewölben des Laienraumes Irdisches (Vierheit) und Kosmisches (Dreiheit).

Am eindrucksvollsten aber ist die einzige Säule des quadratischen Laienraumes, die von einem achteckigen Sockel aus achtflächig in die Höhe strebt und von der aus, unmittelbar (d.h. ohne Kapitell) wie bei einem Palmstamm, die zwölf Mittelrippen der fünf Gewölbe ausgehen. Sie trägt dadurch zentral den ganzen Laienraum. In dieser Architektur scheint - modern gesprochen - das ganze Streben des Cusanus symbolisiert zu sein: *Kosmisches und Irdisches zu vereinen* und in der alles tragenden Einheit (in Gott als *unum*, in Christus, oder auch in der Individualität des Menschen als abbildliches *unum*) zusammenzufassen. So wie auf der einen Säule als Ausdruck des *unum* der Laienraum ruht, so findet die menschliche Wesenheit im ‹Ich› ihr Zentrum. Cusanus ist derjenige, der im Übergang vom Mittelalter zur Renaissance den denkerischen Mut hat, alle schöpferische Erkenntnis *auf die erwachende menschliche Individualität zu gründen.* Aber diese Individualität ist für Cusanus noch offener, universaler als das stark irdische Ego der Renaissance. Dieses ‹Ich› ist noch kosmisch orientiert, so wie die eine Säule des Laienraumes sich nach oben zur kosmischen Zwölfheit (dem Tierkreis) öffnet. Die Einheit, die Individualität, ist für Cusanus aber auch zusammenfassende Spiegelung des Kosmos, des Tierkreises; denn man kann empfinden, dass die Säule des Laienraumes nicht nur stützt, sondern auch die lastende Kraft der zwölf Rippen zusammenfasst und nach unten strömen lässt.

Höchst charakteristisch ist auch, dass es gerade der Laienraum ist, der von einer Zentral-Säule getragen wird. Hierin spiegelt sich im architekto-

Abb. 50: Die Zentralsäule des quadratischen Laienraumes der Hospitalkapelle, die sich palmstammartig in zwölf Gewölberippen verzweigt. Die Jochspannweite eines Gewölbes ist die architektonische Maßeinheit der Kapelle. Kunsthistorisch gesehen spricht man von einer der ersten Einstützenkirchen des Rheinlandes (1458), die zum Vorbild für andere Bauten im Trierer Land geworden ist (z.B. Eberhardsklausen 1483, Kronenburg 1492). Philosophisch gesehen symbolisiert sich in ihr das spirituelle Anliegen des Cusaners: Alles in der Einheit, dem Unum, aber auch dem Ich des Menschen als «Imago Dei» zu gründen.

nischen Bild symbolhaft die große Bedeutung wider, die Nikolaus von Kues dem zur selbstbewussten Individualität erwachende *Laientum* in der Kirche zumaß. Der Laie ist für Cusanus nicht mehr der hierarchisch Geführte, sondern der selbständige, autonome, moderne Mensch des anbrechenden Bewusstseinsseelen-Zeitalters, der «von sich aus» den Weg zur geistigen Welt sucht. So sind das St. Nikolaus-Hospital und seine Kapelle ja auch nicht für Mönche, sondern für Laien gebaut worden.

Insgesamt sind tiefgründige Zahlengeheimnisse in der zweifellos auf Gedanken des Cusanus zurückgehenden Hospitalkapelle verborgen: z.B. die Einheit (Säule), die Zweiheit (Chor und Laienraum), die Dreiheit (Chor), die Vierheit (Laienraum), die Fünfheit (Gewölbe des Laienraumes), die Siebenheit (Chor und Laienraum zusammen), die Achtheit (Sockel und Kanten der Säule), die Zwölfheit (Säulenrippen). Man kann sagen, die Kueser Hospitalkapelle ist Stein gewordene Zahlen-Philosophie im Sinne der ‹Pythagoräischen Schule›. Sie atmet eine innere Mathematik, so wie die großen Kathedralen des christlichen Abendlandes (z.B. Chartres).[134] Einzigartig aber ist dabei die Harmonie, die Menschlichkeit der Raummaße, insbesondere des Laienraumes, d.h. die im Gleichgewicht haltende ‹Ichkraft› dieser Architektur. Höchst bedeutsam scheint auch, dass der über der Sakristei gelegene Bibliotheksraum des Cusanus die Architektur des Laienraumes noch einmal wiederholt und ebenfalls auf einer einzigen Rund-Säule mit achteckiger Säulenbasis ruht, als Ausdruck der tragenden Einheit.

Es gibt im Moselland nur noch einen Bau, welcher der turmlosen Kueser Hospitalkapelle mit Sakristei und darüberliegender Bibliothek (beide auf einer einzigen tragenden Säule ruhend) entspricht: Das ist die Wallfahrtskapelle in Eberhardsklausen, von der Peter Dohms vermutet, dass in ihr ebenso Einflüsse vorliegen, die auf Nikolaus von Kues und die Windesheimer Augustiner-Chorherren zurückgehen.[135]

Von der Ausstattung des Laienraumes sind zwei Bildnisse sehr bemerkenswert. Da ist zum einen an der Südwand, an der Stelle des zugemauerten ehemaligen Kapelleneinganges, die Grabplatte von Clara Krebs († 1473), der Schwester des Nikolaus von Kues. Die hochgotische Grabplatte wird geschmückt von einer halbplastischen Epitaphdarstellung, welche in der Linienführung des Gewandes von großer Bewegtheit ist und doch zugleich eine harmonische Schönheit und unermessliche Ruhe ausstrahlt. Theodor Heuss, der gebildete und kunsthistorisch interessierte erste Bundespräsident der BRD, bezeichnete dies Bildnis einmal als «die schönste Frau des Trierer Landes».

An der gegenüberliegenden Nordwand befindet sich das erst 1952

Abb. 51: Bildnis der Clara Krebs auf ihrem Epitaph in der Hospitalkapelle. Die jüngste Schwester des Nikolaus von Kues, Clara, Frau des Trierer Bürgermeisters, hat später ebenfalls ihr Vermögen dem Hospital gestiftet und ist in der Hospitalkapelle beigesetzt. Ihr Bildnis auf ihrer Grabplatte strömt Schönheit und Ruhe zugleich aus. Theodor Heuss äußerte einmal sinnend: «Die schönste Frau des Trierer Landes».

wieder freigelegte großflächige Fresko des «Weltgerichts», zu dem Nikolaus von Kues wohl persönlich die Anregung gegeben hat. Der unbekannte Künstler hat in diesem Wandbild die Schilderung des Evangelisten Matthäus über das Jüngste Gericht mit der Geheimen Offenbarung (Apokalypse) des Johannes über die Wiederkehr des Menschensohnes in den Wolken des Himmels zu einer außerordentlich eindrucksvollen, spirituell-prophetischen Darstellung verknüpft. Ob seines sozialkritischen Inhaltes (es zeigt auch Fürsten und Priester, die vom Teufel in die Hölle geholt werden) war das Bild durch lange Zeiten hindurch übertüncht. Das Fresko weist erstaunliche Parallelen mit dem Tafelbild «Das Weltgericht» (um 1435) von Stefan Lochner (1400 – 1451) in Köln auf. Es ist möglich, dass der unbekannte Kueser Maler es ebenso gekannt hat wie Hans Memling (1435 – 1494), dessen «Weltgerichtsaltar» in Danzig (um 1470) ohne die Kenntnis von Stefan Lochners Weltgerichtstafel kaum vorstellbar ist.[136]

Der Chorraum der Hospitalkapelle enthält ebenfalls zwei Kleinodien. Es ist zum einen die in den Fußboden vor dem Hochaltar eingelassene Grabplatte aus Messing mit einer eingravierten bildlichen Darstellung des Cusanus. In der Herzgegend unter einem filigranartigen Netzwerk in Form eines Pinienzapfens (Symbol des Lebens) ist in einer Bleikapsel das Herz des Cusanus beigesetzt. So ist der Chor der Kapelle im wahrsten Sinne des Wortes der Herzschrein des St. Nikolaus-Hospitales, ja, vielleicht der unsichtbare Herzpunkt des Mosellandes überhaupt. Die laut Inschrift 1488 von Peter von Erkelenz gestiftete mehrteilige Messing-Grabplatte ist der Marmor-Grabplatte der Gruft des Cusanus in «St. Peter in den Ketten» (Rom) getreu nachgebildet (s. S. 161).

Eine künstlerische Kostbarkeit ist der dreiteilige Flügelaltar auf dem Hochaltar mit der Darstellung von Geißelung, Kreuzigung und Grablegung. Cusanus hat dieses Triptychon in der Ausstattung der Kapelle mit vorgesehen und es wohl selbst in Auftrag gegeben. Die Malerei stammt (nach Untersuchungen von Hans Martin Schmidt, 1978) vom sogenannten «Meister des Marienlebens» aus Köln (ca. 1420 – 1490). Er hat die Passion in niederländischer Lebendigkeit und Vielfarbigkeit in inhaltlicher und formaler Anknüpfung an die Werke von Dieric Bouts und Rogier van der Weyden vor dem Goldhintergrund des Himmels gemalt. Der Goldhintergrund als Ausdruck der Transzendenz und der geistigen Welt ist auf dieser gotischen Darstellung noch vorhanden, und der sich davon abhebende Gekreuzigte ist noch nicht so irdisch real, schmerzverzerrt und gemartert dargestellt wie auf Grünewalds Isenheimer Altar (ca. 1516); es ist noch mehr der kosmisch-schöne Christus. Aber der

Abb. 52: Das Fresko des Jüngsten Gerichts im Laienraum der Hospitalkapelle. Nikolaus hat sich seit 1440 mit den ihn tief bewegenden Prophezeiungen über das Weltgericht beschäftigt (z.B. mit der Apokalypse des Johannes) und darüber geschrieben (vgl. «Coniectura de ultimis diebus»). Das Fresko erinnert in seinem ganzen Aufbau stark an Stefan Lochners Kölner Darstellung über die Wiederkunft Christi als Weltenrichter («Das Weltgericht», 1435). Es geht zweifellos auf eine Anregung des Kardinals zurück und spiegelt seine Gedanken wider. Wegen seines zeitkritischen Gehaltes (auch Mönche und Bischöfe werden vom Höllenrachen verschlungen) war das Fresko bis 1952 übertüncht.

überlange schwarze Kreuzesbalken steht bereits in der irdisch-realen Welt. Dargestellt als landschaftlicher Hintergrund ist deutlich eine Landschaft mit regionalen Bezügen, d.h. eine gebirgige Eifellandschaft. Manche Interpreten meinen sogar in dem Ort im Hintergrund die Silhouette des Eifeldorfes Altrich bei Wittlich erkennen zu können, dessen Pfarrkirche die allererste Pfründe des Nikolaus von Kues war, und in der Burg diejenige des Grafen von Manderscheid zu erblicken, des legendären Gönners des jungen Nikolaus. Sicher aber ist, dass vor dem Kreuz rechts unten der Stifter Nikolaus von Kues – deutlich erkennbar durch den Kardinalshut und das rote Krebs-Wappen – kniet. Die Gestalt hinter ihm ist sein jüngerer Bruder Johann, der Pfarrer in Bernkastel war. Dies weist darauf hin, dass das Hospital ursprünglich eine Stiftung der beiden Brüder Nikolaus und Johann ist.* Auch die jüngere Schwester Clara Krebs, die kinderlose Frau des Trierer Bürgernmeisters, hat ihr Vermögen später (†1473) dem Hospital vermacht; sie ist damit Zu-Stifterin des Hospitales geworden. Ihre Grabplatte mit ihrem gleichmäßig schönen Antlitz steht heute im Laienraum der Kapelle. Sie war aber ursprünglich wie ihr Bruder Nikolaus im Chor beigesetzt worden.**

Insgesamt atmet das Mittelbild des Altartryptichons eine tiefe Andacht und mystische Verinnerlichung des Golgathageschehens. «Der

* Man ist heute mit überzeugenden Argumenten von der älteren Deutung der zweiten Gestalt als Sekretär des Cusanus, Peter von Erkelenz, abgekommen, der das Herz und die Bücher des Cusanus nach Kues gebracht hatte. Auch in der Gestalt der Maria Magdalena nahe am Kreuzesbalken mit Heiligenschein erblickt man nicht mehr die Schwester Clara Krebs, trotz einer gewissen physiognomischen Ähnlichkeit mit dem Antlitz auf ihrem Grabstein in der Hospitalkapelle. Sie war von ihren beiden Brüdern wegen der Hospitalstiftung mit tausend rheinischen Goldgulden als Erbschaftsanteil abgefunden worden. So konnte sie auf dem Altartryptichon (um 1460) als Stifterin noch nicht erscheinen, da sie ja noch lebte. Außerdem hätte man eine lebende Persönlichkeit niemals mit Heiligenschein abgebildet. (Für diesbezügliche Hinweise danke ich herzlich Herrn Stefan Kritten.)

** In dem Testament der Clara Krebs, in dem sie einen großen Teil ihres Vermögens dem Hospital vermacht, heißt es u.a.: «Wer aber sache, das Ich uswendig Tryr sturbe, So begern Ich, das myn Corper in dem hospitaill zu Cuse vur unser lyben frouwen Altair etc. begraiben werde.» [137]

Walter Hauth wurde u.a. durch diese Verfügung im Testament der Clara Krebs auf die Spur geführt, dass es neben dem Hauptaltar auch noch einen Marienaltar in der Hospitalkapelle in Cues gegeben haben müsse. Er hat diese weitere Stiftung der Clara Krebs identifiziert. Das Altartryptichon wurde durch dendrologische Untersuchungen auf die Jahre 1460/61/62 datiert. Gemalt hat die Tafelbilder vermutlich ein Kölner Maler, der noch der Lochner-Tradition verpflichtet war. Seit 1999 ist dieser restaurierte Marienaltar im Hospital in Cues wieder zu sehen.[138]

Abb. 53: Das Herzgrab des Nikolaus von Kues. Es befindet sich vor dem Hauptaltar im Chor der Hospitalkapelle und ist mit einer Messingplatte bedeckt, in die das Krebswappen und das Bildnis des Nikolaus von Kues eingraviert sind. Unter dem durchbrochenen Filigrannetz des Herzabbildes in Form eines Pinienzapfens ist in einer Bleikapsel das Herz des Cusaners beigesetzt. Die lateinische Inschrift lautet in der Übersetzung: «Nikolaus von Kues, Kardinalpriester mit dem Titel des Hl. Petrus zu den Ketten und Bischof von Brixen, der zu Todi als Stifter dieses Hospitals am 11. August 1464 starb und der aus Ergebenheit vor den Ketten des Hl. Petrus in Rom begraben zu werden wünschte, während sein Herz hierhin übertragen wurde. Er hat Gott geliebt, gefürchtet und angebetet und ihm allein gedient. Die Verheißung der Wiedervergeltung hat ihn nicht getäuscht. Er lebte 63 Jahre, Gott und den Menschen teuer. Seinem mildtätigen Gönner hat Petrus von Erkelenz, der Aachener Dechant, dies anfertigen lassen 1488.» Es ist das Jahr, in dem Peter von Erkelenz zweiter Rektor des Hospitales wird.

Abb. 54: Das Altartriptychon in der Hospitalkapelle von Kues. Meister des Marienlebens, ca. 1460. Dargestellt sind die Verspottung Christi, seine Kreuzigung und seine Grablegung. Alle Gestalten sind in niederländischer Farbigkeit, aber dennoch mit verhaltenen, seelisch bestimmten Gesten gemalt. Es handelt sich um eine verinnerlichte, mystische Darstellung des Passionsgeschehens, das sich noch vor dem Goldhintergrund als Symbol der geistigen Welt abspielt. Der Maler ist der «Meister des Marienlebens» (ca. 1420 – 1490), der noch ganz in der Frömmigkeitsströmung der niederdeutschen devotio moderna steht. Nikolaus von Kues hat als Stifter das Altarbild wohl selbst in Auftrag gegeben.

Biographisch bedeutsam ist vor allem das Mittelbild (Kreuzigungsbild) des dreiteiligen Flügelaltares mit dem knieenden Stifter Nikolaus von Kues. Krebswappen und Kardinalshut geben Nikolaus von Kues zu erkennen. Hinter ihm sein Bruder Johann, Pfarrer von Bernkastel als Mitstifter. In der gebirgigen Eifellandschaft erkennt man die Silhouette eines Dorfes (evtl. Altrich als erste Pfründe des Cusanus) und möglicherweise die Burg der Grafen von Manderscheid. So ist das Kreuzigungsbild zugleich ein Stifter- und Gedächtnisbild.
Sprechend ist die Andachtsgebärde und der erhobene, in geistige Fernen gerichtete Blick des vor dem Kreuz auf Golgatha knienden Nikolaus von Kues, der hier vor allem als frommer Mystiker dargestellt ist.

Meister des Marienlebens erstrebte nicht (...) die Vergegenwärtigung dramatischer Handlung. Die Figuren bringen vorwiegend stille Trauer, Ergriffenheit und teilnehmende Aufmerksamkeit zum Ausdruck. Selbst Longinus (...) scheint in ehrfürchtigem Staunen innezuhalten.»[139] Nicht der physische Kreuzestod steht im Mittelpunkt, sondern die geistige Schau des Geschehens, so wie es der römische Söldner Longinus wahrnimmt, der mit der Lanze die Seite des Gekreuzigten aufsticht und die wahre Wesenheit des Christus erkennt. Longinus ist damit einer der ersten Nichtjuden gewesen, dem diese Einsicht zuteil wird. So steht auf dem Spruchband vor dem Goldhintergrund: «Wahrlich, jener ist Gottes Sohn gewesen». Diese Erkenntnis durchleuchtet alle Gestalten des Bildes, insbesondere auch den frommen Mystiker Nikolaus von Kues.

Die Bibliothek und ihre Schätze

Die allergrößte Kostbarkeit des St. Nikolaus-Hospitals ist die mittelalterliche Originalbibliothek des Cusaners. Sie ist in einem hochgotischen Gewölbe untergebracht, welches der Hospitalkapelle nachgebildet ist und neben dieser im ersten Stock über der Sakristei liegt. Auch das Gewölbe dieses Raumes ruht im Zentrum auf einer einzigen Rundsäule mit achteckigem Sockel. Aber es besteht ein gewichtiger Unterschied zum Laienraum der Kapelle: Die Achtzahl der Säulenbasis geht hier im ‹Bereich des Geistes› (der Bibliothek) über in die kreisrunde Form der Säule. Achteck und Kreis als irdische Gegensätze fallen in der Einheit zusammen: *coincidentia oppositorum*; das ist in Stein gebaute Philosophie.

Von den beiden gotischen Spitzbogenfenstern blickt man hinab auf die Mosel und hinüber nach Bernkastel. Eine kleine Seitenluke gibt bei Öffnung den Blick unmittelbar auf den Hauptaltar der Hospitalkapelle frei – ein architektonisch sprechendes Symbol für das Bestreben des Cusaners, Gott und Mensch, Religion und Wissenschaft miteinander zu verbinden. Die Bibliothek selbst ist ein Kleinod sondergleichen. Sie ist nicht nur eine der allerfrühesten bedeutenden Privatbibliotheken Deutschlands, sondern zugleich auch die einzige, die die Wirren der Reformation, des Dreißigjährigen Krieges und der Säkularisation unbeschadet überdauert hat.[140] Dass sie nicht wie die anderen Privatbibliotheken in alle Winde zerstreut wurde, verdankt sie dem Vermächtnis des Cusanus, sie dem von ihm gegründeten stillen Armen-Hospital in Kues zu übergeben. Peter von Erkelenz hat dieses Vermächtnis treulich ausgeführt.

Abb. 55: Der Bibliotheksraum im St. Nikolaus-Hospital. Der Raum liegt im ersten Stock über der Sakristei und ist architektonisch insofern dem Laienraum der Kapelle nachgebildet, als das gotische Gewölbe von einer einzigen Mittelsäule getragen wird. Sie gründet auf einem achteckigen Sockel (Symbol der irdischen Vielheit), der in den runden Säulenschaft (Ausdruck der Einheit im Geist) übergeht. D.h. Achteck und Kreis fallen symbolisch in der Urform des Kreises zusammen (coincidentia oppositorum). Der Raum beherbergt die einzigartige, nahezu vollständig erhaltene Privatbibliothek des Nikolaus von Kues mit wertvollen alten Buchhandschriften auf Pergament; daneben eine Reihe von Wiegendrucken der ‹schwarzen Kunst›.

So atmet der Bibliotheksraum des Hospitals in Kues, obwohl von Cusanus selbst nie betreten, wie keine andere Örtlichkeit heute noch die unmittelbare geistige Anwesenheit des Cusaners. Das Betreten dieses Raumes ist gleichsam wie ein Eintreten in seine Gedankenwelt.

Erschlossen wurde der jahrhundertelang unbeachtete und nahezu vergessene literarische Schatz der Kueser Bibliothek 1905 durch das 322 Seiten starke Bücherverzeichnis des Trierer Professors Jakob Marx, das heute noch Gültigkeit besitzt.[141] Die Bibliothek enthält u.a. nicht weniger als 314 Originalhandschriften aus dem 9. bis 15. Jahrhundert; 270 davon stammen aus dem literarischen Nachlass des Cusanus selbst. Sie enthält zahlreiche kostbare Buchmalereien u.a. aus der Giotto-Zeit. Viele Handschriften sind mit wunderbaren Initialen versehen. Dass Cusanus, ähnlich wie sein päpstlicher Förderer Nikolaus V., einen ausgesprochenen Sinn für schöne Bücher besaß, beweist die Tatsache, dass er von manchen Werken – außer einer Handausgabe – auch noch eine bibliophile Zweit-Ausgabe besitzt (so z.B. von den Werken des Dionysius Areopagita). Neben seinem Interesse für wertvolle, kostbar ausgestattete Handschriften war Cusanus ein Förderer der jungen Buchdruckerkunst. So enthält die Bibliothek 219 Erst- und Frühdrucke der beginnenden Buchdruckerkunst. Persönlich erworben davon hat Cusanus z.B. noch das 1460 in Mainz gedruckte «Catholicon» des Johannes Balbus, ein alphabetisch geordnetes Nachschlagewerk zur Bibel.

Eine Bibliothek spiegelt nicht nur den Geist der Zeit, sondern immer auch den Geist ihres Besitzers. Das ist bei der Bibliothek des Cusanus besonders auffallend, da er die von ihm benutzten Handschriften intensiv durchgearbeitet und mit eigenhändigen Randbemerkungen versehen hat. So hat er wichtige Gedanken unterstrichen, Begriffe am Rande wiederholt oder kritische Anmerkungen gemacht. Daher können wir noch heute in seiner Bibliothek nicht nur die Werke seiner geistig-philosophischen Ahnen studieren, sondern auch ihren Einfluss abschätzen. Es lohnt sich daher, hier einen Moment innezuhalten.

Von den griechischen Philosophen besaß Cusanus die Schriften des Aristoteles in der Übersetzung von Leonardo Bruni. Die aristotelische Metaphysik (von dem griechischen Erzbischof Bessarion – später römischer Kardinal - übersetzt) und die Nikomachische Ethik ließ Cusanus von Peter von Erkelenz abschreiben. Die Dialoge des Platon besaß Cusanus ebenfalls in der Übersetzung des Leonardo Bruni. Besonders

Abb. 56: Erste Textseite aus der Handschrift des Werkes «De filiatione Dei» (Von der Gotteskindschaft, 1445). Es handelt sich um eine Textseite aus der Buchhandschrift der Werke des Cusaners in der Kueser Bibliothek. Das Werk – mit schöner Initiale und in klarer Handschrift – beginnt mit einer Widmung an den «Confratri Conrado de Wartberg», Kanonikus im Kloster (Stift) Münstermaifeld, dem Cusanus als Propst lange vorstand.

Confratri Conrado de wartberg Canonico monasterii
Meinfelt devoto sacerdoti etc. N. de Cusa prepositus ibidem de
Tandem me compulit studii tui filiatione dei
fervencia ut crebris monitis tuis aliquid responderem.
Sane a me flagitare videris, quid ego de filiacione
dei concipiam, que per ipsum altissimum iohannem theologum
a verbo eterno nobis dari publicatur cum dicit: Quotquot
autem receperunt eum dedit eis potestatem filios dei fieri hiis
qui credunt in nomine eius. Confrater merito colende recipe eo pa
cto id quod occurrit ut non putes me quicquam adicere hiis que in pre
teritis meis legisti conceptibus. Nichil enim in intimis eciam reman
sit precordiis, quod non illis ipsis mandaverim litteris meas qualesque qua
lescumque experimentalibus coniecturas. Forte tu idipsum in dicendis expe
rieris. Ego autem ut in summa dicam non aliud filiacionem dei quam de
ificationem que et theosis grece dicitur estimandum iudico. Theosim vero
tu ipse nosti ultimitatem perfectionis existere que et noticia dei et verbi seu
visio intuitiva vocitatur. Hanc enim ego theologi iohannis sentenciam
esse arbitror quoniam logos seu racio eterna que fuit in principio deus
apud deum lumen dedit homini racionale cum ei spiritum tradidit ad sui simili
tudinem. Deinde declaravit variis admonicionibus videntium prophetarum
atque ultimo per verbum quod in mundo apparuit lumen ipsum racionis esse vi
tam spiritus atque quod in ipso nostro spiritu racionali si receperimus verbum
ipsum divinum oritur filiationis potestas in credentibus. Hec est supra ad
miranda divine virtutis participacio ut racionalis noster spiritus in sua
vi intellectuali hanc habeat potestatem quasi semen divinum sit intellectus
ipse, cuius virtus in credente in tantum ascendere possit ut pertingat ad
theosim ipsam, ad ultimam scilicet intellectus perfectionem hoc est ad ipsam
apprehensionem veritatis, non uti ipsa veritas est obumbrata in figura
et enigmate et varia alteritate in hoc sensibili mundo, sed ut in se
ipsa intellectualiter visibilis. Et hec est sufficiencia ipsa quam ex dono habet
virtus nostra intellectualis que potenciam exit per excitacionem divini verbi in ac
tu apud credentes. Qui enim non credit nequaquam ascendet, sed se ipsum
iudicavit ascendere non posse sibi ipsi viam precludendo. Nichil enim sine
fide attingitur que primo in itinere viatorem collocat. Intantum igitur nostra
vis anime potest succrescere ad perfectionem intellectus stando quantum ipsa cre
dit. Non est igitur usque ad dei filiacionem ascensus prohibitus si fides
adest, et cum filiacio ipsa sit ultimum omnis potencie, non est vis nostra in
tellectualis citra ipsam theosim exhauribilis nec id ullo gradu attin
git quod est ultima perfectio eius citra quietem illam filiacionis lucis
perpetue ac vite gaudii sempiterni. Arbitror autem hanc deificationem
omnem exire modum intuitionis. Nam cum nichil in hoc mundo

interessiert hat ihn der Dialog «Phaidros», was die Randbemerkungen (in Cod. Cus. 177) verraten. Überhaupt dominiert in der Bibliothek des Cusanus der Platonismus. Schon als Student hatte Nikolaus den Proklos-Kommentar zu den Platonischen Dialogen (insbesondere zum Dialog «Parmenides») kennen gelernt. Er hat den Kommentar des Neuplatonikers Proklos außerordentlich intensiv durchgearbeitet, was die Straßburger Handschrift (Cod. Argentorato 84) mit ihren zahlreichen Randbemerkungen beweist. Außerdem besaß er die deutsche Übersetzung des Proklos-Kommentars von der Hand des Dominikaners Wilhelm von Moerbeke. Von den platonischen Dialogen (bzw. ihrer Interpretation durch Proklos) sind starke Wirkungen auf die Werke des Cusaners, insbesondere auf «De docta ignorantia», «De beryllo», «De non aliud» und «De venatione sapientiae» ausgegangen. Die ganz besondere Liebe des Cusaners aber galt dem christlichen Neuplatoniker Dionysius Areopagita (etwa um 50 n.Chr. bzw. ca. 500 n.Chr.). Er besaß die Werke des Dionysius nicht nur in drei verschiedenen Übersetzungen (Cod. Cus. 43 u. 45), sondern auch in einem Prachtband (Cod. Cus. 44). Außerdem enthält Cod. Cus. 96 zugleich den Kommentar des Albertus Magnus zu den Schriften des Dionysius.

Von den Werken der Kirchenväter schätzte und besaß Cusanus vor allem den unparteiischen Ambrosius (340 – 397), den er 1455 kopieren und illuminieren ließ (Cod. Cus. 38). Außerdem enthalten zahlreiche Codices Werke des Hl. Augustinus (354 – 430).

Von den frühmittelalterlichen Philosophen ist der Übersetzer der Werke des Dionysius Areopagita zu nennen, Johannes Eriugena (ca. 810 – 877) mit seinem päpstlicherseits verbotenen Werk «De divisione naturae», das im Codex Addit 11035 (Londoner Handschriften) inhaltlich enthalten ist und offensichtlich Einfluss auf das Werk «De coniecturis» (1441/42) des Cusaners gehabt hat. Von den großen Theologen und Philosophen des Mittelalters finden sich in der Bibliothek des Cusanus u.a. die Werke des universalen Albertus Magnus (1193 – 1280), des großen Scholastikers Thomas von Aquin (1225 – 1274), von Anselm von Canterbury (1033 – 1109), von Bernhard von Clairvaux (1091 – 1153) und von Duns Scotus (1266 – 1308). Eine besondere Vorliebe des Cusanus gilt der Mystik. In der Bibliothek sind insbesondere die Werke des Spaniers Raimundus Lullus (1235 – 1316), (Cod. Cus. 83 mit teilw. eigenhändigen Auszügen) und des deutschen Dominikaners Meister Eckhart (1260 – 1327) vertreten. 1444 gab Cusanus den Auftrag, eine Abschrift des «Opus Tripartium» des Meister Eckhart anzufertigen. Aber auch der Eckhart-Schüler Heinrich Seuse (1295 – 1366) findet sich mit seinem

«Büchlein der Wahrheit» und dem «Büchlein der ewigen Weisheit» in der Bibliothek.

Man erkennt also recht deutlich anhand der Bibliothek die große geistige Ahnenlinie, die von Platon über die Neuplatoniker, dann insbesondere Dionysius Areopagita, Johannes Eriugena, die Scholastiker bis hin zur deutschen Mystik verläuft (vgl. zur zeitlichen Einordnung der einzelnen Denker die synoptische Übersicht im Anhang des Buches).

Von den Bücherschätzen der Bibliothek in Bezug auf andere Fachgebiete (z.B. Bibelerklärungen, Liturgie, kirchliches und weltliches Recht, Geschichte, Humanismus, Literatur, Medizin, Mathematik etc.) sollen nur noch drei herausgegriffen werden, die den universalen Geist des Cusanus und sein starkes naturwissenschaftliches Interesse zeigen. Durch seine zahlreichen Reisen hat Cusanus sich zwangsläufig mit der *Geographie* beschäftigt. So besitzt er denn auch in einer Übersetzung (Cod. Cus. 156) sieben Bände der Geographie des Griechen Strabo (63 v. Chr. bis 20 n. Chr.). Von dem außerordentlichen Interesse des Cusaners an der *Astronomie* zeugen nicht nur die 120 in Sammelbänden vereinigten astronomischen Handschriften in seiner Bibliothek, sondern auch die ältesten erhaltenen astronomischen Geräte Deutschlands. Ein eigenhändiger Kaufvermerk des Cusanus berichtet: «1444 war ich, Nicolaus von Cusa, ... auf dem Reichstag in Nürnberg ... Ich kaufte dort eine ganz große Sphära, ein Astrolabium und ein Turketum, das Buch über den Almagest und fünfzehn andere Bücher für 38 rheinische Gulden.»[142] Die astronomischen Geräte sind noch heute in der Bibliothek zu sehen. Von dem starken Interesse des Cusaners an der Medizin zeugt die Zahl von 18 medizinischen Codices, darunter Schriften von Hippokrates (5. Jh. v. Chr.), Galenus (geb. 131 n. Chr.), Avicenna (980 – 1038) und Averroes (1126 – 1198), während zur selben Zeit die medizinische Fakultät in Paris nur 12 Codices besaß. (Siehe auch die eigene Schrift des Cusaners «Idiota de staticis experimentis», 1450, mit Beispielen aus der Medizin.)

Noch eine andere Gruppe kostbarer Gerätschaften aus dem persönlichen Besitz des Cusaners, die bis heute aufbewahrt werden, seien erwähnt. Es sind die kultischen Geräte des Priesters und Kardinals Nikolaus von Kues, der fast täglich die Messe gefeiert hat. Bei ihnen handelt es sich um ein vergoldetes Ziborium in Türmchenform, einen spätgotischen Kelch und einen aus Italien stammenden Kelch mit zwölf Emailschildern (der eigentliche Kelch des Cusanus). Die kultischen Meßgeräte des knienden Priesters einerseits und die astronomischen Geräte des Naturwissenschaftlers andererseits offenbaren zeichenhaft die kaum zu begreifende seelisch-geistige Spannweite des Nikolaus von Kues.

Abb. 57: Die astronomischen Instrumente des Nikolaus von Kues. Es handelt sich um die ältesten erhaltenen astronomischen Geräte Deutschlands, die ursprünglich schon im Besitz des böhmischen Königshauses waren. Sie haben sich nahezu unbeachtet in der Stille des Kueser Hospitals erhalten, während z.B. die Geräte des Tycho de Brahe in Prag im Dreißigjährigen Krieg verlorengegangen sind. Prof. J. Hartmann/Göttingen hat das Verdienst, die Geräte des Cusaners nach dem ersten Weltkrieg gründlich restauriert und rekonstruiert zu haben. Drei von den vier Geräten, nämlich das Torquetum (ca. 1434, in der Mitte des Bildes), den hölzernen Himmelglobus (um 1300, rechts) und das Astrolabium (ca. um 1300, links vorne) hat Cusanus 1444 während seines Aufenthaltes auf dem Nürnberger Reichstag gekauft (siehe handschriftlichen Kaufvermerk). Das vierte Gerät, ein kupferner Himmelsglobus (links hinten), ist wohl erst im Auftrag des Cusaners angefertigt worden.

Die unschätzbaren Geräte des Cusaners markieren den Übergang von der orientalischen (d.h. arabisch-türkischen) Astronomie und Zeitmesskunde zur abendländischen. Sie belegen zugleich das außerordentliche Interesse des Cusaners an der Astronomie als Vorreiter der aufkeimenden Naturwissenschaft des Abendlandes. Cusanus wird dadurch zum gedanklichen Vorläufer des Nikolaus Kopernikus. Es ist nicht anders denkbar, als dass Cusanus die erworbenen Geräte für seine Beobachtungen auch benutzt hat. Ohne diese Geräte hätte seine Schrift über eine Korrektur der Alfonsinischen Tafeln keine rechte Grundlage. Dennoch hat das Schwergewicht seiner astronomischen Aussagen, insbesondere in «De docta ignorantia» (1440) immer auf der philosophischen Spekulation gelegen. (Vgl. Josef Meurers: Nikolaus von Kues und die Entwicklung des astronomischen Weltbildes. In: MFCG Bd. 4, 1964)

Mit Hilfe des Torquetum («Türkengerät») kann man Höhe, Breite und Länge eines Gestirnes genau ablesen, wodurch in Verbindung mit der Beobachtung der scheinbaren Bewegung der Sonne, des Mondes und der Sterne eine genauere Zeitmessung ermöglicht wird.

Das Astrolabium («Sternfasser») dient ebenfalls dazu, Länge und Breite der Gestirne, d. h. ihre Stellung in Bezug auf die Ekliptik zu bestimmen. Dazu sind in den Messingteller eingraviert: die Gradeinteilung, die Höhenparallelkreise und die Temperalstundenkreise; auf der Rückseite u.a. die exzentrische Tageseinteilung der Sonnenbahn.

Auf dem hölzernen Himmelsglobus ist der Großkreis der Ekliptik (aufgeteilt in 360°) eingraviert. In den Polen der Ekliptik ruhen die Drehzapfen eines drehbaren Messingringes, der den Meridian darstellt. Auf der Oberfläche des Globus sind außerdem die Sterne und die Sternbilder eingeritzt und farbig nachgezeichnet.

Der wohl auf Anregung des Cusaners hergestellte kupferne Himmelsglobus stellt gegenüber dem hölzernen insofern eine Verbesserung dar, als er neben der Ekliptiklinie auch die Äquatorlinie aufweist (beide in Grade eingeteilt und beziffert), wodurch er sowohl ekliptisch als auch äquatorial benutzt werden kann.

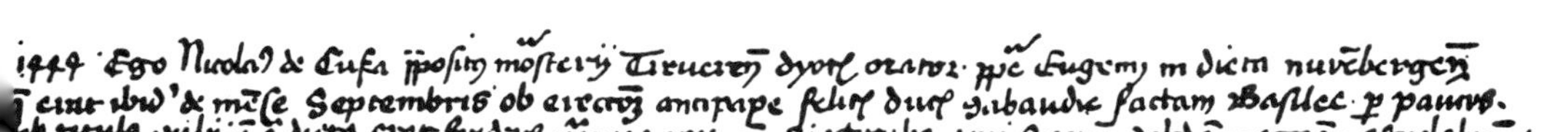

Eigenhändiger Kaufvermerk des Nicolaus Cusanus: «1444 war ich, Nikolaus von Cusa, Propst eines Klosters im Bistum Trier, als Gesandter des Papstes Eugenius auf dem Reichstag in Nürnberg, der dort im Monat September gehalten wurde, weil einige in Basel unter dem Vorwand eines Konzils als Gegenpapst Felix Herzog von Savoyen aufstellten. Auf dem Reichstag war der römische König Friedrich III. mit den Kurfürsten. Ich kaufte dort eine ganz große Sphära, ein Astrolabium und ein Turketum, das Buch über den Almagest und fünfzehn andere Bücher für 38 rheinische Gulden.»

Abb. 58: Die kultischen Geräte des Kardinal-Priesters Nikolaus von Kues – aus den Schätzen der Hospital-Bibliothek. Abgebildet sind das vergoldete Ziborium (Hostienkelch) in Türmchenform mit sechs Strebepfeilern und Helm (rechts hinten), ein spätgotischer Kelch (rechts vorne) und der aus Italien stammende Kelch des Cusanus mit zwölf Emailschildern (links). Aus den Schätzen der Hospital-Bibliothek sind zu sehen: links vorne die zusammengefaltete Stiftungsurkunde des Hospitals mit dem spitzovalen Kardinalssiegel (Urkunde Nr. 41); darüber zusammengefaltet die Urkunde Nr. 77 aus dem Jahr 1485, in welcher Papst Innocenz VIII. die Bestimmungen des Kardinals über die Stiftung bestätigt; in der Mitte vorne liegt aufgeschlagen die Urkunde Nr. 159 vom 30.1.1746, in welcher Papst Benedikt XIV. die Stiftungsurkunden des Kueser Hospitals von 1458 und 1485 bestätigt; darüber in der Mitte sehen wir halb aufgefaltet das endgültige Testament des Nikolaus von Kues vom 6. August des Jahres 1464 in der schönen Handschrift des Peter Wymar von Erkelenz, dessen Notariatssignum verdeckt ist; oben stehend die aufgeschlagene Doppelseite von einem liturgischen Prachtband.

Abb. 59: Der Kelch des Nikolaus von Kues, den er als ‹kniender Priester› fast täglich zum Zelebrieren der Messe benutzt hat.

Das Herzstück der Kueser Bibliothek sind aber natürlich die Werke des Cusanus selber, die in Handschrift und in gedruckter Erstausgabe vorhanden sind. Nikolaus von Kues hat Anfang der sechziger Jahre (1460-64) seine Schriften sammeln und in einer Ausgabe letzter Hand aufschreiben lassen. Zwei dieser prächtig ausgestatteten Bände mit seinen theologischen und philosophischen Schriften (mit Ausnahme der Schrift *De concordantia catholica*), finden sich in Kues (Cod. Cus. 218 und 219). Den einen Band dieser Handschriften (Cod. Cus. 218) hat Peter von Erkelenz geschrieben. Seine Schrift ist uns nicht nur vom endgültigen Testament des Cusanus, sondern auch von vielen Urkunden der Legationsreise 1451/52 her vertraut. Es ist noch heute ein ganz besonderes Erlebnis, diese vor über 500 Jahren mit Tusche auf festem feinem Pergament geschriebene Buchhandschrift in der Kueser Bibliothek in die Hand nehmen zu können.

DAS SCHRIFTLICHE WERK DES NIKOLAUS VON KUES

Zur Periodisierung der Schriften

Die Schriften des Nikolaus von Kues lassen sich nach verschiedenen Zeitperioden gliedern, die eine deutliche Parallele zu den Rhythmen des Lebensganges aufweisen.

Entscheidend ist die Zäsur des 37. Lebensjahres (2. Mondknoten), d.h. die *visio intellectualis,* das philosophische Erleuchtungserlebnis. Die Werke, die Cusanus vor diesem Zeitpunkt geschrieben hat, zeugen von seiner außerordentlichen Begabung, seiner Belesenheit und der Beherrschung der Wissenschaften seiner Zeit. Beispiele dafür sind seine kritischen Quellenstudien, seine ausgefeilten Rechtsgutachten, seine umfangreiche Schrift: «Von der umfassenden Eintracht» (De concordantia catholica, 1433) sowie die in die Zukunft wirkende intelligente Schrift «Von der Kalenderreform» (De correctione kalendarii, 1436). Welch ein Unterschied insbesondere zwischen der kenntnisreichen, klugen Schrift «De concordantia catholica» aus dem Jahrsiebt der ‹Verstandes- oder Gemütsseele› zu dem sieben Jahre später geschriebenen Werk «De docta ignorantia» (1440 vollendet)! Cusanus schreibt nunmehr, im Jahrsiebt der ‹Bewusstseinsseele› stehend, und nach dem Erleuchtungserlebnis ganz aus einer meditativen Stimmung heraus. Bereits im programmatischen Titel von «De docta ignorantia» (Vom wissenden Nichtwissen) erteilt er der bloßen Verstandeswissenschaft eine Absage.

Die trotz aller Unterschiedlichkeit sich ergänzenden Werke «De docta ignorantia» (1440) und «De coniecturis» (1441/42) bilden die bleibende Basis der ganzen späteren Philosophie des Cusaners. Beide Werke sind nicht nur im zeitlichen und gedanklichen Zusammenhang entstanden, sondern auch lehrbriefartig an den Kardinal Cesarini (1388 – 1444), den Studienfreund und kirchenpolitischen Förderer des Cusanus, gerichtet. Beide Werke sind gekennzeichnet durch die erlebte gedankliche Initiation und durch die Suche nach einem angemessenen begrifflichen, geometrischen oder zahlensymbolischen Ausdruck. Während die Schrift über das «Wissende Nichtwissen» («De docta ignorantia») mehr die Darlegung der neuen Erkenntnisweise bildet, führt die Schrift über die Kunst der Mutmaßungen («De coniecturis») deren Erkenntnismethodik auf höherer Stufe fort.

Im Bereich jenseits der Verstandeslogik ist die «Vermutung» oder «Mutmaßung», d.h. die ewige Suche nach genauerer Angleichung an die Wirklichkeit des Geistes, die adäquate Erkenntnismethodik des menschlichen Geistes. Immer stärker kleiden sich in «De coniecturis» die Mutmaßungen des Cusanus selbst in Zahlensymbole, insbesondere in die Urzahlen der Eins, der Drei und der Vier. Manche späteren Schriften erscheinen wie eine Ausgestaltung und Akzentuierung der in «De docta ignorantia» und «De coniecturis» erreichten Grundeinsichten. Daher stellen beide Werke so etwas wie ein *Fundament der Philosophie des Cusanus* dar. Sie sind aber nicht nur Grundlegung, sondern zugleich ein erster Höhepunkt seiner Philosophie. Mit ihnen beginnt der Strom der *meditativen Philosophie* des Nikolaus von Kues.

Die späteren Schriften des Cusanus stellen in diesem Sinne kein geschlossenes philosophisches System dar. Es sind vielmehr einzelne Perlen, zusammengehalten vom roten Gedankenfaden einer meditativen Philosophie. Nur von Zeit zu Zeit verdichten sie sich und bilden Knotenpunkte.

Nach dem Erscheinen von «De docta ignorantia» (1440) und «De coniecturis» (1441/42) folgen Jahre rastloser äußerer Tätigkeit des Cusanus als päpstlicher Legat in Deutschland (1440-48). In diesem Zeitraum entstehen im Wesentlichen kleinere philosophisch-theologische Schriften: «Vom verborgenen Gott» (De Deo abscondito, 1444/45); «Vom Gottesuchen» (De quaerendo Deum, 1445); «Von der Gotteskindschaft» (De filiatione Dei, 1445) sowie «Die Gabe vom Vater des Lichtes» (De dato patris luminum, 1446). Alle Schriften handeln von der Gottesschau des Cusaners und führen die früh gewonnenen Grundeinsichten der «Docta ignorantia» nach zentralen Richtungen der Theologie hin fort und lassen außerdem eine starke Beziehung zur deutschen Mystik erkennen. – Zwei Erkenntniswege des Cusanus sind damit sichtbar: der *Weg der Mutmaßung* als philosophisch-denkerischer Ansatz und der *Weg der Gottessuche* als theologischer Ansatz.

Als zweiter deutlicher Höhepunkt, ja, als entschiedene Steigerung heben sich dann die Schriften am Ende des siebenten Lebensjahrsiebts heraus, nämlich die drei Schriften «Vom Laien» (Idiota); (Spätsommer 1450). Sie entstehen unmittelbar nach der geisterweckenden Begegnung mit einer ‹eingeweihten› Persönlichkeit (dem Laien), die Cusanus in

Rom zuteil wird. Diese Begegnung bewirkt eine Verdichtung und Steigerung der Erkenntniskräfte des Cusanus. In der mittleren dieser Schriften, «Der Laie über den Geist» (Idiota de mente), gelingt Cusanus der relativ geschlossene Entwurf einer Erkenntnistheorie, deren Bedeutung weit über seine Zeit hinausreicht und zum deutschen Idealismus und zur «Philosophie der Freiheit» führt. Die Schrift «Idiota de mente» stellt deutlich das Zentrum der Lehre des Cusaners über den Geist dar.

Das achte Lebensjahrsiebt (1450-57) erscheint im philosophischen Werk des Cusanus fast wie eine Aussparung. Es ist die Zeit der Legationsreise (1451/52) und der kirchenpolitischen Auseinandersetzungen als Bischof zu Brixen (1452-58). Nur aus dem übergroßen Schmerzenserlebnis über den Fall von Konstantinopel (29. Mai 1453) und der dadurch bewirkten Entrückung in die geistige Welt entsteht im gleichen Jahr die Schrift «Über den Frieden im Glauben» (De pace fidei, 1453). Drei Monate später vollendet er am 8. November 1453 die den Tegernseer Mönchen zugedachte Schrift «Von Gottes-Sehen» (De visione dei, 1453), in der er das Mensch-Gott-Verhältnis und den Gedanken der *coincidentia oppositorum* am Beispiel des Bildes des «Allsehenden» symbolisch zusammenfasst. Es ist eine seiner kontemplativsten Schriften.

Wie sehr die meditative Philosophie Nikolaus von Kues in der Lebenspraxis begleitet, zeigt die Tatsache, dass er während der Brixener Kampfesjahre gedanklich an der philosophischen Schrift «Über den Beryll» (De beryllo) gearbeitet hat, die dann, 1458 niedergeschrieben, die Reihe der tiefgründigen philosophischen Werke des letzten Lebensjahrsiebts eröffnet.

In diesem Zeitraum entsteht eine Reihe von philosophischen Schriften, die besonders in den letzten beiden Lebensjahren des neunten Lebensjahrsiebts (1463/64) kumulieren. Man kann hier von einem dritten Höhepunkt der Cusanischen Philosophie sprechen. Er selbst hat die letzte seiner Schriften auch so genannt: «Vom Gipfel der Betrachtung», (De apice theoriae, 1464). Es scheint, als ob Cusanus bei seiner philosophischen «Jagd nach der Weisheit» - so heißt auch eine Spätschrift: (De venatione sapientiae, 1463) wirklich die Ernte einzubringen vermag. Ganz deutlich bringt er z.B. durch die Schriften «Von der Gleichheit» (De aequalitate, 1459), «Vom Können-Sein» (De possest, 1460), und «Vom Nichtanderen» (De non aliud, 1462) noch einmal Begriffe ins Spiel, die das philosophische Gedankeninstrumentarium merklich erweitern. Auch wird seine Sprache stellenweise immer bildträchtiger und kleidet sich in gleichnishafte Rätselbilder und Spiele wie z.B. in der Spätschrift «Vom Globusspiel» (De ludo globi, 1463), in der er seine Philosophie in Form eines von ihm selbst erfundenen Kugel-Wurf-Spieles symbolisch zusammenfasst. Alle Schriften des letzten Lebensjahrsiebts sind Perlen besonderer Art, und es hängt letztlich vom persönlichen Zugang des Lesers und Interpreten ab, in welcher dieser Perlen er einen Höhepunkt Cusanischer Philosophie erblickt. Für die hier verfolgte, mehr erkenntnistheoretische Fragestellung ist gewiss diejenige Schrift von ganz besonderer Bedeutung, die er selbst nach einem Edelstein genannt hat, nämlich nach dem «Beryll» (De beryllo, 1458), der zum Zwecke des schärferen Erkennens zur Brille für das Geistesauge geschliffen wird. Es handelt sich um eine aus einem Briefwechsel mit den Mönchen am Tegernsee hervorgegangene Schrift von einzigartiger Schönheit.

Die in der Übersicht aufgeführten philosophisch-theologischen Schriften machen aber nur einen Teil des Gesamtwerkes aus. Daneben existieren zahlreiche kleinere Schriften, vor allem zur Mathematik, Geometrie und Astronomie. Genannt seien hier stellvertretend für die zwölf mathematischen Schriften des Cusaners:

Aus der ersten Periode (1445 – 50): «De geometricis transmutationibus» (1445, Toscanelli gewidmet) und «De circuli quadratura» (1450);

Aus der zweiten Periode (1453 – 55): «De mathematicis complementis» (1453/54, Hauptwerk);

Aus der dritten Periode (1457 – 59): «Dialogus de circuli quadratura» (1457), «De caesarea circuli quadratura» (1457) und «De mathematica perfectione» (1458).[143]

Außerdem sind etwa 300 Predigten des Cusanus aus den Jahren 1431 – 1464 erhalten. Seine Schrift «De figura mundi» (1462) gilt als verloren.

Die tabellarische Übersicht auf der nächsten Doppelseite über die philosophisch-theologischen Schriften des Cusanus stellt den Versuch dar, sie nach ihrer Entstehungszeit den Rhythmen des Lebensganges zuzuordnen. Dadurch wird eine deutliche Gliederung erkennbar.

Zur Entstehung der Schriften

Die Schriften des Cusanus sind im Vergleich zu dem philosophischen Gesamtgebäude eines Thomas von Aquin, eines Anselm von Canterbury, eines Spinoza u.a.m. eine lockere Folge von Abhandlungen, Dialogen und Briefen, die oftmals lehrbriefartig persönlichen Freunden und Förderern gewidmet sind. So gesehen hat Cusanus überhaupt keine theoretischen philosophischen Bücher geschrieben. Cusanus war eben nicht Mönch und Ordensmann wie die meisten der großen christlichen Philo-

Tabelle 3: Zeitliche Periodisierung der wesentlichen philosophischen und theologischen Schriften des Nikolaus von Kues in Zusammenhang mit seiner Biographie

1432	*Cusanus wird Teilnehmer des Basler Konzils; er steht noch vor seiner Lebensmitte und schreibt noch primär als scharfsinniger Kirchenjurist. ‹Verstandesseelen-Zeit› (vorphilosophische Periode).*
1433	Von der umfassenden Eintracht (De concordantia catholica)
1433	Von der Kommunion in beiderlei Gestalt (De communione sub utraque specie)
1436	Von der Kalenderverbesserung (De correctione kalendarii)
1436	*Lebensmitte und Lebenswende auf dem Konzil zu Basel. ‹Bewusstseinsseelen-Zeit›*
1438	*Cusanus 37 Jahre alt: 2. Mondknoten. Visio intellectualis; philosophisches Erleuchtungserlebnis auf dem Meer; Grundlegung der Geistphilosophie und theologisch-philosophische Frühwerke.*
1440	Von der gelehrten Unwissenheit (De docta ignorantia)
1441/42	Von den Mutmaßungen (De coniecturis)
1445	Vom verborgenen Gott (De Deo abscondito)
1445	Vom Gottessuchen (De quaerendo Deum)
1445	Von der Gotteskindschaft (De filiatione Dei)
1446	Die Gabe vom Vater des Lichtes (De dato patris luminum)
1447	Dialog über die Schöpfung (Dialogus de genesi)
1449	Verteidigung der wissenden Unwissenheit (Apologia doctae ignorantiae)

1450	*Cusanus 49 Jahre alt. Innerer und äußerer Lebenshöhepunkt, Begegnung mit einem ‹eingeweihten› Laien. Ausführung der Geistphilosophie und Erkenntnistheorie.*
1450	Der Laie über die Weisheit (Idiota de sapientia) Der Laie über den Geist (Idiota de mente) Der Laie über die Versuche mit der Waage (Idiota de staticis experimentis)
1453	*Cusanus erfährt durch ein Schmerzerlebnis (Fall von Konstantinopel) eine Geistentrückung. Theologisch-philosophische Werke der Reifezeit*
1453	Über den Frieden im Glauben (De pace fidei)
1453	Von Gottes Sehen (De visione Dei)
1457	*Cusanus 56 Jahre alt; 3. Mondknoten. Lebensbedrohung und Todesnähe, Beginn des weisheitsvollen letzten Lebensjahrsiebts. Philosophische ‹Ernte›*
1458	Über den Beryll (De beryllo)
1459	Vom Ursprung (De principio)
1459	Von der Gleichheit (De aequalitate)
1460	Vom Können-Sein (De possest)
1461	Sichtung des Korans (Cribratio Alkorani), begonnen 1441
1462	Vom Nichtanderen (De non-aliud)
1463	Vom Globusspiel (De ludo globi)
1463	Von der Jagd nach der Weisheit (De venatione sapientiae)
1464	Kompendium (Compendium)
1464	Vom Gipfel der Betrachtung (De apice theoriae)
1464	*(11. August) Cusanus stirbt 63jährig in Todi/Italien*

sophen des Abendlandes. Ihm stand nicht die klösterliche Stille einer Mönchszelle zur Verfügung. Cusanus war Weltgeistlicher und Kirchenfürst, der sich in einem rastlosen Leben auf vielen unsäglich mühsamen Reisen im Dienste der Kirche zu verzehren schien.

Einen guten Teil seines Lebens hat Cusanus im Sattel, quer durch Mitteleuropa reitend, zugebracht. In dieser Rastlosigkeit ähnelt sein Schicksal dem Wanderleben des Albertus Magnus. Für die Niederschrift seiner Schriften blieben Cusanus ob seiner Arbeitslast als Kirchenpolitiker nur die mühsam ausgesparten Mußestunden seines Lebens. Cusanus hatte auch kaum die Zeit, umfänglichere Bücher (wie z.B. die «Summae» des Thomas) niederzuschreiben. So entstehen seine Schriften als Einzelabhandlungen, die er in oftmals außerordentlich kurzer Zeit geschrieben oder diktiert hat. Die Niederschrift der Dialoge über den Laien in den acht Wochen vom 15. Juli bis zum 13. September 1450 ist ein hervorragendes Beispiel dafür. Cusanus ist auch kaum dazu gekommen, seine Schriften zu überarbeiten. Und doch sind seine Schriften alles andere als schnell hingeworfene Zufallsprodukte. Es sind geistige Perlen und Edelsteine. Hinter ihnen steht nicht nur die umfassende Kenntnis der gesamten abendländischen Philosophie, sondern vor allem die jahrelange, stetige meditative Übungsarbeit, dieses äußere Wissen zu einem inneren Leben zu erwecken. Die philosophischen Schriften des Cusanus sind ganz deutlich das Ergebnis seiner ununterbrochenen Gedankentätigkeit, seines jahrelangen meditativen Umganges mit den dargestellten Inhalten. Nur weil er die Ideenwelt seiner Schriften jahrelang durchdacht und meditativ erübt hat, können diese Schriften dann in so kurzer Zeit entstehen. Dieser Strom einer meditativen Philosophie hält bis in die letzten Lebensjahre des Cusaners an.

Gerade die Schriften des letzten Lebensjahrsiebts stehen auf der Höhe der geistigen Konzentration und zeugen von meditativem Ernst. Sie sind ungetrübt von allen kirchenpolitischen Enttäuschungen, Rückschlägen und Niederlagen, die Cusanus erleidet.

Dabei hat Cusanus aber kaum für ein großes weltliches Publikum geschrieben. Vielmehr schreibt er für kleine esoterische Mönchskreise, die seine Schriften intensiv studieren, abschreiben und in Umlauf bringen. Mit diesen gelehrten Mönchszirkeln (insbesondere den regulierten Augustinern, den Kartäusern und Benediktinern) philosophiert Cusanus, steht mit ihnen zuweilen auch in Briefkontakt wie mit den Benediktinern am Tegernsee, denen einige Schriften gewidmet sind (Von Gottes Sehen; Vom Beryll; Vom Können-Sein). Dass Cusanus aber ein philosophisches Werk von hoher Spiritualität schafft, und zwar gerade nicht als

Mönch in der Klosterzelle (obwohl eine solche im Benediktiner-Kloster am Tegernsee, in der Karthause «Beatusberg» bei Koblenz und im St. Nikolaus-Hospital in Kues als möglicher ‹Altersruhesitz› immer für ihn bereit stand), sondern als eine mitten in den Auseinandersetzungen der Zeit stehende Persönlichkeit, das stellt ein sehr modernes und zukunftsträchtiges Element dar.*

Zur Form und Sprache der Schriften

Nimmt man die philosophischen Schriften des Cusaners zur Hand, so überrascht die *Lebendigkeit* der Sprache. In Form und Sprache heben sich die Schriften des Cusaners damit auf das deutlichste von der Philosophie seiner Zeit ab. Bei Letzterer handelt es sich ja um die zur Lehrmeinung verfestigte Schulphilosophie des Mittelalters: die Spät-Scholastik. Nun ist Cusanus selbstverständlich ein hervorragender Kenner der Scholastik. Aber er «begibt sich auf den Weg, von dem Wissen, das man in den einzelnen Wissenschaften erwirbt, selbst zu den inneren Erlebnissen aufzusteigen. Es ist kein Zweifel, dass die vorzügliche logische Technik, welche die Scholastiker ausgebildet haben und für die Nikolaus erzogen war, ein treffliches Mittel bietet, zu inneren Erlebnissen zu kommen ...»[144]

Dieser innere Weg, auf den Cusanus sich begibt, findet auch äußerlich in Form und Sprache seiner Schriften seinen Ausdruck. Cusanus schreibt nicht mehr in der scholastischen Form des Disputes mit ‹Quaestionen› und ‹Responsionen›. Diese Technik des ‹Syllogismus›, diese erstarrte Logik und Gedankenarchitektur ist bei Cusanus der freien Prosadarstellung, dem lehrbriefartigen Traktat, der lebendigen Briefform oder dem schöpferischen Gespräch in der Art der platonischen Dialoge gewichen. Dazu passt es auch, dass fast alle Schriften des Cusaners einen unmittelbaren persönlichen Bezug zu konkreten Menschen aufweisen. So sind eine ganze Reihe von lehrbriefartigen Abhandlungen Freunden und Förderern gewidmet, mit denen er in einem seelischen

* Dass sich nicht nur in der ‹Klosterzelle› oder der einsamen ‹Berghütte am Mont Blanc› oder dem ‹Ashram› ein meditatives Leben entfalten lässt, dafür gibt es auch moderne Beispiele: so z.B. der christliche Mystiker Dag Hammarskjöld (1905 – 1961) als einstiger Generalsekretär der UN oder der Dalai Lama (geb. 1935), der als reisender tibetischer Diplomat und zugleich geistliches Oberhaupt Tibets täglicher Meditant ist.

Zusammenhang steht, so zum Beispiel dem Kardinal Cesarini, dem Mitkanonikus Konrad von Wartberg, dem Sekretär Peter von Erkelenz, dem Bischof Gerard etc. In anderen Schriften treten die Personen, die Cusanus geistig nahe stehen, direkt namentlich oder doch indirekt erkennbar als fragende oder antwortende Gesprächspartner auf. Man spürt, dass die Schriften des Cusaners geistig durch diese Menschen angeregt worden sind und in einer Art von innerem Zwiegespräch besonders für sie geschrieben wurden. Dieser persönliche Bezug verleiht den Werken des Cusaners eine starke innere Wärme und Lebendigkeit.

Ganz besonders gerne gibt Nikolaus von Kues daher seinen Schriften die dialogische Form (z.B. den drei Schriften «Vom Laien», 1450). Gerade im *Dialog* vermag die entbindende Frage die geistige Freiheit zu schaffen für eine schöpferische Gedankenbewegung in Richtung auf das gemeinsame Ziel. Wie sehr es Cusanus um diese gemeinsame Denkbewegung, um das innere Denkerlebnis geht, zeigt exemplarisch die Gestalt des Laien aus den Idiota-Dialogen, dessen scheinbar einfältige Reden uns über den Geist belehren. Die Gestalt des Laien (Idiota) stellt eine Absage an das aufgeblähte, erstarrte Schulwissen der Spät-Scholastik dar. Zum anderen mag man die Gestalt des ‹Gottesfreundes› der deutschen Mystik in ihm erblicken. Ihm ist das Wissen über den Geist nicht bloße Verstandeslogik, sondern *inneres Erlebnis* geworden. So wie im Jahre 1346 der ‹Gottesfreund vom Oberland› als namenloser Laie zu dem berühmten Dominikanerprediger Johannes Tauler nach Straßburg kam und ihm zeigte, dass seine Predigtworte nur wie von außen gesprochen sind, und dass nicht das Wesen der Dinge selbst in ihnen rede[145], so belehrt in den Idiota-Dialogen der löffelschnitzende Laie den berühmten Philosophen über den Geist. Dass hinter der Gestalt des Laien auch die Schicksalsgnade der persönlichen Begegnung mit einer eingeweihten Persönlichkeit steht, ist angedeutet worden.

Die Sprache, die Cusanus schreibt, ist nicht leicht zugänglich. Sein Latein wurde schon von den Zeitgenossen als nicht einfach empfunden.

Abb. 60: Textseite aus den mathematischen Schriften des Nikolaus von Kues. Die Seite stammt aus dem Erstdruck der Werke des Cusaners, dem Straßburger Druck von 1488 (verlegt und gedruckt bei Martin Flach). Auffällig ist, dass der frühe Druck dem Schriftbild nach noch sehr stark an eine Buchhandschrift erinnert, aus der ja Gutenberg auch den Buchdruck entwickelt hat. Charakteristisch für Cusanus sind die geometrischen Zeichnungen. Er beschäftigte sich zeitlebens mit Mathematik und Geometrie, um eine symbolhafte Ausdrucksweise für seine philosophischen Gedankengänge zu gewinnen.

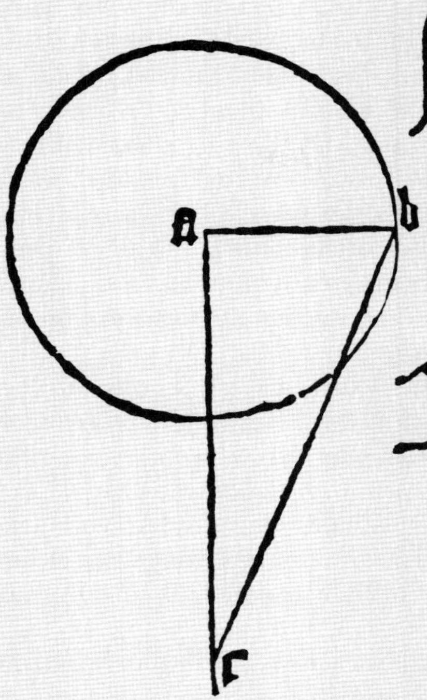

SIc pariformiter in conicis si a.b.c. triangulus cuius angulus.b.a.c. rectus super .a.c. revolvitur. et b.c. latus fuerit duplum ad.a b. equabitur illa conica superficies priori columnari. et si feceris circulum cuius semidiameter dupla foret ad .a.b. eius superficies plana equabitur ambabus columnari et conice simul.

NAm ex his si circumferentialis linea circuli in rectam redigeretur et duceretur in ipsam semidiameter: superficies quadrangula que surgeret dupla foret ad circularem cuius erat circumferentia. Nam hec ductio motus esset ubi ambo terminales puncti equaliter moverentur. sed constructio circuli ex motu eiusdem linee altero puncto stante oritur. recte igitur dictum est a multis quod ductio seu multiplicatio semidiametri in semicircumferencialem lineam efficiat superficiem equalem circulo.

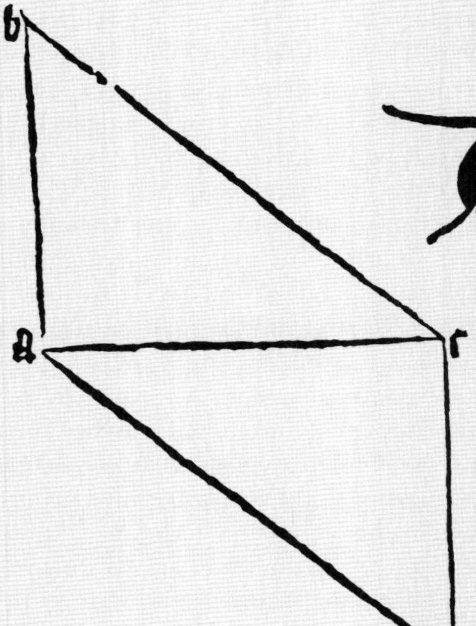

ADhuc est alius motus compositus scilicet progressionis et descensionis ut in figura. Nam ut concipis a.b. movetur duplici motu super a.c. scilicet continue progrediendo et simul descendendo equaliter erit mensura progressionis a.c. descensionis a.b. et descensionis et progressionis simul b.c. in quanto enim tempore progreditur de a. in c. in tanto descendit b. per b.c. ut veniat in c. et exoritur figura a.b.c.d. et b.c. in se complicat duplicem motum descensionis.a.b. et progressionis.a.c. quare potentia .b.c. est ut a.b. et a.c. Et hoc nota quomodo ex motu linee simul oriuntur duo trianguli et quadrangulus.

Doch man spürt dieser Sprache auch noch in der deutschen Übersetzung das Ringen um die geistigen Inhalte an. Weil Cusanus oft das Ungenügen der Sprache als Instrument des Geistes empfand, schafft er eigene, ungewöhnliche Ausdrücke, wie z.B. das «Possest» (Können-Sein) oder das «Non-aliud» (Nicht-andere). Viele Begriffe gebraucht er in einem ganz spezifischen Sinngehalt, so z.B. «Aequalitas», die Gleichheit als spekulativer Name für Christus, der nach H. Schwaetzer (2000) einen eigenen christologischen Erkenntnisansatz impliziert.[146] Die letztgenannten drei Begriffe sind charakteristischerweise spekulative Gottesnamen, d.h. symbolische Annäherung an die unaussprechbare Wesenheit Gottes.

Man bemerkt deutlich, dass Cusanus mit der Sprache an eine Grenze kommt. Daher bedient er sich häufig symbolischer Rätselbilder («Aenigma»), geometrischer Figuren oder der Zahlen als Symbole, um auszudrücken, was die Sprache nicht mehr ausdrücken kann. Der Sprache des Cusaners ist aber eine eigenartige, unvergleichliche philosophische Stimmung eigen. Ja, in manchen Dialogen verdichtet sich seine Sprache zu einer geradezu imaginativen Bildhaftigkeit, z.B. in «De visione Dei» (1453).

Zentrale Schriften des Cusanus entstehen nach einschneidenden geistigen Erlebnissen: So das Hauptwerk «De docta ignorantia» nach dem Erleuchtungserlebnis auf dem Meer (1438); die Idiota-Dialoge nach der Begegnung mit dem ‹eingeweihten Laien› (1450) und die beiden Schriften «Vom Frieden im Glauben» (De pace fidei) und «Vom Sehen Gottes» (De visione Dei) nach dem Schmerzenserlebnis über den Fall von Konstantinopel (1453). Andere Schriften entstehen in schwierigen Lebenssituationen, so «Vom Beryll» (De beryllo) auf Burg Buchenstein (1458). Dieser Entstehungsumstand einer äußersten biographischen Verdichtung ist bis in die Sprache hinein bemerkbar als eine Öffnung zum Transzendenten. So geht die Sprache des Cusanus in den genannten Werken immer wieder nahtlos ins Gebet über, und das Gebet seinerseits wird verdichtet zu mantrischen Wortprägungen (z.B. in «De visione Dei»).

Wie sehr Cusanus um die Adäquatheit der Sprache gerungen hat, zeigen seine über 300 erhaltenen Predigtentwürfe in lateinischer Sprache. Gehalten aber hat Cusanus seine Predigten vor dem Volk in deutscher Sprache. Während seiner Legationsreise 1451/52 hat er oft zweimal am Tag gepredigt, und die Chroniken berichten von der großen Ausstrahlungskraft des Nikolaus von Kues als einem Mann des Wortes. So war Cusanus auf jedem Gebiet ein Diener des ‹Logos›.

ZWEITER TEIL:

DIE LEHRE VOM GEIST

BEWUSSTSEINSGESCHICHTLICHE GRUNDLAGEN DER PHILOSOPHIE DES NIKOLAUS VON KUES

Zum bewusstseinsgeschichtlichen Standort

So wie es notwendig ist, die Biographie des Cusanus aus den Zeitumständen seines Jahrhunderts als eines solchen des völligen Umbruches zu verstehen, so ist auch seine Philosophie nur aus dem bewusstseinsgeschichtlichen Umschwung des Übergangs von der 4. der griechisch-lateinisch-mittelalterlichen zur 5., der neuzeitlichen Kulturepoche zu verstehen.

Versucht man einmal die Bewusstseinsgeschichte der Menschheit entsprechend dem Gang der Kulturepochen skizzenartig in symbolischen Figuren zu versinnbildlichen, so können sich die folgenden «Bewusstseinsfiguren» (Abb. 61, S. 188/89) ergeben.[147] Sie charakterisieren den unausgesprochenen Erlebnishintergrund der jeweiligen Bewusstseinsstufe. Diese Figuren sind symbolische Figuren auch im Sinne des Cusaners, d.h. es sind eigentlich meditativ anzuschauende Figuren. Dazu ist es vom Methodischen her notwendig, dass diese Figuren beweglich zu denken sind. Sie sind im Sinne einer kontinuierlichen Verwandlung als ineinander übergehend vorzustellen, so dass eine innerlich bildhafte Metamorphosenreihe entsteht. Jede einzelne Figur ist dabei nur wie eine Momentaufnahme eines prozessualen Geschehens. In dieser Ausschnitthaftigkeit symbolisiert sie aber einen jeweils typischen Bewusstseinszustand aus dem fließenden Strom der Bewusstseinsentwicklung der Menschheit.

Beim Betrachten der Figuren ist es wichtig, dass man die Ineinanderverwandlung der Figuren wirklich vollzieht und die sich dabei einstellende Empfindungsnuance innerlich erlebt, also wie z.B. beim Übergang vom Kreis zur Ellipse ein dramatischer Spannungsmoment (eine Polarität, eine Dualität) auftaucht, wie beim Einschnüren der Ellipse zur Lemniskate ein gewisses zusammenziehendes Schmerzempfinden entsteht oder wie das Harmonieempfinden, das sich bei der Lemniskate eingestellt hat, wiederum einem schmerzhaften Trennungserleben weicht

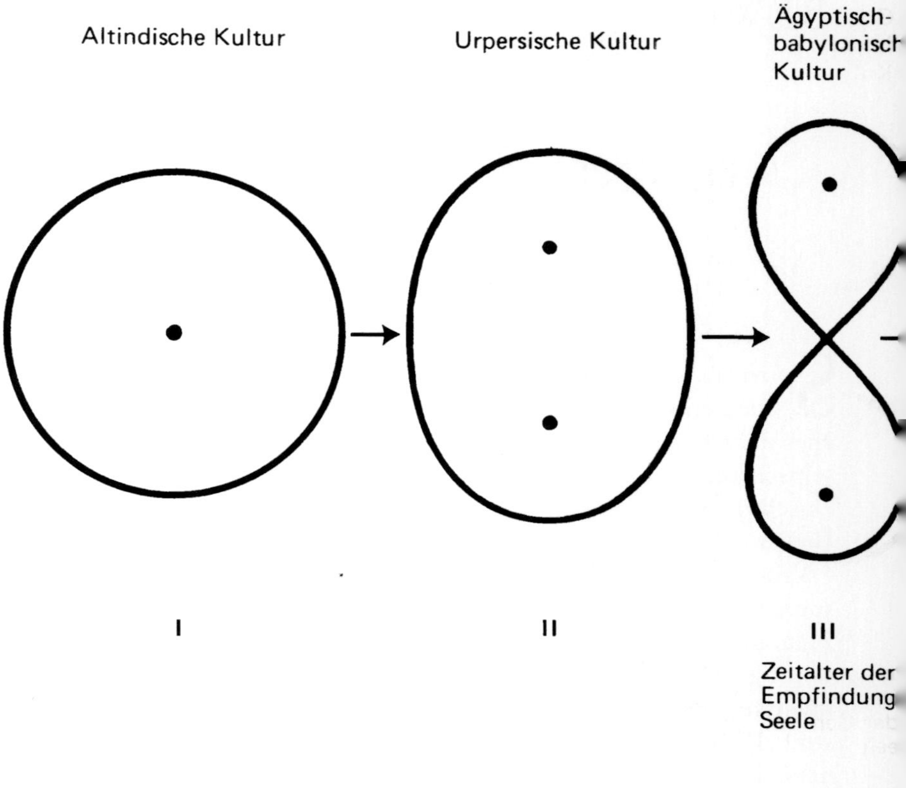

Abb. 61: Bewusstseinsfiguren. Sie symbolisieren den Bewusstseinszustand des Menschen der einzelnen Kulturepochen, insbesondere das jeweilige Verhältnis von Innenwelt und Außenwelt, Subjekt und Objekt. Die Figuren sind beweglich zu denken und im Sinne einer kontinuierlichen Verwandlung (Metamorphose) ineinander übergehend vorzustellen. Jede einzelne Figur ist nur wie eine Momentaufnahme eines prozessualen Geschehens. Man sollte die Verwandlungen der Figuren erleben und die sich dabei einstellende Empfindungsnuance innerlich wahrnehmen.

beim «Abnabeln» der beiden Lemniskatenteile voneinander, die zu selbständigen Einzelkreisen werden.

Zum Übungsaspekt mit solchen mathematisch-sinnbildlichen Figuren führt Rudolf Steiner in seinem Vortrag zum vierten internationalen Philosophie-Kongress in Bologna aus: «Besonders bedeutungsvoll können mathematische Gebilde werden, insofern in ihnen *Sinnbilder von Weltvorgängen* gesehen werden können. Ein gutes Bei-

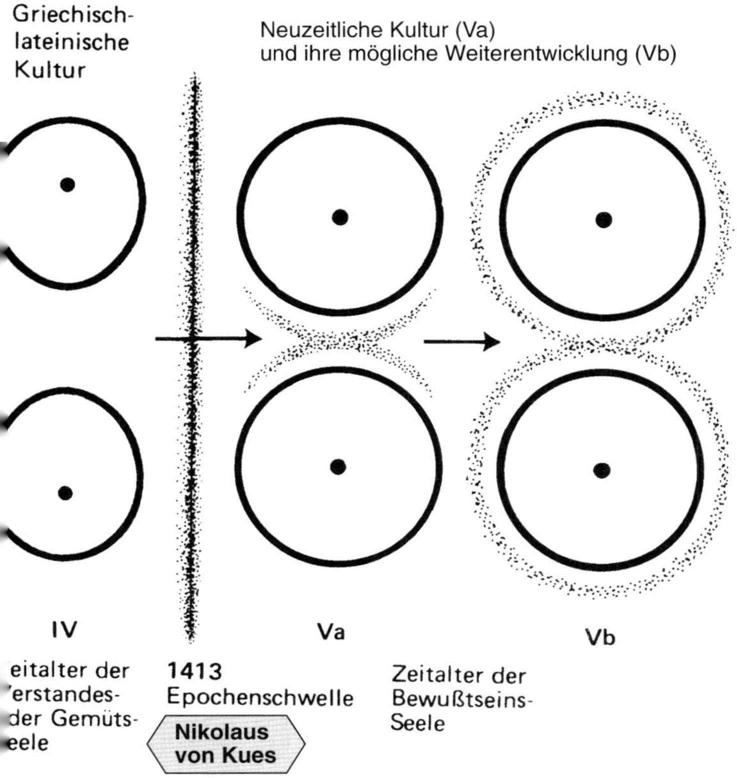

spiel ist die sogenannte ‹Cassinische Kurve› mit ihren drei Gestalten, der ellipsenähnlichen Form, der Lemniskate und der aus zwei zusammengehörigen Ästen bestehenden Form. Es kommt in einem solchen Falle darauf an, die Vorstellung so zu erleben, dass dem Übergang der einen Kurvenform in die andere entsprechend mathematischer Gesetzmäßigkeit gewisse Empfindungen in der Seele entsprechen.»[148]

Diese innerlich wahrnehmbaren Erlebnisse können eine Hilfe sein, um sich an den im Folgenden zu charakterisierenden Bewusstseinszustand der jeweiligen Epoche heranzutasten.

Die *Figur I* (der nur in *einem* Punkt ruhende und zentrierte Kreis) charakterisiert den ältesten Bewusstseinszustand der Menschheit. Es ist ein absolutes Sich-eins-Fühlen mit der Welt, sowohl der sinnlichen wie der geistigen Welt. Eine Trennung zwischen dem Ich des Menschen und den Gegenständen der Welt ist noch nicht vorhanden. Gedanke und Welt, Ich und Gottheit sind noch eins. Es ist ein mythologisches Bewusstsein des All-Eins-Seins und des All-Eins-Fühlens (absoluter Monismus). R. Steiner charakterisiert diesen Bewusstseinszustand folgendermaßen: «In dieser älteren Weisheit der Menschen gab es keinen Widerspruch zwischen Leib und Seele, keinen Widerspruch zwischen Natur und Geist, denn man wusste: Geist ist in seiner Urgestalt im Menschen … der Leib ist das Abbild des Geistes … Man sah in jedem Körper draußen ein Abbild des Geistes.»[149] Zeitlich findet sich dieser Bewusstseinszustand in der *alten indischen Kultur*, so wie sie in den Veden und in der Bhagavadgita als letzte Ausläufer fassbar wird. Aber auch in allen vorbegrifflichen, mythologischen Bewusstseinszuständen einzelner Völker findet sich diese Stufe wieder. Ebenso ist es der Bewusstseinszustand des kleinen Kindes, etwa bis zum dritten Lebensjahr (vor dem Auftauchen der Selbstbezeichnung «Ich»).

Figur II (die bereits durch *zwei* Brennpunkte gekennzeichnete Ellipse) charakterisiert die erste Bewusstseinsdifferenzierung in eine Zweiheit, wodurch auch ein erstes Gegenstandsbewusstsein entsteht, ohne dass aber das Empfinden des ‹Sich-eins-Fühlens› schon völlig verloren ginge. Die Ellipse umschließt eben noch beide Brennpunkte. Jedoch wird ein sehr viel stärkeres Ergreifen der Welt als eines selbständigen Gegenüber möglich, d.h. durch die Spannung der Polarität wird ein aktiver Willensimpuls hervorgerufen. Diese Bewusstseinsdifferenzierung wurde empfunden als Ausdruck einer Weltenpolarität. In der *urpersischen Kultur* bezeichnete man diese polaren Prinzipien als «Ahura-Mazdao» und «Ahriman», den Gott des Lichtes und den Gott der Finsternis. Es handelt sich aber auch um menschliche Denk- und Bewusstseinsprinzipien.

Figur III (die sich einschnürende Ellipse, die zur Lemniskate wird) charakterisiert die immer stärkere Abschnürung des langsam zum Ichbewusstsein erwachenden Menschen von der in der Welt waltenden Geistigkeit. Diese Abschnürung wird in der *babylonischen, sumerischen und ägyptischen Kultur* geradezu wie ein Schmerz erlebt. Dadurch tritt das starke Empfinden des Todes auf. Die Ausrichtung des irdischen Lebens auf das nachtodliche Leben im Geistigen, die gewaltigen Grabanlagen, die Totentempel und der Mumienkult im alten Ägypten sind ein äußerer Ausdruck dieses Bewusstseinszustandes. Von einem eigentlichen begrifflichen Gedankenleben im heutigen Sinne aber kann auch in dieser Bewusstseinsepoche noch nicht die Rede sein. Vielmehr erlebt die menschliche Seele noch *Bilder* anstelle von Worten. Auch alles Erleben der gegenständlichen Außenwelt verläuft noch vorwiegend in Bildern und nicht in Worten und Gedanken. Dies findet etwa in der Bilderschrift der Hieroglyphen und in der überbordenden Bilderfülle der Tempel und Gräber Altägyptens seinen äußeren Ausdruck. Dieses mythologisch-imaginative Bildbewusstsein erscheint in Ägypten wie ein allerletzter Nachklang eines einstigen ‹Bilder-Hellsehens› der vorgeschichtlichen Menschheit. – Mit dem Übergang von Ägypten nach Griechenland klingt dieses Bewusstsein nach und nach aus, und es geht für das Erleben der menschlichen Seele das Bild allmählich immer stärker in den *Gedanken* über.

Figur IV (die beiden abgenabelten Lemniskatenteile) charakterisiert die volle Ausbildung des dualen Bewusstseins, wobei der einstige Zusammenhang zwischen Ich und Welt, Geist und Materie, Göttlichem und Irdischem noch wie ein Nachklang nachwirkt, so wie die beiden Lemniskatenteile noch erkennen lassen, dass sie einmal zu einer größeren einheitlichen Figur gehört haben. Es ist deutlich, dass eigentlich erst in dieser Bewusstseinsstufe ein Gedankenleben entstehen kann. Dieses setzt ja immer ein Gegenüberstellen von Erkennendem und Erkanntem, von Innen und Außen, von Subjekt und Objekt voraus. Als daher die Menschheit beim Übergang von Altägypten nach Griechenland diese Bewusstseinsstufe erreicht, entsteht die in Gedankenform auftretende Philosophie. Das menschliche Gedankenleben wird im alten Griechenland geboren (8.-6. Jh. v. Chr.), und zwar zunächst so, dass es aus dem alten sinnbildlichen Erleben der Außenwelt hervorgeht. Ein mythologisches Bild dafür ist die Geburt der Göttin Athene aus dem Haupte des Zeus. Mit dieser Entstehung hängt es zusammen, dass das Gedankenerleben bei den griechischen Naturphilosophen, den Vorsokratikern, noch so ist, dass der Gedanke wie eine von außen gegebene Sinneswahrnehmung empfunden wird und noch nicht als innerlich gebildeter Begriff.

Erst langsam – im Laufe der folgenden Jahrhunderte – wird der Mensch als Individuum so selbständig gegenüber dem Geistigen, dass er den bildlosen Gedanken als etwas selbständig vom einzelnen Menschen Hervorgebrachtes empfindet. Ja, der Gedanke wird in seiner Bildlosigkeit seinerseits nun geradezu ein Erzieher zur Selbständigkeit des Menschen. «Jetzt entstand der Gegensatz zwischen Leib und Seele, Mensch und Natur … Und dieser Gegensatz, er bildet im Grunde genommen den Kerninhalt alles Denkens in der Zeit … [bis zu] Nikolaus Cusanus … Damit aber beginnt überhaupt erst die neuere Zeit des menschlichen Denkens.»[150]

In seinem Buch «Die Rätsel der Philosophie» (1914) weist R. Steiner in der Einleitung (Zur Orientierung über die Leitlinien der Darstellung) darauf hin, dass das menschliche Gedankenleben innerhalb der *griechisch-lateinischen Doppelkultur* (Figur IV) von seiner Geburt im alten

Griechenland (zwischen 800 und 600 v. Chr.) bis zur Zeit des Nikolaus von Kues wiederum etwa drei kleinere Entwicklungsschritte durchläuft:[151] 1. Die gekennzeichnete griechische Epoche (800 v.Chr. bis Christi Geburt: Gedanke als Wahrnehmung); 2. die Epoche des frühen Christentums (bis Johannes Eriugena, † ca. 877 n. Chr.), in welcher der Gedanke sich mehr in der Wärme des religiösen Bewusstseins weiterentwickelt (Gemütsseele); und 3. die eigentlich mittelalterliche Epoche bis Nikolaus von Kues (Zeit von Realismus und Nominalismus, Mystik und Scholastik), in welcher das *Gedankenleben als etwas vom Menschen bewusst selbst Erzeugtes* hervortritt und den Menschen mit Selbständigkeit und persönlichem *Selbstbewusstsein* erfüllt (Verstandesseele). Zugleich damit aber beginnt der Mensch immer stärker über die geistige Realität seines eigenen Gedankenlebens und dessen Zusammenhang mit dem Göttlich-Geistigen der Welt nachzudenken, weil das unmittelbare Erlebnis dieses Zusammenhanges langsam verloren geht. Immer dünner wird mit der Ausbildung des Persönlichkeitsimpulses und des dualen Bewusstseins der Zusammenhang zwischen Geist und Materie, zwischen Mensch und Gott, zwischen Physik und Metaphysik. Stets deutlicher wird das Bedürfnis, dem selbst hervorgebrachten Denken Sicherheit zu geben, d.h. das eigene Denken zu beweisen; und dennoch wächst zugleich der Zweifel an der Objektivität des eigenen Denkens, und man wird sich zunehmend der Subjektivität des Denkens bewusst.

Cusanus ist derjenige, der am Ende dieser Bewusstseinsepoche steht, das völlige Auseinandergerissensein beider Welten stark empfindet (Figur IV) und gerade deshalb die entstandenen Gegensätze, das Widersprüchliche, wie er es nennt, von Welt und Gott, Geist und Materie, Subjekt und Objekt, Denken und Wahrnehmen, in seinem Gedanken der *coincidentia oppositorum* (dem Zusammenfall des Gegensätzlichen) noch einmal in grandioser Weise vereint. Es ist wie eine *Zusammenfassung der noch mit dem Real-Geistigen zusammenhängenden Weisheit* der alten Kulturen, von denen noch ein Abglanz vorhanden ist in der griechisch-lateinisch-mittelalterlichen Epoche. Cusanus steht mit vielen seiner philosophischen Begriffe noch in dieser 4. Kulturepoche, aber er erlebt doch zugleich ihr Ende. «Er empfand gewissermaßen, wie sich das Geistgebiet von der Menschheit zurückgezogen hatte, wie es immer mehr und mehr in Fernen hin entschwunden ist, wie es nicht zu erlangen ist mit dem menschlichen Wissen, wie man unwissend werden muss im allerinnersten Sinne, *um in Liebe sich zu vereinigen mit diesem Geistgebiet.*»[152] Zugleich aber begründet Cusanus mit dem Versuch der Zusammenfassung und der erneuten Bindung beider Welten zu einer Einheit eine bedeutende geistige Schöpferkraft im ‹abgenabelten›, aber selbständig und frei gewordenen menschlichen Geistindividuum. Damit *leitet Cusanus bewusstseinsmäßig zur Neuzeit über.*

Figur V a und *b* (die beiden gegenüberliegenden getrennten Kreise, die sich langsam wieder zur Lemniskate aufeinander zuentwickeln) charakterisiert den Bewusstseinszustand des Menschen seit dem 15. Jahrhundert, d.h. seit dem Entstehen der naturwissenschaftlichen, kopernikanisch-galileischen Weltanschauung. Äußerlich hat Kopernikus den Menschen aus seiner Mittelpunktstellung als Zentrum eines physisch-metaphysischen Kosmos gedrängt; philosophisch zerreißt Descartes die Welt in die fernerhin unvereinbaren Polaritäten der *res cogitans* (der denkenden Substanz) und der *res extensa* (der ausgedehnten Substanz). So dominiert nach dem ‹Umschwung› in der Philosophie zunächst die unüberbrückbare Dualität von Geist und Materie, Ich und Welt, Subjekt und Objekt.

Rudolf Steiner formuliert: «Der frühere menschliche Gegensatz von Seele und Leib, von Mensch und Natur, wurde der immer mehr und mehr bloß erkenntnistheoretische Gegensatz zwischen dem Subjekt, das in einem ist, und dem Objekt, das draußen ist. Die Natur verwandelte sich in das Objekt des Erkennens» (S. 34/35). «Das Objekt ist das Robusteste … das empfunden wird als das dem Menschen Fremde, das von außen untersucht wird mit der Mathematik» (S. 36).[153] Im Innern des Menschen aber wird das freie, emanzipierte Schaffen der Gedanken erlebt. Der sich selbst gewahr werdende Gedanke, d.h. der zum Selbstbewusstsein erwachte und nur im Bewusstsein lebende Gedanke ist das eigentliche Signum der heraufziehenden Bewusstseinsseele. Es ist ein vollständig duales Bewusstsein, aber zugleich ein solches, das dem Menschen die Chance eines völlig freien Individuums gibt. Nur durch den Schritt vom ursprünglich monistischen Bewusstsein zum dualistischen Bewusstsein konnte das Erlebnis des Ichbewusstseins errungen werden. Die Geschichte der Philosophie ist ein großartiges Zeugnis dieser Entwicklung des menschlichen Bewusstseins. Wenn in Zukunft wieder Einheit entstehen soll – und das ist die Aufgabe der Epoche ab dem 15. Jahrhundert –, dann kann sie nur noch vom Menschen-Ich, vom Geist des Menschen, ausgehen. Darin liegt seine Chance und Aufgabe. Gerade die gegenwärtige Epoche hat das Band zwischen dem Diesseits und Jenseits in freiheitlicher Weise allmählich wieder neu zu knüpfen.

Cusanus erscheint durch seinen Versuch, beide Welten vom Menschen aus neu zu verknüpfen, wie eine Brücke von dem einen Bewusstseinszeitalter zu dem anderen (Figur IV zu Figur V). Er lebt auf der einen

Seite noch aus der Erinnerung an die göttlich-geistige Welt (vierte Epoche), auf der anderen Seite steht er bereits ganz auf der Linie, die über Descartes und Leibniz zu Fichte führt (fünfte Epoche) und die alle geistige Spontaneität im erkennenden Ich des Menschen konzentriert.

Und Birgit Helander formuliert: «Mit dem für die Renaissancezeit typischen Interesse für Fragestellungen der antiken Philosophen verbindet Cusanus ein *modernes Denken* in der subjektiven Beurteilung [des] menschlichen Erkenntnisvermögens, wodurch seine Suche nach der Weisheit zu einer Verbindung zwischen Vergangenem und Gegenwärtigem wird ...».[154]

Zu den zwei Erkenntniswegen der Dreiheit (Ternar) und der Vierheit (Quaternar)

Man kann bei Cusanus von zwei grundlegenden Erkenntniswegen sprechen: dem Erkenntnisweg der Drei und dem der Vier. Der dreistufige Erkenntnisweg bezieht sich vornehmlich auf die göttlich-geistige Welt; er ist *Trinitätsphilosophie*.[155] Der vierstufige Erkenntnisweg wurzelt im erkennenden menschlichen Geist und zielt zugleich auf diesen selbst; er ist *Erkenntnistheorie*. Beide Wege sind nicht isoliert voneinander zu denken, sondern aufeinander bezogen, so wie Dreieck und Quadrat in der pythagoräischen Urfigur zusammengehören (Lehrsatz des Pythagoras). Auch die sieben Bitten des Vaterunsers bestehen aus einer Dreiheit und einer Vierheit: den ersten drei Bitten, die auf die göttliche Welt weisen, und den folgenden vier Bitten, die auf die Welt des Menschen zielen. Alle sieben Bitten zusammen bilden jedoch eine Einheit. So ziehen sich auch die beiden Erkenntniswege der Drei und der Vier durch das gesamte philosophisch-theologische Werk des Cusaners hindurch, sind aber trotz ihrer unterschiedlichen inhaltlichen Schwerpunkte aufeinander bezogen.

Der dreistufige Erkenntnisweg (Ternar)

Der trinitarische Erkenntnisweg des Cusaners hat seinen Ursprung bereits in seinen ausgedehnten Studien im Werk des Raimundus Lullus (1232 – 1316), wofür er 1428 eigens nach Paris geritten war. Was Cusanus mit Lullus verbindet, ist seine ausgeprägte Trinitätsphilosophie und

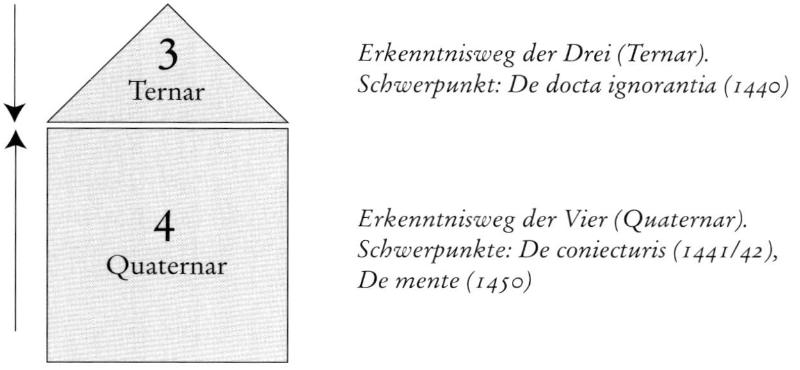

Abb. 62: Schemaskizze der zwei Erkenntniswege bei Cusanus. «Wie der Gliederung der Docta ignorantia die trinitarische Idee des Christentums zugrunde liegt, so erweitert sich in De coniecturis diese Dreiheit zum Quaternar, wie im christlichen Platonismus schon seit Eriugena. Aber das unendliche Leben versinkt bei Cusanus in vierter Phase nicht mehr im Negativen, sondern wird im menschlichen Individuum gerade zu neuer Positivität aktuell.» (Ernst Hoffmann, Nikolaus von Kues, 1947, S. 71 f.)

seine Überzeugung, dass die Dreieinigkeit Gottes denkbar und philosophisch beweisbar ist. Das zeigen bereits seine beiden ersten Predigten aus dem Jahre 1430/31. In immer neuen Ternaren predigt er die Trinitätsauffassung[156] z.B. als: intelligens – intellegibile – intellegere; amans – amabile – amare.

Der trinitarische Erkenntnisweg wird bei Cusanus dann vor allem in «De docta ignorantia» (1440) dargelegt. Jetzt lauten die Ternare z.B.: Gott ist Ursprung – Urbild – und Ziel; Er ist Stoff – Form – und Verbindung; oder Er ist Einheit – Gleichheit – und Verbindung.

Insbesondere überträgt Cusanus die dreieinige Einheit des göttlichen Geistes auch auf die Einheit der menschlichen Vernunft, in der sie sich spiegelt, denn «wir sehen, dass die Einheit der Vernunft nichts anderes ist, als Erkennendes, Erkennbares und Erkennen» (De docta ignorantia I, 10, S. 224/225).

Nun wird auch deutlich, dass die Trinitätsphilosophie des Cusanus nicht nur von Raimundus Lullus beeinflusst ist, sondern auch und vor allem vom christlichen Neuplatonismus, von Paulus, Dionysius Areopagita und Augustin, sowie von der Schule von Chartres (insbesondere Thierry von Chartres und Johannes von Salisbury).

Ob sein trinitarisches Denken rein philosophisch zu deuten ist, wie Kurt Flasch (1998) meint, oder mehr theologisch zu interpretieren ist, wie Rudolf Haubst (1952, 1956, 1991) aufweist, oder ob es sich gar um ein durchgängiges christologisches Erkenntnisprinzip handelt, wie Harald Schwaetzer (2000) darlegt, mag dahin gestellt sein. Immer kreist seine Trinitätsphilosophie um das «Unum» oder das «Non aliud» bzw. das «Possest», wie er es später nennt und dessen dreifaltige Explikation in der Welt der Vielheit. Trinitarisches Erkennen ist aber auch ein Grundgesetz des menschlichen Denkens schlechthin, insofern dieses ein Abbild (imago) des göttlichen Geistes ist.

Der vierstufige Erkenntnisweg (Quaternar)

Der vierstufige Erkenntnisweg wird bei Cusanus schon in seiner Schrift «De coniecturis» (1441/42) begründet und dann vor allem in «De mente» (1450) dargelegt. Dort erweitert er die Dreiheit zur Vierheit, wie es im christlichen Platonismus schon Johannes Eriugena (810 – 877) getan hatte. Aber es geschieht mit dem bedeutsamen Unterschied, dass der unendliche Geist in der vierten Einheit nicht versinkt, sondern im menschlichen Individuum zu neuer Aktualität aufersteht.

Nikolaus von Kues scheint (obwohl er den Namen des Johannes Eriugena nicht nennt) insbesondere in dem Werk «Von der Mutmaßung» stark von Eriugena beeinflusst worden zu sein. Gerade im Hinblick auf das Prinzip der Vierstufigkeit der Seinsstruktur bestehen große Ähnlichkeiten. Auf den Einfluss des Johannes Eriugena deuten auch die Randbemerkungen des Nikolaus von Kues in Cod. Addit. 11035 zu «De divisione naturae» hin.

Der Weg des Quaternar im Sinne einer Erkenntnistheorie vom Menschen aus ist selbst in «De mente» weniger ins Auge fallend als der trinitarische Ansatz, denn letzterer dominiert die mittelalterliche Philosophie insgesamt. Wo er auftaucht, auch schon vor Cusanus, z.B. in der Schrift des Bernhard von Clairvaux (1090 – 1153): «Von den Erwägungen» (De consideratione, 1149/53), 5. Buch, meint man, er bedürfe einer eigenen Rechtfertigung.

Bernhard von Clairvaux fragt: «Was ist Gott? Er ist Länge, Breite, Höhe und Tiefe. ‹Wie›, sagst Du, ‹jetzt bekennst du dich zu der Quaternität, die du vordem verabscheut hast!› ... Es schien, als spräche ich von vielem, aber es geht nur um Eines. Der eine Gott sollte gemäß unserem Begreifen, nicht gemäß seinem inneren Wesen, näher gebracht werden.

Die Vielfalt gilt uns, nicht ihm. Wir verwenden verschiedene Begriffe, beschreiten vielerlei Wege, aber durch all das wird nur der Eine bezeichnet, der Eine gesucht. Keine vierfache Teilung der Substanz ist hiermit gemeint ... Jede dieser vier Bestimmungen ist bei allen vieren gleichwertig; die vier zusammen sind dasselbe was jede einzelne [ist]. Nur wir, die mit der Einfachheit Gottes nicht Schritt halten können, begegnen, wenn wir eines ergreifen wollen, einem gleichsam Vervierfachten» (5. Buch Abschn. 27).[157]

Bei Nikolaus von Kues jedoch gewinnt der vierstufige Erkenntnisweg des Menschen in seiner Geistlehre eine eigenständige Bedeutung. Ohne jedwede Vermessenheit «übernimmt Cusanus doch die aristotelische Stufenfolge eines Fortschreitens des menschlichen Geistes von *Sinneswahrnehmung* über die *Vorstellung* zur *ratio* (= *Verstand*) [... hin zur ...] Stufe der *Vernunft* (= *intellectus*) ... Zur Gesamtheit der Erkenntnis sind jedoch sämtliche Stufen erforderlich, da man jeweils auf die Erfahrungen der tiefer liegenden Stufe aufbaut und danach die Urteilskraft der höher liegenden Stufe benötigt». Ähnlich charakterisiert es Ernst Hoffmann.[158]

Zur Charakterisierung der grundlegenden philosophischen Zentralgedanken: Wissendes Nichtwissen – Zusammenfall der Gegensätze – Mutmaßung

Drei große Gedanken sind als Grundlage zum Verständnis der Geistlehre und Erkenntnistheorie des Cusanus notwendig. Diese Zentralgedanken sind bereits in den nach der Rückkehr von Griechenland geschriebenen Hauptwerken «De docta ignorantia» (1440) und «De coniecturis» (1441/42) ausgebildet. Es sind die folgenden drei Fundamente:

1. das Erlebnis des *Wissenden Nichtwissens (docta ignorantia)* als einer höheren Erkenntnisstufe;
2. die Erkenntnis vom *Zusammenfall der Gegensätze* im Unendlichen *(coincidentia oppositorum);*
3. die Einsicht in die spekulative Natur des menschlichen Denkens als einer unaufhörlichen *Kunst der Mutmaßung (coniectura).*

Der Begriff der *«gelehrten Unwissenheit»* oder des *«wissenden Nichtwissens» (docta ignorantia)* ist ein erster Zentralgedanke in der cusanischen Philosophie. Er beinhaltet nicht bloß die skeptizistische, methodische Erkenntnis «Ich weiß, dass ich nichts weiß» des Sokrates und auch nicht nur das «demütige Eingeständnis der Unwissenheit» *(pia confessio ignorantiae)* des Augustinus. Vielmehr legt sich der Wissensbegriff des Cusanus deutlich in eine Zweiheit auseinander: in das positive *«Wissen»* der Schulwissenschaft und in das im Vergleich dazu verneinende oder negative *«Nichtwissen»*. Das wissende Nichtwissen stellt aber gegenüber dem gewöhnlichen positiven Wissen eine höhere Erkenntnisstufe dar. Cusanus sagt: «Nichts Vollkommeneres kann dem Menschen, auch dem Gelehrtesten, in seiner Wissensweise *(doctrina)* geschehen, als dass er im *Nichtwissen* selber, das ihm eigen ist, als der Wissendste gefunden werde; und um so wissender *(doctior)* wird er sein, je mehr er sich als den Nichtwissenden *(ignorantem)* wissen wird» (De docta ignorantia I, 1).

Wir hörten, dass die Erlangung der Stufe des Nichtwissens als einer neuen Denkart Cusanus selbst als «philosophisches Damaskus-Erlebnis», als ein «Geschenk vom Vater des Lichts» auf dem Meer bei der Rückreise von Griechenland zuteil wurde (1438).

Rudolf Steiner sagt über dieses grundlegende Werk: «Wenn wir Nikolaus von Kues nur lesen – man kann noch mehr tun als lesen bei ihm –, schon durch das Lesen stellt sich heraus, wie bei ihm noch verbunden war tiefstes spirituelles Anschauen mit dem äußeren Naturwissen, namentlich, wo dieses sich in mathematische Formen kleidet. Und weil er eine Einsicht davon hatte, wie schwer das zu erreichen ist in einer Zeit, die immer mehr und mehr nach der äußeren Gelehrsamkeit sich hinbewegt, nannte er sein Werk aus einer welthistorischen Bescheidenheit heraus ‹Gelehrte Unwissenheit›, ‹docta ignorantia›».[159]

Cusanus empfindet ganz lebhaft das Stehen in der gekennzeichneten Schwellensituation des Übergangs vom Mittelalter zur Neuzeit; dort wo, bildhaft gesprochen, die Verbindung zwischen dem menschlichen

Abb. 63: Erste Textseite aus «De docta ignorantia» (1440). Die Abbildung stammt aus der Kueser Prachtausgabe (Cod. Cus. 218). Der Text beginnt mit einer Vorrede und Widmung an den Kardinal Juliano Cesarini, den Präsidenten des Basler Konzils. Im Nachwort offenbart Cusanus ihm, dass der Grundgedanke dieses Werkes einem «philosophischen Damaskuserlebnis» entspringt. Die letzte Textseite trägt den Schlußvermerk: «vollendet in Kues am 12. Februar 1440».

De docta Ignorantia

Deo amabili Reuerendissimo patri dno Juliano sancte
aplice sedis dignissimo Cardinali preceptori suo metuendo.

Admirabit et recte maximu tuu et iam pbatis
simu ingeniu quid sibi hoc uelit Qz dum me
as barbaras ineptias incautius pande attep
to te arbitru eligo quasi tibi pro tuo Cardia
latus officio apud aplica sedem in publicis
maxis negocijs occupatissimo aliq otij sup
sit et post oim latio scptoru q hacten claruerut supma
noticia et nuc grecoru etia ad meu istu fortassis ieptissim
conceptu tituli nouitate trahi possis qui tibi qual ingenio
sim ia dudu notissim existo Sed hec admiracio no q pus
icognitu hic insertu putes sed potius qua audacia ad de
docta ignorancia tractandu ductus sim aim tuu sciendi pau
du spero uisendu alliciet Ferunt em nales appetitu qua
dam triste sensacio in stomachi orificio antecede ut sic na
que se ipam conseruare nititur stimulata reficiat Ita recte
puto admirari ppter qd phari sciendi desideriu preuenire
ut intellectus cuius intellige est esse studio ueritatis pficiat
Rara quid et si monstra sit nos moue solent Quamobre
preceptor unice pro tua huanitate aliqd digni hic latitare
existies et ex germano in rebus diuinis tale qlem rociandi
modu suscipe que m labor ingens admodu gratissim fecit

Quomo scire est ignorare Capitulum primum

Diuino mune oibus in rebus naturale quodda desi
deriu inesse cospicim ut sint melior quid mo
quo hoc cuiusq nature patitur condicio atq ad
hunc fine opari instrumentaq habe oportuna qbs iudi
ciu conatu est couenens pposito cognoscendi ne sit frustra
appetitus et inamato ponde proprie nature quiete attinge pos
sit Qz si fortassis secus contigat hoc ex accidenti euenire neces
se ut du infirmitas gustu aut opinio racio seducit Qua
obre sanu libe intellectu veru q insaciabilit indito discur
su cuncta perlustrando attinge cupit apphensu amoroso am
plexu cognosce dicimus no dubitantes uerissimu id e cui ois sana
mens nequit dissentire Oes at inuestigantes in coparacoe psuppositi
certi pporcionabilit incertu iudicant copatiua igit e ois inqsicio
medio pporcionis utens ut du hec que inqrunt ppinqua pporcionali
reduccoe psupposito possit copari facile est apphensionis

Geist und dem göttlichen Geist, zwischen dem Endlichen und dem Unendlichen gänzlich zerrissen ist (vgl. Abb. 61; IV und Va: unabhängige Lemniskatenteile). Und doch empfindet er den innigsten Wunsch, den Abgrund, der sich immer tiefer zwischen beiden Bereichen auftut, *denkend* und *erkennend zu* überwinden, um beide Bereiche in eine Einheit zusammenzubinden. Aber er erlebt, wie die menschlichen Begriffe und Ideen bei diesem Versuch des Aufstiegs (*ascensus*) vom endlichen Geist zum unendlichen Geist zu dünn und zu blass, ja geradezu untauglich geworden sind. Die zunehmend bloß an der äußeren Sinneswirklichkeit gebildeten Begriffe des menschlichen Geistes lösen sich beim Versuch des Aufstieges zum Geistigen des Weltalls, zu Gott, gleichsam in ein Nichts auf. Cusanus erlebt, dass die Begriffe an eine *Schwelle,* eine *Mauer* kommen, die sie nicht mehr überschreiten können, ohne ihre Erkenntnissicherheit aufzugeben, die sie im Bereich der Sinnesdinge noch haben. Wie kann der Mensch jenseits des Nichts, in das sein Wissen einmündet, die Gottheit finden; wie vor allem ist beim Erkennen Gottes, des unendlichen Geistes, ebensolche *Erkenntnissicherheit* möglich wie z.B. in der Mathematik? Das ist die große Erkenntnis- und Lebensfrage des Cusanus vor seiner Reise nach Griechenland.

Man muss bei dieser Lebensrätselfrage des Cusanus die Antworten der großen Geistesströmungen am Ausgang des Mittelalters – der Spät-Scholastik und der Mystik – mitbedenken. Die bereits nominalistisch tingierte, erstarrte *Spät-Scholastik* als die herrschende Schulphilosophie erklärte trotz ihrer außerordentlich entwickelten Begrifflichkeit das menschliche Erkennen für ohnmächtig, denkend die Kluft zwischen Mensch und Gott, endlichem und unendlichem Geist zu überwinden. Statt dessen postulierte sie dort, wo das menschliche Wissen und Erkennen aufhört, den kirchlichen Offenbarungsglauben. Anders die *Mystiker,* die aus dem schmerzhaften inneren Erleben des sich auftuenden Abgrundes zwischen Mensch und Gott versuchten, gleichsam in ekstatischer Verzückung des Gemüts diesen Abgrund zu überspringen.

Beide Wege sind für Cusanus – jeder für sich allein genommen – nicht ausreichend und nicht gangbar! Von der Mystik trennt ihn die Betonung des *Denkelementes.* Er will die Kluft nicht auf der Gefühlsebene überwinden, sondern denkend und erkennend. Zwar betont er die Notwendigkeit einer Steigerung der Erkenntnisfähigkeit in Richtung auf die Liebe, wenn er sagt: «Der Geist ist die edelste, einfachste Kraft, in der Erkennen und Lieben zusammenfallen.» Aber diese Erweiterung erfolgt unter Beibehaltung der vollen Erkenntnisbesonnenheit.[160]

Von der Scholastik auf der anderen Seite trennt Cusanus zutiefst die Auffassung, dass dem menschlichen Erkennen *nicht a priori Erkenntnisgrenzen* gesetzt werden dürfen. Seine Trinitätsphilosophie ist daher nicht *per se* Theologie. Er ist überzeugt, dass die Geistigkeit des Kosmos nicht nur dem Offenbarungsglauben, sondern auch dem Wissen zugänglich ist. Aber das menschliche Erkennen bedarf dazu einer *Steigerung vom Wissen zum Nichtwissen.* Gott ist nicht mit den gleichen, an den Sinnesgegenständen gebildeten ‹positiven› Begriffen erreichbar. Deren Begriffsinhalte vergehen beim Aufstieg an der Schwelle zum Unendlichen wie in einem Nichts. Als Folge des ‹Erleuchtungserlebnisses› auf der Rückreise von Griechenland erlebt Cusanus, der das Vergehen der ‹positiven› Begriffe an der Schwelle oft erfahren haben muss, nun aber das Folgende: Behält das Denken bei der Annäherung an die Schwelle, an der seine *Begriffsinhalte* ins ‹Nichts› zerrinnen, dennoch seine Denkintensität bei, dann leuchten ihm von jenseits der Schwelle neue Begriffe entgegen, die im Vergleich zu den vorigen ‹negative› Begriffe sind, d.h. Begriffe, die sich nicht mehr auf irgendeinen positiv gegebenen Inhalt der Sinneswelt beziehen. In diesem Sinne geht das Wissen in ein Nichtwissen über. Aber gerade im Nichtwissen vermag der Mensch die Wahrheit indirekt, ‹negativ› zu ertasten. Cusanus sagt: : «Je tiefer wir in dieser Unwissenheit wissend und weise geworden sind, um so näher kommen wir an die Wahrheit heran» (De docta ignorantia I, 3, Dupré, S. 203).

Von dieser Charakterisierung des «Wissenden Nichtwissens» durch Cusanus ausgehend, lassen sich philosophisch-historisch zwei Geisteswege verfolgen. Der eine Weg führt in die Vergangenheit. Man erkennt in der Art der Begriffsbildung des Cusanus, am Ort des Umschwungs der Begriffe vom Endlichen ins Unendliche – bis in die Wortwahl hinein – eine eigenartige Erneuerung der Gedankengänge des Dionysius Areopagita, insbesondere dessen ‹negativer Theologie›, die vor allem in seinem Werk «Von der mystischen Theologie» (De mystica theologia, ca. um 500 n. Chr.) ausgebildet ist. Man kann das Empfinden haben, dass Dionysius Areopagita wie eine inspirierende Persönlichkeit hinter Nikolaus von Kues steht. (Siehe Exkurs zur Rätselgestalt des Dionysius Areopagita unter Anm. 161.)

In den Schriften «De divinis nominibus» und «De mystica theologia» entwickelt Dionysius dasjenige, was man als seine zwei Wege zum Göttlichen bezeichnet hat. Rudolf Steiner charakterisiert sie sehr prägnant folgendermaßen: «Dieser Dionysius wird ja gewöhnlich so geschildert, als ob er zwei Wege zum Göttlichen hätte. Die hat er auch. Der eine Weg ist der, dass er verlangt: … Nimm alles das, was dir auffällt in den Dingen der Welt an Vollkommenheit, benenne es und benenne dann damit die Gottheit, dann kommst du zu einer Vorstellung über die Gottheit. – Das ist der eine Weg … Der andere Weg ist, dass er sagt: Du erreichst die Gottheit nie, wenn du ihr auch nur einen einzigen Namen gibst … Du musst alle Namen, die du gewohnt bist, den Dingen zu geben, vergessen und dich in einen Seelenzustand versetzen, wo du von der ganzen Welt nichts weißt. Wenn du das in deinem Seelenzustand erleben kannst, dann erlebst du den Namenlosen … dann erkennst du den Gott, den Übergott in seiner Überschönheit. Aber schon die Namen Übergott und Überschönheit würden störend sein. Sie können nur dazu dienen, dich hinzuweisen auf dasjenige, was du als Namenloses erleben musst … Es genügt nicht zu streiten darüber, ob der eine Weg oder der andere Weg richtig sei. Beide sind sie richtig; aber jeder einzelne, für sich gegangen, führt zu nichts. Beide gegangen führen, wenn die Menschenseele sich im Kreuzungspunkte findet, zu dem was angestrebt wird».[162]

Es ist höchst charakteristisch, dass Nikolaus von Kues sich bereits in seinem ersten philosophischen Werk «De docta ignorantia» (1440), dessen Titel eine programmatische Absage an die Verstandesrationalität und positive Begriffswissenschaftlichkeit der Scholastik darstellt, immer wieder auf den ‹Paulus-Schüler› Dionysius Areopagita beruft, dessen Werke er in lateinischer Übersetzung gleich mehrfach besitzt (Cod. Cus. 43, 44, 45):

a) in der Übersetzung des Thomas Gallus von Vercelli und des Robert Grosseteste (beide aus dem 13. Jahrhundert);
b) in der Übersetzung des Ambrosius Traversari aus dem 15. Jahrhundert (Cusanus erhielt sie 1443 von Paolo Toscanelli);
c) als reich illuminiertes Prachtexemplar (Cod. Cus. 44; vgl. Abb. 64).

Andere Übersetzungen, wie die des Johannes Eriugena (ca. 810 – 877; siehe auch Exkurs zu Johannes Scotus Eriugena unter Anm. 163) kannte er durch sein Studium der Kommentatoren zu Dionysius, wie z.B. Thomas von Aquin und Albertus Magnus. Cusanus hat in Cod. Cus 96 die Kommentare des Albertus Magnus mit zahlreichen aufschlussreichen Randbemerkungen versehen.[164]

Später betont Cusanus in seiner «Verteidigung der Wissenden Unwis-

Abb. 64: Aus den Werken des Dionysius Areopagita, der auf Nikolaus von Kues einen nachhaltigen Einfluss ausgeübt hat. Zu sehen ist eine Seite aus der im Auftrag des Cusaners entstandenen handschriftlichen Prachtausgabe des Dionysius (Codex Cusanus 44). Neben der prächtigen Illumination und der schönen Initiale fällt auch das Krebswappen des Cusaners mit Kardinalshut auf.

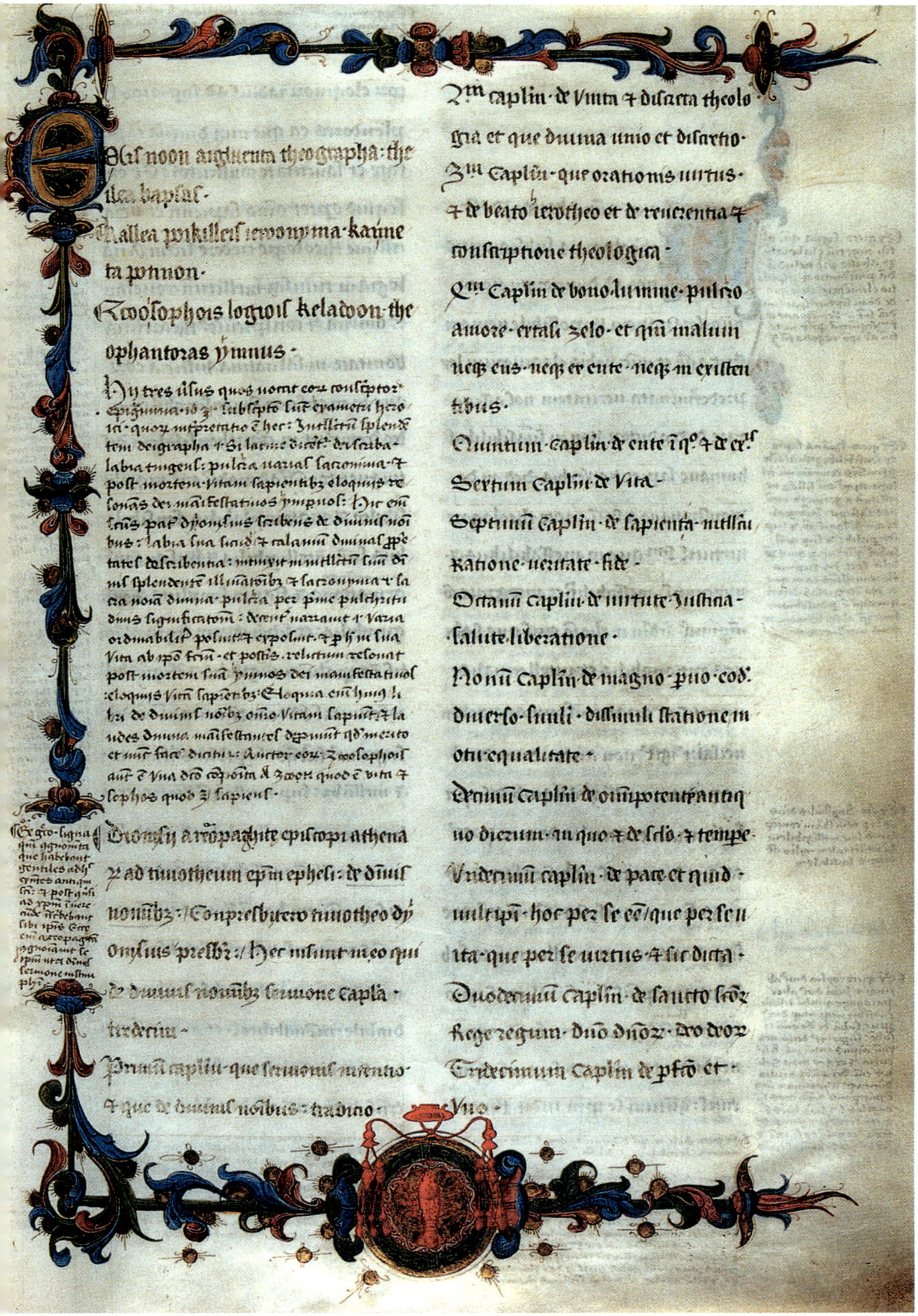

Eolis noon arghenta theographa: the
ilea bapsas·
Kallea poikilleis ierowny ma kayne
ta ponnon·
Kroosophois logiois keladoon the
ophantoras ymnus·

Hy tres usus quos uocat eorum conscriptor epigrammata id est subscripto sunt exametri hero ici quorum interpretatio est hec: Intellectu splende tem deigrapha i. Si latine dicetur dei scriba labia tingens: pulcra uarias sacronimia et post mortem vitam sapientibus eloquiis re sonas dei maifestatiuos ymnos: Hic enim sanctus pater dyonisius scribens de diuinis nominibus: labia sua scilicet et calamum diuinas proprietates describentia: intinxit in intellectu suum di uinis splendentem illuminationibus et sacronymia i. sacra nomina diuina· pulcra per proprie pulchritu dinis significationem: decenter narrauit i. varia ordinabiliter posuit et exposuit· et post hoc in sua vita ab ipso fecit· et post his relictum resonat post mortem suam ymnos dei manifestatiuos eloquiis vitam sapientibus: Eloquia enim huius libri de diuinis nominibus omnino vitam sapiunt et laudes diuinas maifestatiuas depromunt quod merito et iure fecit diuinus: Auctor eorum Zwosophois autem est vna dictio composita a Zwon quod est vita et sophos quod est sapiens·

Ergo gratia· signa quia cognomina que habebant gentiles adhuc gentes antiquitus: et post conuersi ad christum fuere quod retinebant sibi ipsis sicut iste cum areopagita cognominauit se christum ueri diuini sermone instru phy·

Dionysij areopagite episcopi athena rum ad timotheum episcopum ephesi: de diuinis nominibus :/ Conpresbytero timotheo dyonisius presbyter :/ Hec insunt in eo qui de diuinis nominibus sermone capitula tredecim·

Primum capitulum que sermonis intentio et que de diuinis nominibus traditio·

Secundum capitulum de unita et discreta theologia et que diuina unio et discretio·

Tertium capitulum que orationis uirtus et de beato ierotheo et de reuerentia et conscriptione theologica·

Quartum capitulum de bono lumine pulcro amore extasi zelo et quod malum neque ens neque ex ente neque in existentibus·

Quintum capitulum de ente in quo et de exemplaribus·

Sextum capitulum de vita·

Septimum capitulum de sapientia intellectu ratione ueritate fide·

Octauum capitulum de uirtute iustitia salute liberatione·

Nonum capitulum de magno paruo eodem diuerso simili dissimili statione motu equalitate·

Decimum capitulum de omnipotente antiquo dierum in quo et de seculo et tempore·

Undecimum capitulum de pace et quid ipsum per se esse et quid per se uita et que per se uirtus et sic dicta·

Duodecimum capitulum de sancto sanctorum rege regum domino dominorum deo deorum·

Tredecimum capitulum de perfecto et uno·

senheit» (Apologia doctae ignorantiae, 1449), dass er seinen Wissensbegriff nicht nur von Dionysius entlehnt habe, sondern auf der Rückfahrt von Konstantinopel als Erleuchtung empfangen habe, allerdings dann bei Dionysius vielfältige Bestätigung gefunden habe.[165] Beides ist bezeichnend. Der Begriff des «Wissenden Nichtwissens» als Zentrum seiner ‹negativen Philosophie› erscheint wie der Ausdruck eines uralten östlichen Weisheitsstromes, dem Cusanus auf seiner Reise in den Osten (Konstantinopel) wieder begegnet, bzw. der in ihm durch diese Reise angeregt wird und der ihm durch die Gnade des Erleuchtungserlebnisses schlagartig bewusst wird. Diese höhere «negative» Erkenntniserfahrung belegt er dann durch Dionysius Areopagita, der diese östliche esoterische Weisheitsströmung repräsentiert. Dionysius Areopagita ist als Repräsentant dieses esoterischen östlichen Weisheitsstromes, der bei ihm aber im christlichen Gewand erscheint, das Korrektiv gegen die große Gefährdung, die dem christlichen Abendland von Seiten der Überbewertung des rationalen, argumentierenden, schlussfolgernden Verstandes-Denkens der Scholastik droht. Darauf weist Josef Pieper treffend hin, wenn er sagt: «Es ist jedenfalls unbestritten, dass durch die Wirkung des areopagitischen Schrifttums im lateinischen Westen, im Abendland also, ein Element der Wirklichkeitsdeutung anwesend gehalten worden ist ... Es ist ein östliches Element, das auf solche Weise präsent und wirksam bleibt» (S. 45). Es liegt «klar zutage, dass die Lehre des Cusanus vom wissenden Nichtwissen der Überzeugung des Dionysius Areopagita verbündet ist, wonach alles Wirkliche unergründlich ist, ja ein Mysterium im strikten Wortverstand» (S. 50).[166] In diesem christlich-mystischen, d.h. überrationalen Weisheitsstrom des Ostens steht Nikolaus von Kues nicht nur literarisch, sondern auch durch eigenes Schicksal und Erleben, mit dem Zentralbegriff seiner ‹negativen› Geistphilosophie, dem «wissenden Nichtwissen» darinnen. (Siehe auch den Exkurs zur Beziehung von Paulus – Dionysius Areopagita – Nikolaus von Kues unter Anm. 167.)

Von Cusanus aus führt ein verborgener Strom unmittelbar in die Zukunft des deutschen Idealismus. Er taucht – obschon ohne namentliche Kenntnis des Cusaners – insbesondere in der «negativen» Geistphilosophie und «negativen» Theologie (Philosophie der Offenbarung) bei Fr. Wilh. Jos. Schelling (1775 – 1854) wieder auf.* Nun hieße es aber dem

* Bei Schelling erscheint der Gedanke des negativen Wissens ganz im Sinne des «wissenden Nichtwissens» im Hinblick auf die Erkenntnis Gottes, des absoluten Subjektes. So führt ein unmittelbarer Geistesstrom von Dionysius Areopagita über

Zentralbegriff des «wissenden Nichtwissens» bei Cusanus nicht gerecht werden, wollte man ihn nur aus dem ‹mystisch-negativen› Weisheitsstrome des alten Ostens verstehen. Dieser Begriff einer höheren Erkenntnisart ist mehr. Er enthält ein ganz modernes, zukunftsträchtiges und typisch mitteleuropäisches Denkelement. Allerdings hat Cusanus sich ein Leben lang in seinen Schriften darum bemüht, die in der inneren Erleuchtung ‹denkend geschauten› Inhalte des «wissenden Nicht-Wissens» auch dem verstehenden Bewusstsein denkend zu erschließen. Dieser Anspruch, das Geschaute in eine Begriffssprache umzusetzen, unterscheidet Cusanus von der östlichen Mystik.

Man kann bei Cusanus mit seiner Rede vom notwendigen Übergang des «Wissens» in das «Wissende Nichtwissen» die Methodik einer Steigerung des Denkens erkennen. Deutlich spricht Cusanus von einer Ablösung des Denkens von den Gegenständen der bloßen Sinneswelt, von einer Konzentration des Denkens auf sich selbst, d.h. von der Einführung eines *meditativen Elementes* in das Denken.

Rudolf Steiner charakterisiert diese höhere Erkenntnisstufe des «Nichtwissens» folgendermaßen: «Wissen im untergeordneten Sinne ist das Erfassen eines Gegenstandes durch den Geist. Das wichtigste Kennzeichen des Wissens ist, dass es Aufklärung gibt über etwas außer dem Geiste, dass es also auf etwas blickt, was es nicht selbst ist ... Nun ist aber dasjenige, was der Geist in sich über die Dinge ausbildet, das *Wesen* der Dinge. *Die Dinge sind Geist.* Der Mensch sieht zunächst den Geist nur durch die sinnliche Hülle. Was außerhalb des Geistes bleibt, ist nur diese sinnliche Hülle; *das Wesen der Dinge geht in den*

Nikolaus von Kues zu Schelling (obschon letzterer den Cusaner namentlich nicht kannte). Dazu ein Zitat aus den Erlanger Vorträgen Schellings in den Jahren 1821–25: «Aber in der Philosophie gilt es, sich zu erheben über alles Wissen, das bloß von mir ausgeht ... Philosophie ist ... freie Geistestat; ihr erster Schritt ist nicht ein Wissen, sondern vielmehr ausdrücklich ein Nichtwissen, ein Aufgeben alles Wissens für den Menschen. Solang er noch wissen will, wird ihm jenes absolute Subjekt (nämlich Gott) zum Objekt werden, und er wird es eben darum nicht an sich erkennen ... Indem er sich des Wissens begibt, macht er Raum für das, was das Wissen ist, nämlich für das absolute Subjekt, von dem gezeigt ist, dass es eben das Wissen selbst ist. In diesen Akt, da er sich selbst bescheidet, nicht zu wissen, setzt er eben das absolute Subjekt als das Wissen ein. In dem Akt dieses Einsetzens werde ich nun freilich seiner inne als des Überschwänglichen. Dieses Innewerden könnte man wohl auch ein Wissen nennen. Aber es muss gleich dazu gesetzt werden: Es ist ein Wissen, das in Ansehung meiner vielmehr ein Nichtwissen ist. Jenes absolute Selbst ist nur da, sofern ich es nicht zum Gegenstand mache, d. h. nicht weiß, mich des Wissens begebe.»[168]

Geist ein. Blickt dann der Geist auf dieses Wesen, das Stoff von seinem Stoffe ist, dann kann er gar nicht mehr von Wissen reden, denn er blickt nicht auf ein Ding, das außerhalb seiner ist; er blickt auf ein Ding, das ein Teil von ihm ist; er *blickt auf sich selbst.* Er weiß nicht mehr; er schaut nur auf sich. Er hat es nicht mit einem ‹Wissen›, sondern mit einem ‹*Nichtwissen*› zu tun. Er begreift nicht mehr etwas durch den Geist; er *‹schaut ohne Begreifen› sein eigenes Leben an.* Diese höchste Stufe des Erkennens ist im Verhältnis zu den niedrigen Stufen ‹Nichtwissen› … Nikolaus von Kues spricht also mit seinem ‹gelehrten Nichtwissen› von nichts anderem als von dem *als inneres Erlebnis wiedergeborenen Wissen.*»[169]

Auf welch hoher Erkenntnisebene die Stufe des gelehrten Nichtwissens anzusiedeln ist, ja dass in ihr das reine «Bewusstsein ohne Gegenstand» sich widerspiegelt, deutet Rudolf Steiner in seiner letzten Äußerung über Nikolaus von Kues aus dem Jahre 1924 an: «Die gelehrte Unwissenheit, von der er spricht, ist ein *über* dem auf die Sinneswelt gerichteten Wahrnehmen gelegenes *Begreifen,* das das Denken *über* die Intellektualität – das gewöhnliche Wissen – hinaus in eine Region führt, wo im Unwissen – dafür aber im *erlebenden Schauen* das Geistige erfasst wird.»[170]

Damit durchbricht Cusanus die scholastische Anschauung, die das menschliche Erkennen zu einer solchen Entwicklung hin zum Wesenswissen für ohnmächtig erklärte und stattdessen den Offenbarungsglauben postulierte. Cusanus aber erkennt gerade im Denken jene schöpferische Fähigkeit im Menschen, die ihm den Aufstieg zur höheren Erkenntnisstufe des «wissenden Nichtwissens» ermöglicht. Nur mit diesem «Nichtwissen» als «Wesenswissen» vermag sich der Mensch dem Urgrund aller Dinge zu nähern. Aber das Denken des Menschen bedarf dazu einer Steigerung. Und so führt Cusanus in seiner Geistlehre das Denken in einem grandiosen Aufstieg bis an die Schwelle, wo es ihm gelingt, sich selbst zuzuschauen beim Denkprozess, d.h. sich als leibfreies Denken zu erleben. Cusanus suchte das *reine Denken,* das sich selbst zuschauende Denken, und die ganze Philosophie des Cusaners ist ein solches *Heranführen des Denkens an die Schwelle.* Sie ist überhaupt nur zu verstehen, wenn man in ihr das *Ringen um den Schwellenübergang* erblickt!

zu 2. Vom Zusammenfall der Gegensätze (coincidentia oppositorum)

Auf welchen Weg sich das menschliche Erkennen begeben müsse, um in diesem Sinne vom Wissen zum Nichtwissen zu gelangen, vom sinnengebundenen Denken in Gegensätzen zur Wesensschau, verdeutlicht der Cusaner durch einen *zweiten* großen *Zentralgedanken,* den der *coincidentia oppositorum,* des Zusammenfalls der Gegensätze im Unendlichen.

Der Gedanke der *coincidentia oppositorum* geht bei Cusanus unmittelbar aus dem Erleuchtungserlebnis des wissenden Nichtwissens hervor, d.h. aus dem Erlebnis des Vergehens der menschlichen Sprach-Begriffe an der Schwelle. Um also zu schildern, was dem menschlichen Denken bei seiner Steigerung von jenseits der Schwelle entgegenleuchtet, kann sich Cusanus auch nicht mehr der vergänglichen Sprach-Begriffe bedienen. Daher greift Cusanus zu etwas, was für ihn außerordentlich charakteristisch ist: Er bedient sich der *Symbole* der Geometrie und Mathematik, um sich in einer Art ‹mathematisierender Mystik› der Schwelle zum Geistig-Göttlichen zu nähern. Cusanus ist ein außerordentlich guter Mathematiker (ein beträchtlicher Teil seiner Schriften sind mathematische Schriften), der in diesem Gebiet eine Erkenntnissicherheit erlebt, die dem Denken sonst bei der Annäherung an die Schwelle verloren geht. Er sagt: «Können wir uns dem Göttlichen auf keinem anderen Wege als durch Symbole nähern, so werden wir uns am passendsten der mathematischen Symbole bedienen, denn diese besitzen *unzerstörbare Gewissheit*» (De docta ignorantia I, 11, Blumenberg, S. 90). So verwendet Cusanus die Symbole der Geometrie und Mathematik, um den Schwellenübergang des Denkens vom Endlichen zum Unendlichen symbolhaft zu verdeutlichen. Er benutzt diese Symbole und Bilder u.a. deshalb, weil er auf ein Gebiet hinweisen möchte, wo die ‹positiven Begriffe› der Sprache versagen. Cusanus empfindet deutlich die schon zu seiner Zeit fast völlige Deckungsgleichheit von Sprache und Denken; er erlebt, dass das menschliche Denken fast ausschließlich nur noch in Sprache verläuft, dass aber diese Sprache (und das ist zu seiner Zeit noch das Latein des Mittelalters) zu fest geworden ist und zu ausschließlich auf die Sinneswelt bezogen ist, um sich dem Geistigen zu nähern. Er erkennt, dass sich der Mensch eigentlich nur noch in der ‹sprachlosen› Mathematik bzw. in der ‹bildhaften› Geometrie dem Geistigen adäquat zu nähern vermag.

Nikolaus von Kues ist sich, bei Anwendung seiner mathematisch-geometrischen Figuren zur Verdeutlichung des Gedankens des Zusammenfalls der Gegensätze im Unendlichen, der Symbolbedeutung und der Begrenztheit dieser Bilder wohl bewusst. Das *Bild (imago)* ist nicht selbst die Wahrheit, es ist auch nicht Wiedergabe eines Urbildes, sondern es ist ein ‹negativ› zu lesendes *Symbol,* d.h. vorsichtig tastender Vergleich zur Verdeutlichung eines an sich selbst nicht Sichtbaren, also Unbildlichen.

Doch ist das Bildsymbol (*imago*) mehr als bloße Analogie, indem es eine *Denkbewegung anregt, durch die etwas Unsichtbares und Unaussprechbares zur Offenbarung kommt.* Insofern ist das Bild bis zu einem gewissen Grad die denkende ‹Sichtbarmachung des Unsichtbaren›. Wie geht Cusanus vor? Er beschreibt es selbst in der «Docta ignorantia»: «Wenn wir also *Endliches als Symbol* des Aufstiegs zum schlechthin Größten betrachten wollen, müssen wir erstens *endliche mathematische Figuren* mit ihren Eigenschaften und Verhältnissen betrachten, zweitens diese Verhältnisse sinngemäß auf *unendliche Figuren* dieser Art übertragen, danach drittens auf noch höherer Stufe die Verhältnisse der unendlichen Figuren auf das einfache *Unendliche* übertragen, das *völlig abgelöst von jeder Figur* ist. Und dann wird unsere *Unwissenheit,* ohne dass sie es restlos begreift, darüber belehrt werden, wie wir mit größerer Wahrheit und Richtigkeit über den höchsten Gegenstand zu *denken* haben …» (De docta ignorantia I, 12, Blumenberg, S. 91; vgl. auch Dupré, S. 233).

An einigen Beispielen mathematisch-geometrischer Figuren (vgl. Abb. 65 – 68) sei diese Denkmethodik der *coincidentia oppositorum* verdeutlicht: dem unendlichen Dreieck, der unendlichen Linie, dem unendlichen Winkel, dem unendlichen Kreis.

Mit diesen Beispielen ist angedeutet, in welcher Weise für Cusanus die Mathematik, besonders die Geometrie, ein Grenzgebiet zum *Unendlichen* und damit zum *Göttlichen* ist. Es geht ihm nicht um die Mathematik als äußere Wissenschaft, sondern er benutzt seine mathematisch-geometrischen Figuren nur zur Verdeutlichung des großen Gedankens vom Zusammenfall der Gegensätze im Unendlichen.[171] Zugleich hat er damit aber überhaupt den *Begriff des Unendlichen* in dieser Form in die Philosophie eingeführt. Es geht Cusanus um das ‹innere Mathematisieren›, um die innere Denkbewegung. So wie man in der Mathematik beim Fassen des Begriffs des Unendlichen einen *Limes,* einen *Grenz- oder Schwellenwert* überschreiten muss, so muss auch das Denken beim Aufstieg vom Wissen zum Nichtwissen eine Schwelle überschreiten.

Es ist notwendig, sich über jeden Gedankenschritt dieses spekulativen inneren Mathematisierens des Cusaners im Bereich der *coincidentia oppositorum* Rechenschaft abzulegen. Zunächst werden endliche entgegengesetzte Figuren (z.B. Kreis und Linie; Linie und Dreieck) in ihren geometrischen Verhältnissen betrachtet. Dann werden diese Ver-

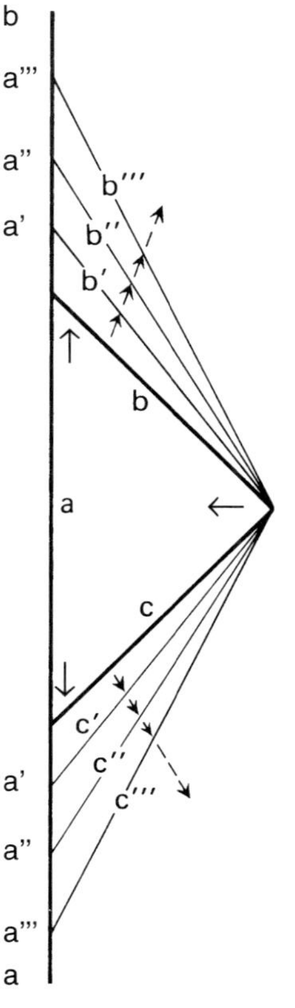

Abb. 65: Die Verwandlung des beweglichen Dreiecks in die unendliche Gerade. Die Gerade (a-b) und das Dreieck (a-b-c) sind endliche Figuren und im Endlichen Gegensätze, d.h. sie fallen nicht zusammen. Das Dreieck (a-b-c) ist dadurch definiert, dass zwei Seiten (b und c) zusammen nicht kleiner sein können als die dritte Seite (a). – Lasse ich nun die eine Seite (a) des Dreiecks gegen Unendlich größer werden (a', a", …), so können die beiden anderen Seiten (b' und c' …) zusammen nicht kleiner sein. Ist die eine Seite des Dreiecks (a', a" ,…) unendlich, so müssen die beiden anderen Seiten zusammen (b', b" … und c', c" …) auch unendlich sein. Da es aber mehrere Unendliche nicht geben kann, so fallen im Unendlichen, in der unendlichen Linie, die Gegensätze von Dreieck und Linie zusammen. «Wenn also … die unendliche Linie alles das in Wirklichkeit ist, was in der endlichen nur angelegt ist, so folgt, dass die unendliche Linie Dreieck, Kreis und Kugel ist» (De doct. ign. I, 13).

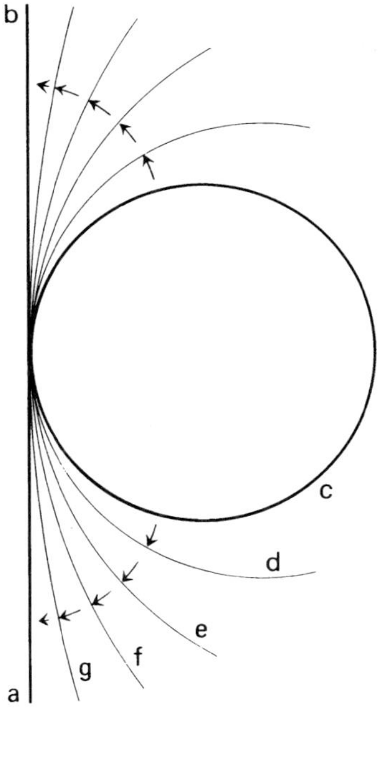

Abb. 66: Die Verwandlung des beweglichen Kreises in die unendliche Gerade. Die Linie (a-b) und der Kreis (c) sind endliche Figuren und im Endlichen Gegensätze. Kreisumfang (c) und Kreisdurchmesser sind Gegensätze und können im Endlichen nicht zusammenfallen. – Lasse ich nun den Kreis immer größer werden, so wird die Kreiskrümmung (c, d, e, f, g …) immer geringer, d.h. sie nähert sich immer mehr der Linie a-b an. Die Linie a-b wird also ein Bogen des größtmöglichen Kreises sein. Im Unendlichen, in der unendlichen Linie fallen die Gegensätze Kreis und Linie zusammen. «Und so sieht man, daß die längste und unendliche Linie notwendig die geradeste und keine Krümmung ihr entgegengesetzt ist; vielmehr ist die Krümmung in der unendlichen Linie Geradheit» (De doct. ign. I, 12).

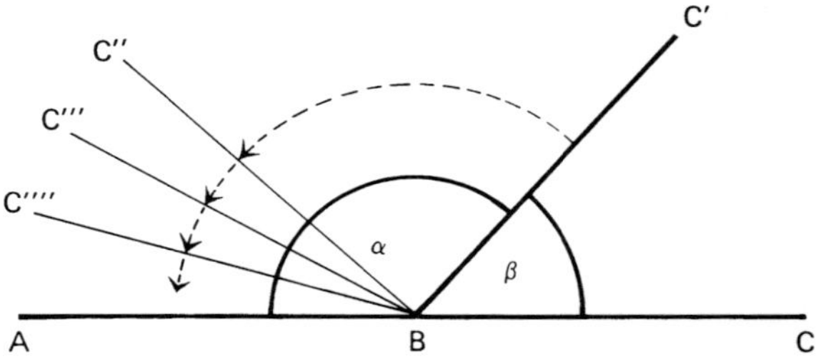

Abb. 67: Die unendliche Gerade enthält den größten und kleinsten Winkel. Der größte Winkel (α) und der kleinste Winkel (β) sind Gegensätze und fallen im Endlichen nicht zusammen. Sie werden geschieden durch den Schenkel BC'. – Lasse ich nun den Schenkel BC' nach BC" und folgende wandern, so wird der Winkel α immer kleiner, der Winkel β immer größer. Im Unendlichen, in der unendlichen Linie, fallen die Gegensätze von kleinstem und größtem Winkel zusammen. Die unendliche Linie enthält beide in sich eingeschlossen, in ihr fallen die Gegensätze zusammen.

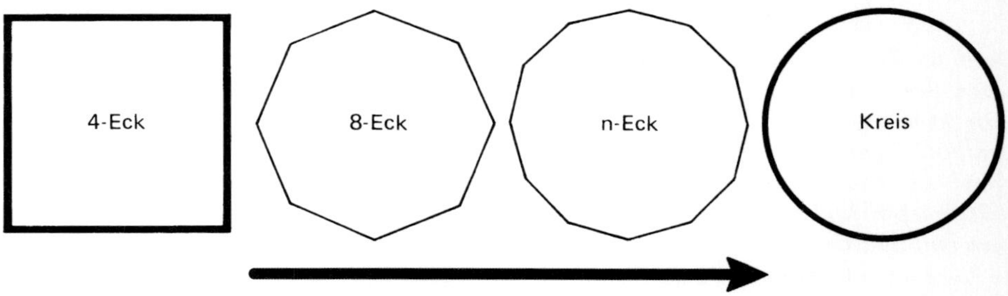

Abb. 68: Die Verwandlung des Quadrates in den Kreis. Viereck und Kreis sind endliche Figuren; sie sind Gegensätze und können im Endlichen nicht zusammenfallen. – Ersetze ich das Viereck durch ein Achteck, Zwölfeck, Vierundzwanzigeck, Achtundvierzigeck usw., so werden diese Polygone dem Kreis immer ähnlicher, aber sie fallen nicht mit diesem zusammen. Werden nun die Ecken unendlich groß an der Zahl (n-Eck), d.h. durchläuft das Viereck unendlich viele n-Ecke, so fallen im unendlichen Vieleck die ursprünglichen Gegensätze von Viereck und Kreis zusammen. Da das unendliche Vieleck und der Kreis aber im Unendlichen identisch sind, so bedeutet dies: im Unendlichen fallen die Gegensätze zusammen.

hältnisse auf die entsprechenden unendlichen Figuren übertragen, um von dort aus das jenseits aller Figürlichkeit liegende Unendliche selbst zu ertasten, in welchem die Gegensätze zusammenfallen. Es ist wichtig, dabei auf den *Prozess*, die *Denkbewegung zu* achten, also darauf, wie das geometrische *Bild (imago)* bei der Annäherung an das Unendliche sich auflöst und vergeht, z.B. wie das Dreieck (oder der Kreis) sich auflöst und in der unendlichen Geraden vergeht. Dabei ist der Gedanke der unendlichen Geraden selbst schon unfigürlich. Dieser Denkprozess hat zwei Seiten. Man kann auf der einen Seite mehr auf den Vorgang des Hinschwindens und Vergehens des geometrischen Bildes (*imago*) achten; oder man kann seine Aufmerksamkeit darauf lenken, wie beim Vergehen des Bildes gleichsam von der anderen Seite der Schwelle (*limes*) der Gedanke der unendlichen Linie hereinleuchtet. Dieser neu hereinleuchtende Gedanke ist aber im Grunde genommen bereits völlig von jeder Figur gelöst. (Siehe den Exkurs: Die geometrischen Symbolzeichnungen vom Gesichtspunkt der projektiven Geometrie unter Anm. 172.)

Auf den dynamischen Aspekt des Vergehens weist auch K. H. Volkmann-Schluck in seiner Studie hin, wenn er schreibt: «Der Gedanke der Coincidenz geht dort auf, wo der Begriff sich an der Wahrheit versuchend, an ihr vergeht. Aber sein Vergehen ist keine bloße Vernichtung. Indem er an der Wahrheit vergeht, wird er zugleich als das gesetzt, woraus die Wahrheit dem menschlichen Geist erscheint.»[173]

Der Nachvollzug des cusanischen Koinzidenz-Gedankens als *dynamisches Erkenntnisprinzip* setzt ein sich bewegendes, bewegliches Denken voraus, denn der Koinzidenz-Gedanke ist weit entfernt davon, bloße Analogie zu sein. Er verlangt ein sich völliges Hingeben an die *innere Denkbewegung,* um das Verlöschen und Vergehen der Bilder und Begriffe an der Schwelle zu *erleben.* Erst dann kann auch die andere Seite des Vorganges erlebt werden; nämlich das Neuerstehen der vom Figürlichen gelösten Gedanken jenseits der Schwelle. Ohne das eigene Eintreten des Lesers in die Denkbewegung ist der Koinzidenz-Gedanke nicht zu verstehen. Darauf hat auch Karl Jaspers aufmerksam gemacht, wenn er schreibt: «Immer müssen wir *hineinspringen* in dies Denken, in dem die Begriffe nicht logisch zwingend bestimmt und aufeinander bezogen sind ... Man muss in ihre *Bewegung eintreten,* diese in ihrer Wahrheit erfahren, *dabeisein.* Es bedarf einer *Begriffsmusikalität,* um überhaupt hören zu können, was dort *denkend getan* wird, und einer *Schulung* dieser Musikalität, um eindringend verstehen zu können.»[174]

Kein Zweifel, bei dem Gedanken der *coincidentia oppositorum* handelt es sich im tiefsten Grunde um ein *Übungs- und Schulungsprinzip* zur Steigerung der Erkenntniskräfte des Menschen. Dass in diesem Gedanken zugleich ein eminent christliches Erkenntnisprinzip enthalten ist, darauf hat Alfred Schütze in einem gedankenreichen Aufsatz aufmerksam gemacht. Er schreibt:

«In dem Koinzidenz-Gedanken des Cusaners liegt ein wichtiger Keim verborgen, der, wie wir glauben, erst bei Rudolf Steiner aufgegangen ist. In der Art, wie Nikolaus seinen Gedankengang durchführt, indem er dazu anleitet, einen Begriff durch Annäherung an das Absolute vergehen zu lassen und alsdann von jenseits einer Schwelle her das Aufscheinen eines Höheren, eben des Unendlichen, gewahr zu werden, liegt ein eminent christliches Element. Das *Prinzip von Tod und Auferstehung* ist als eine alle Lebensgebiete umfassende Urtatsache hier auf die Erkenntnis angewandt worden. Wir müssen unsere Begriffe sterben lassen, um sie jenseits der Schwelle als auferstandene wiederzufinden.»[175] *

Was Nikolaus von Kues als Todesprozess im Denken innerlich erlebt und beschreibt, hat einen zweifachen Hintergrund. Zum einen spiegelt sich darin der große bewusstseinsgeschichtliche Todesprozess, der alle Epochen seit dem alten Ägypten in zunehmendem Maße durchzieht. Bei diesem Todesprozess handelt es sich um das Herabsteigen des Gedankenelementes aus der göttlich-geistigen Welt in den Sarg des menschlichen Gehirnes. Das Gedankenelement löst sich von seinem ursprünglich leibfreien, rein kosmischen Leben und zieht in das irdische Denken des Menschen ein. Um in Erscheinung zu treten, bedarf das Denken immer stärker des Instrumentes des individuellen menschlichen Gehirnes als eines Spiegelungsapparates. Dennoch ist dieser Todesprozess des Hin-

* Von einem sehr ähnlichen Gesichtspunkt aus hat Birgit Helander 1988 in ihrer Dissertation auf den eminent christlichen Hintergrund des Denkprinzips der *coincidentia oppositorum* hingewiesen. Sie schreibt: «Cusanus [zog] zum Zwecke des reinen Denkens und zur Stärkung des Geistes gern mathematische Beispiele heran … Zu diesen mathematischen Spekulationen, die vor ihm vor allem bei den Neuplatonikern und Platon, ursprünglich bei Pythagoras zu finden waren, ist Cusanus durch Raimundus Lullus angeregt worden. – Einen ähnlichen Gedankenweg nimmt die Vorstellung des Entstehens eines Neuen im Vergehen des Alten, die ja bereits im Neuen Testament im Bild des vergehenden Weizenkornes als Christussymbol zu finden ist. Auf solche Weise fallen auch die Gegensätze in Gott zusammen … Das Gegensätzliche … verschwindet in Gestalt einer inneren Steigerung des Bewusstseins von der Gegenwart Gottes. Das Maximum, Gott, … ist von so großer Erhabenheit, dass in und mit ihm als dem Maximum … das Minimum zusammenfällt. Bei diesem Gedanken, der mit rationalen Gründen nicht nachvollziehbar ist, befinden wir uns … im Bereich der Mystik.»[176]

Abb.69: Das Gleichnisbild des «Allsehenden» (von Cusanus auch Bild Gottes genannt). Es handelt sich um eine Gobelinkopie eines Bildes des flämischen Malers Rogier van der Weyden (ca. 1400 - 1464), das einstmals im Brüsseler Rathaus hing. Das Original ging verloren, doch gilt diese Abbildung aus dem «Flämischen Bildteppich zur Trajanssage» als getreue Kopie. (Sie ist heute im Historischen Museum Bern; sie wurde dort gefunden von H. Kaufmann und erstmalig reproduziert bei Ernst Cassirer 1927).
In diesem Bildnis, dessen Augen jedem Betrachter (auch mehreren zugleich) überall hin zu folgen scheinen – Portraits mit wanderndem Blick traten um 1500 besonders häufig auf –, symbolisiert sich für Cusanus das «Sehen Gottes», und er expliziert an ihm seinen großen Gedanken des Zusammenfalls der Gegensätze (coincidentia oppositorum) im Unum, in Gott. 1453 sendet Cusanus den Mönchen vom Tegernsee seine Schrift «De visione Dei» samt einer Kopie des Bildes. Er fügt in den Eingangsworten seiner Widmung hinzu: «Wenn ich euch auf menschliche Weise zum Göttlichen hin zu geleiten versuche, so bedarf es dazu eines gewissen Gleichnisbildes. Unter menschlichen Werken aber konnte ich kein für unseren Zweck geeigneteres Bild finden als ein Bild des ‹Allsehenden›, das mit vollendeter Kunst gemalt, gleichsam alles rings umher ansieht. Es gibt wohl viele aufs beste gemalte Bilder von dieser Art, wie das des Bogenschützen auf dem Nürnberger Markt, in Brüssel das Bild des ausgezeichneten Malers Rogier auf einem sehr wertvollen Gemälde im dortigen Rathaus, das Bild in meiner Veronika-Kapelle zu Koblenz, in der Burg Brixen das Bild des Engels, der das Wappen der Kirche hält … Ich nenne die Darstellung ‹Bild Gottes›.» (De visione Dei, Vorwort)

einsterbens des Gedankenelementes in die Materialität des physischen Gehirndenkens ein notwendiger Prozess – ja, *die zentrale Aufgabe aller nachatlantischen Kulturen.* Denn er ist zugleich ein Inkarnations- und Individualisierungsprozess, ein Prozess der Bewusstseinsbildung. (Siehe den Exkurs: Der «Tod im Denken» im Licht des Buches «Die Geheimwissenschaft» (1910) unter Anm. 177.)

Bereits im alten Ägypten wurde der Inkarnationsprozess des Denkens als Todesprozess in aller Schmerzhaftigkeit wie in einer Vorahnung erlebt, ohne dass die Frage nach dem Sinn des Todes hätte beantwortet werden können. Insbesondere ist dann aber die Geburt des menschlichen Gedankenlebens im alten Griechenland aus der Bildhaftigkeit heraus ein Todeserlebnis. Dies vollzieht sich charakteristischerweise in der Epoche, in der durch das Erscheinen des Logos als Christus Jesus das Todesgeheimnis und dessen Zukunftsbedeutung enthüllt wird.

Mit dem zunehmenden Ergreifen des Gedankenelementes durch den Menschen als Individualität verliert das Denken im Laufe der Zeit immer stärker seinen unmittelbar erlebenden Zugang zur göttlich-geistigen Welt. Der Endpunkt dieser Entwicklung ist das Ersterben des Gedankenelementes in der toten Begriffs-Form des an das physische Gehirn gebundenen Verstandesdenkens. Dieser Zustand ist mit der Wende vom 14. zum 15. Jahrhundert erreicht. Und so kann R. Steiner formulieren: «Alle Entwicklung des Menschen besteht darin, dass nach und nach das erst bloß geistig existierende Übersinnliche sich ins Sinnliche herunterbewegt. Die Griechen zum Beispiel haben noch eigentlich mit der Seele gedacht; es war ihr Denken noch ganz seelisch. Die modernen Menschen, besonders seit der Mitte des 15. Jahrhunderts, denken mit dem Gehirn. Der Materialismus ist eigentlich eine ganz richtige Theorie für den modernen Menschen … Die neueren Menschen denken schon mit den Abdrücken des Gehirns, sie denken schon durch materielle Vorgänge.»[178]

Auf Nikolaus von Kues trifft diese Charakterisierung bereits zweifellos zu. Aber er erlebt den Tod des Denkens auch noch auf einer zweiten, höheren Ebene, indem er das Denken selbst bewusst *noch einmal* durch den Tod hindurchführt. Dies ist die Denkmethodik der *coincidentia oppositorum.* Der Tod des Denkens, auf den hier hingewiesen wird, ist rein geistiger Natur. Es ist der bewusste, willentlich herbeigeführte Todesprozess des Verlöschens der positiven Verstandesbegriffe an der Schwelle zur Unendlichkeit, zur göttlich-geistigen Welt.

Die auf die Sinneswahrnehmung und die Sinnesgegenstände ausgerichteten, in Gegensätzen befangenen Verstandesbegriffe haben jenseits der Schwelle, im Unendlichen, keinen Bestand mehr; ihr Begriffs*inhalt* muss notwendigerweise bei Annäherung an die Schwelle durch den Tod gehen. Dieser Tod ist aber keine Zerstörung, sondern eine Umwandlung und Umschmelzung. Die positiven Begriffsinhalte werden an der Schwelle umgeschmolzen in negative Begriffe, sie werden zur Negativform, zur Hohlform, d.h. zum Gefäß, in das hinein sich ein geistiger Inhalt ergießen kann. Dadurch erleben die so zum Wahrnehmungsorgan gewordenen Begriffe ihre *Auferstehung* jenseits der Schwelle; sie werden ‹wiedergeboren› und erfüllen sich mit den Wahrnehmungsinhalten der geistig-übersinnlichen Welt: das *Wissen* wird zum *Nichtwissen* als höhere Erkenntnisstufe.

Wie stark in diesem Sinne die Denkmethodik der *coincidentia oppositorum* bei Cusanus die Überwindung der sinnesgebundenen, gegensätzlichen Verstandesbegriffe voraussetzt, soll ein Zitat aus der kleinen Schrift «Von Gottes Sehen» (De visione Dei, 1453) zeigen. «Ich habe den Ort gefunden, in dem man Dich, [Herr], unverhüllt zu finden vermag. Er ist umgeben von dem Zusammenfall der Gegensätze *(coincidentia oppositorum)*. Dieser ist die Mauer des Paradieses (*limes*), in dem Du wohnst. Sein Tor bewacht höchster *Verstandesgeist*. Überwindet man ihn nicht, so öffnet sich nicht der Eingang. Jenseits des Zusammenfalls der Gegensätze vermag man Dich zu sehen, diesseits aber nicht» (De visione Dei, Kap. IX, Dupré, S. 133).*

Indem Cusanus auf das christliche Geheimnis von der Überwindung des Todes durch die Auferstehung und auf deren Gültigkeit auch für den Bereich des Denkens hinweist, greift er indirekt eine unausgesprochene Lebensrätselfrage im Geiste des Thomas von Aquin auf: Wie wird das Denken christlich? Es wird für Cusanus christlich durch das Hineinsterben der gegensätzlichen Verstandes-Begriffe ins Unendliche und ihre Auferstehung jenseits der Schwelle im Unum, in Gott (vgl. die Zitate auf der Eingangsseite «Zum Geleit»). Cusanus bejaht damit den von ihm stark durchlebten Todesprozess des Denkens, ja, er führt ihn auf höherer Stufe als Schulungsprinzip bewusst herbei, um dadurch im christ-

* Birgit Helander subsumiert diese Denkmethodik unter dem von Cusanus geschaffenen Begriff der *visio intellectualis* und formuliert von diesem Gesichtspunkt aus: «Auf ihrem Weg zur Annäherung an Gott geht die *visio intellectualis* vom menschlichen Erkenntnisvermögen aus und folgt diesem bis zur Mauer des gerade noch Erkennbaren. Mit Hilfe konjekturalen Denkens wird dann der Versuch gemacht, sich in Transzendenz via mystischer Theologie noch um einiges mehr der Göttlichkeit zu nähern. Hier ist das Mystische der Begriffe der *docta ignorantia* und *coincidentia oppositorum* anzutreffen.»[179]

lichen Sinne das Denken vom Todeserlebnis zum Auferstehungserlebnis zu führen. *

*Zu 3. Von der Mutmaßung (coniectura)***

Als dritter grundlegender Gedanke zum Verständnis der eigentümlichen Erkenntnisdynamik der cusanischen Geistlehre ist derjenige der *coniectura*, der *Vermutung* oder *Mutmaßung* notwendig. Cusanus hat das im Anschluss an «De docta ignorantia» geschriebene und 1441/42 *vollendete* Werk ebenso genannt (De coniecturis). Es ist lehrbriefartig formuliert und ebenso an den Freund und Förderer Kardinal Giuliano Cesari-

* An dieser Stelle mag es erlaubt sein, auf den Isenheimer Altar von Matthias Grünewald (ca. 1460 – 1528) hinzuweisen. Matthias Grünewald, der das merkwürdige Schicksal hatte, ganz ähnlich wie Nikolaus von Kues mehrere Jahrhunderte in Deutschland nahezu vollständig vergessen worden zu sein, hat dieses Altarbild von 1510 – 1516 als ein Meditationsbild für Pestkranke im Antoniterkloster zu Isenheim/Elsass gemalt. Wie kaum ein anderes Altarbild drückt es das Geheimnis von Tod und Auferstehung aus, wenn der Betrachter den Weg vom Kreuzigungsbild (1. Altarseite) zum Auferstehungsbild (2. Altarseite) innerlich geht. Im Gewand der malerischen Darstellung führt der Isenheimer Altar zur sinnlich-übersinnlichen Urgesetzlichkeit von Tod und Auferstehung als einem christlichen Weltenprinzip. Insbesondere das Bild des in eine farbige Aura gehüllten Lichtleibes des Auferstandenen ist von einzigartiger Geistrealität. Das Kreuz des Denkens – so kann man erleben – ist sein Verhaftetsein an die physische Materie, an das physische Gehirn und an die sinnlichkeitsgebundenen Begriffe. Erlebt dieses Denken seine Vergänglichkeit, seinen Tod, geht es bewusst durch den Todesprozess hindurch, wie Cusanus ihn im Prinzip der *coincidentia oppositorum* entwickelt, dann kann es auch seine Auferstehung im farbigen Licht der übersinnlichen Welt erleben, so wie sie Grünewald unvergleichlich dargestellt hat. Der Lichtleib des Denkens löst sich stufenweise aus dem Grab der Materie, aus dem Felsengrab des physischen Gehirns, und steigt in die kosmische Sternenwelt empor.
Die Auferstehung des Denkens ist die Überwindung der Leibgebundenheit des Denkens, d.h. die Leibfreiheit des Denkens. Als leibfreies Denken erlebt sich das Denken als ein Teil der übersinnlichen Welt. – Durch Tod und Auferstehung gewinnt das Denken Anteil an der Welt des Auferstandenen selbst, d.h. das Denken selbst wird christlich. (Siehe den Exkurs zu Matthias Grünewald unter Anm. 180.)

** Der lateinische Begriff *coniectura* soll primär durch den etwas ungewöhnlichen deutschen Begriff *Mutmaßung* übersetzt werden, weil der analoge Begriff *Vermutung* einen starken Bedeutungswandel erfahren hat. Das kaum gebrauchte deutsche Wort ‹Mutmaßung› lässt am ehesten noch etwas von der Richtung des cusanischen Denkens im Bereich der ‹coniectura› erkennen.

ni († 1444) gerichtet. In diesem Werk selbst spricht er noch treffender des öfteren von der *Kunst der Mutmaßung*, der *ars coniecturalis,* wie er sie in deutlicher Anlehnung an die ‹ars generalis› des Raimundus Lullus bezeichnet.

Der Ausgangspunkt ist die Grundeinsicht, «dass die Genauigkeit der Wahrheit unerreichbar ist. Daraus ergibt sich, dass der Mensch nur in der Weise der Mutmaßung zu wahren Aussagen gelangen kann. Denn im Erfassen des Wahren gibt es eine *unaufhörliche Steigerung*» (De coniecturis I, 1, Blumenberg, S. 191). Was Cusanus zu dem Gedanken der «Mutmaßung» als Erkenntnismethodik führt, ist die schon in «De docta ignorantia» ausgesprochene Überzeugung, dass die menschliche Erkenntnis in *ständiger Progression* begriffen ist. Dies geht für ihn mit Notwendigkeit aus der Natur des menschlichen Erkennens selbst hervor, denn alles Erkennen vollzieht sich durch Inbeziehungsetzen, Vergleichen und Messen. «Alle Forschenden beurteilen ein Unbekanntes im *Vergleich* mit einem zugrunde gelegten Bekannten … vergleichend ist daher alles Suchen und es bedient sich des Mittels des Verhältnisses» (De docta ignorantia I, 1, Blumenberg, S. 74). Vergleicht unser Geist nun durch Messen, so wird er nie eine vollkommene Gleichheit, sondern nur eine graduelle Annäherung erreichen, denn es ist deutlich, «dass man nicht zwei oder mehrere Dinge finden kann, die sich so ähnlich und gleich wären, dass sie sich nicht noch unendlich ähnlicher sein könnten. Daher bleiben das Maß und das Gemessene, so gleich sie auch sein mögen, immer unterschieden» (De docta ignorantia I, 3, Blumenberg, S. 78). Das menschliche Erkennen wird also nie eine völlige Genauigkeit oder Präzision erreichen, denn trotz höchster Angleichung bleibt immer noch eine Differenz übrig. Das Erkennen «begreift die Wahrheit niemals so genau, dass sie nicht noch unendlich genauer begriffen werden könnte» (De docta ignorantia I, 3, Blumenberg, S. 78). Somit kann sich der menschliche Geist der unendlichen Wahrheit nur annähern; diese selbst wird aber nie erreicht. – «Wir wissen von der Wahrheit nichts anderes, als dass sie in präziser Weise unfassbar ist» (De docta ignorantia I, 3, Blumenberg, S. 78).

Fast erschreckt steht man vor einem solchen Satz, der – aus dem Zusammenhang gerissen – völligen Agnostizismus zu offenbaren scheint. Aber gerade die Einsicht in die Ungenauigkeit und Ungenügendheit der menschlichen Erkenntnis treibt bei Cusanus die herrliche Kunst der Mutmaßung hervor. «Da präzise Erkenntnis der Wahrheit unerreichbar ist, ist jede menschliche positive Behauptung über das Wahre Mutmaßung. Die Einheit der unerreichbaren Wahrheit wird daher von uns in *vermutender Andersheit erkannt*» (De coniecturis I, 2, Dupré, S. 3).

Zwei Einsichten sind bei der Denkmethodik der *ars coniecturalis* wichtig zu erinnern und zu bedenken:

- die Fähigkeit des menschlichen Denkens zu konjekturalem Erkennen ist ihm nur auf Grund seiner Abbildlichkeit des göttlichen Geistes, als *imago Dei* gegeben.
- im konjekturalen Denken des menschlichen Geistes liegt zugleich seine Differenz zum göttlichen Geist, der die Wahrheit selbst ist.

Dennoch hat Cusanus mit dem Begriffsinstrumentarium des Denkens als *coniectura* eine Denkmethodik gefunden, die deutlich über die Ebene der «Docta ignorantia» hinausreicht, indem ein permanenter Evolutionsvorgang in das Denken eingeführt wird.[181]

Was Cusanus mit dem als *Vermutung* oder *Mutmaßung* übersetzten Wort *coniectura* meint, hat fast überhaupt nichts mit dem heutigen Sinngehalt dieses Wortes zu tun. *Coniectura* bedeutet bei Cusanus nicht eine Beliebigkeit von Vermutungen, nicht ein verwaschenes Meinen oder Für-wahr-Halten, keinesfalls ein hypothetisches Behaupten im Sinne einer bloß subjektiven Annahme, die bestätigt oder widerlegt werden kann. Noch viel weniger beinhaltet der Gedanke der Erkenntnis als *coniectura* den Zweifel an aller Wahrheit überhaupt, nicht die prinzipielle Skepsis, nicht den bloßen Relativismus als ein unverbindliches Nebeneinanderstellen und schon gar nicht den Agnostizismus.*

Vielmehr begründet Cusanus aus der Einsicht in die *konjekturale Natur* des menschlichen Erkennens als einer *progressiven Annäherung* an die unendliche Wahrheit die *Erkenntnisdynamik.* Gerade weil das Erkennen Annäherung ist, ist es auch einer *unaufhörlichen Steigerung* fähig. Nur der menschliche Geist hat das Besondere und Einzigartige für sich, dass er sich nie genug ist, dass er ständig weiter strebt, ewig in Bewegung begriffen ist, von einer Mutmaßung zur nächst genaueren Mutmaßung fortschreitet. Erkennen ist für Cusanus daher niemals statisch-dogmatisch, sondern immer progressiv-dynamisch, d.h. eine sich stets steigernde Kunst der Mutmaßung, die keine Erkenntnisgrenzen kennt.** Das geistige Erkennen, d.h. der Prozess der sich steigernden Mutmaßungen als ein mehr und mehr Sich-Angleichen an die Wahrheit,

* Eine recht interessante Charakterisierung des Begriffsinhaltes von «coniectura» und vor allem des historischen Wandels des Sinngehaltes der deutschen Begriffe «Mutmaßung» und «Vermutung» hat Birgit Helander (1988) in ihrer Dissertation über die «visio intellectualis» des Nikolaus Cusanus gegeben (vgl. Kapitel VI.: Konjekturales Denken als *visio intellectualis*). [182]

** Das dynamische Prinzip der «ars coniecturalis» des Cusaners findet heutzutage ist für Cusanus keineswegs richtungslos. In der Mutmaßung lebt für Cusanus noch geistige Gewissheit, wenn auch keine endgültige, abgeschlossene, sondern eine fortschreitende, dynamische, denn in all unseren Vermutungen lebt auf jeder Stufe etwas vom Geistigen, vom Unendlichen, von der Wahrheit selbst. Die unendliche Wahrheit, die als solche zwar nicht erkannt wird, begleitet dennoch das endliche, menschliche Erkennen und ist in ihm indirekt gegenwärtig. «Die Wirklichkeit unserer Einsicht besteht geradezu in dem Teilhaben an der göttlichen Erkenntnis» ... «Die Mutmaßung ist eine positive Aussage, die *an der Wahrheit selbst teilhat,* aber in der Weise eines Andersseins» (De coniecturis I, 13, Blumenberg, S. 209). Um so mehr haben unsere Mutmaßungen an der Wahrheit Anteil, spricht das Wesen der Dinge sich im Menschen aus, ja, denkt Gott selbst in ihm, je mehr sich unser Wissen im Sinne des Cusaners meditativ «vermutend» zum «Nichtwissen» steigert.

Betrachten wir die *Kunst der Mutmaßung* des Cusaners von der heutigen Zeit aus, so wird uns zunächst an der völlig anderen Sinnbedeutung des Wortes «Mutmaßung» klar, wie weit wir uns von dem entfernt haben, was Cusanus mit dem spekulativen Bereich der *coniectura* meint. Mutmaßung bedeutet bei ihm noch inneres Mathematisieren, innere Erkenntnissicherheit, bedeutet Teilhabe am geistigen Urquell selbst.

Mit dem Erlöschen der platonisch-neuplatonischen Geistestradition in Europa wird aber im Zuge der heraufkommenden Naturwissenschaft aus dem inneren Messen und Mathematisieren des Cusaners ein äußeres Messen und Mathematisieren. Aus der cusanischen Mutmaßung wird allmählich die bloße Hypothese und statistische Wahrscheinlichkeit. Gerade der moderne Mensch vermeint die Erkenntniskrücken der mathematischen Wahrscheinlichkeitsrechnung (auf der z.B. das Versicherungswesen, die Demoskopie, die Wahlhochrechnungen, die Demographie etc. beruhen) zur Erkenntnisfindung zu brauchen. In allen Wissenschaften ist heute eine Mathematisierungs- und Quantifizierungswelle zu beobachten, die instrumental verstärkt wird durch die Benutzung des rechnenden Computers. An die Stelle der inneren Erkenntnis tritt die Statistik.

Diese Entwicklung ist aber nur ein Symptom für den Verlust der inneren spekulativen Erkenntnissicherheit im Bereich der gedanklichen

z.T. ein überraschendes Pendant in der Philosophie Karl R. Poppers. Dies geht bis in terminologische Übereinstimmungen hinein, wie «De coniecturis» (1440) – «Conjectures and Refutations» (1963). Freilich besitzt Popper nicht die festgegründete, sichere Spiritualität des Kardinals Cusanus.

Mutmaßung. Der moderne Wissenschaftler ist sich oft nicht einmal mehr darüber im Klaren, dass bei aller notwendigen statistisch-empirischen Verifizierung die eigentlich schöpferischen Einfälle, die fruchtbaren Arbeitshypothesen, die Erfindungen und Entdeckungen niemals aus dem Bereich der statistischen Wahrscheinlichkeit (oder gar des ziellosen Zufalls) stammen. Alle wissenschaftlichen Einfälle, ja unsere ganzen Ideenbildungen stammen letztlich aus dem urschöpferischen Geistbereich selbst, der in den Menschen hineinreicht und den Cusanus durch die kreative Kunst der spekulativen Mutmaßung noch unmittelbar zu ertasten sucht. Alle geistigen Anschauungen aller Zeiten über die Welt und den Menschen sind in diesem edlen Sinne recht verstanden «Mutmaßungen», die sich nur durch den Grad der Annäherung unterscheiden. Auch die Anthroposophie ist in diesem Sinne eine «Mutmaßung», wenn auch eine sehr umfassende.

Solange wir in diesem Leben nicht selbst in der Wahrheit leben und sie schauen, sind wir stets «Vermutende». Cusanus sagt: «Die unerreichbar eine Wahrheit wird also nur in der Unangemessenheit der Mutmaßung erkannt. Erst nach diesem Leben werden wir sie, statt in der Unangemessenheit der Mutmaßung in ihrer einfachsten Einheit selbst erschauen» (De coniecturis I, 1, Blumenberg, S. 192). Nicht schöner kann die unablässige Erkenntnisbemühung und Erkenntnissteigerung der Kunst der Mutmaßung ausgedrückt werden als in dem 200 Jahre später geschriebenen Spruch aus dem «Cherubinischen Wandersmann» des Mystikers Angelus Silesius (1624 – 1677):

> «Freund, so Du etwas bist, so bleib' doch ja nicht stehn!
> Man muss aus einem Licht fort in das andre gehn!»

Welche «Wandergebiete» Cusanus dem menschlichen Geist eröffnet durch seine umfassende Auffassung vom Geist, soll im Folgenden dargestellt werden.

Vom umfassenden Geistbegriff und seinen Erkenntnisweisen

Seine Auffassung des Geistes legt Cusanus vor allem in seinen Schriften vom Laien (*idiota*) dar: «Der Laie über die Weisheit» (Idiota de sapientia); «Der Laie über den Geist» (Idiota de mente); «Der Laie über die Versuche mit der Waage» (Idiota de staticis experimentis). Diese drei Schriften schrieb Cusanus in den Sommermonaten des Jahres 1450 (15.

Juli bis 13. September) in der ländlichen Abgeschiedenheit der Marken bei Rom (in der Stadt Rieti) und im Kamaldulenser-Kloster «Val de Castro» bei der Bischofsstadt Fabriano, zwischen Ancona und Assisi im Apennin gelegen. Kernstück seiner Geistlehre ist die mittlere der drei Schriften: «Idiota de mente» (verkürzt zitiert als: De mente).

Als Leitmotiv der gesamten Geistlehre des Cusanus kann der delphische Orakelspruch: «O Mensch, erkenne dich selbst», so wie ihn der Philosoph eingangs in dem Buche «Über den Geist» ausspricht, angesehen werden. «Philosoph: … Zu Delphi ist uns das Erkennen zur Pflicht gemacht worden, dass nämlich der Geist sich selbst erkenne und sich dem göttlichen Geist verbunden wisse» (De mente I, S. 6). Selbsterkenntnis des Menschen ist also der Ausgangspunkt und der Zielpunkt der Geistlehre des Cusaners. Die Selbsterkenntnis beinhaltet die Frage nach dem Wesen des Menschen, seinem Woher und Wohin, und so ergibt sich hieraus die erste große Frage, die gestellt wird, die Frage nach der *Unsterblichkeit des Geistes.* Jenen Menschen, die anlässlich des Jubiläumsjahres 1450 nach Rom strömen, scheint sie im Glauben selbst Gewissheit; wie aber kann eben solche Gewissheit durch klares Denken erreicht werden? Wenn Cusanus am Ende des Buches «Über den Geist» diese Frage beantwortet, so geschieht das aus einer Erkenntnis des Menschen heraus und bedeutet echten Aufstieg.

Allein der Geistbegriff des Cusaners umfasst nicht nur den menschlichen Geist, sondern spannt sich bis zu Gott, dem Unum. Trotz deutlicher Cäsur betrachtet Cusanus beide noch als eine Einheit. Cusanus steht noch vor jener Wende, die mit Descartes das Band zerreißt, unter Geist nur noch jenen des denkenden Menschen versteht und Gott nicht mehr zum Gegenstand des Wissens, sondern zu dem des Glaubens erklärt. Cusanus treibt noch echte Metaphysik. Hierin leuchtet das Erbe seiner geistigen Ahnen auf: Platon, Plotin, Proklos, Dionysius Areopagita, Hermes Trismegistos, Augustin, Johannes Eriugena, die Lehrer der Schule von Chartres, Albertus Magnus, Thomas von Aquin, Raimundus Lullus und Meister Eckhart. Als echte Gestalt einer Zeitenwende begründet Cusanus aber solche Spontaneität und Schöpferkraft im menschlichen Geiste, dass dieser die Fähigkeit zum Aufstieg (*ascensus*) erhält. Um seine Geistlehre zu verstehen, müssen wir uns an diesen weit gespannten Bogen seines Geistbegriffes halten. Versuchen wir, ihm zu folgen.

Die absolute Schöpferkraft liegt nicht im menschlichen Geist, sondern im unendlichen Geist, dem *Geist des Alls* (*spiritus universorum*). Dieser ist das «apriorische» Moment der Geistlehre des Cusanus. Er ist allem vorgegeben, liegt jeder Erkenntnis zugrunde und ist nicht ableitbar, denn «setzt nicht die Frage, ob er (Gott) sei, die Seinsheit voraus?» «Gott ist die unbedingte *Voraussetzung* von allem, was auch immer vorausgesetzt werden mag, so wie jedem Bewirkten die Ursache im Voraus zugrunde liegt» (De sapientia II, S. 67). Es ist dies das ontologische Gottesargument des Anselm von Canterbury: Du kannst das Unvollkommene nur denken, wenn du das Vollkommene als seiend denkst. Der Geistbegriff des Cusaners ist damit durch den platonischen Teilhabe-Gedanken charakterisiert. Auch der menschliche Geist ist so eng mit dem Schöpfergott verbunden, dass er nur als Abbild gesehen werden kann. Daher muss auch der menschliche Geist am absoluten Geist Gottes gemessen werden.

Der «*spiritus universorum*» ist «das an sich Gute», der «unbewegte Weltbeweger», der «Demiurg», der «Nous», das «ens a se». Cusanus heißt es mit dem neuplatonischen Namen das «*Unum*» (später fügt er noch die Gottesnamen des «*possest*», des «Könnenseins» und des «*non aliud*», des «Nichtanderen» hinzu). Doch auch dieser Name ist nur Symbol, denn die höchste Weisheit «ist es gleicherweise durch, in und aus der alles Sagbare gesagt wird, und dennoch ist sie nicht durch Sagen sagbar». Sie ist die Begründung «durch, in und aus der alles Erkennbare erkannt wird, und an die dennoch keine Erkenntnis hingelangt» (De sapientia I, S. 47). Platon sagt: «Das Eine wird weder ausgesagt, noch benannt, noch erkannt, noch gedacht oder wahrgenommen» (Parmenides 142 a). Auch für Dionysius Areopagita, von dem Cusanus bis in die Sprache hinein stark beeinflusst wurde, ist Gott das Überwesentliche, Überbegriffliche und Unsagbare (vgl. seine Schriften «Von den göttlichen Namen» und «Von der mystischen Theologie»).

Gott als das Unum ist für Cusanus nicht undifferenziert, sondern seine Einheit ist von Anfang an eine dreifaltige, wie schon für Pythagoras, an den Cusanus bereits in «De docta ignorantia» (1440) namentlich anknüpft (Buch I, Kap. 7). *Das Wesen des göttlichen Geistes ist nur aus der Wirklichkeit der Trinität als eines Weltprinzips zu verstehen.* «Die Einheit ist nichts anderes als Dreiheit; denn sie besagt Ungeteiltheit, Unterschiedenheit und Verknüpfung» (De docta ignorantia I, Kap. X, Dupré, S. 224/225).

Wie in der Eins alle Zahlen zusammenfallen, so fallen im Unum alle Dinge zusammen, «denn Unendlichkeit ist Zusammenfall unvereinbarer Gegensätze» (Brief nach Tegernsee, Blumenberg, S. 321). So wie die Eins alle Zahlen einbeschließt, so enthält das Unum als unendliche Einbeschließung alles in sich eingefaltet *(complicare).* Wie wird nun aus dem Einen das Viele? Indem das Eine sich ausfaltet *(explicare)* und so das

Viele aus sich entlässt, wie die Eins die Zahlen, denn «ist nicht eins das Eine einmal genommen, zwei das Eine zweimal genommen, drei das Eine dreimal genommen usw.? Durch das Eine wird also jede Zahl» (De sapientia I, S. 44 – 45): Die geschaffenen Dinge sind Auseinanderfaltung *(explicatio)* des Schöpfergottes, die Vervielfältigung des Unum in der Sphäre der Andersheit *(alteritas)*. Die Welt ist Theophanie, ist ein *deus explicitus*, ein auseinandergefalteter Gott.

Damit haben wir als ein wesentliches Begriffspaar der cusanischen Geistphilosophie dasjenige von Einfaltung und Ausfaltung, von *complicatio* und *explicatio*.

Es ist ein platonischer Gedanke, dass aus der schöpferischen Kraft des Einen das Viele hervorgeht. Übernommen hat ihn Cusanus allerdings von Dionysius. Im Neuplatonismus ist der Gedanke als Emanation ausgebildet. Bei Plotin ist es das Eine, welches durch seine Fülle (*pleroma*) überströmt und das Viele aus sich entlässt, wie die Quelle den Strom, ohne sich zu erschöpfen (Enn. V 4, 1; III 8, 10). Das erste vom Urgrund Ausgehende ist der *Nous*, der Geist (Enn. V 1, 7), der als Abbild des Einen nach den in ihm enthaltenen Urbildern die Seele schafft. Diese wird zum Mittleren zwischen dem Geistigen (Intelligiblen) und dem Sinnlichen. Je weiter sie hinabsteigt, desto mehr verliert sie ihre Einheit, wird teilbar, wird Vielheit (Enn. IV 2, 1), wird also auch im Körper zum Lebensprinzip (Enn. III, 1, 8). Unterste Stufe ist die Materie, die im dialektischen Sinne den Gegenpol zum Intelligiblen darstellt. Auch bei Proklos findet sich der Gedanke, dass, je weiter sich die Seele vom Urgrund entfernt, desto weniger an Kraft und desto mehr an Fülle (*pleroma* im Sinne von Stofflichkeit) wird (*liber de causis*, prop. 3, 14, Proklos 116). Dionysius Areopagita bringt den Emanationsgedanken in christlicher Abwandlung. Der Hervorgang der Dinge aus Gott führt bei ihm zu einer in neun Chören abgestuften Engelhierarchie. Damit verbindet er den neuplatonischen Emanationsgedanken mit der paulinischen Engel- und Hierarchienlehre (vgl. «Von den himmlischen Hierarchien»).

Von Dionysius kommt über Johannes Eriugena das Gedankengut auf Cusanus, der alles Sein über Stufen hinauf im göttlichen Urgrund gründet. «Vor dem Urgrund gibt es keinen Urgrund ... denn sonst wäre der Urgrund etwas Gegründetes. Damit ist die Ewigkeit die einzige Unendlichkeit selbst oder der absolute Urgrund. – Und alles Endliche ist vom unendlichen Urgrund her gegründet» (De mente II, S. 12). «Ich bin der Meinung, dass von den Engeln die einen ganz Einsicht sind ... andere vernunftbegabt ... und wieder andere verstandesbegabt. Weiterhin ... dass in jedem Range wieder ebenso viele Stufen bestehen, so dass es also neun *Stufen* oder Chöre gibt; ferner dass unsere Geister unter der niedersten Stufe solcher Geister stehen und andererseits über jeder Stufe der körperlichen Natur- gewissermaßen als Verknüpfung ... so dass er [unser Geist] das Vollkommenheits-Ende der niederen Natur und den Vollkommenheits-Anfang eines höheren Seienden darstellt» (De mente XIV, S. 83). Die menschliche Seele ist Mittler (*methaxis*) zwischen der Materie und dem «Kosmos noëtos».

Der platonische *Teilhabe-Gedanke* (*participatio*) ist ein wesentlicher Schlüssel zur Philosophie des Cusaners. Alles existiert nur insofern, als es teilhat an der göttlichen Idee: «In allem Seienden» wird «am Sein als solchem ... Anteil genommen» (De mente VII, S. 45).

Wie die Stufenfolge eine Rangfolge darstellt, so bezeichnet die Teilhabe den Grad dieser Seinsbeteiligung, denn die Dinge haben «infolge des Widerstrahlens des Geistbildes beim Entfalten in verschiedener Weise am Abbildsein teil» (De mente IV, S. 23). Bei Platon bezeichnet «methaxis» die Teilhabe des Vielen am Urbild, dem Eidos, dem es ähnlich ist. Selbst der Schatten ist nur durch das Licht, der Idee des Einen, des an sich Guten. Auch bei Plotin hat alles nur sein Sein durch Teilhabe, wird alles von oben her gegründet. Und Dionysius sagt über die Teilhabe an Gott: «Alles Leblose hat darum teil, einfach dadurch, dass es nur ist ... Die lebenden Dinge jedoch haben auch teil an seiner überlebendigen, lebensschaffenden Macht, und was Geist und Seele besitzt, hat wiederum teil an seiner vollkommenen, übervollendeten Weisheit» (De coelesti hierarchia IV, 1). Die Teilhabe wird zum Antriebsmoment alles Seienden. Bei Platon ist alle Bewegung ein Sehnen nach dem Schönen, dem Guten. Die Seele wird durch ihr Streben nach der Teilhabe an den Ideen bewegt (Phaedr. 245 c). Cusanus sagt: «Jedes unvollkommene Abbild hat die Möglichkeit, sich immer mehr und mehr ohne Ende dem unerreichbaren Urbild anzugleichen.» Insbesondere «unser Geist besitzt ... jene anerschaffene Kraft, durch die er auf eine Anregung hin sich der Wirklichkeit der göttlichen Kunst gleichförmiger machen kann» (De mente XIII, S. 79).

Der Geist ist dem Menschen als Erfahrung gegeben. «Der Geist ist eine lebendige Substanz, die – das erleben wir – innerlich in uns redet und urteilt und die mehr als jedes andere von all den geistigen Vermögen, die wir in uns verspüren, der unendlichen Substanz und der absoluten Form sich angleicht. Ihre Verrichtung (*officium*) in diesem unserem Leibe besteht darin, den Körper *lebendig* zu machen (*vivificare*), daher wird sie Seele (*anima*) genannt. Der Geist ist eine substantielle Form oder Kraft, die auf ihre Art alles in sich umfasst und die sowohl das animative Vermögen in sich beschließt, durch das sie den Körper *beseelt*, indem sie ihn mit vegetativem und sensitivem Leben belebt, als auch das *verstandesmäßig* schließende, *vernünftige* und nur mit Vernunft erfassbare Vermögen» (De mente V, S. 26 f.).

Es ist also nach Cusanus der *eine* Geist, der als Kraft die verschiedenen Fähigkeiten in sich einbeschließt: *Belebung*, *Beseelung*, *intellectuale Fähigkeit* und *intelligible Kraft* der Zusammenschau.

Eine besondere Stellung nimmt die *Seele* ein; sie ist als herabgestiegener Geist das *Lebensprinzip,* Träger des Lebens überhaupt. «Und der Tod ist nichts anderes als das Aussetzen ihrer belebenden Kraft» (De coniecturis II, 16, Dupré, S. 179). Bis in die geringsten Lebensprozesse steigt der Geist als Seele hinab und wirkt dort als das schöpferische, belebende Prinzip. Da nun Leben nichts anderes bedeutet als jeden Augenblick neu werden, so ist die Seele Bewegung, und da sie sich spontan aus eigener Kraft bewegt, ist sie *Selbstbewegung.* Der Gedanke der Bewegung als Seins- und Lebensprinzip weist zurück auf Platon. «Das sich selbst Bewegende bezeichnet ganz dieselbe Sache, die wir allgemein mit dem Namen Seele bezeichnen» (Nom. 896), und da die Seele als Selbstbewegung alle Bewegung überhaupt erklärt, steht sie am Uranfang. Auch für Aristoteles ist die sich selbst bewegende Seele Charakteristikum des Lebens. Alle Bewegung weist für ihn aber zurück auf eine Ursache, den unbewegten Weltbeweger. Er unterscheidet eine Pflanzenseele (bei Cusanus: vegetativ), eine Tierseele (bei Cusanus: sensitiv) und eine Geistseele (bei Cusanus: Verstand-Vernunft). Diese gliedert er in den diskursiven Verstand (Dianoia) und die schauende Vernunft (Nous). Der Geist bewegt sich, ist aktiv, ist der *intellectus agens.* Das ist ganz die Position des Cusaners. Im Bereich des Körpers ist die Seele bewegendes Lebensprinzip, im Bereich des Bewusstseins ist sie das sich schöpferisch entfaltende Erkenntnisvermögen, das, einmal angeregt, sich selbst bewegt.

So vereinigt die Seele *Geist* und *Bewegung* in sich. Beides ist aber noch eine Einheit. Unser Geist bedarf eines Körpers und formt diesen bis in die Physiognomie hinein. Noch ist diese Einheit nicht zerrissen in die maschinenhafte *res extensa* und in die *res cogitans*, das Bewusstsein, wie bei Descartes. So steht die Seele als ein *Mittleres, in horizonte,* als *methaxis* im platonischen Sinn zwischen der Sinnlichkeit, dem Körper, und der Vernunft, die Ort der Ideenerkenntnis, des Intelligiblen ist.

Cusanus kennt das *trichotomische Menschenbild,* die *Dreigliedrigkeit* des Menschen nach *Leib, Seele und Geist,* in dem er insbesondere von der Seele im platonischen Sinne als «methaxis», als Mittler spricht, «ein Mittler, durch den der Geist in das Leben einfließt».

Cusanus erkennt den Menschen als jenes Zentralwesen, der in sich ein

Unten und ein Oben vereinigt. Zugleich ist der Mensch für ihn jenes einzigartige geistbegabte Wesen, das aus sich heraus (*ex se*) die Kraft zum Aufstieg und damit die Möglichkeit der Rückkehr zum geistigen Urgrund besitzt.

Der Gedanke der *Rückkehr*, der *Epistrophea* weist wieder auf die neuplatonische Tradition zurück. Bei Plotin geschieht das Zurücklaufen in den Urgrund durch die Mittlerschaft der Seele, die als Glied der Weltseele bis in das Körperhafte hinabgestiegen ist. Ihr Ziel ist, sich wieder vom Körper zu lösen, um eins zu werden mit dem Nous. Bei Proklos ist es nicht das Viele, das als graduell gestuftes Abbild des Einen durch die Teilhabe bewegt zum Nous zurückkehrt, sondern es ist das Eine selbst, das emaniert und wieder in sich zurückläuft (Identitätsphilosophie). Bei Dionysius ist es die Menschenseele, die mittels des christlich verstandenen Glaubens die Epistrophea vollzieht. Bei Meister Eckhart ist diese Rückkehr (wyderflos) des Ausgeflossenen (uzflos) noch stärker Aufgabe und Weg des Menschen. Führer auf diesem Weg ist der Logos im johanneischen Sinn, der Weg selber ist die Gottesgeburt im Menschen.

«Die christliche Ontologie [des Cusanus] ist durch die verbleibende Abhängigkeit der Schöpfung von ihrem Schöpfer gekennzeichnet. Vollendet wird das christliche Weltbild durch den *Teilhabegedanken*, wonach jeder Teil der Schöpfung mit dem Schöpfer als seinem Ursprung verbunden bleibt. Die göttliche Kraft belebt das Seiende durch ein Abwärtsströmen ... und ... durch das anschließende Aufwärtsstreben des Seienden zu seinem Urgrund». [183]

Für den Cusaner geschieht die Rückkehr nicht nur durch den Glauben, sondern auch durch das Erkenntnisvermögen des Menschen selbst. Er begründet im menschlichen Geist Schöpfertum und Spontaneität in solchem Maße, dass durch den schöpferischen Geist der Aufstieg (*ascensus*) zum Unum, zu Gott, möglich wird. «Beachtet man nun auch noch, wie die körperliche Einheit sich nach oben zurückwendet. Denn indem der Verstand in die Sinne herabwirkt, beziehen sich eben dadurch die Sinne auf den Verstand zurück. Und ... indem die Sinne zum Verstand, der Verstand zur Vernunft, die Vernunft zu Gott sich *zurückwendet*, gelangen sie dorthin, wo Ausgang und Erfüllung zusammenfallen. So vollendet sich der *Kreislauf*» (De coniecturis I, 10, Blumenberg, S. 206).

Woher stammt nun die *Kraft des menschlichen Geistes* zum Aufstieg? Sie stammt, und das ist Grundlage des Denkens des Cusaners, aus der *Gottesebenbildlichkeit des Menschen.* «Der Mensch ist nicht nur Werk Gottes, sondern sein Ebenbild» (*imago dei*). «Dieses Ebenbild des Schöpfers ist der Geist im Menschen».

«So behaupte ich, der Geist sei das Abbild des göttlichen Geistes, und zwar das einfachste unter allen Abbildern der göttlichen Einfühlung. Der Geist ist ferner das erste Abbild der göttlichen Umfassung, das alle Abbilder der Umfassung durch seine Einfachheit und seine Kraft in sich einbeschließt. Wie nämlich Gott die Einfaltung aller Einfaltungen ist, so ist der Geist als Gottes Abbild auch Abbild der Einfaltung aller Einschließungen» (De mente IV, S. 22). Es ist ganz deutlich: Die Ähnlichkeit des menschlichen Geistes mit dem Göttlichen liegt im Schöpferischen, «denn so wie Gott der Schöpfer dessen ist, was wirklich ist (*entium realium*) ... so ist der Mensch der Schöpfer dessen, was begrifflich ist (*entium rationalium*)» (De beryllo VI, Dupré, Bd. III, S. 9). Als Abbild der göttlichen *complicatio* ist der Geist das Vermögen abbildlicher Auseinanderfaltung, und so wird «auch der Mensch Prinzip einer Schöpfung sowie ihrer Lenkung, Ordnung und Erhaltung» (De coniecturis II, 14, Blumenberg, S. 224). Durch seine Geistnatur wird der Mensch ein *quasi alius deus*, gleichsam ein zweiter Gott.

Diesen Topos vom Menschen als einem zweiten Gott hat Cusanus vor allem in «De beryllo» behandelt. «Nun wende dich dem zu, was Hermes Trismegistus sagt: der Mensch sei ein zweiter Gott. So, wie Gott der Schöpfer dessen ist, was wirklich ist, und der naturgegebenen Formen, so ist der Mensch der Schöpfer dessen, was begrifflich ist und der Kunstformen, die nichts anderes sind als Abbilder seiner Vernunft, gerade so wie Gottes Schöpfung Abbild ist der göttlichen Vernunft. Somit hat der Mensch eine Vernunftkraft, die in ihrem schöpferischen Tun Abbild ist der göttlichen Vernunft ...» (De beryllo, Kap. VI, Blumenberg S. 324).[184]

Damit hat der Cusaner eine bedeutende Schöpferkraft im Abbildlichen menschlichen Geiste begründet und ihm die Möglichkeit zum denkerischen Aufstieg (*ascensus*) aus sich selbst heraus (*ex se*) gewiesen. Es weist dies in die Richtung jener Schöpferkraft, die Rudolf Steiner später in der «Philosophie der Freiheit» (1894) ansprechen wird, wenn er als einen Kernsatz formuliert: «Es ist unzweifelhaft, in dem Denken halten wir das Weltgeschehen an einem Zipfel, wo wir dabei sein müssen, wenn es zustande kommen soll» (S. 50). Cusanus begreift den schöpferischen Geist des Menschen als Quaternar, indem er ihn in «De mente» in vier Erkenntnisstufen gliedert:

1. Sinneswahrnehmung (sensus)
2. Vorstellung (imaginatio)
3. Verstand (ratio)
4. Vernunft (intellectus)

Diese bedeutsame Vierteilung der Erkenntnisstufen kommt zwar insbesondere in «De mente» (1450) zur Sprache, ist aber nicht auf dieses Werk beschränkt, sondern wird von Cusanus auch später beibehalten; so z.B. in «De ludo globi» (1463) und im «Compendium» (1464).

Damit stellt Nikolaus von Kues neben den vom göttlichen Geist abgeleiteten und auf den dreieinigen göttlichen Geist zielenden *Erkenntnisweg der Dreiheit,* einen vom Menschen ausgehenden, d.h. von unten nach oben verlaufenden *Erkenntnisweg der Vierheit.* Beide verbinden sich in der menschlichen Vernunft als einer abbildlichen Einheit. Aber es ist in höchstem Maße bedeutsam, dass Cusanus an der Epochen-Schwelle zur Neuzeit stehend einen von der Sinneswelt, von unten nach oben aufsteigenden vierstufigen Weg der Geisterkenntnis begründet, der bereits die Signatur der Bewusstseinsseele trägt. Das *Quaternar der Denkerkenntnis* bei Cusanus steht daher im Zentrum der folgenden Darstellung.

DIE GEISTLEHRE (ERKENNTNISTHEORIE) DES NIKOLAUS VON KUES

Die Sinneswahrnehmung (sensus)

Die abendländische Philosophie schwankt in ihrer Erkenntnistheorie* zwischen zwei polaren Auffassungen:

1. Die Auffassung, dass der Weltinhalt uns mehr oder minder *passiv* von *außen* durch die *Sinneseindrücke* vermittelt wird (naiver Realismus). Das ist, verkürzt gesagt, die Grundposition der Stoa, der Spät-Scholastik, des Nominalismus, des Sensualismus und des Materialismus. Der menschliche Geist wird dadurch im Extremfall zu einer bloß fortgeführten Sinneswahrnehmung. Er hat gegenüber der Sinneswahrnehmung nur eine dienende Funktion. Dadurch wird der menschliche Geist an die Sinneswahrnehmung gefesselt. Die Erklärung der Wirklichkeit (einschließlich der des Geistes) verläuft also grundsätzlich von außen nach innen, bzw. von unten nach oben (d.h. von der Materie und den Sinnesdingen zum Geistigen). Letztendlich führt diese Auffassung zur Knechtschaft des Geistigen und seiner totalen Abhängigkeit von der Materie, ja der Geist wird im Extremfall zur bloßen Funktionsäußerung der materiellen Sinneswelt, ohne jegliche Eigenständigkeit. Der Geist entsteht mit der Materie und geht mit ihr zugrunde (Materialismus).[185]

* Die Darstellung über die Geistlehre und ihre Stufungen ist vom Gesichtspunkt der *Erkenntnistheorie* aus geschrieben. Das gilt auch für die spätere Darstellung der Erkenntnislehre Rudolf Steiners. Der heute üblich gewordene Begriff «*Wissenschaftstheorie*» deckt sich nicht mit dem Begriffsinhalt «Erkenntnistheorie». Die Wissenschaftstheorie fragt nur nach einer speziellen Erkenntnis, nämlich der wissenschaftlichen, und nimmt diese als gegeben an. Sie stellt daher nur vorletzte Fragen und keine letzten Erkenntnisfragen. Es ist geradezu ein Charakteristikum, dass die moderne Wissenschaftstheorie keine ausgearbeitete Erkenntnistheorie besitzt. Dagegen liegt es im Wesen der Erkenntnistheorie, allgemeinmenschliche Erkenntnisfragen zu stellen. So gesehen sind die Geistlehre des Cusanus und die Freiheitsphilosophie R. Steiners ausgesprochene Erkenntnistheorien. Ihr Inhalt ist gerade die allgemeingültige Frage nach dem Wesen des menschlichen Erkenntnisprozesses selbst (vgl. dazu Helmut Kiene: Grundlinien einer essentialen Wissenschaftstheorie. Die Erkenntnistheorie Rudolf Steiners ..., Stuttgart 1984).

2. Die Auffassung, dass der Weltinhalt durch unser *Bewusstsein aktiv erzeugt* wird, d.h. aus dem *Inneren* des Menschen heraus gesetzt wird, aber außerhalb des Bewusstseins keinen objektiven Bestand hat. Die Außenwelt wird damit im Extremfall zur hinausprojizierten subjektiven Innenwelt des Menschen. Dies ist, verkürzt gesagt, die Grundposition der ganzen neueren Philosophie, angefangen von Descartes bis zu Kant (kritischer Idealismus) und Fichte (subjektiver Idealismus). Alle schaffende Wirklichkeit liegt ausschließlich im Geistigen (z.B. in der Idee oder im Ich), und die Welt der Sinnendinge ist nur Abbild der Idee oder bloßes «Nicht-Ich» (Fichte); d.h. die Weltwirklichkeit wird in jedem Fall von innen nach außen bzw. von oben nach unten begründet. Letztlich führt diese Auffassung zur Negierung der Sinneswelt als einer bloß subjektiven Illusion des denkenden Bewusstseins. Die Sinneswelt wird dadurch zur «Maja», d.h. zum bloßen Schein.[186]

Wo ein Philosoph zwischen diesen beiden Positionen steht, hängt vor allem von seiner Stellung zur *Sinneswahrnehmung* ab.

Für Cusanus ist dieses Problem mit der Frage gegeben: Ist unsere Seele eine *unbeschriebene Tafel,* wie Aristoteles sagt, oder sind ihr *fertige Begriffsinhalte* anerschaffen, die «sie infolge der Belastung mit dem Körper wieder vergessen» hat (De mente, Kap. IV, S. 24), was die angebliche Meinung des Platon sei.

Und die entscheidende Antwort des Cusaners: «Daher darf man nicht glauben, der Seele seien Begriffe anerschaffen worden ... Sie bedarf vielmehr des Körpers, damit ein *anerschaffenes Vermögen* zu seiner Auswirkung gelange. – So kann das Vermögen des Geistes ... zu seinen Fähigkeiten nicht hingelangen, wenn er nicht von den Sinnesdingen *angeregt* wird. Der Geist bedarf also eines organischen Körpers, d.h. eines solchen, ohne den keine sinnliche Anregung geschehen kann. In dieser Sache vertritt offenbar Aristoteles einen wichtigen Standpunkt ... Andererseits kann die Seele keine Fortschritte machen, wenn sie des Urteils entbehrt. – Deshalb besitzt unser Geist eine ihm *anerschaffene Urteilskraft (vis iudicativa).* Dieses Vermögen, zu urteilen, ist dem Geist von Natur aus mitgegeben. Mit ihm urteilt er *von sich aus* über Gedankengänge. – Wenn Platon dieses *Vermögen* anerschaffenes Begriffswissen genannt hat, hat er nicht völlig geirrt» (De mente, Kap. IV, S. 24 f.).

Cusanus negiert, dass der Seele Begriffe, d.h. apriorische Wissensinhalte, angeboren sind, und bejaht ganz ausdrücklich die Notwendigkeit der Sinneswahrnehmung. Damit ist er jedoch kein bloßer Sensualist oder Materialist, für den der Geist rein rezeptiv ist, quasi eine ‹unbeschriebene Tafel› (Demokrit, Epikur, Locke, Hume, Hobbes). Für diese ist der Geist bloß fortgeführte Sinnestätigkeit, der nur kombiniert und integriert.

Cusanus steuert einen mittleren Weg. Er bejaht ausdrücklich die Sinneswahrnehmung, aber damit ein *anerschaffenes Urteilsvermögen* (vis iudicativa) zur Auswirkung komme. Mit dieser Stellung zur Sinneswahrnehmung und zum Erkenntnisprozess hebt sich der Cusaner ganz deutlich von der herrschenden Schulmeinung seiner Zeit der *Spät-Scholastik* ab. Dabei steht die Scholastik im Bereich des Denkens auf einer außerordentlichen geistigen Höhe. R. Steiner charakterisiert sie wie folgt: «Die Scholastik ist im höchsten Maße ein Ergebnis des menschlichen Scharfsinns. Die logische Fähigkeit feiert in ihr höchste Triumphe ... Sie [die Scholastiker] bieten die hohe Schule für die Technik des Denkens. Sie haben eine unvergleichliche Gewandtheit, sich im Felde des reinen Gedankens zu bewegen» (Die Mystik, S. 79).

Trotz dieser vollendeten logischen Kunst brachte es die Scholastik aber nur zu einem sehr einseitigen Begriff des menschlichen Erkennens, insbesondere in bezug auf die Sinneswahrnehmung. Sie führte den *naiven Realismus* von Demokrit, der Epikuräer und der Stoa fort. Danach entstehen die Sinneswahrnehmungen durch ein unmittelbares Abbilden, indem beim Erkennen ein Bild (eidola, typoi) von den Dingen in der Seele eingedrückt wird, analog wie der Siegelring in das Wachs ein Bild eindrückt (Abbildtheorie). Bei diesem Erkennen ist die Seele rein rezeptiv, die Bewegung verläuft nur von außen nach innen. So lautet ein scholastisches Erkenntnisaxiom: «Nihil est in intellectus, quod nun fuerit in sensus» (Nichts existiert im Geiste, das nicht vorher in den Sinnen war). Je genauer also der Abdruck des Dinges durch die Sinnesorgane in der Seele ist, desto größer ist seine Wahrhaftigkeit. Daraus ergibt sich der Wahrheitsbegriff. Wahrheit ist dann gegeben, wenn Sinneswahrnehmung und Vorstellung dem Gegenstand adäquat sind. «Veritas est adaequatio rei et intellectus» *(Wahrheit* ist die *Übereinstimmung* zwischen *Denken* und *Sein;* Thomas von Aquin, Summa Theologica I, qu. 16, 1). Es ist deutlich, dass bei diesem scholastischen Erkenntnisbegriff alle Wirklichkeit außerhalb des menschlichen Erkennens bleibt und in den Objekten der Außenwelt liegt, denn der Mensch kann beim Erkenntnisakt nicht die Dinge selbst erkennen, sondern sich nur ein *Bild,* ein *Abbild* von ihnen machen.

Gegenüber der Scholastik ist also der Cusaner mit seiner gekennzeichneten Stellung zur Sinneswahrnehmung ein mächtiges Stück weiter. Er greift in dieser Frage deutlich auf die platonische Denkart zurück. Platon hat vor allem in seinem «Timaios» eine Beschreibung der Sinneswahrnehmung gegeben, in dem er am Beispiel des Sehens zwei Teile dieses Prozesses unterscheidet: zum einen die Farbe des wahrgenommenen Gegenstandes, die als Licht ins Auge eindringt, zum anderen das ‹Feuer› des Auges selbst, das von innen entgegenströmt. Durch die Begegnung beider Ströme entsteht der Eindruck der Farbe im Augeninneren. Auch bei Cusanus handelt es sich bei der Sinneswahrnehmung um einen doppelten Strom: einmal von außen kommend der Sinneseindruck, zum anderen von innen entgegenkommend die Kraft des Geistes, die in den Sinnesorganen wirkt.

Cusanus entwickelt dann eine außerordentlich interessante Sinneslehre, die zeigt, dass Sinneswahrnehmung für ihn kein bloßes passives Abbilden ist. Für Cusanus wird unser Geist von den Sinnesdingen erst zur Bewegung angeregt. Träger dieser Bewegung ist der Lebensgeist (spiritus). Die Seele ist mit einem «überaus feinen Lebensgeist, der durch die Adern verteilt ist, so verbunden, dass jener den Träger der Seele darstellt. Das Behältnis jenes Lebensgeistes aber ist das Blut. Es gibt also eine bestimmte Ader, die mit diesem Lebensgeist gefüllt ist und die zu den Augen hingeht, und zwar so, dass diese Ader sich in der Nähe der Augen in zwei Äste teilt und voll des Lebensgeistes zum Augenrund kommt, gerade dorthin, wo die Pupille ist. Der Lebensgeist, der bis dorthin durch die Ader verteilt ist, ist ein Werkzeug der Seele (instrumentum animae), mit dem sie den Gesichtssinn in Gebrauch setzt. Zwei (andere) Adern gehen mit ihrem Lebensgeist angefüllt zu den Ohren und in ähnlicher Weise zwei zur Nase. Der zu den Augen hingehende Lebensgeist ist äußerst beweglich. Trifft er irgendein äußeres Hindernis an, dann wird er zurückgeworfen, und die Seele wird angeregt, sich mit dem Hindernis eingehender zu befassen. Der Lebensgeist im Ohr wird durch den Ton zurückgedrängt, und die Seele wird zum Auffassen angeregt ...» (De mente, Kap. VIII, S. 51). «Da also dieser Lebensgeist das Werkzeug der Sinne ist – die Augen, die Nase usw. sind gleichsam Fenster und Wege, durch die er zum Empfinden hinaustreten kann –, so ist klar, dass alles nur vermittels seines Widerstandes empfunden wird. So kommt es, dass ein Widerstand leistendes Ding den Lebensgeist als das Werkzeug des Empfindens hemmt und die Seele ... das Widerstand leistende Ding ... mit Hilfe der Sinne selbst auffasst» (De mente, Kap. VIII, S. 52). Was also dem Lebensgeist entgegensteht (obstare), ist im eigentlichen Wortsinn das Objekt.

Diese Auffassung von der Unentbehrlichkeit der Sinneswahrnehmung als Basis der Erkenntnis unterstreicht Cusanus noch einmal in Kap. VIII in seinem «Compendium» (1464), in dem er das schon von

Augustinus, Eriugena und Bonaventura benutzte Bild des Kosmographen anführt. Dieser kann nämlich für seine Beschreibung der Welt keines der fünf Stadttore (= Bild für die fünf Sinne des Menschen) zum Empfang der Boten aus aller Welt entbehren. Diese bringen ihm Kunde von der Erde, die er für das Anfertigen seiner Landkarte braucht. Erst wenn diese vollendet ist, kann er die Tore schließen und sich auf die innere Schau seiner – modern gesprochen – ‹mental map›, seiner ‹geistigen Landkarte› konzentrieren.[187]

In der außerordentlich interessanten Sinneslehre des Cusanus steckt nun zugleich auch noch die alte Elementenlehre. «Beim Menschen ist die Anordnung der Sinne ähnlich wie die Rangfolge der vier Elemente angelegt.» – «Bei den Augen bedient sich der Lebensgeist der Kraft des Feuers, bei den Ohren der Kraft des Äthers, der lauen Luft, bei der Nase bedient er sich der Kraft der dichten und rauchigen Luft, beim Gaumen der Kraft des Wassers und beim Mark der Kraft der Erde. Das findet nach der Rangfolge der vier Elemente statt» (De mente, Kap. VIII, S. 52).

Abgesehen von ganz erstaunlichen physikalischen und physiologischen Erkenntnissen ist die Sinneslehre des Cusanus keinesfalls primitiv. Hinter ihr steht die große philosophische Frage: Wie erkennt die Seele als immaterielle Potenz die materiellen Körper? Für Cusanus geschieht es durch die *aktive Vermittlung des Lebensgeistes, der ein Instrument der Seele* ist.* Gerade seine Rede vom Lebensgeist, seinem Hinaustreten

* Die Rede des Cusaners vom «Lebensgeist» (spiritus) als Instrument der Seele, der durch die Sinnestore hinaustritt und die Sinnesdinge aktiv erfasst, ist sehr interessant. Es darf hier darauf hingewiesen werden, dass, ähnlich wie der Cusaner vom «Lebensgeist» spricht, Rudolf Steiner die Existenz eines «Lebensleibes» beschreibt, der den Prozessen der Sinneswahrnehmung als aktive Kraft zugrunde liegt. Dieser Lebensleib oder Ätherleib ist nicht mehr rein sinnlicher Natur, also im Sinne des Cusanus bereits Lebensgeist (spiritus). Bei den Sinneswahrnehmungen bedient sich die Seele (d.h. der Astralleib) des Ätherleibes, um die Sinnesgegenstände aktiv zu erfassen. In sehr bildhafter und elementarer Form hat Rudolf Steiner diesen Vorgang den Arbeitern am Goetheanum einmal wie folgt beschrieben: «Beim Auge ist es so, dass bei der Linse Licht hinein- und hinausgehen muss. Sehen Sie, das Licht, das gehört zum Äther … Der Mensch hat außer seinem physischen Leib auch noch einen Ätherleib. Und was bedeutet das, dass die Linse durchsichtig ist? Das bedeutet, dass der Ätherleib des Menschen, der überall hindurchgeht, durch die Linse einfach hindurch kann. Wenn die Linse schön durchsichtig ist, so kann der Ätherleib durch die Linse durch … Aber mit dem Ätherleib allein kann man … noch nicht sehen … Man sieht also nicht mit dem Ätherleib. Man sieht mit der Seele. Aber man braucht den Ätherleib zum Sehen … Wodurch geschieht so

durch die Sinnestore und seinem Zurückgeworfenwerden von den Sinnesdingen macht deutlich, dass der Wahrnehmungsvorgang für Cusanus kein bloß passives Abbilden ist. *Wahrnehmen* ist für Cusanus im Gegensatz zur Abbildtheorie der Scholastik durchaus ein *aktiver, dynamischer Prozess.*

Das wird unterstrichen durch seine Darlegung, dass wir die Dinge abbilden, indem der Geist vermittels des Lebensgeistes sich an die Dinge aktiv *angleicht,* d.h. das Erkennen vollzieht sich durch *Angleichung.* «Angeregt durch das Hindernis der von den Objekten herrührenden Bilder, die zum Arteriengeist hin sich vervielfachen, *gleicht* sich der Geist den Dingen mit Hilfe der Bilder *an*» (De mente Kap. VII, S. 41). «In unserem Leib bewirkt der Geist gemäß der verschiedenen Geschmeidigkeit der Arteriengeister in den Organen verschiedene *Nachbildungen,* feine und grobe. Der eine Arteriengeist ist nicht zu dem gestaltet, wozu der andere gebildet werden kann. Der Lebensgeist im Sehnerv ist nicht durch Tonbilder reizbar, sondern nur durch Farbbilder. Er kann deshalb den Farbbildern nachgeformt werden und nicht den Tonbildern. So ist es auch bei dem übrigen» (De mente, Kap. VII, S. 42). «Der Geist ist so der Angleichung fähig, dass er sich beim Sehen dem Sichtbaren angleicht, beim Hören dem Hörbaren, beim Schmecken dem Schmeckbaren, beim Riechen dem Riechbaren, beim Tasten dem Tastbaren und überhaupt beim Empfinden dem Empfindbaren ...» (De mente, Kap. VII, S. 41).

Obwohl also Cusanus im Bereich der Sinneswahrnehmung auch von «Abbilden» spricht, ist doch deutlich, dass er darunter im Gegensatz zur Scholastik sowohl im physiologischen wie im geistig-seelischen Sinne einen *aktiven Prozess,* ein aktives Angleichen versteht.[189]

Wenn Birgit Helander diesen Prozess als «innere Sinneswahrnehmung», d.h. als «innere Aufnahme der Wahrnehmung» im Sinne von

etwas, dass wir sehen? Dadurch, dass unser astralischer Leib in unserem Ätherleib drinnen ist» (Vortrag vom 2. Juni 1923).
Bei dieser Darstellung muss man beachten, dass sie nicht für ein wissenschaftliches Bewusstsein gesprochen ist. Naturwissenschaftlich hätte R. Steiner diesen Vorgang ungleich differenzierter ausgedrückt. Aber gerade durch diese elementare Bildhaftigkeit ist die Parallelität zu der Darstellung des Cusaners frappierend. Auch Cusanus hat sich ja bildhaft ausgedrückt, ohne dass man sagen könnte, er wäre sich der erkenntnistheoretischen Tragweite seiner Formulierung nicht bewusst gewesen. Ebenso ist es bei Rudolf Steiner. Unter diesen Vorzeichen ist die Bekräftigung der Auffassung des Cusaners durch die Geisteswissenschaft Steiners bemerkenswert.[188]

einem «inneren Engagement des Geistes im Zusammenhang mit der äußeren Wahrnehmung» bezeichnet, dann kann ich ihr voll zustimmen.[190] Es ist mir deutlich, dass diese innere Seite des Wahrnehmungsprozesses auch bereits auf der allerersten Stufe der Sinneswahrnehmung (sensus) ausgebildet ist. Ich spreche in diesem Zusammenhang als Terminus von dem Doppelprozess der «äußeren/inneren Sinneswahrnehmung». Allerdings ist meines Erachtens die Beobachtung der inneren Sinneswahrnehmung bei Cusanus mehr als ein bloßer Rückgriff auf die platonische Tradition, sondern sie beinhaltet einen ganz neuzeitlichen Aspekt.

Die ganze neuere Sinneslehre (Sinnesphysiologie) seit Johannes Müller (1801 – 1858)[191] bestätigt die Auffassung des Cusanus von der Sinneswahrnehmung als eines aktiven Aktes, indem sie die *Intentionalität* der Sinnesempfindung herausgearbeitet hat.* Der Mensch ist beim Wahrnehmen nicht passiv, sondern bis ins Physiologische hinein außerordentlich aktiv – (die Sprache bringt diese Aktivitätskomponente schon in den Tätigkeitswörtern, z.B. er-fahren, wahr-nehmen etc. zum Ausdruck). Jede Wahrnehmung ist aktiv gerichtet und derart intentional beeinflussbar, so dass zwischen Wahrnehmen und Bewegen kein prinzipieller, sondern nur ein gradueller Unterschied besteht. Herbert Hensel (1920 – 1983), der bedeutende zeitgenössische Sinnesphysiologe, formuliert (1980): «Mit Johannes Müller, der den Begriff der Intentionalität in die Physiologie einführte und selbständig weiterentwickelte, bevor er von Brentano und Husserl erneut aufgegriffen wurde, können wir den Wahrnehmungsvorgang als einen intentionalen Akt bezeichnen. ‹Inten-

* In den Arbeiten des genialen Bonner Privatdozenten und späteren Berliner Professors Johannes Müller, insbesondere in seiner Lehre von den «spezifischen Sinnesenergien» hat dieser darauf hingewiesen, dass jede Sinnesempfindung nur eine *actio in distans* darstellt. Diese fundamentale Beobachtung hat dann aber eine sehr einseitige erkenntnistheoretische Auslegung erfahren. Dies führte dazu, dass Rudolf Steiner in seiner «Philosophie der Freiheit» (1894) sich mit großer Erkenntnisschärfe gerade mit dieser philosophisch falsch interpretierten Lehre auseinandersetzt (siehe dort das Kapitel IV S. 73 ff.).
«Dennoch bedeutet Müllers Lehre von den ‹spezifischen Sinnesenergien›, sieht man von falschen erkenntnistheoretischen Schlüssen ab, einen entscheidenden Fortschritt der Sinnesphysiologie. Es zeigt sich, dass die Sinne nicht einfache Kanäle sind, durch die die Bilder der objektiven Außenwelt passiv hereinströmen, sondern dass die Sinne aktiv am Zustandekommen der Wahrnehmung mitwirken …» (Herbert Hensel, 1981, S. 40; siehe auch den Exkurs zum Begriff der ‹Intentionalität› in der neueren Sinneslehre unter Anm. 192a).

tion› bedeutet wörtlich ‹Anspannung› und drückt damit sehr treffend den Sachverhalt aus, dass intentionale Erlebnisse ‹auf etwas gerichtet› sind, auf einen ‹Gegenstand› zielen. Man kann den Wahrnehmungsakt als polares Spannungsverhältnis von Wahrnehmungstätigkeit und Wahrnehmungsgegenstand bezeichnen, in welchem beide Pole nur in relativer Sonderung auftreten. Wahrnehmungsgegenstände sind somit weder rein subjektiv noch rein objektiv, weil sie einerseits immer mit dem leistenden Ich verbunden sind, andererseits aber immer auch darüber hinausweisen auf ein ‹Nicht-Ich›».[192] Genau darauf zielt auch die zunächst scheinbar primitive Sinneslehre des Cusanus erkenntnismäßig ab. (Siehe auch den Exkurs zum Begriff der «Intentionalität» in der neueren Sinneslehre unter Anm. 192a.)

Bald nach Cusanus wird bei Descartes das Problem der primären und sekundären Sinnesqualitäten akut. Descartes weist die äußere (und die innere) Sinneswahrnehmung als nicht «clara et distincta» zurück, da uns die Sinne täuschen können. Er sagt: «Bisweilen erschienen mir nämlich Türme, die ich von fern für rund gehalten hatte, in der Nähe viereckig und gewaltig große Bildsäulen auf ihrer Spitze von der Erde aus gesehen klein» (6. Meditation, S. 69).[193] Descartes folgert daher, dass sich aus der Sinneswahrnehmung kein «sicherer Beweis für das Dasein der körperlichen Gegenstände gewinnen» ließe (6. Meditation, S. 66). Ich habe daher als Mensch auch nicht das Recht zu glauben, «dass z.B. in einem warmen Körper irgend etwas meiner Wärmeempfindung durchaus ähnlich sei, in einem weißen oder grünen Körper eben das von mir empfundene grün oder weiß» (6. Meditation, S. 73). Sie enthalten ein «aliquid veri», eine andersartige Wahrheit.

Mit Descartes setzt der große Umschwung in der Philosophie im Hinblick auf die Stellung zur Sinneswahrnehmung ein. Cusanus steht noch deutlich vor dieser Wende. Er sieht bereits das Problem, aber denkt nicht daran, die Sinneswahrnehmung zu negieren, denn das folgt nicht aus dieser. «Die Sinne für sich sind auch unfähig zur Verneinung, denn das ist ja eine Art von Unterscheidung. Nur dass da etwas Wahrnehmbares vorliegt, versichern die Sinne» (De coniecturis, Blumenberg, S. 205). Cusanus erkennt, *dass die Negation der Sinneswahrnehmung bereits die Tätigkeit eines höheren Vermögens, des Verstandes, ist,* der notwendig zwischen Sinneswahrnehmung und Aussage über diese eingeschoben ist. Cusanus sieht die Objektivität der Sinneswahrnehmung, denn im Wahrnehmungsbereich gibt es nur Bejahung. In diesem Sinne treibt er wirkliche Phänomenologie.

Wenngleich der Zweifel von Descartes an der Wahrhaftigkeit der Sinneswahrnehmung zunächst nur rein methodischer Natur ist, so beginnt damit dennoch die entscheidende Wende. (Siehe den Exkurs zu René Descartes unter Anm. 194). Diese führt als Folge der Cartesischen Spaltung in eine «res extensa» und eine «res cogitans» notwendigerweise zum *psycho-physischen Dualismus.** Wahrheit liegt für Descartes nur noch im menschlichen Subjekt, im «Ich denke»; die Außenwelt existiert nur noch, insofern Gott der Garant für diese ist. Für Kant schließlich, für den Gott als Garant entfällt, liegt Wahrheit und Gewissheit in der vom Ich hergestellten Relation zwischen Objekt und Subjekt. Diese Übereinstimmung geschieht nicht durch Angleichung, sondern durch die selbsttätige Vernunft (synthetische Einheit der Apperzeption). Der Gegenstand wird nicht mehr vorgefunden, sondern vom Subjekt her aufgebaut (transzendentale Logik). «Der erste Fundamentalsatz, den sich der Philosoph zum deutlichen Bewusstsein zu bringen hat, besteht in der Erkenntnis, dass unser Wissen sich zunächst auf nichts weiter als auf unsere Vorstellungen erstreckt. Unsere Vorstellungen sind das einzige, was wir unmittelbar erfahren.»[195] Diese Auffassung Kants ist die absolute *Negation und Umkehrung der scholastischen Abbildtheorie.* Mit der Abwertung der Sinneswahrnehmung seit Descartes schwingt das Pendel von dem Extrem der rein rezeptiven Abbildungstheorie der Scholastik zu dem anderen Extrem, nämlich zu der die ganze neuere Philosophie axiomatisch beherrschenden Auffassung, *dass die Sinneswelt durch unser Bewusstsein bedingt sei.*

Zwischen beiden Positionen, Stoa – Kant, steht Cusanus. Er spricht zwar von Abbilden, aber nicht im rein rezeptiven Sinne, sondern «assimilare» bedeutet durchaus eine *aktive Tätigkeit.* «Unser Geist ist eine Kraft, die Angleichungen zustande zu bringen vermag» (*vis assimilativa).* Aber unser Geist bringt «*aus sich* heraus die Formen der Dinge auf dem Wege der Angleichung hervor». «Aufgrund der Angleichung fällt er ein Urteil über das Objekt» (De mente, Kap. VII, S. 4). Dies ist wieder die anerschaffene Urteilskraft. Cusanus sieht, dass Erkennen nur aufgrund eines apriorischen Erkenntnisvermögens geschehen kann. *Dies Vermögen aber ist der Geist selber, der intellectus ipse, die anerschaffene Urteilskraft.* Das ist die Spontaneität und Schöpferkraft unseres Geistes. – Auf dieser Linie hatte bereits Aristoteles gestanden, für den mit dem *intellectus agens* ein Neuanfang gegeben ist. Dieser verwandelt die ab-

* Die «Cartesische Spaltung» der Welt ist ein symptomatologischer Ausdruck dafür, dass die Menschheit die Epochenschwelle überschritten hat und es dem modernen Bewusstsein nun möglich ist, die Begriffe von Objekt (Außenwelt) und Subjekt (Ich) in voller Schärfe zu denken.

bildhafte Sinneswahrnehmung durch eigene Aktivität in einen Begriff (Begriff: ideelles Wesen, *eidos*). Bei Cusanus kommt dieser schöpferische Neubeginn darin zum Ausdruck, «dass der Geist jenes Vermögen ist, das zwar jeder begrifflichen Form entbehrt, dennoch einmal angeregt sich selbst jeder Form *angleichen* und vor allen Dingen *Begriffe* bilden kann» (De mente, Kap. IV, S. 25). Und Leibniz, der Positionen des Cusanus ohne direkte Kenntnis von dessen Werk wieder aufgreift, ergänzt später das scholastische Axiom: «Nihil est in intellectus, quod non fuerit in sensus» gegen den Sensualisten John Locke gewendet durch den Halbsatz: «excipe, nisi ipse intellectus». «Nichts existiert im Geiste, das nicht vorher in den Sinnen war, aber man muss den Geist selbst hiervon ausnehmen» (Neue Unters. II. Kap. 1 §2). Dieser *intellectus ipse*, der zur Sinneswahrnehmung spontan aus eigener Kraft hinzutritt, liegt ganz auf der Linie der Erkenntnistheorie des Cusanus.

Die Wahrheit liegt für Cusanus nicht mehr nur im Objekt (Scholastik), aber auch noch nicht nur im Subjekt (Kant), sondern entsteht im Zusammenwirken beider. Indem der Geist durch Angleichung aus sich spontan die Begriffe zu den Sinnesdingen bildet, hält er die Wahrheit im Begriff am Zipfel. Die absolute Wahrheit jedoch liegt im Begriff der Begriffe, im Urbild. Damit wird *platonische Tradition* in Cusanus lebendig. Die Quelle wahren Erkennens sind die Urbilder, von denen die Sinnesdinge Abbilder sind. «Da nun das *Urbild* aller Dinge im Geiste wie die Wirklichkeit im *Abbild widerstrahlt,* so hat der Geist *in sich* etwas, auf das er hinschaut und nach dem er ein Urteil über die Außendinge fällt. Ebenso würde, wenn ein geschriebenes Gesetz lebendig würde, es als lebendiges in sich die zu fällenden Richtsprüche lesen» (De mente, Kap. V, S. 30).

Zwei Quellen unseres Erkennens kommen für den Cusaner in Betracht. Einmal die objektive Sinneswahrnehmung. Hier spricht er durchaus von Abbilden. Die Sinneswahrnehmung ist aber nur Stimulans für ein höheres Vermögen, den tätigen Geist. Einmal von der Sinneswahrnehmung affiziert, bewegt er sich erkennend, damit er auf die Urbilder in sich acht gebe. «Aber in unseren Geistern ist dieses Leben so, wie wenn es im Schlafe läge, bis es durch das *Staunen,* das von den Sinneseindrücken her entsteht, zur Bewegung angeregt wird. Dann findet der Geist durch eine Bewegung seines Vernunftlebens in sich das niedergeschrieben, was er sucht. Du musst aber verstehen, dass diese Beschreibung die Widerstrahlung des Urbildes aller Dinge ist» (De mente, Kap. V, S. 31). Cusanus nimmt aber keine eingeborenen Ideen an, sondern er zeigt, dass es die *Kraft des Geistes,* seine Aktivität, Spontaneität und Schöpferkraft sind, die die Ideen bilden.

Die Ausgangsposition des Cusaners ist deutlich. Er bejaht die Sinneswahrnehmung und belässt sie in ihrer Objektivität, denn im Bereich der reinen Erfahrung ist nur Bejahung möglich. Die Bedeutung der Sinneswahrnehmung erweist er dadurch, dass sie Stimulans für ein höheres Vermögen ist, das – einmal angeregt – spontan als schöpferischer Neubeginn zu dieser hinzutritt. Zwei Phänomene liegen dem Erkennen zugrunde, die *Sinneswahrnehmung* und das selbsttätige *Denken.* Jene ist uns gegeben, dieses muss durch die schöpferische Kraft des Geistes erzeugt werden. Das Denken bedarf der Anregung durch die Sinneswahrnehmung, ist aber nicht durch diese bestimmt.

Damit leuchtet bereits auf der allerersten Erkenntnisstufe – der äußeren/inneren Sinneswahrnehmung (sensus) – ein Grundzug auf, der charakteristisch für die Erkenntnistheorie des Cusaners ist. Es ist das Vermeiden von extremen, einseitigen Positionen und dadurch das Einhalten eines wunderbaren Gleichgewichts zwischen den Polaritäten. Cusanus lässt sich nicht zu extremen Positionen hinreißen, sondern pendelt diese – bildlich gesprochen – wie eine Gleichgewichtswaage aus. Hier wird erkennbar, dass die Philosophie des Nikolaus von Kues nur aus einem inneren Erlebnis, nämlich aus dem Erlebnis der «wissenden Unwissenheit» als einer höheren Erkenntnisstufe zu verstehen ist. Dadurch erreicht er den sicheren Boden der *reinen Sinneswahrnehmung* als erste Erkenntnisstufe. Er bejaht die Sinneswahrnehmung und belässt sie in ihrer Objektivität. Hier treibt er wirkliche Phänomenologie.

Die Vorstellung (imaginatio)

Von der Sinneswahrnehmung hebt der Cusaner sehr deutlich eine zweite Stufe im menschlichen Erkenntnisprozess ab, die er «*imaginatio*» nennt. Im Deutschen sei dieser Ausdruck im folgenden generell mit dem Terminus «*Vorstellung*» übersetzt.

Die deutliche Unterscheidung zwischen äußerer/innerer Sinneswahrnehmung und Vorstellung tritt bei Cusanus bereits in seinem ersten erkenntnistheoretischen Werke auf, nämlich in «De coniecturis» (1441/42), und wird dann in seinem erkenntnistheoretischen Hauptwerk «De mente» (1450) fortgeführt. Einige Cusanus-Forscher (z.B. Karl Jaspers 1964, Karl Bormann 1975) sprechen nur von drei Erkenntnisstufen[196], weil Cusanus die Vorstellung einmal mehr in die Nähe der inneren Sinneswahrnehmung, ein andermal mehr in die Nähe des Verstandes rückt.

Aber gerade dies ist das Charakteristische für das Wesen der Vorstellung selbst, denn als inneren Vorgang könnte man sie durchaus als eine Art ‹innerer Wahrnehmung› bezeichnen und sie daher der inneren Sinneswahrnehmung zuordnen, was Cusanus stellenweise auch tut. Dennoch ist die Vorstellung bei Cusanus eine eigenständige Erkenntnisstufe, was sich deutlicher noch als in dem Frühwerk «De coniecturis» in dem erkenntnistheoretischen Hauptwerk «De mente» (1450) offenbart. Außerdem charakterisiert er auch in den späteren Werken «De ludo globi» (1463) und «Compendium» (1464) die *imaginatio* als eigenständige Erkenntnisstufe.

Für Cusanus entsteht die Vorstellung durch einen von der äußeren Sinneswahrnehmung deutlich unterschiedenen *inneren Prozess.* Es handelt sich um den Vorgang, dass von den wahrgenommenen äußeren Sinnesdingen ein *inneres Abbild (imago)* im Menschen entsteht. Die Bildung der Vorstellung geschieht für Cusanus auf aktive Weise; sie ist also kein Eindrücken, sondern ein *Schaffen.* Es geschieht dies wieder im Sinne der Sinnesphysiologie des Cusanus mit Hilfe eines *Lebensgeistes.* «Im Organ der *Vorstellungskraft* befindet sich ein ... Lebensgeist, der allen Sinnesbildern (Sinneseindrücken) nachgeformt werden kann ...» (De mente, Kap. VIII, S. 42). «... In der Vorstellungszelle gibt es einen Lebensgeist, der viel feiner und beweglicher ist als der durch die Adern verbreitete. Wenn die Seele sich seiner als Werkzeug bedient, so wird sie scharfsichtiger, so dass sie selbst bei Abwesenheit des Dinges die Form in der Materie erfasst. Dieses Vermögen in der Seele heißt *Vorstellungskraft (imaginatio),* weil mit seiner Hilfe sich die Seele eine *Vorstellung von einem abwesenden Ding* bildet. Darin unterscheidet sie sich vom Sinn (sensus), der nur in Gegenwart des Dinges die Form in der Materie erfasst. Die *Vorstellungskraft* leistet dies *in Abwesenheit des Dinges...»* (De mente, Kap. VIII, S. 53).

Verschwindet also der durch die äußere/innere Sinneswahrnehmung aufgefasste Gegenstand, so bleibt das von ihm geschaffene innere Bild *(imago)* im Menschen zurück, und dieser hat die Fähigkeit, dieses Abbild immer wieder aus eigener Kraft in sich wachzurufen; er kann den Gegenstand ‹sich vorstellen›. Diese Kraft, innere Abbilder (imagines) zu schaffen, ist die *imaginatio,* die Vorstellungskraft als eigenständige Erkenntnisstufe.

In seinem Alterswerk «Compendium» (1464) betont Cusanus noch einmal im Rahmen einer Lehre von den Zeichen als Kernstück einer Erkenntnistheorie gerade diese *bewahrende Fähigkeit* der Vorstellungskraft (phantastica virtus) als eigenständiger Erkenntnisstufe. Von den

Sinnesgegenständen bleiben nämlich in der Vorstellungskraft Zeichen zurück. «Diese Zeichen [können] nur so fest gehalten werden, dass, würden auch die Gegenstände entfernt, das Bezeichnete bliebe. Sonst bliebe die Kenntnis der Dinge nicht bestehen. Durch diese Bezeichnungen der Zeichen bleiben die Dinge in der inneren Vorstellungskraft bezeichnet, so wie Worte auf einem Papier aufgezeichnet bleiben, auch wenn ihr Verlauten verschwindet. Dieses Verbleibende kann Erinnerung (memoria) genannt werden. Die Zeichen der Dinge in der Phantasie (phantasia) sind also Zeichen der Zeichen in den Dingen. Denn nichts ist in der Phantasievorstellung, das nicht vorher im Sinn gewesen ist» (Compendium Kap. IV, Dupré S.692/93). Ohne die Kraft der Vorstellung gäbe es überhaupt keine Erinnerungen; diese sind also folglich *Erinnerungsvorstellungen.*[197]

Die Vorstellung (imaginatio) als zweite Erkenntnisstufe geht damit in mehrfacher Hinsicht über die Sinneswahrnehmung hinaus. Zum einen ist sie die *Kraft der Abgrenzung,* die jeder Sinneswahrnehmung beigegeben ist. «Der Sinn, wie er in sich ist, grenzt nicht ab. Dass wir eine Abgrenzung vornehmen, wenn wir etwas sehen, ist Sache der Vorstellungskraft, die dem Sinn beigesellt ist. Es ist nicht Sache des Sinnes selbst» (De mente, Kap. VIII, S. 52/53). Zum anderen ist die Vorstellung für Cusanus die erste Abstraktionsstufe im menschlichen Erkenntnisprozess, nämlich die Abstraktion von der individuellen Andersheit, d.h. von der Materie und von der Quantität. Die Seele «hält die (Sinnes-)Empfindungen in der Vorstellungskraft fest» und «*vereinigt* in der Vorstellungskraft die Mannigfaltigkeit der Sinnesgegebenheiten» (De coniecturis II, 16, Blumenberg, S. 229). Die entstandene Vorstellung ist nicht mehr sinnlich, sondern *losgelöst* von der Sinnlichkeit. «Die Vorstellungskraft besitzt größere Freiheit im Vergleich zu den auf Begegnendes angewiesenen Sinnen. Sie ist hinsichtlich Umfang, Zeit, Gestalt und Ort des Vorgestellten *ungebunden* (De coniecturis II, 14, Blumenberg, S. 222). Im Bereich der Vorstellung (imaginatio) ist der Mensch schöpferisch, ordnend und bewahrend. Der Mensch erschafft «in seinem höheren Sinnesvermögen der Phantasie [=Vorstellung, imaginatio], *Nachahmung* und *Bilder* der Sinnenwelt. Die *so geschaffenen* Bilder ordnet er … und schließlich verwahrt er sie in der *Erinnerung*» (De coniecturis II, 14, Blumenberg, S. 224).

Bei der Vorstellung als erster Abstraktionsstufe des Erkenntnisprozesses tritt eine charakteristische Janusköpfigkeit auf: Als ein höheres Vermögen ist sie einerseits *mehr* als die Sinneswahrnehmung, andererseits ist sie *weniger* als jene. Die Vorstellung «erfasst einerseits weniger, andererseits mehr als die Sinne, das Nähere und Entferntere, ja das gar nicht Vorhandene. Aber über den Bereich des Wahrnehmbaren überhaupt kann sie nicht hinaus» (De coniecturis II, 14, S. 222). Auch fehlt der Vorstellung die Fähigkeit der Unterscheidung; sie vermag sich nur ein *verworrenes Bild* der Gegenstände zu machen. «Es verhält sich nämlich das Abbild beim Fehlen der sinnlich wahrnehmbaren Gegenstände so wie irgendein Sinn, wenn die Unterscheidung der Sinnendinge ausfällt; er passt sich dem fehlenden Sinnending in *unterschiedlicher Weise* an, und zwar so, dass er nicht «Zustand von Zustand unterscheidet» (De mente, Kap. VIII, S. 41). «Die Vorstellungskraft leistet dies in Abwesenheit des Dinges, freilich *in ununterschiedlicher Weise,* so dass sie den jeweiligen Zustand nicht genau unterscheidet, sondern viele Zustände zugleich ununterschieden erfasst» (De mente, Kap. VIII, S. 53). Das Aufzeigen der Grenzen der Vorstellungskraft im Erkenntnisprozess ist keine Abwertung, sondern geschieht, um auf die Notwendigkeit eines nächsthöheren Erkenntnisvermögens aufmerksam zu machen. Es ist nämlich erst «der *Verstand* die Form ... die *Sinneseindrücke und Vorstellungen zu unterscheiden vermag*» (De mente, Kap. V., S. 29/30).

Damit wird bereits auf der zweiten Stufe der Erkenntnisleiter ein weiterer Grundzug der Erkenntnistheorie des Cusaners deutlich: dass in keiner Erkenntnisstufe allein die Wahrheit liegt. Jede Stufe hat ihre notwendige Kraft, aber sie ist nur ein Glied im Ganzen. Zur Wahrheit gelangen wir erst, wenn wir eintreten in den Prozess des Aufsteigens (ascensus) und Absteigens (descensus) der Erkenntnis durch alle vier Erkenntnisstufen hindurch. Cusanus beschreibt dieses Auf- und Absteigen mit den folgenden eindrücklichen Worten: «Der Geist einigt das Anderssein der *Sinneswahrnehmungen* in der *Vorstellungskraft,* einigt die verschiedenen Bilder der Vorstellungskraft im *Verstande,* einigt das Anderssein der Verstandeserkenntnis in der einfachen *Vernunfteinheit.*» «Es dringt also die Einheit der *Vernunft* in das Anderssein des *Verstandes* hinab, dieser wieder in das Anderssein der *Vorstellungskraft* und diese schließlich in das Anderssein der *Sinne.* Wenn Ihr aber das Ineinander von *Aufstieg* (ascensus) und *Abstieg* (descensus) mit der Einsicht begreift, so kann es nicht dem Geiste darum gehen, sich zur Sinnlichkeit zu wandeln, sondern vielmehr seine eigene Vollkommenheit und Wirklichkeit zu erreichen» (De coniecturis II, Blumenberg, S. 229/30).

Der Abstieg des Geistes in die Sinne ist ebenso unabdingbar für die Erkenntnis- und Wahrheitsfindung notwendig wie die Erhebung der Sinneserfahrung in den Geist. Ohne den Abstieg der Vernunft in die

Sinne wäre ebenso wenig Erkenntnis möglich wie ohne den Aufstieg der Sinneswahrnehmung in die Vernunft. *Aufstieg* (ascensus) und *Abstieg* (descensus) sind untrennbar miteinander verbunden. «Die Vernunft steigt nur deswegen in die Sinneswahrnehmung hinab, damit das Sinnenfällige zur Vernunft aufsteigen kann.» «Um sich zu vervollkommnen, steigt die Vernunft hinab; sie vollendet eine Kreisbewegung und kehrt zu sich selbst zurück» (De coniecturis II, Blumenberg, S. 16).

Erkenntnis ist für Cusanus immer eine unteilbare Einheit. Dennoch ist es sein Verdienst, die Erkenntnisstufen sorgfältig voneinander unterschieden zu haben. Insbesondere seine Differenzierung zwischen äußerer/innerer Sinneswahrnehmung und innerer, rein seelischer Vorstellung ist so bedeutsam, weil sich daran in der Philosophiegeschichte immer wieder mannigfache Verwechslungen angeknüpft haben.

Wäre die eindeutige Unterscheidung des Cusaners zwischen Sinneswahrnehmung und innerer, seelischer Vorstellung in der Philosophie mehr beachtet worden, so hätte es späterhin Descartes nicht einfallen dürfen, den Glauben der Wahnsinnigen, die «hartnäckig behaupten, sie seien Könige … in Purpur gekleidet, während sie nackt sind»[198], für die Schwankendheit der Wahrnehmung anzuführen; denn dieser Glaube ist eine Vorstellung und keine Sinneswahrnehmung und als solche von dieser bereits abstrahiert. Aber der innere Vorgang des Abbildens, der bei der Sinneswahrnehmung im Menschen vor sich geht, drängt sich später immer mehr in den Vordergrund, sodass man nur noch diesen sieht und nicht das veranlassende äußere Objekt, die gegebene Sinneswahrnehmung. Gegenüber dieser späteren Entwicklung – die zweifellos durch die Bewusstseinsentwicklung der europäischen Menschheit mitbestimmt ist – nimmt Cusanus eine mittlere, ausgleichende Position ein, indem er zwischen Sinneswahrnehmung und Vorstellung wohl zu unterscheiden weiß. Dadurch vermeidet er wiederum jede ins Extrem führende Position und erkennt die relative Wahrheit jeder Erkenntnisstufe.

Der Verstand (ratio)

Der Erkenntnisprozess schreitet über Sinneswahrnehmung und Vorstellung hinaus fort, indem als völliger Neubeginn das *Urphänomen des Denkens* auftritt.

Die Sinneswahrnehmung und die Vorstellung gehören insofern beide noch zur Wahrnehmungsseite der Welt, als sie auf diese bezogen sind.

Die Bedeutung der äußeren/inneren Sinneswahrnehmung erweist sich für Cusanus dadurch, dass sie *Stimulans* für ein höheres Vermögen ist, das – einmal angeregt – spontan als schöpferischer Neubeginn zu dieser hinzutritt. Das Denken bedarf zwar der Anregung durch die Sinneswahrnehmung, ist aber nicht durch diese bestimmt.

Cusanus erfasst das Urphänomen des spontan einsetzenden Denkens u.a. unter dem Begriff «anerschaffene Urteilskraft», insbesondere an jener Stelle in «De mente», an der er seine Position zwischen den scheinbaren Polaritäten von Aristoteles und Platon darlegt. «So kann das Vermögen des Geistes, das in einer die Dinge erfassenden, begrifflich arbeitenden Fähigkeit besteht, zu seinen Tätigkeiten nicht hingelangen, wenn es nicht von den Sinnendingen angeregt wird, und er kann nicht angeregt werden, es sei denn durch Vermittlung der sinnlichen Vorstellungsbilder … Andererseits kann die Seele keine Fortschritte machen, wenn sie des Urteils entbehrt … deshalb besitzt unser Geist eine ihm *anerschaffene Urteilskraft (vis iudicativa)* … Dies Vermögen, zu urteilen, ist dem Geist von Natur aus mitgegeben» (De mente, Kap. IV, S. 24/25). Die *vis iudicativa* ist das Denkvermögen des Menschen selbst. Es tritt als Urphänomen innerhalb des Erkenntnisprozesses auf. Sieht man diese Tatsache ganz klar, so begreift man das Großartige, völlig Neue, das sich mit der Tätigkeit des spontan einsetzenden Denkens entfaltet. Es ist der *intellectus agens,* der *intellectus ipse,* der sich, durch die Sinnendinge angeregt, entfaltet. Damit ist das ureigenste schöpferische Prinzip im Menschen begründet. Hier ist nichts gegeben, kein Rest Passivität, sondern alles *Aktivität, Selbstbewegung, Schöpfung.* Cusanus legt das Urphänomen des Denkens in die Zweiheit von Verstand *(ratio)* und Vernunft *(intellectus)* auseinander. Er trifft damit eine Unterscheidung, die in dieser Deutlichkeit erst wieder im deutschen Idealismus (z.B. bei Kant), bei Goethe und schließlich bei R. Steiner auftaucht.

Die erste schöpferische Tätigkeit des Geistes in Form des Verstandesdenkens *(ratio)* ist die *Unterscheidung (discretio).* Der Verstand ist – wie Cusanus darlegt – die *forma discretiva.*

Wir müssen uns im Klaren sein, dass die so eminent wichtige Unterscheidung zwischen Sinneswahrnehmung und Vorstellung bereits eine Tätigkeit des Verstandes ist, denn Unterscheidung ist bereits Urteil fällen. Sinneswahrnehmung und Vorstellung zeichnen sich aber gerade dadurch aus, dass sie verworren und ununterschieden sind. Cusanus sagt: «Der Sinn fühlt nur das Sinnliche, aber sein Fühlen ist verworren und *ununterschieden* (De coniecturis, Buch I, Kap. 10, S. 204). Alle Dinge treten «in der Sinnesempfindung sozusagen in einem Klumpen und ununterschieden auf» (De mente, Kap. XI, S. 72). Es ist so, «dass der Sehsinn seiner eigenen Natur nach nicht unterschieden wahrnimmt, sondern in Masse sozusagen und ununterschiedlich den Gegenstand empfindet ...» (De mente, Kap. V, S. 28). «Der Gesichtssinn sieht und ... weiß» doch nicht, «was er sieht, wenn die Unterscheidung fehlt, die ihm selbst Form gibt, ihn erhellt und vollendet ...» (De mente, Kap. V, S. 29).

Und von der Vorstellung sagt der Cusaner: Die *imaginatio* «passt sich dem fehlenden Sinnending in ununterschiedlicher Weise an», aber so, dass sie «nicht Zustand von Zustand unterscheidet» (De mente, Kap. VII, S. 42). Die Vorstellungskraft leistet die Nachformung «in ununterschiedlicher Weise, so dass sie den jeweiligen Zustand nicht genau unterscheidet, sondern viele Zustände zugleich ununterschieden erfasst» (De mente, Kap. VIII, S. 53). Sinneswahrnehmung und Vorstellung stehen also völlig unterschiedslos nebeneinander, da in ihnen selbst keine Unterscheidungskraft liegt. Beide gehen über die äußere und die innere Wahrnehmungswelt nicht hinaus.

Erst mit dem Einsetzen des Verstandes wird *Unterscheidung* möglich, denn alle Unterscheidung geht vom Verstand aus. Als *forma discretiva* tritt er, einmal von den Sinnen zur Bewegung affiziert, spontan zur völlig homogenen, ununterschiedenen Sinneswahrnehmung hinzu, «so dass er Zustand von Zustand unterscheidet» (De mente, Kap. VIII, S. 53). «Der Sinn der Seele (*sensus animae*) empfindet das Sinnliche. Und es gäbe nichts Sinnliches, ohne dass die Einheit des Sinnes existiert. Die Wahrnehmung ist allerdings verworren und ungenau und ohne alle Unterscheidung, denn die Sinne nehmen nur wahr, unterscheiden aber nicht. Die Unterscheidung geht vom Verstand aus, denn der Verstand ist die Einheit der Zahl des Wahrnehmbaren. Wenn durch die Sinneswahrnehmung weiß von schwarz, warm von kalt, spitz von rund, dieses sinnliche Ding von jenem unterschieden wird, so wirkt hier die Leistung des Verstandes schon herein. Die Sinneswahrnehmung *(sensus)* als solche verneint darum auch nicht. Das Verneinen gehört nämlich zur Unterscheidung. Die Sinneswahrnehmung stellt nur fest, dass etwas Sinnliches ist, aber nicht, dass es dies oder jenes ist. Der Verstand verwendet also die Sinneswahrnehmung als Instrument zur Unterscheidung des Sinnlichen, aber er selbst ist es, der in der Wahrnehmung das Sinnliche unterscheidet» (De coniecturis I, 10, Dupré, S. 34/35, mit Übersetzungsänderungen des Verfassers). Nun erst wird auch der charakterisierte Unterschied zwischen der äußeren/inneren Sinneswahrnehmung und der Vorstellung sichtbar, da ja «alle Unterscheidung aus dem Verstand kommt» (De mente, Kap. V, S. 29). Ohne die Kraft der Unterscheidung müssen beide notgedrungen völlig unterschiedslos nebeneinander stehen. Erst mit dem spontan einsetzenden Verstand werden sie geschieden, da «der Verstand die Form ist, die Sinneseindrücke und Vorstellungen zu unterscheiden vermag» (De mente, Kap. V, S. 30).

Die Einsicht des Cusanus, dass alle Unterscheidung bereits die Manifestation eines höheren Vermögens, nämlich des Verstandesdenkens ist, ist von großer Tragweite. Aber diese Einsicht ist in der Philosophie der Neuzeit nicht recht beachtet worden. Auf der einen Seite sieht Cusanus zwar deutlich den schöpferischen Neubeginn, der mit dem Denken einsetzt, verfällt aber auch nicht in den Fehler, nur diese Spontaneität zu sehen und die Sinnesgegenstände als bloße Vorstellung abzutun, da eine solche Negation bereits Sache des Verstandes ist. Auf Descartes' (1596–1650) späteres Argument, «dass Wachsein und Träumen niemals durch sichere Kennzeichen unterschieden werden können ...», dass folglich «Augen, Haupt, Hände und dergleichen nur eingebildet sein könnten»[199], hätte Cusanus geantwortet: ‹Freilich, ohne die abgrenzende unterscheidende Tätigkeit des Verstandes ständen für uns Sinneswahrnehmung und Vorstellung, Tagesleben und Traum, Phantasie und Halluzination völlig ununterschieden nebeneinander. Durch den spontan einsetzenden Verstand ist mir aber als Mensch die Unterscheidungsmöglichkeit gegeben›. Obwohl der Zweifel des Descartes ein rein methodischer war, um die Bedeutung des Denkens als einzig sicheren Ausgangspunkt des Erkenntnisprozesses zu erweisen, setzt mit ihm doch die ausschließliche Betonung des ‹res cogitans›, der ‹denkenden Substanz› in der Philosophie der Neuzeit ein. Damit geht das Gleichgewicht zwischen den einzelnen Erkenntnissäulen und den Erkenntnisstufen, das bei Cusanus so ausgeprägt ist, verloren. Cusanus aber belässt auf der einen Seite der Sinneswahrnehmung ihre Objektivität, sieht auf der anderen Seite jedoch auch die Spontaneität des neueinsetzenden Verstandesdenkens.

Neben der Unterscheidung fällt bei Cusanus dem Verstandesdenken eine zweite große Aufgabe zu: Es ist die Namensgebung, d.h. die *Begriffsbildung*. Denn nachdem der Verstand als *forma discretiva* die Dinge unterschieden hat, hebt er das Allgemeine, das Gemeinsame aus der Sinneswahrnehmung heraus *(attrahere)* und vereinigt es im Namen, im Begriff *(nomina)*. Dies ist die *zweite Abstraktionsstufe*. Begriffe zu bilden ist die ureigenste schöpferische Tätigkeit des Verstandes, er ist die *vis vocabuli*. «Namen werden durch den Verstand ... zur Unterscheidung der Dinge» geschaffen, heißt es schon in «De docta ignorantia» (I, 24). Eine Tätigkeit des unterscheidenden Verstandes ist es also, welche den Dingen die verschiedenen Namen zulegt. «Die Beilegung der Benennung geschieht also durch eine Betätigung des Verstandes *(motus rationis).* Die Tätigkeit des Verstandes bezieht sich auf die Dinge, die unter die Sinne fallen, deren Gesondertheit, Übereinstimmung und Unterschiedlichkeit der Verstand feststellt, so dass nichts im Verstande ist, was nicht vorher im Sinn gewesen wäre» (De mente, Kap. II, S. 14). Diese Aussage klingt wie ein scholastisches Axiom.

Meint Cusanus damit nun eine totale Abhängigkeit, d.h. sind die Begriffe bloße Abschleifung, oder meint er eine relative Abhängigkeit, sind die Begriffe etwas ontisch Früheres, das nur herausgehoben wird? Ist die Sinneswahrnehmung totale Wirkursache (*via moderna:* Nominalismus, Ockham, Hobbes, Locke, Hume), oder ist sie bloße Materialursache für den selbsttätigen und schöpferischen Verstand (*via antiqua:* Aristoteles, Platon, Augustin, Thomas v. Aquin)?

Mit dieser Frage stoßen wir bei Cusanus auf die große Erkenntnisproblematik, die als *Realien- oder Universalienstreit* zwischen Realisten und Nominalisten das ganze Hochmittelalter durchzieht. Diese Frage, um die mit einer kaum mehr vorstellbaren Heftigkeit geistig gerungen wurde, ist letztlich nicht entschieden worden. Dennoch hängt von dieser Frage für den Menschen die Möglichkeit des Zuganges zur geistigen Welt ab. Innerhalb dieser Erkenntnisproblematik spielt die Frage nach der Bedeutung der Abstraktion eine bedeutende Rolle.

Bereits Aristoteles sprach von einem Bilden der Begriffe durch Abstraktion, in dem der Geist das Allgemeine, die Phantasmen, aus der Sinneswahrnehmung herauszieht. Er unterscheidet die *species sensibilis,* die *species intelligibilis* und den reinen Begriff, das ideelle Wesen, das durch den selbsttätigen schöpferischen Nous aus den Phantasmen herausgeholt wird. Der Begriff, das Wesenswas, das *Eidos* aber geht den Dingen ontisch voraus, ist in diesen nur potentiell enthalten und wird von dem aktiven, tätigen Verstand durch die Abstraktion herausgeholt. Abstraktion ist also ein Durchleuchten, ein Sichtbarmachen der *ideellen* Struktur, ist Wesensschau. Der Begriff kann bereits aus einer einzigen Sinneswahrnehmung herausgehoben werden. Die Sinneswahrnehmung ist nur Materialursache. Auch Thomas von Aquin spricht von einem «Durchleuchten» *(illuminatur)* und einem Herausheben des dadurch sichtbar gewordenen geistigen Begriffes. Dies geschieht durch die Tätigkeit des aktiven, schöpferischen Verstandes *(intellectus agens),* dessen Abstraktionsvermögen zur Wesensschau dient. Die Abstraktion hat also die Funktion der Sichtbarmachung des allgemeinen Begriffes, wobei die Sinneswahrnehmung nur Materialursache ist.

Mit Ockham und dem Nominalismus kommt die Wende. Dieser geht zwar auch vom konkreten Einzelnen aus und gelangt durch Abstraktion zum Begriff, allein die Sinneswahrnehmung wird zur Wirkursache, die Aktivität liegt nicht mehr im Erkenntnisvermögen, sondern in den Gegenständen. Zwischen Gegenstand und Erkenntnis besteht ein durchgängiger Kausalnexus. Allgemeinbegriffe, da nicht wahrnehmbar, lehnt er ab. Bei Locke entsteht der Begriff durch Abschleifung aus einer Summe von Sinneswahrnehmungen. Er ist das Allgemeine, das übrigbleibt, sieht man vom Besonderen ab. Abstraktion ist kein Sichtbarmachen der ideellen Struktur, sondern ein Neuerzeugen. Die Sinneswahrnehmung ist totale Wirkursache. Der Begriff bezieht sich nur noch auf unsere Vorstellungen, die er zusammenfasst, und vermag nicht mehr ins Innere der Dinge zu leuchten. Bei Hobbes beziehen sich die Begriffe überhaupt nicht mehr auf ein Sein, sondern man muss beim Nomen stehen bleiben, und der Verstand ist die Systematik der benannten Wahrnehmungen; er ist zum bloßen Koordinator herabgewürdigt.

Wie steht nun Cusanus zu dieser die Philosophie durchziehenden Fundamentalfrage, in welche die Stellung zur Sinneswahrnehmung mit hineinspielt (Materialursache oder totale Wirkursache)?

Cusanus scheint zunächst der *via moderna* zu folgen, wenn er sagt: «Daher sind die Gattungen und Arten, so wie sie unter eine Benennung fallen, Verstandesdinge, die der Verstand sich aufgrund der Übereinstimmung und Unterschiedlichkeit der sinnlichen Dinge gebildet hat. Sie können, weil sie der Natur nach später sind als die sinnlichen Dinge, deren Nachbilder sie sind, nicht verharren (weiterbestehen), wenn die sinnlichen Dinge zerstört sind» (De mente, Kap. II, S. 15). – Doch dann erfolgt seine Kritik. Derjenige, der glaubt, «dass ein Ding nichts sei, außer soweit es unter die Benennung fällt», muss bestreiten, «dass die Formen in sich und in ihrem wahren Sein für sich getrennt bestehen … und Urbilder *(exemplaria)* und Ideen würde er für nichts erachten» (De mente, Kap. II, S. 15).

Die Abstraktion hat bei Cusanus nicht die Aufgabe, bloße Begriffe, Nomen, zu erzeugen, die einzig im menschlichen Geiste existieren, sondern die Abstraktion soll die Gegenstände reinigen, einsichtiger machen. Der abstrahierte Gegenstand ist nicht bloßes Nomen, sondern *transparent gemachte Idee.* Hinter dem Begriff leuchtet bei Cusanus das *Urbild* auf. «Das Ding, das unter eine Benennung fällt, ist Abbild seines unsagbaren Urbildes» (De mente, Kap. II, S. 17). Man könnte diese Stellungnahme des Cusanus als seine «*platonische Wende*» bezeichnen. Cusanus beginnt zwar mit der Abstraktion, dann aber setzt die Schöpferkraft, die Spontaneität des Geistes ein, der von oben her die Begriffe überformt. Denn es existiert im Geiste «die urbildhafte und unübertragbare Wirklichkeit der Formen, die in den Sinnendingen widerstrahlen». Cusanus sagt, «dass die Urbilder ihrer Natur nach den Sinnendingen vorausgehen» (De mente, Kap. II, S. 15). Abstraktion ist somit für Cusanus eine Bewegung in Richtung auf die ideelle Struktur des Seins. Die Sinneswahrnehmung ist nur Materialursache, und der selbsttätige und schöpferische Verstand ist eigenständig gegenüber dieser, im Sinne des *intellectus agens* (Aristoteles, Thomas von Aquin). Die Aktivität liegt beim Geist, denn er trägt die Urbilder als ein dem Wesen nach Früheres in sich.

Damit das Urbild im Begriff aufleuchte, bedarf es des schöpferischen, spontanen Verstandes. Die vom Verstand hervorgebrachten Begriffe haben *Anteil (participatio)* an diesem Urbild. Cusanus spricht aber im Gegensatz zu Platon nur von einem Urbild, der *forma formarum* «als aller einzelnen formbaren Dinge allerentsprechendstes Urbild ... das den genauen Namen aller Dinge darstellt, soweit sie dank einer Verstandestätigkeit unter eine Benennung fallen ... so dass auf diese Weise jeder Name ein Abbild des genau bezeichnenden Namens ist» (De mente, Kap. II, S. 17). Die *Teilhabe* an der Wahrheit, der urbildhaften Wirklichkeit, ist es, die dem Begriff bei Cusanus sein Wesen verleiht. Somit ist der Begriff nicht etwas Fremdes, künstlich zu den Dingen hinzugefügtes, sondern das innere Wesen der Dinge selbst. Ihre Essenz liegt in der begrifflichen Allgemeinheit, der Idee.

Im deutschen Idealismus bei Hegel wird diese Position ganz deutlich. Für Hegel sind das Sein und dessen verschiedene Erscheinungsformen eine durchgängig strukturierte Einheit. Die Dinge selbst sind bloße Erscheinung, ihr Inneres, ihr Kern, ihr Wesen ist der Begriff. Und die Abstraktion ist «nicht als bloßes Auf-die-Seite-Stellen des sinnlichen Stoffes zu betrachten ... sondern ... ist vielmehr das Aufleben und die Reduktion desselben als bloße Erscheinung auf das Wesentliche, welches nur im Begriff sich manifestiert.»[200]

Doch ein deutlicher Unterschied besteht. Der Begriff bei Cusanus ist bestimmt durch die *Teilhabe* am Urbild, bei Hegel ist dieses Urbild (die Idee, der Begriff) ganz im Sein aufgegangen (Panlogismus).

Mit seiner Stellung zur Funktion der Abstraktion als Teil des Verstandes und vor allem zum Begriff als einer realen Teilhabe am Urbild hat Cusanus eine bedeutende Schöpferkraft im Verstandesdenken begründet.

Unser Geist als Verstand ist also dadurch aktiv und schöpferisch, dass er «aus sich (*ex se*) Begriffe bildet und so sich selbst bewegt» (De mente, Kap. VII, S. 39). «Denn so wie Gott der Schöpfer dessen ist, was wirklich ist … so ist der Mensch der Schöpfer dessen, was begrifflich ist» (De beryllo, Blumenberg, S. 324). Wie der göttliche Geist die Dinge wesenhaft in sich beschließt, so ist der menschliche Geist derjenige, der mit seiner Kraft alle Urbilder der Dinge begrifflich einbeschließt … und die Gesamtheit der Dinge aus sich begrifflich entfalten kann» (De mente, Kap. V, S. 27). «Unser Geist ist schöpferisch dadurch, dass er seine Begriffe an das Seiende angleicht» (De mente, Kap. VII, S. 40).

So deutlich Cusanus die Dynamik, Spontaneität und Schöpferkraft des Verstandes als Schöpfer der Begriffe zeichnet, so ist für ihn mit den Verstandesbegriffen nicht ein Letztes gegeben. Seine Kritik an den Verstandesbegriffen ist erstens getragen von einer sokratischen Haltung, dass all unser Wissen ein Nichtwissen ist. Für Cusanus sind zweitens die Verstandesbegriffe ungenau, d.h. sie bedürfen ständiger Verbesserung. Es beruht dieses Argument auf einem platonischen Motiv aus dem «Phaidon», nach dem es niemals zwei völlig gleiche Dinge gebe. Deshalb sind für Cusanus alle Verstandesbegriffe *coniectura* (Mutmaßung). Drittens taucht das Motiv des Heraklit auf, dass alles fließe und nichts in beständigem Sein verharre. «Man kann nicht zweimal in denselben Fluss hinabsteigen» (Fragment 91), denn der Fluss und der Mensch sind nicht der gleiche geblieben. Deshalb sagt Cusanus: Da unser Geist durch die verstandesmäßige Ausgleichung «nur an die Begriffe der Sinnendinge herankommt, in denen die Formen der Dinge nicht in ihrem wahren Sein, sondern von der *Wandelbarkeit der Materie* verdunkelt vorhanden sind, so sind alle Kenntnisse eher Mutmaßungen (coniectura) als Wahrheiten» (De mente, Kap. VII, S. 43). Letztlich wird der Verstand abgewertet, weil seine Begriffe eben nicht das wahre Sein erfassen, denn dieses ist unwandelbar, unteilbar, in sich ruhend, immer mit sich selbst identisch, wie der Kreis, ist eine geschlossene Einheit (das «Eingestaltige», Platon). Dieses Wesenswas, diese Wahrheit ist das Urbild, die Idee, die den Sinnendingen vorausgeht, und der Verstand erfasst mit seinen Begriffen nur die in der Materie widergespiegelten Abbilder der Urbilder. «Der Verstand befasst sich lediglich mit den Abbildern der Formen» (De mente, Kap. II, S. 16). «Darum sage ich, dass die Kenntnisse, die durch verstandesmäßige Angleichungen erreicht werden, unsicher sind, weil sie eher den Bildern der Formen entsprechen als Wahrheiten sind» (De mente, Kap. VII, S. 43).). «Da sich die Form in ihrem wahren Sein nicht in jenen Gegenständen findet, mit denen der Verstand zu tun hat, verfällt er auf Mutmaßung (*coniectura)* und Meinung (*opinio*)» (De mente, Kap. II, S. 14). Dass die eigentliche Wahrheit in Wirklichkeit bei den Urbildern liegt, die Materie dagegen nur Abbild ist, das ist wieder ein platonisches Motiv.

Da sich der *Verstand* auf die Wandelbarkeit der Materie bezieht, die Prinzip der Individuation ist, sind seine Begriffe notwendigerweise ebenfalls wandelbar und ungenau. Wie die Materie so ist auch der Verstand in ständigem Fluss und Bewegung *(motus rationis)* und bedarf daher der *Zeitfolge.* Im Gegensatz zu den Sinnen, die den Gesamtumfang der Dinge auf einmal perzipieren, ist es Eigenart «des Verstandes, von Punkt zu Punkt weiterzuschreiten» (De mente, Kap. II, S. 15). Verstandesdenken ist daher *diskursives* Denken. Es ist ferner *logisch, rational und formal,* es ist schlüssiges Denken, dessen Aufbau sich nach strengen Formgesetzen richtet, und am Ende des Diskurses steht der logische Schluss (z.B. bei Aristoteles; oder in Descartes' *Mathesis universalis).* Da diese Logik des Verstandes nur im Bereich des Endlichen Gültigkeit besitzt, vermag sie über den Bereich des Unendlichen, über Gott, keine Aussage zu machen. «Wenn wir als verstandesbegabte Wesen über Gott sprechen, unterwerfen wir Gott den Regeln des Verstandes, so ... dass wir positive und negative Aussagen über ihn machen. Diese scholastische Methode lässt vieles durchgehen» (De coniecturis I, 10, Blumenberg, S. 205).

Allein Cusanus bleibt nicht bei dieser Kritik stehen. So, wie er in der Theologie neben die affirmative die negative Theologie stellt, so wird auch deutlich, worauf er mit der Abwertung des Verstandesdenkens zielt. Er zielt nicht auf Begriffskombinationen, sondern auf das wahrhaft Seiende, auf ein Wesenswissen. Der Mensch soll die Welt nicht nur begreifen, sondern verstehen. Und verstehen kann er sie nur vom Urbild, von der Idee her, die die eigentliche Wahrheit ist, während das Seiende nur deren Abbild ist. Das ist genuin platonisch gedacht; das Immanente weist zurück auf ein Transzendentes. Das aber kann nicht begriffen, sondern nur *geschaut* werden. Immer wieder betont Cusanus, dass der Urgrund und das Wesen der Dinge nicht mit den gleichen Begriffen erfasst werden kann, wie sie der Verstand an den äußeren Sinnesgegenständen bildet. Der diskursiv vorgehende Verstand in seiner logisch rationalen Form bildet sich ja nur ein Wissen von der äußeren Form der Dinge. Die Formen in ihrem wahren Sein aber strahlen im menschlichen Innern wider. In sich selbst schaut der Geist also die ewigen Formen. Deshalb muss unser Wissen in ein solches übergehen, das gegenüber dem des Verstandes ein Nichtwissen ist, ein Schauen ohne Begreifen. «Die ... Fähigkeit, mit der der Geist auf seine Einfachheit hinblickend alles ohne Zusammensetzung in Einfachheit *schaut,* die kann *Ein-sicht* [*intelligentia* = Vernunft] genannt werden» (De mente, Kap. VIII, S. 50).

VERNUNFT

Die Vernunft (intellectus)

Mit dem Vernunftdenken als vierter Erkenntnisstufe betreten wir zugleich das *eigentliche Zentrum der Geist-Philosophie des Cusaners.* Er bezeichnet dieses höchste Erkenntnisvermögen des menschlichen Geistes mit den Ausdrücken *intelligentia* oder *intellectus.* Die heutigen Ausdrücke «Intelligenz» und «Intellekt» (bzw. «intellektuell», «intellektualistisch» etc.) haben fast gar nichts mehr gemein mit der Sinnbedeutung, die Cusanus darunter versteht, sondern sie tragen in weitem Maße die Wesenszüge dessen, was Cusanus als *ratio*, Verstand bezeichnet. Das Wort «Intellekt» hat in der deutschen Sprache einen Bedeutungswandel erfahren. Dagegen leitet sich das lateinische Wort *intellectus* bei Cusanus viel eher von dem «intellectus archetypus» (Aristoteles) oder dem «intellectus agens» (Thomas von Aquin) her. Daher sollen die Wörter «intellectus» und «intellegentia» bei Cusanus mit *Vernunft* oder *vernunfthafter Einsicht* übersetzt werden. Damit wird auch die Sinnbedeutung getroffen, die Rudolf Steiner später mit dem Wort «Vernunft» verbindet.

Charakterisierung der Vernunft

Cusanus gibt weder in «De coniecturis» (1441/42) noch in «De mente» (1450) eine exakte Definition der Vernunft. Dies ist bereits etwas Charakteristisches, denn so wenig Gott nach scholastischer Methode mit positiven Aussagen erfasst wird, die aus dem Verstandesbereich stammen, in dem der Satz des Widerspruchs gilt, so wenig wird mit solchen Aussagen die wurzelhafte Einheit der Vernunft erfasst. «Richtet man die Untersuchung auf die Wahrheit der Vernunft, dann muss man sich auch entsprechender Begriffe bedienen, nämlich solcher, zu denen keine gegensätzlichen gehören, weil alles Unvereinbare dem Wesen der Vernunft fremd ist. Die gebräuchlichen Begriffe des Verstandes erreichen die Vernunft nicht; sie ist nicht in Bewegung oder in Ruhe ... sie ist weder Wesensform noch Substanz ... so wie die Vernunft die *Wurzel des Verstandes* ist, so sind auch die vernunfthaften Begriffe die Wurzel der verstandesmäßigen. Der Verstand ist also gleichsam das *Wort* der Vernunft, in dem sie wie in einem Bilde sich spiegelt. Die Vernunft gehört nicht zu dem, was in Aussagen und Begriffen erfasst werden kann, denn sie ist der *Urgrund des Begriffsvermögens* selbst, so wie Gott der Urgrund wiederum der Vernunft ist» (De coniecturis I, 8, Blumenberg, S. 201 – 202; vgl. auch Dupré, S. 23 ff.).

Die Vernunft ist also die *wurzelhafte Einheit des Verstandes.* Wie aus der Wurzel der Stamm, so wächst aus der Vernunft der Verstand heraus, denn sie ist der Urgrund des Begriffs-Vermögens. So erreicht der Verstand mit seinen Begriffen die Vernunft auch nicht, denn «alle Fragen, die von dem forschenden Verstand gestellt werden, beruhen auf Vernunft, so dass auch über die Vernunft selbst gar keine Frage gestellt werden könnte, wenn sie nicht schon darin aufgeleuchtet wäre». – «Bei der Frage, ob es überhaupt Vernunft gibt, muss der forschende Verstand deren Sein schon voraussetzen und zwar als die *Wurzel,* aus der sein eigenes Sein hervorwächst» (De coniecturis I, 8, Blumenberg, S. 201). Die Vernunft als die Wurzel, die Bedingung (*conditio*) des Verstandes ist somit das apriorische Moment des menschlichen Geistes. Auch sie ist eine *unitas,* aber keine absolute, sondern in Analogie zur absoluten Einheit, zu Gott. «Die Vernunft verhält sich also zum Verstand, wie Gott sich zur Vernunft verhält» (De coniecturis I, 8, Blumenberg, S. 201). Der Verstand ist also nichts anderes als erscheinende Vernunft, gleichsam deren *Wort.* So wie die menschliche Sprache die Teilmanifestation des sehr viel umfänglicheren Denkvorganges ist, so sind die Verstandesbegriffe als Sprachbegriffe zur Benennung der Dinge nur eine Teilmanifestation des Vernunft-Denkens. Die Vernunft selbst aber steht über allen Namen und Begriffen des Verstandes, denn sie ist der Urgrund des Begriffsvermögens.

Wir sehen, dass Cusanus die Erkenntnisstufe der Vernunft in bildhafter Weise charakterisiert, indem er sie als *Wurzel des Verstandes* beschreibt. Sie ist der Urgrund des menschlichen Geistes, und jede Frage nach ihr setzt bereits ihre Existenz voraus. Es ist dies ein ähnliches Argument wie im ontologischen Gottesbeweis des Anselm von Canterbury (1033 – 1109), dass nämlich jede Frage nach Gott die Existenz Gottes schon voraussetze.

Unterschied von Verstand und Vernunft

Eine zweite Methode zur Charakterisierung der Vernunft wendet Cusanus an, indem er immer wieder den Unterschied zwischen dem Verstandesdenken und dem Vernunftdenken darlegt. Die Vernunft gibt den bloßen Namen des Verstandes überhaupt erst *Sinn* und *Form,* verbindet sie zu einem *Sinnzusammenhang.* Sie unterscheidet nicht nur, sondern sie *versteht* und besitzt somit eine Urteilsfähigkeit *(iuditium discretivum)* über den Verstand. Der Geist als Vernunft «gibt dem bloß schließenden, folgerichtigen Denken die *Form,* erhält und vollendet es, so dass der

Verstand weiß, was er schließt» (De mente, Kap. V, S. 29). Cusanus bringt in «De mente» paradigmatisch dafür das Bild des blinden Lesens, das sich bereits im platonischen «Theaitet» (201c-202a) findet. Ein Laie, unkundig der Wortbedeutung, liest ein Buch kraft der Verstandesunterscheidung, indem er Buchstaben und Silben sondert und zusammensetzt, ohne jedoch zu wissen, was er liest. Ein Wortkundiger dagegen erfasst nicht nur die bloßen Wörter, sondern versteht ihren Sinnzusammenhang. «Das ist ... ein Bild für das Verhältnis von verschwommenem Verstandesdenken zu jenem Denken, das durch den Geist geformt ist. Der Geist allein hat ein unterscheidendes *Urteil* über Gedankenzusammenhänge ... So ist der Geist die Form, die die Unterscheidung der Gedanken zustande bringt» (De mente, Kap. V, S. 29). Die Fähigkeit des Verstandes besteht darin, aufgrund von Regeln zu unterscheiden, zu ordnen und zu benennen. Über dem Verstand aber steht die Vernunft, die den inneren Sinnzusammenhang erfasst, die beurteilt, richtet und die Wahrheit feststellt, – durch ihr «klares hineinleuchtendes Urteil» ist sie «ein wahrhafter und einfacher Richter aller Verstandeskenntnisse» (De quaerendo deum, S. 57). Sie ist die Form des Verstandes, der Urgrund der Verstandesregeln. Indem die Vernunft als Form in der Vielfalt des vom Verstand Geschiedenen die innere Einheit, den Sinnzusammenhang erkennt, ist sie das *Vermögen der Zusammenschau.* Der Verstand zergliedert, analysiert, ist auf die Teile gerichtet. «Diese Forschung ist dem Menschen lieb, weil er dabei dank der Betätigung des Verstandes von Punkt zu Punkt weiterschreitet» (De mente, Kap. II, S. 15). Die Vernunft aber ist stets auf das Ganze gerichtet, auf die Einheit in der Vielheit, denn «man weiß keinen Teil, wenn man nicht das Ganze weiß. Das Ganze gibt das Maß für den Teil ab. Darum wird es nötig sein, dass für das Wissen von einem Einzelnen vorher das Wissen vom *Ganzen* und seinen Teilen vorhanden ist» (De mente, Kap. X, S. 61). Vernunftdenken ist somit *Ganzheitsdenken,* ist synthetisches Denken. Allein dieses Denken ist schöpferisches Denken. Bei Cusanus entspringt es seiner platonischen Denkweise, denn für ihn liegt ja die wahre Wirklichkeit in der Einheit, der Idee. Diese Einheit, aus der die Vielheit hervorgeht, kann nur die Vernunft erfassen, denn sie ist selbst eine Einheit, in der die vielen Formen zusammenfallen (koinzidieren); ihr synthetisches Denken ist gerade auf die Erfassung der Einheit gerichtet.

Cusanus wertet die Verstandesbegriffe ab, um zu einem echten *Wesenswissen* zu gelangen. Wenn der Verstand Begriffe bildet, so abstrahiert er, d.h. er zieht das Allgemeine aus der Sinneswahrnehmung heraus. Obwohl der Begriff als solcher nicht in der Sinneswahrnehmung zu finden ist – denn er ist das immaterielle Allgemeine, das die Sinnenvielheit übergreift –, bezieht er sich doch auf die anschaubare Sinneswelt, «so dass nichts im Verstande ist, was nicht vorher im Sinn gewesen wäre» (De mente, Kap. II, S. 14). Damit ist der Verstand an die Wandelbarkeit der Materie gebunden, ist eine durch Zeitfolge bedingte Bewegung. Die urbildhafte Wirklichkeit der Dinge aber, die, als solche unveränderlich, über dem Raum-Zeitlichen steht, kann durch die Verstandesbegriffe nicht erreicht werden. Was ein Urbild, eine Idee ist, kann nicht durch Abstraktion erfasst werden. Sie stammt nicht aus dem Sinn, nicht aus dem Verstand, sondern ist ewig, unwandelbar, stets mit sich selbst identisch. Deshalb ist die Idee nur der Vernunft erreichbar, da diese, wie die Idee, eine ‹Unitas› ist, stets mit sich selbst identisch. Die Vernunft ist überbegrifflich. Doch sie negiert den Begriff nicht, sondern ist aufgehobener Begriff, ist die wurzelhafte Einheit der Vielfalt der Verstandesbegriffe. Über allen Begriffen, losgelöst von der Wandelbarkeit der Materie und der Zeitenfolgen, steht die einigende Einheit der Vernunft, als «die höchste Stufe der Erkenntniskraft» (De beryllo, Kap. XVIII, Dupré, S. 29) des Menschen. Über der menschlichen Vernunft aber steht die göttliche Vernunft. Dies zeigt deutlich, wie die platonische Denkweise des Cusaners alles von oben her begründet.

Die deutliche Charakterisierung des Unterschiedes von analysierendem, zergliederndem, von Punkt zu Punkt fortschreitendem Verstandesdenken zum synthetisierenden Vernunftdenken als Vermögen der Zusammenschau zeigt, welch schöpferische Erkenntniskraft Cusanus in seiner Geistlehre dem Menschen zuspricht. Dieser erkenntnistheoretische Keim wird sich erst bei Leibniz, im deutschen Idealismus und bei Goethe weiter entfalten.

Die Vernunft als coincidentia oppositorum

Mit der Erkenntnisstufe der Vernunft betreten wir in der Geistlehre des Cusaners auch methodisch einen völlig anderen Bereich. Die bislang angeführten Zitate zeigen deutlich, welcher *Methode* sich Cusanus in diesem höchsten Bereich des Geistes bedient. Es ist nicht die positive Aussage, nicht der Begriff und die Definition, sondern die *Charakterisierung,* das *Bild* und das *Symbol.* Im Bereich der Vernunft ist sein Denken Symboldenken, «da die Genauigkeit der Was-heit (praecisio quidditatis) eines jeden Dinges von uns nicht anders erreicht werden kann als in einem Gleichnis oder *Bilde*» (De mente, Kap. VI, S. 35).

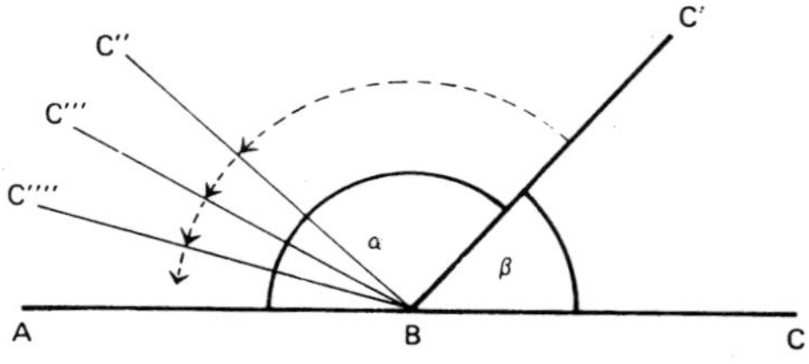

Für den Bereich der Vernunft gilt im ureigentlichen Sinne jene Methode, die Cusanus schon in «De docta ignorantia» (1440) symbolhaft als die Methode der *coincidentia oppositorum* beschrieben hat. Diese Denkmethodik wendet Cusanus nun immer wieder zur Charakterisierung des Vernunftdenkens an. Die Vernunft ist wie Gott selbst ein gegensatzfreies «Unum», das in sich die Vielfalt der gegensätzlichen Verstandesbegriffe enthält, denn «ungeschieden und nicht herauslösbar sind in der wurzelhaften Einheit des Geistes die Gegensätze beschlossen ... die in ihrer Entfaltung unvereinbar werden» (De coniecturis I, 8, Blumenberg, S. 200).

Die Vernunft als abbildliches Unum enthält in sich alles in einer *coincidentia oppositorum.* Da in ihr alles potentiell enthalten ist, liegt in ihr die Fähigkeit, alles aus eigener Kraft zu entfalten; dadurch wird *Dynamik,* Selbstbewegung und Schöpferkraft in der Vernunft begründet. Im Kapitel VIII von «De beryllo» veranschaulicht Cusanus den Zusammenfall der Gegensätze und das potentielle Enthaltensein in der Unitas am Beispiel der Geraden und des Winkels (vgl. Zeichnung).

Lasse ich den Schenkel BC', der den größten Winkel und den kleinsten Winkel scheidet, nach C" wandern, so wird β immer größer, α immer kleiner. Wird dann BC" zu BC"', zu BC"", schließlich zu CA, so sind der größte und der kleinste Winkel, Maximum und Minimum, in der Geraden zusammengefallen. Die Gerade ist somit das Prinzip des Winkels, sie ist ein *Unum*; die Winkel sind ein *Vieles.* Als Einheit geht die Gerade der Vielheit der Winkel voraus. In ihr sind alle nur möglichen Winkel potentiell enthalten, und aus eigener Kraft und Aktivität kann sie aus ihrer Einheit die Vielfalt der Winkel entfalten. Die mit sich selbst identische Gerade ist somit Ruhe und doch Bewegungsprinzip. – Das ist ein wunderbares Bild für die *Dynamik der Vernunft.* Auch sie ist ein Unum und als solches mit sich selbst identisch, ist Ruhe. Aber in ihr liegt die Möglichkeit der Selbstentfaltung, der Bewegung: Sie ist Ruhe und dennoch höchste Bewegung. Das ist der Schlüssel zur Vernunft. Sie ist der

Pfeil auf der gespannten Bogensehne, bereit, im Fluge das Schwarze, das Wesen, die Idee zu suchen, zu finden, zu treffen. Einmal angeregt, ist sie jedoch in ihrem Fluge autonom, nur den eigenen Gesetzen gehorchend. Mag das äußere Auge geschlossen sein, der Pfeil, die Einsicht wird doch treffen. Cusanus hat für diese Dynamik einen eigenen Ausdruck geschaffen, das *possest,* das *Können-Sein,* und diesen Ausdruck zum Titel einer eigenen Schrift gemacht (De possest, 1460).

Die Vernunft als Vermögen der Ideen-Erkenntnis

Fragen wir uns nun, nachdem die Vernunft vom Verstand unterschieden und charakterisiert worden ist, was die eigentliche Erkenntnisaufgabe der Vernunft in der Geistlehre des Cusanus ist. Die Antwort lautet: Die Dynamik der Vernunft zielt auf die Idee, die eigentliche Wirklichkeit, die als solche nicht veränderlich ist, «denn was wirklich ist, ist losgelöst von der Wandelbarkeit der Materie» (De mente, Kap.IX, S.58). Die Vernunft ist also dasjenige Erkenntnisvermögen des menschlichen Geistes, das zur *Ideenschau* fähig ist.

Es gibt also «in der reinen Einsicht des Geistes (mentis intelligentia) etwas ... das nicht im Sinn und nicht im Verstande gewesen ist, nämlich die *urbildhafte* und unübertragbare *Wirklichkeit* der Formen, die in den Sinnendingen widerstrahlen» (De mente, Kap II, S.15).

Aufgrund der in ihr widerstrahlenden Urbilder hat die Vernunft ein Urteilsvermögen *(iudicium discretivum)* über den Verstand. «Da nun das Urbild aller Dinge im Geiste wie die Wirklichkeit im Abbilde widerstrahlt, so hat der Geist in sich etwas, auf das er hinschaut und nach dem er ein Urteil über die Außendinge fällt. Ebenso würde, wenn ein geschriebenes Gesetz lebendig würde, es als lebendiges in sich die zu fällenden *Richtsprüche* lesen. Der Geist ist also die *lebendige* Beschreibung der ewigen und unendlichen Weisheit» (De mente, Kap. V, S. 30). Durch die in ihr aufleuchtenden Urbilder, die Ideen, hat die Vernunft ein *Verstehen* der Dinge. Sie haftet nicht blind am wandelbaren Äußeren wie der diskursive Verstand, sondern sie erfasst die Wirklichkeit der Dinge. «Das *Wirkliche (actuale)* wird erkannt und nicht begrifflich erfasst, d.h. seine Eigentümlichkeit wird vom Geist verstanden» (De mente, Kap. VIII, S. 48).

Wenn Cusanus von einem Widerstrahlen der Urbilder in der Vernunft spricht, so meint er damit nicht das passive Hinnehmen eines fertigen Inhaltes, sondern Vernunfterkenntnis als aktiv-tätiges, schöpferisches

Zur-Erscheinung-Bringen der Idee, einer allerdings objektiv gegebenen Idee. Wie das Auge die Welt der Formen und Farben erschließt, so erschließt die Vernunft die Welt der Urbilder, der Ideen. Sie ist ständig unterwegs, ständig in Bewegung in Richtung auf die urbildhafte Wirklichkeit der Dinge, die Ideen. Damit ist sie höchste Dynamik, ureigenster Ort des Schöpferischen im Menschen.

Die Vernunft als organfreies, reines Denken

Den außerraumzeitlichen Bereich der ewigen und unveränderlichen Urbilder, der Ideen, erreicht der Geist in der Vernunft, indem er sich «auf seine *Einfachheit* (De mente, Kap. VII, S. 45) bezieht. «Bei diesem allerhöchsten Verfahren bedient sich der Geist seiner selbst» (De mente, Kap. VII, S. 46), so wie er als Geist an sich *(mens per se)* losgelöst von der Wandelbarkeit der Materie und der partikulären Beschränkung des Körpers besteht. «Bei ihrer Tätigkeit im Körper … ist die Seele also gebunden (eingeschränkt), wie sie zum Beispiel beim Erkennen durch ein Organ an die Eigenart dieses Organs gebunden ist.» Die Vernunft dagegen «ist die höchste Stufe der Erkenntniskraft, deren Sein vom Körper *unabhängig* durch sich wahr ist» (De beryllo, Kap. XVIII, Dupré, S. 29). «In dem Augenblick aber, wo das Vernunftdenken das Denken in stets anderem Denkbaren sieht und die Materie als das der Andersheit Zugrundeliegende begreift, da es durch das Vernunftdenken in sich selbst zur Schau gelangt, sieht es auch, dass es selbst von aller Materie losgetrennt ist. Und es versteht, dass die vernunfthafte Einsicht durch sich selbst verstehbar ist wegen der nicht vorhandenen Materie …» (De aequalitate, Dupré, S. 363, mit leichten Übersetzungsänderungen des Verfassers). Es ist der Bereich des reinen unsinnlichen Denkens. Hier bewegt sich das Denken im außerräumlichen Bereich des rein Geistigen, in einer objektiven Ideenwelt.

Das Vernunftdenken bedarf nicht mehr der Zeitenfolge des diskursiven Verstandes, denn es ist losgelöst von der Wandelbarkeit der Materie. Mit der Vernunft ragt selbst etwas Außerzeitliches in den Menschen hinein; die Vernunft ist zeitlose Zeit. «Die Tätigkeiten, die mittels eines Organes vollzogen werden, wie Vorstellen, Fühlen, Sich-erinnern, sind an die Zeit gebunden, die Tätigkeit der von jedem *Organ freien* Vernunft ist *unzeitlich»* (De aequalitate, Dupré, S. 375). Im Bereich des überräumlich-überzeitlichen Vernunftdenkens erreicht der Mensch die objektive, ewige Welt der Urbilder und Ideen. Dieses Denken ist vollkommen losgelöst vom Körper, d.h. von der Tätigkeit jeglichen Organs. Man muss sich verdeutlichen, was das bedeutungsvolle Wort vom organfreien Vernunftdenken beinhaltet. Es ist der Schlüssel in der Hand des Menschen zum Tor der Welt der geistigen Urbilder, der Ideen.

Der Geist erreicht diese Welt, indem er sich seiner selbst bedient. «Wenn die Seele vermittels der Organe forscht, ist das, was sie findet, veränderlich. Forscht sie dagegen *durch sich selbst,* dann ist ihre Erkenntnis beständig, klar, durchsichtig und fest. Sie selbst gehört also nicht zu den veränderlichen Dingen, die sie mit dem Sinn erreicht, sondern zu den unveränderlichen, die sie in sich selbst vorfindet» (De mente, Kap. XV, S.85).

Wie ist es zu fassen, dass der Geist als Vernunft durch sich selbst forscht? Es bedeutet nichts anderes, als dass er als immaterielle geistige Potenz, wie er losgelöst vom Körper besteht, *sich seiner selbst als Instrument bedient.* «Unser Geist bildet, nicht als Geist, der in den Körper ... eingetaucht ist, sondern als Geist an sich *(mens per se),* indem er sich auf seine *Unwandelbarkeit* bezieht, die Angleichungsbilder der Formen, und zwar nicht so, wie sie in der Materie eingetaucht sind, sondern so, wie sie in und an sich sind, und er erfasst die *unwandelbaren Was-heiten* der Dinge, wobei er sich *seiner selbst* als *Instrument* bedient, also ohne einen organischen Lebensgeist» (De mente, Kap. VII, S. 43).

Bedient sich der Geist seiner selbst als Instrument, so bewegt er sich im unsinnlichen, außerräumlichen Bereich; der Erkenntnisakt vollzieht sich im rein geistigen Bereich. Nur wenn man bedenkt, dass der reine Gedanke, d.h. das Denken als solches, nicht bestimmt ist durch die physiologische Tätigkeit unseres Gehirnes, wird man die Rede des Cusaners vom *organfreien Denken* der Vernunft verstehen und ermessen, welche rein geistige Welt hier wirklich in den Menschen hineinragt.

Wenn der Geist an sich, losgelöst vom Körper, durch sich selbst forscht, sich seiner selbst als Instrument bedient, so bedeutet das nichts anderes, als dass der geistige Gedanke sich selbst zum *Ziel* hat. Das Denken setzt sich selbst als Objekt, macht sich zum Ziel seiner selbst, ist *sich denkendes Denken,* ist *reines Denken.* Und das ist letztlich der Schlüssel zum Gipfel der Philosophie des Cusaners. Er arbeitet im Bereich des reinen Denkens, der Vernunft, mit der *Dialektik* des menschlichen Geistes. Im abstrahierenden, diskursiven Verstandesdenken war die Gedankenbewegung nach außen auf die Sinneswelt gerichtet, der Gedankeninhalt bezog sich auf die Wahrnehmungsgegenstände. In der Vernunft aber ist die Bewegung nach innen gerichtet. Es existiert kein äußeres Beobachtungsobjekt mehr, sondern der Gedanke bezieht sich auf das Denken selbst, wird sich so selbst zum Objekt. Hier fallen Subjekt und Objekt zusammen, Gedankenform und Gedankeninhalt sind eins geworden. Das ist höchstes schöpferisches Denken, denn das Gedankenobjekt ist nicht gegeben, sondern muss erst durch die innere Dynamik und Aktivität des Geistes geschaffen werden. Hier ist der Geist völlig autonom, denn es gelten nur die selbsteigenen Gesetze des Geistes, fallen doch hier Subjekt (Denken) und Objekt (Gedankeninhalt) zusammen.

Während im Verstandesdenken nicht das Denken als solches das Ziel ist, sondern dasjenige, worauf sich das Denken bezieht (nämlich der Gedankeninhalt), richtet sich in der Vernunft *das Denken auf sich selbst* und bringt seinen eigenen Begriff hervor. In dieser *Selbstanschauung* erfasst der Geist die urbildhafte Wirklichkeit und erreicht die objektive Welt der Ideen.

Vernunft als Ideenschau

Dem durch innere Dynamik sich selbst bewegenden Gedanken, der sich selbst als Ziel setzt und so in sich ruhend und doch vorwärtsstrebend sich bewegt, erschließt sich die urbildhafte Wirklichkeit in momentaner *Ein-sicht.* Cusanus sagt: «Die Tätigkeit der von jedem Organ freien Vernunft ist *unzeitlich,* da, wenn eingesehen werde, *auf einmal* eingesehen werde» (De aequalitate, Dupré, S. 375). Der sich selbst bewegende reine Gedanke ist ein intuitiver Gedanke, denn er vermag die Ganzheit, das Wesen der Dinge, die Idee in einem Akte einsichtig zu erfassen. *Vernunfterkenntnis ist Intuition,* ist Einsicht in das innere Wesen der Dinge. Wie das Auge die objektive Sinneswelt schaut, so erfasst die Vernunft, gleichsam wie ein geistiges Auge, das geistige Prinzip der Dinge in momentaner *Schau.* Unsere Seele hat «aus der geistigen *Anschauung* ein *Auge* … mit welchem sie in das *Prinzip,* das allem Gegensätzlichen und somit aller Zerstörbarkeit vorangeht, *hineinschaut* (intuere) …» – «Sie *sieht einfach* und unteilbar bei jeder Art von Teilung das erste Prinzip aller Kreaturen und in ihm alles, was eines Prinzips fähig ist» *(in ipso omnia principiabilia)* (Excitationes VIII, S. 543, zitiert in Zellinger: Cusanus-Konkordanz § 33). Vernunftdenken bedeutet für Cusanus Intuition, Schau der unveränderlichen Wahrheiten, der Prinzipien der Dinge, ihrer Ideen. Was so zur Erscheinung kommt, ist aber nicht der subjektive Grund, sondern sind die objektiven Urbilder, ist die Wahrheit selbst. «So hat denn die Seele, sofern sie an den Körper gebunden ist, sinnliche

Empfindungen. Durch ihre Wesenheit aber, sofern sie *in sich* ist (d.i. gesondert von der Belebung, die sie dem Körper verleiht), ist sie gewissermaßen frei von partikulärer Beschränkung und *schaut* in die Prinzipien des konkreten Universums. Die Vernunft *sieht* bei diesem ihrem Urteile nicht bloß in die Beschaffenheit des Grundes, sondern in die *Wahrheit* selbst hinein» (Excitationes X, S. 463, zitiert in Zellinger: Cusanus-Konkordanz § 33). «Bezieht sich der Geist auf seine Einfachheit, wie er ... von der Materie *losgelöst* ist ... bedient er sich dieser Einfachheit als Werkzeug ... dann *erschaut* er alles in seiner Einfachheit. – Das ist die *Schau* der *absoluten Wirklichkeit (intuitio veritatis absolutae)*» (De mente, Kap. VII, S. 45).

Letzten Endes zielt alles Vernunftdenken auf die Intuition, sucht Cusanus das lebendig schöpferische Erlebnis der Schau, die *visio intellectualis*. Das verbindet ihn mit der *Mystik.* Aber Schau bedeutet bei ihm nicht ein geheimnisvolles überirdisches Schauen einer transzendenten Welt, sondern sein Vernunftdenken zielt zugleich auf ein *Verstehen* ab. Die *visio intellectualis* vereint für Cusanus beides: teils eine ‹mystische Schau› und zugleich das höchste Vernunftdenken in der Intuition. In großartig klarer und völlig unschwärmerischer Art zeigt er, wie die Welt der ewigen Urbilder und Ideen in der Vernunft selbst in den Menschen hereinragt. Der Mensch vermag, wenn er die Anstrengung des Denkens auf sich nimmt, im reinen, von jedem Bezug auf die Sinnesdinge losgelösten Denken die Ideenwelt zu erreichen, die sich der intuitiven Dialektik des Geistes in der *visio intellectualis* erschließt.

In klarer Weise zeigt die Spätschrift «De aequalitate» (1459), wie stark Cusanus mit der intuitiven Dialektik des Geistes arbeitet, wie er betont, dass im menschlichen Innern selbst Wahrheit und Wesenheit der Dinge aufleuchtet: «Damit hast du eine Erklärung dafür, wie die Seele durch sich selbst zu allem anderen fortschreitet und in aller geistigen Verschiedenartigkeit nichts anderes findet, als was sie in sich selbst findet, so dass alles ihr Abbild ist. Aber in *sich schaut* sie alles *wahrer,* als es in anderem außerhalb ist. Je mehr sie aus sich herausgeht, um zu erkennen, desto mehr geht sie in sich hinein, um *sich zu erkennen* ... Die Seele *schaut* also die Wahrheit, die sie in anderen schaut, *durch sich* und ist die begriffliche Wahrheit des erkennbaren Selbst. Da ja die Geistseele wahrer Begriff ist, durchleuchtet sie in *intuitiver Schau* alles aus sich und misst und beurteilt die Wahrheit in anderem durch die begriffliche Wahrheit. Durch das, wovon sie in anderen Dingen auf irgendeine Weise Erfahrung hat, wird sie zu sich zurückgelenkt, so dass sie das in sich intuitiv erfasst, was sie in den Dingen auf andere Weise schaut, und zwar *wahrhaft* und *wesenhaft* ohne Andersheit, so dass sie alles begrifflich in sich schaut wie in einem Spiegel der Wahrheit und sich als Begriff aller Dinge begreift» (De aequalitate, Dupré, S. 369-371).

In der Vernunftlehre des Cusaners als Gipfel seiner Philosophie liegt so viel schöpferische Eigenmacht, dass sie den Menschen zum wahren Erkennen seiner selbst und Gottes zu führen vermag. Im reinen Denken der Vernunft wird die ganze Zentralstellung des Menschen, zwischen zwei Welten als Mittler zu stehen, offenbar. Er ist «als Mikrokosmos an die Spitze der Sinnenwelt und an die unterste Stufe der intelligiblen Welt gestellt, an den *Horizont* der Zeit und der Ewigkeit, beide Welten in sich verbindend, indem er an jeder partizipiert» (De venatione sapientiae, Dupré, S. 149). Als körperliches Wesen gehört er zu der Sinneswelt, ist ein Ding unter Dingen. Mit dem Denken aber ist ihm die Möglichkeit der Selbstbestimmung gegeben, und er bildet Begriffe von den Sinnesdingen. In der Vernunft aber steigert sich das Denken, löst sich von den Inhalten der Sinneswelt, von Raum und Zeit, indem es sich selbst zum Ziele setzt. So erreicht es in intuitiver Schau die unwandelbare Wahrheit der Dinge. Das bedeutet höchstes schöpferisches Denken, denn das sich denkende Denken ist höchste Dynamik und Aktivität. In sich selbst also schaut der Geist die ewigen Formen, erfasst sich selbst als außerzeitliches Wesen und sieht seinen unveränderlichen Bestand. So erlangt der Mensch die Gewissheit der Unsterblichkeit. Denn «wer beachtet, dass die Schau des Geistes das Unveränderliche erreicht ... kann nicht daran zweifeln, dass die Natur des Geistes von aller Veränderlichkeit befreit ist» (De mente, Kap. XV, S. 85). Dies ist eine Antwort auf die Frage des Philosophen eingangs des Buches «De mente» nach der Gewissheit der Unsterblichkeit, die nicht aus dem Glauben allein, sondern auch aus der Erkenntnis des Geistes selbst stammt. Dies ist ein echter Erkenntnisaufstieg *(ascensus)*.*

* Ich bin mir bewusst, dass meine Schlussfolgerung auch als Ausschluss des Glaubens missverstanden werden könnte, was ich aber nicht intendiere. Mir ist deutlich, dass Cusanus sehr wohl auch den Glaubensweg zur Gewissheit der Unsterblichkeit kennt, ja dass dieser bei ihm in manchen Aussagen einen Vorrang zu besitzen scheint. Die «connata religio», d.h. das Verlangen nach Glückseligkeit und ewigem Leben in der Gemeinschaft mit Gott ist eine Grundbestimmung des Menschen bei Cusanus. Dennoch, da die Absicht meiner Darstellung mehr erkenntnistheoretischer Natur ist, blicke ich vornehmlich auf diese Seite bei Cusanus hin. Vergleiche dazu: «Zum Verhältnis von Vernunft-Wissen und Glaube» S. 282 ff.

Freilich müssen wir stets mitbedenken, dass auch auf der Ebene des höchsten Vernunftdenkens Cusanus dem Analogiedenken und dem neuplatonischen Teilhabegedanken verpflichtet bleibt und noch keine Identitätsphilosophie Hegelscher Prägung treibt. *Aber*: Durch die Betonung des vierstufigen Erkenntnisaufstieges, der eine intellektuale und mystische Schau (visio intellectualis) zugleich ist, hebt sich die Geistlehre des Cusaners von seinen Vorläufern in der albertistischen, thomistischen und franziskanischen Scholastik, auch von Dietrich von Freiberg (ca. 1250 – 1310), der manche ganz erstaunliche Parallelen zu Cusanus aufweist, deutlich ab. *Dennoch*: Nicht die Vierstufigkeit des Erkenntnisweges allein, zu der es durchaus Vorläufer gibt, ist das Originelle bei Cusanus, sondern vor allem die intellektuale Mystik, als die Nikolaus von Kues sie vollzieht und deutet, ist es, wodurch er ein entscheidender Neuerer in der Philosophie wird.

VON DER DENKART DER GEISTPHILOSOPHIE DES NIKOLAUS VON KUES

Zur philosophischen Charakterisierung der Denkart

Die Herausarbeitung der vier Stufen des menschlichen Erkenntnisprozesses ist eine bedeutsame Leistung des Cusaners. Bevor die Fortführung dieser Erkenntnistheorie aufgezeigt wird, soll rückblickend die Denkart des Cusaners insgesamt charakterisiert werden. In großartiger Klarheit hat er den menschlichen Erkenntnisweg dargelegt und seine Quellen aufgedeckt. Die Erkenntnis beginnt mit der objektiv gegebenen Sinneswelt, die durch die Wahrnehmung erschlossen wird. In ihr aber findet der Mensch nicht die volle Wahrheit. Die Sinnenvielheit weist zurück auf eine Einheit. Diese aber findet der Mensch nicht außerhalb seiner selbst, sondern in sich. Sie erschließt sich nur dem Geist des Menschen.

Innerhalb der Geistlehre des Cusaners ist zunächst die Unterscheidung von Verstandesdenken und Vernunftdenken die wesentlichste Grundtatsache. Im Bereich des *Verstandes* ist des Cusaners Denken ein *rational-logisches* und auf die empirischen Anschauungsformen gerichtet. Seine Methode ist die der *Abstraktion,* sein Vorgehen analytisch und disjunktiv. Dabei ist das Verstandesdenken an die Zeitfolge gebunden, also *diskursiv.* – Im Bereich des *Vernunftdenkens,* der eigentlichen spezifischen Denkart des Cusaners, löst sich der Gedanke von Abstraktion und Logik, vom disjunktiven und diskursiven Vorgehen, wird *flüssig* und *beweglich,* indem er sich auf sich selbst bezieht. Der Gedanke lässt die Statik der nominalistischen Begriffe hinter sich und wird zur sich geistig bewegenden Bewegung. Die *Verstandeslogik* ist in eine *Vernunftdialektik* umgeschlagen. Die Vernunft als Urgrund des Begriffsvermögens, die alles *komplizit* in sich enthält, wird zum *dynamischen* Element des menschlichen Geistes, indem sie das Vermögen *explikativen* Denkens ist. Der Geist entfaltet aus sich die Begriffe, die in messender Angleichung das Äußere erfassen, und kehrt gerade hierin zu sich selbst zurück. Der sich *selbst bewegende* Gedanke treibt im Widerspruch zu sich selbst sich über sich hinaus und kehrt gerade hierin zu sich selbst zurück. *«Der Geist denkt, um sich selbst zu erkennen»* (De mente, Kap. IX, S. 59). Gerade indem der lebendige, sich selbst bewegende Gedanke, autonomen, objektiven Gesetzen folgend, sich auf sich selbst bezieht, erreicht er nicht nur seinen subjektiven Grund, sondern das Allerobjektivste, die Urbilder, die Ideen, die eigentliche Wirklichkeit. Vernunftdialektik ist deshalb nicht willkürlich, weil sie geisteigenen Gesetzen folgt. Diese sind aber keine bloßen Regeln, sondern die Vernunft denkt gerade nach Maßgabe der *Ideeninhalte.* Deshalb ist ihr Wissen immer ein *Wesenswissen.* – So dient die Dialektik des Cusaners seiner Metaphysik. Sie bedient sich wohl des Begriffes, zielt aber immer auf die *Wesenheit,* das *Urbild,* die *Idee,* die durch den transparent gewordenen Begriff hindurchleuchtet. Und hinter der Idee wird die Idee aller Ideen, das Urbild aller Urbilder, der Begriff aller Begriffe, d.i. das Unum, sichtbar. Die Vernunftdialektik des Cusaners ist durch ihre Zielrichtung auf das Göttliche bestimmt. Dieser Aufstieg geschieht durch die schöpferische menschliche *Gedankenkraft.*

Obwohl Wesenswissen nur im Bereich des *reinen Denkens,* der Vernunft, zu finden ist, bedarf diese doch der Gründung in der Erscheinungswelt. «Daher gibt sich die Vernunft der Spekulation hin» (De coniecturis, Scharpff, S. 143). Das bedeutet «etwas durch einen Spiegel sehen», wie Thomas von Aquin sagt, d.h. «die Ursache durch die Wirkung sehen, in der deren Ähnlichkeit wiederkehrt» (S. Th. II, 2 qu. 180 art. 3). So dient die Vernunftdialektik des Cusaners dem Aufweis der Fußspur Gottes; das ist ihr platonisches Erbe. Auch im Bereich des *explikativen* und *dialektischen* Vernunftdenkens bleibt des Cusaners Denken *Analogie-Denken.* Der Gegensatz vom *Urbild und Abbild* bleibt sein philosophisches Gesetz. Dieser Gegensatz ist der einzige, den sein schöpferisches, dialektisches Denken nicht aufhebt, sondern unterstreicht. Der Schlüssel zum Denken des Cusaners heißt *Teilhabe.* Wie die Vielfalt der Ideen sich durch die Teilhabe an der einen Uridee ergibt, so ergibt sich die Vielfalt der Verstandesbegriffe durch die Teilhabe am Lichte der Vernunfteinsicht. Alles Untere ist im Oberen gegründet. So steht Cusanus in der Mitte zwischen dem Identitätsdenken der Eleaten und dem rationalistischen Dualismus eines Descartes.

Die dialektische Gedankenbewegung der Vernunft sucht in der Vielheit der äußeren Erscheinung die *innere Einheit* zu finden, d.h. ihr Denken ist im Gegensatz zu dem des Verstandes typisches *Ganzheitsdenken, synthetisches Denken.* «Man weiß keinen Teil, wenn man nicht das *Ganze* weiß» (De mente, Kap. X, S. 61). Dieses Ganze ist das Wesen, die Idee, die als einheitliche, geistige Gestalt nicht begriffen, sondern nur geschaut werden kann. Dialektik und Spekulation schließen daher bei Cusanus als wesentliches Moment die *Intuition* ein. Bei dieser höchsten schöpferischen Denkart bedient der Geist sich seiner selbst als Instrument, ist losgelöst von der Tätigkeit eines Organes, bewegt sich im geistigen Bereich des reinen Denkens. Der sich selbst bewegende Gedanke hat sich selbst zum Objekt, ist Bewegung und Ruhe und erreicht so in *intuitiver Schau* das Unveränderliche. Vernunfterkenntnis ist intuitive Schau des *Wesens* der Dinge, ihres wahren Seins, der Idee. Angemessenes Darstellungsmittel dieser überbegrifflichen Schau ist für Cusanus immer wieder das Bild, das Gleichnis, das *Symbol.*

Fragt man sich in einer Art Vorausblick, wo dieser solchermaßen charakterisierte Denkansatz des Cusaners in der Geschichte der Philosophie weiterwirkt, so lassen sich, äußerlich gesehen, keine direkten Nachfolger nennen, denn die Philosophie des Cusaners aus dem Anfang des Bewusstseinsseelen-Zeitalters wird vergessen.

Aber sie wirkt im Geistig-Verborgenen natürlich dennoch weiter. So geht ein geistiger Strom über Giordano Bruno (1548 – 1600) hin zu Gottfried Wilhelm Leibniz (1646 – 1716), dem Vater eines typisch mitteleuropäischen Geist- und Menschenbildes. Dann geht dieser Geistesstrom eines lebendig-schöpferischen Denkens weiter und taucht bei Georg Wilhelm Friedrich Hegel (1770 – 1831) ohne Kenntnis des Namens des Cusanus wieder auf, nun allerdings im Gegensatz zum Analogie-Denken des Cusaners als Identitätsphilosophie.

Hegel sagt: «Wenn das göttliche Wesen nicht das Wesen von Mensch und Natur wäre, so wäre es eben ein Wesen, das nichts wäre.»[201] Hegel wurde sehr stark durch das Johannes-Evangelium beeinflusst. Das Bild des Samenkorns ist ein Kernbegriff seiner Philosophie. Das Leben ruht im Samenkorn eingefaltet, faltet sich dann in Stängel, Blatt und Blüte auseinander und konzentriert sich wieder im Samen, so dass der Kreis geschlossen ist und ein neuer beginnen kann. Hegels Denkform ist die des *Kreises,* sein Denken ist ein organologisches, am Leben abgelesenes, denn die Pflanze ist Bild für das Leben überhaupt. Auch dieses ist ein Kreislauf. Es entäußert sich, stirbt und gewinnt sich wieder, so dass der Tod nur ein Durchgang ist. – Auch der Logos, der im Urbeginne war, entäußerte sich, wurde Fleisch, wurde Knecht, starb, auferstand und kehrte zurück zum Logos. Das ist ständig bewegtes, im Fluss seiendes Denken, ist ein die Gegensätze immer wieder aufhebendes *dialektisches Denken.* Die Entwicklung des Geistes ist ein Herausgehen, Sich-Auseinanderlegen und zugleich Zu-sich-Kommen: Thesis, Antithesis, Synthesis. So werden auch die Begriffe flüssig und beweglich; der Begriff

(Thesis) entfaltet sich, schlägt in sein Gegenteil um (Antithesis) und hebt sich in der höheren Einheit (Synthesis) wieder auf. Das ist eine ewige Bewegung in Richtung auf den objektiven Ideengehalt der Welt. Hegels Dialektik ist wie die des Cusaners auf die Einheit, die Idee gerichtet; und der Geist ist Bei-sich-Sein der Idee, ist in sich zurückgekehrte Idee.

Hegels Philosophie ist eine Philosophie des *Werdens.* Sein Denken ist dialektisches, ganzheitliches Denken, und so wertet auch er die Verstandesabstraktion ab, da diese nicht die Ganzheit erfassen kann. Dies kann nur die Vernunft. «Was vernünftig ist, das ist wirklich, und was wirklich ist, das ist vernünftig», denn für Hegel ist «das Vernünftige synonym mit der Idee»[202], die die eigentliche Wirklichkeit darstellt. Alles Äußere ist nur Manifestation der Idee, ist *Anderssein.* Im Bereich des reinen Denkens, der reinen Begriffe ist Hegels Denken deshalb *spekulatives Vernunftdenken;* denn «vom Geist und dem Geistigen ist eigentlich auch nicht ein Wort zu sagen als ein *spekulatives,* denn er ist die *Einheit* im *Anderssein* mit sich».[203]

Sowohl Hegels als auch des Cusaners Denken sind somit *dialektisches* Denken, dessen Bewegung auf die Idee zielt, in deren Einheit die Gegensätze des Vielfältigen zusammenfallen. Es ist somit *synthetisches* Denken, Ganzheitsdenken. Beide arbeiten mit den Denkmitteln der *spekulativen Vernunft.* Während aber die Spekulation bei Hegel sich auf die begriffliche Bewegung bezieht, beinhaltet sie bei Cusanus die Schau, die *Intuition.* Wenn man den Unterschied zwischen Analogie- und Identitätsdenken beachtet, dann lässt sich von der lebendig-schöpferischen Denkart des Cusaners ein direkter Bogen spannen zu derjenigen Hegels.

Geistsymbole und Gleichnisse in der Geistphilosophie

Cusanus hat die tiefsten Geheimnisse seines philosophischen Denkens immer wieder in Spielen, Rätselbildern, Gleichnissen und Symbolen ausgedrückt. Man kann das *Symbol-Denken* geradezu als charakteristische Denkweise des Cusanus ansehen. Die Bedeutung gleichnishaften Denkens beschreibt Cusanus ein Jahr vor seinem Tod in einem Brief an den jungen Mönch Nikolaus Albergati im Kloster Montoliveto bei Siena. «Bedenke ... dass wir in dieser Welt durch *Gleichnisse* und *Rätselbilder* wandeln, weil der Geist der Wahrheit nicht von dieser Welt ist, und auch nur insofern von ihr gefasst werden kann, als wir durch *Gleichnisse* und *Symbole,* die wir als solche erkennen, zum Unerkannten emporgerissen werden» (Brief an Albergati, Blumenberg, S. 385). Ganz in diesem

SYMBOLE

Sinne des Cusaners sieht später J. W. Goethe das Wesen des Symbols in der konkret-lebendigen Offenbarung des Unerforschlichen.*

So kann die Denkart des Cusaners zusammenfassend nicht besser charakterisiert werden als durch die Darstellung von solchen Symbolen für den Erkenntnisprozess, die Cusanus selbst gebraucht hat. Aus der Reihe dieser Symbole und Gleichnisse sollen stellvertretend sechs herausgegriffen werden:

1. der Geist als lebendige, sich selbst auszählende *Zahl,*
2. der Geist als sich selbst bewegende *Bewegung,*
3. der Geist als lebendiges, durch sich selbst messendes *Maß,*
4. der Geist als lebendiger *Spiegel,*
5. der Geist als lebendiges *Licht,*
6. der Geist als lebendiges *Samenkorn.*

* Gerade die Fähigkeit des Cusaners, seine Gedankenspekulationen in Spiele, Rätselbilder, Symbole und Gleichnisse zu kleiden, übt die stärkste Wirkung auf den spirituell interessierten Menschen der Gegenwart aus. Von dieser Seite des Denkens des Cusaners sind auch literarische Wirkungen ausgegangen. Ein Beispiel ist die Einleitung von Hermann *Hesse* zu seinem 1943 geschriebenen Roman «*Das Glasperlenspiel*». Dort heißt es: «Geister wie Abälard, wie Leibniz, wie Hegel haben den Traum ohne Zweifel gekannt, das geistige Universum in konzentrische Systeme einzufangen und die lebendige Schönheit des Geistigen und der Kunst mit der magischen Formulierkraft der exakten Disziplinen zu vereinigen ... Und zwei Jahrhunderte früher finden wir bei Nikolaus von Kues Sätze aus derselben Atmosphäre wie etwa diese: ‹Der Geist formt sich der Potentialität an, um alles in der Weise der Potentialität zu messen, und der absoluten Notwendigkeit, damit er alles in der Weise der Einheit und Einfachheit messe, wie es Gott tut, und der Notwendigkeit der Verknüpfung, um so alles in Hinsicht auf seine Eigentümlichkeit zu messen, endlich formt er sich der determinierten Potentialität an, um alles hinsichtlich seiner Existenz zu messen. Ferner misst aber der Geist auch symbolisch, durch Vergleich, wie wenn er sich der Zahl und der geometrischen Figuren bedient und sich auf sie als Gleichnisse bezieht.› Übrigens scheint nicht etwa nur dieser eine Gedanke des Cusaners beinahe schon auf unser Glasperlenspiel hinzuweisen oder entspricht und entspringt einer ähnlichen Richtung der Einbildungskraft wie dessen Gedankenspiele; es ließen sich mehrere, ja viele ähnliche Anklänge bei ihm zeigen. Auch seine Freude an der Mathematik und seine Fähigkeit und Freude, Figuren und Axiome der euklidischen Geometrie auf theologisch-philosophische Begriffe als verdeutlichende Gleichnisse anzuwenden, scheinen der Mentalität des Spielens sehr nahezustehen, und zuweilen erinnert sogar seine Art von Latein (dessen Vokabeln nicht selten seine freien Erfindungen sind, ohne doch von irgendeinem Lateinkundigen missverstanden werden zu können) an die freispielende Plastizität der Spielsprache.»[204]

Ein Symbol, das in wunderbarer Weise die Autonomie, die Selbstbewegung und Schöpferkraft des Geistes veranschaulicht, ist das *Bild des Geistes als eine sich selbst auszählende Zahl.* Die Zahl als Symbol des Schöpferischen findet sich bereits bei den Pythagoräern. Für diese war die Zahl Arché aller Dinge, das formgebende Prinzip, und für Philolaos waren die Zahlen die Dinge selbst. Cusanus: «Zahl der Dinge sind die Dinge selbst» (De mente, Kap. VI, S. 38). Die Zahlen liegen auch den Tonverhältnissen, der Harmonie zugrunde. Cusanus: «Denn das harmonische Verhältnis ist eine Einheit, die ohne Zahl nicht verstanden werden kann» (De mente, Kap. VI, S. 34). Und so ist nach den Pythagoräern «das ganze Himmelsgebäude Harmonie und Zahl» (Arist. Met. A 5; 986a 3). Bei Platon wirkt die Zahlenlehre weiter. Er spricht von Idealzahlen, d.h. jeder Idee war ein Zahlenwert zugeordnet, die Ideen waren Zahlen. Besonders aber charakterisieren die Zahlen den *ontologischen Hervorgang* der Ideen, des Vielen aus dem Einen, dem Guten. Neben die Monas tritt die Dyas, und so gehen die Zahlen hervor. Die Idealzahlen erzeugen *Sein* und *Ideen.*

Bei Plotin (Enneade VI, 6, 9) ist dieser Hervorgang als Bild des Schöpferischen ganz deutlich. Eins und zwei als Zählprinzip, als potentielle Zahlen, liegen jedem schöpferischen Denken, unserem als auch dem seinsschaffenden, zugrunde, denn allen Zahlen gehen kategoriale Ordnungen voraus. «Da die innere Kraft der Zahl bestand, bewirkt sie so die Trennung innerhalb des Seins, wenn auch in Verbindung mit der Vervielfältigung; die Zahl muss ebenso die *Wesenheit* als auch die *Wirksamkeit* des Seins sein; die Lebensordnung wie der Geistesgrund muss Zahl sein. Das *Sein* als solches muss betrachtet werden als *gesammelte Zahl (complicatio),* während das *Seiende* die sich *entfaltende Zahl (explicatio)* ist: Der *Geistesgrund* ist eine *Zahl, die sich selbst bewegt.* Gerade auch das Sein ist das Ergebnis der *Einheit,* und da das Erste die *Einheit* ist, muss das Nachfolgende *Zahl* sein.» So geht alles aus der sich selbst bewegenden Zahl hervor, sie ist «Wurzel, Ursprung und erstes Prinzip.»[205]

Auch für Cusanus geht die Zahl dem Seienden voraus. «Es kann nur einen einzigen, unendlichen Urgrund geben.» «Das erste vom Urgrund Ausgehende sei so zusammengesetzt, dass es aus sich selbst zusammengesetzt ist.» Dies muss die Zahl sein, denn «die Zahl ist aus sich selbst zusammengesetzt» (De mente, Kap. VI, S. 33). «Erblicke ich in der Zahl nichts als die Einheit, dann sehe ich die unzusammengesetzte Zusammengesetztheit der Zahl und den Zusammenfall der Einheit und der Vielheit» (De mente, Kap. VI, S. 34). «Das *erste* vom Urgrund Ausgehende nennen wir symbolisch *Zahl*». «Aus dem Geiste stammt also die Zahl und überhaupt alles» (De mente, Kap. VI, S. 35). So ist «das erste *Urbild* der Dinge im Geiste des Schöpfers die Zahl», und man kann «die Zahlen die *Urgründe* der Dinge nennen» (De mente, Kap. VI, S. 37 u. 33). Hier sehen wir, in welch starkem Maße neuplatonisches Gedankengut in Cusanus wirkte. Die Zahl ist *Urgrund* und erstes *Urbild;* die Zahl ist Wurzel, Ursprung und erstes Prinzip (Plotin).

Diese Zahl bewegt sich nun selbst, «der Geist ist sich selbst bewegende Zahl» (De mente, Kap. VI, S. 32). Sie zählt sich selbst aus, setzt aus ihrer Einheit die Vielheit, und so sind die Dinge nichts anderes als entfaltete Zahl, hervorgegangen aus dem Unum. «Vor aller Vielfalt ist die *Einheit,* und nach der Eins die *Vielfalt* als die *Entfaltung* der Kraft jener Einheit» (De mente, Kap. VI, S. 37). Unser Geist ist nun Abbild dieser schöpferischen, sich selbst bewegenden Zahl. Er ist «eine gewisse *lebendige göttliche* Zahl, die jede sinnliche, verstandesmäßige und vernunftmäßige Harmonie in sich einbeschließt» (De mente, Kap. VII, S. 40). «Wie daher in bezug auf Gott die Vielfalt der Dinge vom göttlichen Geiste stammt, so stammt in bezug auf uns die Vielfalt der Dinge von unserem Geiste. Nur der Geist zählt; besteht der Geist nicht mehr, so gibt es keine einzelne Zahl mehr» (De mente, Kap. VI, S. 36). Unser Geist ist also auch eine einfache Einheit, «die aus ihrer Kraft ihre Zahl hervorbringt: Es besteht also zwischen den Werken Gottes und Gott dasselbe Verhältnis wie zwischen den Werken unseres Geistes und dem Geist selbst» (De mente, Kap. VII, S. 40), nämlich ein *Schöpferverhältnis.* Auch unser Geist ist «Harmonie, sich *selbst bewegende Zahl,* Zusammensetzung aus dem Selbigen und dem Verschiedenen» (De mente, Kap. VI, S. 32).

Wie die göttliche Zahl dadurch, dass sie sich selbst auszählt, die Vielfalt der Dinge schöpferisch hervorbringt, so ist unser Geist als Zahl dadurch schöpferisch, dass er Begriffe entfaltet. Es ist so, dass «der Geist aus sich *(ex se)* Begriffe bildet, und sich so *selbst bewegt,* wie wenn eine *lebendige* Zahl, die der Unterscheidung fähig wäre, durch sich selbst *(per se)* dazu schritte, Unterscheidungen zu vollziehen» (De mente, Kap.VII, S.39). «In gleicher Weise behaupte ich, die Zahl sei das *Urbild der Begriffe* unseres Geistes.» – «Weder *Angleichung* noch *Begriffswissen,* noch *Messung* gäbe es ohne die Zahl.» «Da also die Zahl soviel wie Erkenntnisweise ist, kann nichts ohne sie erkannt werden. Die Zahl in unserem Geiste stellt als ein Abbild der göttlichen Zahl, die ihrerseits das Urbild der Dinge ist, das Urbild der Begriffe dar» (De mente, Kap. VI, S. 37).

Der Geist als Zahl ist *Selbstbewegung,* d.h. er besitzt Dynamik, Autonomie, Spontaneität. Das Schöpfertum unseres Geistes besteht darin, dass er Begriffe aus sich *(ex se)* entfaltet, «dass er seine Begriffe an das Seiende angleicht», und «dass er vernunftgemäße Anschauungen bildet» (De mente, Kap. VII, S. 40 f.).

Der Geist als sich selbst bewegende Bewegung

Als sich selbst auszählende Zahl ist der menschliche Geist ständig unterwegs, d.h. *der Geist ist sich selbst bewegende Bewegung.* Gemäß des differenzierten Geistbegriffes des Cusaners als Verstand *(ratio)* und Vernunft *(intellectus)* ist auch die Bewegung eine zweifache.

Der menschliche Erkenntnisweg ist Bewegung. Der Geist als Erkenntnisvermögen liegt im Schlaf, «bis er durch das Staunen, das von den Sinneseindrücken her entsteht, zur Bewegung angeregt wird» (De mente, Kap. V, S. 30). Einmal angeregt, schafft der Verstand im Umgang mit der Sinneswahrnehmung durch Aktivität und Bewegung die Begriffe. «Ich habe den Geist das Vermögen des *begrifflichen Erfassens* genannt. Angeregt (durch die Sinnesbilder) *bewegt* er sich im begrifflichen Erfassen» (De mente, Kap. VIII, S. 47). So kommt es, «dass der Geist aus sich Begriffe bildet und so sich *selbst bewegt*» (De mente, Kap. VII, S. 37). Der Geist kann gewahr werden, «dass im Vermögen seiner *lebendigen Bewegungskraft* (also in ihm selbst) die Begriffe von allen Dingen enthalten sind» (De mente, Kap. VII, S. 44).

Verstandesbewegung *(motus rationis)* beinhaltet Angleichung der geschaffenen Begriffe an die Sinnesdinge. Der Verstand ist eben dadurch schöpferisch, «dass er seine Begriffe an das Seiende angleicht» (De mente, Kap. VII, S. 47). Von begrifflicher Erfassung spricht man beim Geist dann, «wenn er *Gleichnisbilder (similitudines)* der Dinge oder wenn er Begriffe bildet» (De mente, Kap. VIII, S. 47); denn «begriffliches Erfassen rührt von der Nachbildung *(imitatio)* her». – «Danach aber, dass etwas begriffliche Erfassung heißt, wird es auch Gleichnisbild oder Begriff des Dinges genannt» (De mente, Kap. VIII, S. 49). Die Verstandesbegriffe sind also nur Gleichnisbilder, und so ist unser Geist auch hier als *vis assimilativa* in ständiger Bewegung, um immer *genauere* Begriffe zu bilden. Die Bewegung ist nach außen, d.h. auf die Materie, auf die Sinnesdinge gerichtet.

Wie der Verstand in bezug auf die Sinnesdinge in ständiger Bewegung ist, so ist er auch in bezug auf die Begriffe selbst in ständiger Bewegung, indem er Begriff an Begriff reiht, sie zu einer Kette verbindet. Diese Bewegung macht gerade die Spontaneität des Geistes aus. Es ist das Charakteristikum, dass in der Welt der Begriffe sich diese in ständiger Bewegung befinden. Modern gesprochen: Wir hören nie auf, Begriffe zu bilden.

Auch im Bereich der Vernunft ist der Geist in Bewegung. Doch hier ist er nicht in bezug auf die Sinnesdinge, sondern hinsichtlich der *Urbilder* unterwegs, denn das *Entbergen* der Urbilder bedeutet Dynamik. Dabei bedient der Geist sich seiner selbst als Instrument. Das ist sein Weg nach oben, die Bewegung aber ist nach innen gerichtet. Verstandeserkenntnis kann nur *coniectura* sein; das vernunfthafte Erkennen aber ist Bewegung in Richtung auf die urbildhafte Wirklichkeit, die Ideen. Auch Vernunfterkennen bedeutet Weg. Erst wenn diese Bewegung abgeschlossen ist, können wir von Vernunfterkenntnis sprechen. «Man sagt auch vom Geist, er erkennt, weil er sich bewegt, und der Anfang dieser Bewegung wird besser Eindruck genannt *(passio)*, ihre *Vollendung* aber *Vernunfterkenntnis*» (De mente, Kap. VIII, S. 48). «Im eigentlichen Sinne spricht man von vernünftigem Erkennen, wenn der Geist in Bewegung ist, von Vernunfterkenntnis, wenn die Vollendung erreicht ist» (De mente, Kap. VIII, S. 48).

Somit bedingen sich Verstand und Vernunft, denn es gibt keine statische Grenze zwischen beiden. Es ist ein und dasselbe Material, nämlich der *menschliche Gedanke,* der, sich geistig selbst bewegend, seinen eigenen Gesetzen folgend, der Vollendung entgegenstrebt. Es besteht nur ein Unterschied im Beziehungspunkt, in der Gedankenrichtung. «Obwohl die begriffliche Erfassung von der *Nachbildung* her benannt ist und die Vernunfteinsicht von der *Vollendung,* gibt die Vollendung doch den Grund dafür her, dass die Vernunfterkenntnis begriffliche Erfassung genannt wird. Der Geist erfasst dann aber begrifflich, wenn die Vernunfterkenntnis zur Vollendung gebracht wird» (De mente, Kap. VIII, S. 49). Der Geist ist für den Cusaner immer eine Einheit. Die Vernunftbewegung bedingt die Verstandesbewegung, wird aber nicht durch diese bestimmt. «Der Geist scheint in seiner *einsichtigen Bewegtheit* alle im Nacheinander erfolgende Bewegung einzuhalten. Er bringt aus sich die schlussfolgernde Bewegung *(motus rationis)* hervor, somit ist er die Form der Bewegung» (De mente, Kap. XV, S. 86).

Letzten Endes zielt alle Vernunftbewegung auf die *Einsicht,* die *Intuition,* die Schau der absoluten Wirklichkeit. Denn die urbildhafte Wirklichkeit, die Idee, kann nur geschaut, aber nicht begrifflich erfasst werden. «Der Geist ist *Vernunftleben,* das *sich selbst bewegt* (De mente,

Kap. XV, S. 86), die Vollendung aber ist Schau, ist Einsicht. «Daher ist die Vernunfteinsicht die vollendete Bewegung des Geistes» (De mente, Kap. VIII, S. 47). Diese Richtung und Aufgabe der Bewegung ist bei Platon in wunderbarer Weise vorgeformt. «Der Hauptnutzen [einer solchen Bewegung] aber liegt darin, dass ein gewisses Organ der Seele gereinigt und angefeuert wird, das unter den übrigen Lebensbeschäftigungen abstirbt und *erblindet,* obgleich an dessen Erhaltung mehr gelegen ist als an tausend Augen; denn durch jenes Organ allein wird die Wahrheit *geschaut*» (Staat. VII, 527d). Und für Cusanus ist «vernunfthaft einsehen» gleichbedeutend mit «schaubegabt» (De quaerendo Deum, S. 57). In herrlicher Weise kennzeichnet er Dynamik, Selbstbewegung und Richtung des Geistes, wenn er in «De quaerendo Deum» sagt: «Der Suchende muss also mittels des Sehens laufen, dass er zum Alles-Sehenden herankomme» (S. 54). Erkenntnis ist eine unendliche Aufgabe, ist *ständige Bewegung.* Ist sie aber nicht gerade dadurch und nur dadurch schöpferisch?

Der Geist als lebendiges, durch sich selbst messendes Maß

Das Bild des Geistes als lebendiges, *durch sich selbst messendes Maß* veranschaulicht in paradigmatischer Weise die Eigenständigkeit und Schöpferkraft des Geistes. Dabei gelangt der sonst abgewertete Satz des *Protagoras* zu einer Aufwertung. Merke «den Satz des Protagoras, dass der Mensch das Maß der Dinge ist. Denn mit den Sinnen misst der Mensch das sinnlich Wahrnehmbare, mit der Vernunft das Vernunftgemäße.» «So findet der Mensch in sich alle erschaffenen Dinge wie in einem Grunde, der ihnen das *Maß* gibt» (De beryllo, Blumenberg, S. 323 f.). Der Geist ist also eine Kraft, die dadurch schöpferisch ist, dass sie andere misst. In dieser Dynamik spricht sich das *Selbstbewusstsein* des vollends zum Individuum erwachten Menschen aus. Cusanus gesteht dem Menschen so weit die Attribute des Schöpferischen und des Messens zu, die bisher nur Gott zukamen, dass er mit Hermes Trismegistos zu sagen wagt, «dass der Mensch ein zweiter Gott ist» (De beryllo, S. 324). Und weiter: «Die Einheit des Menschlichen scheint das All in der ihr gemäßen Weise einzuschließen. Die Kraft dieser Einheit nimmt es mit dem All auf und zwingt es in die Gewalt des Menschen» (De coniecturis, 2. Buch, Kap. XIV, S. 223).

Man muss sich erinnern, welche Tragweite solche Worte, absolut genommen, wenig später haben werden, die ganze Schwere der sich ankündigenden Zeitenwende sehen, um zu ermessen, welch geistige Größe Nikolaus von Kues repräsentiert, um aber auch zu verstehen, inwiefern er Bewahrer ist und sein will. Denn obwohl er Dynamik, Autonomie und Schöpferkraft im menschlichen Geist begründet, will er die Bande zum All nicht abreißen, sondern in bewusster, freiheitlicher Weise neu knüpfen. Der Mensch ist kein absolutes Maß, sondern er trägt in sich ein apriorisches Moment, ein Urmaß, auf das hinblickend er die Gegenstände misst. Nur Gott ist das «Maß aller Maße» (De coniecturis, 1. Buch, Kap. VII, S. 198). «Der Mensch ist ein Gott, wenn auch nicht in absolutem Sinne, weil er eben nur Mensch ist, also ein menschlicher Gott.» «Der Bereich der Menschlichkeit umfasst Gott und das Weltall in der menschlichen Mächtigkeit; so kann der Mensch ein menschlicher Gott und Gott auf menschliche Weise sein.» In der Kraft des Menschen liegt es, «alles aus der Mächtigkeit seines Mitteseins hervorgehen zu lassen» (De coniecturis, 2. Buch, Kap. XIV, S. 223). Der vorausgeahnten Aufhebung der äußeren Zentralstellung der Erde stellt Cusanus die innere geistige Zentralstellung des Menschen, sein Schöpfertum und seine Autonomie gegenüber, indem er ihn zum lebendigen, alles messenden Maß macht, zur «*mensura mensurans*».

Noch ein anderes Moment beinhaltet die Rede des Cusaners vom Geist als einem lebendigen Maß, nämlich das des sich selbst denkenden Denkens, wiederum ein Ausdruck des Schöpferischen, eine Fähigkeit, die noch bei Aristoteles nur der unbewegte Weltbeweger besaß. Der schöpferische Prozess, der im Menschsein begründet ist, hat kein anderes Ziel als wiederum das Menschsein. Der Mensch geht nicht über sich hinaus, wenn er schöpferisch ist, sondern durch die Entfaltung seiner Kraft kommt er *zu sich selbst* (De coniecturis, 2. Buch, Kap. XIV, S. 223 f.). Der Geist wird schöpferisch, indem er sich selbst zum Ziel setzt, denn «die erkenntnisnehmende Seele» ist «Ziel und Grenze des Erkennbaren überhaupt» (De beryllo, S. 323). Der Geist als ein lebendiges Maß misst anderes anders, «damit er das Maß seiner selbst erreicht». – «Wenn du beachtest, dass dieses Maß *lebendig* ist, so dass es durch sich selbst misst – dann kommst du dazu, wie der Geist sich zum *Begriff*, zum *Maß* und zum *Urbild* macht, damit er sich selbst in jeder Hinsicht vollendet» (De mente, Kap. IX, S. 59). Das ist der Schlüssel zur *mensura mensurans*. Es ist die Dialektik des menschlichen Geistes, mit der Cusanus arbeitet, denn «der Geist denkt, um sich selbst zu erkennen» (De mente, Kap. IX, S. 59). Die dialektische Bewegung des Gedankens verläuft beim Erkennen der Gegenstände zunächst von innen nach außen. Der Geist als Urteilskraft, als *vis iudicativa*, stellt sich den Gegenständen in messender Angleichung gegenüber, kehrt aber gerade hierin zu sich selbst zurück, denn das *Maß*, den *Begriff*, das *Urbild* findet er nicht in den Gegenständen, sondern nur in sich selbst. – Dies ist das grundsätzlich Neue gegenüber dem scholastischen Erkenntnisbegriff. Hierin liegt die Spontaneität und Dynamik des menschlichen Geistes. Erst im deutschen Idealismus wird diese Position des Cusaners wieder aufleuchten und fortgeführt werden.

Der Geist als lebendiger Spiegel

Immer wieder spricht Cusanus davon, dass der menschliche Geist den göttlichen Geist *widerspiegelt*, dass er ein Abbild Gottes, eine *imago dei* ist. Es ist dieses Bild des *Widerspiegelns* des Unendlichen im Endlichen eine Grundaussage der cusanischen Philosophie und genuin platonisch gedacht. Diese Aussage verdichtet sich bei Cusanus aber doch speziell zu einem Symbol des menschlichen Geistes überhaupt, zu dem *Symbol* des *Geistes* als *lebendigem Spiegel.*[206] Es scheint, dass das Symbol des Spiegels die Denkweise des Cusaners so grundlegend zu charakterisieren vermag, dass man berechtigt ist, von einem ‹Denkmodell des Spiegels› bei Cusanus zu sprechen. Unter ‹Denkmodell› soll hier der Versuch der symbolhaften Zusammenfassung der Denkweise eines Philosophen verstanden werden.[207] Später gewinnt bei Rudolf Steiner das Bild vom menschlichen Gehirn als einem Spiegel, der das Denken nicht willkürlich erzeugt, sondern nach vorgegebenen objektiven Gesetzen widerspiegelt (d.h. also abbildet und zur Erscheinung bringt), eine große Bedeutung. Das Bild des Spiegels wird bei ihm geradezu zum meditativen Symbol. Hier ist Cusanus ein Wegbereiter. Das Bild vom *lebendigen Spiegel* tritt in «De mente» an zentraler Stelle im V. Kapitel zur Charakterisierung des menschlichen Geistes auf.

«*Der Philosoph*: Woher hat der Geist jene Einsicht? Er scheint ja über alles ein Urteil zu fällen.

Der Laie: Er hat sie als *Abbild (imago)* des Urbildes von allem. Gott nämlich ist aller Dinge Urbild. Da nun das Urbild aller Dinge im Geiste wie die Wirklichkeit im Abbilde *widerstrahlt (relucere)*, so hat der Geist in sich etwas, auf das er hinschaut und nach dem er ein Urteil über die Außendinge fällt …

Würde die einfachste, unteilbare Spitze eines Winkels an einem *feingeschliffenen Diamanten,* in der aller Dinge Formen *widerstrahlen,* lebendig, dann würde sie, in sich hineinblickend, ebenso aller Dinge *Abbilder* vorfinden, mit deren Hilfe sie sich von allem Begriffe bilden könnte …

Wer die *Spiegelkraft (vis specularis)* für sich betrachtet, der sieht, wie sie vor aller Größe ist. Fasst er diese als von einem Vernunftleben beseelt auf, in dem das Urbild aller Dinge *widerstrahlt,* dann macht er sich eine *zulässige Mutmaßung vom Geiste*» (De mente, Kap. V, S. 30/31). Hier gebraucht Cusanus ganz deutlich das Symbol des lebendigen Spiegels, d.h. des von einem Vernunftleben beseelten Spiegels (Diamantenspitze) als eine zutreffende Mutmaßung vom Geiste.

Cusanus verstärkt dieses Bild noch durch das nachfolgende Beispiel des von dem Laien geschnitzten *Spiegellöffels,* welcher einen Löffel darstellt, an dem alle Spiegelarten auftreten, die konkave, die konvexe, die flache und die säulenförmige. An diesem Beispiel verdeutlicht er den Zusammenhang von Form und Materie und überträgt es schließlich auf die Schöpfung, indem er sagt: «So hat nun Gott durch die Bewegung der Himmelswelt aus geeigneter Materie ein Formverhältnis verwirklicht, in dem die Natur des Lebewesens auf vollkommene Weise widerstrahlt. Ihm hat er dann noch den *Geist gewissermaßen als lebendigen Spiegel (virum speculum)* beigefügt …» (De mente, Kap. V, S. 32).

Hier taucht zum zweiten Mal in «De mente» das Bild vom Geist als eines *lebendigen Spiegels* auf, und zwar im mehr ontologischen Sinne. Der Geist als Spiegel, in dem die geschaffenen Dinge sich widerspiegeln und damit zum Selbstbewusstsein erwachen. Das ist ein großer Gedanke, der bei Goethe und in der Naturphilosophie Schellings wiedererscheint. Dass Cusanus das Symbol des Spiegels aber nicht nur ausschließlich ontologisch versteht, sondern als ein allgemeines Bild für den Geist in seinen Erkenntnisstufen auffasst, wird andeutungsweise durch das folgende Zitat aus «De filiatione Dei» (Von der Gotteskindschaft, 1445) deutlich, einer Schrift, die lehrbuchartig an Konrad von Wartberg, Mitbruder und Kanoniker im Stift in Münstermaifeld/Eifel gerichtet ist. Cusanus schreibt: «Ein Gleichnis soll dir helfen. Ohne Zweifel ist dir nicht unbekannt, dass die Formen in geraden *Spiegeln (speculis)* in gleicher Größe, in gekrümmten kleiner erscheinen. Stellen wir uns nun eine vollkommene Spiegelung unseres Ursprunges vor, des glorreichen Gottes, in der Gott selbst erscheint. Es sei der Spiegel der Wahrheit, ohne Flecken, ganz gerade, unbegrenzt und vollkommen; alle Geschöpfe hingegen seien verschränkte und *verschieden gekrümmte Spiegel.* Unter ihnen sind die *vernunfthaften Naturen,* die *lebendigen, klaren* und *geraden Spiegel.* Von diesen nimm an, da sie *lebendig* und *vernunfthaft* und *frei* sind, dass sie *sich selbst krümmen, begradigen* und *reinigen können*» (De filiatione Dei, Kap. III, Dupré, S. 623).

In Fortführung dieses Bildes der verschieden gekrümmten Spiegel spricht Cusanus auch von den menschlichen Erkenntnisvermögen als von Spiegeln, indem er vom *vernunfthaften Spiegel (intellectuale speculum)*, vom *verstandesmäßigen Spiegel (rationale speculum)* und vom *sinnlichen Spiegel (sensibile speculum)* spricht. «Nimm also, Bruder, die durch die Qualität bedingten Verschränkungen der *sinnlichen Spiegel (sensibilium speculorum)* hinweg und löse deinen Begriff von der Zeit und dem Ort und allem Sinnlichen, indem du dich zu den *verständigen Spiegelklarheiten (rationales speculares claritates)* erhebst, wo unser Geist (*mens*) in der Klarheit des Verstandes (*ratio*) die Wahrheit betrachtet. Wir erforschen ja die Dunkelheiten der Zweifel in der Klarheit des *Verstandesspiegels (claritate rationalis speculi)* und wissen das als wahr, was der Verstand uns zeigt» (De filiatione Dei, Kap. III, S. 625).

Der menschliche Geist insgesamt und die einzelnen Erkenntnisvermögen als unterschiedlich gekrümmte Spiegel, das ist ein treffendes Bild für das Denken des Cusaners selbst. Alles Denken ist für Cusanus von Gott her gegründet, da der menschliche Geist als Spiegel kein absoluter Spiegel, sondern ein abbildlicher Spiegel ist, aber er spiegelt auf seine Weise das Geistige der Welt ab und ist über Stufungen hin unterwegs zur klaren Einsicht des Ursprungs, d.h. zu Gott. Der menschliche Geist als Spiegel beinhaltet aber zugleich außerordentliches Schöpfertum und Eigenaktivität, denn es hängt von der Klarheit und Reinheit des Spiegels ab, in welcher Vollkommenheit er das Geistige der Welt abspiegelt. Der menschliche Geist ist eben ein Spiegel, der sich selbst krümmen, begradigen und reinigen kann, um die Worte des Cusaners zu gebrauchen. – Es ist kein Zweifel: Im Symbol des Geistes als eines lebendigen Spiegels liegen bei Cusanus die Keime zu einem Denkmodell, das das Denken des Cusanus selbst und zugleich ein zukünftiges Denken charakterisiert.

Der Geist als lebendiges Licht

Ein wunderbares Geistsymbol in der Geistphilosophie des Cusaners, das in gewisser Weise mit dem Spiegelmodell zusammenhängt, ist das Bild des Geistes als *lebendiges Licht (lux)*. Kaum ein anderes Gleichnisbild ist so sehr geeignet, die Allgegenwärtigkeit des Geistigen im Irdischen deutlich zu machen wie dasjenige des Lichtes. Ist es doch das Licht, welches allen Dingen des Irdischen ihr Aussehen verleiht, das selbst jedoch unsichtbar bleibt. Das Licht ist ein sinnlich-übersinnliches

Gleichnis und Rätselbild (aenigma). Cusanus sagt: «Wir müssen darauf achten, dass der wunderbare Gott unter seinen Werken das Licht erschuf. In seiner Einfachheit überragt es alle übrigen körperhaften Dinge, so dass es die vermittelnde Mitte zwischen geistiger und der körperlichen Natur darstellt und die körperliche Welt gleichsam durch ihr Einfachstes in die geistige Welt emporsteigt» (De quaerendo Deum, Kap. II, Dupré, S. 591). Das Licht als Geistsymbol zieht sich durch eine Reihe von philosophisch-theologischen Werken des Cusaners, ist aber insbesondere ausgebildet in: «Vom Gottessuchen» (De quaerendo Deum, 1445), «Von der Gotteskindschaft» (De filiatione Dei, 1445), «Von Gottes Sehen» (De visione Dei, 1453), «Von der Gabe vom Vater des Lichtes» (De dato patris luminum, 1446) und in der Altersschrift «Von der Gleichheit» (De aequalitate, 1459).

In zweien dieser Werke wird das Geistsymbol des Lichtes geradezu zum Ausgangspunkt der philosophischen Interpretation, nämlich in «De dato patris luminum», welches ausgeht von dem Wort des Apostel Jakobus (I,17): «Alle gute Gabe und jedes vollkommene Geschenk komme von oben, vom Vater des Lichtes» (Dupré, S. 647) und in «De aequalitate», welches ausgeht von den Worten des Evangelisten Johannes (I, 4) «Das Leben war das Licht der Menschen» (Dupré, S. 359). Beide Werke könnte man geradezu als eine einzige Meditation über das umfassende Wesen des Lichtes im johanneischen Sinne bezeichnen.

Cusanus sagt in «De aequalitate» zu den Worten des Johannes-Evangeliums: «Nimm, bitte, entgegen, was ... der Evangelist Johannes, in diesen Worten kundgetan hat; dass Gott der Vater durch sein wesensgleiches Wort, d.h. durch seinen Sohn, allem das Sein gegeben hat, und dass das Sein von allem im Wort bzw. seinem Sohn ist, der das Leben war und die Erleuchtung des menschlichen Geist-Wesens, da er das Licht war, welches auch das Wort ist.» (De aequalitate, Dupré, S. 359).

Diese Aussage vom Logos als dem Licht des menschlichen Geistes bleibt für Cusanus aber nicht nur Glaubensinhalt, sondern ist eine immerwährende Erkenntnisaufgabe, für die es notwendig ist, dass wir «ein Denken besitzen, welches hinsichtlich Abstraktionen und den Kräften unserer Seele aufs Höchste geübt ist» (De aequalitate, Dupré, S. 361). Und so verfolgt Cusanus das Hinabsteigen des Lichtes in den menschlichen Geist und das Hinaufsteigen des menschlichen Geisteslichtes zum göttlichen Licht, denn nur weil der menschliche Geist aus dem Licht stammt und selber Licht ist, kann er sich zum Lichte wenden.

Bei kaum einem anderen Geistsymbol ist dieses Hinabsteigen (descensus) und Hinaufsteigen (ascensus) des Geistes so deutlich entwickelt wie beim Licht. In «De quaerendo Deum» wird dieses Licht-Motiv in Verbindung mit dem Sehen oder Schauen (visio), welches ja vom Licht lebt, zu einer Lichtlehre entwickelt.

Charakteristisch für das sinnlich-übersinnliche Symbol des Lichtes ist es, dass Cusanus in «De quaerendo Deum» eine durchgängige metaphysisch-physische Lichtlehre gibt. Seine metaphysische Lichtlehre steht in der neuplatonischen Tradition und ist von Dionysius Areopagita beeinflusst (Emanationslehre des Lichtes). Interessant ist aber, dass Cusanus diese metaphysische Lichtlehre bruchlos in den physischen Bereich fortführt, indem er bis in die Physiologie des physischen Sehens hinuntersteigt und das Verhältnis von Sehen, Licht und Farbe darlegt. Insbesondere die Darlegung des Zusammenhanges von Licht und Farbe weist unmittelbar vorbereitende Züge der späteren Goetheschen Farbenlehre auf, ja ist stellenweise von geradezu frappierender Ähnlichkeit. Hier aber kann nur das Motiv des Geistes als des lebendigen Lichtes, das hinab und hinauf steigt, skizziert werden. Cusanus sagt: «Der Gott Suchende möge daher aufmerksam bedenken, dass in diesem Namen *theos* gleichsam ein Weg eingefaltet ist. ... Theos kommt von ‹theoro›, das heißt ich sehe, und ich laufe. Laufen muss der Suchende mittels des Sehens, um zu dem alles sehenden Gotte vordringen zu können ... Wir müssen also die Natur der sinnlichen Schau vor dem Auge der vernunfthaften Schau ausbreiten und uns daraus eine Leiter für den Aufstieg (ascensus) bilden. Unser Schauen entsteht dadurch, dass ein lichthafter, klarer Geist von oben aus dem Gehirn in das Augenorgan herabsteigt ... Das Sehen aber stammt nicht aus dem Bereich des Sichtbaren, es hat seinen Platz über allem Sichtbaren» (De quaerendo Deum, Kap. I, Dupré, S. 571-573).

Und in seiner kleinen Schrift «Vom verborgenen Gott» (De Deo abscondito, 1444/45), in der Cusanus ebenfalls eine Lichtlehre entwickelt, lautet die entsprechende Passage folgendermaßen: «Die Bezeichnung Gott (Deus) kommt von *theoro*, das heißt: ich sehe. Gott ist nämlich in unserem Lebensbereich gleichsam das, was die Sehkraft im Bereich der Farbe ist. Eine Farbe kann nicht anders erfasst werden, als durch die Sehkraft. Und damit sie jede Farbe frei erfassen kann, ist das Wesen der Sehkraft frei von Farbe. So wird also im Bereich der Farbe die Sehkraft nicht angetroffen, da sie ja selbst ohne Farbe ist ... So also, wie die Sehkraft zum Sehbaren, verhält sich Gott zu allem.» (De Deo abscondito, Dupré S. 308, mit Übersetzungsänderungen durch den Referenten.) Hier ist mit wunderbaren Worten die Begründung der Lichtlehre aus der Lichtnatur Gottes selbst gegeben. Die Lichtlehre des Cusaners trägt ganz deutlich die Züge der neuplatonischen Emanationslehre. Dieses Prinzip wendet Cusanus nun auf die menschliche Erkenntnis an, die selbst Lichtcharakter trägt.[207a]

«*Das Licht selbst* ist *Ursprung, Mitte* und *Ziel der Sinne (sensus).*» (De quaerendo Deum, Kap. II, S.589). «Dies beweist uns, dass der Geist, der in der Sinneswahrnehmung (sensus) ist, durch ein höheres *Licht,* das *Licht* des *Verstandes,* die Vollzugshandlung seiner Tätigkeit erreicht.» (De quaerendo Deum, Kap. II, S. 585). «In der entsprechenden Weise denke das Gleiche von der *Vernunft (intellectus).* Sie ist das *Licht* des unterscheidenden Verstandes *(lumen est rationis discretivae);* von ihr erhebe dich zu Gott, der das *Licht der Vernunft* ist (qui *lumen* est *intellectus*)» (S. 589).

Unser Geist ist also in allen seinen Erkenntnisstufen ein mehr oder minder helles, von Gott ausgeströmtes *Licht,* das sich in stufenweiser Verschränkung wieder zurückwendet zum Vater des Lichtes, zum Logos, der das Leben und das Licht des Geistes ist. «In diesem Wort der Wahrheit gezeugt, sind wir *Söhne des Lichtes* ... denn er selbst [der Logos] ist das *väterliche Licht*, das jeden Menschen erleuchtet und mit seinem *Licht* das ergänzend ausfüllt, was uns fehlt ...» (De dato patris luminum, Kap.V, Dupré, S. 681).

Der Geist als lebendiges Samenkorn.

Als ein *zusammenfassendes Geist-Symbol* für die schöpferische, keimhafte und zukunftsweisende Denkart des Cusaners kann das *Symbol* des *Geistes als lebendiges Samenkorn (semen)* genannt werden. Cusanus hat dieses Symbol für die schöpferische Denkkraft des Geistes in «De mente» gebraucht.

«Weil nun der Geist ein gewisser *göttlicher Same* (semen) ist, der mit seiner Kraft alle Urbilder der Dinge begrifflich einbeschließt, so ist er von Gott auch auf den passenden Boden gepflanzt worden, wo er Frucht tragen und die Gesamtheit der Dinge aus sich begrifflich entfalten kann. Diese Samenkraft wäre ihm vergeblich gegeben worden, wenn er nicht die Möglichkeit, zur Verwirklichung vorzudringen, hinzuerhalten hätte» (De mente, Kap. V, S. 27).

In «De quaerendo Deum» entfaltet Cusanus das Geistsymbol des Samens, insbesondere im Hinblick auf die Vernunft des Menschen. «Wenden wir unseren Blick auf das winzige *Senfkorn,* und betrachten wir mit dem *Auge* der *Vernunft* seine Kraft und Macht. Obwohl sein Körper so klein ist, ist seine Kraft doch ohne Grenzen. In diesem Körnchen ist ein großer Baum mit Blättern und Zweiglein und vielen anderen Samen, denen gleicherweise dieselbe Kraft innewohnt über jede Zahl hinaus. So *sehe ich* in der *Vernunft* die *Kraft* des *Senfkorns;* sollte sie als Wirklichkeit entfaltet werden, so würde diese sinnlich sichtbare Welt dazu nicht ausreichen... Wer wird nicht von Staunen ergriffen, wenn er solches erwägt? Besonders aber, wenn man bedenkt, dass die *Vernunft* des *Menschen* die Macht des Samenkorns umfasst ...» (De quaerendo Deum, Kap. III, S. 599).

Die Vernunft ist also wie ein lebendiger Same, denn wie im Samen die Pflanze potentiell enthalten ist, so enthält die Vernunft *potentiell* die Begriffe in sich. Begriffsentfaltung ist dann *Explikation des Kompliziten.* Aus sich entfaltet der Geist, indem er sich *selbst bewegt,* die Begriffe. Diese lebendige, schöpferische, explikative Gedankenbewegung stellt die Verwirklichung der im Geist selbst liegenden Möglichkeiten dar. Explikation ist aber immer Entfaltung der der Vernunft sich erschließenden *Urbilder,* der Ideen, die sich als *Abbilder* explizieren. Das Bild des göttlichen Samens stammt ebenso wie das Bild des Lichtes aus dem Johannes-Evangelium (III, 9), das mit seiner Logoslehre an die tiefsten Weisheiten Griechenlands anknüpft. Und ein Wort des Logos charakterisiert die Denkart des Cusaners am tiefsten: «Ich bin der Weg.» Wohl arbeitet er dabei mit der Spontaneität, Dialektik und Schöpferkraft des menschlichen Geistes, aber seine Philosophie bleibt unendlicher Weg zu Gott, zum Logos.

In diesem Wegcharakter der Geistphilosophie des Nikolaus von Kues kann man deutlich auch *Elemente eines christlichen Schulungsweges* erblicken, die aber bei ihm stark ins Gedankliche hinaufgehoben sind. Der christlich-esoterische Schulungsweg geht nach der Auffassung des Mittelalters zurück auf den Schüler des Apostels Paulus, Dionysius Areopagita, als Begründer einer christlich-esoterischen Schule in Athen, innerhalb derer die dort lebenden Gedanken um 500 n. Chr. unter dem Namen des Dionysius aufgeschrieben wurden. Sie wurden durch die lateinische Übersetzung des Johannes Eriugena (ca. 810 – 877) äußerlich dem Mittelalter überliefert. Es ist deutlich, wie stark die tief christliche Geistphilosophie des Nikolaus von Kues von der Gedankenwelt des Dionysius Areopagita beeinflusst ist. Er steht wie ein Inspirator hinter Nikolaus von Kues. Höchst charakteristisch ist es, dass gerade dort, wo Cusanus zentral seine Auffassung vom Geist darlegt, nämlich in «Idiota de mente» (1450), diese von der Person des demutvollen Laien vorgetragen wird. Durch ihn leuchtet hindurch die Laien-Gestalt des *Gottesfreundes* der oberdeutschen Mystik.

Zart, aber doch deutlich knüpft Cusanus damit an die christlich-esoterische Schulungstradition an. Insbesondere die *erste Stufe* dieses *siebengliedrigen Schulungspfades*[208] ist bei Cusanus auch äußerlich wahrnehmbar, die Stufe der *Fußwaschung*, der tiefen *Devotion* als erstem Tor der Schulung. Nicht nur seine persönliche Beziehung zur *devotio moderna* sagt dies aus, sondern seine ganze Geistphilosophie strömt die drei Grundkräfte der Devotion aus: *Hingabe* (Ergebenheit), *Demut* und *Andacht.* Sie sind das Tor zu seiner christlichen Geistphilosophie.

Dann aber wird als ein Zweites bemerkbar, dass die von Cusanus gebrauchten Geistsymbole und Gleichnisbilder wesentlich mehr sind als bloße Analogie. Sie enthalten eine spirituelle Realität und eine Kraft, die den übenden Menschen unmittelbar ergreift und umwandelt. Diese Geistsymbole werden dadurch zu realen *Meditationsbildern.* Dies spürt man insbesondere bei den beiden letztgenannten Bildern: der Geist als *lebendiges Licht* und der Geist als *lebendiges Samenkorn.* Es ist höchst charakteristisch, dass Rudolf Steiner gerade diese beiden Bilder als unmittelbare Meditationsbilder für den Übungsweg des modernen Menschen angibt. (Siehe den Exkurs zum Sinnbild des Samenkornes bei Cusanus und Rudolf Steiner unter Anm. 209.)

Rückblick: Zum Verhältnis von Vernunft-Wissen und Glaube

In der vorangegangenen Darstellung der Geistlehre ist der Schwerpunkt der Betrachtung bewusst auf die erkenntnistheoretische Seite gelegt worden. Es wurde die Schöpferkraft und Dynamik des Erkenntnisaufstieges (ascensus) über die vier Stufen der Erkenntnisleiter herausgearbeitet. Von manchen Rezensenten von theologischer Seite aus wurde dies als Ausschluss oder Hintansetzung des Glaubensweges missinterpretiert. Das war und ist von mir nicht intendiert. Im Gegenteil, ich habe immer darauf hingewiesen, welch außergewöhnlicher persönlicher Frömmigkeitsimpuls in Nikolaus von Kues lebt. Auch wird seine christliche Geistphilosophie aus den tiefsten Brunnenschächten des Glaubens gespeist und all sein Handeln durch die Seelenkraft der Andacht begleitet. Die Schöpfermacht, die er im menschlichen Erkennen begründet, lebt deutlich aus der Abbildlichkeit Gottes und durch die Teilhabe an Gottes Geist. Das Philosophieren des Cusanus geht daher oftmals nahtlos in das Gebet über, insbesondere in seinen philosophisch-theologischen Abhandlungen wie z.B. «Vom verborgenen Gott» (De Deo abscondito, 1444/45), «Vom Gottessuchen» (De quaerendo Deum, 1445) oder «Von Gottes Sehen» (De visione Dei, 1453).

Von daher kann ich Birgit Helander beipflichten, wenn diese von einem etwas anderen Gesichtspunkt aus formuliert: «Wissen und Glauben stehen bei Cusanus in keinerlei Kontrast ... Sie fördern und stützen sich gegenseitig, so dass sie eine vollständige Harmonie ergeben ...» (S. 173). – «In der Relation von Wissen und Glauben ... lässt Cusanus dem Glauben als der höchsten Annäherung an Gott den Vorrang. Es ist eine Schau, jedoch eine vernunftmäßige, die Cusanus als Weg und als Ziel seines Gottesbildes in der Annäherung an Gott im Sinn hat ... In ihrer vollkommensten Form ist sie durch eine Vertiefung der Gotteserkenntnis zu erreichen, die gleichermaßen intellektueller wie mystischer Natur ist. Diese *beiden Arten der Gotteserkenntnis* haben ihren Grund in der *visio intellectualis*, die ihrerseits eine Einheit von Intellekt und mystischer Schau ist.» (S. 177)[210]

Dennoch sind Glaube und Vernunft-Wissen bei Cusanus zwei deutlich unterschiedene Seelenkräfte. Vernunft und Glaube sind gleichsam zwei Wanderer auf unterschiedlichen Wegen zu dem gemeinsamen Ziel, zu Gott.

«Gott offenbart sich uns sowohl *von außen* wie *von innen* her. Er offenbart sich uns *über* unsere Vernunft hinaus, aber auch *durch* unsere Vernunft. Es ist dies ein Charakteristikum der cusanischen Philosophie, beides zu betonen ...» (Hopkins, 1996)[211]

Cusanus hat dies Verhältnis selbst in ein eindrückliches Wahrbild (aenigma) gekleidet, indem er sagt, das linke Auge sei gleichsam der Verstand (bzw. die Vernunft), das rechte Auge der Glaube.*

«Genauso wie die Sehkraft in unseren beiden Augen koordiniert sein muss, wenn wir deutlich sehen ... wollen, muss das linke Auge des Verstandes mit dem rechten Auge des Glaubens koordiniert werden, wenn wir zur Kenntnis Gottes gelangen wollen» (Hopkins 1996, S. 28).[212]

Wenn nun Wissen und Glauben gleichsam zwei Augen eines Sehenden sind, dann muss es auch erlaubt sein, als Gedankenexperiment einmal

* Das Bild von den beiden Augen findet sich bereits im alten Ägypten. Dabei wurden die beiden «Udjat-Augen» z.B. als Tages- und Nachtsonne angesprochen. In den Pyramidentexten heisst es: «Isis und Nephtys veranlassten ... dass deine beiden Augen in deinem Haupte erschienen ... die Tages- und die Nachtbarke.» Vgl. Frank Teichmann: Die ägyptischen Mysterien. Stuttgart 1999, S. 250 ff.

das rechte Auge (den Glauben) zuzuhalten und nur mit dem linken Auge (dem menschlichen Vernunft-Wissen) zu schauen, um zu begreifen, welche Erkenntniskraft und Sehschärfe Cusanus ‹im linken Auge› verankert hat und wohin dieses mit seiner aktiven Schöpferkraft blickt. Wir werden dann in der Blickrichtung auf die Philosophie des deutschen Idealismus (Fichte, Schelling, Hegel) und die Freiheitsphilosophie Rudolf Steiners gewiesen. Die methodische Freiheit einer solchen teleologischen Cusanus-Interpretation wird hiermit reklamiert und soll Gegenstand des folgenden Hauptkapitels sein. Damit wird die Berechtigung einer zeitimmanenten, historischen und theologischen Cusanus-Interpretation nicht angetastet.

DRITTER TEIL:

DIE CUSANUS-REZEPTION UND DEREN PHILOSOPHISCHE WEITERFÜHRUNG DURCH RUDOLF STEINER

DIE CUSANUS-REZEPTION DURCH RUDOLF STEINER

Eine notwendige Vorbemerkung

Im nachfolgenden dritten und vierten Teil geht es nicht darum, Nikolaus von Kues ‹durch die Geisteswissenschaft zu vereinnahmen› oder ihn zum ‹formidablen Vorläufer Rudolf Steiners› zu machen, bzw. ihn gar zum ‹ersten Anthroposophen› zu erklären. Diese Unterstellungen, die vor allem von Vertretern der Theologie geäußert worden sind, liegen mir völlig fern. Ich halte es allerdings für berechtigt, zumal bei der Fülle an Cusanus-Publikationen aus dem kirchlich-theologischen Bereich, Cusanus auch einmal von einer anderen Geistesrichtung aus zu beleuchten.

Worum es mir geht, ist ein Geistgespräch zwischen Cusanus und Steiner über die Grenzen von Raum und Zeit hinweg. Dieser Versuch beinhaltet zweierlei:

– zum einen, dass ich Cusanus nicht nur aus sich und seiner Zeit interpretiere, denn dann ergäbe sich kein ‹Gespräch› über die Zeitgrenzen hinweg. Ich blicke also gerade auf das Nicht-Zeitbedingte, d.h. auf die Zukunftsaspekte und Denkimpulse des Cusaners hin und bringe diese vergleichend mit Steiner ins Gespräch.

– zum anderen bin ich mir bewusst, dass eine gründliche Kenntnis der Geisteswissenschaft zum Verständnis dieses Geistgesprächs dazugehört. Wer über diese Kenntnis nicht verfügt oder die Grundlagen nicht zumindest hypothetisch gelten lässt, mag die Steiner-Bezüge dieser beiden Kapitel getrost überschlagen.

Liest er aber dennoch weiter, dann entdeckt er vielleicht auch, dass es mir nicht darum geht, den Cusaner bloß als Vorläufer Steiners zu reklamieren, der vor des letzteren Größe zu vernachlässigen sei. Steiners Werk gibt vielmehr gerade die methodischen Mittel ab, die Größe des Cusaners richtig zu erfassen.

Zur Person Rudolf Steiners selbst ist anzumerken, dass seine Cusanus-Rezeption selbstverständlich eine Cusanus-Interpretation darstellt. Steiner schreibt über Cusanus nicht als ‹wertneutraler Philosophiehistoriker› (obgleich in Philosophie promoviert), sondern als Verfasser einer eigenen «Philosophie der Freiheit», d.h. als selbständiger Philosoph. Ihm geht es bei Cusanus offensichtlich gerade um die Offenlegung seiner spirituellen Impulse. Auch der Esoteriker Steiner betrachtet Cusanus unter dem Gesichtspunkt einer bei ihm angelegten Esoterik, deren Samen erst später aufgegangen sind und im 19./20. Jahrhundert reiche Frucht getragen haben.

*Rudolf Steiners Cusanus-Rezeption im Überblick**

Zur Rezeptionsgeschichte der Philosophie des Nikolaus von Kues liegt unter dem treffenden Titel «Die Präsenz des Vergessenen» eine Monogra-

* Welche Werke R. Steiner als äußerliche Grundlage seines frühen Wissens (bis 1913) über Cusanus benutzt hat (es gibt auch noch andere Quellen des Wissens als Bücher), lässt sich nicht mehr vollständig abklären. Als promovierter Philosoph und Literat kannte und besaß Steiner nahezu alle zeitgenössischen Gesamtdarstellungen der Philosophiegeschichte sowie einzelner Epochen (z.B. Antike, Scholastik, Idealismus etc.). Als Beispiele solcher noch heute in seiner Bibliothek vorhandenen Grundwerke seien genannt:
F. Überweg: Grundriss der Geschichte der Philosophie, 4 Bände, 1872 (darin: Bd. II: Patristik und Scholastik).
O. Willmann: Geschichte des Idealismus, 3 Bände, 1894 (darin: Bd. II: Mittelalter).
W. Windelband: Geschichte der Philosophie, 1913.
A.J. Balfour: Unsere heutige Weltanschauung, 1904.
Maurice de Wulf: Geschichte der mittelalterlichen Philosophie (übersetzt v. R. Eisler), 1890.
Maurice de Wulf: Geschichte der Philosophie, 1913.
Von seiner enormen literarisch-philosophischen Literaturkenntnis legt seine umfangreiche, noch heute im R. Steiner-Archiv Dornach aufbewahrte Privatbibliothek Zeugnis ab.
Durch Ausleihe aus Bibliotheken in Wien, Weimar und Berlin kannte er darüber hinaus noch viele andere Werke, was z.B. durch das umfangreiche Verzeichnis der Zitatnachweise zu seiner eigenen Philosophiegeschichte «Die Rätsel der Philosophie» belegt wird.
Auf jeden Fall kannte er die frühe Cusanus-Darstellung von Robert Zimmermann (1852), da er ihn vielfach an anderer Stelle erwähnt. Mit größter Wahrscheinlichkeit kannte er die Werke von J.M. Düx (1847), F.A. Scharpff (1862) und R. Falkenberg (1880). Es sind alles Bücher aus der noch heute existierenden Bibliothek seiner engen Schülerin Mathilde Scholl (1868–1941), die er selbst auf die Gestalt des Nikolaus von Kues hingewiesen hat.
Von der Biographie des Cusaners kannte er mit Sicherheit das frühe Standardwerk von F.A. Scharpff (1843). Für die späteren Äußerungen zur Biographie kommt auch noch die Biographie von E. Vansteenberghe (1920) in Betracht. Steiner hat die Grundwerke des Cusanus sicherlich in der deutschen Übersetzung von F.A. Scharpff (1862) gelesen.

phie von Stefan Meier-Oeser vor.[213] Diese erweitert er in einem Einleitungskapitel skizzenhaft bis auf das 19. Jahrhundert, d.h. bis zur Frühphase der Cusanus-Forschung (z.B. H.A. Erhard, 1827; G.B. Jäsche, 1828; F.A. Scharpff, 1843; F.J. Clemens, 1847; R. Zimmermann 1852/1870; u.a.m.).

Völlig unbeachtet geblieben ist bis jetzt die Cusanus-Rezeption in der zweiten Hälfte des 19. Jahrhundert und um die Wende vom 19./20. Jahrhundert. Gänzlich im Verborgenen liegt bis heute die Präsenz des vergessenen Cusaners in den spirituellen Unterströmungen wie z.B. der Kabbala, der Theosophie (z.B. H.P. Blavatsky) und der Anthroposophie (R. Steiner). Hierzu soll die folgende Darstellung einen Beitrag leisten. Zunächst ein Überblick:

Rudolf Steiner (1861 – 1925), der Begründer der anthroposophischen Geisteswissenschaft, hat es geradezu als Gesetz für jeden Geistesforscher bezeichnet, dass er an die Geistesgeschichte des eigenen Kulturkreises anknüpfen muss.[214] «Ich hatte immer Achtung vor dem historisch Gegebenen. In ihm lebt der Geist, der sich im Menschheitswerden entwickelt. Und so war ich auch dafür, dass ... Neu-Entstehendes an historisch Vorhandenes anknüpfe.»[215]

Wir können dieses Anknüpfen bei Rudolf Steiner selbst im umfassenden Sinne beobachten. So hat Rudolf Steiner seine Freiheitsphilosophie (von 1894, bis zu den «Rätseln der Philosophie», 1914) bewusst an das philosophische Geistesleben des Abendlandes angeknüpft. Bei dieser Anknüpfung steht auch die Gestalt des Nikolaus von Kues an ganz charakteristischer Stelle, nämlich beim Übergang von der philosophischen zur ‹anthroposophischen› Schaffensperiode.

Die erste Vortragsreihe, die Rudolf Steiner im Winter des Jahres 1900 auf 1901 in der theosophischen Bibliothek des Grafen und der Gräfin Brockdorff in Berlin hält, sind die 27 Vorträge, die im Herbst 1901 in dem Buch «Die Mystik im Aufgange des neuzeitlichen Geisteslebens und ihr Verhältnis zur modernen Weltanschauung»[216] im Druck erscheinen. Hier ist das zentrale Kapitel des Buches dem Kardinal Nikolaus von Kues gewidmet*, den R. Steiner als ein «herrlich leuchtendes Ge-

* Rudolf Steiners Schrift über «Die Mystik ...» (1901) mit dem zentralen Kapitel über Nikolaus von Kues, das im Jahre des 500. Geburtstages des Cusanus (1901) nahezu die einzige und bedeutsamste Schrift über ihn in Deutschland war, wurde von den späteren Cusanusforschern nur privat und ohne Zitierung rezipiert. Ein Beispiel dafür ist der Gründer des Cusanus-Institutes/Trier, Prof. Rudolf Haubst († 1992), in dessen Nachlaß sich diese Schrift findet mit zahlreichen Unterstreichungen und Randnotizen als Zeichen einer intensiven Lektüre, darunter mehrfach den Ausdrücken wie «gut». Offiziell hat Haubst aber R. Steiner nie genannt.

stirn am Himmel mittelalterlichen Geisteslebens» (S. 77) bezeichnet. Später an anderer Stelle nennt er ihn «einen der größten Denker aller Zeiten».

Die Beschäftigung Rudolf Steiners und der Beginn seiner Cusanus-Rezeption liegt im Jahre 2001 genau 100 Jahre zurück, ohne dass sie bis heutzutage jemals von der stark theologisch geprägten Cusanus-Forschung offiziell zur Kenntnis genommen worden wäre. Im Gegenteil, sie wurde bewusst ausgeblendet, da ‹nicht sein kann, was nicht sein darf›. Dennoch hat Rudolf Steiner wesentliche Anregungen für ein spirituelles (nicht philologisches oder theologisches) Verständnis der Impulse des Nikolaus von Kues gegeben.

Die eingehende Behandlung des Nikolaus von Kues durch Rudolf Steiner im Jahre 1900/1901 geschah zu einem Zeitpunkt, als außer den Werken von Scharpff (1843), Clemens (1847), Düx (1847), Zimmermann (1852/70) und einigen anderen noch nahezu keine Literatur über den Cusaner zugänglich war. R. Steiner charakterisiert sehr genau die bewusstseinsgeschichtliche Zentralstellung des Nikolaus von Kues. Er schreibt in seinem Buch «Die Mystik» (1901): «Er steht auf der Höhe des Wissens seiner Zeit. In der Mathematik hat er Hervorragendes geleistet. In der Naturwissenschaft darf er als Vorläufer des Kopernikus bezeichnet werden, denn er stellte sich auf den Standpunkt, dass die Erde ein bewegter Himmelskörper ist gleich anderen ... Nikolaus von Kues, der das Wissen seiner Zeit nicht nur umfasste, sondern auch weiterführte, hatte auch in hohem Grade das Vermögen, dieses Wissen zum inneren Leben zu erwecken ...» (Die Mystik, S. 77).

Rudolf Steiner hebt dann im folgenden Nikolaus von Kues ganz deutlich von den anderen besprochenen Persönlichkeiten der Mystik ab, indem er sagt: «Vergleicht man Nikolaus mit Geistern wie Eckhart oder Tauler, so erhält man ein bedeutsames Ergebnis. Nikolaus ist der wissenschaftliche *Denker,* der sich aus der Forschung über die Dinge der Welt auf die Stufe einer höheren Anschauung heben will ...» (Die Mystik, S. 77). Im Vorwort zur Neuauflage 1923 bekräftigt Rudolf Steiner noch einmal sehr nachdrücklich diese Sonderstellung, die er Nikolaus von Kues zuerkennt, indem er ihn als einen derjenigen charakterisiert, «die aus der Seelenstimmung der alten Mystik ein Denken entwickeln, das auch die neueren Erkenntnisse in sich aufnehmen kann ... Denn ein Nikolaus von Kues könnte sein Denken in diese Forschung hinüberführen» (Die Mystik, S. 8/9).

Es ist ganz im Sinne dieser Sonderstellung und der Betonung des wissenschaftlichen Denkelementes bei Cusanus, dass eine andere, ausführliche Darstellung, die Rudolf Steiner Nikolaus von Kues widmet, ein später naturwissenschaftlicher Vortrag ist. Es handelt sich um den Einleitungsvortrag zu dem naturwissenschaftlichen Kurs «Der Entstehungsmoment der Naturwissenschaft in der Weltgeschichte und ihre seitherige Entwickelung» (gehalten in Dornach vom 24.12. 1922 bis 6.1.1923).[217] Diesen Kurs beginnt und beendet (!) Rudolf Steiner mit der Gestalt des Nikolaus von Kues, den er als den geistigen Paten der entstehenden Naturwissenschaft des Abendlandes betrachtet. Dies zeigt die Folgerichtigkeit bereits der allerersten Darstellung über Nikolaus von Kues in dem Buch «Die Mystik» (1901). Nikolaus von Kues ist diejenige der besprochenen Persönlichkeiten, die «im Aufgange des neuzeitlichen Geisteslebens» steht, wie es im Untertitel des Buches «Die Mystik» lautet. Es ist also zunächst die naturwissenschaftliche Ebene, auf der Rudolf Steiner den Cusaner als einen Wegbereiter des neuzeitlichen Bewusstseins betrachtet.

Eine zweite Ebene, auf der Cusanus nach Rudolf Steiner Wegbereiter ist, kann als die philosophische oder bewusstseinsmäßige bezeichnet werden. Auf dieser Ebene liegt die zweite ausführliche Beschäftigung Rudolf Steiners mit dem Cusaner. Sie beginnt mit der Darstellung in der «Mystik» (1901) und setzt sich fort in den sieben Vorträgen über «Die deutsche Mystik und ihre Voraussetzungen», die er im Winter 1904/05 in der sog. «Freien Hochschule» in Berlin gehalten hat.* Dabei ist der Vortrag vom 12. November 1904 ganz dem Nikolaus von Kues gewidmet. Darin charakterisiert Rudolf Steiner ihn als einen «Höhepunkt der mittelalterlichen Mystik», als einen der «bedeutendsten Gelehrten seiner Zeit», «eine der interessantesten Persönlichkeiten»; einen, der «führenden, tonangebenden Männer», der «seiner Zeit außerordentlich vorausgeeilt war». «Wissenschaftlich geschult, klar und scharf denkend – frei steht er da, als Persönlichkeit von imponierendem Charakter ... Tiefe des Gemüts, Feuer der Seele, paarte sich bei ihm mit einem ganz

* Die «Freie Hochschule» ist eine Gründung des «Friedrichshagener Kreises». Sie ist um die Jahrhundertwende eine der ersten freien Volkshochschulen Deutschlands; der Veranstaltungsort war das «Köllnische Gymnasium» in Berlin. Neben Wilhelm Bölsche und Bruno Wille, den eigentlichen Initiatoren, war Rudolf Steiner einer der dort lehrenden fünf oder sechs Dozenten. Vom Herbst 1902 bis zum Dezember 1905 unterrichtete er dort an einem Abend wöchentlich; es waren vornehmlich historische Kurse, aber er hat beispielsweise auch über Mathematik und über die deutsche Mystik gesprochen. Diese Vorträge wurden von Mathilde Scholl mitgeschrieben und nach ihren Aufzeichnungen publiziert. (Vgl. den Band «Über Philosophie, Geschichte und Literatur» GA 51.)

durchsichtigen, scharfen Begriffsvermögen». Seine Schriften, «die wunderbar klar, durchsichtig, voll gewaltiger Ideen sind», zeigen, dass er in dem Weisheitsstrom der pythagoräischen Schule steht: «Cusanus hat seine Weisheit aus der pythagoräischen Schule geschöpft». Das verbindet ihn auch mit seinem Nachfolger Giordano Bruno, der ebenfalls im pythagoräischen Strom steht. Cusanus und Giordano Bruno sind beide «Pythagoräer»! Diese Aussage ist offenbar nicht primär philosophisch gemeint, sondern untergründig, vor allem esoterisch-spirituell gesehen.[218]

Es liegt ganz im Sinne dieser Blickrichtung, wenn Steiner später in einer längeren Passage in der «Okkulten Geschichte» (1910/11, GA126) auf das pythagoräisch-mystische Geometrisieren des Cusaners in seiner «Docta ignorantia» (1440) eingeht und andeutet, dass darin ein mystischer Meditationsweg verborgen liegt, der Cusanus zu der höheren Erkenntnisstufe des «wissenden Nichtwissens» führt.

Dieser Gesichtspunkt wird von ihm untermauert durch seine allerletzte Äußerung über Cusanus. Denn so wie der Name des Nikolaus von Kues am Beginne des anthroposophischen Wirkens Rudolf Steiners aufklingt, so noch einmal in den letzten Lebensmonaten, nämlich in den bereits auf dem Krankenbett geschriebenen «Leitsatzbetrachtungen». Es handelt sich um die Leitsatzbetrachtung vom 6. Dezember (Nikolaustag!)1924. Darin wird Nikolaus von Kues als ein Exponent des beginnenden neuzeitlichen Bewusstseins gekennzeichnet. Fragt man, auf welcher Ebene dieses Zugeneigtsein zur modernen Bewusstseinsentwicklung zu suchen ist, so wird deutlich, dass es insbesondere die Geistlehre des Cusanus ist. Darauf deutet Rudolf Steiner hin, wenn er sagt: «Die gelehrte Unwissenheit, von der er spricht, ist ein über dem auf die Sinneswelt gerichteten Wahrnehmen gelegenes Begreifen, das das Denken über die Intellektualität – das gewöhnliche Wissen – hinaus in eine Region führt, wo – im Unwissen – dafür aber im erlebenden Schauen das Geistige erfasst wird» (S. 144).[219]

Zwischen den großen Betrachtungsebenen, auf denen sich die Cusanus-Rezeption Steiners abspielt, liegen eine Reihe weit verstreuter und im Vortragswerk Steiners relativ versteckte Erwähnungen des Cusaners, die sich mehr oder minder unter dem Begriff der «Schicksalsebene» subsumieren lassen.

Insgesamt ergibt sich folgende Übersicht über die Cusanus-Rezeption Steiners:

I. Ausführliche Darstellung in Schriften und Vorträgen

- Die Mystik ... Kapitel «Der Kardinal Nikolaus von Kues» 1901 (GA 7)
- Vortrag in der Freien Hochschule: Nikolaus von Kues, 12. Nov. 1904 (GA 51)
- Vorträge: Der Entstehungsmoment der Naturwissenschaften ...
  a) 24. Dez. 1922 (GA 326) b) 6. Jan. 1923 (GA 326)

II. Ausführlichere Erwähnungen

- Die Rätsel der Philosophie ...
  Kap. Die Weltanschauungen im Mittelalter, S. 98 (1914, GA 18)
- Okkulte Geschichte, S. 96/97 Vortrag 31. Dez. 1910 (GA 126)
- Leitsatzbetrachtungen, S. 141-147, Betrachtung vom 6. Dez. 1924 (GA 26)

III. Kürzere Erwähnungen im Vortragswerk

Es handelt sich um die folgenden Vortragsstellen (Datum und Ort):
Ohne weiteren Hinweis liegen sie alle in der GA vor.
1.) 21. August 1903 (Berlin) [zwei unterschiedliche Nachschriften]
2.) 18. Oktober 1903 (Berlin) [Autoreferat in: «Lucifer» Nr. 6, 1903 und Bericht in: «Der Vâhan» Nr. 5, Nov. 1903]
3.) 21. Oktober 1905 (Berlin)
4.) 21. Januar 1909 (Heidelberg)
5.) 3. Februar 1909 (Basel)
6.) 19. Februar 1909 (Leipzig)
7.) 25. Februar 1909 (Kassel)
8.) 7. März 1909 (München)
9.) 31. Dez. 1910 (Stuttgart)
10.) 18. Dez. 1912 (Neuchâtel)
11.) 22. Dez. 1912 (Berlin)
12.) 30. Sept. 1921 (Dornach)[220]

Zusammen mit den nicht mitgeschriebenen frühen ‹esoterischen Stunden› hat sich Rudolf Steiner über zwanzigmal – äußerlich manchmal wenig umfangreich, aber innerlich dafür umso gewichtiger – mit der Geistgestalt des Cusaners auseinandersetzt.

Diesen verschiedenen Betrachtungsebenen wird in Kapitel X eine differenzierte Darstellung gewidmet. Zunächst aber soll es darum gehen, die indirekte philosophische Weiterführung bei Rudolf Steiner selbst zu verfolgen.

Die Betrachtung richtet sich dabei weniger auf die von Cusanus dargestellten Denkinhalte, als auf die Methodik seines Denkansatzes. Das entspricht auch dem Ansatz Steiners selbst, wenn er schreibt: «Nikolaus von Kues begibt sich auf den Weg, von dem Wissen, das man in den einzelnen Wissenschaften erwirbt, selbst zu den inneren Erlebnissen aufzusteigen. Es ist kein Zweifel, dass die vorzügliche logische Technik, welche die Scholastiker ausgebildet haben und für die Nikolaus [ursprünglich] erzogen war, ein treffliches Mittel bietet, zu inneren Erlebnissen zu kommen, wenn die Scholastiker selbst auch durch den positiven Glauben von diesem Wege zurückgehalten wurden.» (Die Mystik ..., S. 85/86).

Rudolf Steiner schreibt das Buch «Die Mystik ...» (1901) und das zentrale Kapitel über Nikolaus von Kues aus der Erfahrungssubstanz seiner «Philosophie der Freiheit» (1894) heraus. Eben diese Verbindung soll auch die Thematik des nachfolgenden Kapitels sein. Insbesondere soll der Versuch unternommen werden, die Lehre des Cusaners vom erkennenden Geist mit der Freiheitsphilosophie Rudolf Steiners in Beziehung zu setzen. Darüber hat Rudolf Steiner selbst nicht direkt gesprochen, und doch ergeben sich gerade hier die aufschlussreichsten Verbindungen.

DIE FREIHEITSPHILOSOPHIE RUDOLF STEINERS

als Weiterführung der Geistphilosophie des Nikolaus von Kues

Zur Entstehung der Freiheitsphilosophie

Unter der Freiheitsphilosophie Rudolf Steiners soll nicht nur dessen erkenntnistheoretisches Hauptwerk «Die Philosophie der Freiheit» (1894) verstanden werden, sondern auch das vor- und nachbereitende philosophische Umfeld. Dieses orientiert sich in der Frühphase vor allem an der Auseinandersetzung mit Goethe und Fichte.

So tritt der junge, 22 – 29-jährige Steiner in Wien als Herausgeber und Kommentator von Goethes naturwissenschaftlichen Schriften in Kürschners «Deutscher Nationalliteratur» hervor. Er durchdringt Goethes synthetisches, organologisches Vernunftdenken vor allem auch philosophisch und stellt es in den Einleitungskommentaren und schließlich in der Schrift «Grundlinien einer Erkenntnistheorie der Goetheschen Weltanschauung» (1886) dar. Bei dieser Schrift handelt es sich um eine erste geschlossene Erkenntnistheorie im Lebenswerk Rudolf Steiners. Sie wird für die folgende Untersuchung einen besonderen Bezugspunkt bilden.

Als Mitarbeiter an das Goethe- und Schiller-Archiv nach Weimar berufen (1890 – 1896), promoviert R. Steiner von dort aus 1891 in Rostock mit der philosophischen Dissertation «Die Grundfrage der Erkenntnistheorie mit besonderer Rücksicht auf Fichtes Wissenschaftslehre» mit dem Untertitel «Prolegomena zur Verständigung des philosophierenden Bewusstseins mit sich selbst» (1892 veröffentlicht unter dem Titel «Wahrheit und Wissenschaft – Vorspiel einer Philosophie der Freiheit»). Hier ist die Anknüpfung an die Gedankenseite des deutschen Idealismus deutlich. In seiner «Philosophie der Freiheit – Seelische Beobachtungsresultate nach naturwissenschaftlicher Methode» (1894) schreibt Rudolf Steiner schließlich die Freiheitsphilosophie des autonomen menschlichen Individuums.

Als eine Fortsetzung kann dann die sieben Jahre später geschriebene Einleitung zu dem Buch «Die Mystik im Aufgang des neuzeitlichen

Geisteslebens und ihr Verhältnis zur modernen Weltanschauung» (1901) betrachtet werden. Als ein umfangreicheres Buch im Sinne einer Philosophiegeschichte wäre noch zu nennen «Die Rätsel der Philosophie in ihrer Geschichte als Umriss dargestellt» (1914). Zum Umkreis der ‹Freiheitsphilosophie› gehört unbedingt auch noch die Schrift «Von Seelenrätseln» (1917) hinzu, in der Steiner den Grenzbereich des begrifflichen Denkens beschreibt.

Bedeutsam für unsere erkenntnistheoretische Fragestellung sind noch die Anmerkungen zur Neuauflage (1924) des Buches «Grundlinien einer Erkenntnistheorie der Goetheschen Weltanschauung». Aus dem umfangreichen Vortragswerk sollen, die Freiheitsphilosophie betreffend, nur beispielhaft genannt werden «Der menschliche und der kosmische Gedanke» (1914), «Philosophie, Kosmologie und Religion» (1922) sowie der Einzelvortrag für den philosophischen Kongress in Bologna (1911): «Die psychologischen Grundlagen und die erkenntnistheoretische Stellung der Geisteswissenschaft» (in: Philosophie und Anthroposophie, GA 35). Die ‹Freiheitsphilosophie› Steiners ist also selbst ein sich innerlich entwickelnder Gedankenorganismus, der die große Zeitspanne von 1886 («Grundlinien ...») bis 1917 («Von Seelenrätseln») umfasst.*

Vom Inhaltlichen her sei betont, dass es keinesfalls darum gehen kann, im Folgenden die Erkenntnistheorie Rudolf Steiners für sich genommen vollständig darzustellen. Das wäre ein eigenes Publikationsunterfangen. Es geht nur darum, Parallelen und *ähnliche Ansätze* in der Erkenntnislehre des Nikolaus von Kues und Rudolf Steiners deutlich werden zu lassen. Nur durch diese Fortführung kann aber andererseits rückblickend bewusst werden, in welche Richtung die spirituelle Geistphilosophie des Cusaners auch gezielt hat und inwiefern sie eine *Wegbereitung des Bewusstseinsseelen-Zeitalters* darstellt.

Auf eine bedeutsame Gemeinsamkeit zwischen der Geistphilosophie des Cusaners und der Freiheitsphilosophie Rudolf Steiners sei vorweg hingewiesen. Sie liegt in ihrem ähnlichen biographischen Entstehungsmoment. Beide Erkenntnislehren sind nicht als theoretische philosophische Systeme entstanden, sondern aus persönlichen *Geisterlebnissen.* Für Cusanus wurde das bereits geschildert. Bei Rudolf Steiner ist es die

* Die philosophischen Grundschriften Rudolf Steiners werden wegen der Häufigkeit ihrer Nennung wie diejenigen des Cusaners in Kurzform unmittelbar im fortlaufenden Text zitiert. Alle Angaben beziehen sich auf die entsprechende Ausgabe in der Rudolf-Steiner-Gesamtausgabe (GA). Rudolf Steiner Verlag, Dornach/Schweiz.

seit der frühen Kindheit auftretende Gabe der «clairvoyance» und das dadurch bedingte Erleben einer geistigen Welt als einer Realität. Daraus entspringt das intensive Ringen Rudolf Steiners, dieses geistige Erleben in klare Gedankenformen und in adäquate philosophische Begriffe zu prägen, um damit dem modernen Menschen den Zugang zur geistigen Welt durch das Denken zu ermöglichen.

Die Widmungszeilen vom Jahre 1889 in einem Dedikationsexemplar des Buches «Grundlinien einer Erkenntnistheorie der Goetheschen Weltanschauung» machen dieses persönliche Ringen Rudolf Steiners deutlich. Dort heißt es: «Was in diesem Büchlein steht, ich habe es nicht nur geschrieben, ich habe es *gelebt*, wenn meines Innern Mächte in verzehrendem Kampfe einander begegneten; *mit Worten* sucht' ich des ringenden Geistes Bahnen nachzuzeichnen ...»[221] Und in einem Brief vom November 1894 an Rosa Mayreder, Wien, über seine «Philosophie der Freiheit» heißt es: «Ich *lehre* nicht; ich erzähle, was ich innerlich durchlebt habe. Ich erzähle es so, wie ich es gelebt habe. Es ist alles in meinem Buche persönlich gemeint. Auch die Form der Gedanken ... Zunächst wollte ich die Biographie einer [sich] zur Freiheit emporringenden Seele zeigen ... Willkürlich ganz individuell ist bei mir manche Klippe übersprungen, durch Dickicht habe ich mich in meiner nur mir eigenen Weise durchgearbeitet. Wenn man am Ziel ist, weiß man erst, dass man da ist. Vielleicht ist aber überhaupt die Zeit des Lehrens in Dingen wie das meine vorüber. Mich interessiert die Philosophie fast nur noch als Erlebnis des Einzelnen ...»[222]

Die *Philosophie als inneres Erlebnis des Einzelnen* hat bei Rudolf Steiner zwei Ursprünge:

– zum einen das starke Erleben der ideellen Seite der Welt. «Das ideelle Erleben, das aber das wirkliche Geistige doch in sich aufnimmt, ist das Element, aus dem meine ‹Philosophie der Freiheit› geboren ist.» (R. Steiner: Lebensgang, Kap. 22, 1925, GA 28)

– zum anderen das bei Steiner in der Weimarer Zeit (1890 – 97) sich immer mehr verdichtende meditative Bedürfnis: «Ich erkannte im *seelischen Erleben* das Wesen der Meditation und deren Bedeutung für die Einsichten in die geistige Welt. Ich hatte auch früher schon ein meditatives Leben geführt; doch kam der Antrieb dazu aus der ideellen Erkenntnis seines Wertes (...). Nunmehr trat in meinem Innern etwas auf, das die Meditation forderte wie etwas, das meinem Seelenleben eine Daseinsnotwendigkeit wurde.» (...) «In einer solchen aus innerer geistiger Lebensnotwendigkeit geübten Meditation entwickelt sich immer mehr das Bewusstsein von einem ‹inneren geistigen Menschen›, der in völliger

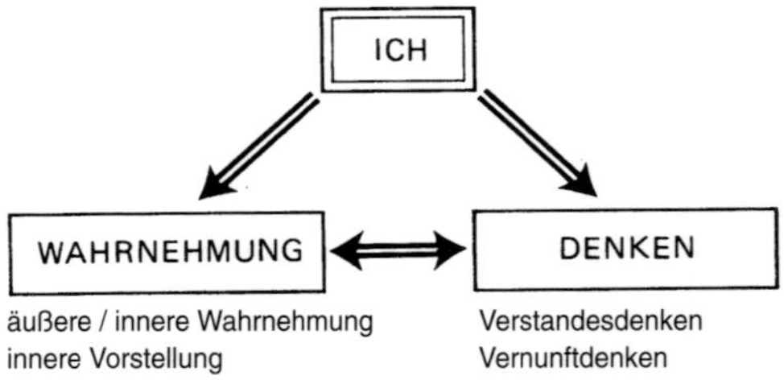

Loslösung von dem physischen Organismus im Geistigen leben, wahrnehmen und sich bewegen kann.» (R.Steiner: Lebensgang, Kap. 22, 1925, GA 28)

Diese doppelte Quelle von Steiners Freiheitsphilosophie erinnert in gewisser Weise an die Quellen des Philosophierens bei Cusanus. Beide Persönlichkeiten sind gute Kenner der Philosophiegeschichte, bei beiden aber quillt die eigene Philosophie nicht aus einem akademischen Lehramt, sondern aus dem inneren Erleben. Ihre philosophischen Schriften sind daher kein systematisches Lehrgebäude, sondern ein persönlich durchlebtes Erkenntnisringen. Dieses sollte primär selbst nachvollzogen und nicht nur philologisch oder philosophisch-historisch ausgedeutet werden. Zumindest für R. Steiners Werk ist das geradezu unumgänglich.*

Versucht man einmal, die Zentralfrage des erkenntnistheoretischen Ringens Rudolf Steiners zu formulieren, so könnte sie in einer wahrscheinlich von ihm selbst gegebenen Formulierung (gegenüber Jürgen von Grone) lauten: «Wie verhält sich das *Ich* zu *Wahrnehmung* und *Denken*?» Von dieser Frage hängt zugleich die Freiheitsfrage ab.[223]

Unter dem Gesichtspunkt dieser erkenntnistheoretischen Zentralfrage betrachtet, kristallisieren sich bei Rudolf Steiner deutlich *vier Erkenntnisstufen* heraus, denen im folgenden im Vergleich zu den vier Erkenntnisstufen bei Nikolaus von Kues nachgegangen werden soll. Als gemeinsames übergeordnetes Leitmotiv zeigt sich dabei ein großartiges

* Eine Monographie über Steiners «Philosophie der Freiheit» in diesem grundlegenden Sinne ist 1994 zur hundertjährigen Wiederkehr des ersten Erscheinens (1894) unter dem Titel «Rudolf Steiners ‹Philosophie der Freiheit› – Eine Menschenkunde des höheren Selbst» erschienen. Sie enthält Beiträge von M. Basfeld, K.-M. Dietz, W.-U. Klünker, Th. Kracht, Ch. Lindenberg, D. Rapp, G. Röschert und F. Teichmann. Außerdem beinhaltet der Band eine Auswahlbibliographie zur ‹Philosophie der Freiheit› von 1894 bis 1994. Edition Hardenberg, Stuttgart 1994.

«In-der-Waage-Halten», ein Bewahren vor allen Einseitigkeiten, eine wirkliche Ich-Philosophie der Mitte, deren Keime bei Nikolaus von Kues gelegt wurden.

Die Sinneswahrnehmung

«Eine im Sinne der Goetheschen Weltanschauung begründete Erkenntniswissenschaft legt das Hauptgewicht darauf, dass sie dem Prinzip der Erfahrung durchaus treu bleibt. Niemand hat so wie Goethe die ausschließliche Geltung dieses Prinzips erkannt» (Grundlinien, Kap. 8, S. 45).

Diese Bemerkung Rudolf Steiners charakterisiert sein eigenes methodisches Vorgehen außerordentlich treffend. In dem Verhältnis des *Ich zur Sinneswahrnehmung* treibt Steiner in Anknüpfung an Goethes naturwissenschaftliche Erkenntnisart – und man kann sagen, an die philosophische Erkenntnishaltung des Cusaners – Phänomenologie in allerhöchster Vollkommenheit, indem er von der *reinen Welt der Sinne,* der *reinen Erfahrung* oder der *reinen Wahrnehmung* ausgeht, die noch vor dem eigentlichen Erkenntnisakt liegt und aus der – wie auch Cusanus betont – noch gar keine Bewertung als falsch oder subjektiv hervorgehen kann, wie es bei Descartes der Fall ist. Aus der reinen Sinneswahrnehmung kann aber ebenso wenig das Urphänomen des menschlichen Denkens abgeleitet werden, wie John Locke es behauptet hatte.

Diesen Ausgangspunkt begründet Rudolf Steiner folgendermaßen: «Am Beginne der erkenntnistheoretischen Untersuchungen ist nach allem, was wir gesehen haben, das *abzuweisen,* was selbst schon in das Gebiet des Erkennens gehört ... Soll sich die Erkenntnistheorie wirklich aufklärend über das ganze Gebiet des Erkennens erstrecken, dann muss sie etwas zum Ausgangspunkte nehmen, was von dieser Tätigkeit ganz unberührt geblieben ist, wovon die letztere vielmehr selbst erst den Anstoß erhält» (Wahrheit und Wissenschaft, Kap. 4, S. 45).

Dieser entscheidende, voraussetzungslose, aber unmittelbar vor dem Erkenntnisakt gelegene Ausgangspunkt ist die *reine Erfahrung.* Zu dieser heißt es: «Was ist Erfahrung? Jedermann ist sich dessen bewusst, dass sein Denken im Konflikte mit der Wirklichkeit angefacht wird. Die Gegenstände im Raume und in der Zeit treten an uns heran; wir nehmen eine vielfach gegliederte, höchst mannigfaltige Außenwelt wahr und durchleben eine mehr oder minder reichlich entwickelte Innenwelt ... Unsere erste Tätigkeit ist die sinnliche Auffassung der Wirklichkeit. Was sich dieser darbietet, müssen wir festhalten. Denn nur das können wir reine Erfahrung nennen ... *Reine Erfahrung ist die Form der Wirklichkeit, in der diese uns erscheint, wenn wir ihr mit vollständiger Entäußerung unseres Selbstes entgegentreten* (Grundlinien, Kap. 4, S.27/28). Sie ist «diejenige Form der Wirklichkeit, an der das *Denken* gar keinen Anteil hat.» (Grundlinien, Kap. 4, S. 34). «Ja, wir bestimmen die Erfahrung geradezu als dasjenige, an dem unser Denken gar keinen Anteil hat.» (Grundlinien, Kap. 7, S. 39).

Diese Formulierung Rudolf Steiners liegt ganz in der Intention des Cusaners, denn auch dieser hatte gesehen, dass die objektiv gegebene Welt der Sinne der Ursprung aller Erkenntnis ist und in der Auseinandersetzung mit dieser sich das Denken überhaupt erst entzündet.

Bei der reinen, noch nicht gedankendurchdrungenen Erfahrung handelt es sich um die Welt der *reinen Sinneswahrnehmung*, und zwar sowohl der äußeren Sinneswahrnehmung (z.B. Farben, Formen, Töne, Gerüche, Geschmack etc.) als auch der inneren Wahrnehmung (z.B. Schmerz, Müdigkeit, Wohlbefinden, Sympathien, Antipathien, Träume, Illusionen, Vorstellungsbilder etc.). Alles dieses steht auf der Stufe der reinen Erfahrung völlig unterschiedslos im bloßen räumlichen und zeitlichen Nebeneinander. Rudolf Steiner beschreibt den *Inhalt* dieser reinen Erfahrung im 5. Kapitel der «Grundlinien einer Erkenntnistheorie der Goetheschen Weltanschauung» wie folgt:

«Sehen wir uns nun die reine Erfahrung einmal an. Was enthält sie, wie sie an unserem Bewusstsein vorüberzieht, ohne dass wir sie denkend bearbeiten? Sie ist bloßes Nebeneinander im Raume und Nacheinander in der Zeit; ein Aggregat aus lauter zusammenhanglosen Einzelheiten. Keiner der Gegenstände, die da kommen und gehen, hat mit dem anderen etwas zu tun. Auf dieser Stufe sind die Tatsachen, die wir wahrnehmen, die wir innerlich durchleben, absolut gleichgültig füreinander. Die Welt ist da eine Mannigfaltigkeit von ganz gleichwertigen Dingen. Kein Ding, kein Ereignis darf den Anspruch erheben, eine größere Rolle in dem Getriebe der Welt zu spielen als ein anderes Glied der Erfahrungswelt ... Die Welt ist uns auf dieser Stufe der Betrachtung gedanklich eine vollkommen ebene Fläche. Kein Teil dieser Fläche ragt über den anderen empor; keiner zeigt irgendeinen gedanklichen Unterschied von dem anderen. Erst wenn der Funke des Gedankens in diese Fläche einschlägt, treten Erhöhungen und Vertiefungen ein ...» (Kap. 5, S. 30/31). «Auf der ersten Stufe der Weltbetrachtung tritt uns die gesamte Wirklichkeit als zusammenhangloses Aggregat entgegen; das Denken ist innerhalb dieses Chaos eingeschlossen» (Kap. 8, S. 47).

Dieses Herauskristallisieren des Inhalts der *reinen Erfahrung* ist eine der großartigsten Setzungen in der Erkenntnistheorie Rudolf Steiners, denn diese reine Erfahrung oder reine Sinneswahrnehmung gibt es für uns Menschen eigentlich gar nicht. Dieses reine Leben in der Sinneswahrnehmung mögen wir vielleicht erlebt haben, als wir Kinder waren, die noch nicht *Ich* zu sich sagen konnten. Wir können uns eventuell auch herantasten an die reine Erfahrung, wenn wir uns erinnern, wie wir z.B. aus einer Narkose aufgewacht sind, wie die Augen völlig verständnislos die Gegenstände des Zimmers abtasten, ohne dass wir wissen, wo wir uns eigentlich befinden, was eigentlich geschehen ist – ein bloßes, unzusammenhängendes Wahrnehmen von Gegenständen im Raum: Tisch, Gardinen, Schrank, Waschbecken, Stuhl, Bett, Fenster etc. (aber noch in vorbegrifflicher Form!) Dann das Auftreten von Schmerzen, von anderen Empfindungen etc. Solche Erlebnisse helfen, uns an die reine Wahrnehmung heranzutasten, denn in ihrer völlig gedankenlosen Form nimmt diese weder Tisch noch Gardinen oder anderes als ‹Gegenstände› wahr, sondern nur als zusammenhanglose Farbflecken usw.*

Diese unzusammenhängende innere und äußere Sinneswahrnehmung hat vielleicht nur den Bruchteil einer Sekunde gedauert, dann beginnt sofort durch den Prozess des Staunens, des Wunderns die Erinnerung einzusetzen; der Erinnerungsfaden knüpft sich, der Funke des Ich-Bewusstseins sprüht auf, und wir haben sofort wieder unser alltägliches Wahrnehmungsfeld, das ja ein Konglomerat von Sinneswahrnehmungen, Vorstellung, Gedächtnis und Denken ist. Wir können im alltäglichen Leben gar nicht wahrnehmen, ohne dass das Denken sofort dabei ist.** Wir überspringen ständig die Stufe der reinen Wahrnehmung. Ja, wir müssen uns im Klaren sein: Indem wir so über die hypothetische Stufe der reinen Wahrnehmung sprechen und versuchen, sie uns nahezu-

* Es muss betont werden, dass es sich bei diesem Versuch einer Beschreibung des Inhaltes der reinen Erfahrung um eine ‹künstliche Annäherung› in Begriffsform handelt, um das Unsagbare sagbar zu machen. Wer sich mit dieser Thematik methodisch näher beschäftigen möchte, sei vor allem auf die erkenntnistheoretischen Arbeiten von Herbert Witzenmann hingewiesen, z.B. «Intuition und Beobachtung», Stuttgart, 1977/78 und «Strukturphänomenologie», Dornach, 1983.

** Dass von daher auch in der alltäglichen äußeren/inneren Sinneswahrnehmung durch die Anwesenheit des Denkens ein intentionales, aktives Element anwesend ist, darauf wurde bereits in dem entsprechenden Kapitel bei Cusanus aufmerksam gemacht (vgl. Kap. Die Sinneswahrnehmung (*sensus*), S. 229ff.).

bringen, vollziehen wir bereits eine Denktätigkeit; denn auch Gedächtnis und Vorstellung sind bereits von der reinen Wahrnehmung ganz und gar verschiedene, vom Denken stark durchsetzte Wahrnehmungsbereiche. Wenn wir uns dies ganz bewusst machen, wird uns deutlich, dass die reine Wahrnehmung für uns gar nicht erlebbar ist, denn in demselben Augenblick, wo mir bewusst würde, dass ich eine reine Wahrnehmung habe, ist es keine mehr, sondern eine gedankliche Erkenntnis.

Würde man versuchen, die reine Wahrnehmung herzustellen, so schläft man ein. Wir müssen uns bewusst machen, was das heißt: der Mensch ist so sehr ein denkendes Wesen, dass das Erlebnis der reinen, d.h. gedankenlosen Wahrnehmung für ihn in der Regel gar nicht möglich ist. Wenn einem das deutlich ist, dann versteht man in neuer Dimension auch Kant, der sagte, dass ich als Mensch überhaupt nur ein Bewusstsein von dem haben kann, was in mir bewusstseinsmäßig vorgeht; von etwas anderem kann ich nichts wissen. Oder man versteht Fichte, der sagt: Alles ist nur ‹Ich›, und die Welt da draußen ist bloßes ‹Nicht-Ich›, d.h. die bloße Negation; ein Wissen aber habe ich nur von meinem Ich. Ganz ähnlich argumentiert Eduard von Hartmann.

Wir müssen uns das ganz klarmachen: mit philosophischen Mitteln konnte die Erkenntnistheorie seit ihrer Wende bei Descartes zu überhaupt gar keiner anderen Auffassung gelangen als zu derjenigen von Kant, Fichte, Eduard von Hartmann, Johannes Volkelt und anderen, nämlich, dass der Mensch nur ein Wissen von seinem eigenen Bewusstsein haben könne.

Jetzt ermisst man die Tat Rudolf Steiners, der das Erkenntnisproblem in seiner von ihm selbst gegebenen Formulierung: «Wie verhält sich das Ich zu Wahrnehmung und Denken?» auf der Wahrnehmungsseite neu greift, indem er den Begriff der ‹reinen Wahrnehmung› in die neuere Erkenntnistheorie einführt. Das ist eine Tat, die mit philosophischen Mitteln nicht zu leisten war, denn sonst hätten Kant oder Eduard von Hartmann sie auch vollzogen. Aber Rudolf Steiner war nicht nur Philosoph, sondern auch Meditant. Was heißt das für unser Problem? Er war jemand, der die Fähigkeit besessen haben muss, sich von seinem eigenen Erkenntnisprozess zu distanzieren und sich wie von außen zuzuschauen. So konnte er entdecken, wie im Erkenntnisprozess eine Stufe eingefügt werden muss – die *reine Wahrnehmung,* die als solche ganz objektiv existent ist, die aber in der Philosophie ‹unterschlagen› wurde, weil wir sie im täglichen Leben ständig überspringen.

Wir müssen bei dieser Tatsache außerdem die völlig andere Seelenart Rudolf Steiners bis zu seinem 35. Lebensjahr mitbedenken. Als ‹hellsichtige› Persönlichkeit lebte er mit völliger Selbstverständlichkeit in der geistigen Welt, während der Zugang zur äußeren Sinneswelt von ihm willentlich, mit Kraftanstrengung erst hergestellt werden musste. «Das Erfahren von dem, was in der geistigen Welt erlebt werden kann, war mir immer eine Selbstverständlichkeit; das wahrnehmende Erfassen der Sinneswelt bot mir die größten Schwierigkeiten ... namentlich dessen erinnerungsgemäßes Behalten ...» (Lebensgang Kap. 22, TB, S. 223)

Durch das willentliche Hineinarbeiten in die Welt der Sinneswahrnehmung konnte er die ‹unterschlagene› Stufe der *reinen Erfahrung* finden, die notwendiger, aber ergänzungsbedürftiger Ausgangspunkt einer phänomenologischen Erkenntnistheorie ist, ohne dass hinter ihr eine andere Wirklichkeit konstruiert werden müsste. So meinte Eduard von Hartmann (in der Formulierung Steiners), «die Sinneswelt stelle ... nicht ein objektiv in sich Bestehendes dar, sondern die subjektive Erscheinung, die nur in der Seele Bestand habe, solange diese sie mit dem Bewusstsein umfasse.» Dagegen argumentiert Steiner aus eigenem Erleben: «Ich suchte in meinem Buche [Die Philosophie der Freiheit] darzulegen, dass *nicht hinter* der Sinneswelt ein Unbekanntes liegt, sondern *in ihr* die geistige Welt» (Lebensgang, Kap.17, TB S. 172). «In dem Hindeuten darauf, dass die Sinnenwelt in Wirklichkeit geistiger Wesenheit ist und dass der Mensch als seelisches Wesen durch die wahre Erkenntnis der Sinneswelt in einem Geistigen ... lebt, liegt *das eine Ziel* meiner ‹Philosophie der Freiheit›» (ebd. Kap. 17, TB S. 174).

Inneres meditatives Erleben ist es, was Rudolf Steiner ermöglicht, den Zustand der reinen Wahrnehmung in sich herzustellen, zu beobachten und zu beschreiben. Er vermag darüber hinaus, diese Erkenntnisstufe zu begründen und erkenntnistheoretisch abzusichern. Hierdurch stellt er die Erkenntnistheorie auf einen neuen Boden.

Diese Aufdeckung der reinen Erfahrung ist nicht eigentlich eine philosophische, sondern in besonderer Weise eine geisteswissenschaftliche Tat, und deshalb ist z.B. die Schrift «Philosophie der Freiheit» streng genommen auch keine Philosophie im herkömmlichen Sinne; so wird sie folgerichtig von einigen Fach-Philosophen nicht verstanden, denn sie schildert, wie es im Untertitel der Schrift heißt, «seelische Beobachtungsresultate nach naturwissenschaftlicher Methode».* Das heißt also,

* Manche akademische Schulphilosophen stören sich bei R. Steiner an einer angeblich zu geringen ‹Begriffsschärfe› und ‹Abstraktion› sowie am fehlenden Instrumentarium von permanenten Literaturverweisen und -absicherungen. Das hätte aber nicht nur in seiner Zeit genauso für Nikolaus von Kues gegolten, sondern

die Freiheitsphilosophie insgesamt ist keine eigentliche Philosophie, sondern verobjektiviertes persönliches Erlebnis.

Nikolaus von Kues, dessen Philosophie ebenfalls nur aus innerem Erleben, aus dem Erleben der ‹wissenden Unwissenheit› als höherer Bewusstseinsebene zu verstehen ist, hat diesen sicheren Boden der reinen Wahrnehmung durch das sich zuschauende Denken (das wissende Nichtwissen) am Anfang der Neuzeit wie auf einer Vorstufe bereits erreicht. Auch er bejaht die Sinneswahrnehmung und belässt sie in ihrer Objektivität, denn im Bereich der reinen Erfahrung ist nur Bejahung möglich.

Trotz des Ausgangspunktes aller Erkenntnis bei der Sinneswahrnehmung entsteht weder bei Nikolaus von Kues noch bei Rudolf Steiner eine sklavische Kettung der Erkenntnis an die Sinneswahrnehmung, sondern es ist ein feines In-der-Waage-Halten, eine wahre Freiheits- und Ich-Philosophie.

Die Vorstellung

Cusanus hatte bereits erkannt, dass innerhalb der Wahrnehmungswelt ein Element auftaucht, das bei näherem Zusehen von dem der äußeren Sinneswahrnehmung deutlich unterschieden ist; er hat es als Kraft der inneren Bildhervorbringung *(imaginatio* = Vorstellung) bezeichnet. Diese noch nicht unterscheidende innere Vorstellungskraft ist für ihn eine erste Abstraktionsstufe und damit zugleich die zweite Stufe im Erkenntnisprozess. Sie wird charakterisiert durch ein merkwürdiges Hin- und Herpendeln zwischen Sinneswahrnehmung und Begriffswelt, stets beide miteinander verbindend, wodurch eine genaue Differenzierung schwerfällt.

Bei Rudolf Steiner wird nun gerade diese Differenzierung vollständig deutlich. Er widmet im IV., V. und VI. Kapitel der «Philosophie der Freiheit» dieser Aufgabe vier längere Darstellungen.[224] Auch bei ihm taucht die Vorstellung innerhalb der reinen Erfahrung oder Wahrnehmung als ein zunächst von dieser noch nicht unterschiedenes Element

ebenso für andere großartige Philosophie-Schöpfer, über die späterhin unzählige Dissertationen geschrieben worden sind. Das Genie lässt sich eben nicht in akademische Schulformen pressen; der Geist weht, wo er will! In Wirklichkeit steht hinter diesen Argumenten oftmals der Unwille, sich auf den mühsamen Weg eigener Geisterfahrung zu begeben, der für das Verständnis Steiners unerlässlich ist.

auf. Diese Unterscheidung wird erst möglich, wenn der Mensch beobachtet, dass innerhalb des Wahrnehmungstableaus auch das eigene Selbst auftaucht und dieses sich während der Wahrnehmung verändert. Im Kapitel IV («Die Welt als Wahrnehmung») heißt es dazu: «Damit wird unsere Betrachtung von dem Objekt der Wahrnehmung auf das Subjekt derselben abgeleitet. Ich nehme nicht nur andere Dinge wahr, sondern ich nehme mich selbst wahr ... Wenn ich in die Wahrnehmung eines gegebenen Gegenstandes vertieft bin, so habe ich vorläufig nur von diesem ein Bewusstsein. Dazu kann dann die Wahrnehmung meines Selbst treten. Ich bin mir nunmehr nicht bloß des Gegenstandes bewusst, sondern auch meiner Persönlichkeit, die dem Gegenstand gegenübersteht und ihn beobachtet. Ich sehe nicht bloß einen Baum, sondern ich weiß auch, *dass ich es bin,* der ihn sieht. Ich erkenne auch, dass in mir etwas vorgeht, während ich den Baum beobachte. Wenn der Baum aus meinem Gesichtskreise verschwindet, bleibt für mein Bewusstsein ein Rückstand von diesem Vorgange: ein Bild des Baumes. Dieses Bild hat sich während meiner Beobachtung mit meinem Selbst verbunden. Mein Selbst hat sich bereichert; sein Inhalt hat ein neues Element in sich aufgenommen. Dieses Element nenne ich meine *Vorstellung* von dem Baume. Ich käme nie in die Lage, von *Vorstellungen zu* sprechen, wenn ich diese nicht in der Wahrnehmung meines Selbst erlebte ... Die Vorstellung nehme ich an meinem Selbst wahr, in dem Sinne wie Farbe, Ton usw. an anderen Gegenständen. Ich kann jetzt auch den Unterschied machen, dass ich diese anderen Gegenstände, die sich mir gegenüberstellen, *Außenwelt* nenne, während ich den Inhalt meiner Selbstwahrnehmung als *Innenwelt* bezeichne. Die Verkennung des Verhältnisses von Vorstellung und Gegenstand hat die größten Missverständnisse in der neueren Philosophie herbeigeführt ...» (Philosophie der Freiheit, Kap. IV, S. 69/70).

Im Kapitel V der «Philosophie der Freiheit» wird die Darstellung mit einer etwas anderen Nuancierung wiederholt. «Mein Wahrnehmungssubjekt bleibt für mich wahrnehmbar, wenn der Tisch, der soeben vor mir steht, aus dem Kreise meiner Beobachtung verschwunden sein wird. Die Beobachtung des Tisches hat eine ebenfalls bleibende Veränderung in mir hervorgerufen. Ich behalte die Fähigkeit zurück, ein Bild des Tisches später wieder zu erzeugen. Diese Fähigkeit der Hervorbringung eines Bildes bleibt mit mir verbunden. Die Psychologie bezeichnet dieses Bild als Erinnerungsvorstellung. Es ist aber dasjenige, was allein mit Recht *Vorstellung* des Tisches genannt werden kann ... Die Vorstellung ist also eine subjektive Wahrnehmung im Gegensatz zur objektiven

Wahrnehmung bei Anwesenheit des Gegenstandes im Wahrnehmungshorizonte. Das Zusammenwerfen jener subjektiven mit dieser objektiven Wahrnehmung führt zu dem Missverständnisse des Idealismus ‹die Welt ist meine Vorstellung›» (S. 102).

Die beiden Darstellungen über das Wesen der Vorstellung führen die Position des Cusanus exakt fort und präzisieren sie. Als Vorstellung wird die Fähigkeit bezeichnet, innere Bilder der wahrgenommenen Gegenstände zu bilden, diese unabhängig von der Anwesenheit des Gegenstandes zu reproduzieren und sie damit zu *Erinnerungsbildern* oder *Erinnerungsvorstellungen* zu machen. Die Vorstellung als die Kraft der Hervorbringung von Erinnerungsbildern ist vom Phänomenologischen her die exakte Charakterisierung dieser Stufe. Die Konsequenzen dieser Fähigkeit sind groß. Die Vorstellung gehört unabdingbar zum Erlebnis meines Selbst hinzu. Dadurch erst wird überhaupt die so bedeutsame Unterscheidung von Außenwelt und Innenwelt möglich; zugleich erweist sich die äußere Sinneswahrnehmung als «objektive» Wahrnehmung («objektive Repräsentation der Wirklichkeit»), die Vorstellung dagegen als «subjektive» Wahrnehmung, d.h. als Wahrnehmung des Subjektes («subjektive Repräsentation der Wirklichkeit»). Ganz ähnlich war schon die Auffassung des Cusaners.

Dann aber geht Rudolf Steiner über Cusanus weit hinaus, indem er betont, dass es nun darauf ankäme, den *Begriff der Vorstellung zu* bestimmen, um Aufschluss über das Verhältnis von Vorstellung und Gegenstand zu gewinnen. Er schildert im Kapitel VI der «Philosophie der Freiheit» den Vorgang noch einmal unter dieser Zielsetzung: «In dem Augenblicke, wo eine Wahrnehmung in meinem Beobachtungshorizonte auftaucht, betätigt sich durch mich auch das Denken. Ein Glied in meinem Gedankensysteme, eine bestimmte Intuition, ein Begriff verbindet sich mit der Wahrnehmung. Wenn dann die Wahrnehmung aus meinem Gesichtskreis verschwindet: was bleibt zurück? Meine Intuition mit der Beziehung auf die bestimmte Wahrnehmung, die sich im Momente des Wahrnehmens gebildet hat» (S. 109). «Die *Vorstellung* ist nichts anderes als eine auf eine bestimmte Wahrnehmung bezogene Intuition, ein Begriff, der einmal mit einer Wahrnehmung verknüpft war, und dem der Bezug auf diese Wahrnehmung geblieben ist … Die *Vorstellung* ist also ein individualisierter Begriff … Der Begriff erhält durch eine Wahrnehmung eine individuelle Gestalt … In dieser individuellen Gestalt, die den Bezug auf die Wahrnehmung als eine Eigentümlichkeit in sich trägt, lebt er in uns fort und bildet die *Vorstellung* des betreffenden Dinges» (S. 110). «Die Vorstellung steht also zwischen Wahrnehmung und Begriff.

Sie ist der bestimmte, auf die Wahrnehmung deutende Begriff ... Als Wahrnehmung und Begriff stellt sich uns die Wirklichkeit, als Vorstellung die subjektive Repräsentation dieser Wirklichkeit dar» (S. 111).

Jetzt ist die volle erkenntnistheoretische Begriffsbestimmung der Vorstellung vollzogen. Es ist deren Ambivalenz zwischen Wahrnehmung und Begriffsbildung deutlich. Sie kann einmal als subjektive Wahrnehmung erlebt werden, zum anderen kann sie als ein individualisierter Begriff erkannt werden, der auf eine Wahrnehmung ausgerichtet ist. Die Vorstellung ist der «Proteus der Erkenntnis», weshalb diese Stufe schon bei Cusanus so schwer zuzuordnen war.

Gerade deshalb ist die von R. Steiner geleistete Begriffsbestimmung der Vorstellung von größter erkenntnistheoretischer Bedeutsamkeit, weil die Verwischung des Unterschiedes zwischen subjektiver und objektiver Wahrnehmung bzw. zwischen Wahrnehmung und individualisiertem Begriff (= Vorstellung) für die neuere Philosophie geradezu charakteristisch ist. So steht der kritische Idealismus Kants und seiner Nachfolger unter der axiomatischen Auffassung, dass alles, was wir von der Welt erfahren, nur unsere Vorstellung sei. «Der erste Fundamentalsatz, den sich der Philosoph zu deutlichem Bewusstsein zu bringen hat, besteht in der Erkenntnis, dass unser Wissen sich zunächst auf nichts weiter als auf unsere Vorstellungen erstreckt. Unsere Vorstellungen sind das einzige, was wir unmittelbar erfahren, unmittelbar erleben ...»[225] Dann kann man freilich wie Dilthey aussprechen, dass «alles, was für mich da ist, unter der allgemeinsten Bedingung steht, Tatsache meines Bewusstseins zu sein».[226]

Diese Auffassung bestimmt noch heute weite Bereiche der modernen Wissenschaftstheorie und ist letztlich eine Folge der durch Descartes in eine unverbundene Zweiheit zerrissenen Welt: der *res cogitans,* der denkenden Substanz, und der *res extensa,* der körperlichen Welt. Ein Bewusstsein habe ich aber nur von der *res cogitans.* Das ganze philosophische Ringen R. Steiners ist gegen diesen unzureichenden erkenntnistheoretischen Ausgangspunkt gerichtet, weil er bereits selbst abgeleitet und nicht durch reine Phänomenologie gewonnen ist. Die Herauskristallisierung des exakten Begriffes der Vorstellung ist ein wesentlicher Schritt dazu.*

* Vgl. hierzu Helmut Kiene: Essentiale Wissenschaftstheorie – Die Erkenntnistheorie Rudolf Steiners im Spannungsfeld moderner Wissenschaftstheorie, Kap. II.: Das sinnliche Wahrnehmen und die Erkenntnistheorie Rudolf Steiners sowie Kap. III.: Das Denken; hier das Unterkapitel III., 3: Das Denken und sein Verhältnis zu Subjektivität und Objektivität.

Das Verstandesdenken

Mit dem Verstand betreten wir endgültig den Bereich des Denkens, und es steht die Rätselfrage vor uns: Wie verhält sich das Ich zum Denken, und wie ist das Verhältnis des Denkens seinerseits zur Wahrnehmung?

Cusanus hatte bereits den völligen Neubeginn gesehen, der mit dem durch die Sinneswahrnehmung angeregten Verstandesdenken einsetzt. Er hatte deutlich der Gefahr entgegengesteuert, die Verstandesbegriffe als bloße Nomina zu deuten, da sie nicht durch Abschleifung (Abstraktion) aus der Sinneswahrnehmung entstehen (Nominalismus). Das Denken ist bei ihm nicht zur bloß fortgeführten Sinneswahrnehmung (Sensualismus, Empirismus) degradiert worden. Andererseits steht er noch vor der Wende, die mit Descartes einsetzt und seit welcher die Wirklichkeit nur noch von der denkenden Substanz *(res cogitans)* her aufgebaut wird (Kopernikanische Wende Kants). Das aber ist gerade die philosophische Situation zur Wirkenszeit Rudolf Steiners.

Rudolf Steiner geht auch in der Betrachtung des Verhältnisses von Ich und Denken streng phänomenologisch vor, indem er bemerkt, dass das Denken zunächst ebenfalls innerhalb der reinen Erfahrung auftaucht, zugleich aber dasjenige Element ist, welches über diese hinausführt. So beginnt das 8. Kapitel der «Grundlinien» mit den Worten: «*Das Denken als höhere Erfahrung in der Erfahrung.* Wir finden innerhalb des zusammenhanglosen Chaos der Erfahrung, und zwar zunächst auch als Erfahrungstatsache, ein Element, das uns über die Zusammenhanglosigkeit hinausführt. Es ist das *Denken.* Das Denken nimmt schon als eine Erfahrungstatsache innerhalb der Erfahrung eine Ausnahmestellung ein … Was bei der übrigen Erfahrung erst anderswo hergeholt werden muss, wenn es überhaupt auf sie anwendbar ist, der *gesetzliche Zusammenhang,* ist im Denken schon in seinem allerersten Auftreten vorhanden» (S. 43). «*Im Denken ist dasjenige, was wir bei der übrigen Erfahrung suchen, selbst unmittelbare Erfahrung geworden*» (S. 44).

Das 8. Kapitel endet mit den Worten: «*Erscheinung für die Sinne* und *Denken* stehen einander in der Erfahrung gegenüber. Jene gibt uns aber über ihr eigenes Wesen keinen Aufschluss; dieses gibt uns denselben zugleich über *sich selbst* und über das Wesen jener *Erscheinung für die Sinne*» (S. 48).

Somit stehen wir beim Erkenntnisprozess vor einer Urzweiheit, einer Urpolarität, nämlich derjenigen von Wahrnehmung (Beobachtung) und Denken. «*Beobachtung* und *Denken* sind die beiden Ausgangspunkte für alles geistige Streben des Menschen, insofern er sich eines solchen

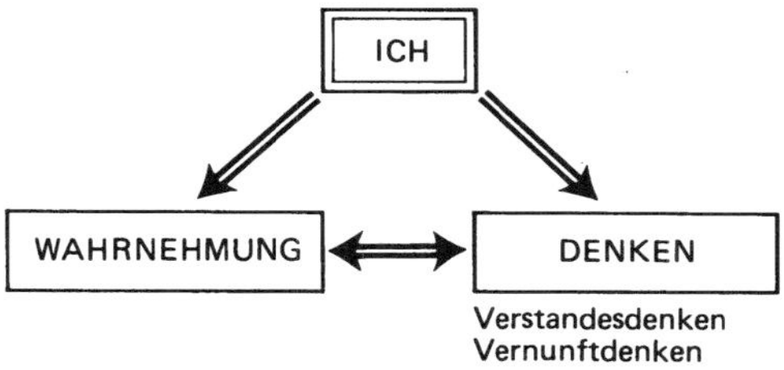

bewusst ist. Die Verrichtungen des gemeinen Menschenverstandes und die verwickeltsten wissenschaftlichen Forschungen ruhen auf diesen beiden Grundsäulen unseres Geistes. Die Philosophen sind von verschiedenen Urgegensätzen ausgegangen: Idee und Wirklichkeit, Subjekt und Objekt, Erscheinung und Ding an sich, Ich und Nicht-Ich, Idee und Wille, Begriff und Materie, Kraft und Stoff, Bewusstes und Unbewusstes. Es lässt sich aber leicht zeigen, dass allen diesen Gegensätzen der von *Beobachtung und Denken* als der für den Menschen wichtigste vorangehen muss» (Philosophie der Freiheit, Kap. III, «Das Denken im Dienste der Weltauffassung», S. 38).

Unser Ich verhält sich diesen beiden Polen gegenüber deutlich unterschiedlich. Während die Wahrnehmungsseite uns mehr oder minder gegeben wird, muss die Denkseite von uns selbst aktiv hervorgebracht werden. Es ist eben so, «dass *nur* in der Betätigung des Denkens das ‹Ich› bis in alle Verzweigungen der Tätigkeit sich mit dem Tätigen als *ein* Wesen weiß» (Philosophie der Freiheit, Zusatz 1918, S. 55). «Es ist also zweifellos: in dem Denken halten wir das Weltgeschehen an einem Zipfel, wo wir dabeisein müssen, wenn etwas zustande kommen soll. Und das ist doch gerade das, worauf es ankommt. Das ist gerade der Grund, warum mir die Dinge so rätselhaft gegenüberstehen: dass ich an ihrem Zustandekommen so unbeteiligt bin. Ich finde sie einfach vor; beim Denken aber weiß ich, wie es gemacht wird» (Philosophie der Freiheit, Kap. III, S. 50).

Das so vom Menschen aktiv zur Erscheinung gebrachte Denken wird in der Form seines ersten Auftretens von Rudolf Steiner – ganz analog zur Geistlehre des Cusaners – als *Verstandesdenken* beschrieben, d.h. als jenes Vermögen, das die Begriffe zu den Dingen schafft (Cusanus: Verstand als *vis vocabuli*). Damit entsteht die Frage: Woher stammen die vom Verstandesdenken geschaffenen Begriffe, und in welchem Verhältnis stehen sie zu den Wahrnehmungsgegenständen?

Rudolf Steiner beginnt das III. Kapitel der «Philosophie der Freiheit»

(«Das Denken im Dienste der Weltauffassung») mit dem Beispiel der angestoßenen Billardkugel. Er zeigt, wie das Denken diesen beobachteten Vorgang durchdringt, die entsprechenden Begriffe dazu bildet und erst dadurch der gesetzmäßige Zusammenhang der einzelnen Teile sichtbar wird.

Das spontan an der Beobachtung sich entzündende Verstandesdenken schafft also in schöpferischem Tun zu diesem beobachteten Vorgang das ideelle Gegenstück, den Begriff, und erst durch diesen wird der Vorgang vollständig. Der so entstandene Begriff ist für R. Steiner (wie für Cusanus) eine volle geistige Realität und nicht bloßes Nomen. Auch ist der Begriff keineswegs nur durch Abstraktion aus der Beobachtung gewonnen oder durch Abschleifung entstanden, wobei die Wahrnehmung totale Wirkursache ist wie für Ockham, Locke, Hume und Hobbes.

Im 10. Kapitel der «Grundlinien» («Innere Natur des Denkens») legt R. Steiner dies am Beispiel der beiden Dreiecke dar. Er sagt: «*Es ist in zwei Dingen gleicher Gattung gar nichts wirklich Gemeinschaftliches, wenn man bei der Sinnenerfahrung stehen bleibt* ... Betrachten wir folgende zwei Dreiecke:

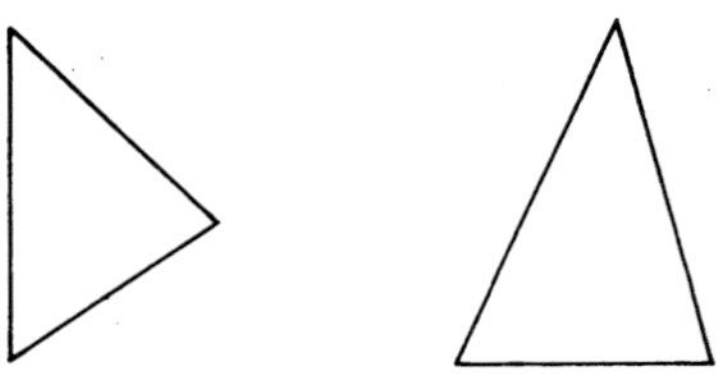

Was haben die wirklich gleich, wenn man bei der Sinnenerfahrung stehen bleibt? Gar nichts! Was sie gleich haben, nämlich das *Gesetz*, nach dem sie gebildet sind und welches bewirkt, dass sie beide unter den Begriff Dreieck fallen, das wird von uns erst gewonnen, *wenn wir die Sinnenerfahrung überschreiten.* Der Begriff Dreieck umfasst alle Dreiecke. Wir kommen nicht durch die bloße Betrachtung aller einzelnen Dreiecke zu ihm ... Es ist ... ganz unstatthaft zu behaupten, dass der Inhalt des *Begriffes* Dreieck aus der objektiven Sinneswelt entlehnt sei, wenn man sieht, dass dieser sein Inhalt überhaupt in keiner sinnenfälligen Erscheinung enthalten ist» (S. 60).

Und im Kapitel IV der «Philosophie der Freiheit» heißt es wie ein Fazit: «Durch das Denken entstehen *Begriffe* und *Ideen*. Was ein *Begriff* ist, kann nicht mit Worten gesagt werden. Worte können den Menschen nur darauf aufmerksam machen, dass er Begriffe habe ...» (S. 58). «*Der Begriff kann nicht aus der Beobachtung gewonnen werden* ... Die Begriffe werden zu der Beobachtung hinzugefügt» (S. 59).

Wir sehen, das ist ganz die Position des Cusaners. Die Sinneswahrnehmung ist nur Materialursache, während der schöpferische Verstand zu dieser erst den Begriff als etwas ontisch Früheres hinzufügt.

Sofort aber gilt es, der anderen Gefahr entgegen zu steuern, dass Begriffe nur transzendentale Subjektivität seien ohne objektiven Bestand, wie für Kant, d.h. dass sie nicht die Wirklichkeit des Dinges erfassten, sondern nur im menschlichen Inneren existierten.

Rudolf Steiner setzt sich mit dieser typisch neuzeitlichen Auffassung im 11. Kapitel der «Grundlinien» (Kap. «Denken und Wahrnehmung») auseinander: «Es ist der Grundirrtum der modernen Wissenschaft, dass sie die Wahrnehmung der Sinne schon für etwas Abgeschlossenes, Fertiges ansieht» (S. 62).

«Bei aller wissenschaftlichen Bearbeitung der Wirklichkeit ist der Vorgang dieser: Wir treten der konkreten Wahrnehmung gegenüber. Sie steht wie ein Rätsel vor uns. In uns macht sich der Drang geltend, ihr eigentliches *Was,* ihr *Wesen,* das sie nicht selbst ausspricht, zu erforschen. Dieser Drang ist nichts anderes als das Emporarbeiten eines Begriffes aus dem Dunkel unseres Bewusstseins. Diesen Begriff halten wir dann fest, während die sinnenfällige Wahrnehmung mit diesem Denkprozesse parallel geht. Die stumme Wahrnehmung spricht plötzlich eine uns verständliche Sprache; wir erkennen, dass der Begriff, den wir gefasst haben, jenes gesuchte Wesen der Wahrnehmung ist» (S. 64). «*Dem Denken ist jene Seite der Wirklichkeit zugänglich, von der ein bloßes Sinnenwesen nie etwas erfahren würde* ... Die Wahrnehmung der Sinne liefert nur *eine* Seite der Wirklichkeit. Die andere Seite ist die denkende Erfassung der Welt» (S. 63).

Und wie ein Resümee lautet es im Kapitel V («Das Erkennen der Welt») in der «Philosophie der Freiheit»: «Die Wahrnehmung ist also nichts Fertiges, Abgeschlossenes, sondern die eine Seite der totalen Wirklichkeit. Die andere Seite ist der Begriff. *Der Erkenntnisakt ist die Synthese von Wahrnehmung und Begriff.* Wahrnehmung und Begriff eines Dinges machen aber erst das ganze Ding aus» (S. 94).

Beide Seiten der Wirklichkeit sind als solche objektiv existent, und mein Bewusstsein als erkennender Mensch stellt sozusagen nur den Schauplatz dar, wo Wahrnehmung und Begriff einander begegnen und so miteinander verknüpft werden können.

Rudolf Steiners Darstellung, dass erst durch das Begriffsdenken das Wesen der Sinnesdinge ausgesprochen wird und erst durch das Zusammentreten von Wahrnehmung und Begriff die volle Wirklichkeit entsteht, erscheint wie eine Lösung des mittelalterlichen Universalienstreites. Wir erkennen auch deutlich die Fortführung der Auffassung des Cusaners, für den ebenfalls der *Begriff* etwas Reales und Objektives ist, durch den die verworrene Sinneswahrnehmung vom Ideellen her erlöst wird.

Ganz analog zu Nikolaus von Kues legt Rudolf Steiner im Folgenden das Urphänomen des menschlichen Denkens in eine große Zweiheit auseinander, nämlich diejenige von *Verstand* und *Vernunft.* Er widmet dieser ein eigenes Kapitel in den «Grundlinien». So wie Cusanus erkannt hatte, dass mit den Verstandesbegriffen nicht ein Letztes gegeben ist, so ist für R. Steiner das Verstandesdenken nur der Beginn des sich entfaltenden objektiven Denkvermögens.

Man kann das 12. Kapitel «Verstand und Vernunft» der «Grundlinien» geradezu als das Zentralkapitel dieses Buches empfinden und es als eine unmittelbare Fortführung des Werkes des Nikolaus von Kues erleben! Rudolf Steiner führt aus: «Unser Denken hat eine zweifache Aufgabe zu vollbringen: erstens, Begriffe mit scharf umrissenen Konturen zu schaffen; zweitens, die so geschaffenen Einzelbegriffe zu einem einheitlichen Ganzen zusammenzufassen. Im ersten Falle handelt es sich um die unterscheidende Tätigkeit, im zweiten um die verbindende» (S. 68). «Diese Unterscheidung ist die Sache des Verstandes. Er hat nur zu trennen und die Begriffe in der Trennung festzuhalten. Er ist eine notwendige Vorstufe jeder höheren Wissenschaftlichkeit. Vor allem bedarf es ja fest bestimmter, klar umrissener Begriffe, ehe wir nach einer Harmonie derselben suchen können. Aber wir dürfen bei der Trennung nicht stehen bleiben. Für den Verstand sind Dinge getrennt, die in einer harmonischen Einheit zu sehen ein wesentliches Bedürfnis der Menschheit ist» (S. 69). «Der Verstand selbst ist nicht in der Lage, über diese Trennung hinauszukommen. Er hält die getrennten Glieder fest. Dieses Hinauskommen ist Sache der Vernunft. Sie hat die vom Verstande geschaffenen Begriffe ineinander übergehen zu lassen. Sie hat zu zeigen, dass das, was der Verstand in strenger Trennung festhält, eigentlich eine innerliche Einheit ist» (S. 69/70). «Begriff ist der Einzelgedanke, wie er vom Verstande festgehalten wird. Bringe ich eine Mehrheit von solchen Einzelgedanken in lebendigen Fluss, so dass sie ineinander übergehen, sich verbinden, so entstehen gedankenmäßige Gebilde, die nur für die Vernunft da sind, die der Verstand nicht erreichen kann. Für die Vernunft geben die Geschöpfe des Verstandes ihre gesonderten Existenzen auf und leben nur mehr als ein Teil einer Totalität weiter. Diese von der Vernunft geschaffenen Gebilde sollen *Ideen* heißen» (S. 71). «*Die Vernunft bringt die höhere Einheit der Verstandesbegriffe zum Vorschein, die der Verstand in seinen Gebilden zwar hat, aber nicht zu sehen vermag*» (S. 72).

Diese Worte Rudolf Steiners stellen eine genaue inhaltliche Übereinstimmung mit den Gedanken des Nikolaus von Kues dar. Aber mehr noch als das: Man kann empfinden, dass Rudolf Steiner bis in die Wortformulierung hinein hier die Sprache des Cusaners spricht, jenes Philosophen vom Anfang des Bewusstseinsseelen-Zeitalters, der die bedeutsame Unterscheidung von Verstand und Vernunft in so nachdrücklicher Weise betont hat.

Erkenntnistheoretisch präzisiert R. Steiner indirekt Cusanus nachträglich insofern, als er darlegt, dass das Ergebnis des Verstandesdenkens das *Wahrnehmungsurteil* ist, in welchem ein Begriff auf eine Wahrnehmung bezogen wird, während das Ergebnis des Vernunftdenkens das *Begriffsurteil* ist, bei dem es sich um die reine Verbindung zweier oder mehrerer Begriffe zu einer Idee handelt. Erst im Aufstieg vom Wahrnehmungsurteil zum Begriffsurteil vollendet sich der Denk-Erkenntnisweg.

Das Vernunftdenken

Das Vernunftdenken als Organ der Ideenerfassung stellt nicht nur das Zentrum der Geistphilosophie des Nikolaus von Kues dar, sondern mit ihm treten wir auch in das Zentrum der Freiheitsphilosophie Rudolf Steiners ein. Dass nämlich der Mensch die Fähigkeit hat, mit seinem Denken die ewige unwandelbare göttliche Welt der Ideen zu erreichen, das erlebt Rudolf Steiner als den eigentlichen Freiheitsmoment des Menschen. Wie ein Jubelschrei klingt diese Entdeckung bei dem jungen Rudolf Steiner auf, der mit 21 Jahren beginnt, Goethes naturwissenschaftliche Schriften herauszugeben. Er erlebt im Ergreifen der Idee durch das Denken den höchsten schöpferischen Augenblick des Menschen, denn es ist ja das Vernunftdenken reinstes, tätiges Zur-Erscheinung-Bringen. Zugleich erlebt er im tätigen Ergreifen der Idee durch das Denken die höchste menschliche Freiheit.

Rudolf Steiner formuliert in den «Einleitungen zu Goethes naturwissenschaftlichen Schriften» (Kapitel «Goethes Erkenntnisart»): «Man spricht heute von Erkenntnisgrenzen, weil man nicht weiß, wo das Ziel des Denkens liegt. Man hat keine klare Ansicht davon, *was* man erreichen will und zweifelt daran, *dass* man es erreichen wird» (TB, S. 88). «Wer dem Denken seine über die Sinnesauffassung hinausgehende Wahrnehmungsfähigkeit zuerkennt, der muss ihm notgedrungen auch Objekte zuerkennen, die über die bloße sinnenfällige Wirklichkeit hinaus liegen. Die Objekte des Denkens sind aber die *Ideen.* Indem sich das Denken der Idee bemächtigt, verschmilzt es mit dem Urgrunde des Weltendaseins; das, was außen wirkt, tritt in den Geist des Menschen ein: er wird mit der objektiven Wirklichkeit auf ihrer höchsten Potenz eins. *Das Gewahrwerden der Idee in der Wirklichkeit ist die wahre Kommunion des Menschen»* (TB, S. 89). «In der *Idee* erkennen wir dasjenige, woraus wir alles andere herleiten müssen: das Prinzip der Dinge. Was die Philosophen das Absolute, das ewige Sein, den Weltengrund, was die Religionen Gott nennen, das nennen wir, auf Grund unserer erkenntnistheoretischen Erörterungen: die *Idee»* (S. 116).

Man spürt unmittelbar das Emphatische in diesen Worten. Es ist eine kainitische Stimmung und eine prometheische Sprache, die der junge Rudolf Steiner hier spricht. Das ist die Sprache eines Menschen, der im Denken seine höchste Schöpferkraft gefunden hat und eine neue ‹Religion› (verstanden als Rückverbindung) des Denkens begründet. Diese fast religiöse Stimmung der Ideenwelt gegenüber klingt auch auf aus den Einleitungsworten einer undatierten, aber wahrscheinlich ebenfalls aus der Wiener Zeit (um 1888) stammenden Abhandlung, die charakteristischerweise mit dem Wort *Credo* überschrieben ist: «Die Ideenwelt ist der Urquell und das Prinzip alles Seins. In ihr ist unendliche Harmonie und selige Ruhe. Das Sein, das sie mit ihrem Lichte nicht beleuchtete, wäre ein totes, wesenloses, das keinen Teil hätte an dem Leben des Weltganzen. Nur was sein Dasein von der Idee herleitet, das bedeutet etwas am Schöpfungsbaume des Universums. Die Idee ist der in sich klare, in sich selbst und mit sich selbst sich genügende Geist.»[227] Der Schlüssel zu dieser Welt der Ideen, zur ‹geistigen Kommunion› mit ihr, ist für Rudolf Steiner – wie für Nikolaus von Kues – das Vernunftdenken als Organ der Ideenauffassung. Auf der Seite des Vernunftdenkens liegt nun die zweite erkenntnistheoretische Leistung Rudolf Steiners, nämlich die Rettung der Objektivität des menschlichen Denkens als einer übersinnlichen Realität, die keine vorgegebenen Erkenntnisgrenzen kennt.

In der Neuzeit war in der Nachfolge von Descartes die Philosophie durch die ausschließliche Betonung des menschlichen Denkelements und dessen Spontaneität in der Sackgasse der geistigen Subjektivität geendet (Kant, E. v. Hartmann, Volkelt). Wie stark dieses «Einspinnen» in die Subjektivität der eigenen Person ist, zeigen exemplarisch die Eingangsworte des Buches «Grundriss der Psychologie» des bedeutenden Philosophen Eduard von Hartmann (1842 – 1906): «Der Ausgangspunkt der Psychologie sind die psychischen Phänomene, und zwar für jeden die eigenen, da nur diese ihm unmittelbar gegeben sind, und niemand in das Bewusstsein eines anderen hineinzuschauen vermag.»[228] Hätten diese Worte Gültigkeit, so wäre jede über das Individuum hinausreichende, transpersonale Psychologie und Philosophie sinnlos!

Wie Steiner auf der einen Seite in die reine Sinneswahrnehmung führt, so führt er nun auf der anderen Seite mit der Vernunft als dem Organ der Ideenauffassung in den Bereich des reinen sinnlichkeitsfreien Denkens. Zu zeigen, dass dieses ebenso absolute Objektivität beanspruchen kann, ist sein großes erkenntnistheoretisches Ringen gegenüber der herrschenden philosophischen Auffassung Kants und des kritischen Idealismus. Denn gerade im Bereich des Denkens fällt der subjektivistische Zweifel den modernen Menschen sofort an: Kann unser Denken als außerordentlich individuelles und intimes Element überhaupt eine allgemeingültige Ideenwelt erreichen? Und so fragt sich die neuere Philosophie, ob das Denken als allersubjektivste Tätigkeit des Menschen überhaupt transsubjektive Geltung beanspruchen kann, ob Kategorien und Ideen als Auffassungsweise des Geistes nur *in mente* (im Geist) oder auch *in rebus* (in den Dingen) bestehen. Und die Antwort Kants: Ideen sind bloß psychische Inhalte, d.h. sie werden von unserem Bewusstsein hervorgebracht und haben bloß regulativen Charakter.

Rudolf Steiner weist darauf hin, dass die Abqualifizierung des Denkens als subjektiv, nur weil wir es selbst hervorbringen, ganz unstatthaft ist, denn der *Begriff* «subjektiv» ist ein durch das Denken erarbeiteter Begriff, der das Denken als solches bereits voraussetzt. Er sagt in der «Philosophie der Freiheit»: «Deshalb darf das Denken niemals als eine bloß subjektive Tätigkeit aufgefasst werden. Das Denken ist *jenseits* von Subjekt und Objekt. Das Subjekt denkt nicht deshalb, weil es Subjekt ist, sondern es erscheint sich als Subjekt, weil es zu denken vermag … Die Tätigkeit, die der Mensch als *denkendes* Wesen ausübt, ist also keine bloß subjektive, sondern eine solche, die *weder subjektiv noch objektiv* ist, eine über diese beiden Begriffe hinausgehende. Ich darf niemals sagen, dass mein individuelles Subjekt denkt; dieses lebt vielmehr selbst von des Denkens Gnaden» (Kap. IV, S. 61/62).

Nach Steiner kommt es also auf die doppelte Einsicht an, «dass wir die ideelle Welt tätig zur Erscheinung bringen, und zugleich, dass das, was wir *tätig* ins Dasein rufen, *auf seinen eigenen Gesetzen beruht*». «Es gibt überhaupt nur einen einzigen Gedankeninhalt, und unser individuelles Denken sei weiter nichts als ein Hineinarbeiten unseres Selbstes, unserer individuellen Persönlichkeit in das Gedankenzentrum der Welt» (Grundlinien, Kap. 9, S. 52).

So wie Nikolaus von Kues gleichsam als ein Letzter die Realität der Ideenwelt noch erlebt hat und als ein Erster durch seine Lehre vom Vernunftdenken versucht hat, sie wieder zu begründen, so zieht sich dieses entscheidende erkenntnistheoretische Ringen um die Objektivität des Ideendenkens durch die ganze Freiheitsphilosophie Rudolf Steiners hindurch, nun in stetiger Auseinandersetzung mit dem «subjektivistischen Zweifel» Kants.

Immer wieder betont R. Steiner die Objektivität der vom Vernunftdenken erschlossenen Ideenwelt. So heißt es in der Einleitung zu dem Buch «Die Mystik»: «Die Idee, die Platon vorstellte, und die gleiche Idee, die ich vorstelle, sind nicht zwei Ideen. Es ist eine und dieselbe Idee ... In höherem Sinne durchdringen sich Platons Kopf und der meine, es durchdringen sich alle Köpfe, welche die gleiche, *eine* Idee fassen, und diese Idee ist nur als einzige, einmal vorhanden; sie ist da; und die Köpfe versetzen sich alle an ein und denselben Ort, um diese Idee in sich zu haben» (S. 31/32).

Mit dieser Aussage nähern wir uns der Einsicht, dass der Mensch im reinen Vernunftdenken die Gedankeninhalte, die Ideen zwar tätig zur Erscheinung bringt, aber dennoch *nicht erzeugt*, sondern *wahrnimmt*. Das Vernunftdenken ist das Organ zum Wahrnehmen der Welt, insofern sie Gedanke, Idee ist. Diese Erkenntnis vom Wahrnehmungscharakter des Vernunftdenkens klang bereits bei Cusanus auf, wenn er von der Vernunft als von einem ‹inneren Auge› sprach, oder wenn er den Spiegelcharakter des Vernunftdenkens hervorhob. Diese zentrale Einsicht wird von Rudolf Steiner für den modernen Menschen erkenntnistheoretisch aufgegriffen, fortgeführt, begründet und schließlich zum Meditationsbild verdichtet. Bereits in den «Einleitungen zu Goethes naturwissenschaftlichen Schriften» klingt dieses Motiv auf, wenn es heißt: «Das Denken hat den Ideen gegenüber dieselbe Bedeutung wie das Auge dem Licht, das Ohr dem Ton gegenüber. *Es ist Organ der Auffassung.*» (TB, S. 89).

In den «Grundlinien» wird diese Erkenntnis charakteristischerweise im 13. und 14. Kapitel zentral ausgeführt, nachdem im 12. Kapitel mit der Unterscheidung zwischen Verstandesdenken und Vernunftdenken die erkenntnistheoretische Grundlage geschaffen worden ist. Im 13. Kapitel («Das Erkennen») heißt es: «Hier sieht man wohl ganz klar, dass unser Geist nicht wie ein Behälter der Ideenwelt anzusehen ist, der die Gedanken in sich enthält, sondern wie ein Organ, das dieselben wahrnimmt. Er ist gerade so *Organ des Auffassens* wie Auge und Ohr. Der Gedanke verhält sich zu unserem Geiste nicht anders, wie das Licht zum Auge, der Ton zum Ohr» (S. 77). «Der Gedankeninhalt ist ein solcher, dass nur überhaupt ein geistiges Organ notwendig ist zu seiner Erscheinung … Es können also unbestimmt viele geistbegabte Individuen dem *einen* Gedankeninhalte gegenüberstehen. Der Geist nimmt also den Gedankeninhalt der Welt wahr wie ein Auffassungsorgan. Es gibt nur *einen* Gedankeninhalt der Welt. *Unser Bewusstsein ist nicht die Fähigkeit, Gedanken zu erzeugen und aufzubewahren, wie man so vielfach glaubt, sondern die Gedanken (Ideen) wahrzunehmen*» (S. 78).

Ähnlich wie Cusanus in seiner «Visio intellectualis» es dargelegt hat, wird hier deutlich, dass das Vernunftdenken ein *schauendes* Element, d.h. ein *intuitives* Element enthält, denn nur durch die Fähigkeit der Ideenschau vermag das Denken zur sinnlichen Wahrnehmung den entsprechenden «über-sinnlichen» Begriff, die Idee, zu finden. In eindringlicher Weise führen die Darlegungen R. Steiners die Motive des Cusaners vom Vernunftdenken als Wahrnehmungsorgan, d.h. als Spiegel, als inneres Auge und als Licht fort.

Mit diesen Ausführungen ist zugleich für den modernen Menschen der Zugang zu der objektiv vorhandenen geistigen Welt der Ideen freigelegt. Im Denken kann er dieser teilhaftig werden. So hat R. Steiner den Menschen hineingestellt in ein *Gleichgewicht zwischen die Pole von Wahrnehmung und Denken,* ihn weder sklavisch an die Sinne bindend und den Geist negierend (wie z.B. John Locke) noch ihn abschließend in eine subjektivistische Vorstellungswelt ohne Bezug zur Außenwelt (wie z.B. Kant).

Und nun verdichtet Rudolf Steiner diesen Weg zu dem Meditationsbild des menschlichen Bewusstseins als einem *Spiegel,* der die Ideeninhalte der geistigen Welt widerspiegelt. Damit werden die sonst so schwer verständlichen Worte R. Steiners einsehbar, dass nicht *ich* denke, sondern, wie er sagt, «es denkt in mir». Ich bin nur der Spiegel, in dem die Gedanken- und Ideenwelt sich widerspiegelt. Das Bild vom Spiegel impliziert zugleich, dass die vom Wahrnehmungsorgan der Vernunft erschlossenen Ideeninhalte und die Gesetzmäßigkeiten, nach denen sie sich im Erkenntnisakt der Vernunfteinsicht zusammenfügen, von den physiologischen Grundlagen des Gehirndenkens unabhängig sind. Sowenig dasjenige, was im Spiegel sichtbar wird, aus der Natur des Spiegels abzuleiten ist, ebenso wenig das Denken aus der Natur des Gehirns.

Freilich muss dieser Spiegel, genauso wie eine Brille, sauber geputzt und nicht beschlagen sein, aber je vollkommener er seine Spiegel-Funktion erfüllt, um so mehr tritt er hinter dem zur Erscheinung Gebrachten zurück. Cusanus spricht in diesem Zusammenhang vom organfreien, d.h. leibfreien Charakter der Vernunfteinsicht. Und Rudolf Steiner betont immer wieder den übersinnlichen, rein geistigen Charakter des reinen Vernunftdenkens als einer völlig in sich ruhenden ideellen Tätigkeit. Unser *Gehirn ist Wahrnehmungsanlass (Spiegel)*, aber nicht Ursache dieses reinen Denkens.*

Rudolf Steiner schildert im Weiteren, wie im Erleben des reinen Vernunftdenkens der Mensch ebenfalls erkennt, dass das individuelle Subjekt, das wir normalerweise als «Ich» bezeichnen und das sich im Leibe wähnt, und dem die Wahrnehmungen von außen zuzukommen scheinen, eine Illusion ist. Im reinen Vernunftdenken geht dem Menschen-Ich die Wahrheit seiner außerleiblichen Existenz auf, und er kann zu sich sagen: «Ich lebe mit der Farbe *außer* meinem Leibe, durch die Tätigkeit des Leibes wird mir die Farbe zur bewussten Wahrnehmung gemacht. Nicht ein Hervorbringer der Wahrnehmungen, des Seelischen überhaupt, ist der Menschenleib, sondern ein Spiegelungsapparat dessen, was außerhalb des Leibes sich seelisch-geistig abspielt» (Die Rätsel der Philosophie, GA 18, S. 606).

Und in dem Vortrag für den philosophischen Kongress 1911 in Bologna sagt R. Steiner: «Man wird … zu einer … Vorstellung über das ‹Ich›

* Die in der Gegenwart manchmal vertretene Auffassung, die aus der Beschaffenheit des Spiegels (sauber oder beschlagen etc.), d.h. also aus der physiologischen Natur des Gehirnes die Inhalte des erscheinenden Denkens ableiten will (Eccles, Singer u.a.), beruht auf einem erkenntnistheoretischen Denkfehler. Ebenso ist es mit dem Versuch, dem Menschen das innere Erlebnis der Freiheit und den freien Willen abzusprechen und diese als bloße Funktionsäußerungen der neurobiologischen Gehirnstrukturen anzusehen (vgl. W. Singer, 2000). Cusanus würde sagen: Es stimmt zwar, dass ein beschlagener Spiegel nur verschwommene Wahrnehmungsgegenstände widergibt, dennoch ist er nicht der Hervorbringer der Wahrnehmungsinhalte (ebenso wenig wie das Gehirn), sondern nur Auffassungsmedium. Genauso wenig darf ich vom Zustand der Spiegelbilder auf die Inhalte der Ideen schließen. Diese gehen dem Spiegel und auch dem Gehirn ontisch voraus und sind nicht von diesen abhängig (vgl. dazu das Kapitel: «Das Gehirn und die Sinnesorgane als ein System» in: Helmut Kiene, a.a.O. 1984, S. 167ff.).
Von diesem Gedanken aus bedarf es nur noch eines kleinen Schrittes zu derjenigen Einsicht, die bei Goethe, Schelling und Rudolf Steiner in sich steigernder Klarheit auftaucht: Nicht das Gehirn erzeugt das Denken, sondern umgekehrt, das schöpferische Weltendenken hat das menschliche Gehirn als einen Spiegel geschaffen, um sich in diesem selbst zu erkennen.

erkenntnistheoretisch [nur] gelangen, wenn man es [das Ich] sich nicht innerhalb der Leibesorganisation befindlich vorstellt und die Eindrücke ihm ‹von außen› gegeben sein lässt, sondern wenn man dieses ‹Ich› in die Gesetzmäßigkeit der Dinge selbst verlegt und in der Leibesorganisation nur etwas wie einen *Spiegel* sieht, welcher das außer dem Leibe lebende Weben des Ich im wahren Weltenwesen diesem durch die organische Leibestätigkeit zurückspiegelt» (in: Die Rätsel der Philosophie, GA 18, S. 607).

Mit dieser Aussage überwindet R. Steiner die von Descartes eingeleitete Spaltung der Welt in die voneinander unabhängige *res extensa* und *res cogitans* sowie den daraus resultierenden «psycho-physischen Dualismus». Es ist eine Tragik des 20. Jahrhunderts, dass diese entscheidende erkenntnistheoretische Tat in ihrer Bedeutungsschwere zu wenig erkannt wurde.*

Rudolf Steiner zeigt, dass die Auffassung des Ich als eines abgesonderten, im Körper eingeschlossenen Wesens, das den Dingen der sogenannten Außenwelt isoliert gegenübersteht, nichts anderes ist als das Ergebnis einer künstlichen Spaltung der einheitlichen Welt – d.h. die Folge eines naiven Objektivismus auf der einen Seite und eines transzendentalen Subjektivismus auf der anderen Seite. In der Wirklichkeit sind die Welt der Sinne und das Ich intentional unauflösbar miteinander verbun-

* Wie wenig die erkenntnistheoretische Tat der Überwindung des psycho-physischen Dualismus durch Rudolf Steiner von seinen Zeitgenossen wahrgenommen worden ist, zeigt die Anmerkung zur Neuauflage 1924 seiner 1886 erstmals erschienenen Schrift: «Grundlinien einer Erkenntnistheorie der Goetheschen Weltanschauung». Die Anmerkung betrifft das philosophische Schrifttum seiner Zeit und lautet: «Alles dies setzt ... voraus, dass die Wirklichkeit irgendwo außer dem Erkennen vorhanden sei und in dem Erkennen eine menschliche, abbildliche Darstellung dieser Wirklichkeit sich ergeben soll, oder auch sich nicht ergeben kann. Dass diese Wirklichkeit durch das Erkennen nicht gefunden werden kann, weil sie als Wirklichkeit im Erkennen erst geschaffen wird, das wird kaum irgendwo empfunden. Im Erkennen schafft der Mensch nicht für sich allein etwas, sondern er schafft mit der Welt zusammen an der Offenbarung des wirklichen Seins. Was im Menschen ist, ist ideeller Schein; was in der wahrzunehmenden Welt ist, ist Sinnenschein; das erkennende Ineinanderarbeiten der beiden ist erst Wirklichkeit. So angesehen wird Erkenntnistheorie ein Teil des Lebens» (GA 2, Dornach 1960, S. 137).
Im Prinzip hat sich bis heute, über ein halbes Jahrhundert nach der Formulierung der obigen Anmerkung, an der Ignorierung der Erkenntnistat Rudolf Steiners nichts geändert – und dies trotz einer expansiven Entwicklung der Wissenschaftstheorie (aber eben nicht der Erkenntnistheorie). [229]

den. Dies bestätigen auch alle neueren Experimente mit der weitestgehenden Ausschaltung von Sinneseindrücken (vgl. den Exkurs zur «Ich-Wahrnehmung» und «Sinnes-Ausschaltung» unter Anm. 230).

Den Weg zum Leben im reinen, sinnlichkeitsfreien Vernunftdenken beschreibt R. Steiner als einen meditativen Schulungsweg durch die Steigerung der Seelenfähigkeit, der Aufmerksamkeit und der liebevollen Hingabe an das von der Seele Erlebte. Das setzt voraus, dass ein stärkerer Willensimpuls in das Denken eingeführt wird. R. Steiner sagt im Buche «Vom Menschenrätsel» (1916, GA 20): «Der Mensch kann in das gewöhnliche bewusste Denken eine stärkere Willensentfaltung einführen, als in diesem im gewöhnlichen Erleben der physischen Welt vorhanden ist. Er kann dadurch vom Denken zum *Erleben des Denkens* übergehen. Im gewöhnlichen Bewusstsein wird nicht das Denken erlebt, sondern durch das Denken dasjenige, was gedacht wird. Es gibt nun eine innere Seelenarbeit, welche es allmählich dazu bringt, nicht in dem, was gedacht wird, sondern *in der Tätigkeit des Denkens selbst zu leben*» (S. 161).

Auf dieser Bewusstseinsebene erfasst der Mensch sich als denkende Geistwesenheit. Es ist die Ebene des «sich selbst denkenden Denkens», des «sich selbst zuschauenden Denkens», das nicht nur die Denkinhalte, sondern die Denktätigkeit als solche wahrnimmt. Die «Philosophie der Freiheit» ist nur zu verstehen, wenn man gewahr wird, dass ihr Autor sie aus eigenem seelischen Erleben von dieser Bewusstseinsebene her geschrieben hat. Daher betrachtet Rudolf Steiner die Erkenntnistheorie seiner Freiheitsphilosophie als einen Schulungsweg zur Heranführung des Menschen an die ‹Schwelle der geistigen Welt›.*

Dies zeigt auch eine Bemerkung aus dem Buch «Die Geheimwissenschaft im Umriss» (1910). Dort spricht er über verschiedene Schulungswege zur geistigen Welt. Der eine Weg ist die *Übung des sinn-*

* Es wäre außerordentlich reizvoll, an dieser Stelle auf das Auftreten des Grenz- und Schwellenbewusstseins in der Erkenntnistheorie Steiners einzugehen. Er hat es am Ende seines Buches «Die Rätsel der Philosophie», Abschlusskapitel «Skizzenhaft dargestellter Ausblick auf eine Anthroposophie» (1914, GA 13) und vor allem in seiner Schrift «Von Seelenrätseln» (1917, GA 21) thematisiert. In letzterer beschreibt er den Grenzbereich des begrifflichen Denkens (z.B. in Kap. IV, 2 «Das Auftreten der Erkenntnisgrenzen» und in Kap. IV, 3 «Von der Abstraktheit der Begriffe»). Hier gelangt Steiner zu einer Lehre der «Grenzvorstellung» und des «lebendigen Begriffes». Damit werden Merkmale der ‹Geistwahrnehmung› und das Auftreten des ‹schauenden Bewusstseins› beschrieben. Eine solche Darstellung würde aber den Rahmen dieser Arbeit, die dem Vergleich Cusanus – Steiner gewidmet ist, sprengen.

lichkeitsfreien Denkens, in dem sich das Denken mit Inhalten erfüllt, die nicht aus der Sinneswelt stammen (z.B. Symbole und Meditationsbilder). Dann sagt R. Steiner: «Es gibt aber auch noch einen anderen [Weg], welcher sicherer und vor allem genauer, dafür aber auch für viele Menschen schwieriger ist. Er ist in meinen Büchern ‹Erkenntnistheorie der Goetheschen Weltanschauung› und ‹Philosophie der Freiheit› dargestellt. Diese Schriften geben wieder, was der menschliche Gedanke sich erarbeiten kann, wenn das Denken sich nicht den Eindrücken der physisch-sinnlichen Außenwelt hingibt, sondern *nur sich selbst.* Es arbeitet dann das reine Denken … in dem Menschen, wie eine in sich lebendige Wesenheit … Es stehen diese Schriften auf einer sehr wichtigen Zwischenstufe zwischen dem Erkennen der Sinnenwelt und dem der geistigen Welt» (Die Geheimwissenschaft im Umriss, GA 13, S. 361 f.).

Die Freiheitsphilosophie Rudolf Steiners ist der unmittelbare Beginn eines geistigen Schulungsweges. Das reine sinnlichkeitsfreie Vernunftdenken ist die erste Stufe des Hellsehens, d.h. des *Denkhellsehens* als eines schauenden Bewusstseins. Hierbei handelt es sich nicht um eine visionsartige Schau, sondern um die aus der Aktivität des reinen Denkens heraus entstehende Denk-Intuition. Diese lebt ganz aus der Willenskraft des Ich.

Die Erfahrung des reinen sinnlichkeitsfreien Vernunftdenkens bedeutet den Beginn des unmittelbaren erlebenden Darinnenstehens in der übersinnlichen Welt. Auf diese Tatsache, dass das «wahrnehmende Schauen» der übersinnlichen Welt mit dem reinen Denken beginnt und dass in diesem die «Perle des Hellsehens» verborgen liegt, weist Rudolf Steiner 1913 hin:

«Niemand könnte abstrakt denken, wirkliche Gedanken und Ideen haben, wenn er nicht hellsichtig wäre, denn in den gewöhnlichen Gedanken und Ideen ist die Perle der Hellsichtigkeit von allem Anfang an. Diese Gedanken und Ideen entstehen genau durch denselben Prozess, durch den die höchsten Kräfte entstehen … Man muss nur die *übersinnliche Natur der Begriffe und Ideen* erfassen. Man muss sich klar sein, dass die Begriffe und Ideen aus den übersinnlichen Welten zu uns kommen, dann erst sieht man recht … Aus eben diesen Welten kommen der Seele die Ideen und Begriffe, sie kommen geradezu in die Seele aus höheren Welten herein und nicht aus der Sinnenwelt … ‹Mensch, erkühne dich, deine Begriffe und Ideen als die Anfänge eines Hellsehertums anzusprechen.›»[231]

Es ist deutlich geworden, dass die Freiheitsphilosophie einen erkenntnistheoretischen *Denk-Schulungsweg* darstellt, der zum *Denkhellsehen* zu führen vermag. Im Aufstieg von der Sinneswahrnehmung zum Leben im reinen Vernunftdenken wird ein Schwellenübergang vollzogen, durch den die Philosophie in persönliche Geisterfahrung übergeht. Nikolaus von Kues, an der Grenze zweier Zeitalter stehend, hat die Menschheit philosophisch bis an die Schwelle geführt und ihr einen Weg gewiesen; Rudolf Steiner hat die Schwelle zur geistigen Welt für das Zeitalter der Naturwissenschaft überschritten.

Dieser Schwellenübergang spricht sich im Wirken Rudolf Steiners selbst darin aus, dass er nach dem Erscheinen des Buches «Die Mystik» (Herbst 1901) als Fortführung des erkenntnistheoretischen Denk-Schulungsweges ebenso systematisch und öffentlich den *meditativen Schulungsweg* darstellt. So erscheinen 1904/05 zunächst in Aufsatzform Darstellungen, die 1909 in dem Buch «Wie erlangt man Erkenntnisse der höheren Welten?» (GA 10) publiziert werden. 1905 erscheint die Schrift «Die Stufen der höheren Erkenntnis» (GA 12) und 1910 das Buch «Die Geheimwissenschaft im Umriss» (GA 13) mit dem Schulungskapitel «Die Erkenntnis der höheren Welten». Hier legt Steiner den meditativen Übungsweg von der physischen Erkenntnis zu den drei Stufen der eigentlichen übersinnlichen Erkenntnis – *Imagination, Inspiration, Intuition* – dar. Dieser Meditationsweg gründet ganz ausdrücklich auf einer Schulung und Ausbildung des reinen Denkens.[232]

VIERTER TEIL:

NIKOLAUS VON KUES IM LICHTE DER GEISTESWISSENSCHAFT

NIKOLAUS VON KUES IN DER SPIRITUELLEN SICHT RUDOLF STEINERS

Vorbemerkung

Nachdem die Freiheitsphilosophie R. Steiners als philosophische Weiterführung der Geistlehre des Nikolaus von Kues skizzenhaft betrachtet worden ist, soll der Erkenntnisweg des Cusaners nicht primär philosophisch, sondern vom Gesichtspunkt der spirituell umfassenderen Geisteswissenschaft aus beleuchtet werden. Die folgenden Kapitel beziehen sich daher nicht mehr ausschließlich auf Nikolaus von Kues, sondern zugleich auf Rudolf Steiner und dessen Geisteswissenschaft. Sie setzen die Kenntnis dieser Grundlage voraus.

Die Beschäftigung mit der Gestalt des Nikolaus von Kues zieht sich punktuell zwischen den Jahren 1900 und 1924 durch das Lebenswerk Steiners. Dabei liegt seine direkte Auseinandersetzung mit Cusanus auf drei Ebenen:

1. auf der *Bewusstseinsebene*
2. auf der *naturwissenschaftlichen Ebene*
3. auf der *Schicksalsebene*.

Von diesen drei Ebenen aus lassen sich indirekt eine vierte und fünfte, (von R. Steiner nicht direkt behandelte) Frageebene aufwerfen und ansatzweise beantworten, nämlich:

4. zur *Geistphilosophie als Schulungsprinzip*
5. zur *Stellung in den großen Geistesströmungen*.

Mit diesen fünf Betrachtungsebenen wird die Individualität des Cusanus in den größeren spirituellen Zusammenhang gestellt.

Zur Bewusstseinsebene

Die Beschäftigung Rudolf Steiners mit Nikolaus von Kues auf der philosophisch/bewusstseinsmäßigen Ebene beginnt, wie dargestellt, mit den Vorträgen im Winter 1900/1901 über die Mystik und findet ihren Niederschlag in dem Kapitel «Der Kardinal Nicolaus von Kues» (Die Mystik, 1901, GA 7). Hier stellt Rudolf Steiner den Cusaner in die Strömung der historischen deutschen Mystik hinein, hebt ihn aber auch zugleich in gewisser Weise aus dieser heraus. Das wird noch einmal verstärkt in dem so wesentlichen Vorwort zur Neuauflage der «Mystik» im Jahre 1923, in welchem Steiner auf die Impulse hinweist, die bei Cusanus zur neueren Naturwissenschaft hindrängen (Mathematik, Astronomie, Messbarkeit und Wägbarkeit der nach Zahlen geordneten Welt).

Einen neuen Einschlag bringen die Vorträge über die Deutsche Mystik in der sog. ‹Freien Hochschule› in Berlin im Winter 1904/05, insbesondere der Vortrag vom 12. November 1904. Nach einer allgemeinen Charakterisierung des Cusaners als einem bedeutenden mittelalterlichen Mystiker setzt er ihn zunächst völlig überraschend vergleichend in eine Beziehung zu zwei wesentlich älteren ‹mystischen Strömungen›: 1. zu der Pythagoräischen Schule und 2. zu der indischen Vedanta-Weisheit. Das ist nicht mehr philosophisch gemeint, sondern rein spirituell, d.h. es handelt sich um die Schilderung innerseelischer Erlebnisstufen. Verbindungsglied ist die Mystik, deren innere Erlebnisse Steiner wie folgt schildert: «Wir sind selbst Licht vom Weltenlichte; wir sind Ton vom Weltenton. – Der Mystiker lebt sich ein in das, was um ihn und in ihm lebt und webt. Das schaffende Licht, das draußen wirkt und innen schafft, empfindet er. Er ist selbst leuchtend und tönend in einer leuchtenden und tönenden Welt. Wenn er im schöpferischen Lichte lebt, im schöpferischen Ton lebt, dann hat er mystisches Leben ... Wer das einmal erfahren hat, der empfindet es als Wahrheit. Von dem schaffenden Lichte sprechen ... die Mystiker des Mittelalters. ... Da ist er nicht getrennt von der Wesenheit der Dinge; da ist er teilhaftig der unmittelbaren Schöpferkraft. Das ist, was der Mystiker als seine Beseligung in dem schöpferischen Lichte bezeichnet.»[233]

Von dieser Aussage als Brücke blickt Rudolf Steiner zurück auf den «alten Eingeweihten» Pythagoras (ca. 570 – ca. 496 v.Chr.) und die ältere pythagoräische Schule. Er charakterisiert im Folgenden drei zentrale seelische Erkenntnisstufen dieser «Geheimlehre»: 1. die äußere Wahrnehmung, 2. das Erlebnis des inneren schaffenden Weltenlichtes (Äonenlicht/Pleroma), 3. die Wahrnehmung der Sphärenharmonie.

«So wie der Mensch die Erfahrung machen kann, dass er verschmilzt mit dem Äonenlichte zu dem Pleroma, so kann er auch verschmelzen mit dem kosmischen Weltgedanken. Dann fühlt er die Weltgedanken in seinem eigenen Inneren auftönen ... dann tönen die Dinge in ihrem eigenen Wesen in seiner Seele wider ... Dieses Wahrnehmen der ganzen Welt bezeichneten die Pythagoräer als Sphärenharmonie.»[234]

Und nun schlägt Steiner einen gewaltigen Bogen zu Cusanus, bei dem, wie aus einem unterirdischen verborgenen Strom, diese drei Stufen wieder auftauchen: «Die pythagoräische Schule unterscheidet drei Stufen: 1. die äußere Wahrnehmung ... 2. das Pleroma ... 3. die Sphärenharmonie ... Dies sind [auch] drei Stufen der Erkenntnis bei Cusanus: 1. das Wissen; 2. das Überwissen [d.h. das ‹Nicht-Wissen›] ... 3. die Vergottung [Deificatio = Vergöttlichung oder Gotterkenntnis bzw. Intuition, d.h. das ‹Stehen in Gott›].»[235]

Steiner zeigt dann die drei analogen Stufen in der indischen Vedanta-Lehre auf: Chit, Ânânda, Sat, worauf hier jedoch nicht eingegangen werden soll.

Und schließlich resümiert Steiner, indem er sagt: «Cusanus hat seine Weisheit aus der pythagoräischen Schule geschöpft. Er hat verstanden, was mit dem Pleroma, dem Äonenlicht und der Sphärenharmonie gemeint war» (S.215). «Das Nicht-Wissen des Cusaners ist zugleich ein Überwissen. Er unterscheidet drei Stufen: Wissen, Beseligung, Vergottung (Chit, Ânânda, Sat). Er ist zugleich der größte Gelehrte und einer der tiefsten Menschen.» (S. 216) [236]

Atemlos und erstaunt steht man vor diesem geistesgeschichtlichen Bogen, der sich philosophisch nicht so ohne weiteres begründen lässt. Man kann nur argumentativ darauf hinweisen, dass bei Cusanus in der Tat viele Elemente der pythagoräischen Schule wieder auftauchen: so z.B. die geistige Zahlenlehre, das mystische Mathematisieren (mathesis), die musikalische Harmonienlehre mit ihren Zahlenverhältnissen sowie schließlich die Astronomie als Ausdruck von Harmonie und Zahl. So hat schon der jüngere Schüler des Pythagoras und Autor der ersten Darstellung der pythagoräischen Lehre, Philolaos (2. Hälfte des 5. Jh. v. Chr.), lange vor der Zeitenwende und der Neuzeit gewusst, dass die Erde nicht Mittelpunkt des Kosmos ist, und Hiketas von Syrakus (um 400 v. Chr.), Ekphantos (um 400 v. Chr.) und Herakleides Pontikus (ca. 388 – 310 v. Chr.) lehrten bereits, dass die Erde sich um ihre eigene Achse drehe. Es sind dies also Auffassungen, die unmittelbar auf Cusanus weisen. So könnte man beinahe meinen, Cusanus wäre ein ‹wiedererstandener Pythagoräer›.

Die philosophischen Elemente der pythagoräischen Lehre sind Cusanus zweifellos unter anderem über Platon (427 – 347 v.Chr.) und Proklos (411 – 485 n.Chr.) vermittelt worden. Was aber ist mit den übrigen Elementen der pythagoräischen Geheimlehre? Bei Pythagoras handelt es sich ja, ähnlich wie bei dem sehr viel späteren Dionysius Areopagita um eine umstrittene, weil im Verborgenen wirkende Gestalt, die Begründer einer antiken Mysterienschule war. Wesentliche Elemente seiner Biographie und seiner Lehre (z.B. seine Einweihung in der ägyptischen Tempelschule von Theben, sein persönliches Zusammentreffen mit dem persischen Religionsstifter Zoroaster in Babylonien, seine Reinkarnationslehre etc.) sind quellenmäßig nicht belegbar, da alle Schriften des Pythagoras geheim gehalten und später vernichtet wurden. Dennoch haben sie die denkbar größte Wirkung in der abendländischen Geistesgeschichte ausgeübt.

In diesem esoterischen Strom steht Nikolaus von Kues nach Steiner darinnen, ohne dass man es durch philologische Quellenuntersuchung nachweisen könnte. Doch an vieles in der Weltgeschichte (z.B. an alle schriftlosen Kulturen) müssen wir uns auch ohne schriftliche Quellen herantasten, sonst bliebe die Geistesgeschichte eine «fable convenue».

Die Beschäftigung Rudolf Steiners mit Cusanus auf der Bewusstseinsebene setzt sich fort in seiner Cusanus-Darstellung in dem Buch «Die Rätsel der Philosophie in ihrer Geschichte als Umriss dargestellt» (1914, GA 18). In dieser klingt der Bezug des Cusaners zur (platonisch-) neuplatonischen Tradition, insbesondere durch den Hinweis auf Plotin (204 – 269 n.Chr.), deutlich an.

Die Bedeutung dieses Hinweises auf Plotin erhellt sich allerdings erst aus dem Zusammenhang der späteren Vorträge Rudolf Steiners über «Die Philosophie des Thomas von Aquino» (1920, GA 74), in denen er rückgreifend das geistige Erleben des Plotin jenseits der Grenze der Begriffswelt darstellt. «Er erlebte dann dasjenige, was noch über der Ideenwelt war, das Eine, wenn man es etwa so nennen will, Erleben des Einen, was für Plotin dasjenige war, das für keine Begriffe zu erreichen war, wenn man begriffslos ins Innere sich versenken konnte, und das charakterisiert ist durch das, was wir hier in unserer Geisteswissenschaft *Imagination* nennen.»[237] Diese Worte über Plotin, der das bildhaft-imaginative Denken Platons fortführt, lassen unmittelbar die Parallele zu dem Schulungsweg des wissenden Nichtwissens jenseits der Mauer des Zusammenfalls der gegensätzlichen Verstandesbegriffe bei Nikolaus von Kues erkennen. Damit wird deutlich, warum Rudolf Steiner Nikolaus von Kues bewusstseinsmäßig in die Linie der platonisch-neuplatonischen Tradition stellt.

Auf dieser Linie liegen auch einige verstreute Vortragsäußerungen Steiners über Cusanus zwischen 1909 und 1912, in denen er stets betont, Cusanus sei von einer rein verstandesbetonten Philosophie aufgestiegen zu inneren Erlebnissen auf der höheren *Erkenntnisstufe der «Imagination»* (nicht zu verwechseln mit der Stufe der inneren Erinnerungsvorstellung = imaginatio bei Cusanus selbst). So lautet eine Stelle im Vortrag vom 31. Dezember 1910: «Wenn wir ihn [Nikolaus Cusanus] nur lesen – man kann noch mehr tun als lesen bei ihm [nämlich meditieren] – schon durch das Lesen stellt sich heraus, wie bei ihm noch verbunden war tiefstes spirituelles Anschauen mit dem äußeren Naturwissen, namentlich wo dieses sich in mathematische Formen kleidet.» [238]

Durch das bewusste Hindurchführen des sinnengebundenen Verstandesdenkens durch den Tod beim Schwellenübergang (z.B. in der Verwandlung endlicher geometrischer Figuren in unendliche Figuren) erlebt Cusanus jenseits der Schwelle die Auferstehung der Erkenntnis im imaginativen Denken. Durch diese höhere Erkenntnisstufe wird Cusanus über die Stufe des bloßen Philosophie-Interpretators hinaus zum *Philosophie-Schöpfer*. Genau das ist ein zentrales Thema des sog. «Französischen Kurses» R. Steiners 1922. Dort heißt es:

«Philosophie ist nicht in derselben Art entstanden, in der sie in der modernen Zeit weitergeführt wird.» ... «Die alten Philosophen entwickelten ihre Ideen durch den ätherischen Körper. Indem das Geistesleben diesen ätherischen Körper für die Erkenntnis verloren hat, hat es zugleich den Wirklichkeitscharakter der Philosophie verloren. Philosophie ist ein bloßes Ideengebäude geworden. Es muss erst wieder die Erkenntnis des ätherischen Menschen erworben werden: dann wird auch Philosophie wieder einen Wirklichkeitscharakter gewinnen können.»*

«Die anthroposophische Forschung sucht das zu erreichen in einer ersten Stufe ... dem imaginativen Bewusstseinszustande. Er wird erreicht durch ein meditatives Seelenverfahren ... Durch Meditation kann die geistige Tätigkeit vom physischen Organismus losgerissen werden ... Man lebt auf diese Art im ätherischen menschlichen Orga-

* Zur genaueren Erläuterung (die hier nicht gegeben werden kann) des Begriffs «ätherischer Leib» («Lebensleib») als Träger der Lebensprozesse, des Gedächtnisses, der Gedankenprozesse des Menschen etc. vergleiche das Grundwerk Rudolf Steiners:«Theosophie – Einführung in übersinnliche Welterkenntnis und Menschenbestimmung» (1904), GA 9. Vergleiche auch die Fußnote auf Seite 233f.

nismus ... Mit dem Erleben in imaginativer Erkenntnis kann man die alte Philosophie als Wirklichkeitsinhalt nacherleben; man kann aber auch *eine neue Philosophie konzipieren*. Eine wirkliche Konzeption der Philosophie kann nur durch diese imaginative Erkenntnis zustande kommen.»[239]

Obgleich Steiner an dieser Stelle Nikolaus von Kues nicht namentlich nennt, ist dennoch deutlich, dass er im Grunde genommen eine Schilderung des Bewusstseinsweges des Cusaners gibt. In dem Augenblick, da dieser in dem Erleuchtungserlebnis auf dem Meer (1438) die imaginative Erkenntnisstufe gnadevoll erreicht, wird er zum Schöpfer einer eigenen Philosophie (die Philosophie des «Wissenden Nichtwissens»; De docta ignorantia, 1440). Deren Wirklichkeitsgehalt quillt bei Cusanus aus dem inneren imaginativen Erlebnis der *visio intellectualis* heraus. Diese meditative Geistphilosophie ist ein schöpferischer Gedankenweg und eine Schau zugleich. Auf diese Bewusstseinsstufe deutet auch die allerletzte Äußerung Rudolf Steiners über den Cusaner hin (6. Dezember 1924; siehe das Eingangsmotto dieses Buches unter «Zum Geleit»).

Zur philosophischen Bewusstseinsebene im weiteren Sinne gehört aber auch noch die interessante Frage, zu welcher der *zwölf Weltanschauungen* und zu welcher der *sieben Weltanschauungsstimmungen* im Sinne der Vorträge Rudolf Steiners «Der menschliche und der kosmische Gedanke» (1914, GA 151) Nikolaus von Kues gehört. Rudolf Steiner selbst hat in diesen Vorträgen Nikolaus von Kues nicht genannt (nur den Mystiker Meister Eckhart), und auch Sigismund von Gleich hat in seinem auf diesen Vorträgen basierenden Buch «Die Wahrheit als Gesamtumfang aller Weltansichten» (1957) diese Frage nicht gestellt. Daher soll hier der Versuch einer Betrachtung im Sinne Rudolf Steiners unternommen werden.

Rudolf Steiner unterscheidet zwischen zwölf Weltanschauungen als Grundrichtungen des geistigen Erkennens und sieben Weltanschauungsstimmungen als besondere Tingierung des erkennenden Seelenlebens. Jede der sieben Weltanschauungsstimmungen kann im Zeichen jeder der zwölf Weltanschauungen stehen, so wie die sieben Planeten durch die zwölf Tierkreiszeichen des Fixsternhimmels hindurchwandern. Die zwölf Weltanschauungen werden geschieden durch die Linie Idealismus-Realismus als Urpolarität in eine obere und eine untere Hälfte. Dadurch stehen sich als eine zweite Polarität Materialismus und Spiritualismus gegenüber, wodurch ein Weltanschauungskreuz entsteht. Die Weltanschauungen der oberen Hälfte sind dadurch charakterisiert, dass sie relativ scharf voneinander abgegrenzt sind und auch ihre Vertreter sich deutlich voneinander absetzen. Es sind ja überhaupt die ausgeprägten Weltanschauungen, die wir aus der Geschichte der Philosophie kennen. Die unteren Weltanschauungen lassen sich nicht so klar voneinander abgrenzen, und ihre Vertreter neigen leichter dazu, von einer in die andere Weltanschauung überzugehen (ein Beispiel ist Leibniz mit seinem Monadismus). Überhaupt muss betont werden, dass es sich bei der Abgrenzung der zwölf Weltanschauungen um keine schematische Typisierung, oder gar um eine Bewertung/Abwertung handelt. Durch eine jede kann sich ein Teilausschnitt von der Wirklichkeit der Welt und des Geistes offenbaren. Insofern ist jede der zwölf Weltanschauungen berechtigt! Aber erst alle zwölf zusammengenommen spiegeln den Gesamtumfang der Wahrheit wider.

Nikolaus von Kues gehört der Konturiertheit seines Denkens nach in die oberen Weltanschauungen hinein. Tastet man diese der Reihe nach ab (vgl. zu einer genaueren Charakterisierung, die hier nicht gegeben werden kann, die vier Vorträge von R. Steiner), so entfallen im Sinne eines Negativ-Argumentes eindeutig: Realismus, Phänomenalismus, Sensualismus und Materialismus. Cusanus ist aber auch nicht (wenn auch weniger deutlich ausgeprägt) ein reiner Idealist, noch ist er ein reiner Rationalist. Es bleibt der *Mathematismus.* Zunächst erscheint diese Aussage: Cusanus als Vertreter der Weltanschauung des Mathematismus, überraschend. Unter Mathematismus darf aber nicht allein die Auffassung verstanden werden, dass nur das existent sei, was nach Maß und Zahl geordnet ist (diese Auffassung ist nur eine spezielle Ausprägung des Mathematismus). Vielmehr bedeutet das griechische Wort *Mathesis* soviel wie Wissenschaft oder Erkenntnis. Mathematismus als Weltanschauung ist im tiefsten Urgrund die *Wissenschaft vom Denken,* insbesondere vom *reinen Denken,* zu dem sich der Mensch im gewöhnlichen Leben nur in der Mathematik aufschwingt.

Mathematismus als das Leben im reinen Gedankenelement, als Erkenntnislehre, als Wissenschaft vom menschlichen Wissen und Erkennen, das ist hier gemeint. Insofern ist Mathematismus eine wirkliche Philo-Sophia. Unter Mathematismus im eigentlichen Sinne ist also nicht die Anwendung von Zahlen gemeint, sondern das *innere Mathematisieren als ein Leben im reinen, sinnlichkeitsfreien Gedankenelement,* das ja gerade auch in der mathematischen Begriffsbildung geschult wird. Auf diesen Zusammenhang deutet Rudolf Steiner hin, wenn er sagt: «Hier sehen Sie, dass ein völliges Einleben in das Mathematische durchaus dahin führt, dass man die innere Natur des Geistigen als *welterfüllend* in sich schon durch Mathematik aufnimmt. Das richtige Durchschauen der mathematischen Seelenverfassung führt uns direkt hinein in den Begriff des hellsichtigen … Erlebens.»[240]

Wenn man Mathematismus als Weltanschauung so auffasst, dann ist es deutlich, dass Cusanus ein hervorragender Vertreter dieser Anschauung ist. Cusanus war auch im äußeren Sinne ein ganz ausgezeichneter Mathematiker. Ein gut Teil seiner Werke sind mathematisch-geometrisch-naturwissenschaftliche Schriften. Vor allem wird sein ganzes Denken und Erkennen vom Denkelement des inneren Mathematisierens geprägt. Darauf weist R. Steiner deutlich hin: «Der Kardinal Nikolaus Cusanus verband mit all dem, was mittelalterliche Theologie war, eine gründliche Kenntnis desjenigen, was in der damaligen Zeit an mathematischen Erkenntnissen den Menschen zugänglich war. Nikolaus war ein außerordentlich guter Mathematiker … [Es] lebte in dieser Seele alles dasjenige, was an innerer Denkdisziplin, an innerer Denkstrenge und auch an innerer Denksicherheit dem Menschen wird, wenn er sich in das mathematische Gebiet vertieft.»[241]

Letztlich aber ist die Mathematik für Cusanus nur ein methodisches Schulungsmittel. Ihm geht es nicht um das äußere, sondern um das innere Mathematisieren. Sein ganzes Erkennen zielt auf das an der Mathematik geschulte, innerlich erlebte, reine, sinnlichkeitsfreie Denken. Von diesem Element des reinen Denkens ist seine ganze Philosophie durchzogen. Alle seine mathematischen und geometrischen Beispiele sind wie eine Leiter zum Erklimmen dieses Reiches. – Die Philosophie des Cusaners ist Mathesis, d.h. Lehre vom menschlichen Erkennen als reinem Denken.

Schwieriger ist die Frage nach der *Weltanschauungsstimmung*, in die der Mathematismus des Cusaners getaucht ist. Dabei ist beim Durchgehen der sieben Stimmungen die Antwort scheinbar schnell gegeben, wenn man sieht, dass Gnosis, Logismus, Voluntarismus, Empirismus, Transzendentalismus und Okkultismus entfallen und die *Mystik* übrigbleibt. Allein der *Begriff der Mystik* ist im Lebenswerk R. Steiners ein außerordentlich umfassender. Sicherlich behandelt R. Steiner Cusanus erstmalig in dem Buch «Die Mystik» (1901) im Kreis der anderen mittelalterlichen Mystiker, aber er hebt ihn zugleich auch aus diesem Kreis heraus. Unter Mystik in diesem engeren Sinne versteht Rudolf Steiner zunächst einmal die historische Strömung der mittelalterlichen deutschen Mystik ab der Hauptgestalt von Meister Eckhart (1260 – 1328), d.h. etwa den Zeitraum von 1260 bis 1500, zu der Cusanus zweifellos auch gehört. Andererseits spricht R. Steiner in den genannten vier Vorträgen (Der menschliche und der kosmische Gedanke, 1914) von der Mystik als einer *Weltanschauungsstimmung*, wodurch deutlich wird,

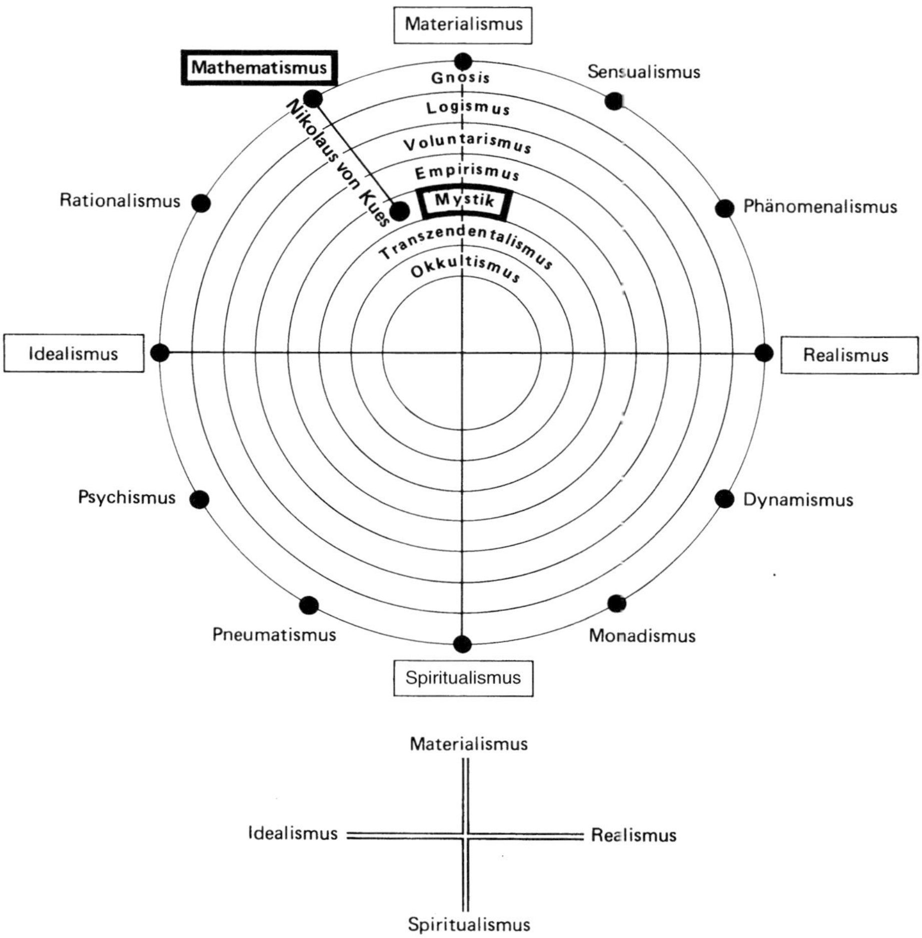

Abb. 70: Zur Stellung des Nikolaus von Kues in den zwölf Weltanschauungen und sieben Weltanschauungsstimmungen (nach R. Steiner: Der menschliche und der kosmische Gedanke, 1914).

dass es sich um eine *zeitlos gültige Stimmung* handelt, zu der auch solche Persönlichkeiten gehören wie Valentin Weigel (1533 – 1588), Jakob Böhme (1575 – 1624) oder Angelus Silesius (1624 – 1677). Zählt Cusanus aber auch zu dieser zeitlosen Mystik, und wenn ja, wodurch ist sie charakterisiert?[242]

Noch komplizierter wird das Problem dadurch, dass R. Steiner oftmals von einer «unechten» Mystik im Sinne von Mystizismus spricht.

Gerade in diesem abwertenden, negativen Sinne wird ja das Wort Mystik durch alle Zeiten hindurch und auch heute noch gebraucht. Diese bloß subjektive Form der Mystik kennzeichnet R. Steiner 1897 in «Goethes Weltanschauung» (GA 6) folgendermaßen: «Der Mystiker sucht deshalb zu den höchsten Erkenntnissen durch Erweckung besonderer Kräfte zu gelangen. Er sucht durch Entwicklung ungewöhnlicher Zustände, z.B. durch Ekstase, zum Schauen höherer Art zu gelangen ... In eine Welt unklarer Empfindungen und Gefühle versenkt sich der Mystiker ... Die Mystiker verachten die Klarheit der Ideen. Sie halten diese Klarheit für oberflächlich ... Die Mystik treibt das menschliche Seelenleben in einen Bereich, in dem es in größere Abhängigkeit gerät von der menschlichen Organisation, als es im gewöhnlichen sinnlichen Wahrnehmen und in der Verstandestätigkeit ist».[243]

Das aber führt zu dem träumerischen, halbbewussten Seelenleben der falschen Mystik. In diesem Sinne ist Nikolaus von Kues – obwohl historisch der deutschen Mystik zugehörig – kein Mystiker. Gerade die außerordentliche Klarheit seiner Gedanken- und Ideenbildung, gerade die extreme Betonung des Denkelementes trennt ihn von mancherlei Strömungen und Gestalten der sogenannten Mystik.

Aus diesem Grund hebt R. Steiner Cusanus auch aus der historischen deutschen Mystik heraus, indem er ihn ausdrücklich als den wissenschaftlichen Denker bezeichnet und besonders sein enges Verhältnis zur Naturwissenschaft hervorhebt. Dennoch – ja gerade deswegen – ist Cusanus Mystiker, aber eben im Sinne einer wahren und *gedankenklaren Mystik*. «Ich hoffe in meiner Schrift gezeigt zu haben, dass man ein treuer Bekenner der naturwissenschaftlichen Weltanschauung sein und doch die Wege *nach der Seele* aufsuchen kann, welche die *richtig verstandene* Mystik führt. Ich gehe sogar noch weiter und sage: Nur wer den Geist im Sinne der *wahren Mystik* erkennt, kann ein volles Verständnis der Tatsachen in der Natur gewinnen. Man darf *wahre* Mystik nur nicht verwechseln mit dem ‹Mystizismus› verworrener Köpfe. Wie die Mystik irren kann, habe ich in meiner ‹Philosophie der Freiheit› gezeigt» (Die Mystik, Vorwort 1901, S. 14).

Was also ist in diesem Sinne Rudolf Steiners «wahre Mystik»? Es ist eine solche Seelen-Stimmung, die durch liebevolle Hingabe und Versenkung versucht, in der eigenen Seele etwas über die Welt zu erfahren, was durch bloße äußere Beobachtung nicht zu erfahren ist. Die eigene Seele wird sozusagen zu einem Beobachtungsorgan entwickelt, wie es normalerweise nur die Sinnesorgane sind. Entscheidend ist aber, dass diese innere Erfahrung des Seelenorgans nicht in Abhängigkeit vom eigenen physischen Organismus gerät und nur noch leibliche Organzustände oder bloße dunkle Gefühle widerspiegelt, sondern dass diese innere Erfahrung mit der vollen Begriffsklarheit des Denkens durchdrungen wird. Wie die Sinneswahrnehmung des Begriffes zur Ergänzung und Durchleuchtung bedarf, so bedarf auch die mystische Seelenerfahrung der Klarheit des Begriffes und der Idee, denn erst dann wird die seelische Innenerfahrung des mystischen Seelenorganes genauso zum Sinn für das Geistige, wie das Auge oder Ohr für das Physische. Zu dieser Form der Mystik bekennt sich Rudolf Steiner 1924 bei der Neuauflage seiner «Grundlinien einer Erkenntnistheorie der Goetheschen Weltanschauung» auch ganz persönlich, wenn er sagt: «Für *die* Mystik, welche Ideenklarheit denkerisch festhält und zu einem seelischen Wahrnehmungsorgan den mystischen Sinn macht, der in derselben Region des Menschenwesens tätig ist, wo sonst die dunklen Gefühle walten, ist jede Seite meiner Bücher geschrieben. Dieser Sinn ist für das Geistige völlig gleichzustellen dem Auge oder Ohr für das Physische» (Grundlinien, Anmerkungen 1924, S. 109). Mystik in diesem Sinne ist also keine inhaltliche Weltanschauung, sondern eine *Erkenntnismethode* oder eine *Seelenstimmung*. Dieser Seelenstimmung der *gedankendurchdrungenen Mystik* ist Cusanus voll und ganz zuzurechnen, so dass man sagen kann: *Bei Cusanus steht die Weltanschauung des Mathematismus unter der Seelenstimmung der gedankendurchdrungenen Mystik!*

Man blicke von dieser Aussage aus auf die Art und Weise, wie Cusanus die Mathematik betreibt. Es ist eine durch und durch mystische Seelenstimmung. Die mathematischen Zahlen und geometrischen Figuren sind ihm Symbole, d.h. Meditationsfiguren. Sie sind nur zu verstehen, wenn man mit einer mystischen Stimmung auf sie hinschaut, d.h. sie in ruhiger, meditativer Versenkung betrachtet. Die Figuren, mit deren Hilfe Cusanus etwa das Prinzip der *coincidentia oppositorum* verdeutlicht, sind nur meditativ-mystisch angeschaut zu verstehen. Cusanus betreibt eine mystische Mathematik, oder anders ausgedrückt, er *mathematisiert in einer mystischen Seelenstimmung*.

R. Steiner weist darauf hin, dass ursprünglich ein enger Zusammenhang zwischen Mathematik und Mystik bestand, und dass dieser Zusammenhang noch bis zu Descartes (1596 – 1650) und Spinoza (1632 – 1677) nachklingt. Man kann unschwer empfinden, dass die folgenden Worte insbesondere auch für Cusanus Gültigkeit haben: «Mystik, Mathesis, Mathematik sind eines, wenn auch nur in einer gewissen Beziehung. Für einen Mystiker in den ersten christlichen Jahrhunderten ist die eigentliche Mystik dasjenige, was man mehr seelisch, innerlich erlebt, die Mathematik ist jene Mystik, die man mehr äußerlich mit dem Körper erlebt ... Man möchte sagen, die eigentliche Mystik ist eben seelische Mystik, und die Mathematik, Mathesis, ist körperliche Mystik.» «Man wird finden, dass selbst noch Spinoza etwas von mystischem Empfinden hat, indem er sich der mathematischen Methode hingibt ... In bezug auf die Seelenverfassung und Seelenstimmung im Erleben der mystischen Methode des Meisters Eckhart (ca. 1260 – 1328) und der mathematischen Methode des Spinoza ist eigentlich kein Unterschied.»[244]

Von diesem Zusammenhang her gesehen, kann man bekräftigend sagen: *Bei Cusanus steht die Weltanschauung des Mathematismus unter der Seelenstimmung der Mystik*. Die Stimmung der Versenkung und liebevoll verweilenden Hingabe an das Erkenntnisobjekt teilt Cusanus mit der historischen deutschen Mystik, aber diese Stimmung bleibt bei ihm nicht im Gefühl stecken, sondern ringt sich zur klaren Begrifflichkeit des Denkens durch. Von daher hätte Nikolaus von Kues wohl als einziger der Mystiker durchaus die Möglichkeit gehabt, unter Bewahrung seiner mystischen Seelenstimmung seine inhaltliche Weltsicht zu naturwissenschaftlichen Inhalten hinzuwenden.

Zur naturwissenschaftlichen Ebene

Die Auseinandersetzung Rudolf Steiners mit Nikolaus von Kues auf der *naturwissenschaftlichen Ebene* hat ihre Wurzeln ebenfalls in den Vorträgen vom Winter 1900/1901 («Die Mystik»). Schon hier stellt Rudolf Steiner Cusanus als naturwissenschaftlichen Vorläufer des Kopernikus dar: «Er steht auf der Höhe des Wissens seiner Zeit. In der Mathematik hat er Hervorragendes geleistet. In der Naturwissenschaft darf er als Vorläufer des Kopernikus bezeichnet werden, denn er stellte sich auf den Standpunkt, dass die Erde ein bewegter Himmelskörper ist gleich anderen. Er hat schon gebrochen mit der Anschauung, auf die sich noch hundert Jahre später der große Astronom Tycho de Brahe stützte» (Die Mystik, S. 77).

R. Steiner zieht eine direkte geistige Linie von Nikolaus von Kues (insbesondere dessen Werk «De docta ignorantia», 2. Buch) über Nikolaus Kopernikus (1473 – 1543) zu Giordano Bruno (1548 – 1600), wenn er sagt: «Giordano Bruno, auf den die neue kopernikanische Naturbetrachtung eindrang ... hat den kühnen Mut gehabt, die Gestirne als

Welten zu denken, vollkommen analog unserer Erde; er hat den Blick naturwissenschaftlichen Denkens über die Erde hinaus erweitert» (Die Mystik, S. 134f.). Erst an den Gestalten von Nikolaus Kopernikus und Giordano Bruno wird überhaupt deutlich, wohin Cusanus gedanklich-naturwissenschaftlich aufgebrochen war.

Wie stark Nikolaus von Kues, insbesondere in seinen mathematischen Anschauungen, für Steiner der gedankliche Vorbereiter des naturwissenschaftlichen Zeitalters ist, wird 1922/23 deutlich in dem naturwissenschaftlichen Kurs «Der Entstehungsmoment der Naturwissenschaft in der Weltgeschichte». Der erste Vortrag ist im Wesentlichen dem Cusaner gewidmet, in dessen Seele sich symptomatisch alles das offenbart, was geistig in der Menschheitsentwicklung zur Naturwissenschaft hindrängt. «Nikolaus Cusanus ist fast schon so in seiner inneren Seelenstimmung Mathematiker, wie später Cartesius, aber er wagt es nicht, dasjenige, was sich ihm so charakterisiert hatte, wie er es in seiner ‹Docta ignorantia› dargestellt hat, in mathematischer Sicherheit zu ergreifen ... Und was 1440 Nikolaus Cusanus schüchtern symbolisch getan hat mit der Mathematik in bezug auf das Geistgebiet ... das wendet kühn und trotzig Nikolaus Kopernikus auf die äußere Sinneswelt an: das mathematische Denken, das mathematische Wissen ... [Es] erscheint 1543 ‹De revolutionibus orbium coelestium› von Nikolaus Kopernikus, wo mit schroffer Kühnheit das Weltall so vorgestellt wird, [wie] es sich der sicheren Mathematik ergeben muss ... Wer verstehen will, was zur Geburt dieser abendländischen Naturwissenschaft geführt hat, der muss seinen Blick einsichtig lenken auf jenes Jahrhundert, das zwischen der ‹De docta ignorantia› [1440] und ‹De revolutionibus orbium coelestium› [1543] liegt» (S. 20-22).[245]

Auf diesem Hintergrund des Weiterwirkens der naturwissenschaftlichen Impulse des Cusaners wird auch ein Zitat Steiners aus der «Mystik» verständlich, das manchmal zu Missverständnissen und Fehlinterpretationen geführt hat: «Vollkommen verstehen wird man Nicolaus aber nur, wenn man bedenkt, dass sein Beruf als Priester, der ihn bis zur Kardinalswürde emporhebt, ihn zu einem völligen Bruch mit dem Kirchenglauben, der in der scholastischen Theologie seinen zeitgemäßen Ausdruck fand, nicht kommen ließ. Wir finden ihn auf einem Wege so weit, dass ihn jeder Schritt weiter auch aus der Kirche hätte hinausführen müssen» (Die Mystik, S. 85/86).

Diese Gedankenhypothese Steiners, die (nicht nur, aber auch) auf die naturwissenschaftliche Anschauung gemünzt ist, geht offensichtlich u.a. auf eine Formulierung Giordano Brunos zurück, den Steiner intensiv studiert hat und der schon 1588 über Cusanus gesagt hatte: «Hätte nicht das Priesterkleid sein Genie da und dort verhüllt, ich würde anerkennen, dass er dem Pythagoras nicht gleich sei, sondern ein Größerer.»[246]

In der Tat hat Cusanus mit seinen astronomischen Anschauungen das offizielle kirchliche Kosmosbild längst durchbrochen, und es ist ein Wunder, dass er nicht als Ketzer verdächtigt wurde, was im 16. Jahrhundert (1481 hatte die Inquisition begonnen) sicherlich geschehen wäre. So wurde ja das Hauptwerk seines gedanklichen Nachfolgers Nikolaus Kopernikus (1473 – 1543), das u.a. die Grundgedanken des Cusaners von der Bewegung der Erde fortführte, aufgrund eines Gutachtens des ‹heiligen› Offiziums vom 24. Februar 1616 auf den «Index librorum prohibitorum» gesetzt. Erst im Jahre 1828 wurde förmlich beschlossen, dass die Lehre von der Bewegung der Erde zulässig sei (Indexausgabe von 1835).

Giordano Bruno (1548 – 1600), der die Gedanken des Cusaners von der Unendlichkeit des Kosmos weltanschaulich weiterdachte und erkannte, dass es unzählige Sterne von der Beschaffenheit der Sonne geben müsse, büßte seine Kühnheit als Blutzeuge am 17. Februar 1600 in Rom auf dem Scheiterhaufen. Und schließlich brachte Galileo Galilei (1564 – 1642), der die Werke des Cusaners sehr wohl kannte, sein Eintreten für die Bewegung der Erde um die eigene Achse und um die Sonne (heliozentrisches Weltbild) im Alter von fast 70 Jahren den Prozess vor dem obersten Inquisitionstribunal ein. Dieses zwang ihn, am 22. Juni 1633 öffentlich der heliozentrischen Lehre abzuschwören, und stellte ihn zeitlebens unter Hausarrest. Bis gegen Ende des 20. Jahrhunderts wurde das Fehlurteil gegen Galilei nicht offiziell widerrufen. Man wird wenige andere so eklatante Beispiele für den Missbrauch geistlicher Macht gegenüber Wahrheit und Wissenschaft finden wie dieses.

Um so mehr ermisst man den Mut des Kardinals Nikolaus von Kues in seinen astronomischen Anschauungen, über das kirchliche Weltbild hinauszugehen, worauf R. Steiner in seiner gewiss drastischen Formulierung hindeutet. Man versteht Nikolaus von Kues in der Tat nicht, wenn man ihn grundsätzlich nur theologisch im Sinne von Glaubenswissenschaft interpretiert und solange herumwendet «bis etwas Vatikanisches heraus[kommt]», wie Kurt Flasch in einem anderen Zusammenhang 1998 einmal bissig bemerkte (1998, S. 26). Der Kardinal der römischen Kirche, Nikolaus von Kues, ist als weltoffener Geist – scheinbar paradoxerweise – zugleich ein kühner Vordenker der heraufziehenden Naturwissenschaft.

Es ist von diesem Gesichtspunkt her interessant zu verfolgen, wie

Nikolaus von Kues aus seiner inneren mathematischen Denkgesinnung heraus auch auf anderen Gebieten die moderne Naturwissenschaft bewusstseinsmäßig antizipiert. Hier ist insbesondere seine Schrift «Idiota de staticis experimentis» (Der Laie über die Versuche mit der Waage, 1450) zu nennen. Es ist in dieser Schrift der *Laie*, der in die Zukunft schauend den Gelehrten (Cusanus) darauf hinweist, dass eine *neue Form der Naturbetrachtung* in der Menschheit heraufkommen muss. Dann entwickelt der Laie sozusagen das Programm dieser kommenden Naturwissenschaft, indem er eine *Erfahrungswissenschaft* anregt, die ganz auf Messen und Wägen aufgebaut ist. *Maß*, *Zahl* und *Gewicht* sind aber in Zusammenhang mit Beobachtung und Experiment die Basis für die universelle Quantifizierbarkeit aller Naturerscheinungen, wie sie die kommende Naturwissenschaft anstreben wird. «Der Laie: Ich glaube, dass man durch Beachtung des Gewichtsunterschiedes den Geheimnissen der Dinge näher kommen und vieles mit Hilfe von wahrscheinlicheren Folgerungen *(coniectura)* wissen kann» (De staticis experimentis, S. 20).

Der Laie regt z.B. an, eine Tabelle aller wägbaren Gewichtsunterschiede aufzustellen, um danach Rückschlüsse auf die unterschiedliche Beschaffenheit der Substanzen ziehen zu können, «denn keineswegs bedeutet die Gleichheit der Größe verschiedener Dinge auch die Gleichheit ihres Gewichtes» (De staticis experimentis, S. 21). Dieses Prinzip sei aber nicht nur auf Metalle, Steine, Flüssigkeiten, Heilkräuter etc. anwendbar, sondern zum Zwecke der ärztlichen Diagnose sogar auf den Menschen selbst. «Da also das Gewicht des Blutes und des Harnes bei einem Gesunden und bei einem Kranken verschieden ist … sollte es da nicht für einen Arzt von größtem Wert sein, wenn all diese Unterschiede verzeichnet sind …? Denn ich glaube, dass der Arzt eine bessere Diagnose nach Gewicht und Farbe des Harns stellen kann, als allein nach der trügenden Farbe» (De staticis experimentis, S. 21).

Man kann sagen, dass Cusanus zumindest der Idee nach die physikalische Messtechnik in die Medizin einführt, zumal er im Folgenden noch anregt, Herz und Pulsschlag sowie die Zahl der Atemzüge mit Hilfe von Wasseruhren zu messen (Uhren im eigentlichen Sinne gab es damals noch nicht). «Geht man von dem Gewicht der Wassermengen aus, so erfährt man, dass der Pulsschlag beim Jungen und Alten verschieden ist. Er ist auch beim Gesunden anders als beim Kranken. Auf diesem Wege gelangt man zu einer genaueren Kenntnis der Krankheit» (De staticis experimentis, S. 22).

Im weiteren Verlauf der kleinen Schrift dehnt Cusanus das Prinzip der Messbarkeit, Zählbarkeit und Wägbarkeit auf die verschiedensten Sachgebiete aus wie Physik, Chemie, Biologie, Wetterkunde, Astronomie u.a.m.

Das alles sind für das 15. Jahrhundert weit der Zeit vorauseilende Gedanken. Man kann das Auftreten dieser in die Zukunft weisenden Gedanken des Cusaners nur verstehen, wenn man erkennt, dass sie aus der neuen Denkqualität des anbrechenden Bewusstseinsseelen-Zeitalters heraus geschrieben sind. In der Seele des Cusanus offenbart sich symptomatisch dasjenige, was in der Menschheitsentwicklung zur naturwissenschaftlichen Betrachtungsweise hindrängt.

Aber der Bewusstseins-Impuls des messenden Erkennens der Welt ist bei Cusanus selbst noch zutiefst spirituell und mit dem erkennenden Geist des Menschen als einer Qualität *sui generis* verbunden. So leitet er in den Idiota-Dialogen den Begriff *mens* (Geist) von dem Begriff *mensura* (messen) ab und verknüpft beide miteinander im erkennenden Messen und im messenden Erkennen. Beide Aspekte (Quantität und Qualität) sind nicht voneinander zu trennen, denn «aller Dinge Maß und Grenze stammt aus dem Geist» (De mente, Kap. IX, S. 55), und dieser ist ein sich selbst messendes Maß *(mensura mensurans)*. Gerade dieser spirituelle, qualitative Ansatz des Cusaners wird später bei Galilei und Newton «herausgefiltert», und zurück bleibt der rein quantitative Aspekt des Messens. Deshalb wird Cusanus auch als Begründer einer neuen Naturforschung für Jahrhunderte vergessen, denn sein qualitativ-quantitativer Ansatz greift weit in die Zukunft voraus.

Bei Nikolaus von Kues liegen zugleich die Impulse zu einer wesentlichen seelischen Vertiefung der ab dem 15. Jahrhundert entstandenen heutigen Naturwissenschaft. Auf dieses bedeutende, ja einzigartige Keimelement, das bei Cusanus als einzigem aus dem Kreis der Mystiker vorhanden ist, macht R. Steiner 1923 in dem Vorwort zur Neuauflage des Buches «Die Mystik» aufmerksam: «An solchen Persönlichkeiten zeigt sich, dass auch die gegenwärtige Naturforschung einer *mystischen Vertiefung* fähig ist. Denn ein Nikolaus von Kues könnte sein Denken in diese Forschung hinüberführen. Man hätte zu seiner Zeit die alte Forschungsart ablegen, die *mystische Stimmung bewahren* und die moderne Naturforschung annehmen können, wenn sie schon dagewesen wäre» (S. 8/9).

Fragt man sich, wer in der Neuzeit die mystische Vertiefung der Naturforschung aufgegriffen hat, die bei Cusanus angelegt ist, so wird man unmittelbar auf Goethe als Naturforscher gewiesen. In seiner Methode der «anschauenden Urteilskraft» lebt etwas von jenem mystischen Versenkungselement, das die bloße äußere Naturanschauung durch inneres

Erleben in Erkenntnis zu verwandeln vermag. Obwohl Goethe nicht einmal den Namen des Nikolaus von Kues gekannt hat, sind dennoch beide in ihrer Naturwissenschaft außerordentlich kongeniale Geister. In seiner Methode einer «anschauenden Urteilskraft» verknüpft Goethe fortwährend das Naturphänomen mit dem qualitativen, mitfühlenden menschlichen Erkennen. Man lese unter diesem Gesichtspunkt z.B. Goethes Aufsatz «Über den Granit» (1784) und beobachte, wie das liebevolle, mitempfindende Anschauen zur Versenkung und Andacht gesteigert wird und sich schließlich dadurch zur Erkenntnis des Urphänomens erhebt. In Goethes Art der Naturbetrachtung ist ein Stück einer *neuen* Mystik, einer *naturwissenschaftlichen Mystik* ausgebildet, die bei Cusanus als Keim lebt. Diese kommende neue naturwissenschaftliche Mystik ist aber durchaus auch heute noch ein Zukunftselement.

Zur Schicksalsebene

Eine notwendige Vorbemerkung

Mit allergrößtem Erstaunen haben die Vertreter der Cusanus-Forschung das – gar nicht primär für sie bestimmte – Kapitel «Zur Schicksalsebene» zur Kenntnis genommen (aber Bücher sind selbstverständlich öffentlich). Es gibt fast keine größere philosophische oder theologische Besprechung, in der – bei aller sonstigen Anerkennung – dies Kapitel nicht als «lächerliche Kuriosität» angeführt würde. Man sollte wirklich nicht glauben, im Zeitalter der geistigen und kulturellen Globalisierung zu leben, denn immerhin bekennt sich ein großer Teil der Menschheit zum Reinkarnationsgedanken in seinen verschiedenen Ausprägungen; es sind mittlerweile mehr Menschen als sich zum Christentum bekennen. Auch ist man immer wieder überrascht, wie wenig sich Vertreter der Cusanus-Forschung in hermetischer und esoterischer Literatur auskennen, ja wie sie ganze Kulturströmungen aus ihrem Bewusstsein ausblenden. Als Beispiel möchte ich nur eine einzige Besprechung anführen.

Wilhelm Dupré, der verdienstvolle deutsche Übersetzer und Kommentator der Werke des Cusanus in der großen Studienausgabe bei Herder (nach der ich immer wieder zitiere), hat eine große Besprechung der ersten Auflage dieses Buches sozusagen im Namen der offiziellen Cusanus-Forschung geschrieben (vgl. MFCG, Band 17). Dieser kann ich anerkennend ein großes methodisches und persönliches Bemühen um Objektivität und Verständnis einem fremdartigen Gesichtspunkt gegenüber nicht absprechen! Wenn er dennoch in Anknüpfung an Rudolf Haubst eingangs sofort ausführlich die in meinen Anmerkungen ‹relativ versteckte› Aussage R. Steiners über die Schicksalsbeziehung zwischen Nikolaus von Kues und Nikolaus Kopernikus zitiert, dann tut er dies nicht, um sich mit dem Gedanken der Reinkarnation wirklich auseinanderzusetzen, sondern um das Buch ob dieses ‹skurrilen Gedankens› von Anfang an zu diskreditieren. Aber er irrt, wenn er meint, auf diese Art und Weise einen großen Gedanken der Weltreligionen (z.B. Buddhismus, Hinduismus) zu ‹erledigen›.

Auch in der Geschichte des Christentums und des Abendlandes spielt dieser Gedanke eine bedeutende Rolle. Kronzeuge ist Origenes (185 – 254 n.Chr.), der in Anknüpfung an die Aussagen des Christus Jesus in der Bibel über die Identität von Elias und Johannes dem Täufer (vgl. die Verklärungsszene Matthäus 17,12-13; Markus 9,13; aber auch Matthäus 11,14) diesen Gedanken als christliche Idee begründet und ihn deutlich von der älteren ‹heidnischen Seelenwanderungslehre› absetzt.

Erst auf dem 5. Ökumenischen Konzil in Konstantinopel (553 n.Chr.) wurden die platonisch inspirierten Schriften des Origenes verdammt. Dies unter der massiven Einflussnahme von Kaiser Justinian (483 – 565 n.Chr.) als überzeugtem Monophysiten, der 529 auch die platonische Philosophenakademie in Athen hatte schließen lassen. Entscheidend im zeitlichen Vorfeld waren vor allem die Intrigen seiner verworfenen Gattin Theodora, einer skrupellosen, machtbesessenen früheren Schauspielerin und Kurtisane, welche als die eigentliche Drahtzieherin des späteren ‹Anathemas› gilt. Unter ihrem Einfluss hatte Justinian bereits 543 in einem kaiserlichen Edikt 10 Sätze aus den Schriften des Origenes als ketzerische Lehren gebrandmarkt. Mit der Präexistenzlehre des Origenes wurde auch der christliche Reinkarnationsgedanke, der noch im Ur- und Frühchristentum weit verbreitet war, indirekt mit verdammt. Also nicht die ‹Inspiration des Heiligen Geistes› oder eine ‹erleuchtete theologische Weisheit›, sondern Machtintrigen und eine völlig abhängige, eingeschüchterte und nicht vollzählige Kirchenversammlung (der römischer Papst Vigilius I. und fast alle westlichen Bischöfe waren nicht anwesend) haben diesen Gedanken diskreditiert.

Unterdrücken ließ sich der christliche Reinkarnationsgedanke, der scharf von der ‹Seelenwanderungslehre› unterschieden werden muss, aber auch im Abendland niemals ganz. Er lebt fort von Origenes bis zu fast allen großen Vertretern der deutschen Klassik und des deutschen

Idealismus, wie z.B. Lessing, Goethe, Schiller, Hölderlin, Schelling etc., die sich alle mehr oder minder offen zu ihm bekannten. Besonders deutlich ist dies in Lessings berühmter letzter Schrift «Die Erziehung des Menschengeschlechts» (1780) (vgl. dazu die vorzügliche Schrift von Manfred Krüger: «Ichgeburt – Origenes und die Entstehung der christlichen Idee der Wiederverkörperung in der Denkbewegung von Pythagoras bis Lessing», Olms Verlag, Hildesheim 1996). Inzwischen wurde Origenes langsam rehabilitiert. Hans Urs von Balthasar, dem kurz vor seinem Tode noch die Kardinalswürde verliehen wurde, gibt ihm bereits 1938 in der Hierarchie der Kirchenlehrer einen Platz neben Augustin und Thomas von Aquin. Was aber ist mit seinem christlichen Reinkarnationsgedanken? Dieser ist bis heute nicht rehabilitiert.

Dennoch: eine ganze Reihe von theologisch geprägten Zeitgenossen neigen diesem Gedanken inzwischen zu, obgleich er nicht durch die Dogmatik der Kirchen sanktioniert ist. Es ist dies eben auch die «Freiheit eines Christenmenschen».

Nach einer Umfrage in den 1990er Jahren halten nicht nur rund ein Drittel aller Katholiken den Gedanken der Reinkarnation für möglich oder wahrscheinlich, sondern auch eine ganze Reihe amtierender katholischer Priester, obgleich sie durch ihre Überzeugung nur Schwierigkeiten von Seiten der Amtskirche haben. Und der ehemalige katholische Priester, Missionar und Dozent Pietro Archiati, der lange in Ostasien gelebt hat, schreibt 1998: «Auch das katholische Dogma hat bis heute [Stand 1990] darüber, ob es Wiederverkörperung gibt oder nicht, geschwiegen ... Deshalb gibt es auch immer mehr Menschen, die sich fragen, wieso Rom, das sich als Wahrheitsinstanz versteht, sich über diese wichtige und dringende Frage nicht offiziell und deutlich äußern will» (Was ist Reinkarnation und Karma? 1998, S. 21).

Ich will den Reinkarnationsgedanken keinesfalls Cusanus selbst unterschieben, wie der verstorbene verdienstvolle Leiter des Cusanus-Institutes, Rudolf Haubst († 1992) unverständlicherweise meinte, als er mir schrieb: «In Richtung Reinkarnation lässt sich Cusanus selbst absolut nicht weiterdenken ... Die Eschatologie des Cusanus ist eben sehr konsequent auf die einmalige Erreichung der Vollendung des ganzen Menschen durch Christus in Gott angelegt.» (Brief vom 25.1.1984)

Ich möchte dieser Aussage an keiner Stelle widersprechen; mir ist dieses Faktum selbstverständlich voll bewusst. Nach meiner Überzeugung hätte sich allerdings der große Cusanus nicht nur mit den Anhängern Wiclifs, den böhmischen Hussiten und den Bekennern des Islam innerlich auseinandergesetzt (vgl. seine Schrift «De pace fidei», 1453),* sondern auch mit den Vertretern des Reinkarnationsgedankens, wenn er z.B. die östlichen Religionen schon zu seiner Zeit gekannt hätte. Ich möchte Cusanus selbst keineswegs zu einem Reinkarnationsanhänger machen, das wäre geradezu töricht. Es ist aber eine unbestreitbare historische Tatsache, dass es in Esoterik, Okkultismus und Hermetik stets bekannt war, dass es sich bei dem ‹vergessenen Cusaner› um eine bedeutende spirituelle Persönlichkeit handelt. So diente das Weiterwirken seiner ewigen Individualität stets als ein Beispiel zur Verdeutlichung des christlichen Reinkarnationsgedankens. Dies und nichts anderes soll in den folgenden Ausführungen dargestellt werden, und zwar stellvertretend für die Strömung des Okkultismus bei Helena Petrowna Blavatsky und Rudolf Steiner.

Nikolaus von Kues und Nikolaus Kopernikus

Unter Schicksalsbetrachtung ist hier ein Zweifaches gemeint: zum einen das spirituelle Fortwirken von geistigen Impulsen, die sich durch eine Persönlichkeit hindurch im Fortgang der Menschheitsentwicklung äußern; zum anderen das individuelle Hindurchtragen von geistigen Impulsen im Verlaufe verschiedener Inkarnationen durch die geistige Individualität (Entelechie) des Menschen selbst.

Der Gedanke der *Reinkarnation* ist in dem Sinne gemeint, wie Lessing (1729 – 1781) ihn am Ende seiner Schrift «Die Erziehung des Menschengeschlechtes» (1780) ausspricht: «Eben die Bahn, auf welcher das (Menschen-)Geschlecht zu seiner Vollkommenheit gelangt, muss jeder einzelne Mensch (der früher, der später) erst durchlaufen haben. In einem und demselben Leben durchlaufen haben? ... Das wohl nun nicht! – Aber warum könnte jeder einzelne Mensch auch nicht mehr als einmal auf dieser Welt vorhanden gewesen sein? ... Warum sollte ich nicht so oft wiederkommen, als ich neue Kenntnisse, neue Fertigkeiten zu erlan-

* Die von H. Pfeiffer (†) neu übersetzte und 1985 von R. Haubst (†) herausgegebene Schrift «De visione Dei» (1453), die dem Trierer Symposium «Der Friede unter den Religionen nach Nikolaus von Kues» (1982) zugrunde lag, ist dem Teilnehmer und Hindu-Gelehrten Pândurang Shâstri Âthavale gewidmet, der selbstverständlich ein Vertreter der Reinkarnationslehre ist. Soll das nun der Beginn einer echten Auseinandersetzung mit den Bekennern der Reinkarnationsidee (z.B. auch dem Dalai Lama) sein oder ein bloßes multikulturelles Aushängeschild?

NICOLAUS COPERNICUS.

Abb. 71: Nikolaus Kopernikus mit einem heliozentrischen Modell der Erdbahn. Nicolaus Copernicus – wie er sich latinisiert nannte – wurde am 19. Februar 1473 unter dem deutschen Namen Nikolas Koppernigk in Thorn an der Weichsel geboren und starb als Domherr im Mai 1543 in Frauenburg im Ermland. Seine Muttersprache war wie die des Cusaners primär deutsch, geschrieben hat er wie jener in Latein. Nikolaus Kopernikus studierte ab 1491 zunächst in Krakau, wo er mit der Astronomie bekannt wurde und sich perfekte Lateinkenntnisse erwarb. Von 1496 - 1500 studierte er wie Cusanus Kirchenrecht in Italien (Bologna), trieb auch wie jener nebenher astronomische und mathematische Studien. Sein astronomischer Lehrer war Domenico von Novara (1454 – 1504). Anschließend an Bologna weilte Kopernikus ein Jahr zu naturwissenschaftlichen Studien in Rom. Ein zweiter Studienaufenthalt zum Medizinstudium in Padua und Ferrara währte von 1501-1506. Es ist nicht auszuschließen, dass Kopernikus in Italien auch äußerlich auf die geistige Hinterlassenschaft des Nikolaus von Kues gestoßen ist und sich mit ihr vertraut gemacht hat.

1506 in die Heimat zurückgekehrt, wirkte Kopernikus zunächst als Arzt in Heilsberg, dann als Domherr in Frauenburg. Dort hat er – nach seinem eigenen Zeugnis – über dreißig Jahre lang an seinem lebenslang zurückgehaltenen mathematisch-astronomischen Hauptwerk «De revolutionibus orbium coelestium Libri VI» (Sechs Bücher über die Umläufe der Himmelskörper) gearbeitet. Es erschien posthum in seinem Todesjahr 1543 in Nürnberg im Druck. Nur ein vorab geschriebener Abriss «commentariolus» war noch zu Lebzeiten bekannt geworden. Kühn wendet darin Kopernikus die Gesetze der Mathematik auf die Himmelsverhältnisse an und entkleidet damit den mittelalterlichen Kosmos seiner Spiritualität. Doch ohne diesen notwendigen ‹Todesprozess› wäre die Geburt des neuzeitlichen Bewusstseins, der Bewusstseinsseele nicht möglich gewesen.

gen geschickt bin? Bringe ich auf einmal so viel weg, dass es der Mühe wiederzukommen etwa nicht lohnet?»[247]

Ganz in diesem Sinne hat sich der Okkultismus stets mit Nikolaus von Kues beschäftigt. Fassbar wird es bei Helena Petrowna Blavatsky (1831 – 1891), die im November 1875 in New York zusammen mit Colonel Henry Steel Olcott die «Theosophical Society» gegründet hatte. Sie schreibt in ihrer «Geheimlehre» (Band III, Esoterik, 1888): «Sodann kommen die Fälle vor – selten zwar, … – die die freiwilligen und bewussten Reinkarnationen von Adepten während ihrer Prüfung sind. Jeder Mensch hat … ein ‹Höheres Selbst›, auch einen ‹Astralkörper›. Aber es sind ihrer nur wenige, die … irgend eines der Prinzipien, die ihn beseelen, lenken können, sobald der Tod ihr kurzes Erdenleben abgeschlossen hat. Und doch ist eine solche Lenkung, oder die Übertragung … nicht nur möglich, sondern kommt häufig nach okkulten und kabbalistischen Lehren vor. Die Grade einer solchen Kraft sind natürlich sehr verschieden … Als ein Beispiel eines [solchen] Adepten … zitieren einige … Kabbalisten eine wohlbekannte Persönlichkeit des fünfzehnten Jahrhunderts – den Kardinal de Cusa. Infolge seiner wunderbaren Hingabe an esoterisches Studium … führte das Karma den … Adepten dahin, intellektuelle Erholung … in dem Körper des Kopernikus zu suchen. *Se non è vero, è ben trovato*; und die genaue Prüfung der Leben der beiden Männer mag jemanden … leicht dahin bringen, die behauptete Tatsache bereitwillig anzunehmen. Der Leser … wird ersucht, sich dem … Folianten im Latein des fünfzehnten Jahrhunderts, betitelt ‹De docta ignorantia› zuzuwenden, geschrieben von dem Kardinal de Cusa, worin sich alle Theorien und Hypothesen – alle Ideen – des Kopernikus als Grundtöne zu den Entdeckungen des großen Astronomen finden … In dem oben erwähnten umfangreichen Werke des Kardinals findet sich ein sehr bedeutungsvoller Satz … der rechtmäßig den Büchern des Hermes zugehört: ‹Die Welt ist eine unendliche Kugel, deren Mittelpunkt überall und deren Umkreis nirgends ist.› … Ungefähr fünfzehn Jahre vor der Geburt des Kopernikus schrieb de Cusa wie folgt: … ‹Daher kann die Erde, weil sie nicht im Mittelpunkte ist, auch nicht bewegungslos sein.›

Man kann nicht umhin, mit dem Biographen des Kardinals de Cusa übereinzustimmen, der, ohne Ahnung von der okkulten Wahrheit … einfach ein solches wunderbares Vorauswissen anstaunt … Aber woher konnte der Kardinal seine Ideen entlehnt haben? Offenbar von Hermes und den Werken des Pythagoras, wenn schon das Geheimnis seiner Inkarnation und Reinkarnation abgelehnt wird.» (1888, S. 367f.)

In Anknüpfung an diese Aussagen von H.P. Blavatsky und deren Irrtümer hat sich Rudolf Steiner sehr früh mit Nikolaus von Kues beschäftigt, am frühesten offensichtlich in dem nicht wörtlich nachgeschriebenen Vortrag vom 18. Okt. 1903 in Berlin über okkulte Geschichtsforschung.[248] In einem Zeitungsbericht über diesen Vortrag (freie Inhaltswiedergabe) heißt es: «Im Geistigen finden wir das Gebiet, wo die Ereignisse der Geschichte entstehen. Hier haben wir die wahren Ursachen für alles Geschehen auf Erden zu suchen, hier beraten sich die leitenden Personen der Geschichte Aug' in Auge mit den großen und unsichtbaren Führern der Menschheit. Erst wenn wir die Absicht erforschen, die jene zum Handeln trieb, begreifen wir die oft unerklärlichen Tatsachen der Geschichte.

So z.B. lebte im 15. Jahrhundert ein Kardinal Nikolaus von Cusa (Cusanus), der tiefe wissenschaftliche Einsicht hatte. Lange vor Kopernikus hatte er die ... Bewegung der Erde erkannt und gelehrt, ohne dass er von seinen Zeitgenossen verstanden wurde. Es war eine Art Vorbereitung zu dem, was Kopernikus (geb. 1473) einer einsichtsvolleren Generation (16. Jahrhundert) mitteilen konnte. Die okkulten Forscher lehren nun übereinstimmend (und auch H. P. Blavatsky hat es offen ausgesprochen und im III. Band der ‹Geheimlehre› angedeutet), dass Kopernikus niemand anders war als der wieder inkarnierte Kardinal Cusa, der auf diese Weise sein Werk zur Vollendung brachte. So werden Aufgaben gestellt und gelöst; die Seele, die etwas Großes vorbereitet, kommt später wieder, um ihre Mission zu erfüllen und zu beenden ...».[249]

Zunächst muss gesagt werden, dass dieser Bericht nicht von Rudolf Steiner selbst stammt und auch keine wörtliche Nachschrift seines Vortrages darstellt, sondern eine freie Inhaltsangabe des Vortrages ist. Aus dieser freilich könnte sehr leicht herausgelesen werden, als ob es sich um eine direkte Reinkarnationsbeziehung zwischen Nikolaus von Kues und Nikolaus Kopernikus handele.[250]

In bezug auf den Schicksalszusammenhang zwischen Nikolaus von Kues und Nikolaus Kopernikus bestehen daher die mannigfaltigsten Unklarheiten und Missverständnisse. Diese beruhen wohl zum einen auf der älteren okkultistischen Tradition (z.B. auf H.P. Blavatsky), in der das Schicksalsbeispiel Cusanus seit langem bekannt war. Aber es muss zugegeben werden, dass auch die Äußerungen Rudolf Steiners selbst manchmal missverständlich interpretiert werden können (vielleicht auch falsch mitgeschrieben sind), wenn man nicht den Gesamtumfang seiner Äußerungen dazu kennt.

Außer der andeutenden Äußerung aus dem Jahre 1903 liegen eine

Reihe kurzer Hinweise R. Steiners in verschiedenen Vorträgen aus den Jahren 1908 – 1912, mit einem Schwerpunkt im Jahre 1909, vor. Diese Hinweise beziehen sich alle auf den inneren Schicksalszusammenhang von Nikolaus von Kues und Nikolaus Kopernikus.[251] Rudolf Steiner geht in diesen Hinweisen von einem merkwürdigen Umstand aus, nämlich, dass Nikolaus von Kues «in seinen Forschungen die ganze Lehre des Kopernikus im 16. Jahrhundert sozusagen vorbereitet hat. Sie ist zwar in seinen Büchern noch nicht so richtig reif wie bei Kopernikus, aber sie ist doch darin in allem Wesentlichen enthalten, eine Tatsache, welche der gewöhnlichen Forschung ganz unerklärlich ist.»[252] Während aber bei Nikolaus von Kues in seinen Anschauungen vom Himmel und den Planeten noch eine tiefe Spiritualität lebt, wird beim Übergang von Nikolaus von Kues zu Nikolaus Kopernikus gerade diese Spiritualität gleichsam herausgefiltert, und sie wird umgewandelt in eine abstrakt-geometrische Betrachtung der Himmelsverhältnisse.

Es sind zwei Aspekte, die Rudolf Steiner in seinen Hinweisen berührt: 1. die merkwürdige Vorprägung der kopernikanischen Ideen durch Nikolaus von Kues einerseits, und 2. die seltsame Vermaterialisierung und Verabstrahierung dieser Ideen durch Kopernikus andererseits. In beidem wirkt individuelles Schicksal und Zeitenschicksal.

Auf der *Ebene des individuellen Schicksals* stellt R. Steiner in den drei Vorträgen aus dem Jahre 1909 klar, dass es sich auch im Sinne des Gedankens der Reinkarnation um *keine* direkte Reinkarnation zwischen Nikolaus von Kues und Kopernikus handeln kann: das *Ich,* d.h. die ewige Entelechie des Kopernikus ist eine ganz andere als die des Nikolaus von Kues. Aber er schildert, dass z.B. rein seelische Elemente, seelische Impulse, seelische Willensrichtungen etc. in zwei aufeinander folgenden Individualitäten fortwirken können. Eben dieses liegt zwischen Nikolaus von Kues und Kopernikus vor. Die Übertragung seelischer Elemente und Impulse von Cusanus auf Kopernikus ist anzusehen wie eine Art ‹Seelengeschenk› des Nikolaus von Kues, dessen Ich in der geistigen Welt fortlebt, an Kopernikus, dessen Ich sich anschickt, in seine Inkarnation im 15./16. Jahrhundert hinabzusteigen und sich mit einem ‹seelisch-physischen Gewand› umkleidet.

Es ist aber bei dieser Frage unbedingt notwendig, sehr genau zwischen den Worten «Seele» und «Ich» (bzw. Individualität) zu unterscheiden. Diese Unterscheidung ist offensichtlich auch in den Vortragsmitschriften der Schicksalsvorträge Rudolf Steiners aus den Jahren 1908 bis 1912 (siehe Anm. 251) nicht immer genau genug vorgenommen worden, was eine weitere Quelle für Missverständnisse darstellt. So stehen in diesen

Nachschriften die mehrdeutigen Wendungen wie «er wurde wiedergeboren als», «dieselbe Seele», «dieselbe Wesenheit» etc. In den Vorträgen über «Das Prinzip der spirituellen Ökonomie» (1909, GA 109/111) stellt Rudolf Steiner aber klar, dass es sich um *keine unmittelbare Reinkarnation des Ich* (der ewigen Individualität) des Nikolaus von Kues in Nikolaus Kopernikus handelt, sondern um die Übertragung seelischer Impulse. Er sagt: «Tatsächlich ist der Seelenleib des Cusanus auf Kopernikus übertragen worden, *obwohl das Ich des Kopernikus ein ganz anderes war als das des Cusanus*. Dadurch erhielt Kopernikus die Grundlagen, alle Vorbereitungen seiner Lehre. Ähnliche Fälle kommen öfter vor. Immer wird das besonders Wertvolle erhalten, nichts vergeht. Aber Verwechslungen kommen dadurch natürlich oft vor, besonders auch, wenn die früheren Leben eines Menschen vermittels spiritistischer Medien erforscht werden sollen.»[253]

R. Steiner weist hier sehr deutlich auf die Irrtumsmöglichkeiten bei diesen Reinkarnationsfragen hin, da es eben nicht nur eine Reinkarnation des Ich gibt, sondern auch eine solche der Seele – obschon unter dem Begriff der ‹Reinkarnation› primär die Wiederverkörperung des ewigen Ich (der Individualität, der Entelechie) verstanden wird.

Auf der *Ebene des Zeitenschicksals* – insbesondere im Hinblick auf den gewaltigen Paradigmenwechsel der abendländischen Menschheit beim Überschreiten der Epochenschwelle (1413 n.Chr.), d.h. durch den Übergang von der Epoche der Verstandes- oder Gemütsseele zur Bewusstseinsseele – muss der Schicksalszusammenhang zwischen Cusanus und Kopernikus auch menschheitlich betrachtet werden. In jedem Menschen wirken Einzelschicksal und Zeitenschicksal zusammen. Je bedeutender die geistige Persönlichkeit ist, desto größer ist auch ihr Anteil am Zeitenschicksal. So kann und wird auch das übertragene ‹Seelengewand› entsprechend den jeweiligen kosmischen Kräften und dem jeweiligen Zeitenschicksal eine andere Tingierung erhalten. Dies spricht sich in der Veränderung der Denkweise von «De docta ignorantia» (1440) zu «De revolutionibus orbium coelestium» (1543) deutlich aus. Dennoch ist die seelische Stoßrichtung die gleiche, sozusagen nur ins Materielle, Äußerliche umgelenkt. Cusanus und Kopernikus sind beide individuell schicksalsmäßig auf der seelischen Ebene miteinander verflochten und zugleich Exponenten des Zeitenschicksals, welches durch das Heraufkommen der Bewusstseinsseele mit der modernen Naturwissenschaft bestimmt ist. – Die gleiche seelische Willensrichtung lebt also in Cusanus und Kopernikus: Bei Kopernikus wird als Frucht unmittelbar anschaubar, was in der Seele des Cusaners als Same der Möglichkeit nach lebte. Das gilt insbesondere für diejenigen seelischen Impulse des Nikolaus von Kues, die zur Naturwissenschaft hindrängen.

Ein letzter Aspekt sei zumindest angedeutet. Er bezieht sich auf Nikolaus von Kues als ‹Werkzeug› des Zeitenschicksals, dessen Aufgabe es ist, individuell um eine zukünftige Spiritualisierung des Denkens zu ringen. Ausgangspunkt ist für Steiner sein erster Versuch einer Schicksalsbetrachtung über Nikolaus von Kues im Oktober 1903.

In einem kurzen Autoreferat darüber sagt R. Steiner: «Diese allgemeinen Sätze erläuterte der Vortragende durch Andeutungen über einige Beispiele, wie man sich die Entwicklung großer Führer der Menschheit durch ihre Wiederverkörperungen hindurch zu denken hat.»[254]

Sieben Jahre später kommt R. Steiner während eines anderen Vortrages in einem Halbsatz auf diesen allerersten Vortrag zurück und sagt: «Ich habe schon einmal, ziemlich am Anfange unserer deutschen Bewegung, darauf aufmerksam gemacht, wie in einer Persönlichkeit des 15. Jahrhunderts [der des Nikolaus Cusanus] das auftritt, was sich hier als spirituelle Bewegung fortzieht.»[255]

Bereits 1903 hat R. Steiner offensichtlich die Individualität des Nikolaus von Kues betrachtet als einen großen Menschheitsführer, in dem eine alte eingeweihte Persönlichkeit lebt, die als Cusanus am Anfang jener spirituellen Bewegung steht, die sich heute in einer Metamorphose als Geisteswissenschaft fortsetzt. Das bezieht sich vor allem auf die gewaltigen spirituellen Ereignisse, die sich um die Epochenschwelle am Anfang des 15. Jahrhunderts abspielen.[256]

«Hinter dem, was sich im Beginne des 15. Jahrhunderts geschichtlich abspielte in den menschlichen Seelen, steht eben Gewaltiges ... Der Mensch ist ein Kopfmensch geworden. Die Intelligenz wird seine Eigenintelligenz.»[257] Damit beginnt zugleich das Ringen um eine Spiritualisierung der irdisch gewordenen Eigenintelligenz des Menschen. In diesem Ringen steht Nikolaus von Kues ganz zentral darinnen.

*Zur Geistphilosophie als Schulungsprinzip**

Anknüpfend an das *Denkprinzip der coincidentia oppositorum* ist dargelegt worden, wie der Koinzidenz-Gedanke als dynamisches Erkenntnisprinzip ein bewegliches Denken voraussetzt, um das Verlöschen und Vergehen der Bilder und Begriffe bei ihrer Annäherung an die Schwelle *(limes)* zu erleben. Der Koinzidenz-Gedanke ist ein Hindurchführen des Denkens durch den Prozess von Tod und Auferstehung. Die Denkbewegung des Cusaners im Vernunftbereich der *coincidentia oppositorum* steigert das statische, sinnengebundene Denken zum *beweglichen Denken* hinauf. Sein erlebendes Mitverfolgen bewirkt das unmittelbare Eintauchen in eine innere Denk-Dynamik.

Rudolf Steiner charakterisiert diesen Übungsweg zum beweglichen Denken in den vier Vorträgen «Der menschliche und der kosmische Gedanke» (GA151) ganz ähnlich. Er zeichnet als Beispiel ein Dreieck und leitet dazu an, dieses Dreieck innerlich fortwährend in ein anderes Dreieck zu verwandeln, indem die drei Seiten als ständig in Bewegung gedacht werden. «Man muss in seinen Gedanken Bewegung ausführen. Aber dafür hat man auch wirklich den allgemeinen Gedanken Dreieck darinnen ... Der allgemeine Gedanke Dreieck ist da, wenn man den Gedanken in fortwährender Bewegung hat, wenn er versatil ist ... Gefordert wird von uns, ... dass wir den speziellen Gedanken in Bewegung bringen, so dass der bewegte Gedanke der allgemeine Gedanke ist, der von einer Form in die andere hineinschlüpft.»[258]

Es kommt also alles darauf an, die sinnengebundenen Begriffe ineinander übergehen zu lassen, dadurch die Gedanken in Bewegung zu bringen, so dass man durch das bewegte Denken aufsteigen kann vom speziellen Begriff *(nomen,* d.h. auf die Sinnenwelt gerichteter Verstandesbegriff) zum allgemeinen Begriff *(realia,* d.h. sinnlichkeitsfreie Idee in der Vernunft). Man bemerkt unmittelbar, dass dies das Übungsprinzip des Cusanus im Bereich des Vernunftdenkens der *coincidentia oppositorum* ist.

* Dieses Kapitel bezieht sich auf die bei Cusanus verborgenen Keime zu einer Steigerung der Erkenntniskräfte im Sinne eines meditativen Schulungsweges. Es sei ausdrücklich betont, dass die folgenden Ausführungen einen ganz individuellen und notgedrungen unzulänglichen Versuch darstellen. Beurteilen wird ihn nur derjenige können, der sich praktizierend um den geisteswissenschaftlichen Schulungsweg bemüht hat, denn dieser ist der Ausgangspunkt für die Retrospektive auf Cusanus.

Was vollzieht sich nun auf diesem Übungsweg? R. Steiner schildert es als den Aufstieg des menschlichen Denkens vom Reiche der «Geister der Form» zum Reiche der «Geister der Bewegung».[259]

Durch den Anhauch des Denkens aus dem Reich der ‹Geister der Bewegung›, durch die Ausbildung eines beweglichen Vernunftdenkens, das die Realia (die Ideen) abzubilden vermag, bildet sich aber vorzugsweise der übersinnliche (ätherische) Teil des Gehirnes aus (das «Äthergehirn»), wie Rudolf Steiner am Ende des dritten Vortrages ausführt.[260] Dieses ist das sinnlich-übersinnliche «Organ», durch das die geistige Welt der bewegten Urbilder in die Gedankensphäre eintritt. So möchte ich als «Mutmaßung» formulieren: Das Vernunftdenken des Cusaners im Bereich der *coincidentia oppositorum*, sein Gedanke vom Zusammenfall der Gegensätze, deren Verwandlung und Umkehrung, ist ein Schulungsweg zur Ausbildung dieser Fähigkeit und spielt sich bereits im leibfreien Bereich des Ätherleibes als Denkorgan ab. In der steten Beschäftigung mit dem mystischen Geometrisieren liegt ein Grund dafür, dass Cusanus in seinem Erkenntnisweg weiterkommt als z.B. selbst Thomas von Aquin, der frühzeitig den Offenbarungsglauben postuliert (Diesen Hinweis verdanke ich Dr. Hans Börnsen, † 1983.)

Von einem anderen Gesichtspunkt soll dies ergänzend beleuchtet werden. Rudolf Steiner antwortete 1923 in den sogenannten «Arbeitervorträgen» auf die Frage «Wie kommt man zum Schauen der geistigen Welt?» mit dem Ausspruch: «Durch das Denken, durch eine *Steigerung des Denkens.*» Es gilt, das Denken von der Gebundenheit an das diskursiv schrittweise vorwärtsstrebende Denken des physischen Gehirnes zu lösen: «Solange man bloß mit dem Gehirn denkt, kann man nichts Geistiges denken. Da muss man anfangen, mit dem Ätherkörper zu denken».[261] Vier *Übungswege* zur Steigerung des Denkens zeigt R. Steiner in diesem Zusammenhang auf:

1. selbständig denken;
2. rückwärts denken, d.h. gegen den Zeitenstrom denken;
3. in Umkehrungen denken, d.h. die Gegensätze ineinander verwandeln;
4. ehrlich denken.

Wenn man als Gedankenhypothese diese Übungswege sinngemäß auf Cusanus überträgt, dann kann man formulieren: Das Denken des Cusaners im Bereich der *coincidentia oppositorum* ist schwerpunktartig im Bereich des dritten Übungsweges angesiedelt. Es ist von der Denkbewegung her eine fortwährende Übung, in Umkehrungen zu denken, dadurch dass endliche gegensätzliche Figuren ineinander verwandelt werden.

Zu dem Üben des Denkens in Umkehrungen sagt R. Steiner: «Der sicherste Weg ist eben, von solchen Sätzen auszugehen und darauf zu kommen: Der Teil ist größer als das Ganze. Kein Körper ist ausgedehnt. Urteile haben Farben. Die Gerade ist der längste Weg zwischen zwei Punkten. – Dadurch hat man sich losgerissen von dem physischen Körper. Wenn Sie dies alles durchmachen, dann kommen Sie dazu, zunächst statt Ihrem physischen Körper Ihren Ätherkörper benützen zu können. Sie können dann anfangen, mit dem Ätherkörper zu denken, und der *Ätherkörper muss alles umgekehrt denken* von der physischen Welt. Denn durch den Ätherkörper kommt man allmählich in die geistige Welt hinein.»[262]

Deutlich ist zu bemerken, dass unter diesem speziellen Gesichtspunkt das Denken des Cusaners im Bereich der *coincidentia oppositorum* Teilaspekte dieses Übungsweges beinhaltet. Dadurch wird u.a. auch verständlich, warum Cusanus bei seinen geometrischen Beispielen die völlige Ablösung von jeder sinnlichen Figur betont, warum er im Bereich der *coincidentia oppositorum* immer wieder mit der Dialektik des Denkens arbeitet. Er beschreibt im Grunde, geisteswissenschaftlich formuliert, den Übergang zum *leibfreien ätherischen Denken* im Bereich des ‹Gegenraumes›.[263]

Von einem anderen Gesichtspunkt aus kann man den Versuch des Cusaners, das menschliche Denken von den gegensätzlichen Verstandesbegriffen zu lösen und zum Erleben der übergegensätzlichen Einheit im *leibfreien ätherischen Vernunftdenken zu* führen, auch als *Meditationsweg* beschreiben.

Nun hat Nikolaus von Kues diesen Weg in seinen Schriften niemals systematisch dargestellt, weshalb man auch nicht von einem regulären Schulungs- oder Meditationsweg sprechen kann. Vielmehr handelt es sich um die Tatsache, dass seine Erkenntnislehre fortwährend von einzelnen Elementen eines meditativen Schulungsweges im Sinne eines immanenten *Schulungsprinzips* durchzogen wird.

R. Steiner hat demgegenüber den meditativen Schulungsweg systematisch in seinen Schriften dargestellt (z.B. «Wie erlangt man Erkenntnisse der höheren Welten?», 1904/05; «Die Stufen der höheren Erkenntnis», 1905/08; «Die Geheimwissenschaft im Umriss», 1910). Die Kenntnis dieser Schriften muss hier vorausgesetzt werden.[264] Hier sei nur das folgende Überblicks-Schema des vierstufigen Weges gegeben (von unten nach oben zu lesen).

Die erste Stufe gehört noch der *gegenständlichen Erkenntnis* an, da sie sich auf die Gegenstände der Sinneswelt bezieht. Sie kommt zustande durch das auch von Cusanus geschilderte Zusammenwirken von Sinneswahrnehmung, Vorstellung und Verstandes-Begriff, sofern dieser sich auf die Sinne bezieht. Der Ausbildung einer exakten Gegenstandserkenntnis, d.h. eines klaren Denkens überhaupt, kommt als Vorstufe der höheren Erkenntnis aber große Bedeutung zu.

Die Entwicklung eines vom Leibe und den Sinneswahrnehmungen unabhängigen reinen Vernunftdenkens, wie es u.a. auch Cusanus darstellt, kann dann die Grenze zur übersinnlichen Welt überschreiten und zum Denkhellsehen führen. Erst jenseits der Grenze der gegenständlichen Erkenntnis liegen die drei Stufen der eigentlichen höheren Erkenntnis.

4. Intuitive Erkenntnis	Wesen
3. Inspirierte Erkenntnis	Kraft
2. Imaginative Erkenntnis	Bild
1. Gegenständliche Erkenntnis	Gegenstand

Rudolf Steiner nennt deren erste Stufe die *imaginative Erkenntnis,* weil sie durch die Versenkung in Sinnbilder (Symbole) oder Imaginationen geweckt werden kann. Die zweite Stufe wird als *inspirative Erkenntnis* bezeichnet. In ihr ist durch das willentliche Auslöschen der Sinnbilder ein «leeres Bewusstsein» herzustellen, das heißt, die Seele lebt dann nur noch in der Kräftewelt des Denkens, das die Sinnbilder aufbaute, aber ohne deren Bildinhalte. Die Seele muss sich damit ganz zum «hinhörenden Organ» machen (siehe den Exkurs zu meditativen Sinnbildern bei Rudolf Steiner unter Anm. 265). Insbesondere der Aufbau von sinnlichkeitsfreien mathematischen und geometrischen Vorstellungen (wie Cusanus sie ein Leben lang übte) und ihr Auslöschen ist eine Vorbereitung dieses Weges zur Inspiration. Auf der letzten Stufe, der *Intuition,* schließlich vermag das Ich des Menschen sich zu einem vollen Erleben der geistig-schöpferischen Weltenkräfte zu erheben und sich mit den geistigen Wesen innerlich liebevoll zu vereinigen. Das ist in der Ausdrucksweise R. Steiners die *Intuition,* was bedeutet: «in Gott stehen». Ein methodischer Weg dazu ist die meditative Steigerung und Umwandlung der «Liebefähigkeit» des Menschen, wodurch die Kraft der Liebe zur Erkenntniskraft der Intuition wird (siehe dazu als Übungsweg 1. Korinther, 13: das Hohelied der Liebe). Immer wieder spricht Cusanus im Hinblick auf die Gotteserkenntnis von *amare* (lieben) und *amplecti* (umarmen).

Die Stufen der höheren Erkenntnis lassen sich ihren Qualitäten nach in gewisser Weise mit den vier Stufen der Denkerkenntnis parallelisieren, wobei erstere aber *über* der Denkerkenntnis stehen:

Denkerkenntnis:	*Höhere Erkenntnis:*
4. Ideendenken (Vernunft)	intuitive Erkenntnis
3. Begriffsdenken (Verstand)	inspirative Erkenntnis
2. Bildvorstellung	imaginative Erkenntnis
1. Sinneswahrnehmung	gegenständliche Erkenntnis

Es leben Elemente der Bildvorstellung auf höherer Stufe im bilderzeugenden Denken der Imagination auf. In der bewussten Auslöschung des Bildes in der Inspiration spiegelt sich auf der höheren Ebene des leeren Bewusstseins das wortlose Begriffsdenken wider. In der Einswerdung des Ich mit dem Wesenhaften der göttlich-geistigen Welt in der Intuition wiederholt sich auf höherer Stufe die Begriffsverschmelzung der Ideenwahrnehmung (Vernunftdenken).[266] Insofern sind die Stufen der höheren Erkenntnis mit den vier Stufen der Denkerkenntnis verflochten; der Meditationsweg setzt durchaus bei der Denkerkenntnis an und verwandelt deren Elemente.

Betrachten wir nun von diesen Gesichtspunkten aus die fragmentarischen, nie systematisch entwickelten Elemente des Schulungsweges bei Nikolaus von Kues*, so wird deutlich, dass er in seinen sinnbildlichen geometrischen Figurenbeispielen zunächst eine gedankliche Bildmeditation aufbaut, bei der es ganz darauf ankommt, vom äußeren sinnbildlichen Symbol aus in den inneren Bewegungs- und Kräftestrom einzutauchen, der in der Ineinander-Verwandlung der Bilder lebt. Dadurch wird das, was äußerlich als Bild wirkt, innerlich als Kräftewirksamkeit in der Seele erlebt (Stufe der *imago,* der Imagination). In einer weiteren Stufe kommt es Cusanus dann darauf an, auch dieses rein innerlich erlebte Bild *(imago)* auszulöschen, um dann in diesem «leeren» Bewusstseinsraum, jenseits von Sinnlichkeit, Bild und Begriff, ein Höheres wahrzu-

* Immer wieder muss betont werden, weil sonst die mannigfaltigsten Missverständnisse entstehen, dass die Elemente des Schulungsweges bei Cusanus in seinen Schriften verborgen und nur angedeutet sind. Sie werden erst beim Rückblick deutlich. Es geht einem vergleichsweise damit so, wie dem Wanderer mit dem Bild der Landschaft: Dieser nimmt bei einem Aufstieg auf einen Berg zwar alle Einzelelemente unverbunden wahr, aber erst beim Rückblick vom Bergesgipfel erkennt er die Gesamtstruktur.

nehmen. Dieser Auslöschungsprozess wird in allen Meditationswegen als die Herstellung des leeren Bewusstseins beschrieben. In dieses leere Bewusstsein, das zugleich aber die höchste Konzentration des wachen Denkens auf sich selbst darstellt, kann ein höheres Geistiges sich hineinergießen. In den Worten des Cusaners ist dies das Überbegriffliche, einfache Unendliche. Man kann diese Stufe des leeren Bewusstseins im Sinne der anthroposophischen Meditation als Inspiration bezeichnen. Verborgen, aber dennoch wahrnehmbar beschreibt Cusanus in seiner *coincidentia oppositorum* die Methodik eines Meditationsweges bis zur Stufe der Inspiration. In diesem Raum des leeren Bewusstseins vermag sich dann durch eine Steigerung der Erkenntnis in Richtung auf die Liebe das Schauungselement der Intuition zu entfalten, die zur Schau der göttlich-geistigen Welt werden kann. Man sehe unter diesem Gesichtspunkt, wie oft Cusanus auf diesem Wege die Erkenntniskraft der Liebe betont, angefangen vom Widmungsbrief der «Docta ignorantia» (1440). Daher kann ich nicht umhin anzunehmen, dass Nikolaus von Kues den Weg der höheren meditativen Erkenntnis bis zur Stufe der Intuition selbst gegangen ist. Ich persönlich bin überzeugt, dass Cusanus in einzelnen gnadevollen Augenblicken in die Intuition eingetreten ist.

Zusammenfassend seien im Hinblick auf das Ziel der dargestellten Denkschulung, die Nikolaus von Kues in der *coincidentia oppositorum* als Weg zum «wissenden Nichtwissen» *(docta ignorantia)* gibt, drei Formulierungen Rudolf Steiners herangezogen. Es handelt sich um zwei sehr frühe (1901 bzw. 1905) und eine sehr späte Äußerung (1924), die einander ergänzend zeigen, dass der Erkenntnisweg des Nikolaus von Kues in hohe geistige Regionen führt.

Die erste Formulierung stammt aus der allerfrühesten Erwähnung des Nikolaus von Kues in der «Mystik» (1901): «Das, was in der höheren Erkenntnis vermittelt wird, ist noch nicht da, solange diese höhere Erkenntnis selbst noch nicht da ist. Erst im Schaffen dieser höheren Erkenntnis wird der Mensch wesenhaft; und erst durch des Menschen höhere Erkenntnis bringen auch die Dinge ihr Wesen zum tatsächlichen Dasein … Aus der Tatsache, dass der Mensch … zur höheren Erkenntnis nur gelangt, wenn er mit sich als Sinneswesen die Verwandlung zum höheren Wesen selbst vollzieht, folgt, dass er niemals die eine Erkenntnis durch die andere ersetzen kann. Sein geistiges Leben besteht vielmehr in einem fortwährenden Hin- und Herbewegen zwischen beiden Polen der Erkenntnis, zwischen dem *Wissen* und dem *Schauen*.» (Die Mystik, 1901, S. 91 f.)

Im zweiten Zusammenhang (Berlin, 21. Oktober 1905) schildert R. Steiner die «höheren Stufen» der Weltentwicklung, in denen die schöpferischen Weltenwesen schaffend tätig sind. Dann sagt er: «Hingewiesen wird auf die höheren Stufen bei den Alten, z.B. bei Dionysius, dem Schüler des Apostels Paulus, und auch bei Nikolaus Cusanus. Er erkannte: Höher als alles Wissen und Erkennen ist das Nichterkennen. Aber dieses Nichtwissen ist ein Überwissen, und dieses Nichterkennen ist ein Übererkennen.»[267]

Damit wird deutlich, dass das «Nichtwissen», von dem Cusanus spricht, bis zu den höheren Wissensebenen der schaffenden Weltenwesen führt.

Bei der zweiten Formulierung handelt es sich um die überhaupt allerletzte Äußerung R. Steiners über Nikolaus von Kues, in der er aus seiner geisteswissenschaftlichen Forschung heraus noch einmal seine frühe Erkenntnis über den bedeutenden spirituellen Grad des «wissenden Nichtwissens» bekräftigt. Diese Formulierung findet sich in der am 6. Dezember (Nikolaustag) 1924 geschriebenen Leitsatzbetrachtung und lautet: «Die gelehrte Unwissenheit ... ist ein *über* dem auf die Sinneswelt gerichteten Wahrnehmen gelegenes *Begreifen,* das das *Denken* über die Intellektualität (das gewöhnliche Wissen) *hinaus* in eine Region führt, wo – *im Unwissen-* dafür aber im erlebenden *Schauen* das Geistige erfasst wird.»[268]

Durch diese Formulierungen wird deutlich, dass es sich bei der *coincidentia oppositorum* als Denkprinzip zur Erreichung der Ebene des wissenden Nichtwissens um eine meditative Denkschulung handelt, die letztlich zum erlebenden ‹Schauen› des Geistigen, zur *visio intellectualis* als einer höheren Erkenntnisstufe führt. Vom Gesichtspunkt der Geisteswissenschaft aus darf formuliert werden: Diese Denkschulung kann den Menschen über das gegensatzfreie Vernunftdenken zum sich denkenden Denken, zum Bewusstsein ohne Gegenstand leiten. Sie zielt als meditativer Weg auf die Steigerung des Denkens zum ‹Denkhellsehen› ab. Sie will den Menschen zum Überschreiten der Schwelle *(limes),* d.h. zur geistigen Welt leiten. Dieser Weg ist bei Cusanus fragmentarisch angelegt, erschließt sich aber nicht der philologischen oder philosophischen Interpretation allein.

Cusanus selbst scheint dies bemerkt zu haben, als er seiner Schrift «Vom Beryll» (De beryllo, 1458), die viele Aspekte eines meditativen Schulungsweges enthält, eine Warnung voranstellte: «Obwohl dieses Buch kurz zu sein scheint, gibt es doch genügend Anleitung über das Verfahren, wie man vom Gleichnis zu umfassender und erhabener Schau gelangen kann. Es wird dabei in der Möglichkeit jedes einzelnen liegen, die zu Grunde liegende Methode auf jedes Forschungsthema anzuwenden und zu erweitern. Der Grund aber, warum sowohl Platon in seinen Briefen, als auch der große Dionysios es verboten, solche Geheimnisse denjenigen, welchen geistige Erhebung unbekannt ist, mitzuteilen, war der, dass diese nichts lächerlicher finden, als solche erhabenen Dinge ... Wenn du aber in tiefstem Erkenntnisstreben ein wenig fortfährst und Meditation und praktisches Verfahren von jemandem annimmst, der dir das Gleichnis erklärt, dann gelangst du dahin, daß du diesem Licht nichts voranstellst.» (De beryllo, Kap. I., Dupré S. 3-5).

Zur Stellung in den großen Geistesströmungen

Auf dem Hintergrund der vorausgehenden Darstellung lässt sich der schwierigen Frage nähertreten, zu welcher der beiden grundlegenden Geistesströmungen, die R. Steiner mit den Begriffen *Platoniker und Aristoteliker* gekennzeichnet hat, Cusanus zu rechnen ist. Dabei dürfen diese Begriffe nicht nur philosophisch gefasst werden, sondern sie sind wesentlich umfassender gemeint. Unter «Platoniker» und «Aristoteliker» sind seelisch-geistige Grundströmungen des Abendlandes zu verstehen, die R. Steiner im Vortrag vom 13. Juli 1924 erstmalig unter diesem Namen beschrieben hat.[269] Zunächst sei an dieser Stelle eine holzschnittartig vergröberte Kurzcharakterisierung dieser beiden Strömungen gegeben.

Die *platonische Geistesströmung* wird von Platon (427 – 347 v. Chr.) initiiert, der eigentlich eine uralte Künstlerseele ist, die noch aus einer alten Mysterienweisheit heraus spricht. (Platon ist der einzige, der von Atlantis berichtet.) Was Platon als Philosophie entwickelt, ist ein stark künstlerisch-bildhaftes Gedankenleben, das aus der schöpferischen Phantasie oder der geistigen Schau hervorquillt. Wie seine Geistesschau, so trägt auch sein Denken Erinnerungscharakter. Für ihn wird das Gedankenleben der menschlichen Seele in deren Präexistenz in der Geisteswelt geoffenbart, und die Seele holt dieses Gedankenleben während ihrer irdischen Existenz durch Erinnerung aus jenem vorirdischen Leben herauf. Erkennen ist für Platon schauendes Erinnern. Das von Platon entwickelte ‹Denkmodell›, lässt sich wesensgemäß in das Bild des aus einer ideellen Bilderwelt schöpferisch gestaltenden Künstlers oder Handwerkers kleiden.[270] In eben dieses Bild – nämlich das des löffelschnitzenden Künstlers – kleidet Nikolaus von Kues auch in seinem

Dialog «Idiota de mente» (1450) die Zentralgestalt des ‹eingeweihten› Laien.

Dieser künstlerisch-bildhafte Platonismus, insofern er sich im Neuplatonismus mit dem christlichen Gedankengut stark verbindet (Dionysius Areopagita), findet im 11./12. Jahrhundert in der *Schule von Chartres* noch einmal eine überragende Manifestation, insbesondere durch die dort lehrenden Persönlichkeiten: Bernhard von Chartres († ca. 1130), Thierry von Chartres († 1150), von dem Cusanus ganz besonders tief beeinflusst worden ist, Johannes von Salisbury († 1180) und Alanus ab Insulis († 1203), dem letzten und bedeutendsten Lehrer dieser Schule, der den christlichen Platonismus in den Zisterzienserorden überführt.[271] In Chartres verschmilzt das schauende, weisheitsvolle platonische Geistesleben mit dem mittelalterlich-christlichen Gedankengut. Auch die christlich-platonischen Lehrer von Chartres denken und sprechen noch nicht abstrakt-rationalistisch, sondern in Bildern, die von der Geistesschau her inspiriert sind. Daher sind ihre Schriften für den modernen Menschen oftmals sehr schwer verständlich. Im 13. Jahrhundert taucht dieser so geartete christliche Platonismus im abendländischen Geistesleben unter und macht der Scholastik Platz.

Die *aristotelische Geistesströmung* geht von Aristoteles (384 – 321 v. Chr.), dem Schüler des Platon, aus, der das menschliche Gedankenleben sehr viel stärker verselbstständigt, ihm eine gewisse individuelle Stoßkraft gibt und es vor allem auch auf die äußeren Naturverhältnisse anwendet. Das von ihm entwickelte «Denkmodell» mit seiner begrifflichen Unterscheidung von fünf bzw. sieben Ursachen ist daher eigentlich dem naturgesetzlichen Wachstum der einjährigen Pflanze abgeschaut.[272] Bei Aristoteles ist die Herrschaft des Gedankens ganz selbstverständlich geworden. Er ist es, der die abstrakte Logik in die Philosophie einführt, wodurch diese sich zu einer subtilen Gedankenkunst entwickeln kann. Das Denken verliert dadurch seine Bildhaftigkeit, es wird logisch und irdisch, d.h. es steigt sehr viel stärker in die geronnene Begrifflichkeit hinab. Gerade diese Seite des aristotelischen Denkens, die im Zuge der notwendigen Menschheitsentwicklung liegt, kommt mit den philosophischen Schriften des Aristoteles nach Europa. Es gelangen aber fast ausschließlich die im engeren Sinne philosophischen Abhandlungen in den Westen und werden ins Lateinische übersetzt. Im Abendland wird dieses Gedankengut dann im 13. Jahrhundert durch Thomas von Aquin mit dem Christentum verschmolzen. In der besonders vom jungen Studien- und Lehrorden der Dominikaner getragenen *Scholastik* des 13. bis 15. Jahrhunderts wird der philosophische Aristotelismus zu einem feinst ausziselierten Gedankengebäude scharfer Begriffe und Ideen ausgebildet.

Die zweite Wirkensrichtung des Aristoteles liegt auf dem Gebiet der Natur. Dadurch, dass für Aristoteles der Gedanke ein Werkzeug ist, das in das Wesen der Dinge eindringt, kann er ihn auch auf die äußere Natur anwenden. So wird Aristoteles zum gedanklichen Begründer derjenigen Naturforschung, aus der sich später die Naturwissenschaft entwickeln kann. Diese Tendenz wird bereits bei der Verbreitung der naturwissenschaftlichen Schriften des Aristoteles vornehmlich nach dem Osten hin durch den Hellenismus deutlich. Im Mittelalter entwickelt insbesondere der islamische Arabismus diese naturwissenschaftliche Gedankenseite weiter (z.B. an der Akademie von Gondischapur).[273] Durch die Araber vielfach umgestaltet, kommt die im Aristotelismus liegende naturwissenschaftliche Gedankenrichtung dann auch nach Europa, wo sie im 15. und 16. Jahrhundert ihre welthistorische Bedeutung gewinnt.

Die Frage, zu welcher dieser so charakterisierten Geistesströmungen Cusanus gehört, kann nun auf verschiedenen Ebenen gestellt und beantwortet werden.

Auf der mehr *philosophischen Ebene* scheint die Antwort zunächst recht eindeutig. Cusanus steht außerordentlich stark auf der Linie der platonischen Philosophie. Immer wieder leuchtet urplatonisches Gedankengut durch die Geistlehre des Cusaners hindurch. Natürlich ist dieser Platonismus bei Cusanus stark durch die neuplatonische Tradition gefärbt (Plotin, Proklos). Diesen Bezug zur platonischen und neuplatonischen Tradition hat die neuere Cusanus-Forschung sehr sorgfältig herausgearbeitet. Auch Steiner bekräftigt diesen Bezug durch seinen Hinweis auf Plotin in dem Buch «Die Rätsel der Philosophie» (1914, S. 98). Insbesondere aber hat Cusanus eine ganz enge innere Beziehung zur Strömung des *esoterischen christlichen Platonis*mus, der bei Dionysius Areopagita seinen Ausgang nimmt und über Johannes Eriugena zur Schule von Chartres zieht. Gerade die innige Verbindung von Platonismus und Christentum gibt der Philosophie des Cusanus ihre Innerlichkeit. Dazu stimmt auch die Beziehung des Cusaners zur Mystik. Für die Mystiker war ja wiederum das esoterische Christentum das zentrale Anliegen. Das schauende, bildhafte Element der platonischen Philosophie verschmilzt in der deutschen Mystik mit dem Christentum zu einer Einheit. Die Mystiker zeichnen sich durch eine Wärme des Fühlens aus. Dabei wird das Fühlen zur inneren Selbstversenkung (Johannes Tauler), und Christus wird der Führer auf diesem Weg nach innen (Meister Eckhart).

Es ist ganz unbestreitbar, dass Cusanus als Philosoph und Priester tiefe Eindrücke von der deutschen Mystik empfangen hat. Auch hier steht er ganz auf der Linie eines christlichen Platonismus. Schließlich spricht die Ablehnung der zur Lehrmeinung verfestigten Schulphilosophie des Spät-Mittelalters, der Scholastik, durch Cusanus eine deutliche Sprache. In der insbesondere durch die Dominikaner gepflegten Scholastik lebt vor allem die aristotelische Tradition. Diese Ablehnung der erstarrten Begriffsscholastik teilt Cusanus wiederum mit der Mystik. Ihr gemeinsamer Hintergrund ist dabei ein nach innen gewendeter, christlicher Platonismus, bzw. ein in platonisches Gewand gekleidetes esoterisches Christentum.

Auch auf der mehr *persönlichen, seelischen Ebene* könnte man Cusanus als eine platonisch gestimmte Seele ansprechen. Da ist z.B. seine Beziehung zur «Devotio moderna» zu nennen, deren hingebungsvolle christliche Seelenhaltung sich bei Thomas a Kempis (1380 – 1471: Vier Bücher von der Nachfolge Christi) ausspricht. Zeit seines Lebens hatte Cusanus eine starke Hinneigung zur flämischen Mystik. Das wird ganz besonders deutlich bei der Gestaltung der Statuten für das Cusanus-Stift in Kues. Devotion, persönliche Bedürfnislosigkeit und das Streben nach einer mystischen Verinnerlichung des Christentums sind zweifellos Elemente der Seelenhaltung des Cusanus. Ein starker Ausgleichs- und Versöhnungsimpuls gegenüber allen Gegensätzen (vgl. dazu «De concordantia catholica» und «De pace fidei») und das starke mitfühlende Interesse am Geistig-Seelischen der anderen Menschen und an den sozialen Zusammenhängen der Menschen untereinander runden dieses Bild einer ‹weisheitsvollen platonischen Seele› ab. So ist man berechtigterweise geneigt, Cusanus als überwiegenden Platoniker anzusprechen.

Dennoch ist das alles nur eine Seite der außerordentlich vielschichtigen Natur des Nikolaus von Kues, die starke Gegensätze in sich vereinigt. Bei aller persönlichen, seelischen und philosophischen Zugeneigtheit zur platonischen Geistesströmung ist doch unübersehbar, dass er wichtige Elemente der aristotelischen Strömung darlebt.

Da ist zunächst die außerordentlich starke *Betonung des Gedankenelementes* bei Cusanus, das ihn aus dem gesamten Kreis der deutschen Mystiker heraushebt. Cusanus ist im eigentlichen Sinne ein wissenschaftlicher Denker. Das kommt neben den mathematischen Schriften insbesondere in jenen seiner philosophischen Schriften zum Ausdruck, in denen er keimhaft eine *Erkenntnistheorie* begründet. Fernerhin sind seine glänzende, juristisch geschliffene Argumentationsfähigkeit (siehe z.B. «De concordantia catholica») und seine Begabung, ruhelos aktiv handelnd in das äußere Leben seiner Zeit einzugreifen, Ausdruck starker Willensimpulse und eines intellektuell-aristotelischen Gedankenelementes. Deutlich ist auch die starke Individualisierung und Stoßkraft seines Denkens, insbesondere dort, wo es in politisches Handeln übergeht.

Das bedeutsamste aristotelische Element liegt aber in den unausgelebten seelischen *Willensimpulsen* des Nikolaus von Kues. Es sind dies jene Impulse, die zur kopernikanischen Weltanschauung und zur modernen Naturwissenschaft hintreiben. Von diesen Impulsen hat Cusanus als Repräsentant der römischen Kirche nur einen Teil selbst verwirklicht. Unübersehbar sind allerdings sein starkes allgemein-naturwissenschaftliches Interesse, seine außerordentliche Begabung für die Mathematik und Geometrie, seine Beschäftigung mit der Astronomie, die Grundlegung von Zählen, Messen und Wägen als Basis der modernen Naturwissenschaft und schließlich die spekulativ-philosophische Vorwegnahme der Anschauung des Kopernikus, dass nicht die ruhende Erde im Mittelpunkt des Weltalls stehen könne, sondern dass auch die Erde sich bewegen müsse. Damit bereitet Cusanus den Umbruch vom ptolemäischen zum kopernikanischen Weltbild vor. Hierdurch stürzen zwar einerseits die Erde und mit ihr der Mensch aus ihrer Mittelpunktstellung; andererseits ist Cusanus aber derjenige, der ein außerordentlich starkes, *individualisiertes Denkelement als neuen Mittelpunkt im Menschen* begründet. Er wirkt damit zwar als ‹Neuerer›, aber dennoch ganz im Sinne der fortschreitenden Menschheitsentwicklung.

Rudolf Steiner bezeichnet diese Entwicklungsrichtung als «michaelisch», auch im Sinne der mittelalterlichen Auffassung von den treibenden Zeitkräften als wesenhaften Intelligenzen. Die weite Verbreitung der Verehrung des Erzengels Michael im Mittelalter als Herold der kosmischen Heerscharen und Verwalter der im Kosmos lebenden Geistigkeit ist dafür ein bildhafter Ausdruck.[274]

Wie stark die von Cusanus mitgetragene aristotelisch-kopernikanische Entwicklung notwendig und im Sinne Michaels ist, darauf weist Rudolf Steiner hin durch die sinngemäße Wiedergabe einer imaginären Rede des großen Platonikers Alanus ab Insulis (ca. 1128 – 1203) aus der Schule von Chartres: «Da sagte Alanus ab Insulis zu einem engen Kreise seiner eingeweihten Schüler: ‹Wir schauen heute die Welt so an, dass wir noch die Mittelpunktstellung der Erde erkennen, dass wir von der Erde aus alles beurteilen. Wenn man mit dieser irdischen Anschauung… die folgenden Jahrhunderte allein befruchten würde, dann würde die Menschheit nicht fortschreiten können. Wir müssen ein Bündnis eingehen mit den *Aristotelikern,* die in die Menschheit den *Intellekt* hineinbringen, der dann spiritualisiert werden soll ... Wenn wir jetzt die Erde als den Mittelpunkt des Kosmos anschauen, wenn wir die Planeten als um die Erde kreisend, wenn wir den ganzen Sternenhimmel ... so beschreiben, als wenn er sich drehen würde um die Erde, so wird aber doch einer kommen und wird sagen: *Stellen wir einmal die Sonne räumlich in den Mittelpunkt des Weltensystems!* Dann aber, wenn dieser kommt, der die Sonne räumlich in den Mittelpunkt des Weltalls stellt, dann wird die Weltanschauung veröden. Die Menschen werden dann nur noch die Bahnen der Planeten ausrechnen, werden nur noch die Orte der Himmelskörper angeben ... sie werden nur ganz *mathematisch-mechanisch* etwas von dem Sternenhimmel wissen. Aber das, was da als öde Weltanschauung sich ausbreiten wird, das hat doch *eines:* Wir schauen von der *Erde* aus die Welt an; der, der da kommen wird, wird von der Sonne aus die Welt anschauen. Er wird sein wie einer, der nur die ‹Richtung› angibt, die Richtung auf einen großartig bedeutsamen ... Weg. Aber er gibt nur die abstrakte Richtung an; damit war auf die *kopernikanische Weltanschauung* hingedeutet, in ihrer Öde, in ihrer Abstraktheit, aber als Richtung, denn alles das muss zuerst fort, was wir ... vertreten – so sagte Alanus ab Insulis – das muss fort, und gewissermaßen ganz abstrakt muss das Weltbild werden, fast nur wie ein Meilenzeiger... Denn da wird in der geistigen Welt einer sein, der diesen Meilenzeiger... nehmen wird, damit er dann, *mit dem Intellektualismus zusammen, die neue Spiritualität begründen* kann ... Das aber wird sein – wie Alanus ab Insulis sagte – *Sankt Michael!* Für ihn muss das Feld frei werden; er muss den Weg mit neuen Saaten besäen. Dazu muss nichts anderes da sein als Linie, mathematische Linie.›»[275]

Nikolaus von Kues ist derjenige, der die öde, schicksalsmäßig jedoch notwendige kopernikanische Weltanschauung vorbereitet. Sie ist bei ihm zwar noch eingehüllt in eine alte Spiritualität, aber dennoch schon als Richtung vorhanden. Seine unausgelebten seelischen Willensimpulse werden dann von Kopernikus im materialistischen Kleid fortgeführt. Damit gehört Nikolaus von Kues auch in die zur Intellektualität und zur Naturwissenschaft drängende *aristotelische Geistesströmung* hinein. Diese wirkt aber dennoch ganz im Sinne der vorwärtstreibenden Intelligenz Michaels. Der Versuch des Nikolaus von Kues, durch die Begründung einer spirituellen *Erkenntnistheorie* die Michael entfallene und dem Menschen zuteilgewordene Intelligenz zu spiritualisieren, lässt ihn ebenfalls ganz im Sinne Michaels als kosmischer Intelligenz wirken.[276]

Zusammenfassend lässt sich im Hinblick auf die Stellung des Cusaners zu den beiden Geistesströmungen des ‹Platonismus› und des ‹Aristotelismus› sagen, dass Cusanus in seiner Seele beide Strömungen miteinander verschmilzt. Diese stellen keinen unaufhebbaren inhaltlichen Gegensatz dar, denn Aristoteles war der Schüler von Platon und nicht dessen Gegner. Aristoteles selbst knüpft sogar ausgesprochen an Platon an und ist mit ihm schicksalsmäßig verbunden (anders später seine naturwissenschaftlichen Nachfolger). Auch in der Geschichte des Abendlandes wechseln beide Strömungen zeitlich zwar miteinander ab (z.B. die ‹platonischen› Zisterzienser der Schule von Chartres mit den ‹aristotelischen› Scholastikern des Dominikaner-Ordens), aber sie ergänzen sich, spirituell gesehen, dennoch. So wird dieses Ergänzen und Zusammenwirken in der Person des Nikolaus von Kues als einer Mittlergestalt an der Epochenschwelle brennspiegelartig zusammengefasst.

Cusanus steht inhaltlich in dem uralten, platonischen Weisheitsstrom der Vergangenheit darinnen, aber er unternimmt an der Schwelle zur Neuzeit den Versuch, die platonische Weisheit mit aristotelischer Denkmethodik umzuwandeln. Cusanus ist – wenn man sich dialektisch ausdrückt – von seinem seelischen Duktus und den Inhalten seiner Geistphilosophie her gesehen ein «aristotelischer Platoniker», von seinen Willensimpulsen und seiner Denkmethodik her ein «platonischer Aristoteliker».

Gerade hier zeigt sich das für Nikolaus von Kues so Charakteristische: das christliche Motiv des Ausgleichs. Er erweist sich als ein zutiefst christlicher Denker, der nicht nur in seiner Erkenntnistheorie das Gleichgewicht hält, sondern auch in seiner Stellung zu den großen Geistesströmungen ein solches Ausgleichselement offenbart. Er ist in diesem Sinne eine weit in die Zukunft greifende Ausnahmegestalt an einer Zeitenwende.

RÜCKBLICK: NIKOLAUS VON KUES ALS WEGBEREITER EINER NEUEN DENKQUALITÄT*

Stellen wir zum Schluss rückblickend noch einmal die Gestalt des Nikolaus von Kues vor uns hin und fragen uns, was sein tiefstes Anliegen gewesen ist – fragen wir uns als Ausblick, was er unserer Zeit noch bedeuten kann.

Nikolaus von Kues ist ein ‹Geburtshelfer› unseres neuzeitlichen Bewusstseins, mehr noch: er ist ein Wegbereiter der ‹Bewusstseinsseele›! Er ist dies in einem dreifachen Sinne, nämlich auf allen drei Ebenen der menschlichen Existenz: im Handeln, im Fühlen und im Denken.

Als *handelnder Mensch* steht Nikolaus von Kues als rastlos tätiger Kirchenfürst inmitten derjenigen Zeitwirren, die mit dem Heraufkommen der Bewusstseinsseele im 15. Jahrhundert zwangsläufig verknüpft sind. Nach zwei Richtungen weist dabei sein äußeres Wirken im sozialen Umfeld. Er ist einerseits ein Bewahrer der alten Ordnung, sofern in ihr noch spirituelle Substanz lebt; auf der anderen Seite möchte er die sozialen Verhältnisse mit den neuen Bewusstseinskräften ergreifen und evolutiv verändern. Sicherlich können sein Wirken auf dem Reformkonzil in Basel, die große Reformreise durch Mitteleuropa oder im kleineren sozialen Zusammenhang die Stiftung des St. Nikolaus-Hospitals zu Kues und die Gestaltung seiner Statuten nach dem Vorbild der «Brüder vom Gemeinsamen Leben» in diesem Zusammenhang gesehen werden. Überall versucht er, nicht durch Revolution oder Reformation, sondern durch Reform und Differenzierung das Getrennte zu einem in der Herzensmitte gegründeten Zusammenklang *(con-cordantia)* zu führen. Dieses Suchen nach der höheren Einheit in der Verschiedenheit ist ein Motiv, welches das ganze äußere Lebenswirken des Cusanus durchzieht (von den Schriften vgl. hierzu «De concordantia catholica», 1433, und

* Der Rückblick ist in einer geisteswissenschaftlichen Terminologie geschrieben und setzt zum Verständnis deren Kontext voraus.

«De pace fidei», 1453). Dabei möchte Cusanus den Zusammenklang der so zu schaffenden Ordnung auf die Ein-sicht des zum Selbst-Bewusstsein erwachten Laien, des selbständigen, autonomen Menschen gründen. Es sind dies ganz moderne, ja für uns Heutige noch zukunftsträchtige Impulse.

Als *fühlender Mensch* ist Nikolaus von Kues ein zutiefst frommer, gläubiger Christ, ein fast täglich den Kultus ausübender Priester, ein Seelsorger des Volkes, ein Verkünder des Wortes (des Logos). Er ist mitten hineingestellt in das äußerlich tumultuarische, aber dennoch tief berechtigte Ringen der heraufkommenden Bewusstseinsseele um ein Verständnis der Kultuswahrheiten (Abendmahlslehre). Während die Vorreformatoren (Wiclif, und z.T. auch Hus, vor allem aber ihre Nachfolger) die aufkeimenden Bewusstseinskräfte dergestalt auf den Kultus anwenden, dass diese zerstörend, ja abtötend wirken, bewahrt Cusanus sich ein spirituelles Verständnis des Kultischen. Insbesondere trennt er das Kultische nicht von der Erkenntnis, sondern verknüpft beide in andächtigem Bemühen miteinander. So wird Andacht bei ihm zur Erzieherin der Bewusstseinsseele. Mag mancher Inhalt seiner Glaubenslehre der Tradition entstammen, so können wir uns doch dem ernsten Ringen seiner Seele um ein Verständnis des Christentums, insbesondere der Trinität und des Logos-Mysteriums, wie es sich in seinen philosophisch-theologischen Schriften zur Gott-Erkenntnis ausspricht, nicht entziehen. Dabei geht dieses Suchen und Erkennen bei ihm ganz stark vom *selbständigen Ich-Bewusstsein* des freien Menschen aus. Das ist eine Qualität der Bewusstseinsseele, die er mit den Reformatoren gemeinsam hat. Die absolute Gegenseitigkeit und Freiheit des Mensch-Gott-Verhältnisses als eines Erkenntnisprozesses spricht er in Anknüpfung an ein Erweckungserlebnis mit dem Bildnis des Allsehenden – das man auch als ein Christus-Bild deuten kann – 1453 den Mönchen vom Tegernsee gegenüber so aus: «Was anderes ist Dein Sehen, Herr, wenn Du mich mit dem Auge liebender Zuneigung anschaust, als dass ich Dich sehe: Indem Du mich ansiehst, lässt Du, der Du der verborgene Gott bist, Dich von mir erblicken. Niemand vermag Dich zu sehen, außer insoweit Du Dich zu sehen gibst, und nichts anderes ist Dich sehen, als dass Du den Dich Sehenden ansiehst» (De visione Dei, Kap. V, Dupré, S. 109).

Als Kardinal der petrinischen Amtskirche angehörend, persönlich schon durchdrungen von einem paulinischen Element der Freiheit, sehen wir Nikolaus von Kues bemüht um ein zukünftiges, spirituell vertieftes, esoterisches Christentum. Man kann spüren, dass es (im Sinne Schellings) ein johanneisches Christentum ist, in welchem Freiheit und

Erkenntnis koinzidieren. Das sind Impulse der Bewusstseinsseelen-Entwicklung, die in der andächtigen frommen Seele des Cusaners keimhaft vorgeprägt sind, um sich in der Zukunft weiter zu entfalten.

Das stärkste Ringen des Nikolaus von Kues – als ausgeprägt denkerischer Persönlichkeit – gilt *auf der Ebene des Geistes* der *Verchristlichung des Denkens* selbst, d.h. seiner Rückverbindung mit dem Göttlich-Geistigen, nachdem es durch den Tod des physischen Gehirn-Denkens gegangen ist. Die Auferstehung des Denkens im christlichen Sinne geht bei Nikolaus von Kues ganz von dem zum Geist-Bewusstsein erwachten Individuum aus. Es ist ein Aufstieg von unten nach oben, vom Irdischen zum Geistigen. Sein Instrument ist vor allem die vierstufige Denkerkenntnis, das Quaternar. Daher wurde vornehmlich dieser Weg beschrieben. Aber auch dieser Aufstieg wird begleitet von einer tief christlich geprägten Andacht.

Mit grundlegenden Elementen seiner Geistlehre steht der Cusaner in einem östlichen Weisheitsstrom darinnen. Dieser wird durch die persönliche Begegnung mit dem geistigen Osten (Konstantinopel) und dem daran anschließenden «Erleuchtungserlebnis» auf dem Meer in ihm wachgerufen. Literarisch belegt wird diese Geistestradition durch Platon, den Neuplatonismus, den «Paulus-Schüler» Dionysius Areopagita, Johannes Eriugena, den Lehrern von Chartres und Albertus Magnus. Entscheidend ist aber nun das Umschmelzen dieser Weisheit in eine christliche *mitteleuropäische Ich-Philosophie* des erkennenden Geistes. Das ist der Weg von «De docta ignorantia» (1440) zu «Idiota de mente» (1450). Das Erlebnis der im *Ich-Bewusstsein* sich erfassenden Bewusstseinsseele liegt bei Cusanus schon im Begriff des «wissenden Nichtwissens» verborgen, mit dem er das reine, gegensatzfreie Denken als eine höhere Erkenntnisstufe beschreibt. So sagt Rudolf Steiner: «Man muss sich nur klar sein, was das reine Denken … ist, aus dem herausgeholt werden können … die individuellen moralischen Antriebe, wie ich sie in der ‹Philosophie der Freiheit› geschildert habe, dann wird der Mensch in einer neuen Weise vor jener Empfindung stehen, vor der einst Nikolaus, der Cusaner … gestanden hat. Er sagte: Wenn ich mich erhebe über alles dasjenige, was ich zunächst zu beobachten gewohnt bin, komme ich zu dem ‹Nichts› mit allem, was ich gelernt habe. Aber in dem ‹Nichts› ersteht mir das ‹Icht›, das Ich. – Wenn der Mensch nur ganz richtig zum reinen Denken vordringt, dann findet er in diesem reinen Denken das Nicht, das zum ‹Icht› wird, zum Ich.»[277]

Der bedeutende Cusanusforscher Ernst Hoffmann formuliert: Damit liegt bei Cusanus «eine von Grund aus erfolgende Umwandlung des

Ichbegriffes beschlossen. Nunmehr wurde das *Wesen der Ichheit* gar nicht mehr von den Dingen her verstanden, die der Mensch erkennt ... sondern das *Ich* als solches ist jetzt in unmittelbare Beziehung zu der nur der Gottheit innewohnenden Idee gesetzt ... Das reine, entbildete Ich ‹ist› nicht mehr Teil der natürlichen Welt, sondern ‹hat› teil an der Ideenwelt ... Jetzt [ist] zum ersten Male dem Gedanken Bahn gebrochen, dass uns wirkliche *Individualität* auf Erden nur im *Ich* selber gegeben ist.»[278]

An der Schwelle zum Bewusstseinsseelen-Zeitalter stehend, findet Cusanus im reinen Denken das Ich-Erlebnis, als Quellpunkt der beginnenden Bewusstseinsseelen-Entwicklung. Dieses von der Zukunft her erleuchtete Ich-Erlebnis des Cusaners steht aber in einem anderen Geistes-Zusammenhang als später dasjenige bei Descartes; es ist nach rückwärts noch mit dem alten Weisheitsstrom verbunden und greift zugleich Jahrhunderte weit in die Menschheitszukunft voraus. Es führt unmittelbar zum deutschen Idealismus, insbesondere zur Ich-Philosophie von J. G. Fichte und von dort aus zur Freiheitsphilosophie R. Steiners. Das ist der Geistesstrom der im philosophischen Gewand sich verwirklichenden Bewusstseinsseele. Er sollte durch die Zusammenschau des Werkes des Cusaners und R. Steiners sichtbar gemacht werden.

Die Geistlehre des erkennenden Ich, die Nikolaus von Kues entwickelt, ist eine echte Erkenntnistheorie. Sie geht von unten, vom schöpferischen Menschen-Individuum als einem «zweiten Gott» *(quasi alius deus)* aus, bleibt aber nicht im Transzendentalen befangen, sondern schwingt sich hinauf bis zum Unum, zu Gott.

Bedeutsam ist die *Vierstufigkeit* dieses Weges, denn er erweist sich als ein Nachklang und zugleich eine *denkende Neubegründung des alten Mysterienweges zur Einweihung des Ich.* Bei den vier Stufen der aufsteigenden Denkerkenntnis können wir auf allen Stufen der Geisteslehre des Cusaners die ausgleichende *Waagekraft des Ich,* bemerken. Die spätere mündliche Formulierung R. Steiners: «Wie verhält sich das Ich zu Wahrnehmung und Denken?» erweist sich auch als fruchtbarer Gesichtspunkt für die Erkenntnistheorie des Cusaners. Wesentliche Aspekte dieser ausgleichenden Ich-Qualität sind die *phänomenologisch bejahende Stellung der Sinneswahrnehmung gegenüber,* die Differenzierung zwischen *äußerer/innerer Wahrnehmung* und *Erinnerungs-Vorstellung*, die genaue Schilderung der Kraft des spontan einsetzenden, *eigenständigen Denkens* und vor allem die bahnbrechende Unterscheidung zwischen *Verstand (ratio)* und *Vernunft (intellectus).* Im Transzendieren und Verlöschen des sinnen- und zeitgebundenen, gegensätzlichen

Verstandesdenkens im außerleiblichen, überzeitlichen, gegensatzfreien Vernunftdenken erlebt Cusanus die Auferstehung des «Ich».

Anthroposophisch gesprochen kann man formulieren: Das sich selbst denkende Ich-Bewusstsein im außerleiblichen Vernunftbereich ist der eigentliche Bewusstseinsseelen-Kern der Geistlehre des Cusaners; es ist zugleich deren neue Denkqualität. Hier entwickelt Cusanus, an der Epochenschwelle stehend, in leuchtender Art die Kraft eines in die Zukunft reichenden Denkens aus dem Ich-Impuls. Dieses Denken ist auf den außerräumlichen Bereich der wirkenden kosmischen Ideen gerichtet. Diese ‹kosmische Intelligenz› möchte Cusanus in seiner Vernunftlehre ganz mit dem menschlichen Bewusstsein verbinden. Es ist dieser Impuls jene Denkart und Denkqualität, die Rudolf Steiner in seiner letzten Äußerung über Cusanus als die Kraft eines «michaelischen» Denkens bei ihm charakterisiert. «Ist der Cusaner damit dem Umschwung der Entwicklung mit der Entfaltung der Bewusstseinsseele voll zugeneigt, so sieht man ihn andererseits Anschauungen offenbaren, die Michaels Kräfte in leuchtender Art an sich zeigen. Er stellt in seine Zeit die guten alten Ideen hinein, die den Menschenseelensinn zur Entfaltung von Fähigkeiten für das Wahrnehmen der wesenhaften Intelligenzen im Kosmos führten, als Michael noch die Welt-Intellektualität verwaltete. Die ‹gelehrte Unwissenheit›, von der er spricht, ist ein über dem auf die Sinneswelt gerichteten Wahrnehmen gelegenes Begreifen, das das Denken über die Intellektualität – das gewöhnliche Wissen – hinaus in eine Region führt, wo – im Unwissen – dafür aber im erlebenden Schauen das Geistige erfasst wird.»[279]

Nikolaus von Kues erlebt, dass in der denkenden Ideenwahrnehmung die göttlich-geistige Welt unmittelbar in den Menschen hineinragt. Aber er spürt zugleich auch die Gefahr des Abgleitens der Gedankenkraft in den Bereich des ‹toten› Verstandesdenkens. Daher wird Cusanus nicht müde, immer wieder von den verschiedensten Gesichtspunkten aus den Unterschied zwischen Verstandesdenken und Vernunftdenken unter dem Gesichtspunkt der Denkqualität herauszuarbeiten.

Das an das Gehirn gebundene Verstandesdenken ist unabdingbar auf die Sinneswahrnehmung, d.h. auf die Durchdringung der räumlich-physischen Welt gerichtet. Es ist immer ein logisches, rationales, diskursives Denken, das an das zeitliche Nacheinander gekettet ist. Insofern will der Verstand in seinem Gange aus der Zeit den Raum erobern; er ist auf die Beherrschung der Raumeswelt gerichtet. Wird dieses Denken aus der Sinneswahrnehmung und dem Raum heraus, d.h. durch den Tod geführt, dann aufersteht es jenseits der Schwelle als Vernunftdenken in der außerräumlichen Zeit. Das Vernunftdenken ist nicht mehr auf die Sinneswahrnehmung angewiesen, sondern lebt im Schaffen und Verbinden der Gedanken und Ideen selbst. Mit dem Vernunftdenken tauchen wir in ein strömendes reines Ideenelement ein, in dem alles *Werden* und *Schaffen* ist. Sehr viele der Beispiele des Cusaners zur Verdeutlichung des Vernunftdenkens beinhalten dieses Moment des Werdenden, Entstehenden, Strömenden (z.B. die sich selbst auszählende Zahl, die sich selbst bewegende Bewegung, das Samenkorn, etc.).

Geisteswissenschaftlich gesprochen kann gesagt werden, dass der Mensch mit dem Vernunftdenken aus dem Raum heraus in den «Gegenraum» eintritt, in die «ätherische Welt», er entringt sich der Ankettung an das physische Gehirndenken und tritt mit dem Denken des Äthergehirns ein in die Welt des auferstandenen Lebens; er kommt von der «Raumeszeit» in die «Lebenszeit», die «ätherische Zeit», die aus der Zukunft strömt. Er tritt ein in die Paradieses-Welt des Göttlichen.

Nikolaus von Kues hat diese neue Denkqualität, die das reine Denken in der Bewusstseinsseele entwickelt, vorausgeschaut, wenn er in «Von Gottes Sehen» (De visione Dei, 1453) sagt: «Ich habe den Ort gefunden, in dem man Dich unverhüllt zu finden vermag. Er ist umgeben von dem Zusammenfall der Gegensätze *(coincidentia oppositorum).* Dies ist die Mauer des Paradieses, in dem Du wohnst. Sein Tor bewacht höchster Verstandesgeist. Überwindet man ihn nicht, so öffnet sich nicht der Eingang. Jenseits der Mauer des Zusammenfalls der Gegensätze vermag man Dich zu sehen; diesseits aber nicht» (Kap. IX, Dupré, S. 133). Im außerräumlichen, gegensatzfreien Vernunftdenken als einer neuen Denkqualität unternimmt Nikolaus von Kues den Versuch, die menschliche Intellektualität wieder zum erlebenden Schauen des Göttlich-Geistigen zu führen.

Wird aber die abendländische Menschheit die neue Kraft des Vernunftdenkens aus dem Ich halten können? So lautet die welthistorische Erkenntnisfrage im 15. Jahrhundert. Die Entwicklung der Philosophie nach Cusanus zeigt, dass sie es zunächst nicht kann. Daher steht Cusanus in großer Einsamkeit an der Epochenschwelle zum Bewusstseinsseelen-Zeitalter.

In Nikolaus von Kues strahlt das Licht der Bewusstseinsseele in einer Stärke auf, wie es für die übrige Menschheit erst nach Jahrhunderten kommen sollte. Gerade deshalb, weil er so weit vorausgreift, musste er zwangsläufig so tief vergessen werden. Erst heute, durch die Fortführung des deutschen Idealismus zu einer Freiheitsphilosophie des autonomen Ich und durch die Steigerung dieses Weges in eine meditative

Schulung hinein, können wir rückblickend auch die Größe des Nikolaus von Kues als Denker wieder zu erfassen beginnen. Dadurch werden Aspekte bei ihm deutlich, die auszusprechen – ohne diese Vergleichsebene – Vermessenheit gewesen wäre.

Was Rudolf Steiner selbst als geistigen Erkenntnisweg gibt, erscheint wie ein Anknüpfen an die tiefsten Intentionen des Nikolaus von Kues, insbesondere an dessen Anliegen einer Verbindung von Erkenntnis und Christentum. So formuliert er als ein Zukunftsmotto: «Das muss der Fortschritt der Menschheit in die Zukunft hinein werden, dass nicht nur für die äußere Welt das Erlösungsprinzip gefunden werde, sondern dass das Erlösungsprinzip gefunden werde für die menschliche Vernunft. Die unerlöste menschliche Vernunft nur allein könnte sich nicht in die geistige Welt erheben. Die erlöste menschliche Vernunft, die das wirkliche Verhältnis zu Christus hat, die dringt ein in die geistige Welt».[280]

Mit diesem paulinischen Damaskus-Motiv, um das Nikolaus von Kues in Demut gerungen hat, mag dieses Buch schließen.

ANHANG

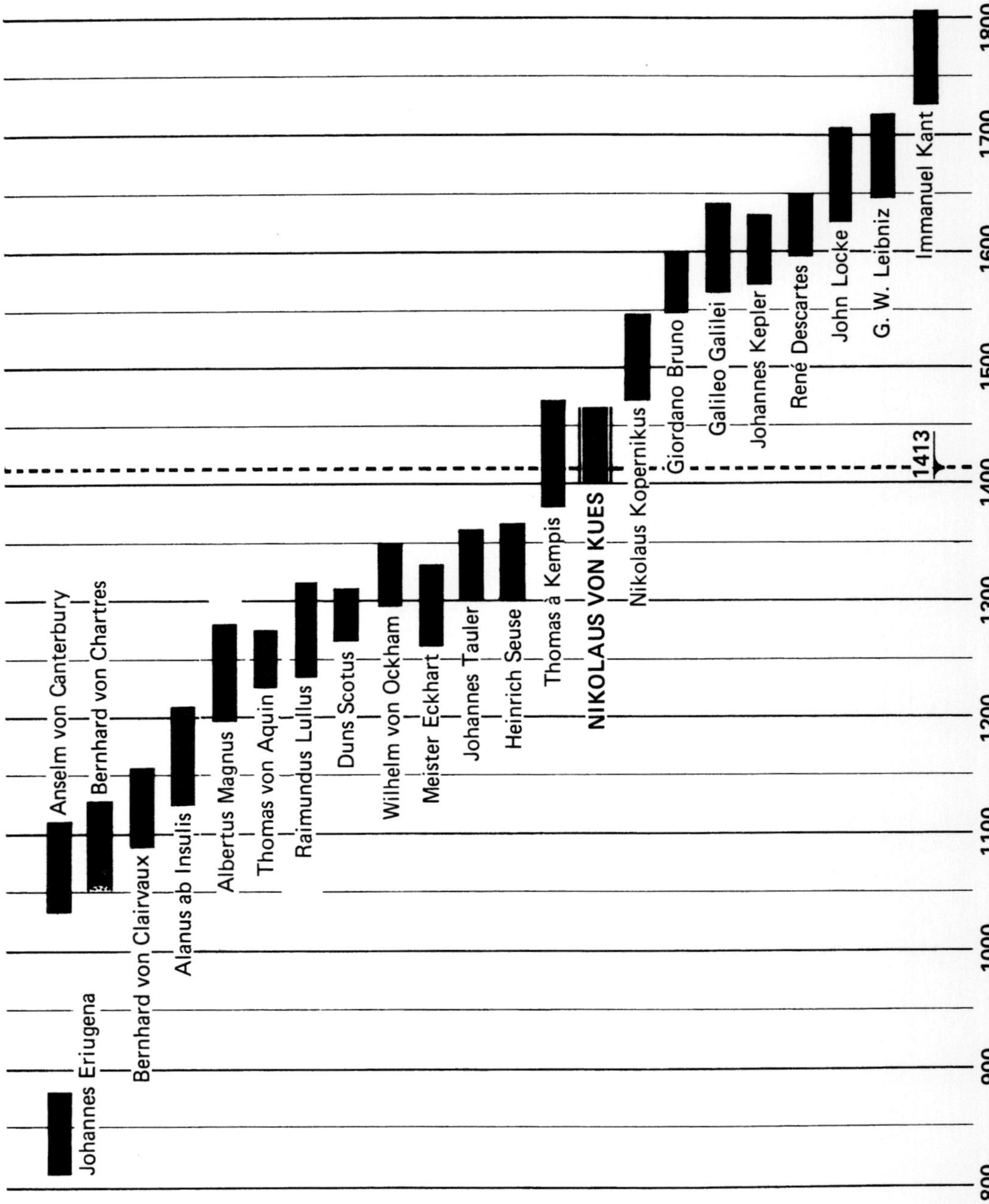

Abb. 72: Synopse: Lebenszeiten bedeutender Denker und Bekenner

ANMERKUNGEN

Verzeichnis der Exkurse im Anmerkungsteil

Unter den Anmerkungen befinden sich eine Reihe von mehr oder minder langen Abhandlungen zu einzelnen Spezialfragen oder behandelten Persönlichkeiten. Zur leichteren Auffindbarkeit seien sie im Folgenden mit ihrer Anmerkungsnummer und ihrer Thematik aufgeführt:

Anmerkungen

Zum Geleit, Vorwort

1 Rudolf Steiner: Leitsatzbetrachtung vom 6. Dezember 1924; in: Rudolf Steiner Gesamtausgabe (GA 26), Dornach 1962, S. 144.
2 Nikolaus von Kues: Von Gottes Sehen (De visione Dei), Kap. IX und XIII, Dupré, S. 133 und 147.

3 Rudolf Steiner: Das Geheimnis der Trinität, Vortrag vom 20. Juli 1922, GA 214, Dornach 1980, S. 72.

4 Vgl. dazu auch: Johannes Hirschberger: Geschichte der Philosophie, Bd. I (Altertum und Mittelalter), Band II (Neuzeit und Gegenwart), 5. Aufl., Freiburg 1961.
Es gibt auch eine verkürzte empfehlenswerte Taschenbuchausgabe: Johannes Hirschberger: Kleine Philosophiegeschichte, Herder–Taschenbuch Nr. 103, 11. Aufl., Freiburg 1974.

Erster Teil: Der Lebensgang und das Werk
Zur Einführung: Person und Werk

5 Vgl. hierzu auch: Diether Lauenstein: Die vier Denkmodelle des Abendlandes, Stuttgart 1976. Darin stellt er fest: «Wo Erinnern schwindet, verliert das Ich seine schöpferische Möglichkeit» (S. 52).

6 Eine der größten Manipulationen der Gegenwart ist der Versuch, den Menschen von seiner Geschichte und damit vom Geisteserbe und Geistesstrom der Vergangenheit abzuschneiden. Ein derart abgeschnittener Mensch, der nur im Hier und Heute lebt, ist ein ideales Manipulationsobjekt für die heutigen Tendenzen der universalen Bürokratisierung und Vermassung. In diesem Sinne äußerte sich auch Gerhard Kienle († 1983) in einem Vortrag bei der Begründung der «Freien Europäischen Akademie der Wissenschaften» in Driebergen/Niederlande im Sommer 1976.

7 Carl Zuckmayer; zitiert in: Gestrich, Helmut: Nikolaus von Kues – Leben und Werk im Bild. Verlag Herrmann Schmidt, Mainz 1990, S. 19.

8 Trithemius; zitiert in Peter Kremer: Nikolaus von Kues und seine Stiftung, 2. Aufl., Trier 1971, S. 19.

9 Giordano Bruno; zitiert in: Heinz-Mohr/Eckert: Das Werk des Nicolaus Cusanus, 2. Aufl., Köln 1975, S. 15.

10 Bindel, Ernst (1971): Johannes Kepler, Mathematiker der Weltgeheimnisse, Verlag Freies Geistesleben, 2. Aufl. Stuttgart 1987, S. 19.

11 Vgl. Raymond Klibansky, Vortrag auf dem Kongress «Der Friede unter den Religionen», Trier 1982, abgedruckt unter dem Titel: Die Wirkungsgeschichte des Dialoges De pace fidei. In: Mitteilungen und Forschungsergebnisse der Cusanus-Gesellschaft, Bd. 16, Trier 1984.

12 Fritz Nagel: Nicolaus Cusanus und die Entstehung der exakten Naturwissenschaften. Aschendorff Münster 1984.

13 Briefe aus dem Schlegel-Kreis, hrsg. von Josef Körner, Brünn 1936. Zitiert auch in: Ernst Hoffmann: Nikolaus von Cues, Zwei Vorträge, Heidelberg 1947, S. 64 und Anmerkung Nr. 36, S. 79.

14 Wenn hier von einer Wiederentdeckung des Nikolaus von Kues gesprochen wird, dann ist dies für das allgemeine Bewusstsein der historisch und philosophisch gebildeten Welt gemeint. Ganz erloschen war die Kenntnis über Nikolaus von Kues selbstverständlich nie, zumal in Kues seine Stiftung des St. Nikolaus-Hospitals alle Zeitenwirren überdauert hatte. Insbesondere in den Mosellanden war die Erinnerung an Nikolaus von Kues durchaus lebendig

geblieben. Aber das war ohne Einfluss auf das allgemeine Geistesleben der Zeit.
An älterer historisch-regionaler Literatur zu Cusanus sei hier genannt:
Caspar Hartzheim, Soc. Jesu: Vita Nicolai de Cusa, Treveris 1730.
Von Stramberg: Moselthal, Coblenz 1837 (darin eine kurze Biographie des Cusaners).
M. Martini und Schmidt: Das Hospital Cues und dessen Stifter, Trier 1841.

15 Johannes von Müller: Der Geschichten Schweizerischer Eidgenossenschaft, Neunter Teil, Stuttgart/Tübingen, J. G. Cotta'sche Buchhandlung 1832 (darin eine meisterhafte Kurzbiographie des Cusanus auf S. 149 - 161).

16 Ein unveränderter fotomechanischer Nachdruck der Biographie von F. A. Scharpff ist erschienen bei: Minerva GmbH, Frankfurt a. M. 1966.

17 F. J. Clemens: Giordano Bruno und Nicolaus von Cusa, Bonn 1847; neu ediert von R. Klibansky in: E. Hoffmann, Das Universum des Nicolaus von Cues, Cusanus Studien I (Sitzungsberichte Akademie Heidelberg, Philosophisch-Historische Klasse 1929/30).

18 Robert Zimmermann: Der Cardinal Nicolaus Cusanus als Vorläufer Leibnizens. Sitzungsberichte der philosophisch-historischen Classe der kaiserlichen Academie der Wissenschaften, Band VIII, Wien 1852; bzw. in: Studien und Kritiken zur Philosophiegeschichte und Aesthetik, Bd. I, Wien 1870, S. 61–83.

19 J. M. Düx: Der Deutsche Cardinal Nicolaus von Cusa und die Kirche seiner Zeit, 2 Bände, Regensburg 1847 (unveränderter, fotomechanischer Nachdruck: Minerva GmbH, Frankfurt 1968).

20 Albert Jäger: Der Streit des Cardinals Nicolaus von Cusa mit dem Herzog Sigmund von Österreich als Grafen von Tirol. Ein Bruchstück aus den Kämpfen der weltlichen und kirchlichen Gewalt nach dem Concilium von Basel. Verlag der Wagner'schen Buchhandlung, Innsbruck 1861.
(Obwohl Albert Jäger im Wesentlichen als Gegner des Cusaners schreibt, kann er als Historiker nicht umhin, bereits im Vorwort die Größe dieses Mannes zu würdigen, wenn er sagt: «Der Cardinal Nicolaus von Cusa ... war unstreitig einer der größten Männer des 15. Jahrhunderts. Auf dem weiten Gebiete der theologischen und philosophischen Wissenschaften wirkte sein tiefeindringender und vielumfassender Geist mit bahnbrechender und schöpferischer Kraft» (S. V).)

21 Des Cardinals und Bischofs Nicolaus von Cusa wichtigste Schriften in deutscher Übersetzung von F. A. Scharpff, Freiburg 1862.

22 Die Schrift «De non aliud» (1462) ist weder in der handschriftlichen Sammlung der Werke des Cusaners in der Bibliothek des St. Nikolaus-Hospitales/Kues, noch in den alten gedruckten Ausgaben seiner Werke enthalten. Aber der Nürnberger Humanist Hartmann Schedel hatte sich bereits 1496 von dieser Schrift eine Kopie gemacht. Diese wurde von Johannes Uebinger im Jahre 1888 in München entdeckt und von ihm ediert.
Johannes Uebinger: Die Gotteslehre des Nikolaus von Cues, Münster 1888.
Paul Wilpert: Einführung zur deutschen Übersetzung: Vom Nicht-Anderen, Hamburg 1952.

23 Edmond Vansteenberghe: Le cardinal Nicolas de Cues. L'action – la pensée, Paris 1920. Unveränderter Nachdruck bei Minerva GmbH, Frankfurt 1973,

und in Genf 1974. (In diesem grundlegenden Werk findet sich auch die Bibliographie der gesamten älteren Literatur über Cusanus. Außerdem enthält das Werk einen wertvollen Anhang u.a. mit dem Itinerar der großen Legationsreise 1451/52.)

24 Ernst Cassirer: Individuum und Kosmos in der Philosophie der Renaissance, Berlin 1927, Neudruck Darmstadt 1994.

25 Nicolai de Cusa Opera Omnia, iussu et auctoritate Academiae Litterarum Heidelbergensis ad codicum fidem edita, Leipzig 1932 sqq, seit 1949 bei Felix Meiner Verlag, Hamburg.

26 A. Dempf in den Blättern für deutsche Philosophie, zitiert im Verlagsprospekt des Felix Meiner Verlages zur Gesamtausgabe der Werke des Nikolaus von Kues.

27 Schriften des Nikolaus von Kues, im Auftrag der Heidelberger Akademie der Wissenschaften in deutscher Übersetzung (die neueren Bände seit 1964 auch lateinisch-deutsch) herausgegeben von Ernst Hoffmann (†), Paul Wilpert (†) und Karl Bormann. Philosophische Bibliothek, Felix Meiner Verlag, Leipzig 1936 ff. bzw. Hamburg 1949 ff.

28 Eine Übersicht über die vorliegenden deutschen Übersetzungen der Werke des Cusaners findet sich in: Klaus Jacobi (Hrsg.): Nikolaus von Kues, Verlag Karl Alber, Freiburg/München 1979, S. 164 f.

29 Nikolaus von Kues, Philosophisch-theologische Schriften, lateinisch–deutsch. Studien- und Jubiläumsausgabe, hrsg. von Leo Gabriel, übersetzt und kommentiert von D. u. W. Dupré, Band I–III, Wien 1964–67.

30 Acta Cusana, Quellen zur Lebensgeschichte des Nikolaus von Kues. Im Auftrag der Heidelberger Akademie der Wissenschaften hrsg. von Erich Meuthen und Hermann Hallauer, Hamburg 1976 ff. Band I, Lieferung 1, Hamburg 1976 (die Reihe ist auf 9 Lieferungen in 3 Bänden projektiert). Inzwischen (2001) sind erschienen: Band I, 1 (1401 – Mai 1437); Band I, 2 (Juni 1437 – Dezember 1450); Band I, 3a (Januar – August 1451); Band I, 3b (September 1451 – März 1452).

31 Siehe Peter Kremer: Nikolaus von Kues und seine Stiftung in der schöngeistigen Literatur. Kleine Schriften der Cusanus-Gesellschaft, Heft 2, Trier 1971. Das Zitat von Leopold Ranke findet sich auf S. 8.

32 Jaspers, Karl: Nikolaus Cusanus, Piper Verlag München 1964, S. 215 f.

33 Siehe Kurt Flasch: Nikolaus von Kues – Geschichte einer Entwicklung. Vorlesungen zur Einführung in seine Philosophie. Verlag Vittorio Klostermann, Frankfurt a.M. 1998, S. 164.

34 Als Rudolf Steiner am 6. September 1919 nach dem Abschluss der 42 pädagogischen Vorträge den Lehrern der neu zu eröffnenden Waldorfschule in Stuttgart die Anweisungen für den Lehrplan gab (Seminarbesprechungen und Lehrplanvorträge), welche «die Gliederung des Lehrstoffes mit Rücksicht auf die Entwickelung des werdenden Menschen» zum Inhalt haben, empfahl er für den Geschichtsunterricht, dass im 6. Schuljahr die Auswirkungen der griechisch-römischen Epoche bis etwa ins 14. nachchristliche Jahrhundert zur Darstellung kommen sollten. Dann sagte er: «Im siebenten Schuljahr wird es sich darum handeln, dass man recht begreiflich macht dem Kinde, welches Leben der neueren Menschheit heraufzieht mit dem 15. Jahrhundert, und dass

man dann etwa bis zum Beginn des 17. Jahrhunderts die europäischen Verhältnisse schildert. Es ist dies der allerwichtigste Zeitraum, auf den man viel Sorgfalt verwenden muss; er ist wichtiger sogar als das Nächstfolgende» (Rudolf Steiner: Lehrplanvortrag vom 6.9.1919, in: GA 295, Dornach 1984).

35 **Exkurs zum Begriff der Bewusstseinsseele bei Rudolf Steiner:**
Nach Steiner bildet sich die Seele dadurch, dass der vergängliche Leib und der unsterbliche Geist einander durchdringen. Die Seele ist dasjenige Glied, das als ein Mittler zwischen beiden Bereichen entsteht. Sie gehört sowohl der Welt des Vergänglichen als auch der Welt des Unvergänglichen an. Sie besitzt dadurch als Mittlerin selbst eine dreigliedrige Struktur. Sofern die Seele sich dem Leib zuwendet und durch diesen die Sinneswahrnehmungen und -empfindungen bewusst macht, nennt Steiner sie «Empfindungsseele». Sofern die Seele ihre Verstandeskräfte benutzt, um die Wahrnehmungen und Empfindungen zu durchdringen, heißt sie in dieser doppelten Funktion «Verstandes- oder Gemütsseele». Wenn sich die Seele dem Bereich des Geistes öffnet und Ewiges in ihr aufleuchtet, nennt Rudolf Steiner sie ‹Bewusstseinsseele›.
Die drei Bereiche der Seele sind nicht von Anfang an vorhanden, sondern sie differenzieren sich erst durch die Kulturentwicklung im Verlaufe der Menschheitsentwicklung heraus. Die menschliche Kulturentwicklung führt damit im seelischen Bereich die physische Evolution fort. Kulturhistorisch wird die Empfindungsseele vorzüglich in der ägyptisch-babylonischen Kulturepoche ausgebildet. Die Ausbildung der Verstandes- oder Gemütsseele ist wesentliche Aufgabe der griechisch-lateinischen Kultur, deren Ausklang approximativ das Ende des Mittelalters kennzeichnet. Ab dem 15. Jahrhundert kommt dann die ‹Bewusstseinsseele› herauf. Rudolf Steiner beschreibt in seiner «Theosophie» (1904, GA 9) und in «Die Geheimwissenschaft im Umriss» (1910, GA 13) die drei genannten Seelenglieder, die sich sowohl im Werden der Menschheit als auch in der einzelnen Biographie durch die Arbeit des menschlichen Wesenskernes – des Ich – zeitlich nacheinander ausbilden. Es sind sozusagen drei Spiegelungen des Ich an der Leiblichkeit des Menschen. In ihrer zeitlichen Entwicklung ordnet sie Steiner folgendermaßen zu:

Seelenfähigkeit:	*Kulturepoche:*	*Biographie:*
Empfindungsseele	ägyptische Epoche	21. – 28. Lebensjahr
Verstandes- oder Gemütsseele	griechisch–lateinische Epoche	28. – 35. Lebensjahr
Bewusstseinsseele	heutige Epoche (ab 1413)	35.–42. Lebensjahr

Da Nikolaus von Kues eine Persönlichkeit ist, die am Beginne der Entwicklung der Bewusstseinsseele steht (jenem Seelenglied, das es am stärksten mit der Qualität des seiner selbst als Geist bewussten ‹Ich› zu tun hat), seien hier zwei Charakterisierungen Rudolf Steiners angefügt:
Die erste beschreibt das *Wesen* der Bewusstseinsseele: «Indem der Mensch das selbständige Wahre und Gute in seinem Innern aufleben lässt, erhebt er sich über die bloße Empfindungsseele. Der ewige Geist scheint in diese herein. Ein Licht geht in ihr auf, das unvergänglich ist. Sofern die Seele in diesem Lichte

lebt, ist sie eines Ewigen teilhaftig. Sie verbindet mit ihm ihr eigenes Dasein. Was die Seele als Wahres und Gutes in sich trägt, ist *unsterblich* in ihr. – Das was in der Seele als Ewiges aufleuchtet, sei hier *Bewusstseinsseele* genannt» (Theosophie, GA 9, Dornach 1973, S. 46).

Die zweite Formulierung beschreibt die *Aufgabe* der Bewusstseinsseele: «In der Bewusstseinsseele enthüllt sich erst die *wirkliche Natur des ‹Ich›*. Denn während sich die Seele in Empfindung und Verstand an anderes verliert, *ergreift sie als Bewusstseinsseele ihre eigene Wesenheit*. Daher kann dieses ‹Ich› durch die Bewusstseinsseele auch nicht anders als durch eine gewisse innere Tätigkeit wahrgenommen werden ... es muss durch innere Tätigkeit seine Wesenheit aus den eigenen Tiefen erst heraufholen, um ein Bewusstsein davon zu haben. Mit der Wahrnehmung des Ich – mit der *Selbstbesinnung* – beginnt eine innere Tätigkeit des Ich. Durch diese Tätigkeit hat die Wahrnehmung des Ich in der Bewusstseinsseele für den Menschen eine ganz andere Bedeutung als die Beobachtung alles dessen, was durch die drei Leibesglieder und die beiden anderen Glieder der Seele an ihn herandringt» (Die Geheimwissenschaft im Umriss, GA 13, TB, Dornach 1979, S. 53 f.).

Eine ganz knappe Charakterisierung dieser Seelenfähigkeiten vom kulturhistorischen Gesichtspunkt aus findet sich auch in dem Buch von Hans Erhard Lauer: Die Volksseelen Europas, Stuttgart 1965, S. 115 – 127.

36 **Exkurs: Nikolaus von Kues und Johannes Gutenberg als Zeitgenossen:** In einem an den Papst gerichteten Vorwort zur Hieronymus-Ausgabe von 1470 weist Giovanni Andrea Bussi in einer Lobrede auf die Förderung der jungen Buchdruckerkunst durch Nikolaus von Kues hin. Er sagt: «Das ist es, was die ruhmreiche und des Himmels würdige Seele des Nicolaus von Cues, des Kardinals von St. Peter in Vincoli, immer dringender wünschte, dass diese heilige Kunst, deren Entstehung damals in Deutschland sichtbar wurde, nach Rom verpflanzt würde.»

Diese Tatsache veranlasste u.a. Albert Kapr in einem Aufsatz im Gutenberg-Jahrbuch 1972 auf eine mögliche persönliche Bekanntschaft zwischen den Zeitgenossen Nikolaus von Kues und Johannes Gutenberg hinzuweisen. Neben der Einrichtung der Druckerei in Subiaco bei Rom und dem Bemühen, deutsche Drucker nach Italien zu holen, führt Kapr als weitere Indizien u.a. an: den Druck des «Catholicon», dessen Inspirator Nikolaus von Kues möglicherweise ist; die Gedanken des Cusaners zur Messbuchreform und das von Gutenberg geplante «Missale mogontinum» und schließlich die Möglichkeit, dass Gutenberg den «Brüdern vom Gemeinsamen Leben» (bei denen Cusanus möglicherweise erzogen wurde) in seiner Jugend nahe gestanden hat oder in einem der Skriptorien der Fraterherren gearbeitet hat. Wie niemand anders haben diese durch das Abschreiben von Büchern diejenige Seelenverfassung gefördert, welche die Entstehung der Buchdruckerkunst vorbereitete. Einer ihrer Leitsprüche war: «Brüder, die nicht durch das Wort, sondern durch die Schrift predigen» (Fratres non verbo sed scripto praedicantes).

In der Tat hat der Gedanke einer persönlichen Bekanntschaft zwischen Nikolaus von Kues und Johannes Gutenberg, als zweier Exponenten des heraufziehenden Bewusstseinsseelen-Zeitalters, viel Faszinierendes an sich, zumal Cusanus zwischen 1440 und 1452 recht häufig in Mainz und Straßburg, den

Aufenthaltsorten von Gutenberg, geweilt hat. Möglich und spirituell adäquat wäre eine persönliche Beziehung, wenngleich der Zeitgeist auch unabhängig davon in zwei Persönlichkeiten sich offenbaren kann. (Vgl. Albert Kapr: Gab es Beziehungen zwischen Johannes Gutenberg und Nikolaus von Kues?, Gutenberg-Jahrbuch 1972, Mainz 1972, S. 32 – 40.)

37 **Exkurs zum Holzschnitt von Camille Flammarion (1888):**
Das schöne graphische Blatt ist unter den verschiedensten Bezeichnungen seit der Wende des 19./20. Jahrhunderts mehrfach abgebildet worden, z.B. unter der Überschrift «Ein merkwürdiger altdeutscher Holzschnitt um 1530 – 50» (Zinner 1931 und 1957); «Mittelalterliche Darstellung des Weltgebäudes» (Bügel 1910), das «Weltbild von Nicolaus Cusanus» (Dessauer 1948) oder «Der Mensch durchbricht den endlichen Kosmos – Deutscher Holzschnitt um 1530» (Blumenberg 1957, Auswahlband der Schriften des Cusanus). Allein seit 1954 wurde es mindestens sechsundfünfzigmal unter verschiedener Titulierung genannt und zitiert, ohne dass die Herkunft des Bildes klar gewesen wäre. (Vgl. F. Becker: Ausblick in das Weltall. Arbeitsgemeinschaft für Forschung des Landes Nordrhein-Westfalen Nr. 186, Köln / Opladen 1968.)
«Seit den 20er Jahren werden Kunsthistoriker nach dem Bild gefragt und erliegen immer wieder einer Täuschung, die offenbar nicht nur von stilistischen Kriterien und der unbezweifelbaren Einheitlichkeit und Qualität des Blattes ausgeht, sondern von seinem Inhalt: der von der Wissenschaftsgeschichte seit dem späteren 19. Jahrhundert ... oft beschriebenen ... ‹kopernikanischen Wende› (M. Putscher, 1975).
«Das 19. Jahrhundert versuchte in allen Bereichen die Geschichte lebendig zu machen, auch in eklektischer Vielfalt der Epochen und Stilelemente, mitunter mit erstaunlichem Einfühlungsvermögen, wie der Weiterbau der gotischen Dome zeigt. Dieses Einfühlungsvermögen bezeugt auch die vorliegende Abbildung, die ... so geschickt auf den wissenschaftlichen Umbruch der frühen Neuzeit gerichtet wurde, dass sie bis vor ein paar Jahren weitgehend als Originalholzschnitt des 16. Jahrhunderts interpretiert wurde: Der neue Mensch durchbrach die begrenzte Welt des ptolemäischen Universums und erblickte neue Wunder» (Teichmann, Wandel des Weltbildes).
Es ist das große Verdienst von Bruno Weber (1973) und Marielene Putscher (1975), die Herkunft des gedruckten Bildes detektivisch aufgedeckt zu haben. Es stammt von dem populärwissenschaftlichen französischen Astronomen Camille Flammarion (1842 – 1925) und findet sich in dessen Werk: L'atmosphère météorologie populaire. Paris 1888, S. 163. Dort ist es freilich von einem zeittypischen Jugendstilrahmen umgeben, der aber seit W. J. Foerster, 1903, bei Reproduktionen meist weggelassen wird. (Vgl. Bruno Weber: Ubi caelum terrae se coniungit. Ein altertümlicher Aufriss des Weltgebäudes von Camille Flammarion; in: Gutenberg Jahrbuch 1973, S. 381 – 408 und Marielene Putscher: Rückkehr vom Ende der Welt; die Identifizierung eines bekannten Holzstiches und einige Folgerungen zur Geschichte der Gegenwart; in: Deutsches Ärzteblatt 1975, Heft 5, S. 290 – 292.)
Man kann das Bild von Flammarion kaum als Fälschung bezeichnen, da es selbst ein Zeitdokument des 19. Jahrhunderts ist. Flammarion zeichnet das, was er trotz aller Suche in Werken aus der Zeit des Kopernikus nicht visuali-

siert fand, nämlich den Umbruch vom ptolemäischen zum kopernikanischen Weltbild. Außerdem: «Nie hat Flammarion daran gezweifelt, dass der Kosmos belebt, bewohnt und von Welten wie der unsrigen erfüllt sei. Diese Vorstellung ... der er – wenn er das Blatt gezeichnet und wohl gar selbst gestochen hat – auch Ausdruck zu geben vermochte, gibt dem Bilde die Einheitlichkeit, die es von jeder bewussten Fälschung unterscheidet» (M. Putscher, 1975, S. 292). Ich muss freimütig gestehen, dass ich in der ersten Auflage des vorliegenden Cusanus-Buches der historischen Faszination des Bildes als scheinbar mittelalterlicher Darstellung ebenso erlegen bin wie die 56 Autoren vor mir, und ihnen folgend habe ich es als ‹Holzschnitt um 1530› bezeichnet. Keineswegs habe ich damit selbst eine Fälschung oder Irreführung im Sinne gehabt (genauso wenig wie der Cusanus-Forscher Hans Blumenberg in seinem Auswahl–Sammelband der Cusanus-Schriften, 1957), wie es in der unseriösen Besprechung von Fritz Krafft/Marburg (Ber. Wiss. Gesch. 5, 1982, Heft 4, S. 261 f.) suggeriert wird, wo es heißt: «Entsprechend ‹modern› soll daraufhin auch etwa des Cuesers Kosmologie in Vorwegnahme der copernicanischen Wende sein (S. 25 f.), wozu dann auch der berühmte Holzschnitt Camille Flammarions aus dem Jahre 1888, seiner jugendstilähnlichen Umrandung beraubt, herangezogen und auf ‹um 1530› datiert wird: ‹Der Mensch durchbricht den endlichen Kosmos des Mittelalters› ». Durch eine solche Unterstellung – zumal bei der aufgezeigten Wirkungsgeschichte – diskreditiert sich der Rezensent selbst. Außerdem vertritt er einen sehr einseitigen, rein naturwissenschaftlich geprägten Modernitätsbegriff, der eine symbolische Deutung, wie sie noch Ernst Cassirer betont hat, ganz außer Acht lässt.
Auch gibt es heute noch die ernsthafte Auffassung, dass der Bild*inhalt* (wohlgemerkt der Inhalt, nicht das gedruckte Bild!) älter als die erstmalige Publikation im 19. Jahrhundert ist. So hat C. G. Jung die Herkunft des Bildinhaltes aus dem Rosenkreuzer-Milieu vermutet (vgl. C. G. Jung: Ein moderner Mythos. Von Dingen, die am Himmel gesehen werden. Zürich/Stuttgart 1958). Zuletzt hat noch einmal H.G. Senger, Thomas-Institut, Universität Köln, mit ernstzunehmenden Argumenten für eine Entstehung des Bildinhaltes um 1530 plädiert. (Siehe Hans Gerhard Senger: Wanderer am Weltenrand – Ein Raumforscher um 1530?; in: Miscellanea Mediavalia, Veröffentlichungen des Thomas–Institutes an der Universität zu Köln, Bd. 25; Raum und Raumvorstellungen im Mittelalter. Walter de Gruyter Verlag, Berlin – New York 1998, S. 793 – 825).

38 Vgl. auch: Renate Riemeck: Jan Hus – Reformation hundert Jahre vor Luther. Verlag Die Pforte, 2. Aufl. Basel 1982.
Renate Riemeck: Zwölf Ketzerschicksale aus acht Jahrhunderten. Urachhaus Verlag Stuttgart 1986, (darin: John Wiclif, S. 83 ff. und Jan Hus, S. 93 ff.).
Gerhard Wehr: Jan Hus – Ketzer und Reformator. GTB Siebenstern, Nr. 461, Gütersloh 1979.
Walter Nigg: Buch der Ketzer, Zürich 1949.
Eduard Winter: Ketzerschicksale, Berlin 1979.

39 Nach Rudolf Steiner esoterisch auch ‹Meister Jesus› genannt (vgl. GA 264, 1984, S. 238).

40 Nach Rudolf Steiner esoterisch auch ‹Meister Christian Rosenkreutz› genannt (ebd.).

41 Vgl. dazu: Paul Regenstreif: Christian Rosenkreutz und seine Mission, Freiburg 1977, S. 16 – 19.

42 Erläuterungen zur graphischen Darstellung «Innere Entwicklungsimpulse im 14./15. Jh.»:
Die graphische Darstellung der inneren Entwicklungsimpulse des 14./15. Jahrhunderts ist angeregt und befruchtet worden durch die Leitsatzbetrachtung Rudolf Steiners vom 6. Dezember 1924 (in GA 26, S. 141 – 147). In dieser Betrachtung stellt Rudolf Steiner Nikolaus von Kues in die Mitte zwischen zwei Zeitströmungen, die symptomatisch sind für den Beginn des Bewusstseinsseelen-Zeitalters: Auf der einen Seite die Vorreformatoren mit ihren Disputen um die so zentrale Lehre des kultischen Abendmahles; auf der anderen Seite die Strömung der ganz im Verborgenen wirkenden Rosenkreuzer. Es zeigt sich bei der näheren Betrachtung, dass die von R. Steiner angedeutete Mittlerstellung des Cusaners überhaupt charakteristisch ist für dessen Darinnenstehen in den Umbruchströmungen der Zeitenwende. Damit ist ein wesentlicher Gesichtspunkt sowohl für die Gestaltung der graphischen Darstellung als auch für die Biographie des Cusaners gewonnen.

Zeitumkreis und Rhythmen des Lebensganges

43 Erich Meuthen: Nikolaus von Kues – Skizze einer Biographie, 7. Aufl. Münster 1992, S. 5.

44 Die biographischen Rhythmen, zu denen z.B. auch die pädagogisch außerordentlich relevanten Siebenjahresrhythmen gehören, stammen nicht von Steiner, wie ein Rezensent irrtümlich meinte, sondern sind seit der griechischen Antike bekannt. Sie sind sozusagen das individuelle Pendant zu den Biorhythmen, welche die moderne Chronobiologie in letzter Zeit entdeckt und verstärkt herausgearbeitet hat (vgl. die Arbeiten der Marburger Schule um Gunter Hildebrandt). Auch in der Anatomie und Morphologie findet dieser Gesichtspunkt neuerdings verstärkt Beachtung; vgl. dazu das neue Lehrbuch des bekannten Anatomen Johannes Rohen: Morphologie des menschlichen Organismus, Stuttgart 2000 (insbes. das Kapitel: «Physiologische Grundlagen der Freiheit» mit Abbildung 271, S. 405 ff.).
Die Betrachtung nach Rhythmen ist nur ein *biographisches Hilfsmittel*, kein Selbstzweck. Sie ist analog zu sehen zur Konstitutionslehre, die ein Hilfsmittel für die Krankenanamnese sein kann. Wichtig ist zu betonen, dass biographische Rhythmen zeitlich nie punktuell zu verstehen sind, sondern nur approximativ zu handhaben sind.

45 Jean Leclercq: Bernhard von Clairvaux, Verlag Neue Stadt, München-Zürich-Wien 1997, S. 193.

45a Valentin Tomberg: Die Tages- und Nachtseite der Geschichte, in: Lazarus, Herder Verlag Basel 1985, S.91.

46 Das genaue Geburtsdatum von Cusanus ist ungewiss. Nur Anton Lübke (1973) nennt als Datum den 22. Oktober 1401. Dieses Datum lässt sich aber nicht halten. Mit großer Wahrscheinlichkeit liegt das Geburtsdatum in der 1. Hälfte des Jahres 1401, d.h. vor dem 6. Juli 1401. Dieses Datum lässt sich aus

späteren Angaben erschließen, so aus der Biographie von 1449, der einzigen zu Lebzeiten des Cusaners (!), in der es heißt: N. v. K. «37. aetatis suae missus fuit per papam Eugenium quartum ad Constantinopolim». Der erste dokumentarische Beleg für diese Sendung stammt aber vom 6. Juli 1437, so dass Nikolaus vor diesem Datum sein 37. Lebensjahr vollendet haben muss bzw. also vor dem 6. Juli 1401 geboren sein muss (vgl. dazu Acta Cusana, I. Band 1. Lieferung, hrsg. von Ernst Meuthen, 1976, S. 1).

47 Da das genaue Geburtsdatum unbekannt ist, darf zur inneren Komplettierung in diesem Falle die Spekulation im guten Sinne befragt werden, d.h. die horoskopische Wahrscheinlichkeit, ohne dass damit der geringste historische Tatsächlichkeitsanspruch verbunden ist. Alle versuchsweisen Horoskopstellungen deuten auf die erste Jahreshälfte 1401 als Geburtszeitraum hin und konzentrieren sich je nach Aspekt auf zwei Daten: a) auf die Tage ab dem 21. März 1401 (Sternzeichen Widder); b) auf die Tage ab dem 21. Juni 1401 (Sternzeichen Krebs).

48 Das Geburtshaus des Nikolaus von Kues ist nach großen Schwierigkeiten Ende der 1970er Jahre von der Cusanus-Gesellschaft aufgekauft worden. Es wurde in den Jahren 1978 – 1980 baulich gründlich erneuert und instandgesetzt. Aus dem geteilten Haus (mit zwei Eingängen und unterschiedlichen Fenstern) ist wieder ein einziges Gebäude geworden, das durch Rekonstruktion des Bauzustandes um 1570 seinen alten wehrhaften Charakter zurückerhalten hat, indem der alte (vom Treppenturm ausgehende) Wehrgang wieder hergestellt wurde. Der wehrhafte Charakter erklärt sich daher, dass das Haus ursprünglich neben dem Stadttor, d.h. außerhalb der Ortsbefestigung, gelegen war. Das Haus dient seit seiner Eröffnung am 6. Dezember 1980 (Nikolaustag) als Gedenkstätte und Museum für Leben und Werk des Nikolaus von Kues. Es ist ein wahrlich würdevoller Ort! Man muss der Stadt Bernkastel-Kues und der Cusanus-Gesellschaft unter ihrem Vorsitzenden, Landrat i.R. Dr. Helmut Gestrich, dankbar sein für diese Tat.

49 Der legendarischen Überlieferung schließen sich nicht nur F. A. Scharpff, E. Vansteenberghe und H. Gestrich an, sondern auch der bedeutende Cusanus-Forscher Ernst Hoffmann (Nikolaus von Cues und seine Zeit; Nikolaus von Cues und die deutsche Philosophie, zwei Vorträge, Heidelberg 1947). Andere Forscher dagegen ignorieren die legendarische Überlieferung vollständig (z.B. Erich Meuthen: Nikolaus von Kues, Skizze einer Biographie, Münster 1964).

50 Vgl. Neu, P.: Die Grafen von Manderscheid – ein historischer Überblick; in: Die Manderscheider – eine Eifeler Adelsfamilie. Herrschaft – Wirtschaft – Kultur. Köln 1990.

51 Für manche Interpreten ist die Burg, die auf dem Mittelbild des Altartryptichons in der Hospitalkapelle in Kues zu sehen ist, ein Abbild der Manderscheider Burg. Das würde zum Duktus eines Stifterbildes durchaus passen, ist aber nicht belegbar.

52 Geert Groote war eine äußerlich wenig bekannte, aber spirituell außerordentlich bedeutende Persönlichkeit. Jahrhundertelang wurde das weltberühmte Buch «Imitatio Christi» ausschließlich Thomas a Kempis zugeschrieben. Heute stellt sich heraus, dass der größere Teil dieses Übungsbuches ursprünglich eine Art geistliches Tagebuch von Geert Groote war («Beschlüsse und

Vorsätze, nicht Gelübde»), das dann von seinen Schülern anonym niedergeschrieben wurde. Nur die priesterlichen Kapitel stammen von Thomas a Kempis, der wohl auch letzte redaktionelle Hand an die Abfassung des Gesamttextes gelegt hat. Auf Geert Groote geht indirekt auch eine zweite Schrift zurück, nämlich das von Gerhard Zerbolt von Zutphen (1367 – 1398) niedergeschriebene Buch «Vom geistigen Aufstieg» (De spiritualibus ascensibus), von dem heute nur noch sieben Exemplare existieren. Es ist ein Gebets- und Meditationsbuch, das im 15. Jahrhundert weit verbreitet war.

Nach Rudolf Steiner lebten in der von Geert Groote begründeten Gemeinschaft der «Brüder vom gemeinsamen Leben» rosenkreuzerische und michaelische Impulse. Bereits 1913 hat Rudolf Steiner in Zwolle/Niederlande anlässlich eines Vortrages auf die spirituelle Bedeutung von Geert Groote für die volkspädagogische und geistige Arbeit in den Niederlanden hingewiesen. Daher hat die 1935 in Amsterdam gegründete Waldorfschule den Namen «Geert-Groote-School» angenommen. Und zur Bedeutung der «Imitatio Christi» als Voraussetzung einer meditativen Schulung sagt Rudolf Steiner: «Wessen Auge nicht jeden Frühling die Wälder Tag für Tag in ihrem Grün verfolgen kann, der sollte dafür seinem Herzen die erhabenen Lehren der Bhagavad-Gita, des Johannes-Evangeliums [und] des Thomas von Kempen ... zuführen» (1904/05, in GA 10, S. 100).

Als einführende Literatur ist dienlich: H.N. Janowski: Geert Groote, Thomas von Kempen und die Devotio moderna. Walter-Verlag Olten/Freiburg 1978.

53 Vgl. zur Gestalt von Johannes Ruysbroek auch die Äußerungen Rudolf Steiners in dem Kapitel «Gottesfreundschaft» in: Die Mystik, S. 53 – 76. R. Steiner sagt dort, dass Ruysbroeck eine Geistesart hatte, die man als «Genialität des Gemüts bezeichnen darf» (S. 72).

54 Vgl. dazu Ernst Hoffmann, 1947, S. 9 – 11.

55 Vgl. zur Bewegung der «Gottesfreunde» das Kapitel bei R. Steiner: Die Mystik, S. 53 – 76; und Wilhelm Rath: Der Gottesfreund vom Oberland, 3. Aufl. Verlag Freies Geistesleben, Stuttgart 1955.

56 Rudolf Steiner: Der Entstehungsmoment der Naturwissenschaft in der Weltgeschichte und ihre seitherige Entwicklung (Vortragszyklus 24.12.1922 – 6.1.1923, GA 326, Dornach 1977, S. 12).

57 Vgl. hierzu Peter Dohms: Eberhardsklausen. Kloster, Kirche, Wallfahrt. Trier 1985 und Peter Dohms: Das frühe Kloster Eberhardsklausen. Rheinische Kunststätten Heft 340, Neuss 1989.

58 Johannes Hugo Wyttenbach in: Allgemeine Encyclopädie der Wissenschaften und Künste XX, Leipzig 1829, S. 382 – 384.

59 Rudolf Steiner bejaht die Frage der Erziehung des Cusaners in Deventer im Vortrag vom 24. Dezember 1922 in Dornach wie selbstverständlich, indem er sagt: «Er erhielt seine erste Erziehung in jener Gemeinschaft, die den Namen erhalten hat ‹Die Brüder vom Gemeinsamen Leben›. Da nimmt er seine ersten Jugendeindrücke auf ... In Deventer in Holland innerhalb dieser Gemeinschaft wurde Nikolaus Cusanus erzogen» (S. 9 f.).

Ob Steiners dezidierte Aussage nur eine Übernahme der literarischen Tradition (vor allem von F. A. Scharpff) ist, oder einer eigenen tieferen Überzeugung entspringt, muss offen bleiben. Offensichtlich ist für Steiner die Erziehung des Cusaners in Deventer spirituell stimmig. Auch dass Rudolf Steiner dann im Folgenden auf das Wesen dieser Bruderschaft eingeht, spricht für mehr als eine bloße Übernahme der legendarischen Tradition.

60 Die früheste Quelle ist der Bericht von Jacobus Revius in seiner 1650 abgeschlossenen Stadtgeschichte von Deventer.

61 Erich Meuthen: Cusanus in Deventer in: Concordia discors. Studi su Niccolo Cusano e l'umanismo Europeo offerti a Giovanni Santinello, Padova 1993. Meuthen führt gegen den Schulbesuch in Deventer vor allem ins Feld, dass im Testament des Cusanus bezüglich der Stiftung einer Burse der Ort Deventer noch nicht genannt ist und erst von dem Rektor Dietrich von Xanten wohl unter dem Einfluss der beiden Visitatoren des Kueser Hospitals – des Koblenzer Kartäuserpriors und des Priors des Chorherrenstiftes von Niederwerth – 1469 festgelegt worden sei. Den dagegen von Meuthen angeführten sorgenvollen persönlichen Kontakt (wegen umlaufender Klagen) des Rektors des Florenshauses der Fraterherren zu Deventer mit Cusanus während dessen Legationsreise, halte ich nicht für ein überzeugendes Argument. Die Anerkennung der Frömmigkeit des Bruderhauses und das huldvolle Verhalten des Legaten Cusanus sprechen eine andere Sprache und lassen sich zumindest auch anders interpretieren.

62 Erich Meuthen: Nikolaus von Kues – Skizze einer Biographie, Münster 7. Aufl. 1992, S. 13.

63 Adolf von Harnack: Das Wesen des Christentums, Leipzig 1901, S. 13.

64 Rudolf Steiner: Der Entstehungsmoment der Naturwissenschaft … (a.a.O., S. 12 f.).

65 Die genaue Eintragung in die Matrikel der Universität Heidelberg lautet: «Nycolaus Cancer de Coeße clericus Treverensis dyocesis» und muss zwischen dem 20. Dezember 1415 und dem 22. Juni 1416 erfolgt sein (vgl. Acta Cusana Bd. I, Lfg. 1, 1976).

66 Auf Toscanelli geht auch die von Christoph Kolumbus ausgeführte Idee zurück, dass man Asien auf dem Seeweg über den Atlantischen Ozean erreichen könne. 1471 legt er diesen für den König von Portugal bestimmten Plan anhand einer Karte in einem Brief an den portugiesischen Geistlichen Fernando Martinez dar (vgl. H. Gestrich: Nikolaus von Kues, 1990, S. 48).

67 In der hier vorgelegten biographischen Betrachtung wird insbesondere auch auf den Rhythmus der Siebenjahres-Epochen geachtet, ohne dass diese ein pressendes Schema darstellen. Diese Epochen als maßgeblicher Entwicklungsrhythmus werden heute insbesondere in der Pädagogik und Menschenkunde der Waldorfschulen beachtet. Es ist aber erstaunlich, in wie vielen Biographien dieser Rhythmus auch über das Schulalter hinaus zu beobachten ist. Ich bin der Meinung, dass auch die Biographie des Cusanus durch diesen Gesichtspunkt eine überraschende Erhellung erfährt. Dass Cusanus selbst etwas von der übergeordneten Bedeutung des Siebener-Rhythmus gewusst hat, zeigt seine kleine Schrift «Coniectura de ultimis diebus» (Mutmaßung über die jüngsten Tage, 1446), in der er den Verlauf der Kirchengeschichte in Siebenjahres-Perioden einteilt.

68 Die mittlere Lebensepoche zwischen dem 21. und dem 42. Lebensjahr stellt eine verkürzte Rekapitulation der Menschheitsentwicklung dar. In den mittle-

ren drei Lebensjahrsiebten entfalten sich sukzessive die Fähigkeiten der Empfindungsseele, der Verstandes- oder Gemütsseele und der Bewusstseinsseele.

69 Die Eintragung in die Universitätsmatrikel Köln lautet: «Nycolaus de Cusa doctor in iure canonica Treverensis dyocesis. Nihil dedit ob reverentiam persone, sed iuravit complete» und muss zwischen dem 26. März 1425 und dem 29. Juni 1425 erfolgt sein (vgl. Acta Cusana, Bd. I, Lfg. 1, 1976).

70 Vgl. hierzu die Untersuchung von H. Wackerzapp: Der Einfluss Meister Eckharts auf die ersten philosophischen Schriften des Nikolaus von Kues, Münster 1962.

71 Vgl. dazu die Untersuchung von E. Colomer: Nikolaus von Kues und Raimund Lull, Berlin 1961.

72 Pralle (1952) vertritt in seiner geradezu detektivisch geschriebenen Abhandlung die Auffassung, dass Nikolaus von Kues durch seine persönliche Beziehung zu dem im Jahre 1426 Deutschland bereisenden päpstlichen Legaten Kardinal Orsini, den er auf einer Teilreise im September 1426 nach Hersfeld begleitete, an die wertvolle Bibliothek des Klosters Fulda gelangt ist. In ihr (und nicht in Köln) habe er die in einem Band gebundene Handschrift des Geschichtswerkes des Plinius und der Annalen des Tacitus gefunden. Diese nicht ganz rechtmäßig entführte Plinius-Tacitus-Handschrift habe er 1427 nach Rom gebracht, wo Poggio den Fund aber geheimgehalten habe, Cusanus dagegen von der Kirche mit Pfründen ‹belohnt› worden sei. Vgl. Ludwig Pralle: Die Wiederentdeckung des Tacitus; ein Beitrag zur Biographie des jungen Cusanus, Fulda 1952.

73 Bei aufmerksamer Betrachtung kann man in sehr vielen Biographien die Bedeutung des 27./28. Lebensjahres erkennen. Man kann beobachten, wie beim Auslaufen des alten Vergangenheits- und Vererbungsstromes es entweder zu einer Verfestigung des erreichten Standes kommt (Menschen, deren geistige Entwicklung mit dem 27. Lebensjahr abbricht) oder wie dann gerade um das 27./28. Lebensjahr starke Lebens- und Gesundheitskrisen einsetzen, die die geprägte Form gewaltsam sprengen und dadurch die Aufnahme neuer geistiger Impulse in die Biographie ermöglichen. Rudolf Steiner hat auf das Auslaufen des natürlichen Entwicklungsstromes um das 27. Lebensjahr mehrfach hingewiesen. Vgl. dazu R. Steiner: Das individuelle und das allgemeine Lebensalter der Menschheit, Vortrag vom 29.5.1917, in GA 176, Dornach 1964.

74 Zitiert in: Rudolf Haubst: Nikolaus von Kues in Koblenz. In: Zugänge zu Nikolaus von Kues, Hrsg.: Cusanus-Gesellschaft, Bernkastel-Kues 1986, S. 114.

75 F. A. Scharpff schreibt dazu: «... So dürfen wir annehmen, dass er zwischen 1428 und 1430 in den geistlichen Stand trat, da er im Jahre 1430 ... schon ein bedeutendes kirchliches Amt bekleidete» (1843, S. 21).

76 Vgl. Hans Gappenbach: Nikolaus von Kues in Münstermaifeld. Kleine Schriften der Cusanus-Gesellschaft, Heft 6, Trier 1964.

77 Erich Meuthen schreibt: «Nikolaus hat sich rastlos um die ihm anvertrauten Benefizien gekümmert. Auf der einen Seite sorgte er für ihren materiellen Wohlstand ... Das Propsteiregister von Münstermaifeld, in dem die Gefälle seiner Pfründe verzeichnet waren, hat er nach Übernahme der Propstei ebenso Zeile für Zeile durchgearbeitet ... wie dann als Bischof die dickleibigen Urbare und Lehnsregister des Hochstiftes Brixen, und zwar eigenhändig» (1979, S. 22).

Man muss auch bei den mittelalterlichen Pfründen bedenken, dass sie die einzige Form der Entschädigung für geleistete Dienste waren; sie waren eine Form der Sachentschädigung, genauso wie die weltlichen Lehen.

78 Vgl. zu den staatsrechtlichen Sozialimpulsen des Nikolaus von Kues in seiner Schrift «De concordantia catholica» die Ausführungen von Karl Heyer: Die Staatsidee des Nicolaus Cusanus, in «Die Drei», 1921, Heft 5/6; sowie die Darstellung in: Karl Heyer, Beiträge zur Geschichte des Abendlandes, Band II: Mittelalter, Stuttgart 1956, S. 141 – 150. Diese beiden Darstellungen versuchen eine Würdigung der gesellschaftstheoretischen Ideen des Cusaners vom anthroposophischen Gesichtspunkte aus. Als weitere Literatur sei genannt:
G. Heinz-Mohr: Unitas christiana, Trier 1958.
M. Watanabe: The political ideas of Nicholas of Cusa, Genf 1963.
P. E. Sigmund: Nicholas of Cusa and medieval political thought, Cambridge, Massachusetts/USA 1963.

79 **Exkurs zur Kalenderreform des Nikolaus von Kues:**
Nikolaus von Kues war von den Kirchenvätern des Konzils zu Basel in die Kommission zur Reform des julianischen Kalenders gewählt worden. Das Grundproblem dieser Reform bestand, vereinfacht ausgedrückt, darin, dass der julianische Kalender das Jahr mit 365 Tagen und 6 Stunden um 11 Minuten zu ungenau festgelegt hatte. Diese Ungenauigkeit hatte sich in fast 1500 Jahren allmählich zu einer beträchtlichen Zeitdifferenz summiert, wodurch eine Abweichung vom natürlichen agrarischen Jahresrhythmus spürbar wurde sowie die sinnvolle Festlegung des beweglichen Osterfestes erschwert wurde. Der Korrekturvorschlag des Cusanus lautete, verkürzt ausgedrückt, folgendermaßen: Es sollten im Jahr 1440 im Monat Oktober 7 Tage ausgelassen werden, der Mondzyklus um 3 Tage vermindert werden, und es sollte alle 300 Jahre ein Schalttag wegfallen. Das Konzil zu Basel konnte sich aber auch in der Frage der Kalenderkorrektur zu keiner Entscheidung durchringen. Erst im Jahre 1582 wurde von Papst Gregor XIII. eine Kalenderreform durchgeführt. Sie entsprach im Wesentlichen den Vorschlägen des Nikolaus von Kues aus dem Jahre 1436.
Literatur hierzu: Nikolaus von Kues: Die Kalenderreform (De correctione kalendarii), herausgegeben und eingeleitet von Stegemann und Bischoff, Heidelberg 1955
Georg Hartmann: Die ‹Correctio kalendarii› des Nikolaus von Cues. In: Bewusstseinswege, Dornach 1980, S. 150 – 156.

80 Rudolf Steiner (1922/23): Der Entstehungsmoment der Naturwissenschaft in der Weltgeschichte (GA 326), 1. Vortrag, Dornach 1977, S. 11.

81 Vgl. zu den Motiven der Lebenswende auch Karl Heyer: Die Staatsidee des Nicolaus Cusanus, in: Die Drei, 1921, Heft 5/6.

82 Im Lebenslauf von Gotthold Ephraim Lessing (1729 – 1781) ist der Nullpunkt in der Lebensmitte deutlich bemerkbar. Lessing macht mit 35 Jahren eine lange schwere Krankheit durch, die ihn bis an die Schwelle des Todes führt. Vor diesem Umschmelzungspunkt liegen vier Jahre völliger geistiger Unproduktivität in Breslau. Aus dem Durchgang durch den Nullpunkt der Lebensmitte geht Lessing als ein völlig Verwandelter hervor. Er geht 1767 als Kritiker und Dramaturg ans Nationaltheater nach Hamburg und schenkt von nun an

der Welt unter anderem seine Meisterdramen (Minna von Barnhelm, 1767; Emilia Galotti, 1772; Nathan der Weise, 1779). In seinem letzten Werk schließlich (Die Erziehung des Menschengeschlechts, 1780) entwickelt er den Gedanken der wiederholten Erdenleben aus mitteleuropäischer Geistigkeit.

83 Zitiert in: Walter Nigg: Vom Geheimnis der Mönche, Zürich 1990, S. 157.

84 Rudolf Steiner (1904): Wie erlangt man Erkenntnisse der höheren Welten? GA 10, Dornach 1975, S. 100.

85 Vgl. M. Honecker (1940), R. Klibansky (1977), R. Haubst (1992), H. L. Bond (1996) und K. Flasch (1998).

86 Harald Schwaetzer: Aequalitas, Erkenntnistheoretische und soziale Implikationen eines christologischen Begriffs bei Nikolaus von Kues, Olms Verlag Hildesheim 2000, S. 24.

87 Karl Jaspers: Nikolaus Cusanus, München 1964, S. 21. (Dieses Buch ist unter den Cusanus-Forschern sehr umstritten. Es behandelt kein spezielles Erkenntnisproblem, ist mehr überblickshaft gehalten und kümmert sich außerdem wenig um die philologisch-kritische Cusanus-Forschung. Aber gerade diese Position wird von Jaspers ganz bewusst vertreten, und daher ist sie interessant. Aufschlussreich ist auch, wie Jaspers von seinen eigenen philosophischen Anschauungen aus Cusanus betrachtet, würdigt und kritisiert.)

88 Birgit H. Helander: Die *visio intellectualis* als Erkenntnisweg und -ziel des Nicolaus Cusanus. Acta Universitatis Upsaliensis Nr. 29, Uppsala 1988 (Es handelt sich um eine der lesenswertesten Dissertationen der vergangenen Jahre über Nikolaus von Kues).

89 Zitiert in: Joachim Schultz: Rhythmen der Sterne, Dornach 1963, S. 81.

90 Diether Lauenstein (1974): Der Lebenslauf und seine Gesetze, Stuttgart 1978, S. 56 f. und S. 67.
Rudolf Steiner, auf den Dieter Lauenstein sich bezieht, führt zu den Nächten um den Mondknoten aus: «Die Nächte, die der Mensch zu diesem Zeitpunkt durchlebt, sie sind die wichtigsten Nächte des menschlichen Lebens ... Da ist es, wo der Mensch gewissermaßen ein Fenster geöffnet hat gegenüber einer ganz anderen Welt ... da öffnet sich unsere Welt der astralischen Welt neu. Astralische Ströme fließen ein und aus.» Rudolf Steiner, Vortrag vom 16. April 1920 in: GA 201, Dornach 1987, S. 61. – In der zeitlichen Nähe dieses biographischen Knotenpunktes vollzieht sich das Erleuchtungserlebnis des Cusaners.

91 Ernst Hoffmann: Nikolaus von Cues, 2 Vorträge, Heidelberg 1947, S. 19ff.

92 In der Besprechung (Historische Zeitschrift, Band 236, Heft 2, April 1983, S.445) meines Buches in der ersten Auflage (Stuttgart 1982) hat Erich Meuthen im Hinblick auf die Karte der Gesandtschaftsreise nach Konstantinopel 1437/38 den Vorwurf des Plagiats und der Verschweigung der Quellen erhoben. Dieser Vorwurf wird hiermit noch einmal, auch zugleich für die zweite Auflage, entschieden zurückgewiesen. Erich Meuthen hätte seinerzeit nur den entsprechenden Abbildungsnachweis zu zitieren brauchen. Dort hieß es: «Karte der großen Gesandtschaftsreise in den Osten 1437/38 (Entwurf: E. Meffert u.a. nach einer Karte im Cusanus-Museum Kues)». Dass als Quelle für die rein äußere Reiseroute der Name von Erich Meuthen damals nicht genannt wurde, sondern nur das Cusanus-Museum, ist lediglich dem Umstand zuzuschreiben,

dass bis zum Erscheinen meines Buches (1982) die Karte im Cusanus-Museum nicht signiert war. Jetzt, da dieses geschehen ist, wird die Nennung nachgeholt. Entscheidend aber ist (abgesehen von der kartographisch wesentlich verbesserten Kartengrundlage), dass die vorliegende Karte ganz andere thematische Schwerpunktsetzungen aufweist, indem weitergehende Inhalte eingetragen sind, so z.B. die ‹Lebenswende in Basel›, die ‹Begegnung mit dem Geistigen Osten in Konstantinopel› oder das ‹Erleuchtungserlebnis auf dem Meer›. So lautet denn der Titel meiner Karte auch: ‹Äußere und innere Lebensstationen des Nikolaus von Kues um die Lebensmitte›.

93 Diether Lauenstein schreibt dazu: «Es lässt sich nicht verheimlichen, der Mars regiert das Leben in den Vierzigern. In der Regel führen sie die Menschen zu der Macht, die ihnen beschieden ist» (a.a.O., S. 73).
Neben der Bedeutung der Mondknoten für die menschliche Entwicklung arbeitet Diether Lauenstein vor allem auch den Siebenjahres-Rhythmus in seinem Zusammenklang mit der Planetenwirksamkeit heraus. Der Zusammenhang zwischen den Jahrsiebten des menschlichen Lebenslaufes und der Planetenwirksamkeit entstammt dem Gedankengut Rudolf Steiners. Danach besteht die folgende Beziehung:

1. – 7. Lebensjahr	Mond
7. – 14. Lebensjahr	Merkur
14. – 21. Lebensjahr	Venus
21. – 28., 28. – 35., 35. – 42. Lebensjahr	Sonne
42. – 49. Lebensjahr	Mars
49. – 56. Lebensjahr	Jupiter
56. – 63. Lebensjahr	Saturn

94 Zitiert in: Heinz-Mohr/Eckert: Das Werk des Nicolaus Cusanus, Köln 1975, S. 21.

95 Es scheint geradezu eine höhere biographische Regelhaftigkeit zu sein, dass die Lebenskrisen oder auch die geistigen Durchbrüche sich am Ende eines Lebensjahrsiebtes beim Übergang zum kommenden Jahrsiebt vollziehen. In diesem Zusammenhang muss auch das 49. Lebensjahr gesehen werden, das sich in vielen Biographien als bedeutungsvolles Datum für entscheidende Leistungen heraushebt. Auch Cusanus weist dem 49. Jahr (7x7) in seiner kleinen Schrift «Coniectura de ultimis diebus» (Mutmaßungen über die jüngsten Tage, 1446) eine besondere Bedeutung zu.

96 Die einzige Publikation, in der der Bericht des Cusaners von der Begegnung mit einem namenlosen eingeweihten Laien nicht als literarische Wendung abgetan, sondern als Realität ernstgenommen wird, ist der Aufsatz von Georg Hartmann: Nikolaus Cusanus und das Michael-Mysterium; in: Bewusstseinswege, Dornach 1980, S. 137 – 149.

97 Das geistige Erlebnis selbst lässt sich nur durch historische Urteilsbildung, d.h. durch Parallelen in den Biographien anderer Philosophen indirekt erschließen. Dann aber wird der literarische Bericht des Cusanus transparent. Nicht immer ist allerdings eine solche Begegnung so deutlich wie in der Biographie von Johannes Tauler. Rudolf Steiner hat sich zu diesem Problem bei Cusanus nicht geäußert, aber sein Lebenswerk hilft indirekt weiter durch die Schulung des Blickes für solche symptomatischen Ereignisse einer Biographie.

98 **Exkurs zur Karte der Legationsreise 1451/52:**
Die Angaben über die Stationen der Legationsreise 1451/52 sowie die Zeichnung der Karte der Reiseroute als einer reinen Wegekarte erfolgte auf der Grundlage der ltinerar-Angaben bei J. Zibermayr (1914), J. Uebinger (1887), E. Vansteenberghe (1920, fotomechanischer Nachdruck 1963), J. Koch (1948) und E. Meuthen (1979 und 1996). Trotz der sehr sorgfältigen und umfänglichen Angaben über die Stationen und wesentlichen Dokumente der Legationsreise, insbesondere bei Vansteenberghe im Anhang seines Buches und bei Koch als Beilage zu seinen Cusanus-Textuntersuchungen sowie bei Meuthen und Hallauer (Acta Cusana Bd. I. 3a/3b) ist das Festhalten der geographischen Reiseroute des Legaten Cusanus in einer Karte selbstverständlich mit mancherlei Unsicherheiten belastet. Zum einen besteht Unklarheit über den Aufenthalt an einigen Orten, zum anderen wissen wir immer noch zu wenig über die Straßenverhältnisse im 15. Jahrhundert. Aus diesen Gründen hat noch J. Koch 1948 die Vorlage einer Karte zurückgestellt. Wenn hiermit dennoch eine solche Karte vorgelegt wird, dann nicht, um eine fehlende Sicherheit vorzutäuschen. Es geht bei dieser Karte nicht um die letzte historische Akribie, sondern um die Visualisierung der ‹Fußspur› des Cusanus im mitteleuropäischen Raum. Das Ziel ist, diese als historisch-geographisches Phänomen einer symptomatologischen Betrachtung zu unterziehen.
Literatur:
Josef Koch: Das Itinerar der Legationsreise 1451/52; in: Nikolaus von Kues und seine Umwelt; Sitzungsberichte der Heidelberger Akademie der Wissenschaften, Jg. 1944/48, Carl Winter, Universitätsverlag, Heidelberg 1948, S. 111 – 152.
Erich Meuthen: Nikolaus von Kues, Skizze einer Biographie, Münster, 7. Aufl. 1992.
Erich Meuthen: Die deutsche Legationsreise des Nikolaus von Kues 1451/52, in: Lebenslehren und Weltentwürfe im Übergang vom Mittelalter zur Neuzeit, hrsg. von H. Boockmann, B. Moeller und K. Stackmann, Göttingen 1989, S. 421 – 499.
Erich Meuthen und Herrmann Hallauer: Acta Cusana Bd. I. 3a/3b, Felix Meiner Verlag, Hamburg 1996 (in Bd. 3b unter Dokument 964 befindet sich das Itinerar der Legationsreise).
Johannes Uebinger: Kardinallegat Nikolaus Cusanus in Deutschland 1451 bis 1452; in: Historisches Jahrbuch 8 (1887), S. 629 – 665.
Edmond Vansteenberghe: Itineraire et principaux actes de Cusa au cours de sa grande legation; in: Le Cardinal Nicolas de Cues, Paris 1920; Nachdruck Frankfurt 1963, S. 483 – 490.
J. Zibermayr: Die Legation des Kardinals Nikolaus Cusanus und die Ordensreform in der Kirchenprovinz Salzburg, Salzburg 1914, S. 116 – 120.

99 Über die Hinreise bis Spittal an der Drau bestehen Unklarheiten. Uebinger (1887) und Vansteenberghe (1920) meinen, dass Cusanus durch Tirol gezogen sei, was auch geographisch und verkehrsmäßig zweifelsohne die naheliegende Reiseroute wäre. Zibermayr (1914) und Koch (1948) dagegen meinen, dass ob

der strittigen Ernennung zum Bischof von Brixen Cusanus das Bistum Brixen umgangen habe und wahrscheinlich von Oberitalien durch das Kanaltal nach Villach und von dort durch das Drautal hinauf nach Spittal geritten sei.

100 Zitiert bei Anton Lübke: Nikolaus von Kues, München 1968, S. 402. Zur Biographie des Trithemius von Sponheim vergleiche den Aufsatz von Georg Hartmann (1962): Zur Lebensgeschichte des Trithem von Sponheim, in: Bewusstseinswege, Dornach 1980, S. 184 – 191.

101 Vgl. zur allgemeinen Einordnung der Cusanus-Karte in die Geschichte der Landkartenkunst und zu den speziellen kartographischen Aspekten: L. Bagrow/R. A. Skelton (1963): Meister der Kartographie, 4. Aufl. Berlin 1973, S. 190 f.
G. Grosjean/R. Kinauer (1970): Kartenkunst und Kartentechnik vom Altertum bis zum Barock, 2. Aufl. Bern 1975, S. 41 – 44.
J. Babicz: Der christliche Universalismus der Frührenaissance im Werk von Nicolaus Cusanus und sein Einfluss auf die Entwicklung der Kartographie. Arbeiten aus dem Institut für Geographie, Universität Graz, Bd. 36, Graz 1997/98.
D. B. Durant: The Vienna-Klosterneuburg map corpus of the fifteenth century. A study in the transition from medieval to modern science. Leiden 1952. (D. B. Durant beschäftigt sich u.a. auch mit den Koblenz-Trierer Kartenfragmenten als mögliche Vorlagen für die Mitteleuropakarte des Cusanus.)
T. Campbell: The earliest printed maps. London 1987 (darin über die Cusanus-Karte Mitteleuropas auf S. 36 – 55).
Hans Kinzl (1970): Geschichte, Form und Inhalt der Cusanus-Martellus-Karte; in: Cusanus-Gedächtnisschrift, hrsg. von Nikolaus Grass, Innsbruck 1970, S. 599 – 606.
Werner Kreuer: Monumenta cartographica – Kartographische Denkmäler, ein Triumph über die Zeit (1490 – 1525) mit gesondertem Erläuterungsband. Selbstverlag des Institutes für Geographie der Gesamthochschule Essen 1996 (Kreuer publiziert u.a. die Cusanus-Karte von 1491 und die Germania-Karte von Henricus Martellus Germanus, Florenz ca. 1490 als Faksimile in Originalgröße und Altkolorierung.)
Werner Kreuer: Monumenta Cartographica: Tabulae mundi. 2. Lieferung mit 12 Kartenfaksimilierungen und gesondertem Erläuterungsband. GHS Essen 1999, Auslieferung durch den Verlag Klett-Perthes, Gotha.
Werner Kreuer: Nikolaus Cusanus und die kartographische Erfassung der Welt – ein neues Weltbild entsteht. in: Ca 1500; Katalog der Landesausstellung 2000 [u.a. in Brixen] Skira Editore, Mailand 2000, S. 308-313.
P. Mesenburg: Netzgeometrie und Abbildungskonzept der Karte des Nikolaus von Cues, in: VDV-Schriftenreihe, Band 8, Zur Geschichte des Vermessungswesens. Wiesbaden 1995.
P.H. Meurer: Zur Systematik der Cusanus-Karten: Überlegungen aus der Sicht der Rheinischen Landeskunde, in: Kartographische Nachrichten 33. Bonn 1983.
P.H. Meurer: Mappae Germaniae: Die schönsten und bedeutendsten Deutschlandkarten von 1482 bis 1803. Bad Neustadt a.d. Saale 1984.

102 Vgl. Rudolf Steiner, Vortrag vom 31. Dezember 1913, GA 149, Dornach 1960. Die entsprechende Stelle des Vortrages ist auch abgedruckt und besprochen in:

Emil Bock (1954): Paulus, Stuttgart 1971, S. 82 – 86. Vgl. zum methodischen Ansatz auch den Aufsatz von C. S. Picht: Die Territorien des Vortragswerkes Rudolf Steiners, in: C. S. Picht, Gesammelte Aufsätze, Briefe und Fragmente, Stuttgart 1964, S. 47 – 50.

103 Vgl. zur Frage der Kulturräume mit ihren wechselnden geographischen Schwerpunkten und zur ‹Äthergeographie›:
Ekkehard Meffert: Zur Äthergeographie Mitteleuropas; in: Die Drei, Heft Nov. 1990, Verlag Freies Geistesleben, Stuttgart 1990, S. 882 – 887
Wolfgang Schad: Europäisches zu Mitteleuropa; in: Mitteleuropa (hrsg. von Wolfgang Schuchardt und Herbert Rieche), Urachhaus Verlag Stuttgart 1978, S. 74 – 93.
Wolfgang Schuchardt: Von der Bedeutung der europäischen Meere – Zur Äthergeographie und Volksseelenkunde; in: Mitteilungen aus der anthroposophischen Arbeit, Stuttgart, Sommer 1979, S. 115 – 118.

104 Vgl. zur Brixener Zeit die Arbeiten von Herrmann Hallauer, dem besten Kenner dieser Region und dieser Zeit. So z.B.:
– Eine Visitation des Nicolaus von Kues im Benediktinerinnenkloster Sonnenburg; in: Cusanus. Jubiläum Mainz 1964.
– Die Schlacht im Enneberg. Kleine Schriften der Cusanus-Gesellschaft, Heft 9, Trier 1969.
– Nikolaus von Kues als Rechtshistoriker. – Sein Kampf um die Bewahrung der Brixener Kirche; in: MFCG Band 24, 1998, S. 103 – 170.

105 Herrmann Hallauer: Nikolaus von Kues als Bischof und Landesfürst in Brixen. Trierer Cusanus Lecture Heft 6, Trier 2000, S. 10.

106 Vgl. dazu: Brunetto Latini: Tesoretto – Die Geschichte einer Einweihung an der Schwelle der Neuzeit (Italienisch-Deutsch), Stuttgart 1979.

107 Birgit Helander, Die *visio intellectualis* ..., a.a.O. 1988, S. 8.

108 Siehe Erich Meuthen: Der Fall von Konstantinopel und der lateinische Westen. In: Historische Zeitschrift 1983, S. 1 ff.

109 Die Rede des Cusaners von seinem übersinnlichen Geisterlebnis 1453 und seiner Teilnahme an einer kosmischen Versammlung im Kreise der Engel und Erzengel sowie der verstorben Menschenseelen hat noch eine andere Dimension. Durch die Geisteswissenschaft Rudolf Steiners kann sich eine dahinter verborgene übersinnliche Realität erschließen. Rudolf Steiner schildert, dass eine solche kosmische Versammlung, welche die Seelen der Verstorbenen und die Engelwesen vereint, im 15. Jahrhundert stattfand. Dadurch kann man den Bericht des Cusaners auch lesen als ein erlebendes Eintauchen seiner Seele in die übersinnliche Welt und als Teilnahme an der ‹übersinnlichen Lehrschule des Michael›. Vgl. dazu auch die Aufsätze von Georg Hartmann: «Ende eines tausendjährigen Reiches» und «Nikolaus Cusanus und das Michael-Mysterium» in: Bewusstseinswege, Dornach 1980, S. 123 – 131 und S. 137 – 149.

110 Das ehemalige befestigte Adligen-Benediktinerinnen-Kloster Sonnenburg liegt in einer landschaftlich erhabenen und eindrucksvollen Lage auf einem Felsplateau hoch über St. Lorenzen im Pustertal mit einem schönen Blick auf die Einmündung des Gaderbaches in die Rienz. Von den während der Säkularisationszeit auf Abbruch verkauften Klostergebäuden sind noch einige Ge-

bäudereste zu sehen, die heutzutage Teil eines exklusiven Hotels sind, das in den Ruinen des ehemaligen Klosters erbaut wurde. So sieht man vom ehemaligen Wohntrakt noch einen Saal mit Kreuzgratgewölben und zwei Rundbogenfenstern, der als Speisesaal des Hotels hergerichtet ist.

111 Man kann noch heute die völlig einsam gelegene und uneinnehmbar wirkende Burg Buchenstein als mächtige Ruine sehen. Sie liegt unterhalb des Falzarego–Passes in 1747 m Höhe bei dem Weiler Andraz, ganz in der Nähe der Dolomitenstraße von Cortina d'Ampezzo nach St. Johann. Ein Besuch dieser Trutzfeste als Zufluchtsort des Cusanus ist wegen ihrer landschaftlichen Lage noch heute außerordentlich eindrucksvoll. Die Burg ist wahrscheinlich bereits Sitz langobardischer Adliger gewesen und liegt an einer strategisch wichtigen Stelle.

112 Vgl. hierzu Diether Lauenstein (1974), a.a.O., S. 76.

113 **Exkurs zur sog. ‹Kapitulation› des Nikolaus von Kues in Bruneck, Ostern 1460:**
Das Verhalten des Cusanus Ostern 1460 in Bruneck gibt manche Rätsel auf. Äußerlich könnte diese endgültige Lösung vom Bistum Brixen nach einer schmachvollen Erpressung und Kapitulation aussehen. Verständnishilfe über diesen Punkt im Leben des Cusaners verdanke ich Wilhelm Schneider († 1982). Er schrieb mir zu dieser Kapitulation: «Mir scheint, dass Cusanus sie nicht als schmachvoll empfunden hat. Gewichtig mitgesprochen hat für ihn doch wohl der seelsorgerische Gesichtspunkt. Über das Bistum war das Interdikt verhängt, wodurch alle sakramentalen Handlungen untersagt waren. Das war ihm eine schwere Sorge und Gewissenslast. Das Volk litt darunter und drohte zu verwildern. Es ist der für Cusanus charakteristische Konflikt zwischen Kirchenfürst und Priester. Mir ist wahrscheinlich, dass Cusanus bei allem äußeren Zwang doch aus innerer Freiheit die Kapitulation bejaht hat. Diese Anschauung wird gestützt dadurch, dass er intensiv versucht hat, den Papst zur Bestätigung des Vertrags zu bewegen, damit das Interdikt aufgehoben werden könne. Der Papst hat aber aus kirchenrechtlichen Erwägungen abgelehnt.» (Brief vom 22.3.1977)
Dankbar bin ich W. Schneider auch für die Zugänglichmachung seines unveröffentlichten Dramas über Cusanus, das im ersten Bild gerade die Schicksalssituation von Bruneck darstellt. (Der Kardinal – ein dramatischer Versuch in sieben Bildern, 1943/1950)

114 Vgl. Karl Jaspers: Nikolaus Cusanus, München 1964, S. 202.

115 Zitiert in: A. Jäger: Der Streit des Cardinals Nicolaus von Cusa mit dem Herzoge Sigmund von Österreich, II. Band, Innsbruck 1861, S. 62.

116 Zitiert bei Anton Lübke: Nikolaus von Kues (1968), S. 176 f.

117 Karl Jaspers: Nikolaus Cusanus (1964), S. 211.

118 Vgl. zu den vielfältigen Einzelheiten des Wirkens als Kurienkardinal in Rom die detaillierte Abhandlung von Erich Meuthen: Die letzten Jahre des Nikolaus von Kues, Köln-Opladen 1958.

119 Der Bericht Pius' II. wird zitiert in dem Manuskript der Fernsehsendung von Horst Schäfer: Die Entdeckung des Unendlichen – Nikolaus von Kues. Südwestfunk Baden-Baden, 13.1.1984, S. 19.
Außerdem in: Heiner Martini: Der Krebs in der Reuse – Nikolaus von Kues. Spee-Verlag Trier 1986, S. 179.

120 Nikolaus von Kues: Von Gottes Sehen (De visione Dei), 1453, Kap. IV, Dupré S. 105.

121 Zitiert in Heiner Martini: a.a.O. S. 196.

122 Zitiert in Heiner Martini: a.a.O. S. 196.

123 Cusanus hatte testamentarisch bestimmt, wenn er nördlich von Florenz stürbe, wolle er in seinem Hospital von Kues beigesetzt werden, wenn er südlich von Florenz stürbe, solle sein Leib in seiner Titularkirche in Rom beigesetzt werden. Diese Bestimmung zeigt auch die geographische Weite des Erdenwirkens des Cusanus.

124 Vgl. zu diesem Versuch das immer noch lesenswerte Buch von Carl Gustav Carus: Symbolik der menschlichen Gestalt, Leipzig 1858 und W. F. Fischer: Gesicht und Geist – Eine Studie zur Physiognomik. Lörrach 1980, sowie Willy Hellpach: Über die Physiognomie des Cusanus; in: Ernst Hoffmann: Nikolaus von Kues, 2 Vorträge, Heidelberg 1947, S. 68 – 70.

125 Vgl.: Hans Martin Schmidt: Der Meister des Marienlebens und sein Kreis. – Studien zur spätgotischen Malerei in Köln. Schwann Verlag Düsseldorf 1978 (darin das Kapitel: Das Passionstryptichon in Kues, S. 33 – 38).

126 Vgl. die Sonderausgabe dieser Kapitel in: Alfred Schütze: Von der dreifachen Ehrfurcht – Goethes Gedanken über Erziehung (mit einem Essay von Alfred Schütze: Goethe und die Ehrfurcht). Urachhaus Verlag Stuttgart, o. J.
In der dreifachen Ehrfurcht, wie sie bei Goethe beschrieben wird, spiegeln sich deutlich die drei Seelenkräfte Denken, Fühlen und Wollen wider. Jede dieser drei Kräfte kann sich zur Devotion oder Ehrfurcht hinneigen. Dann wird das Denken zur Andacht, das Fühlen zur Demut, das Wollen zur Hingabe (Ergebenheit). In der Andacht spiegelt sich die Ehrfurcht vor dem, was über uns ist (deshalb kann sie auch zur Erzieherin der Bewusstseinsseele werden). In der Demut kann man als wirksam empfinden die Ehrfurcht vor dem, was um uns ist. Und in der Hingabe (Ergebenheit) wird die Ehrfurcht vor dem, was unter uns ist, zur Realität.

127 Rudolf Steiner (1909): Metamorphosen des Seelenlebens, GA 59; darin: Die Mission der Andacht, Vortrag vom 28. Oktober 1909, TB 603, Dornach 1978, S. 60 – 78.

Das Sankt-Nikolaus-Hospital zu Kues

128 Das St. Nikolaus-Hospital in Kues ist nicht nach seinem Stifter Nikolaus von Kues benannt, wie viele meinen, sondern nach dem heiliggesprochenen Bischof Nikolaus von Myra (einer Stadt in Lykien in Kleinasien), der im 4. Jahrhundert n. Chr. lebte (geboren um 350). Er war der Sohn reicher Eltern, und als ihm nach ihrem Tode ein großes Erbe zufloss, verteilte er den Reichtum großzügig unter die Armen und Schutzbedürftigen – und besonders unter die Kinder («Schutzpatron der Kinder»). Der Legende nach soll der Hl. Nikolaus auch Kinder aus Seenot gerettet haben. Diese Szene ist über dem barocken Eingangsportal des St. Nikolaus-Hospitals dargestellt.
So ist St. Nikolaus auch der Schutzpatron der Schiffer und als solcher der Familie Krebs in Kues, die ihrem Sohn den Namen des Schutzheiligen gab.

Die Gebeine des Hl. Nikolaus von Myra wurden 1087 nach Bari/Italien überführt, und Papst Urban II. weihte die dortige Grabeskirche auf dessen Namen. Von da an beginnt auch in Deutschland eine Welle der Kirchenweihen auf den Namen des Hl. Nikolaus, wozu auch die ehemalige Kueser St. Nikolaus-Kapelle gehört, während die frühen Kirchen im Moselland meist den Namen des Volksheiligen der Merowinger, St. Martin, tragen (z.B. das Stift St. Martinus und Severus in Münstermaifeld, dessen Stiftspropst Cusanus war). Weit verbreitet sind die St. Nikolaus-Kirchen auch in Russland, die meistens nahe an Flüssen und Seen liegen und oftmals auch Handelsfunktion haben wie z.B. in Nowgorod.

129 Zitiert in: Anton Lübke: Nikolaus von Kues, München 1968, S. 377 f.

130 Zitiert in Heinz-Mohr/Eckert: Das Werk des Nicolaus Cusanus, Köln 1975, S. 111 – 113.

131 Der Bericht über die Errettung des St. Nikolaus-Hospitals in Kues während des Zweiten Weltkrieges durch den persönlichen Einsatz von Raymond Klibansky (einem Schüler des Cusanus-Forschers Ernst Hoffmann/Heidelberg), der später Professor in Oxford/England und Montreal/Kanada wurde, findet sich auch im Bericht der Zeitschrift «Der Stern» Nr. 44 vom 25. Oktober 1979, S. 163 f. Der Wahrheitskern dieses Berichtes wird auch bestätigt von Herrn Veltin, dem ehemaligen Bürgermeister der Stadt Bernkastel-Kues, der Führungen im Cusanus-Stift durchführte. Nach Aussage des ehemaligen Rektors des Hospitals, Herrn Dr. Hunold (†), haben während des Cusanus-Jubiläums 1964 sowohl Raymond Klibansky als auch zwei ehemalige englische Luftwaffenoffiziere diese Darstellung bestätigt.

132 Vgl. zum Grundsätzlichen des mittelalterlichen Hospitalwesens:
Henri Pirenne: Sozial- und Wirtschaftsgeschichte im Mittelalter, Tübingen 1986.
Dieter Jetter: Das europäische Spital – von der Spätantike bis 800, Dumont Verlag Köln 1987.
Franz Meffert: Caritas und Krankenwesen bis zum Ausgang des Mittelalters, 2 Bd. Freiburg 1925 – 27..

133 Vgl. zu dem Erkenntnisweg der Drei den Aufsatz von Clara Kreutzer: Die Drei als Weltprinzip; in: Die Drei, 1971, S. 574 – 78.

134 Vgl. zur inneren Mathematik der mittelalterlichen Kirchenbauten (Kathedralen) das Buch von L. Charpentier: Die Geheimnisse der Kathedrale von Chartres, deutsche Übersetzung, Köln 1972. Über das Quadrat als Maß (das im Laienraum der Kueser Hospitalkapelle so auffällig ist) siehe dort insbesondere das Kapitel 13.

135 Vgl.: Peter Dohms: Das frühere Kloster Eberhardsklausen, Rheinische Kunststätten, Heft 340, Neuss 1989, S. 6. Ders. :Eberhardsklausen. Kloster, Kirche, Wallfahrt. Trier 1985.
Aus dem Landschaftsraum der Eifel sind einige weitere Einstützenkirchen bekannt, die schönste wohl in Kronenburg über Stadtkyll. Sie sind zumeist zeitlich später entstanden und von dem berühmten Vorbild der Kueser Hospitalkapelle beeinflusst.(Vgl. W. D'Hein: Im Eifelort Kronenburg. in: Generalanzeiger Bonn vom 10./11.3.2001).

136 Vgl. Frank Günter Zehnder (Hrsg.): Stefan Lochner, Meister zu Köln. Kata-

log zur Ausstellung im Wallraf-Richartz-Museum Köln 1993 (siehe insbes. Katalog-Nr. 24 und 44).

137 Jakob Marx: Geschichte des Armen-Hospitals zum Hl. Nikolaus zu Cues, Trier 1907, S. 254 (Anhang).

138 Walter Hauth: Das Marien-Tryptichon im St. Nikolaus-Hospital zu Cues. Verlag Trierer-Volksfreund-Druckerei, Trier 1985

139 Hans Martin Schmidt: Der Meister des Marienlebens und sein Kreis, Schwann Verlag Düsseldorf 1978, S. 34.

140 Nur durch Verkauf hat die Bibliothek des Cusanus späterhin einige schmerzliche Verluste erlitten. So ließ sich 1721 – 1726 der Rektor Heinrich Brechels 24 wertvolle Codices von einem Antiquariatshändler abschwatzen. Sie wanderten in die von Edward Harley angelegte Sammlung nach England und befinden sich heute unter dem Namen Harleiani (Cod. Harl.) im British Museum in London.

141 Vgl. Jakob Marx: Verzeichnis der Handschriftensammlung des Hospitals zu Cues. Selbstverlag des Cusanus-Stiftes, Trier 1905.
Eine ausführlichere, nach dem Verzeichnis von Marx vorgehende Besprechung der Bücherbestände der Kueser Bibliothek findet sich in Heinz-Mohr/Eckert: Das Werk des Nicolaus Cusanus, Köln 1975, S. 122 – 163.
Sehr schöne Farbabbildungen ausgewählter Buchseiten und eine Besprechung der Bestände befindet sich auch in der Schrift von Helmut Gestrich: Nikolaus von Kues – Leben und Werk im Bild. Verlag Herrmann Schmidt, Mainz 1990

142 Zitiert und in der Original-Handschrift des Cusaners abgebildet in: Heinz-Mohr/Eckert: Das Werk des Nicolaus Cusanus, Köln 1975, S. 151.

Das schriftliche Werk des Nikolaus von Kues

143 Vgl. zur Periodisierung der mathematisch-geometrischen Werke die Diss. von Fritz Nagel: Nicolaus Cusanus und die Entstehung der exakten Wissenschaften, Aschendorf Verlag, Münster 1984, S. 61f f.

144 R. Steiner, Die Mystik ..., 1901, GA 7, S. 85

145 Vgl. dazu Wilhelm Rath (1955): Der Gottesfreund vom Oberland, 3. Aufl., Stuttgart 1997.

146 Vgl. dazu Harald Schwaetzer: Aequalitas – Erkenntnistheoretische und soziale Implikationen eines christologischen Begriffs bei Nikolaus von Kues. Eine Studie zu seiner Schrift De aequalitate, Olms Verlag, Hildesheim – Zürich – New York 2000. (Schwaetzer geht so weit, dass er meint, Cusanus habe in *De aequalitate* geradezu einen neuen christologischen Ansatz seiner Erkenntnistheorie ausgebildet. Er formuliert: «Ist die Gleichheit erkenntnistheoretisch Grundlage allen Erkennens und ist die göttliche Gleichheit durch den Logos in die Welt gekommen, dann muss die Welt erkennbar sein» a.a.O. S. 12).

147 Die Anregungen zu diesen Figuren verdanke ich H. D. van Goudoever († 1977) aus einem Kursus im Studienhaus Rüspe im März 1970. Die Interpretation der Figuren stammt von mir. Von einem anderen Gesichtspunkt aus, nämlich einem spirituell menschenkundlichen Gesichtspunkt, verwendet Rudolf Steiner diese Figuren zur Charakterisierung der Kulturepochen. Es handelt sich um den Vortrag vom 30. November 1919 (GA 194, Dornach 1962, S. 90 ff.).
Es muss betont werden, dass diese Figuren nur eine mögliche Betrachtungsart repräsentieren.

148 Rudolf Steiner, 1911, in: Philosophie und Anthroposophie, GA 35, S. 114.

149 Rudolf Steiner (1922/23): Der Entstehungsmoment der Naturwissenschaft in der Weltgeschichte, GA 326, Dornach 1977, S. 28.

150 Rudolf Steiner (1922/23) ebd. GA 326, S. 31.

151 Vgl. Rudolf Steiner (1914): Die Rätsel der Philosophie, GA 18, Dornach 1968. Siehe darin das Kapitel: Zur Orientierung über die Leitlinien der Darstellung, S. 23 ff.
Auch die folgenden vier Kapitel des Buches folgen der Unterteilung der Philosophiegeschichte in etwa 700 – 800-jährige Entwicklungsepochen. Zur menschenkundlichen und geistesgeschichtlichen Begründung dieser 700 – 800-jährigen Philosophieepochen siehe den Einzelvortrag: Rudolf Steiner (1915): Die Wahrnehmung des Gedankenwesens, Vortrag vom 10. Januar 1915, in: GA 161, Dornach 1980. Darin wird deutlich, dass die Entwicklung der Philosophie nicht etwas beliebig Unterteilbares ist, sondern dass in ihr die gleichen Gesetze wie in der Entwicklung der Menschheit und des individuellen Menschen walten.

152 Rudolf Steiner (1922/23) ebd. GA 326, S. 20 f.

153 Rudolf Steiner (1922/23) ebd. GA 326, S. 34-36.

154 Birgit Helander: Die *visio intellectualis* ..., a.a.O. 1988, S. 173

155 Vgl. hierzu: Clara Kreutzer: Die Drei als Weltprinzip; in: Die Drei 1971, S. 574 – 578.
Rudolf Haubst: Das Bild des Einen und Dreieinen Gottes in der Welt nach Nikolaus von Kues, Trier 1952.

156 Vgl. Kurt Flasch: Nikolaus von Kues – Geschichte einer Entwicklung, a.a.O. 1998, S. 21 ff. und S. 98 ff.

157 Bernhard von Clairvaux: Was ein Papst erwägen muss, Übertragung von Hans Urs von Balthasar, Johannes Verlag Einsiedeln 1985, S. 156. (Zitat aus dem 5. Buch mit leichten Übersetzungsänderungen des Referenten.)

158 Birgit Helander: Die *visio intellectualis* ..., a.a.O. 1988, S. 173f.
Und Ernst Hoffmann schreibt: «Die Analyse dieses [Erkenntnis-]Gefüges wird von Cusanus großenteils mit arithmologischen Mitteln (in De coniecturis) durchgeführt, indem z.B. für die herkömmlichen vier Erkenntnisstufen der *Quaternar* als Muster genommen wird. Unter der altertümlichen Verwendung des Zahlsymbols aber verbirgt sich die *neue Einsicht*, dass es sich eben nicht um Stufen handelt, durch deren obere die unteren überholt sind, sondern

um eine gegliederte und ausgefaltete *Ich-Einheit*, deren sinnliche und unsinnliche Stufen immer gemeinschaftlich arbeiten und die sämtlich gleich notwendig sind, *um den synthetischen Charakter der Welt in synthetischer Weise zu erkennen.* Der Mensch erkennt nicht mit isolierbaren Vermögen isolierbare Bereiche, sondern er erkennt alles mit der Vernunft in vernünftiger, mit dem Verstand in verständiger, mit der Vorstellung in vorstellender, mit der Sinnlichkeit in sinnlicher Weise, wobei diese sämtlichen Vermögen die Erkenntniseinheit gliedhaft vertreten und erst zusammen die Erkenntnisganzheit ausmachen» (Ernst Hoffmann, a.a.O. Heidelberg 1947, S. 76f.).

159 Rudolf Steiner: Okkulte Geschichte, Vortrag vom 31. Dezember 1910, GA 126, Dornach 1975, S. 96.

160 Vgl. hierzu Birgit Helander (1988): Sie hebt einerseits bei Cusanus das Element der Liebe als Erkenntnisquelle hervor, andererseits weist sie aber immer wieder auf das Denkelement der «visio intellectualis» hin. Beides schließt sich nicht aus, sondern ergänzt einander.
Cusanus betont stets die notwendige Verbindung von *intellectus* (Erkenntnis) und *affectus* (Liebe, Gefühl). So spricht er bereits im Nachwort zu «De docta ignorantia» von einem *transcensum* zu den unvergänglichen Wahrheiten, was mit dem eher mystisch gefärbten Wort «übersteigen» (statt Aufstieg) zu übersetzen wäre, und von *amplector*, was tatsächlich mit der Liebesgeste des Umarmens zu übersetzen ist. Cusanus ist nur zu verstehen, wenn man das Element der «mystischen Liebe» mit einbezieht.

161 **Exkurs zur ‹Rätselgestalt› des Dionysius Areopagita:**
So sehr auch weitgehend Einigkeit darüber besteht, wie außergewöhnlich stark Cusanus von Dionysius philosophisch, sprachlich und spirituell beeinflusst worden ist (vgl. dazu Ludwig Baur, Heidelberg 1941, Werner Beierwaltes, Trier 1997), so kontrovers und umstritten ist die Frage, wer sich hinter dem Apostelschüler Dionysius als Autor verbirgt. Das hat als Symptom zu der weit verbreiteten, verächtlichen Bezeichnung «Pseudo-Dionysius» oder «Pseudo-Areopagita» geführt.
Die Bewertung schwankt zwischen den äußersten Extremen und reicht von der mittelalterlichen Auffassung, der heilige Geist sei der eigentliche Verfasser/Inspirator der dionysischen Schriften (noch Nikolaus von Kues nennt ihn «Maximus ille divinorum scrutator», «jenen größten Erforscher des Göttlichen») bis hin zu der Einschätzung von Kurt Flasch (in der FAZ vom 8. Februar 1992), der in ihm einen Hochstapler und Betrüger sieht. Er fragt: «Hat die Kirche über tausend Jahre hin einen Erzlügner als wichtigen Heiligen verehrt? Hat die unfehlbare Kirche über viele Jahrhunderte hinweg einen Betrüger als den größten Theologen angesehen?» Was ist der Grund für Kurt Flaschs ‹Condemnatio memoriae›? Es ist nur eine einzige Tatsache: «Gerade die Passagen theosophischen Tiefsinns sind ihm zum Verhängnis geworden. Denn sie erwiesen sich als abgeschrieben … Sie zeigten sich als Adaptation der Philosophie des heidnischen Denkers Proklos … Proklos ist 485 n.Chr. gestorben; die Bücher des Dionysius können daher nicht lange vor 500 n. Chr. entstanden sein.» (Flasch, 1992). Keinesfalls können sie von dem Apostelschüler Dionysius Areopagita selbst stammen, so ist das Fazit von Kurt Flasch.

Das ist durchaus richtig, war bereits von Lorenzo Valla 1443 bzw. 1457 vermutet worden und ist seit 1895 durch zwei französische Theologen bewiesen. Aber diese Zweifel an einer Autorenschaft, selbst sogar der eventuelle Nachweis mehrerer Autorenidentitäten rechtfertigen noch keine Verdammung, wie sie Kurt Flasch ausspricht.
Von zahlreichen geistigen Schöpfungen der Menschheitsgeschichte einschließlich den Evangelien (z.B. dem Johannes-Evangelium) und von den allergrößten Kunstwerken, z.B. den Ikonen und der mittelalterlichen Tafelmalerei kennen wir die wahren Schöpfer nicht namentlich. Wir kennen nicht einmal ihre Identität, sondern nur Pseudonyme wie z.B. MGN (= Matthias Grünewald). Dies tut jedoch ihrer spirituellen Wirkung keinerlei Abbruch, ganz im Gegenteil! Auch bei Dionysius sollte es um Inhalte und nicht um Autorennamen gehen.
Zur Person und Sache:
Dionysius Areopagita war der Oberste der Areopag-Richter in Athen und zugleich oberster Priester im Athenischen Staatskult. Als solcher war er in alle Stufen der Eleusinischen Mysterien eingeweiht. Ca. 50 n. Chr. wurde er vom Apostel Paulus zum Christentum bekehrt (vgl. Apostelgeschichte 17,34). Über sein Leben berichten Manuskripte einer Autobiographie, die in syrischer, armenischer, arabischer, georgischer und koptischer Fassung in den letzten gut 100 Jahren aufgefunden wurden. Obwohl die Apostelgeschichte selbst nichts weiter davon berichtet, ist es der esoterischen Tradition gemäß, dass Dionysius nach einem weiteren Treffen mit dem Apostel Paulus ca. 58 n. Chr. von diesem beauftragt wurde, in Athen eine christlich-esoterische Schule zu begründen. Nach einer anderen, weitergehenden esoterischen Tradition, die Dionysius selbst andeutet, ist er auch zu Maria, der Mutter Jesu nach Jerusalem oder Ephesos gepilgert und hat von ihr die Weisheitslehren des esoterischen Christentums empfangen. Auch beim Erdenabschied Marias sei er geistig zugegen gewesen, wie es alle Ikonen der Ostkirche darstellen. So mag es sein, dass Dionysius dreimal «eingeweiht» worden ist: einmal in die Eleusinischen Mysterien, ein zweites Mal durch Paulus, der selbst durch den allgegenwärtigen Christus berufen und eingeweiht wurde und drittens durch Maria auf Grund ihrer Gespräche mit Jesus Christus. Daher darf er zu Recht als der Vater eines esoterischen Christentums gelten. Auf der Grundlage dieses Wissens wurde er der Leiter einer christlich-esoterischen Schule in Athen. Deren Lehren wurden damaliger esoterischer Sitte gemäß geheim gehalten und nur mündlich weitergegeben (Prinzip «von Mund zu Ohr», das auch noch heute in esoterischen Zusammenhängen gilt). Ebenso war es Sitte, dass alle späteren Leiter dieser esoterischen Schule den Namen des Dionysius trugen, denn auf ihn gingen im Kern die Weisheitslehren, insbesondere die Hierarchienlehre der Engel, zurück, wenngleich diese durch seine Nachfolger ergänzt, modifiziert und mit zeitbedingten Literaturbezügen versehen wurden (z.B. zu Proklos). Erst um 500 n.Chr. kam es durch den damaligen Leiter der Schule, wahrscheinlich einem Syrer, zur teilweisen Aufzeichnung des Lehrgutes der Schule in einer Reihe von Schriften unter dem Namen des Dionysius Areopagita. Mit deren Aufzeichnung erlischt nach alten esoterischen Gesetzen die Schule des Dionysius, die nur in der mündlichen Tradierung leben durfte. Die aufgezeichneten Schriften können selbstverständlich nicht von Dionysius per-

sönlich geschrieben sein, aber sie entstammen der von ihm begründeten und mit seinem Namen verknüpften esoterischen Überlieferung, und stehen unter seiner Inspiration. Daher hätte der Niederschreibende sie niemals unter seinem eigenen Namen publiziert oder sich erdreistet, diese Denkinhalte seine eigenen zu nennen, nicht nur aus Bescheidenheit, sondern auch aus innerer Überzeugung.

Es handelt sich um Bruchstücke der «verborgenen Lehre» des Paulus. Es sind folgende Schriften: «Von der himmlischen Hierarchie» (De coelesti hierarchia); «Von der kirchlichen Hierarchie» (De ecclesiastica hierarchia); «Von den göttlichen Namen» (De divinis nominibus); «Von der mystischen Theologie» (De mystica theologia). Alle Schriften sind tief vom Geiste Platons und seiner späten Schüler Plotin (205 – 270 n. Chr.) und Proklos (412 – 485 n. Chr.) durchdrungen, aber auch verwandelt und durchsetzt von einer tief christlich esoterischen Haltung im Geiste der Mutter Jesu und des Apostels Paulus. Um 860 übersetzt Johannes Eriugena (ca. 810 – 877) in Paris die Schriften des Dionysius ins Lateinische, und von da an haben sie neben den Evangelien den allergrößten Einfluss auf die Theologie und Mystik des Mittelalters ausgeübt. Bei Nikolaus von Kues ist die Beeinflussung so tief, dass man bei ihm noch geradezu den Stil des Dionysius herausspüren kann. Besonders bedeutend waren für ihn die Schriften «De coelesti hierarchia», «De divinis nominibus» und «De mystica theologia». So weit in Abbreviatur die Entstehungs- und Wirkungsgeschichte der Dionysischen Schriften.

Gerd Klaus Kaltenbrunner hat 1996 das mit Abstand einfühlsamste und umfassendste Buch über die geheimnisumwitterte Gestalt des Dionysius Areopagita vorgelegt, ein Opus maximum von 1385 Seiten. Darin nimmt er u.a. auch Stellung zu dem Punkt, an dem sich manche philosophische Schriftgelehrte stoßen. Der Stein des Anstoßes, ob dessentwillen sie meinen, Dionysius die Echtheit, ja die Identität aberkennen zu müssen und in den Orkus der «Pseudo-Autoren» zu verdammen, ist in der Formulierung von Kaltenbrunner folgender: «Man könnte zutreffend einwenden, dass der im siebzehnten Kapitel der Apostelgeschichte erwähnte Dionysius schon deshalb nicht die Werke ‹Über die Namen Gottes›, ‹Über die himmlische Hierarchie› und so fort verfasst haben könne, weil diese streckenweise Anspielungen, Auseinandersetzungen und sogar wörtliche Entlehnungen aufweisen, die sich auf Autoren des vierten oder fünften nachchristlichen Jahrhunderts beziehen. Doch ähnliches gilt auch für die homerischen Epen, das Tao-te-king und die Reden Buddhas. Es ist dies ein Vorgang, der überhaupt immer wieder zu beobachten ist, wenn ein ‹klassisches› oder ‹kanonisches› Werk durch eine maßgebende und bevollmächtigte Schule, Ordensgemeinschaft oder Überlieferungskette von ‹Meistern in Künsten und kundig des Flüsterns› sowohl bewahrt als auch ausgedeutet und immer wieder auf assimilatorische Weise ab-, nach- und fortgeschrieben wird» (S. 457). «So geschah es unvermeidlicherweise in der von Dionysius begründeten Schule, die in hohem Maße darauf bedacht war, einerseits die ihr anvertrauten Lehren des Meisters getreusam zu hüten, andererseits aber aus allen späteren Systemen das heraus zu holen, was fruchtbar schien, um es in das eigene Erbe synoptisch einzufügen» (S. 458).

All das hat keinen prinzipiellen, sondern nur graduellen Einfluss auf das spirituelle Niveau der dargestellten Inhalte; es belegt nur dessen Fruchtbarkeit. Albertus Magnus, Thomas von Aquin und Nikolaus von Kues hatten trotz ihrer äußerlichen Uninformiertheit über die Werk-Genese der Dionysischen Schriften ein feineres spirituelles Gespür für die Bedeutung dieser Werke als manche kritischen Werk-Ausdeuter des Cusanus heute. Hinter der Ablehnung der Echtheit der dionysischen Schriften steht manchmal auch eine mangelnde Kenntnis esoterischer Traditionen.

Literatur zu Dionysius Areopagita:

Dionysius Werkausgabe (In neuer deutscher Übersetzung) mit Einleitungen und Anmerkungen. Herausgegeben im Rahmen der «Bibliothek der griechischen Literatur», Verlag Hiersemann, Stuttgart 1986 und 1988 ff.

Dionysius Areopagita: Die Hierarchien der Engel und der Kirche, übersetzt und eingeleitet von Walther Tritsch, O. W. Barth-Verlag München 1955.

Gerd-Klaus Kaltenbrunner, Dionysius vom Areopag. Das Unergründliche, die Engel und das Eine. Hermann Leins Verlag Kusterdingen 1996.

Wolfgang Müller: Dionysius Areopagites – Vater des esoterischen Christentums, Basel 1976.

Rudolf Steiner: Dionysius der Areopagite und Johannes Scotus Eriugena, Vortrag vom 2. 6. 1921; in: Perspektiven der Menschheitsentwicklung, Basel 1958.

Ludwig Baur: Nicolaus Cusanus und Pseudo-Dionysius im Lichte der Zitate und Randbemerkungen des Cusanus. Sitzungsberichte der Heidelberger Akademie der Wissenschaften, Jg. 1940/41.

Werner Beierwaltes: Der verborgene Gott – Cusanus und Dionysius. Trierer Cusanus Lecture, Paulinus Verlag Trier 1997.

162 Rudolf Steiner: Die Philosophie des Thomas von Aquino, 3 Vorträge Dornach 1920, GA 74, TB, Dornach 1972, S. 48 – 50

163 **Exkurs zu Johannes Scotus Eriugena (ca. 810 – 877):**
Johannes Eriugena (ca. 810 – 877), der Übersetzer der Schriften des Areopagiten ins Lateinische, gehört zu den merkwürdigsten Gestalten der mittelalterlichen Philosophie-Geschichte. Er stammt aus Irland (daher Eriugena), wo er in den irischen Klosterschulen nicht nur das dort gepflegte esoterische Christentum aufnahm, sondern auch die geistige Tradition der griechischen Antike, die dort wesentlich besser bewahrt worden ist als auf dem Kontinent. Von daher lebt er ganz in der esoterisch–christlichen Tradition des Dionysius Areopagita, dessen Werke er als Leiter der Hofschule Karls des Kahlen (823 – 877) um 860 n.Chr. in Frankreich übersetzt. «Aber Johannes Eriugena ist mehr als ein Übersetzer. Er nimmt die Gedanken des Dionysius Areopagita leidenschaftlich auf und denkt sie aus Eigenem weiter. Das Ergebnis ist eine Weltkonzeption, die man als die erste metaphysische Synthese des Mittelalters bezeichnet hat» (J. Pieper, 1978, S. 46). Von dem Hauptwerk des J. Eriugena «Aufbau der Natur» (De divisione naturae, 867 n.Chr.) sagt Pieper, «es habe für den lateinischen Westen einen Augenblick der Versuchung bedeutet, ein für alle Mal den Weg des Ostens zu wählen, wie er vorgezeichnet war durch Dionysius Areopagita» (Pieper, 1978, S. 46). Diesen Weg unterbindet dann die römische Papstkirche, indem sie unter dem Vorwand der Ketzerei (Pantheismusnähe) ab dem 11. Jahrhundert die Lektüre der Schriften des Johannes Eriugena verbietet und schließlich durch Papst Honorius III. 1225 n.Chr. die Verbrennung aller Ex-

emplare anordnet. Aber einige Bücher bleiben erhalten, und so hat die Weltschau des Eriugena in der westlichen Christenheit eine zwar verborgene, aber doch bedeutende Wirkung über Jahrhunderte ausgeübt. Nikolaus von Kues scheint (obwohl er den Namen des Eriugena nicht nennt) insbesondere in dem unmittelbar nach der «Docta ignorantia. geschriebenen Werk «Von der Mutmaßung» (De coniecturis, 1441/42) stark von Eriugena beeinflusst worden zu sein. Gerade im Hinblick auf das Prinzip der Vierstufigkeit der Seinsstruktur bestehen große Ähnlichkeiten. Auf den Einfluss des Johannes Eriugena deuten auch die Randbemerkungen des Nikolaus von Kues in Cod. Addit. 11035 zu «De divisione naturae» hin (vgl. dazu: «Kritisches Verzeichnis der Londoner Handschriften aus dem Besitz des Nikolaus von Kues» in: MFCG, Bd. 3, 1963, S. 86 ff.).

Josef Koch, der sich insbesondere mit dem Werk «De coniecturis» befasst hat, weist außerdem noch auf die Einflüsse des Thierry von Chartres hin, also eines Platonikers der Schule von Chartres. Alles das sind Hinweise, wie stark der universale Geist des Cusanus in dem «östlichen Gedankenstrom» und der Gedankenwelt eines Dionysius Areopagita und Johannes Eriugena gelebt hat.

Literatur:

Scotus Eriugena: De divisione naturae, übersetzt von Ludwig Noack. Philosoph. Bibliothek, Bd. 86, Leipzig 1870.

Josef Pieper (1960): Scholastik-Gestalten und Probleme der mittelalterlichen Philosophie, München 1978.

Wolf-Ulrich Klünker: Johannes Scotus Eriugena – Denken im Gespräch mit dem Engel. Verlag Freies Geistesleben Stuttgart 1988.

Rudolf Steiner (1921): Perspektiven der Menschheitsentwicklung – Scotus Eriugena und der Übergang von einer geistdurchdrungenen zu einer intellektualistischen Weltauffassung, 5 Vorträge, Mai/Juni 1921, in: GA 204, Dornach 1979 (siehe insbesondere den Vortrag vom 2. Juni 1921: Dionysius der Areopagite und Johannes Scotus Eriugena).

Etienne Gilson: History of Christian Philosophy in the Middle Ages, London 1955.

164 Vgl. Ludwig Baur: Nicolaus Cusanus und Pseudo-Dionysius im Lichte der Zitate und Randbemerkungen des Cusanus. Sitzungsberichte der Heidelberger Akademie der Wissenschaften, Jg. 1940/41.

165 Vgl. dazu: Ludwig Baur: a.a.O., Jg. 1940/41 und Werner Beierwaltes: Der verborgene Gott. Cusanus und Dionysius. Trierer Cusanus Lecture, Heft 4, Paulinus Verlag Trier 1997.

166 Josef Pieper: Scholastik – Gestalten und Probleme der mittelalterlichen Philosophie, Kap. III (Das «östliche» Korrektiv wider den Rationalismus: Dionysius Areopagita), TB, München 1978, S. 45 und 50.

167 **Exkurs zur Beziehung von Paulus – Dionysius Areopagita – Nikolaus von Kues:**

Rudolf Steiner weist in der Kölner Vortragsreihe: «Die Bhagavad Gita und die Paulusbriefe» (28. Dezember 1912 – 1. Januar 1913, GA 142) darauf hin, dass die östlichen Weisheitslehren der Ausfluss uralter Menschheitsströmungen sind. Diese werden durch das Christentum, wie es insbesondere in den Paulus-

Briefen seinen Ausdruck findet, in lebendiger Weise umgestaltet; sie werden damit zum Keim zukünftiger Entwicklungen. – Paulus ist wie eine Brücke vom Osten zum Westen, und von daher steckt eine tiefere Weisheit dahinter, wenn sich Dionysius Areopagita als «Schüler» des Apostels Paulus bezeichnet. Dieser christliche Mysterienstrom ist wichtiger als die Frage nach der persönlichen Identität des Dionysius. R. Steiner sagt: «Es ist heutzutage üblich, die Schreiber für wichtiger zu halten als die geistigen Urheber ... Der Apostelschüler Dionysius [selbst] hat nichts niedergeschrieben, weil das damals als frivol galt. Aber seine Nachfolger, die nach dem damaligen Brauch auch wieder Dionysius genannt wurden, haben seine Lehre nach getreuer Tradition in den sogenannten Pseudo-Dionysischen Schriften aufgezeichnet.» (R. Steiner, Vortrag vom 18. Dez. 1910; in: GA 124, Dornach 1995.)
Auch Nikolaus von Kues darf nicht nur literarisch, sondern auch spirituell in der Tradition von Paulus und Dionysius stehend als Brückengestalt zwischen dem geistigen Osten und dem Westen angesehen werden. Er versucht am Beginn der Neuzeit einen Ausgleich, eine Synthese zwischen beiden Geisteswegen, ein Motiv, das ihn auf verborgene Weise auch mit der Gestalt des Christian Rosenkreuz verbindet.

168 Zitiert in: Schellings Werke, hrsg. von Manfred Schröter, Fünfter Hauptband, Erlanger Vorträge 1821 – 25, München 1959, S. 22 f. IX: 228/229.
Weitere Literatur zur Philosophie und Theologie Schellings:
Robert Goebel: Schelling – Künder einer neuen Epoche des Christentums, eine Skizze zu Leben und Werk, Stuttgart 1975.
Eberhard Kurras: Der Begriff der philosophischen Religion nach Schellings positiver Philosophie, Diss. Jena 1921.
Dietrich Rapp: Eine Theosophie der Freiheit – ein Kapitel aus der Biographie der Philosophie; in: Die Drei, Februar 1975 (Schelling-Sonderheft).

169 Rudolf Steiner: Die Mystik ... a.a.O., S. 86 f. (Hervorhebungen vom Referenten).

170 Rudolf Steiner: Anthroposophische Leitsätze, darin Leitsatzbetrachtung vom 6. Dezember 1924, GA 26, Dornach 1962, S. 144 (Hervorhebungen vom Referenten).

171 Die mathematisch–geometrischen Spekulationen des Nikolaus von Kues zielen nicht in die heutige fachmathematische Richtung, wenngleich Cusanus einer der ersten gewesen ist, dem die Bedeutung des Gleitens der Funktion im mathematischen Denken bewusst geworden ist. So führt der Weg des Mathematisierens von Cusanus nicht nur zur Mathematik eines Descartes, Leibniz und Newton, sondern er weist auch in die Richtung der synthetischen projektiven Geometrie des 19./20. Jahrhunderts. Cusanus geht es bei seinen Verwandlungen z.B. von Kreis, Dreieck, Quadrat, Winkel etc. in die unendliche Gerade vor allem um die innere Denkbewegung, die dadurch entbunden wird. Auch die projektive Geometrie studiert die geometrischen Figuren auf der Grundlage von Verwandlungsprozessen, die das Unendliche, die unendlich fernen Elemente des Raumes mit einschließen.
Literatur:
Louis Locher-Ernst: Urphänomene der Geometrie (1937); und: Projektive Geometrie, Dornach 1980.

172 **Exkurs: Die geometrischen Symbolzeichnungen vom Gesichtspunkt der projektiven Geometrie:**
Im Sinne der Aussage von Anm. 171 erreichte mich brieflich ein interessanter Vorschlag zur Interpretation der Figur 68, S. 210, von Kurt Pfister aus Vancouver/Kanada. Er schreibt: «Vorerst handelt es sich um die Frage, wie die unendliche Ebene abgegrenzt ist. Ist die Abgrenzung ein Kreis, so hätte jede unendliche Gerade zwei Schnittpunkte im Unendlichen. Wenn wir aber das Unendliche in die Ebene einbeziehen, so haben wir es mit einer *projektiven Ebene* zu tun, die abgegrenzt ist durch eine unendlich ferne Gerade, nicht einen Kreis, was dann wieder zur Folge hat, dass zwei parallele Geraden sich im Unendlichen in einem Punkt schneiden.
Lässt man Viereck und Kreis vom Mittelpunkt ins Unendliche wachsen, so werden beide zu *derselben* unendlich fernen Geraden. Hatten Kreis und Viereck je ihre eigene unendlich ferne Gerade, also zwei verschiedene unendlich ferne Geraden, so hätten wir auch zwei verschiedene Unendlichkeiten, was aber nicht möglich ist. So haben wir also die Situation, dass ein endliches Viereck und ein endlicher Kreis im Unendlichen, in der unendlich fernen Geraden zusammenfallen. Die unendlich ferne Gerade ist also Träger von zwei endlichen Formen für unseren Fall; sie kann aber in Wirklichkeit Träger von unendlich vielen endlichen, d.h. geschlossenen Formen sein (n-Ecke und Kreis). Aus dieser unendlichen Geraden kann ich nun wieder einen Kreis oder ein Vieleck entstehen lassen. Daher können wir sagen, dass endlicher Kreis und endliches Viereck im Unendlichen als endliche Gegensätze zusammenfallen.»

173 K. H. Volkmann-Schluck: Nicolaus Cusanus, die Philosophie im Übergang vom Mittelalter zur Neuzeit, Frankfurt a. M. 1957, S. 13.

174 Karl Jaspers: Nicolaus Cusanus, München 1964, S. 34 (Hervorhebungen vom Referenten).

175 Alfred Schütze: Der Kardinal Nikolaus Cusanus – Im Gedenken an seinen 500. Todestag (1464); in: Die Christengemeinschaft, Heft August 1964, S. 239.

176 Birgit Helander: Die *visio intellectualis* ..., a.a.O. 1988, S. 174.

177 **Exkurs: Der ‹Tod im Denken› im Licht des Buches «Die Geheimwissenschaft» (1910):**
In diesem Zusammenhang ist eine beeindruckende Darstellung jene aus der «Geheimwissenschaft» R. Steiners, in der er den Übergang von den atlantischen Kulturen zu den nachatlantischen beschreibt: Da versammelte Manu, der Leiter der Sonnen–Mysterienstätte, jene Menschen um sich, die dazu bestimmt sind, die Früchte der atlantischen Kultur in die nachatlantische Zeit hinüberzuretten. Es sind dies jene Menschen, bei denen der ‹Ätherleib des Gehirnes› und das physische Gehirn sich bereits am stärksten decken, wodurch das physische Gehirn zum Denkwerkzeug werden kann. Bei diesen Menschen sind die stärksten Anlagen für die Ausbildung eines gehirngebundenen Verstandesdenkens vorhanden, bei ihnen ist der Todesprozess des Hinabsteigens des Denkens in den ‹Sarg des physischen Gehirnes› am weitesten fortgeschritten. Dagegen haben sie weitgehend die in der alten Atlantis noch ausgeprägte Hellsichtigkeit verloren und haben dadurch die geringsten unmittelbaren Erfahrungen der übersinnlichen Welt. Gerade diese am stärksten von

Todesprozessen im Denken ergriffenen Menschen begründen die nachatlantischen Kulturen, denn deren zentrale Aufgabe ist die Ausbildung des menschlichen Gedankenlebens. Dieses aber hängt mit dem Geheimnis des Todes zusammen (vgl. Die Geheimwissenschaft, GA 13, Kap.: Die Weltentwicklung und der Mensch, TB 601, Dornach 1979, S. 201 ff.).

178 Rudolf Steiner: Meditativ erarbeitete Menschenkunde, Vier Vorträge 1920, Stuttgart, 3. Vortrag, 21. September 1920; in: GA 302 a.

179 Birgit Helander: Die *visio intellectualis* ..., a.a.O. 1988, S. 177

180 **Exkurs zu Matthias Grünewald.**

Die Biographien und das Lebenswerk von Matthias Grünewald (1460 oder 1480 – 1528) und Nikolaus von Kues sind in keiner äußerlich fassbaren Weise miteinander verbunden; und doch sind sie auf eine geheimnisvolle Weise innerlich miteinander verwoben. Ihre Verbundenheit liegt in merkwürdigen Parallelen begründet.

Beide Persönlichkeiten wurzeln viel stärker, als ihre Lebensdaten es ahnen lassen, im Mittelalter, d.h. sie sind der spirituellen Substanz des mittelalterlichen Geisteslebens verbunden. Sie erscheinen in einer Zeit des Bewusstseinsumbruches wie letzte Ausläufer des Mittelalters, zugleich aber reichen die Impulse ihres Werkes bis weit in die Zukunft des Bewusstseinsseelen-Zeitalters. Sie sind von daher als Brückengestalten in einem Maße «modern», dass die ersten Jahrhunderte dieser Bewusstseinsepoche sie überhaupt noch nicht verstehen konnten und fast völlig vergaßen. Erst unsere heutige Zeit wird dazu reif, die Größe beider Persönlichkeiten zu ermessen.

Die bedeutendste Parallelität beider Gestalten liegt in der Konzentration ihres Lebens und ihres Werkes auf die christliche Thematik. Die Dominanz, ja die Ausschließlichkeit der Ausrichtung beider Lebenswerke auf den Impuls des Christentums ist sehr auffallend und hebt sie aus den äußeren Zeitimpulsen deutlich heraus. Auch von daher wird ihr Werk notwendigerweise in den darauffolgenden Zeiten der Reformation, der Aufklärung und der Naturwissenschaft vergessen.

Aber ihre scheinbare Einseitigkeit entspringt den Impulsen eines esoterischen Christentums und ist daher nicht nach rückwärts gewandt, obschon das mittelalterliche Gewand beider Werke dies scheinbar nahe legt, sondern geradezu modern und zukunftsgerichtet im Sinne der Worte Christian Morgensterns: «Wir stehen nicht am Ende, sondern am Anfang des Christentums.» Der innerste Kern des malerischen Werkes von Matthias Grünewald und des philosophischen Werkes von Nikolaus von Kues ist durchzogen vom Ringen um ein Verständnis der Wesenheit des Christentums. Das verbindet beide Werke zutiefst miteinander.

181 Vgl. dazu Josef Koch, der sich insbesondere mit dem Werk «De coniecturis» beschäftigt hat und der den generellen methodischen Unterschied zwischen «De docta ignorantia» und «De coniecturis» herausgearbeitet hat:

Josef Koch: Die ars coniecturalis des Nikolaus von Kues. Köln/Opladen 1956. Siehe auch Ernst Cassirer: Individuum und Kosmos in der Philosophie der Renaissance, Berlin 1927, Nachdruck WBG Darmstadt 1994.

182 Birgit Helander: Die *visio intellectualis* ..., a.a.O. 1988, S. 122 ff.

183 Birgit Helander: Die *visio intellectualis* ..., a.a.O. 1988, S. 106.

184 Dem Satz des Hermes Trismegistus hat Karl Bormann eine aufschlussreiche Vorlesung gewidmet: Nikolaus von Kues – «Der Mensch als zweiter Gott». Trierer Cusanus Lecture Heft 5, Paulinus Verlag, Trier 1999.

Die Geistlehre (Erkenntnistheorie)

185 In ihrer letzten gedanklichen Konsequenz könnte man diese Richtung mit einem aus der Anthroposophie stammenden Ausdruck als «ahrimanisch tingiert» bezeichnen, bzw. als in der Gefahr stehend, solches zu werden (ohne dass damit ein einzelner Vertreter gemeint ist). Als «Ahriman» wurde in der persischen Kultur der Gott der Finsternis bezeichnet. Er ist damit jene Widersachermacht, die den Menschen an die Sinneswelt, die bloß materielle Außenwelt der Erde, fesseln möchte. Als «ahrimanisch tingiert» kann alles bloß sinnengebundene, materielle, verhärtende, intellektualistische Streben des Menschen gekennzeichnet werden.

186 In ihrer Tendenz könnte man diese Richtung mit einem ebenfalls aus der Anthroposophie stammenden Ausdruck als «luziferisch tingiert» bezeichnen (wiederum ohne dass damit eine einzelne Persönlichkeit dieser Richtung gemeint ist). Als «Luzifer» wird in der Bibel der gefallene Engel des Lichtes bezeichnet. Er ist damit das lichtgleißende Widersacher- und Verführerprinzip einer falschen, erdenflüchtigen Geistigkeit, die den Menschen nur in seine eigene Innenwelt einspinnen will. Als «luziferisch tingiert» kann daher alles weltflüchtige, enthusiastische, bloß auf das eigene Ego gerichtete Geistesstreben des Menschen bezeichnet werden.

187 Vgl. Cusanus: Compendium, Kap. VIII, Dupré S. 707 ff.
Siehe dazu auch Birgit Helander: Die *visio intellectualis* …, a.a.O. 1988, S. 62 f.

188 R. Steiner: Vortrag vom 2. Juni 1923; in: Vorträge für die Arbeiter am Goetheanum, Band 4, GA 350, Dornach 1962, S. 33 f. Vgl. auch R. Steiner, Vortrag vom 2.1.1916, in: GA 165.

189 Vgl. zu diesem Problemkreis auch die Dissertation von Norbert Henke: Der Abbildbegriff in der Erkenntnislehre des Nikolaus von Kues; Buchreihe der Cusanus-Gesellschaft, Bd. III, Münster 1969.

190 Vgl. Birgit Helander: Die visio intellectualis … a.a.O. 1988, S. 62.

191 Eine gute Kurzdarstellung des Lebensweges von Johannes Müller findet sich bei Johannes Hemleben: Das haben wir nicht gewollt – Sinn und Tragik der Naturwissenschaft, Stuttgart 1978.

192 Herbert Hensel (1980), zitiert in: Die Sinneswahrnehmung des Menschen; in: Musiktherapeutische Umschau 1, 1980, S. 203 – 218.

192a **Exkurs zum Begriff der ‹Intentionalität› in der neueren Sinneslehre:**
An anderer Stelle führt Herbert Hensel *zur Überwindung der Subjekt-Objekt-Spaltung in der Sinneslehre* unter der Überschrift: ‹*Die gründende Funktion der Sinneserfahrung*› aus: «Unser Wissen von der realen Welt beruht auf Erfahrungen mannigfacher Art, unter denen die *Sinneserfahrung* den Rang einer spezifischen, unabdingbaren und durch keine andere Erkenntnisquelle ersetzbaren Grundlage einnimmt. Das gilt nicht nur für unser alltägliches und naives Weltbild, sondern auch für alle positiven Wissenschaften, deren Tätigkeit auf die Erforschung der Sinnenwelt gerichtet ist …

Es hat nicht an Versuchen von philosophischer und physiologischer Seite gefehlt, diese gründende Funktion der Sinneserfahrung wegzudiskutieren, die Sinnesphänomene zu verleugnen oder umzudeuten, sie als Täuschung, Trug, Illusion oder subjektiven Schein zu bestimmen ... Alle diese Ansätze ... müssen letztlich vor der Einsicht scheitern, dass der Bereich des Phänomenalen als solcher von nicht ableitbarer Gewissheit und Unbezweifelbarkeit ist. So gesehen hat Husserl Recht, wenn er sagt, dass die Sinneswahrnehmung ‹unter den erfahrenden Akten die Rolle einer Urerfahrung spielt, aus der alle erfahrenden Akte einen Hauptteil ihrer begründenden Kraft ziehen.›

Aber, so müssen wir uns fragen, steckt nicht auch in der Skepsis gegenüber den Sinnesphänomenen ein berechtigter Kern? ... Was uns die Sinne zeigen, ist immer nur ein räumlicher und zeitlicher Ausschnitt der vollen Wirklichkeit. ... Auch sind die Sinnesphänomene in hohem Maße abhängig von der Tätigkeit des wahrnehmenden Subjekts ... Keinesfalls ist der Bereich des Phänomenalen etwas Fertiges, Abgeschlossenes, Endgültiges, das einer weiteren Ergänzung nicht bedarf ... Indem wir das sinnlich Gegebene nicht einfach hinnehmen, sondern als Problem erleben, werden wir veranlasst, den Zustand bloßer Sinneserfahrung zu überschreiten und das Gegebene in höhere, die Phänomene übergreifende Zusammenhänge einzuordnen.» (Herbert Hensel: Phänomen, Modell, Experiment. Eröffnungsvortrag zur 33. Tagung der Deutschen Physiologischen Gesellschaft 1967 in Würzburg. In: Herbert Hensel: Physiologie und Sinnestheorie. Gedenkschrift des Physiologischen Instituts der Philips-Universität Marburg 1988, S. 34 – 37).

Vergleiche ferner: Herbert Hensel: Emil Du Bois-Reymond, der Schüler Johannes Müllers, seine Stellung zum Vitalismus und zur materialistischen Philosophie. In: Naturwissen und Erkenntnis im 19. Jahrhundert. Gerstenberg Verlag, Hildesheim 1981.

Vgl. das Werk des Hensel-Schülers Hans-Jürgen Scheurle: Die Gesamtsinnesorganisation: Überwindung der Subjekt-Objekt-Spaltung in der Sinneslehre, Thieme Verlag, Stuttgart 1984.

Vgl. dazu auch das grundlegende Werk: Victor von Weizsäcker (1940): Der Gestaltkreis – Theorie der Einheit von Wahrnehmen und Bewegen, Stuttgart 1968.

193 René Descartes (1641): Meditationen über die Grundlagen der Philosophie; darin: 6. Meditation über das Dasein der materiellen Dinge und den substantiellen Unterschied zwischen Seele und Körper, Hamburg 1960, S. 66, 69, 73.

194 **Exkurs zu René Descartes:**

In der vorliegenden Darstellung wird nur auf eine Seite von René Descartes (1595–1650) eingegangen. Ich bin mir darüber im Klaren, dass es noch andere Betrachtungsebenen gibt. Die philosophische Ambivalenz von René Descartes ist immer wieder ein Problem für die Beurteilung dieser Persönlichkeit. Und doch ist gerade die «doppelte Nachfolge», die Descartes gefunden hat, etwas höchst Charakteristisches. Schon sein Leben zeigt eine merkwürdige dualistische Zerrissenheit, indem Perioden äußerster Konzentration und Zurückgezogenheit mit solchen eines unsteten, abenteuerlichen Lebens abwechseln. – Das entspricht ganz seinem philosophischen Ansatz, indem er den alten einheitlichen Substanzbegriff von Welt und Mensch, Denken und Sein zer-

reißt. So wird der eine Ansatzpunkt Descartes' von der mechanistischen Naturwissenschaft seiner Zeitgenossen weiterentwickelt, der andere aber führt über Spinoza zu Kant und Eduard von Hartmann. Diese Entwicklungsrichtung wird hier ins Auge gefasst. Dabei ist Descartes derjenige, der diese Entwicklungsrichtung zwar ermöglicht, aber nicht intendiert hat. Ihm kam es durch seine Methode des Zweifels an allem, was nicht «clara et distincta» ist, darauf an, einen sicheren Ausgangspunkt für das menschliche Erkennen zu finden. Er findet ihn im denkenden Ich des Menschen (ich denke, also bin ich; *cogito ergo sum*); das ist seine große erkenntnistheoretische Tat. Zugleich ist aber mit seiner Methode des Zweifelns eine Abwertung der Sinneswahrnehmung verbunden. Diese Auffassung führt dann direkt zu Helmholtz und der modernen Physik, für deren kausal-quantitative Betrachtung die Farbe (z.B. Rot), so wie der Mensch sie sinnlich wahrnimmt, gar nicht existiert, sondern nur die elektromagnetische Wellenlänge (700 nm). In die Erkenntnistheorie übertragen entwickelte Johannes Müller (1801 – 1858) daraus seine Lehre der «spezifischen Sinnesenergien», nach der jede Wahrnehmung eines Sinnesorgans nur eine *actio in distans* darstelle und außerdem immer nur organspezifisch erfolge; danach können die Sinne nur das überliefern, was in ihnen selbst vorgeht, niemals aber die eigentliche Außenwelt (vgl. die Auseinandersetzung R. Steiners mit diesem scharfsinnigen Gedankengebäude in der «Philosophie der Freiheit», S. 73 – 79). – Dies zeigt, wohin der eine philosophische Ansatz Descartes' in doppelter Weise in der Folge entwickelt wird. (Vom wissenschaftstheoretischen Gesichtspunkt hat dazu sehr prononziert Stellung genommen: Helmut Kiene: Essentiale Wissenschaftstheorie – Die Erkenntnistheorie Rudolf Steiners im Spannungsfeld moderner Wissenschaftstheorien. Siehe insbes. das Kapitel Zweiter Teil, Kap. II.: Die paradoxe Theorie des sinnlichen Wahrnehmens.)
Die zweite Nachfolge, die Descartes findet, liegt auf dem Gebiet der reinen Naturwissenschaft. Wenngleich Descartes keineswegs das naturwissenschaftliche, mechanistisch-materialistische Bild vom Menschen als bloßem Raumwesen direkt begründet, so ermöglicht er doch durch das Wie seines philosophischen Ansatzes seine Entstehung, indem er die vorher bestehende Einheit des Weltbildes in zwei fernerhin unvereinbare Gegensätze auseinanderreißt: in die *res cogitans* – die denkende Substanz – und die *res extensa* – die räumliche Substanz. Beide haben seit Descartes keinen Zusammenhang mehr, d.h. das menschliche Denken weiß nichts mehr von den Raumesdingen; denn in der Raumsubstanz liegt eine *aliquid veri*, eine andersartige Wahrheit, die der Mensch nicht erkennen kann. Zwar liegt bei Descartes das Schwergewicht noch auf der denkenden Substanz, aber es bedeutet eben doch nur noch eine Aspektverschiebung, wenn in der Folge durch die heraufkommende Naturwissenschaft sich das Schwergewicht auf die räumliche Substanz verschiebt. Durch das Auseinanderreißen des Substanzbegriffs wird Descartes zum indirekten ‹philosophischen Vater› des mechanistisch-materialistischen Menschenbildes. Ja, indirekte Ansätze sind auch schon bei ihm selbst zu finden, wenn er meint, Tiere seien bloße Mechanismen ohne Gefühl und Seele, und auch der menschliche Leib sei ein bloßer Mechanismus. Descartes entwickelt das mechanistische Denkmodell der Kutsche und des Kutschers für den

menschlichen Leib. Der Leib als Kutsche bewegt sich rein mechanisch und wird nur durch den Kutscher, d.h. die menschliche Seele, die er in die Zirbeldrüse verlegt, über die Nervenbahnen (efferente Nerven) impulsartig gesteuert. Auch hat Descartes als einer der ersten versucht, eine Mechanik des Himmels und der Erde zu entwickeln, und zwar sowohl der anorganischen wie der organischen Natur. Dabei sind für ihn die Astronomie wie die Physiologie rein mechanische Wissenschaften, in denen eine Seele oder seelische Eigenschaften nicht vorhanden sind. Es nimmt daher nicht wunder, wenn genau diese Auffassung von der entstehenden Naturwissenschaft dann fortgebildet wird.
Zu den Auswirkungen dieser Auffassung auf das Bild vom Menschen vgl. die Ausführungen zum naturwissenschaftlichen Menschenbild bei Ekkehard Meffert: Vom Bild des Menschen in den Wissenschaften und in der Pädagogik; in: Erziehungskunst, September 1975, S. 456 – 473 (Teil I), und Oktober 1975, S. 506 – 517 (Teil II).

195 Johannes Volkelt: Immanuel Kants Erkenntnistheorie nach ihren Grundprinzipien analysiert, §1, 1. Abschnitt, S. 1, Leipzig 1879.

196 Insbesondere vertritt Karl Bormann (1975) in seinem Vortrag «Die Koordinierung der Erkenntnisstufen bei Nikolaus von Kues» in: MFCG Bd. 11, 1975, S. 62-85, die Auffassung, dass Cusanus nur drei Erkenntnisstufen kenne: intellectus (Vernunft), ratio (Verstand), sensus (Sinneswahrnehmung). Bormann stützt sich dabei vor allem auf das Werk «De coniecturis» (1440), in dem Cusanus die Erkenntnisstufen in Verbindung mit der Regionentheorie (Geist, Seele, Körper) dreigliedrig darstellt. Dennoch sind es aber vier unterschiedliche Erkenntnisvermögen, da das mittlere Seelenvermögen (ratio) in einen oberen und einen unteren Teil zerfällt: : «Der obere Teil dieser ratio, der dem Intellekt näher steht, mag die erfassende, der untere die vorstellende oder einbildende heißen» (De coniecturis II, 16). So ergeben sich folgende Vermögen:
1. Vernunft
2. erfassender Verstand
3. vorstellender Verstand
4. Sinneswahrnehmung
Die Zuordnung der Vorstellung zur ratio ist aber keineswegs eindeutig, da Cusanus insbesondere in «De mente» (1450) die Vorstellung sehr viel deutlicher als eigenständige Erkenntnisstufe behandelt und stärker in die Nähe der Sinneswahrnehmung rückt. Abgesehen von dem sekundären Problem der Zuordnung sind und bleiben es aber vier deutlich unterschiedene Erkenntnisvermögen, so dass ich diese Unterscheidung meiner Gliederung zugrunde lege.

197 Vgl. dazu auch den Aufsatz von Michael-Angelo Schratelt: Zur Lehre vom Zeichen innerhalb des Compendiums des Nikolaus von Kues; Zeitschrift für philosophische Forschung, Band 33, Heft 4, 1979, S. 616 – 620.

198 René Descartes (1641): Meditationen über die Grundlagen der Philosophie, 1. Meditation, §4, Hamburg 1960, S. 16.

199 René Descartes, ebd. §5, S. 16 f.

200 Hegel: Logik, Bd. II, Lasson, S. 225 f.

201 Hegel: Philosophie der Weltgeschichte, § 38.
202 Hegel: Rechtsphilosophie, § 14.
203 Hegel: Nürnberger Schriften, S. 44.
204 Hermann Hesse (1943): Das Glasperlenspiel, Frankfurt 1960, S. 18 f.
205 Plotinus: The Enneades, translated by St. MacKenna, S. 547 f., London 1957 (Übersetzung ins Deutsche vom Verfasser).
206 Den nachdrücklichen Hinweis darauf, dass sich die Philosophie des Cusaners im Denkmodell des Spiegels zusammenfassen lasse, verdanke ich – im Anschluss an einen eigenen Vortrag über Nikolaus von Kues – einem persönlichen Gespräch mit Dr. Gerhard Kienle († 1983) auf dem Symposium der Freien Europäischen Akademie der Wissenschaften in Driebergen (Niederlande) im Oktober 1978.
207 Vgl. zu dem in dieser spezifischen Art gebrauchten Begriff des Denkmodells die Bücher von Diether Lauenstein: Das Ich und die menschliche Gesellschaft, Kap.: Denkmodelle und Modelle der Gesellschaft, Stuttgart 1974, S. 251 ff.; und Diether Lauenstein: Die vier Denkmodelle des Abendlandes, Stuttgart 1976.
207a Vgl. hierzu das Buch des amerikanischen Quantenphysikers Arthur Zajonc: Die gemeinsame Geschichte von Licht und Bewußtsein. Deutsche Ausgabe Rowohlt, Reinbek 1994.
208 Die sieben Stufen des alten christlichen Schulungs– und Einweihungsweges sind:
1. Stufe: Fußwaschung
2. Stufe: Geißelung
3. Stufe: Dornenkrönung
4. Stufe: Kreuzigung
5. Stufe: Mystischer Tod
6. Stufe: Grablegung und Auferstehung
7. Stufe: Himmelfahrt

Eine kurze Charakterisierung dieser Stufen gibt R. Steiner (1908) in: Die Theosophie des Rosenkreuzers, GA 99, Dornach 1962, 14. Vortrag, S. 150 ff. Im Lebenswerk des Nikolaus von Kues kann man immer wieder Elemente dieses christlichen Schulungsweges erkennen. Ganz deutlich ist bei ihm z.B. das Eingangstor dieses Weges ausgebildet, die Stufe der Fußwaschung im Sinne des 13. Kapitels des Johannes–Evangeliums. Es ist bei ihm das Tor der dreifachen Devotion (Hingabe, Demut, Andacht), durch das seine christliche Geistphilosophie betreten sein will. Aber auch die Stufen von mystischem Tod und Auferstehung sind in Elementen erkennbar (vgl. dazu Kap.: Philosophische Zentralgedanken, S. 197 ff.).

209 **Exkurs zum Sinnbild des Samenkornes bei Cusanus und Rudolf Steiner:** Als Beispiel, in welcher Weise z.B. das Bild des Lichtes oder das Bild des lebendigen Samenkornes bei Rudolf Steiner später als Meditationsbilder verwendet werden, sei hier auf die sog. ‹Samenkorn-Meditation›. hingewiesen. Die Eingangsanweisung R. Steiners dazu lautet folgendermaßen: «Man lege ein kleines Samenkorn einer Pflanze vor sich hin. Es kommt darauf an, sich vor diesem unscheinbaren Ding die rechten Gedanken intensiv zu machen und durch diese Gedanken gewisse Gefühle zu entwickeln ... in dem Samenkorn ruht schon auf verborgene Art – als Kraft der ganzen Pflanze – das, was später aus ihm herauswächst ... In dem wirklichen Samenkorn ist also etwas

unsichtbar enthalten … Man stelle sich vor: dieses Unsichtbare wird sich später in die sichtbare Pflanze verwandeln … Man hänge dem Gedanken nach: das Unsichtbare wird sichtbar werden. Könnte ich nicht denken, so könnte sich mir auch nicht schon jetzt ankündigen, was erst später sichtbar werden wird» (Wie erlangt man Erkenntnisse der höheren Welten?, GA 10, Dornach 1961, S. 60 f.). Diese Ausführungen und Anweisungen, insbesondere aber der Bezug zu dem Denken des Menschen weisen eine erstaunliche Parallelität zu den Ausführungen bei Nikolaus von Kues auf.

210 Birgit Helander: Die *visio intellectualis* … a.a.O. 1988, angegebene Seitenzahlen.

211 Jasper Hopkins: Glaube und Vernunft im Denken des Nikolaus von Kues, Trierer Cusanus Lecture Heft 3, Paulinus Verlag Trier 1996, S. 23.

212 Hopkins, ebd. S. 28

Die Cusanus-Rezeption und deren Weiterführung durch Rudolf Steiner

213 Stefan Meier-Oeser: Die Präsenz des Vergessenen. Zur Rezeption der Philosophie des Nicolaus Cusanus vom 15. bis zum 18. Jahrhundert. Aschendorff Verlag Münster 1989 (darin eine ausführliche historische Bibliographie der Sekundärliteratur).

214 Rudolf Steiner beschreibt es geradezu als ein ‹Gesetz›, dass ein Geistesforscher keine geistigen Tatsachen erforschen kann, wenn er nicht an das von anderen Menschen vorher Erarbeitete anknüpft bzw. dieses zur Kenntnis genommen hat, denn die geistige Welt «befruchtet» in der gleichen Frage nur einmal. Es ist notwendig, sich brüderlich an den «Forschungsstrom» anzuschließen («Gesetz der Hellsichtigkeit»). Vgl. dazu den Vortrag am 4.6.1909 in Budapest in: GA 109/111 S. 167 f.

215 Rudolf Steiner: Mein Lebensgang. (1925) Kap. 36, in GA 28; TB, Stuttgart 1967 S. 317.

216 Rudolf Steiner: Die Mystik im Aufgange des neuzeitlichen Geisteslebens und ihr Verhältnis zur modernen Weltanschauung (1901), GA 7, Dornach 1960 (siehe darin das Kapitel: Der Kardinal Nikolaus von Kues, S. 77–99). Es mag erstaunlich sein, dass in einem Buch über die Mystik neben Agrippa von Nettesheim, Theophrastus Paracelsus, Valentin Weigel u.a. die Gestalt des Nikolaus von Kues auftaucht, da er keineswegs so eindeutig zur Mystik zuzurechnen ist. Welchen Begriff von Mystik Rudolf Steiner seinem Buche zugrundelegt, sagt er selbst am Schluss des Vorwortes von 1901, das geradezu eine Begründung für die Aufnahme des Nikolaus von Kues darstellt: «Ich hoffe mit meiner Schrift gezeigt zu haben, dass man ein treuer Bekenner der naturwissenschaftlichen Weltanschauung sein und doch die Wege nach der Seele aufsuchen kann, welche die richtig verstandene Mystik führt. Ich gehe sogar noch weiter und sage: Nur wer den Geist im Sinne der wahren Mystik erkennt, kann ein volles Verständnis der Tatsachen in der Natur gewinnen. Man darf wahre Mystik nicht verwechseln mit dem ‹Mystizismus› verworrener Köpfe. Wie die Mystik irren kann, habe ich in meiner Philosophie der Freiheit [S. 141 ff.; Aufl. 1962: S. 139 ff.] gezeigt» (Die Mystik, S. 14).
Eine sehr gute Differenzierung des Begriffes ‹Mystik› und dessen Verwendung

im Werk Rudolf Steiners gibt die kleine Schrift von Otto Palmer: Mystik – Okkultismus – Anthroposophie, Basel 1969.

217 Rudolf Steiner: Der Entstehungsmoment der Naturwissenschaft in der Weltgeschichte und ihre seitherige Entwicklung, 9 Vorträge vom 24. 12. 1922 – 6. 1. 1923 in GA 326, Dornach 1976. Der erste Vortrag dieser Reihe vom 24. 12. 1922 ist im Wesentlichen der Gestalt des Nikolaus von Kues gewidmet. Dieser Vortrag stellt neben dem Kapitel in dem Buch «Die Mystik ...» und dem Vortrag vom 12. November 1904 in GA 51 die längste Ausführung R. Steiners zu Nikolaus von Kues dar. In diesem Vortrag findet sich auch auf S. 11 die Bezeichnung des Cusaners als «einer der größten Denker aller Zeiten». Bei der Sparsamkeit, mit der Rudolf Steiner Superlative verwendet, kommt dieser Formulierung besondere Bedeutung zu.

218 Zitate aus Rudolf Steiner: Vortrag vom 12. November 1904, GA 51, Dornach 1983, S. 210 – 215.

219 Rudolf Steiner: Anthroposophische Leitsätze – Der Erkenntnisweg der Anthroposophie 1924/25, GA 26, Dornach 1976; darin: Leitsatzbetrachtung vom 6.12.1924, S. 144.
In dieser Leitsatzbetrachtung, die den Bewusstseinsumschwung der abendländischen Menschheit an der Wende vom 14. zum 15. Jahrhundert behandelt, wird Nikolaus von Kues noch einmal an zentraler Stelle genannt.

220 Zur genauen bibliographischen Einordnung siehe die großen Bibliographien:
Hans Schmidt: Das Vortragswerk Rudolf Steiners, Dornach 1978
Emil Mötteli: Register zur Rudolf Steiner GA, Dornach 1998.

Die Freiheitsphilosophie Rudolf Steiners als Weiterführung

221 Handschriftliche Widmung vom 9. April 1889 an Frau Willborn-Seiler in Wien; Bildband I zu Rudolf Steiners Lebensgang, Freiburg 1975, S. 82; abgedruckt auch in: Rudolf Steiner: Wahrspruchworte, GA 40, Dornach 1961, S. 194 f.

222 Der Brief an Rosa Mayreder ist abgedruckt in: Otto Palmer: Rudolf Steiner über seine Philosophie der Freiheit, Stuttgart 1966, S. 23 f.

223 Den Hinweis auf die mündliche Äußerung Rudolf Steiners gegenüber Jürgen von Grone («Wie verhält sich das Ich zu Wahrnehmung und Denken») verdanke ich H. D. van Goudoever († 1977). Nach seiner Darstellung bezog sich diese Äußerung Steiners unmittelbar auf seine «Philosophie der Freiheit». Letzteres lässt sich nicht mehr authentisch nachprüfen. Das ist aber auch insofern unerheblich, als im Umgang mit diesem Ausspruch selbiger zu einem Schlüssel für die «Philosophie der Freiheit» werden kann. Vgl. auch den Nachruf für Jürgen von Grone in den «Mitteilungen aus der anthroposophischen Arbeit» Johanni 1978. Dort ist von einer mündlich gegebenen Übung Rudolf Steiners an Jürgen von Grone die Rede mit der Formulierung: «Wie verhält sich das Ich zu Wahrnehmung und Begriff?». Auch in dieser Form trifft die Formulierung das Kernproblem der «Philosophie der Freiheit».

224 Vgl. zu dieser Darstellung auch das kleine Kapitel in Otto Palmer: Die Zukunft lebt in uns, Stuttgart 1975, S. 45 – 51.

225 Johannes Volkelt: Immanuel Kants Erkenntnistheorie nach ihren Grundprinzipien analysiert, §1, 1.Abschnitt S.1, Leipzig 1879.

226 Wilhelm Dilthey: Beiträge zur Lösung der Frage vom Ursprung unseres Glaubens an die Realität der Außenwelt und seinem Recht; Sitzung. d. Kgl. Preuß. Akademie d. Wissensch., Berlin 1890, S. 977; auch in: Diltheys gesammelte Schriften, Bd. 5, Stuttgart 1957.

227 Rudolf Steiner (ca. 1888): Credo – Der Einzelne und das All; in: Briefe, Bd. I, GA 38, Dornach 1955; auch abgedruckt in: Wahrspruchworte, GA 40, Dornach 1969, S. 272 (mit Faksimile-Wiedergabe der erst 1944 gefundenen handschriftlichen Blätter).

228 Eduard von Hartmann: Grundriss der Psychologie (Einleitungskapitel). Die Eingangsworte von Eduard von Hartmann werden auch zitiert in: Rudolf Steiner: Weltwesen und Ichheit, 7 Vorträge (1916), GA 169, Dornach 1963, S. 63.

229 Vgl. dazu den lesenswerten Aufsatz von Herbert Witzenmann: Ein Weg zur Wirklichkeit (mit dem Untertitel: Rudolf Steiners Erkenntnistheorie und die Philosophie der Gegenwart); in: Die Drei, Oktober 1976, S. 442 – 48. Erweiterter Neudruck in: H. Witzenmann: Intuition und Beobachtung, Bd. 2, Stuttgart 1978, S. 9 – 49.

230 **Exkurs zur «Ich-Wahrnehmung» und «Sinnes-Ausschaltung»:**
Auf dem Dritten Symposium der Freien Europäischen Akademie der Wissenschaften vom 9. bis 12. Oktober 1980 in Herdecke/Ruhr sprach Prof. Dr. K. E. Schaefer († 1981) Brown University, Rhode Island/USA, über die «Ichwahrnehmung bei Versuchen mit vollkommener Sinnesausschaltung». Diese Versuche wurden von 1960 bis 1963 im Rahmen der Vorbereitung auf die bemannte Weltraumfahrt durchgeführt. Die Versuchspersonen lagen in einem plastischen Schwimmbecken, dessen Wasser Hauttemperatur hatte (34,5° C). Das Becken war in einem völlig dunklen, schalltoten Raum aufgestellt, in dem keinerlei Geräusche wahrgenommen werden konnten. Nach 20 bis 30 Minuten verloren die Versuchspersonen das Bild ihres Körpers (Körperschema), ihr Zeitgefühl veränderte sich, ihr Erinnerungsvermögen ging verloren; es entstand die Unfähigkeit, Gedanken aneinanderzureihen; die Fähigkeit des Sprechens ging kurzfristig verloren; Scheinlähmungen traten auf; Phantomglieder wurden wahrgenommen, und die inneren Körperwahrnehmungen (z.B. Pulsschlag, Lidschlag, Körpergleichgewicht) als letzte Bezugspunkte veränderten sich fast halluzinatorisch. Alles das sind Stufen des Verlustes der Ichwahrnehmung.
Diese Erscheinungen sind nur verständlich durch die Darlegungen Rudolf Steiners über die zwei Seiten des Eingreifens des «Ich». Unser «Ich» lebt nach Steiner außerhalb des Körpers in den Sinneswahrnehmungen und ist innerhalb des Körpers unbewusst im Gliedmaßen-Stoffwechsel-System tätig. Beide Verbindungen werden in den oben geschilderten Versuchen unterbrochen. Die Folge ist der Verlust der Ichwahrnehmung bis hin zur Paralyse.
Wenn die Versuchspersonen dagegen meditativ mit geometrischen Figuren und Symbolen umgingen (so wie sie Cusanus auch immer wieder benutzt hat), dann konnten sie ihr Ich-Bewusstsein auch unabhängig von den Körperwahrnehmungen (Sinneseindrücken) aufrechterhalten, ja, manche Versuchsperso-

nen hatten dann deutliche Erlebnisse, dass sie auch unabhängig vom Körper in ihrem Ich lebten (leibfreie Ich-Erlebnisse). Sie erfuhren das Leben im vom Körper unabhängigen reinen Denken durch geometrische Bildmeditationen. Als praktisch-pädagogische Schlussfolgerung aus der Feststellung, dass das Ich in der Sinneswahrnehmung und in den Körperbewegungen lebt, nannte K. E. Schaefer die Notwendigkeit einer schulischen Pflege der Sinneswahrnehmung und einer Bewegungskunst zur Anregung der Ich-Wirksamkeit.

231 Rudolf Steiner: Die okkulten Grundlagen der Bhagavad Gita, GA 146, Dornach 1962; auch zitiert in: Otto Palmer: Rudolf Steiner über seine «Philosophie der Freiheit» Stuttgart 1966, S. 110.

232 Dass ein kontinuierlicher und folgerichtiger – wenn auch nicht selbstverständlicher, weil ganz auf die freiheitliche Entfaltung des Denkwillens gegründeter – Übergang zwischen der Erkenntnistheorie Rudolf Steiners und seinem Schulungsweg besteht, hat Christoph Lindenberg aufgezeigt in seinem Aufsatz: «Der Mensch begegnet sich selbst – Erkenntniswissenschaft, ein Weg zum Erfassen und Verstehen okkulter Erfahrungen»; in: Die Drei, Januar 1980, S. 1 – 13.
Vgl. auch: Frank Teichmann, Auferstehung im Denken, [zur Philosophie der Freiheit] Edition Hardenberg, Verlag Freies Geistesleben, Stuttgart 1996.

Nikolaus von Kues in der spirituellen Sicht Rudolf Steiners
Zur Bewusstseinsebene

233 Rudolf Steiner, Vortrag vom 12. November 1904 in GA 51, Dornach 1983, S. 213 f.

234 ebd. S. 214.

235 ebd. S. 215.

236 ebd. S. 215 f.

237 Rudolf Steiner (1920): Die Philosophie des Thomas von Aquino, 3 Vorträge, Dornach, GA 74, TB, Dornach 1972, S. 26 f.

238 Rudolf Steiner, Vortrag vom 31. Dezember 1910 in Stuttgart, in: GA 126, Dornach 1975, S. 96.

239 Rudolf Steiner: Autoreferat Nr. II. im Rahmen des ‹Französischen Kurses› 1922, in: Kosmologie, Religion und Philosophie, GA 25, Dornach 1979, Seite 15 – 17.

240 Rudolf Steiner: Vortrag vom 8. April 1922; in: Die Bedeutung der Anthroposophie im Geistesleben der Gegenwart, GA 82, Dornach 1957.

241 Rudolf Steiner: Vortrag vom 24. Dezember 1922; in: Der Entstehungsmoment der Naturwissenschaft in der Weltgeschichte und ihre seitherige Entwicklung (1. Vortrag), GA 326, Dornach 1977, S. 16.

242 Aus der Fülle der Publikationen zur Mystik seien nur genannt:
Gerd-Klaus Kaltenbrunner (Hrsg.): Die Suche nach dem anderen Zustand – Wiederkehr der Mystik?, Herder Verlag Freiburg 1975.
Gerhard Wehr: Deutsche Mystik – Gestalten und Zeugnisse religiöser Erfahrung. Gerd Mohn Verlag, Gütersloh 1980.

Gerhard Wehr: Profile christlicher Spiritualität (Meister Eckhart, Paracelsus, Jakob Böhme u.a.m.) Novalis Verlag, Schaffhausen 1982.
Gerhard Wehr: Die deutsche Mystik – Mystische Erfahrungen und theosophische Weltsicht. Otto W. Barth Verlag, Bern 1988.

243 Rudolf Steiner (1897): Goethes Weltanschauung, GA 6, Dornach 1963.

244 Rudolf Steiner: Der Entstehungsmoment der Naturwissenschaft in der Weltgeschichte, Vortrag vom 26. Dezember 1922, GA 326, Dornach 1977, S. 43 f.

Zur naturwissenschaftlichen Ebene

245 Rudolf Steiner, Vortrag vom 24. Dezember 1922, ebd., S. 20 – 22. Die manchmal diskutierte Frage, ob Kopernikus auch unmittelbar die Kosmologie des Nikolaus von Kues gekannt hat, und ob sie einen direkten Einfluss ausgeübt hat (was insbesondere von polnischen Historikern z.T. bestritten wird), ist sekundär. Abgesehen von der unbezweifelbaren Tatsache, dass Kopernikus einige Abhandlungen des Cusanus gekannt hat, geht es hier um das Weiterwirken seelischer Impulse bzw. um die Verwirklichung von Ideen, die im Zeitgeist liegen.

246 Giordano Bruno: Wittenberger Gastvorlesungen 1588, zitiert in: Heinz-Mohr/Eckert: Das Werk des Nicolaus Cusanus, 2. Auflage, Köln 1975, S. 15. Bruno hat die kosmologischen Anschauungen des Cusaners sehr gut gekannt und in popularisierter Form ihre wohl nachhaltigste Verbreitung bewirkt.

Zur Schicksalsebene

247 Gotthold Ephraim Lessing (1780): Die Erziehung des Menschengeschlechts; in der Reihe: Denken-Schauen-Sinnen, Bd. 1, Stuttgart 1958, S. 28 f.

248 Rudolf Steiner: Okkulte Geschichtsforschung, Vortrag vom 18. Oktober 1903 auf der ersten Generalversammlung der deutschen Sektion der Theosophischen Gesellschaft in Berlin. Ein kurzes Autoreferat ist abgedruckt in der Zeitschrift «Lucifer», Nr. 6, Berlin 1903, S. 246 f.

249 In: Zeitschrift «Der Vâhan», Nr. 5, V, Leipzig, November 1903.

250 Diese Interpretation findet sich bei Adolf Arenson in seinem «Leitfaden durch fünfzig Vortragszyklen Rudolf Steiners», Stuttgart 1961, S. 146. Auch in Aufsätzen von Schülern Rudolf Steiners taucht diese Deutung immer wieder auf, z.B. bei Hans Gsänger: Von Cusanus zu Kopernikus, I und II.; in: Das Goetheanum, 41. Jg. 1962, H. 38, S. 300 – 302; und H. 39, S. 308 – 309.

251 Die Schicksalsverbindung zwischen Nikolaus von Kues und Nikolaus Kopernikus wird von Rudolf Steiner in den nachgenannten Vorträgen erwähnt: 21. Januar 1909 (Heidelberg), 3. Februar 1909 (Basel), 19. Februar 1909 (Leipzig), 25.Februar 1909 (Kassel), 7. März 1909 (München), 31. Dezember 1910 (Stuttgart), 18. Dezember 1912 (Neuchâtel), 22. Dezember 1912 (Berlin).
Zur genaueren bibliographischen Einordnung der genannten Vorträge kann benutzt werden: Hans Schmidt: Das Vortragswerk Rudolf Steiners, Dornach 1978.

Es wird aber immer notwendig sein, den gesamten Kontext dieser Vorträge zu lesen!

252 Rudolf Steiner: Das Prinzip der spirituellen Ökonomie, 1. Vortrag, 21. Januar 1909, GA 109/111, Dornach 1965, S. 16 f.

253 Rudolf Steiner: Vortrag vom 21. Januar 1909, GA 109/111, Dornach 1965, S. 16 f.; Hervorhebungen vom Referenten.
Bei dieser am 21. Januar 1909 in Heidelberg erstmalig so eindeutig differenzierten Darstellung, die nach 1909 nie mehr in dieser Deutlichkeit auftritt, handelt es sich keinesfalls um einen Nachschriftfehler, denn die Wendung von der Übertragung des Seelenleibes taucht im Jahre 1909 noch mindestens zweimal auf: so im Vortrag vom 3. Februar 1909 in Basel (belegt durch die handschriftliche Nachschrift von Mathilde Scholl) und am 25. Februar 1909 in Kassel (vgl. GA 109/111, S. 290).

254 Rudolf Steiner: Okkulte Geschichtsforschung, Autoreferat des Vortrages vom 18. Oktober 1903, abgedruckt in der Zeitschrift «Lucifer», Nr. 6, Berlin 1903, S. 246 f.

255 Rudolf Steiner: Okkulte Geschichte, 5. Vortrag vom 31. Dezember 1910, GA 126, Dornach 1975, S. 101 f.

256 Hier soll noch einmal auf das zweite Geisterlebnis des Nikolaus von Kues nach der Nachricht vom Fall Konstantinopels (Mai 1453) hingeblickt werden. Durch den Schmerz wird seine Seele aus dem Leib gelockert und taucht schauend in die geistige Welt ein, wovon er anfangs seiner Schrift «De pace fidei» (1453) berichtet: «Da geschah es, dass nach einigen Tagen diesem geisterfüllten Menschen während seiner anhaltenden Meditationen von ungefähr eine Geistesschau zuteil wurde. ... *Er war entrückt nach einem Ort überirdischer Geistigkeit*, wo zwischen den aus dem Leben Geschiedenen im *Konzil der Himmlischen* ... folgende Beratung gepflogen wurde.» (Kap. I. Dupré S. 706 f.)
Allein schon die Formulierung vom «Ort überirdischer Geistigkeit» und von der Begegnung mit den Toten und den Wesen der Hierarchien ist eine exakte esoterische Beschreibung und lässt erkennen, dass Cusanus die Schwelle zur geistigen Welt überschritten hat. Es ist darüber hinaus ein besonderes Ereignis, an dem er teilnimmt, und das er selbst als ‹himmlisches Konzil› bezeichnet. In diesem ‹himmlischen Konzil› erlebt er schauend neben den Verstorbenen die Anwesenheit der führenden Vertreter der Menschheitsströmungen, die Erzengelwesenheiten als Führer der Völker und das ‹Divinum Verbum›, das ‹Göttliche Wort›, den Logos. Durch die Geisteswissenschaft kann man erfahren, dass Cusanus von einer spirituellen Realität spricht, denn dieses kosmische Konzil war laut Rudolf Steiner eine übersinnliche Tatsache. Aus den Schilderungen Rudolf Steiners über die «übersinnliche Lehrschule des Michael» im ‹Sonnengebiet›, die vom beginnenden 15. Jahrhundert an sich vollzieht, und in der alles wieder lebendig wird, was in den Sonnenmysterien als Michael-Weisheit gelebt hat, kann man entnehmen, dass offensichtlich die Geistseele des Nikolaus von Kues, obschon auf Erden inkarniert, ein Teilnehmer dieses kosmischen Konzils geworden war. In seiner Schrift «Vom Frieden im Glauben» (De pace fidei, 1453) konnte er als ‹Michael-Schüler› einen Abglanz davon auf die Erde herunterbringen.

257 Rudolf Steiner, Vortrag vom 28. Juli 1924, in: GA 237, Dornach 1982, S. 116.

258 Rudolf Steiner: Der menschliche und der kosmische Gedanke, Vorträge 1914, GA 151, Dornach 1961, S. 16.

259 Rudolf Steiner, ebd., S. 18 f.

260 Rudolf Steiner, ebd., S. 62 f.

261 Rudolf Steiner: Vortrag vom 8. Juni 1923, Arbeitervorträge Band 4, GA 350, Dornach 1962, S. 143.

262 Rudolf Steiner: Vortrag vom 30. Juni 1923. Arbeitervorträge Band 4, GA 350, Dornach 1962, S. 167.

263 An dieser Stelle sei auf den Begriff des «Gegenraumes» als «ätherischen Raumes» hingewiesen. Er ist die Umkehrung des positiven Raumes; mit jedem Raumgebilde der Sinneswelt korrespondiert ein polares ätherisches Gegenraumgebilde. Vgl. dazu:
George Adams/Olive Whicher (1960): Die Pflanze in Raum und Gegenraum, 2. Aufl. Stuttgart 1979. George Adams: Von dem ätherischen Raume (1964); Reihe: Studien und Versuche 6, Stuttgart 1981. Louis Locher-Ernst (1940): Raum und Gegenraum, 2. Aufl. Dornach 1980.

264 Vgl. auch: Paul Eugen Schiller: Der anthroposophische Schulungsweg, Dornach 1979.

265 **Exkurs zu meditativen Sinnbildern bei Rudolf Steiner:**
An dieser Stelle sei auf die von Rudolf Steiner beschriebene ‹Rosenkreuz-Meditation› hingewiesen (s. «Die Geheimwissenschaft im Umriss», Kapitel: Die Erkenntnis der höheren Welten, GA 13, TB, Dornach 1979, S. 228 ff.). Als erste Stufe beschreibt Steiner den gedanklichen Aufbau des Meditations-Sinnbildes. Dieses ist aber weder bloßes Erinnerungsbild bzw. bloße Erinnerungsvorstellung, da das Bild nicht sinnlich-naturgegeben, sondern *sinnbildlich* ist, noch eine begriffliche Verstandeskonstruktion. Es lebt vielmehr ganz aus der verwandelnden Gedankentätigkeit selbst. Diese kommt dann in der zweiten Stufe, der Kontemplation oder Versenkung, zur Ruhe. Die Gedankenbewegung taucht ganz in das selbstgeschaffene Sinnbild unter, das nur durch Konzentration in der Seele gehalten wird. Die übersinnliche Erkenntnisstufe, die dadurch erreicht werden kann, nennt Rudolf Steiner die Imagination. Er hebt sie deutlich vom sinnengebundenen Erkennen ab, wenn er schreibt: «Das Erkennen, welches auf der sinnlichen Wahrnehmung und auf der Verarbeitung der sinnlichen Wahrnehmungen durch den an die Sinne gebundenen Verstand beruht, kann … das ‹gegenständliche Erkennen› genannt werden. Über dieses hinaus liegen die höheren Erkenntnisstufen, deren erste eben das imaginative Erkennen ist» (S. 235). «Diejenigen Sinnbilder, welche in der oben geschilderten Art aufgebaut werden … dienen dazu, um die menschliche Seele loszureißen von der Sinneswahrnehmung und von dem Gehirninstrument, an welches zunächst der Verstand gebunden ist» (S. 236). Dann beschreibt Rudolf Steiner, wie in der dritten Stufe alles darauf ankommt, das so aufgebaute und in der Seele gehaltene Sinnbild willentlich wieder vollständig auszulöschen, es sozusagen bewusst durch den Tod zu führen. «Und erst, nachdem man die Fähigkeit der Auslöschung erlangt hat, tritt man an die wirkliche geistige Außenwelt heran» (S. 238). Erst dann kann der Mensch zu einer geistig-seeli-

schen Beobachtung im Übersinnlichen gelangen, «wenn keine Eindrücke durch die Sinne kommen, wenn der an das physische Gehirn gebundene Verstand schweigt und wenn auch die Vorstellungen der Versenkung aus dem Bewusstsein entfernt sind» (S. 240). Die im sogenannten «leeren Bewusstsein» sich aussprechende übersinnliche Erkenntnis nennt Rudolf Steiner die Stufe der Inspiration.

Es ist deutlich, dass Nikolaus von Kues die Stufe des willentlichen Auslöschens und des bewussten Führens der Sinnbilder durch den Tod kennt und dass er damit die Methodik eines Meditationsweges bis hin zur inspirativen Erkenntnis in Ansätzen beschreibt.

266 Vgl. zu dem Gesichtspunkt der Parallelisierung der vier Stufen der Denkerkenntnis und der Stufen der höheren Erkenntnis auch den lesenswerten Aufsatz: Manfred Krüger: Vier Regeln der Geisteswissenschaft; in: Mitteilungen aus der anthroposophischen Arbeit, Johanni 1981, S. 110 – 118.

267 Rudolf Steiner: Notizen eines Vortrages vom 21. Oktober 1905; in: Die Tempellegende und die Goldene Legende, GA 93, Dornach 1979, S. 193.

268 Rudolf Steiner: Anthroposophische Leitsätze, GA 26, Dornach 1962, S. 144.

Zur Stellung in den großen Geistesströmungen

269 Die Charakterisierung der Strömungen der ‹Platoniker› und ‹Aristoteliker› in dem hier angedeuteten umfassenderen Sinne (der sich nicht vollständig mit der engeren philosophischen Begriffsbildung deckt), hat Rudolf Steiner erstmalig in dem Vortrag vom 13. Juli 1924 (in GA 237, Dornach 1975, S. 88 ff.) vorgenommen.

Vgl. zu dieser Thematik auch: Wolfgang Schuchhardt: Alte und junge Seelen; in: Mitteilungen aus der anthroposophischen Arbeit in Deutschland, Johanni 1973, S. 119 – 123.

Hans Peter van Manen: Christussucher und Michaeldiener, Dornach 1980.

270 Vgl. Diether Lauenstein: Die vier Denkmodelle des Abendlandes, Stuttgart 1976, S. 16 f.

271 Zur Schule von Chartres siehe auch die Übersetzungen und Einleitungen von: Wilhelm Rath: Aus der Schule von Chartres, Bd. I: Bernardus Silvestris: Über die umfassende Einheit der Welt (De Mundi Universitate sive Megacosmus et Microcosmus); Bd. II: Alanus ab Insulis: Der Anticlaudian, Stuttgart 1966.

Zu den einzelnen Gestalten der Schule von Chartres siehe: Karl Heyer (1926): Von der Schule von Chartres; in: Das Wunder von Chartres, 3. Aufl., Stuttgart 1956, S. 55 – 154.

Und vor allem: Frank Teichmann: Chartres – Schule und Kathedrale, Urachhaus Verlag, Stuttgart 1991 (siehe dort das Kapitel: Der Schulungsweg in der Schule von Chartres).

272 Vgl. Diether Lauenstein: Die vier Denkmodelle des Abendlandes, Stuttgart 1976, S. 12 ff.

273 Vgl. dazu auch: Heinz Herbert Schöffler: Die Akademie von Gondischapur – Aristoteles auf dem Wege in den Orient, Reihe Logoi, Bd. 5, 2. Aufl., Stuttgart 1980.

274 Vgl. dazu Johannes W. Schneider: Michael und seine Verehrung im Abend-

land. Eine Studie zur Bewustseinsentwicklung zur Völkerwanderungszeit und des Mittelalters. Verlag am Goetheanum, Dornach 1981.

275 Rudolf Steiner: Vortrag vom 18. Juli 1924, GA 240, Dornach 1977, S. 151 f.

276 Vgl. dazu auch Georg Hartmann: Nikolaus von Kues und das Michael-Mysterium; in: Bewusstseinswege, Verlag am Goetheanum, Dornach 1980, S. 137–149.

Rückblick: Nikolaus von Kues als Wegbereiter einer neuen Denkqualität

277 Rudolf Steiner: Der Entstehungsmoment der Naturwissenschaft in der Weltgeschichte, 9. Vortrag vom 6. Januar 1923, GA 326, Dornach 1977, S. 151 (der zweite Teil des Zitates ist hier im Singular gesetzt, im Original bezieht er sich auch auf Meister Eckhart; in bezug auf das Ich-Erlebnis fußt Nikolaus von Kues unmittelbar auf Eckhart).

278 Ernst Hoffmann (1936): Nikolaus von Cues als Philosoph; Geleitwort zur Schrift: Der Laie über die Weisheit, S. 1-18. Felix Meiner Verlag Hamburg, 3. Aufl. 1954, S. 12 f.

279 Rudolf Steiner: Leitsatzbetrachtung, geschrieben am 6. Dezember 1924; in: Anthroposophische Leitsätze, GA 26, Dornach 1954, S. 144.

280 Rudolf Steiner: Die Philosophie des Thomas von Aquino, Vortrag vom 24. Mai 1920 (Die Bedeutung des Thomismus für die Gegenwart), GA 74, TB, Dornach 1972, S. 104.

VERZEICHNIS UND NACHWEIS DER ABBILDUNGEN

LITERATURVERZEICHNIS

Werke des Nikolaus von Kues und Bibliographien

Werkverzeichnis

Eine Nennung aller wesentlichen philosophisch-theologischen und mathematisch-geometrischen Schriften findet sich in diesem Buch im Kapitel: «Das schriftliche Werk des Nikolaus von Kues» (S. 174) sowie ebendort in Tab. 3. (S. 178 f.).

Lateinische Texte

1 Die maßgebliche kritische Edition des lateinischen Textes der Werke des Nikolaus von Kues ist die von der Heidelberger Akademie der Wissenschaften seit 1932 herausgegebene Gesamtausgabe Nicolai de Cusa Opera Omnia, iussu et auctoritate Academiae Litterarum Heidelbergensis ad codicum fidem edita, Leipzig 1932. Seit 1949 bei Felix Meiner Verlag, Hamburg.
Zu den kritischen Editionen der einzelnen Werke siehe die Aufstellung bei K. Jacobi (1979): Auswahlbibliographie S. 160 ff. Eine Kurzfassung findet sich auch bei H. Schwaetzer (2000) S. 187 f.

2 Für die noch nicht in der Akademie-Ausgabe erschienenen Texte muss zurückgegriffen werden auf
a) Nicolai Cusae Cardinalis opera, ed. Faber Stapulensis, Paris 1514, unveränderter Nachdruck, Minerva GmbH, Frankfurt 1962.
b) Nikolaus von Kues, Werke. Neuausgabe des Straßburger Druckes von 1488. Neu herausgegeben von Paul Wilpert, Bd. I und II. De Gruyter Verlag, Berlin 1966/67.

3 Die große Heidelberger Akademie-Edition wird ergänzt durch Teil-Editionen von Predigten, Traktaten, Briefen, die als Cusanus-Texte in der Reihe der Sitzungsberichte der Heidelberger Akademie der Wissenschaften, Philosophisch-Historische Klasse, Heidelberg 1929 ff., erscheinen (siehe auch Auswahlbibliographie bei K. Jacobi (1979), S. 160 f.).

4 Ergänzt wird die Akademie-Edition seit 1976 in einer gesonderten Reihe durch die *Acta Cusana, Quellen zur Lebensgeschichte des Nikolaus von Kues*, im Auftrag der Heidelberger Akademie der Wissenschaften, hrsg. von Erich Meuthen und Hermann Hallauer:
Bd. I. Lieferung 1: 1401-1437. Felix Meiner Verlag, Hamburg 1976.
Bd. I. Lieferung 2: 1437 (Mai) – 1450 (Dez.). Felix Meiner Verlag, Hamburg 1983.
Bd. I. Lieferung 3a: 1451 (Jan.) – 1451 (Aug.). Felix Meiner Verlag, Hamburg 1996.
Bd. I. Lieferung 3b: 1451 (Sept.) – 1452 (März). Felix Meiner Verlag, Hamburg 1996.

1 Scharpff, F. A., Des Cardinals und Bischofs Nicolaus von Cusa wichtigste Schriften in deutscher Sprache. Freiburg 1862.

2 Schriften des Nikolaus von Kues im Auftrage der Heidelberger Akademie der Wissenschaften, in deutscher Übersetzung, hrsg. von Ernst Hoffmann (†), Paul Wilpert (†) und Karl Bormann:
a) Philosophische Bibliothek des Felix Meiner Verlages, Leipzig 1936 ff., später Hamburg 1949 ff. (seit geraumer Zeit erscheinen die Bände auch lateinisch-deutsch).
Zu den einzelnen Werken und deren Übersetzer vgl. die Auswahlbibliographie bei K. Jacobi (1979) S. 163 ff. sowie das aktuelle Spezialverzeichnis des Felix Meiner Verlages.
b) Schriften-Reihe im F. H. Kerle Verlag Heidelberg, darin: «Über den Ursprung», 1949; «Die Predigten», 1952; «Die Kalenderreform», 1955. Insbesondere der Auswahl-Band über die Predigten ist von Interesse, da die kritische Edition der Predigten (Sermones) durch das Cusanus-Institut/Trier noch nicht abgeschlossen ist.

3 Wegen des zeitlich noch nicht abzusehenden Abschlusses der Heidelberger Akademie-Ausgaben erweist sich für das Studium die zum Cusanus-Jahr 1964 erschienene dreibändige Studien-Ausgabe als sehr hilfreich: Nicolaus von Kues: Philosophisch-theologische Schriften, Studien- und Jubiläumsausgabe (lateinisch-deutsch), Band I – III, herausgegeben und eingeführt von Leo Gabriel, übersetzt und kommentiert von Dietlind und Wilhelm Dupré. Herder Verlag, Wien 1964-67.

3a Textauswahl-Hefte in deutscher Übersetzung hrsg. vom Institut für Cusanus-Forschung Trier:
Heft 1: Der Friede im Glauben (2. Aufl. 1988); Heft 2: Die Vaterunser-Erklärung (1982); Heft 3: Das Sehen Gottes (1985); Heft 4: Vom rechten Hören und Verkündigen des Wortes Gottes – zwei Predigten (1993).

4 Nikolaus von Cues: Die Kunst der Vermutung, Auswahl aus den Schriften, besorgt und eingeleitet von Hans Blumenberg. Sammlung Dieterich, Bd. 128, Carl Schünemann Verlag, Bremen 1957.

5 Das Werk des Nicolaus Cusanus. Eine bibliophile Einführung (mit einer Auswahl von Passagen aus den Schriften), hrsg. von Gerd Heinz-Mohr und Willehad Paul Eckert. 2. Aufl. Wienand Verlag, Köln 1975. (Dieses Buch eignet sich besonders auch als ein sehr ansprechendes, allgemeinverständliches Einführungsbuch.)

6 Für das wissenschaftlich vergleichende Arbeiten mit den Texten des Nikolaus von Kues (lateinisch oder deutsch) ist außerordentlich hilfreich: Eduard Zellinger, Cusanus-Konkordanz. Unter Zugrundelegung der philosophischen und der bedeutendsten theologischen Werke. Max Hueber Verlag, München 1960. (Das Werk ist thematisch in über 300 Kapitel geordnet und bringt dazu die entsprechenden Textbelege und Hinweise.)
Vgl. zum Stand der Cusanus-Editionen den Bericht von Hans-Gerhard Senger (1995): Die kritische Edition der Werke des Nikolaus von Kues; in: Akademie Journal 2/95 S. 5-10.

Bibliographien

1 Die gesamte ältere Literatur (bis zum Jahr 1920) ist verarbeitet und bibliographisch aufgeführt in der grundlegenden Biographie: Edmond Vansteenberghe: Le cardinal Nicolas de Cues. L'action – la pensée (Paris 1920). Unveränderter Nachdruck: Minerva GmbH, Frankfurt 1963 und Genf 1974.

2 Die neuere Cusanus-Literatur (1920-1961) wird erfasst und aufgeführt in der großen Cusanus-Bibliographie von Hans Kleinen und Robert Danzer; in: Mitteilungen und Forschungsbeiträge der Cusanus-Gesellschaft (zitiert als MFCG), Band I., Matthias Grünewald-Verlag, Mainz 1961, S. 95-126; Fortsetzung (1961-64) in MFCG 3, 1963; Fortsetzung (1964-67) in MFCG 6, 1967; Fortsetzung (1967-73) in MFCG 10, 1973; Fortsetzung (1973-82) in MFCG 15, 1982. Episodische Fortsetzungen in den MFCG 15-25, 1983-1999.

3 Eine ausgezeichnete kleine Auswahlbibliographie findet sich in: Klaus Jacobi (Hrsg.): Nikolaus von Kues, Kolleg Philosophie, Alber Verlag Freiburg/München 1979, S. 160-180.

Zeitschrift, Buchreihe, Festschriften, Symposien

1 Das offizielle Publikationsorgan der Cusanusforschung sind die «Mitteilungen und Forschungsbeiträge der Cusanus-Gesellschaft», redigiert im Cusanus-Institut, Trier; Bd. 1-26, 1961-2000 (zitiert als MFCG).

2 Von der Cusanus-Gesellschaft wird episodisch eine Buchreihe durch K. Kremer, E. Meuthen und J. Stallmach im Aschendorff-Verlag, Münster, herausgegeben. Sie umfasst 11 reguläre Bände, zuletzt:
Gerda von Bredow: Im Gespräch mit Nikolaus von Kues (Aufsätze 1948-1993), Münster 1995.

3 Aus Anlass der großen Cusanus-Jubiläen sind Festschriften erschienen: so z.B.
– Cusanus-Jubiläum (1964), Texte der Festansprachen in Bernkastel-Kues. Kleine Schriften der Cusanus-Gesellschaft, Heft 7. Trier 1964.
– Cusanus-Jubiläum (1964), Texte der gehaltenen Vorträge in: MFCG Bd. 4, 1964.
– Grass, Nikolaus (Hrsg.) (1970), Cusanus-Gedächtnisschrift im Auftrag der Rechts- und Staatswissenschaftlichen Fakultät der Universität Innsbruck. Forschungen zur Rechts- und Kulturgeschichte, Bd. 3. Innsbruck/München 1970.

4 Über die von der Cusanus-Gesellschaft in größeren Abständen veranstalteten internationalen wissenschaftlichen Symposien existieren gesonderte Sammelbände. Die Beiträge dieser Bände werden hier in der Regel nicht noch einmal einzeln im Lit.-Verz. aufgeführt; der Interessent wird auf die gesonderten Inhaltsverzeichnisse dieser Bände verwiesen. Die Titel der Symposien und MFCG-Berichtsbände sind:
MFCG Bd. 13, 1977: Nikolaus von Kues als Promotor der Ökumene; zugleich Festschrift für Rudolf Haubst.
MFCG Bd. 16, 1983: Der Friede unter den Religionen nach Nikolaus von Kues.

MFCG Bd. 17, 1986: Handschriftenforschung.
MFCG Bd. 18, 1989: Das Sehen Gottes nach Nikolaus von Kues.
MFCG Bd. 19, 1991: Zur Gesellschaftstheorie des Nikolaus von Kues.
MFCG Bd. 20, 1992: Weisheit und Wissenschaft – Cusanus im Blick auf die Gegenwart.
MFCG Bd. 21, 1994: Kirche und Res Publica.
MFCG Bd. 22, 1995: Interpretation Cusanischer Leitideen.
MFCG Bd. 23, 1996: Unsterblichkeit und Eschatologie im Denken des Nikolaus von Kues.
MFCG Bd. 24, 1998: Nikolaus von Kues als Kanonist und Rechtshistoriker.
MFCG Bd. 26, 2000: Sein und Sollen – Die Ethik des Nikolaus von Kues.

Literaturauswahl zu Nikolaus von Kues

Vorbemerkung

Hier wird nicht sämtliche Spezialliteratur wiederholt, die in den Anmerkungen zu einzelnen Themen bereits zitiert oder genannt wurde. Es wird nur ausgewählte, grundlegende Literatur aufgeführt, die von allgemeinem oder weiterführendem Interesse ist. Mittlerweile existieren ca. 4 000 Literaturtitel zu Nikolaus von Kues. Sie sind meist auffindbar in den oben genannten Bibliographien.

Zu Biographie und Lebensumkreis

Unverzichtbar bleiben nach wie vor die umfassenden älteren Biographien:

Düx, J. M. (1847): Der deutsche Kardinal Nikolaus von Kues und die Kirche seiner Zeit, 2 Bde., Regensburg 1847.
Scharpff, Franz Anton (1843): Der Cardinal und Bischof Nicolaus von Cusa. Erster Teil: Das kirchliche Wirken – ein Beitrag zur Geschichte der Reformation innerhalb der katholischen Kirche im fünfzehnten Jahrhundert. Nachdruck Frankfurt 1966.
Scharpff, F.A. (1871): Der Cardinal und Bischof Nicolaus von Cusa als Reformator; in: Kirche, Reich und Philosophie des fünfzehnten Jahrhunderts. Nachdruck Frankfurt 1966.
Vansteenberghe, Edmond (1920): Le cardinal Nicolas de Cues, L'action – la pensée. Paris 1920. Nachdruck Minerva, Frankfurt 1963, Genf 1974.

Zur neueren biographischen Literatur

Baum, Wilhelm (1983): Nikolaus Cusanus in Tirol – das Wirken des Philosophen und Reformators als Fürstbischof von Brixen. Athesia Verlag, Bozen 1983.
Gestrich, Helmut (1986): Gespräch mit Nikolaus von Kues. Ein historisches Inter-

view; in: Zugänge zu Nikolaus von Kues. Festschrift zum 25-jährigen Bestehen der Cusanus-Gesellschaft. Bernkastel-Kues 1986, S. 70-87.
Gestrich, Helmut (1990): Nikolaus von Kues – Leben und Werk im Bild. Verlag H. Schmid, Mainz, 2. Aufl. 1993. (Reich bebilderte Einführung, die ursprünglich als Katalog zur gleichnamigen Ausstellung entstanden ist.)
Herrmann Hallauer (1964): Eine Visitation des Nicolaus von Kues im Benediktinerinnenkloster Sonnenburg; in: Cusanus-Jubiläum Mainz 1964.
Herrmann Hallauer (1969): Die Schlacht im Enneberg. Kleine Schriften der Cusanus–Gesellschaft, Heft 9, Trier 1969.
Herrmann Hallauer (1998): Nikolaus von Kues als Rechtshistoriker. – Sein Kampf um die Bewahrung der Brixener Kirche; in: MFCG Band 24, 1998, S. 103–170.
Herrmann Hallauer (2000): Nikolaus von Kues als Bischof und Landesfürst in Brixen. Trierer Cusanus Lecture Heft 6, Trier 2000.
Haubst, Rudolf (1986): Nikolaus von Kues in Koblenz; in: Zugänge zu Nikolaus von Kues, Cusanus-Gesellschaft, Bernkastel-Kues 1986, S. 110-119.
Koch, Josef (1942/44): Nikolaus von Kues und seine Umwelt. Sitzungsberichte d. Heidelberger Akad. d. Wissensch., Heidelberg 1948.
Koch, Josef (1956): Nikolaus von Kues; in: Die großen Deutschen, Band 1, S. 275-287. Gütersloh 1978.
Koch, Josef (1964): Der deutsche Kardinal in deutschen Landen – Die Legationsreise des Nikolaus von Kues 1451/52. Kleine Schriften der Cusanus-Gesellschaft, Heft 5. Trier 1964.
Kremer, Klaus (1999): Nikolaus von Kues – einer der größten Deutschen des 15. Jahrhunderts. Paulinus-Verlag, Trier 1999 (ansprechende Kurzbiographie).
Lübke, Anton (1968): Nikolaus von Kues. Kirchenfürst zwischen Mittelalter und Neuzeit. München 1968. [Dieses leicht lesbare, mehr populärwissenschaftliche Buch ist wissenschaftlich umstritten.]
Martini, Heiner (1986): Der Krebs in der Reuse – Nikolaus von Kues. Spee-Verl., Trier 1986. (Dieses mehr dichterisch-essayistische Buch bringt in einzelnen Zeitminiaturen eine stimmungsvolle Annäherung an den Menschen und Geistsucher Nikolaus von Kues.)
Meffert, Ekkehard (1982): Von der Geographie Mitteleuropas. Nikolaus von Kues als Schöpfer der neuzeitlichen Kartendarstellungen Mitteleuropas (mit 8 Abbildungen); in: Erziehungskunst Heft 2 (Februar), Stuttgart 1982, S. 94-113.
Meffert, Ekkehard (1982): Nikolaus von Kues. Ein Wegbereiter der Bewusstseinsseele; in: Die Drei. Stuttgart 1982, Heft 3, S. 156-182.
Meuthen, Erich (1958): Die letzten Jahre des Nikolaus von Kues; in: Wissenschaftl. Abhandl. d. Arbeitsgem. f. Forschung des Landes NRW, Bd. 3, Köln/Opladen 1958.
Meuthen, Erich (1964): Nikolaus von Kues 1401 – 1464, Skizze einer Biographie. 7. Aufl., Aschendorff Verlag Münster 1992.
Meuthen, Erich (1964): Das Trierer Schisma von 1430 auf dem Basler Konzil. Buchreihe der Cusanus-Gesellschaft Bd 1, Aschendorff Verlag Münster 1964.
Meuthen, Erich (1979): [Nikolaus von Kues –] Leben in der Zeit; in: K. Jacobi (Hrsg.): Nikolaus von Kues, Alber Verlag, Freiburg/München 1979, S. 7-26.
Meuthen, Erich, (1971): Nikolaus von Kues in der Entscheidung zwischen Konzil und Papst; in: MFCG Bd 9, 1971, S. 19-33.

Meuthen, Erich (1977/78): Peter von Erkelenz; in: Zeitschr. Aachener Geschichts-Verein 84/85, Aachen 1977/78
Meuthen, Erich (1964): Pius II. und Nikolaus von Kues; in: Schweizer Rundschau, Heft 7/8, Juni 1964, S. 433-443.
Meuthen, Erich (1994): Nikolaus von Kues. Profil einer geschichtlichen Persönlichkeit, Trierer Cusanus Lecture, Heft 1, Paulinus Verlag Trier 1994.
Meuthen, Erich (1989): Die deutsche Legationsreise des Nikolaus von Kues 1451/52; in: Lebenslehren und Weltentwürfe im Übergang vom Mittelalter zur Neuzeit. Göttingen 1989, S. 421-499.
Reisch, Matthäus (1964): Nikolaus von Kues – zum 500. Todestag; in: Die Drei, Heft 5, Stuttgart 1964.
Senger, Hans Gerhard (1983): Nikolaus von Kues; in: Gestalten der Kirchengeschichte, Stuttgart 1983, S. 286-307.
Schneider, Wilhelm (1953):Geistsucher und Gottesfreunde – Historische Miniaturen (darin: Der Kardinal Nikolaus von Kues, S. 126-134). Stuttgart 1953.
Schütze, Alfred (1964): Der Cardinal Nicolaus Cusanus – Im Gedenken an seinen 500. Todestag; in: Die Christengemeinschaft, 36. Jg. 1964, Heft 7, S. 210-213; Heft 8, S. 238-241.

Fernsehfilme zur Biographie und zur Bedeutung des Nikolaus von Kues

1 Die Entdeckung des Unendlichen
Ein Bericht von Horst Schäfer
SWF Baden-Baden 1983
2 Nikolaus von Kues
Ein Dokumentarfilm von Stefan Bleek
Bayrischer Rundfunk 1991
3 Geschichten aus unserem Land
Ein Film von Werner O. Feisst und Reinhard Kleinmann
SWF 1995

Zum Raum- und Zeitumkreis (incl. St. Nikolaus Hospital)

Diederich, Toni (1978): Das ehemalige Kanonikerstift St. Florin in Koblenz. Görres Verlag Koblenz 1978.
Gappenbach, Hans (1964): Nikolaus von Kues in Münstermaifeld. Kleine Schriften der Cusanus-Gesellschaft, Heft 6, Trier 1964.
Hartig, Michael (1946): Die Benediktiner-Abtei Tegernsee. München 1964.
Hartmann, Georg (1953): Ende eines tausendjährigen Reiches. Die Belagerung und Einnahme der Stadt Konstantinopel durch die Türken im Jahre 1453 (darin Passagen auch zu Nikolaus von Kues); in: Bewusstseinswege. Dornach 1980.
Hartmann, J. (1919): Die astronomischen Instrumente des Kardinals Nicolaus von Kues; in: Mitteilungen der Kgl. Gesellschaft der Wissenschaften. Göttingen/Berlin 1919.
Kremer, Peter (1963): Nikolaus von Kues und seine Stiftung in der schöngeistigen Literatur. Kleine Schriften der Cusanus-Gesellschaft, Heft 2, 2. Aufl. Trier 1971.

Kremer, Peter (1964): Das St.-Nikolaus-Hospital in Kues; in: Archiv für Kultur und Geschichte des Landkreises Bernkastel. Bd. 2. Bernkastel-Kues 1964.
Kreuer, Werner (1996): Die Parva Germania-Karte des Nicolaus Cusanus, Eichstätt 1491 und die Germania-Karte des Henricus Martellus Germanus, Florenz vor 1490. Beide in: Monumenta Cartographica GHS Essen 1996. Interpretationsband S. 45-52 bzw. S. 13-22.
Martini, Mathias u. Schmidt, H. (1841): Das Hospital Cues und dessen Stifter. Trier 1841.
Marx, Jakob (1905): Verzeichnis der Handschriftensammlung des Hospitals zu Cues. Trier 1905.
Marx, Jakob (1906): Nikolaus von Cues und seine Stiftungen zu Cues und Deventer; in: Bischofsjubiläumsschrift. Trier 1906.
Marx, Jakob (1907): Geschichte des Armen-Hospitals zum heiligen Nikolaus in Cues. Trier 1907.
Möbius, Ernst (1888): Beiträge zur Charakteristik der Brüder vom Gemeinsamen Leben. Dissertation. Leipzig 1888.
Pralle, Ludwig (1952): Die Wiederentdeckung des Tacitus. Ein Beitrag zur Geistesgeschichte Fuldas und zur Biographie des jungen Cusanus. Fulda 1952.
Schmidt, Hans Martin (1978): Der Meister des Marienlebens und sein Kreis – Studien zur spätgotischen Malerei in Köln. Schwann Verlag Düsseldorf 1978 (siehe darin das Kapitel: Das Passionstriptychon in Kues S. 33-38).
Vogts, Hans (1958): Das Hospital St. Nicolaus zu Cues. Trier 1958.
Zibermayr, I. (1914): Die Legation des Kardinals Nikolaus Cusanus und die Ordensreform in der Kirchenprovinz Salzburg. Salzburg 1914.

Zu den philosophischen Grundlagen des Cusanus (speziell der Geistphilosophie)

Vorbemerkung: Die Literatur wird nicht spezifiziert nach philosophischen Sachgebieten aufgeführt. Wer solches sucht, findet es in der Auswahlbibliographie von K. Jacobi (1979) und in der fortlaufenden Bibliographie in den MFCG.

a) Gesamtdarstellungen

Blumenberg, Hans (1976): Aspekte der Epochenschwelle: Cusaner und Nolaner. Suhrkamp-Taschenbuch Wissenschaft Nr. 174. Frankfurt 1976.
Cassirer, Ernst (1927): Individuum und Kosmos in der Philosophie der Renaissance (darin Kap. 1: Nikolaus Cusanus; Kap. 2: Cusanus u. Italien). Darmstadt 1963.
Flasch, Kurt (1998): Nikolaus von Kues – Geschichte einer Entwicklung. Vorlesungen zur Einführung in seine Philosophie; Vittorio Klostermann Verlag. Frankfurt 1998.
Gandillac, Maurice de (1942): Nicolaus von Cues. Studien zu seiner Philosophie und philosophischen Weltanschauung (französische Originalausgabe, Paris 1942). Erweiterte deutsche Übersetzung Düsseldorf 1953.
Hirschberger, Johannes (1949): Nikolaus von Cues; in: Geschichte der Philosophie, Bd. I, 5. Aufl. Basel/Freiburg/Wien 1961, S. 569-584.

Jacobi, Klaus (Hrsg.) (1979): Nikolaus von Kues, Einführung in sein philosophisches Denken (mit einer Auswahlbiographie). Freiburg/München 1979 (Es handelt sich um einen Sammelband mit grundlegenden Einführungen.)

Jaspers, Karl (1964): Nikolaus Cusanus. München 1964 (Das Buch ist in der Cusanus-Forschung umstritten, dennoch interessant.)

Vansteenberghe, Edmond (1920): Le cardinal Nicolas de Cues, L'action – La pensée. Paris 1920; Nachdruck Minerva, Frankfurt/M. 1963; Genf 1974 (Im zweiten Teil findet sich eine Einführung in seine Gedankenwelt.)

Volkmann-Schluck, Karl-Heinz (1957): Nicolaus Cusanus. Die Philosophie im Übergang vom Mittelalter zur Neuzeit. Frankfurt 1957, 3. Aufl. 1984.

Weischedel, Wilhelm (1975): Die philosophische Hintertreppe. 6. Aufl. München 1980. dtv-TB 880 [darin auf S. 106-113: Nikolaus von Kues oder der Nomenklator Gottes].

b) Einzeldarstellungen und Spezialabhandlungen

Alvarez-Gómez, Mariano (1968): Die verborgene Gegenwart des Unendlichen bei Nikolaus von Kues. München/Salzburg 1968.

Baumgarten, Hans-Ulrich: Nikolaus von Kues' Theorie der Wahrnehmung; in: Philosophisches Jahrbuch 106 (1999), S. 299-311.

Baur, Ludwig (1941): Nicolaus Cusanus und Ps. Dionysius im Lichte der Zitate und Randbemerkungen des Cusanus; in: Sitzungsberichte d. Heidelberger Akad. d. Wissensch., Jg. 1940/41. Heidelberg 1941.

Beierwaltes, Werner (1970): Cusanus und Proklos. Zum neuplatonischen Ursprung des non aliud; in: Nicolò Cusano agli inizi del mondo moderno. Atti del Congresso internationale in occassione del V centenario della morte di Nicolò Cusano: Bressanone, 6.-10. Settembre 1964, Firenze 1970, S. 137-140.

Beierwaltes, Werner (1977): Identität und Differenz zum Prinzip cusanischen Denkens. Rheinisch-westfälische Akademie der Wissenschaften, Vortrag G 220. Opladen 1977.

Beierwaltes, Werner (1978): Visio absoluta. Sitzungsber. d. Heidelberger Akademie d. Wissensch., Philosoph.-histor. Klasse 1978, 1. Abh. Heidelberg 1978.

Beierwaltes, Werner (1985): Denken des Einen. Studien zur neuplatonischen Philosophie und ihrer Wirkungsgeschichte. Frankfurt/M. 1985.

Beierwaltes, Werner (1989): Visio facialis – Sehen ins Angesicht. Zur Coincidenz des endlichen und unendlichen Blicks bei Cusanus; in: MFCG 18 (1989), S. 91-118.

Beierwaltes, Werner (1997): Der verborgene Gott. Cusanus und Dionysius. Trierer Cusanus Lecture Heft 4, Paulinus Verlag Trier 1997.

Blumenberg, Hans (1957): Einleitung zu der Auswahlsammlung aus den Schriften des Nikolaus von Kues: «Die Kunst der Vermutung». Bremen 1957.

Bohnenstaedt, Elisabeth (1936): Einführung zur Übersetzung der «Drei Schriften vom verborgenen Gott». 3. Aufl. Hamburg 1958.

Bormann, Karl (1975): Die Koordinierung der Erkenntnisstufen (descensus und ascensus) bei Nikolaus von Kues; in: Nikolaus von Kues in der Geschichte des Erkenntnisproblems. MFCG, Bd. 11. Mainz 1975.

Bormann, Karl (1999): Nikolaus von Kues: «Der Mensch als zweiter Gott». Trierer Cusanus Lecture Heft 5, Paulinus Verlag Trier 1999.
Bredow, Gerda von (Hrsg.) (1955): Das Vermächtnis des Nikolaus von Kues: Der Brief an Nikolaus Albergati nebst der Predigt in Montoliveto (1463). Sitzungsber. d. Heidelberger Akad. d. Wissensch. Heidelberg 1955.
Bredow, Gerda von: Im Gespräch mit Nikolaus von Kues. Gesammmelte Aufsätze 1948-1993, hrsg. v. H. Schnarr. Buchreihe Cus. Ges. Aschendorff Verlag Münster/W. 1995.
Cassirer, Ernst (1954): Die Philosophie der symbolischen Formen. Nachdruck: Darmstadt 1994.
Clemens, F. J. (1847): Giordano Bruno und Nicolaus von Cusa, Bonn 1847; neu ediert von R. Klibansky; in: E. Hoffmann, Das Universum des Nicolaus von Cues, Cusanus-Studien I. Sitzungsberichte d. Heidelberger Akad. d. Wissensch., Philosophisch-historische Klasse 1929/1930.
Colomer, Eusebio (1961): Nikolaus von Kues und Raimund Lull. Berlin 1961.
Colomer, Eusebio (1978): Das Menschenbild des Nikolaus von Kues in der Geschichte des christlichen Humanismus; in: MFCG 13 (1978), S. 117-143.
Colomer, Eusebio (1995): Nikolaus von Kues und Raimund Lull. Ihre Begegnung mit den nichtchristlichen Religionen; Trierer Cusanus Lecture Heft 2, Trier 1995.
Cusanus-Jubiläum, Das (1964): Texte der Festansprachen. Kleine Schriften der Cusanus-Gesellschaft, Heft 7. Trier 1964.
Dempf, Alois (1924): Das Unendliche in der mittelalterlichen Metaphysik und in der Kant'schen Dialektik. Münster 1924.
Dupré, Dietlind und Wilhelm (1964-1967): Kommentierung zur Übersetzung der Schriften des Nikolaus von Kues. Studien- und Jubiläumsausgabe (lateinisch-deutsch), Band I-III. Wien 1964-1967.
Dupré, Wilhelm (1978): Der Mensch als Mikrokosmos im Denken des Nikolaus von Kues; in: MFCG 13 (1978), S. 68-87.
Falckenberg, Richard (1880): Grundzüge der Philosophie des Nicolaus Cusanus mit besonderer Berücksichtigung der Lehre vom Erkennen. Breslau 1880.
Flasch, Kurt (1973): Die Metaphysik des Einen bei Nikolaus von Kues; in: Studien zur Problemgeschichte der antiken und mittelalterlichen Philosophie, Bd. VII, hrsg. v. J. Hirschberger. Leiden 1973.
Flasch, Kurt (1998): Nikolaus von Kues. Geschichte einer Entwicklung. Vorlesungen zur Einführung in seine Philosophie. Frankfurt/M. 1998 (In den einzelnen Vorlesungen werden jeweils die verschiedenen Schriften des Cusanus abgehandelt.)
Gabriel, Leo (Hrsg.) (1964-1967): Einführung zu den Philosophisch-theologischen Schriften des Nicolaus von Kues, 3 Bde. Wien 1964-1967.
Gadamer, Hans-Georg (1965): Grundzüge einer philosophischen Hermeneutik. Tübingen 1965.
Gadamer, Hans-Georg (1972): Nicolaus Cusanus und die Philosophie der Gegenwart; in: Kleine Schriften, Bd. III. Tübingen 1972, S. 80-88.
Hartmann, Georg (1980): Bewusstseinswege – Bilder aus der Geistesgeschichte der Menschheit in älteren Kulturen, Dornach 1980. Darin der Neuabdruck der nachfolgend aufgeführten Aufsätze zu Nikolaus von Kues :

– Vom Globusspiel (1960),
– Nikolaus Cusanus und die Mathematik (1961),
– Nikolaus Cusanus und das Michael-Mysterium (1964),
– Die «Correctio Kalendarii» des Nikolaus von Cues (1964/65).

Haubst, Rudolf (1952): Das Bild des Einen und Dreieinen Gottes in der Welt nach Nikolaus von Kues. Trier 1952.

Haubst, Rudolf (1956): Die Christologie des Nikolaus von Kues. Freiburg 1956.

Haubst, Rudolf (1963): Nikolaus von Kues und die moderne Wissenschaft. Kleine Schriften der Cusanus-Gesellschaft, Heft 4. Trier 1963.

Haubst, Rudolf (1977): Über Nikolaus von Kues als Seelsorger. Kleine Schriften der Cusanus-Gesellschaft, Heft 11. Trier 1977.

Haubst, Rudolf (1978): Festschrift für Rudolf Haubst: Das Menschenbild des Nikolaus von Kues und der christliche Humanismus, Bd. 13. Mainz 1978.

Haubst, Rudolf (1991): Streifzüge in die cusanische Theologie. Münster 1991.

Heinz-Mohr, Gerd (1958): Unitas Christiana – Studien zur Gesellschaftsidee des Nikolaus von Kues. Trier 1958.

Heinz-Mohr, Gerd (1964): Nikolaus von Kues und der Laie in der Kirche; in: MFCG, Bd. 4, S. 296-335. Mainz 1964.

Heinz-Mohr, Gerd (1965): Das Globusspiel des Nikolaus von Kues. Kleine Schriften der Cusanus-Gesellschaft, Heft 8. Trier 1965.

Heinz-Mohr, Gerd, und Eckert, Willehad, P. (Hrsg.) (1975): Das Werk des Nicolaus Cusanus. Eine bibliophile Einführung. 2. Aufl. Köln 1975.

Heinz-Mohr, Gerd (1984): Nikolaus von Kues – Aller Dinge Einheit ist Gott; Ausgewählte und eingeleitete Schriften. Reihe: Klassiker der Meditation, Benziger Verlag Zürich, Köln 1984.

Helander, Birgit (1988): Die visio intellectualis als Erkenntnisweg und -ziel des Nicolaus Cusanus. Studia Doctrinae Christianae Upsaliensia Bd. 29, Uppsala 1988.

Helander, Birgit (1993): Nicolaus Cusanus als Wegbereiter auch der heutigen Ökumene. Acta universitatis Upsaliensis, Uppsala 1993.

Hemleben, Johannes (1978): Das haben wir nicht gewollt. Sinn und Tragik der Naturwissenschaft (darin das Kap.: Der Kardinal Nikolaus von Kues, S. 29-36). Stuttgart 1978.

Henke, Norbert (1965): Der Abbildbegriff in der Erkenntnislehre des Nikolaus von Kues. Buchreihe der Cusanus-Gesellschaft, Bd. 3, Aschendorff Verlag Münster 1969.

Heyer, Karl (1961): Vom Genius des Mittelalters (darin Kap. 10: Die Staatsidee des Nicolaus Cusanus, S. 171-201). Nachdruck im Perseus-Verlag Basel 1990.

Heyer, Karl (1961): Wer ist der deutsche Volksgeist; Der Friede und die Harmonie der Religionen (darin Kap. 1: Eine Schrift des Nicolaus von Kues). Nachdruck im Perseus-Verlag Basel 1990.

Heyer, Karl (1956): Beiträge zur Geschichte des Abendlandes, Bd. II: Mittelalter (darin in Kap. 15, S. 141-150, eine kurze Darstellung der Sozialimpulse des Cusanus). Stuttgart 1956.

Hirschberger, Johannes (1968): Gegenstand und Geist bei Nikolaus von Cues; in: Studium Generale 21 (1968), S. 274-284.

Hirschberger, Johannes (1975): Das Prinzip der Inkommensurabilität bei Nikolaus

von Kues; in: Nikolaus von Kues in der Geschichte des Erkenntnisproblems. MFCG, Bd. 11. Mainz 1975.
Hochstaffl, Josef (1976): Negative Theologie. München 1976.
Hoffmann, Ernst (1929/1930): Das Universum des Nikolaus von Cues. Sitzungsberichte d. Heidelberger Akad. d. Wissensch. Heidelberg 1929/1930.
Hoffmann, Ernst (1934): Gottesschau bei Meister Eckhart und Nikolaus von Cues. Zürich 1934.
Hoffmann, Ernst (1935): Nikolaus von Kues; in: Neue deutsche Biographie. Berlin 1935.
Hoffmann, Ernst (1936): Nikolaus von Cues als Philosoph. Geleitwort zur Übersetzung des Werkes: Der Laie über die Weisheit. 3. Aufl. Hamburg 1954.
Hoffmann, Ernst (1938): Die Vorgeschichte der Cusanusschen Coincidentia oppositorum, Einführung in die Übersetzung des Beryll. Leipzig 1938.
Hoffmann, Ernst (1947): Nikolaus von Cues. 2 Vorträge, gehalten 1940. Heidelberg 1947 [Der zweite Vortrag gibt eine Einführung in seine Philosophie.].
Hofmann, Josef (1942): Die Quellen der Cusanischen Mathematik I; Cusanus-Studien, Sitzungsber. der Heidelberger Akad. d. Wiss., 1942.
Hofmann, Josef E. (1964): Nikolaus von Kues und die Mathematik; in: Schweizer Rundschau 63, 1964, S. 398-403.
Hofmann, Josefa (1952): Deutsche Übersetzung von Nikolaus von Kues: Die mathematischen Schriften. Hamburg 1952.
Hommes, Jakob (1926): Die philosophische Gotteslehre des Nikolaus Cusanus in ihren Grundlehren. Publikation der Philosophischen Fakultät der Universität. München 1926.
Honecker, Martin (1940): Die Entstehung der Kalenderreformschrift des Nikolaus von Cues; in: Historisches Jahrbuch, Bd. 60, Heft 3/4, hrsg. von Johannes Spörl. Köln 1940.
Hopkins, Jasper (1996): Glaube und Vernunft im Denken des Nikolaus von Kues. Prolegomena zu einem Umriss seiner Auffassung. Trierer Cusanus-Lecture Heft 3, Trier 1996.
Institut für Cusanusforschung (1963): Kritisches Verzeichnis der Londoner Handschriften aus dem Besitz des Nikolaus von Kues; in: MFCG, Bd. 3, S. 16-100. Mainz 1963.
Jacobi, Klaus (1969): Die Methode der Cusanischen Philosophie. Freiburg, München 1969.
Jacobi, Klaus (Hrsg.) (1979): Nikolaus von Kues, Einführung in sein philosophisches Denken. Freiburg/München 1979.
Jaspers, Karl (1964): Nikolaus Cusanus.München 1964 (Neuaufl. München, Zürich 1987).
Koch, Josef (1942): Nikolaus von Kues, Predigten 1-6, Sitzungsberichte der Heidelberger Akad. d. Wissensch. Heidelberg 1942.
Koch, Josef (1956): Die Ars coniecturalis des Nikolaus von Kues. Arbeitsgemeinschaft für Forschung des Landes NRW, Heft 16. Köln/Opladen 1956.
Koch, Josef (1964): Nikolaus von Kues und Meister Eckart. Randbemerkungen zu zwei in der Schrift De coniecturis gegebenen Problemen; in: MFCG 4 (1964), S. 164-173.
Koch, Josef (1973): Acht Aufsätze in J. Koch: Kleine Schriften I, Rom 1973 (Wiederabdruck älterer verstreuter Schriften zu Cusanus).

Kremer, Klaus (1978): Erkennen bei Nikolaus von Kues. Apriorismus – Assimilation – Abstraktion; in: MFCG 13 (1978), S. 23-57.
Kremer, Klaus (1990): Weisheit als Voraussetzung und Erfüllung der Sehnsucht des menschlichen Geistes; in: MFCG 20 (1990), S. 101-141.
Kremer, Klaus / Reinhard, Klaus (2000): Sein und Sollen: Die Ethik des Nikolaus von Kues; in: MFCG 26, Trier 2000.
Lenz, Josef (1923): Die Docta ignorantia oder die mystische Gotteserkenntnis des Nikolaus Cusanus in ihren philosophischen Grundlagen. Trier 1923.
Locher-Ernst, Louis (1962): Die Schrift von Nicolaus von Cues über das Nichtandere – De non aliud; in: Das Goetheanum, 41. Jg. Nr. 13, S. 100-101.
Lücking-Michel, Claudia (1994): Konkordanz und Konsens. Zur Gesellschaftstheorie in der Schrift «De concordantia catholica» des Nicolaus von Cues. Würzburg 1994.
Lücking-Michel, Claudia (1995): Zur Gesellschaftstheorie des Nikolaus von Kues. Von der concordantia zur coincidentia; in: MFCG 22 (1995), S. 3-54.
Meier-Oeser, Stefan: Die Präsenz des Vergessenen. Zur Rezeption der Philosophie des Nikolaus Cusanus vom 15. bis zum 18. Jahrhundert. Buchreihe der Cusanus-Gesellschaft, Münster 1989.
Menzel-Rogner, Hildegund (1937): Die Bewegung des Erkennens und das Sein in der Philosophie des Nikolaus von Cues. Heidelberg 1937.
Menzel-Rogner, Hildegund (1944): Einführung zur Übersetzung des Werkes «Der Laie über Versuche mit der Waage»; in: Mittl. d. Cusanus-Ges. 2. Aufl. Leipzig 1944.
Menzel-Rogner, Hildegund (1949): Einführung zur Übersetzung des Werkes «Der Laie über den Geist». Hamburg 1949.
Meinhardt, Helmut (1984): Konjekturale Erkenntnis und religiöse Toleranz. Der Mutmaßungscharakter menschlichen Erkennens als Begründung für den Frieden im Glauben; in: MFCG 16 (1984), S. 325-332.
Nagel, Fritz (1984): Nicolaus Cusanus und die Entstehung der modernen Wissenschaften. Buchreihe der Cusanus-Gesellschaft Bd. 9, Aschendorff Verlag Münster 1984.
Ranft, Joseph (1924): Schöpfer und Geschöpf nach Kardinal Nikolaus von Cusa – ein Beitrag zur Würdigung des Kardinals als Mystiker. Würzburg 1924.
Reinhardt, Klaus (2000): Glaube und Wissen bei Nikolaus von Kues; in: Christlicher Glaube und säkulares Denken. Hrsg. v. der Theologischen Fakultät Trier. Trier 2000, S. 165-179.
Ritter, Joachim: Docta ignorantia. Die Theorie des Nichtwissens bei Nicolaus Cusanus. Leipzig 1927.
Schanz, P. (1873): Die astronomischen Anschauungen des Nikolaus von Kues in seiner Zeit; in: Programm des kgl. Gymnasiums zu Rottweil. Rottweil/Neckar 1873.
Schnarr, Hermann (1973): Modi essendi. Interpretationen zu den Schriften De docta ignorantia, De coniecturis und De venatione sapientiae von Nikolaus von Kues. Buchreihe der Cusanus-Gesellschaft, Bd. V. Münster 1973.
Schneider, Stefan: Cusanus als Wegbereiter der neuzeitlichen Naturwissenschaft? in: MFCG 20 (1992), S. 182-220.
Schramm, Michael-Angelo (1979): Zur Lehre vom Zeichen innerhalb des Com-

pendiums des Nikolaus von Kues. Zeitschrift für philosophische Forschung, Band 33, Heft 4.
Schultz, Rudolf (1948): Die Staatsphilosophie des Nikolaus von Kues. Meisenheim 1948.
Schulz, Walter (1957): Der Gott der neuzeitlichen Metaphysik. Antrittsvorlesung an der Universität Tübingen, Pfullingen 1957 (darin: Cusanus und die Geschichte der neuzeitlichen Metaphysik S. 11-30).
Schumacher, Th. (1997): Trinität. Zur Interpretation eines Strukturelements Cusanischen Denkens. Diss. München 1997.
Schwaetzer, Harald (2000): Aequalitas – Erkenntnistheoretische und soziale Implikationen eines christologischen Begriffs bei Nikolaus von Kues. Olms Verlag, Hildesheim 2000.
Schwarz, Willi (1969): Das Problem der Seinsvermittlung des Nikolaus von Cues. Dissertation Frankfurt. Leiden 1969.
Senger, Hans Gerhard (1971): Die Philosophie des Nikolaus von Kues vor dem Jahre 1440. Untersuchungen zur Entwicklung einer Philosophie in der Frühzeit des Nikolaus (1430-1440). Münster 1971.
Senger, Hans Gerhard (1972): Cusanus – Studien, Nr. IX. Zur Überlieferung der Werke des Nikolaus von Kues im Mittelalter. Sitzungsberichte d. Heidelberger Akad. d. Wissensch. Heidelberg 1972.
Sigmund, P. E. (1963): Nicholas of Cusa and medieval political thought. Harvard University Press, Cambridge (Massachusetts/USA) 1963.
Stachel, Günter (1973): Meditation und Gebet bei Cusanus; in: MFCG Bd. 10, Mainz 1973, S. 152-154.
Stadler, Michael (1983): Zum Begriff der Mensuratio bei Cusanus. Ein Beitrag zur Ortung der Cusanischen Erkenntnislehre; in: Zimmermann, A. (Hrsg.): Mensura. Maß, Zahl, Zahlensymbolik im Mittelalter. 1. Halbband. Berlin / New York 1983, S. 118-131.
Stallmach, Josef (1978): Der Mensch zwischen Wissen und Nichtwissen. Beitrag zum Motiv der docta ignorantia im Denken des Nikolaus von Kues; in: MFCG Bd. 13 (1978, S. 147-159).
Stallmach, Josef (1989): Ineinsfall der Gegensätze und Weisheit des Nichtwissens. Grundzüge der Philosophie des Nikolaus von Kues. Münster/W. 1989.
Steiger, Renate (1978): Die Lebendigkeit des erkennenden Geistes bei Nikolaus von Kues; in: MFCG Bd. 13 (1978), S. 167-181.
Steiger, Renate (1988): Einleitung in: Nikolaus von Kues: Idiota de sapientia. Der Laie über die Weisheit. Neu übersetzt von R. Steiger. Hamburg 1988.
Thomas, Michael (1996): Der Teilhabegedanke in den Schriften und Predigten des Nikolaus von Kues (1430-1450). Münster 1996.
Velthoven, Theo van (1977): Gottesschau und menschliche Kreativität. Studien zur Erkenntnislehre des Nikolaus von Kues. Leiden 1977.
Wackerzapp, H. (1962): Der Einfluß Meister Eckharts auf die ersten philosophischen Schriften des Nikolaus von Kues (1440-1450); in: Beiträge zur Geschichte der Philosophie und Theologie des Mittelalters, Bd. 39, Heft 3. Münster 1962.
Watanabe, M. (1963): The political ideas of Nicholas of Cusa with special reference to his «De concordancia catholica». Genf 1963.

Wilpert, Paul (1952): Einführung zur deutschen Übersetzung «Vom Nichtanderen». Hamburg 1952.
Wilpert, Paul (1964): Die philosophiegeschichtliche Stellung des Nikolaus von Kues; in: Schweizer Rundschau 63 (1964), S. 387-397.
Yamaki, Kazuhiko (1992): Die cusanische Weisheitskonzeption im Vergleich zur ostasiatischen Weisheitstradition; in: MFCG Bd. 20 (1992), S. 250-280.
Zimmermann, Albert (1979): Belehrte Unwissenheit als Ziel der Naturforschung; in: K. Jacobi: Nikolaus von Kues 1979, S. 121-137.
Zimmermann, Robert (1852): Der Cardinal Nicolaus Cusanus als Vorläufer Leibnizens. Sitzungsberichte der philosophisch-historischen Classe der Kaiserlichen Academie der Wissenschaften, Bd. VIII. Wien 1852.

Benutzte Werke Rudolf Steiners

Schriften

Steiner, Rudolf (1883-1897): Goethes Naturwissenschaftliche Schriften. Einleitungen zu Goethes Naturwissenschaftlichen Schriften, hrsg. von R. Steiner in «Kürschners Deutsche National-Literatur». Rudolf-Steiner-Gesamtausgabe, GA 1, Dornach 1973.
– (1886): Grundlinien einer Erkenntnistheorie der Goetheschen Weltanschauung. GA 2, Dornach 1979.
– (1892): Wahrheit und Wissenschaft. Vorspiel einer «Philosophie der Freiheit» (Kerninhalt von Steiners Dissertation «Die Grundfrage der Erkenntnistheorie mit besonderer Rücksicht auf Fichtes Wissenschaftslehre. Prolegomena zur Verständigung des philosophischen Bewusstseins mit sich selbst», Rostock, 1891). GA 3, Dornach 1958.
– (1894): Die Philosophie der Freiheit. Grundzüge einer modernen Weltanschauung. GA 4, Dornach 1978. (Es handelt sich um Steiners philosophisches Hauptwerk.)
– (1897): Goethes Weltanschauung. GA 6, Dornach 1963.
– (1901): Die Mystik im Aufgange des neuzeitlichen Geisteslebens und ihr Verhältnis zur modernen Weltanschauung. GA 7, Dornach 1960.
– (1902): Das Christentum als mystische Tatsache und die Mysterien des Altertums. GA 8, Dornach 1976.
– (1904): Theosophie (Steiners Hauptwerk einer spirituellen Menschenkunde). GA 9, Dornach 1993.
– (1904/05): Wie erlangt man Erkenntnisse der höheren Welten? GA 10, Dornach 1975.
– (1910): Die Geheimwissenschaft im Umriss. GA 13, Dornach 1977.
– (1914): Die Rätsel der Philosophie in ihrer Geschichte als Umriss dargestellt. GA 18, Dornach 1968.
– (1916): Vom Menschenrätsel. Ausgesprochenes und Unausgesprochenes im Denken, Schauen, Sinnen einer Reihe deutscher und österreichischer Persönlichkeiten. GA 20, Dornach 1957.

– (1917): Von Seelenrätseln. GA 21, Dornach 1976.
– (1922): Kosmologie, Religion und Philosophie. GA 25, Dornach 1979.
– (1924/1925): Anthroposophische Leitsätze. Der Erkenntnisweg der Anthroposophie. GA 26, Dornach 1976.
– (1923-1925): Mein Lebensgang. GA 28, Dornach 1962. Dazu: Rudolf Steiner, Bildbände zu seinem Lebensgang mit Texten aus «Mein Lebensgang». Bd. I (1861-1890), hrsg. von W. Rath 1971; Bd. II (1890-1907), hrsg. von G. Hartmann 1975. Schaffhausen 1975. Bd III (1907-1917) hrsg. v. W. Groddeck, Schaffhausen 1980. Bd. IV (1917-1925) hrsg v. H.H. Schöffler, Dornach 1987.
– (1904-1918): Philosophie und Anthroposophie. Gesammelte Aufsätze. GA 35, Dornach 1965.
– (1906-1925): Wahrspruchworte. GA 40, Dornach 1978.

Vorträge

Steiner, Rudolf (1901-1905): Über Philosophie, Geschichte und Literatur (darin über Nikolaus von Kues im Vortrag vom 12. Nov. 1904). GA 51, Dornach 1983.
– (1909/1910): Pfade der Seelenerlebnisse. 8 Vorträge, Berlin (Architektenhaus) (darin: Was ist Mystik?). GA 58, Dornach 1957.
– (1909/1910): Metamorphosen des Seelenlebens. 7 Vorträge, Berlin (Architektenhaus) (darin: Die Mission der Andacht). GA 59, Dornach 1971.
– (1909): Das Prinzip der spirituellen Ökonomie. Ein Aspekt der geistigen Führung der Menschheit. 22 Einzelvorträge in verschiedenen Städten Europas. GA 109/111, Dornach 1979.
– (1910/1911): Okkulte Geschichte. Persönlichkeiten und Ereignisse der Weltgeschichte im Lichte der Geisteswissenschaft. 6 Vorträge, Stuttgart. GA 126, Dornach 1975.
– (1911/1912): Die Welt der Sinne und die Welt des Geistes. 6 Vorträge, Hannover. GA 134, Dornach 1979.
– (1912): Der Mensch im Lichte von Okkultismus, Theosophie und Philosophie. 10 Vorträge, Kristiana (Oslo) (darin der vierte Vortrag vom 6.6.1912 über die unterschiedlichen Wege der Mystik bei verschiedenen Persönlichkeiten). GA 137, Dornach 1973.
– (1914): Der menschliche und der kosmische Gedanke. 4 Vorträge, Berlin. GA 151, Dornach 1961.
– (1915): Die Wahrnehmung des Gedankenwesens. Vortrag am 10. 1. 1915 in GA 161, Dornach 1999.
– (1917): Menschliche und menschheitliche Entwicklungswahrheiten. 17 Vorträge, Berlin (darin: Das individuelle und das allgemeine Lebensalter der Menschheit). GA 176, Dornach 1964.
– (1920): Die Philosophie des Thomas von Aquino. 3 Vorträge, Dornach. GA 74, Dornach 1967.
– (1921): Perspektiven der Menschheitsentwicklung. Scotus Eriugena und der Übergang von einer geistdurchdrungenen zu einer intellektualistischen Weltauffassung. 5 Vorträge, Dornach. GA 204, Dornach 1979.

– (1922): Das Geheimnis der Trinität – Der Mensch und sein Verhältnis zur Geistwelt im Wandel der Zeiten. 11 Vorträge, Dornach, Oxford und London. GA 214, Dornach 1980.
– (1922): Kosmologie, Religion und Philosophie; zehn Autoreferate zum Französischen Kurs 6.-15. Sept. 1922. GA 25, Dornach 1979.
– (1920): Meditativ erarbeitete Menschenkunde, 4 Vorträge, Stuttgart. GA 302 a, Dornach 1977.
– (1922-1923): Der Entstehungsmoment der Naturwissenschaft in der Weltgeschichte und ihre seitherige Entwicklung. 9 Vorträge, Dornach (darin der Vortrag vom 24.12.1922 im wesentlichen über Nikolaus von Kues). GA 326, Dornach 1977.

Übrige benutzte und weiterführende Literatur

Descartes, René (1628/1629): Regeln zur Leitung des Geistes. Philosophische Bibliothek Bd. 26b, Hamburg 1959.
– (1637): Von der Methode. Philosophische Bibliothek Bd. 261, Hamburg 1960.
– (1641): Meditationen über die Grundlagen der Philosophie. Philosophische Bibliothek Bd. 271, Hamburg 1960.
Dietz, Karl-Martin (Hrsg) (1994): Rudolf Steiners ‹Philosophie der Freiheit›. Eine Menschenkunde des höheren Selbst (mit Beiträgen von M. Basfeld, K.M. Dietz, W.U. Klüncker, Th. Kracht, Chr. Lindenberg, D. Rapp, G. Röschert, F. Teichmann) Verl. Freies Geistesleben, Stuttgart 1994.
Dilthey, Wilhelm (1890): Beiträge zur Lösung der Frage vom Ursprung unseres Glaubens an die Realität der Außenwelt und seinem Recht. Sitzungsb. d. Kgl. Pr. Akademie d. Wissenschaft. Berlin 1890.
Dionysius Areopagita: Die Hierarchien der Engel und der Kirche. Deutsche Übersetzung und Kommentierung von Walther Tritsch. München 1955.
Gilson, Etienne (1955): History of Christian Philosophy in the Middle Ages. London 1955.
Gleich, Sigismund von (1957): Die Wahrheit als Gesamtumfang aller Weltansichten. Stuttgart 1957.
Goebel, Robert (1975): Schelling – Künder einer neuen Epoche des Christentums. Mit der 36. u. 37. Vorlesung aus der Philosophie der Offenbarung. Stuttgart 1975.
Hartmann, Eduard von (1869): Philosophie des Unbewussten. Versuch einer Weltanschauung.
Hartmann, Georg (1962): Zur Lebensgeschichte des Trithem von Sponheim; in: Bewusstseinswege. Dornach 1980.
Hegel, Georg Wilhelm Friedrich, Sämtliche Werke; kritische Ausgabe von G. Lasson und J. Hoffmeister.
Hemleben, Johannes (1977): Nikolaus von Flüe; der Heilige der Schweiz. Frauenfeld/Stuttgart 1977.
– (1978): Das haben wir nicht gewollt. Sinn und Tragik der Naturwissenschaft. Stuttgart 1978.

Hensel, Herbert (1968): Phänomen, Modell, Experiment. (darin über die gründende Funktion der Sinneserfahrung) in: Herbert Hensel: Physiologie und Sinnestheorie. Gedächtnisschrift für Herbert Hensel, Physiologisches Institut der Universität Marburg 1988, S. 33-67.

Hensel, Herbert (1980): Die Sinneswahrnehmung des Menschen; in: Musiktherapeutische Umschau 1/1980, S. 203-218.

Hensel, Herbert (1981): Emil du Bois-Reymond. (darin über die Intentionalität der Sinneswahrnehmung) in: Naturwissen und Erkenntnis im 19. Jahrhundert, Gerstenberg Verlag Hildesheim 1982, S. 27-44.

Heussi, Karl (1911): Kompendium der Kirchengeschichte, 11. Aufl. Berlin 1965.

Hirschberger, Johannes (1949): Geschichte der Philosophie, Bd. I: Altertum und Mittelalter, Bd. II: Neuzeit und Gegenwart. 5. Aufl. Basel/Freiburg/Wien 1961.

– (1961): Kleine Philosophiegeschichte. Herderbücherei Bd. 103, 11. Aufl. Freiburg 1974.

Hoffmeister, Johannes (1955): Wörterbuch der philosophischen Begriffe. Hamburg 1955.

Kallert, Bernhard (1941): Die Erkenntnistheorie Rudolf Steiners – Der Erkenntnisbegriff des objektiven Idealismus (Diss. Philosoph. Fakultät Universität Erlangen 1941). Stuttgart 1960.

Kaltenbrunner, Gerd-Klaus (1996): Dionysius vom Areopag. Das Unergründliche, die Engel und das Eine. Die Graue Edition, Bd. 17, Zug / Schweiz 1996.

Kiene, Helmut (1984): Grundlinien einer essentialen Wissenschaftstheorie. Die Erkenntnistheorie Rudolf Steiners im Spannungsfeld moderner Wissenschaftstheorien. Perspektiven einer essentialen Wissenschaft. Schriften der Universität Witten/Herdecke, Urachhaus-Verlag Stuttgart 1984.

Klünker, Wolf-Ulrich (1988): Johannes Scotus Eriugena. Denken im Gespräch mit dem Engel. Verlag Freies Geistesleben, Stuttgart 1988.

Kreutzer, Clara (1971): Die Drei als Weltprinzip; in: Die Drei, 41. Jg. 1971.

– (1976): Die Paradieses-Bäume – Über die Erkenntnis-Kontinuität bei Rudolf Steiner; in: Die Drei, 46. Jg. 1976, S. 225-230.

Krüger, Manfred (1975): Gral und Erkenntnisstreben; in: Das Goetheanum, 54. Jg. 1975, S. 117-119, und Nr. 16, S. 125-127.

– (1976): Der Weg der Seele zur Geistwirklichkeit: Anselm von Canterbury und René Descartes; in: Das Goetheanum, 55. Jg. 1976, Heft 17, S. 129-131.

– (1996): Ichgeburt – Origenes und die Entstehung der christlichen Idee der Wiederverkörperung in der Denkbewegung von Pythagoras bis Lessing. Philosophische Texte und Studien Bd. 42. Olms Verlag, Hildesheim / Zürich / New York 1996.

Latini, Brunetto Tesoretto – Die Geschichte einer Einweihung an der Schwelle der Neuzeit (italienisch-deutsch). Stuttgart 1979.

Lauenstein, Dieter (1974): Das Ich und die menschliche Gesellschaft. Reihe: Logoi Bd. 3. Stuttgart 1974.

– (1974): Der Lebenslauf und seine Gesetze. Reihe: Vorträge Bd. 3. 4. Aufl. Stuttgart 1978.

– (1976): Die vier Denkmodelle des Abendlandes. Reihe: Vorträge, Bd. 13. Stuttgart 1976.

Lessing, Gotthold Ephraim (1780): Die Erziehung des Menschengeschlechts. Reihe: Denken – Schauen – Sinnen Bd. 1. Stuttgart 1958.
Lindenberg, Christoph (1980): Der Mensch begegnet sich selbst. Erkenntniswissenschaft, ein Weg zum Erfassen und Verstehen okkulter Erfahrungen; in: Die Drei 1980/1, S. 1-13.
Locher-Ernst, Louis (1955): Projektive Geometrie. Dornach 1980.
– (1949): Urphänomene der Geometrie. Dornach 1980.
– (1940): Raum und Gegenraum. Einführung in die neue Geometrie. 2. Aufl. Dornach 1970.
Manen, Hans Peter van (1980): Christussucher und Michaeldiener. Dornach 1980.
Meffert. Ekkehard (1975): Vom Bild des Menschen in den Wissenschaften und in der Pädagogik; in: Erziehungskunst, Jg. 1975, S. 456-473 (Teil I) und S. 506-517 (Teil II).
Müller, Wolfgang (1976): Dionysius Areopagita – Der Vater des esoterischen Christentums. Basel 1976.
Nigg, Walter (1949): Das Buch der Ketzer. Zürich 1949; Nachdruck: Diogenes-TB 21460.
– (1953): Vom Geheimnis der Mönche. Zürich 1953; Nachdruck Diogenes, Zürich 1990.
O'Meara, John (1969): Eriugena. Dublin 1969.
Palmer, Otto (1963): Quellen religiösen Lebens und Ziele menschlichen Erkennens. Eine Studie über Sakramentalismus und Erkenntnis. Binningen (Schweiz) 1963.
– (1966): Rudolf Steiner über seine «Philosophie der Freiheit». Monographie eines Buches. Stuttgart 1966.
– (1969): Mystik – Okkultismus – Anthroposophie. Ein Beitrag zur Begriffsklärung in Anlehnung an Darstellungen Rudolf Steiners. Basel 1969.
– (1975): Die Zukunft lebt in uns. Beiträge zur Freiheitswissenschaft. Stuttgart 1975.
Peschke, Erhard (1935): Die Theologie der Böhmischen Brüder in ihrer Frühzeit. I. Band: Das Abendmahl. Stuttgart 1935.
Pieper, Josef (1958): Hinführung zu Thomas von Aquin – Zwölf Vorlesungen. 2. Aufl. München 1963. Nachdruck dtv Wissenschaft 4378, München 1981.
– (1953): Unaustrinkbares Licht – Das negative Element in der Weltansicht des Thomas von Aquin. München 1963.
– (1964): Thomas-Brevier (lateinisch-deutsch). München 1964.
– (1969): Scholastik – Gestalten und Probleme der mittelalterlichen Philosophie. dtv-Taschenbuch WR 4303. München 1978.
Plotin, The Enneades, translated by Mac Kenna. London 1957.
Rath, Wilhelm (1930): Der Gottesfreund vom Oberland – sein Leben geschildert auf Grundlage der Urkundenbücher des Johanniterhauses «Zum Goldenen Wörth» in Straßburg. 3. Aufl. Stuttgart 1962.
– (1966): Aus der Schule von Chartres. Bd. I: Bernardus Silvestris: Über die umfassende Einheit der Welt. Bd. II: Alanus ab Insulis: Der Anticlaudian. Stuttgart 1966.
Regenstreif, Paul (1977): Christian Rosenkreutz und seine Mission. Freiburg 1977.
Riemeck, Renate (1982): Jan Hus. Reformation 100 Jahre vor Luther. Basel 1982.

– (1985): Glaube, Dogma, Macht. Geschichte der Konzilien. Stuttgart 1985.
– (1986): Verstoßen, verfemt, verbrannt. Zwölf Ketzerschicksale aus acht Jahrhunderten. Stuttgart 1986.
Schelling, F. W. Jos., Gesamtausgabe seiner Werke, 12 Bde., hrsg. von Manfred Schröter. München 1927 ff.
– (1809): Über das Wesen der menschlichen Freiheit. Reclam Universalbibliothek Nr. 8913-15. Stuttgart 1964.
– (1802): Bruno oder über das göttliche und natürliche Prinzip der Dinge. Hamburg 1954.
Schiller, Paul Eugen (1979): Der anthroposophische Schulungsweg. Dornach 1979.
Schütze, Alfred (1950): Kultus und Gegenwartsbewusstsein. Stuttgart 1950.
– (1972): Die Kategorien des Aristoteles und der Logos. Stuttgart 1972.
Teichmann, Frank (1991): Chartres. Schule und Kathedrale. Stuttgart 1991 (darin die beiden Kapitel: Die Lehrer von Chartres und ihre Werke; Der Schulungsweg in der Schule von Chartres).
Volkert, Johannes (1879): Immanuel Kants Erkenntnistheorie nach ihren Grundprinzipien analysiert. Leipzig 1879.
Weizsäcker, Victor von (1940): Der Gestaltkreis – Theorie der Einheit von Wahrnehmen und Bewegen. Stuttgart 1968.
Winter, Eduard (1979): Ketzerschicksale, Berlin 1979 [Winter, der den Begriff der ‹verdeckten Ketzer› prägt, schreibt auch ein Kapitel über Nikolaus von Kues].
Witzenmann, Herbert (1977, 1978): Intuition und Beobachtung. Bd. I: Das Erfassen des Geistes im Erleben des Denkens. Stuttgart 1977.
– Bd. II: Befreiung des Erkennens, Erkennen der Freiheit. Stuttgart 1978.
Zajonc, Arthur (1993): Die gemeinsame Geschichte von Licht und Bewußtsein. Deutsche Ausgabe: Rowohlt Taschenbuch Verlag, Reinbek 1997 (enthält ein Kapitel über die neuplatonisch-mittelalterliche Lichtmetaphysik des Robert Grosseteste in «De luce», 1235).

PERSONENREGISTER

ÜBER DEN AUTOR

Ekkehard Meffert, geboren 1940 in Berlin, ab Ostern 1951 Besuch der Freien Waldorfschule in Frankfurt, dort Ostern 1959 Abitur. Acht Jahre Universitätsstudium an der Goethe-Universität in Frankfurt: zunächst Geologie und Geographie, dann Philosophie, Pädagogik, Geschichte und Politik. Das Philosophiestudium schließt er mit einer Examensarbeit über den Mystiker Nikolaus von Kues ab. Das Fachstudium beendet er mit dem Staatsexamen für Gymnasien (Geographie, Geschichte, Politik) und rundet es mit einer Dissertation im Fach Geographie ab. Neben dem Studium sechs Jahre Lehrtätigkeit an einer heilpädagogischen Schule. 1969, nach der Referendarzeit und dem zweiten Staatsexamen für Gymnasien, Ruf als Dozent an die Hochschule Ruhr (Universität Dortmund), an der er sich 1972 habilitiert. 1973 wird er als Professor für das Fach Geographie an die Universität Bonn berufen. 1988 nimmt er erneut einen Ruf an und wechselt an die Universität zu Köln.

Neben dem Beruf gibt er Epochen am Lehrerseminar für Waldorfpädagogik in Witten-Annen. Außerdem gehört er dem Initiativkreis zur Begründung der Universität Witten-Herdecke (1983) an, der ersten freien Universität in Deutschland.

Sein fachwissenschaftliches Ziel gilt der goetheanistischen und geisteswissenschaftlichen Durchdringung der Geographie. In diesem Sinne beschäftigt er sich auch intensiv mit der Historischen Geographie und Kartographie.

Ekkehard Meffert arbeitet gegenwärtig an einem Buch über den Zisterzienserorden und Bernhard von Clairvaux.

Bisherige Buchveröffentlichungen außerhalb seines engeren Fachgebietes:

Carl Gustav Carus – sein Leben, seine Anschauung von der Erde. Zusammen mit der Herausgabe von Zwölf Briefe über das Erdleben von Carus. Verlag Freies Geistesleben, Stuttgart 1986.

Carl Gustav Carus. Arzt – Künstler – Goetheanist. Eine biographische Skizze. Perseus Verlag, Basel 1999.

Mathilde Scholl und die Geburt der Anthroposophischen Gesellschaft 1912/13. Eine biographische Skizze mit Dokumenten und Schriften. Verlag am Goetheanum, Dornach/Schweiz, 1991.